Julius Stone
Lehrbuch der Rechtssoziologie III

9
8.81

D1668904

rombach hochschul paperback band 82

Julius Stone

Lehrbuch
der Rechtssoziologie

Band III
Recht, Macht und Gerechtigkeit

Verlag Rombach Freiburg

Aus dem Englischen übersetzt von Albert Foulkes, überarbeitet von René Marcic und Dorothea Mayer-Maly, herausgegeben von Ilmar Tammelo. Kürzungen gegenüber der englischen Fassung erfolgten im Einvernehmen mit dem Autor.

Originalausgabe: Social Dimensions of Law and Justice, Maitland Publications Pty. Ltd., Sydney, 1966.

Gewidmet dem Gedächtnis an
ALBERT FOULKES,
der die letzten Jahre seines Lebens
dieser Übersetzung gewidmet hat,
und
RENÉ MARCIC,
dessen Begeisterung und Ermutigung
das Erscheinen dieses Buches
ermöglicht hat.

Inhalt

Vorbemerkung

In diesem Schlußband geht der Verfasser zunächst auf das Problem der Beziehungen zwischen Recht und Macht ein, welchem Problem in der Rechtssoziologie eine zentrale Rolle zukommt. Er untersucht hier den Ursprung und die Ausdrucksformen rechtserheblicher Macht und die Auswirkung von Machtausübung auf die Gestaltung und Anwendung des Rechts. Dem – besonders in hochindustrialisierten Ländern – sehr aktuellen Problem der rechtlichen Kontrolle der Verbände und der Wirkung dieser Kontrolle auf die Freiheit widmet er das II. Kapitel, in dem verschiedene Maßnahmen der Kontrolle durch das Recht und die Antinomien, die sich hier zu Freiheitsforderungen ergeben, erörtert werden. Das 3. Hauptthema des Bandes bilden die Verwaltungseinrichtungen als Mittel der Rechtsordnung. Die rechtssoziologisch wichtigen Züge der modernen Verwaltung werden hervorgehoben und eingehend anhand der auf diesem Gebiet gesammelten Erfahrungen und wissenschaftlichen Einsichten erforscht. Das letzte Kapitel des Bandes greift das Problem des rechtlichen und sozialen Ordnens auf und behandelt es im Licht der maßgeblichen Gerechtigkeitserwägungen. Wie in den ersten zwei Bänden zeichnet sich der Verfasser auch im Schlußband dieses Großwerkes durch Ausgewogenheit, Bedachtsamkeit und umgreifender Gelehrsamkeit aus. Er versteht es, eine integrierende Gesamtschau der Gesamtproblematik zu vermitteln, der jede Einseitigkeit fremd ist. So dient auch der Schlußband in vieler Hinsicht der Anregung nicht nur gediegener rechtssoziologischer Forschung, sondern auch im allgemeinen zu einer ebensolchen Grundlagenforschung des Rechts.

Kapitel I
Recht und Macht

I. Die Rolle der Macht in den sozialen Beziehungen

§ 1 Die Bedeutung eines richtigen Verständnisses der Macht
für den Juristen

Die Bedeutung der Macht für das Recht ist ein uralter Gemeinplatz und von den Juristen von jeher für eine selbstverständliche
Berufsweisheit gehalten worden[1]. Die Römer der despotischen
Kaiserzeit definierten das Recht als das, was der Kaiser befiehlt;
seitdem sehen die Juristen das Recht entweder als Macht oder als
deren Gegensätze: Vernunft, Gerechtigkeit und Überlieferung[2].
Für J. Austin und seine Nachfolger war Macht natürlich eine
Voraussetzung ihres Systems. Aber weder sie noch der Großteil
der Juristen kümmerten sich viel um die Frage, wie Macht
entsteht und vergeht. Da sie eine *höchste* Gewalt voraussetzten,
meinten sie auf die schwierigen Fragen nicht eingehen zu müssen,
die sich aus dem Vorhandensein gegensätzlicher Machtzentren
und ihrem Verhältnis zu ethischen Überzeugungen ergeben. So
neigten auch die Verfasser von Werken über Gerechtigkeit dazu,
die Macht als einen Eindringling in sonst vollkommene Welten
anzusehen. Wurde die Gerechtigkeit durch Macht vereitelt, so
war das bedauerlich, aber kein juristisches Anliegen[3]. E. Ehrlich
kam dieser grundlegenden Frage näher, als er nachzuweisen
suchte, daß das Recht aus der inneren Ordnung im Verbande
entstand und daß Macht eine der »Tatsachen des Rechts« war,
denen die Menschen gegenüberstanden, als sie den Inhalt des
»Verbandsrechts« festsetzten[4].
Die Macht spielt nun wirklich an so vielen Stellen der Rechtsentwicklung und des Rechtslebens mit herein, daß es für den
Juristen unerläßlich ist, ihr Wesen, ihre Entwicklung und ihre 9

verschiedenen Arten einigermaßen zu kennen. Deshalb steht in diesem Kapitel der Jurist im Mittelpunkt; ich beabsichtige also nicht, eine endgültige Machttheorie zu formulieren, womit sich heute die Staatsphilosophen, Staatswissenschaftler, Politologen und Soziologen in zunehmendem Maße befassen. Die Auseinandersetzung über ihre verschiedenen Standpunkte und Lehren ist noch zu keinem endgültigen Ergebnis gelangt; so kann ich mich deshalb mit keiner dieser Theorien im ganzen befassen, sondern ich will aus allen nur jene Gesichtspunkte herausgreifen, die für den Juristen aufschlußreich sind.

Wie die geschichtlichen Betrachtungen im ersten Band dieses Werkes klargestellt haben, waren für die Wechselbeziehungen zwischen dem Typus der Sozialordnung und den Besonderheiten des Rechts oft Machtverschiebungen innerhalb der Gruppe ausschlaggebend, beispielsweise von Sippenhäuptern, Stammeshäuptlingen oder Priestern zu Gebietsherrschaften, von erblichen, feudalen Aristokratien auf die Kaufmannsklasse oder von der Kaufmannsklasse auf Riesenkonzerne und Arbeiterverbände. Offensichtlich gibt es viele solche Machtverschiebungen ständig, die oft zu Änderungen der Rechtsordnung führen. Auf einzelnen Stufen dieser Machtverschiebungen hängt es mit bestimmten Merkmalen der Rechtsordnung zusammen, ob das Recht stabil oder veränderlich ist. Ebenso ist damit die Frage verknüpft, wo die Grenzen liegen, bis zu denen das Recht wirksam eingreifen kann; eine Frage, die – wie wir gesehen haben – von tiefer Bedeutung beispielsweise für die Versuche ist, wirtschaftliche Verbände durch das Recht zu überwachen. Ferner sind Machtverschiebungen offensichtlich von ständiger Bedeutung für den veränderlichen Grad von Wirksamkeit, den die Rechtsordnung in ihren verschiedenen Teilen jeweils erreicht und behält.

Allein, der Zusammenhang zwischen Rechtsordnung und Macht geht weit über solche allgemeine Gesichtspunkte der Entwicklung, Stetigkeit, Veränderlichkeit und Wirksamkeit der Rechtsordnung hinaus. Wenn die Berufungsgerichte Interessenkonflikte auszugleichen haben, dann wird die hinter den Interessen stehende Macht zwar nicht so nackt und offen ins Treffen geführt, wie dies in den Lobbies der Parlamente geschieht, aber sie ist keineswegs unbeachtlich. Sie zeigt sich mindestens darin, daß sie über Mittel verfügt, sich den fähigsten Anwalt zu

nehmen und einen Prozeß bis zur höchsten Instanz durchzufechten. Wie wir sehen werden[5], war es für die Auslegung der
amerikanischen Verfassung von größter Bedeutung, daß unter
den Rechtsanwälten eine Gruppe von Spezialisten für die Beratung der großen Gesellschaftsverbände (Gesellschaften, Konzerne) entstand: die Verbandsjuristen (*corporation lawyers*). Ihr
Entstehen war eine Folge der steigenden Macht der Verbände,
und umgekehrt wurde diese Macht durch die neue Auslegung der
Verfassung weiter gestärkt. Was für die materiellen Interessen
gilt, das trifft hier auch auf die ethischen Überzeugungen zu: die
Reifung ethischer Werte bis zur Übernahme in die Rechtsordnung hängt zu einem großen Teil von der Stärke der Macht ab,
die von menschlichen Überzeugungen für jene Werte eingesetzt
werden kann. Wenn die Menschen für die von ihnen am
höchsten gehaltenen Werte eine Macht zum Kampfe herausfordern, dann müssen sie eine ebenso starke Macht dagegen
einsetzen.

Diese wenigen Beispiele genügen, um uns die zahlreichen, in
diesen Bänden behandelten Probleme ins Gedächtnis zurückzu-
rufen, wo die Macht im Bewußtsein der Juristen eine Rolle zu
spielen hat. Hier seien nur gewisse allgemeine Punkte erwähnt.
Einer davon betrifft die immer verwickelter werdenden Aufgaben, die für Gesetzgebung und Rechtsprechung dadurch entstehen, daß die Menschen sich zur Förderung gemeinsamer
Ziele zu Verbänden zusammenschließen und daß daraus eine
übermäßige Zusammenballung und ein Mißbrauch der Macht
entstehen kann. Die hier zu lösenden Rechtsfragen münden in
die weiterreichenden Fragen nach dem hierarchischen oder
pluralistischen System von Machtstrukturen, wie sie bei entwickelten demokratischen Gesellschaften in dem Grundsatz der
Verfassungsmäßigkeit zum Ausdruck kommen. Ein anderer,
schon berührter Punkt ist die Tatsache, daß zwischen Recht und
Macht eine gewissen gegenseitige »Rückkoppelung« *(feed-back)*
stattfindet. Die Macht beeinflußt, auch wo sie sich außerhalb
des Rechts betätigt, den Inhalt und die Wirksamkeit der Rechtsnormen, manchmal sogar deren Sinn. Andererseits bereiten oft die
Rechtsnormen die Arena, setzen die Kampfregeln für streitende
Machtzentren fest und beeinflussen so die künftige Machtverteilung. Eine so entstehende Änderung in den Machtverhältnissen
kann später wiederum eine Änderung des Rechts bewirken.

Diese Erscheinung reiht sich an andere Beziehungen der Macht, die ebenfalls eine gegenseitige Verstärkung mit sich bringen. Ein Beispiel ist das Verhältnis zwischen den Interessen der Menschen und der Macht, mit denen die Menschen für ihre Interessen kämpfen können. Man ist leicht zu der Annahme geneigt, daß dies zwei ganz getrennte Tatsachen seien. In Wirklichkeit aber hängt es manchmal ganz von der für die Interessenvertretung verfügbaren Macht ab, ob und welche Interessen verfolgt werden. So haben höhere Reallöhne und die Erfindung des Ratengeschäfts den Bereich der materiellen Ansprüche der Menschen stark erweitert, und das allgemeine Wahlrecht hat die Forderung nach staatlich gesicherter wirtschaftlicher Fürsorge lawinenartig anwachsen lassen. Auch hier wirken die durch Machtzuwachs verstärkten Interessen auf die Machtverteilung innerhalb der Gesellschaft zurück. Dies wird deutlich, so oft eine politische Partei ihr Wahlprogramm entwirft. Ein anderes Beispiel ist die wechselseitige Stärkung von Interessen und Macht auf der einen, den moralischen Überzeugungen auf der anderen Seite. Ansprüche auf Löhne in Höhe des Existenzminimums wurden im England des 19. Jhts. und in Amerika vor dem *New Deal* als bloße Forderungen oder Bitten um Wohltätigkeit erhoben, haben aber Mitte der 60er Jahre in beiden Ländern die Natur von moralischen Ansprüchen angenommen. Diese Art von Wechselwirkung verstärkt und erweitert die betreffenden Ansprüche (im Sinne dessen, was später das Spektrum der Kopfzahl genannt wird), ruft neue, wesensverwandte Ansprüche hervor und beeinflußt so mittelbar auch die Machtausübung. Sittliche Überzeugungen können ebenfalls die Machtausübung beeinflussen, und zwar ganz offen; wenn nämlich die Machthaber diese Überzeugungen teilen, werden sie den entsprechenden Forderungen nur schwachen und schließlich gar keinen Widerstand entgegensetzen.

In diesem Gewirr von vielseitigen Wechselwirkungen nimmt das Recht eine strategische Stellung ein. Um diese Stellung richtig zu überblicken, ist es nötig, die Rollen zu erkennen, die Interessen, sittliche Überzeugungen und Macht für Entstehen, Bestand, Durchsetzung und Änderung des Rechts spielen; ebenso die Rolle des Rechts für die Aufgabe, das Kräftespiel der Interessen, so weit auszugleichen, zu mildern und zu lenken, daß sie sich innerhalb der Grenzen einer festen Sozialordnung halten. Bei der Erfüllung dieser Aufgabe kann das Recht seinerseits das Kräftespiel der Interessen, sittlichen Überzeugungen und Macht (im einzelnen und in ihrer Wechselwirkung) beeinflussen[6]. In der heutigen politischen Wissenschaft neigt man manchmal dazu, die Macht als den einzigen Gesichtspunkt zu behandeln, von dem aus dieses ganze System von Wechselwirkungen erklärt werden kann, und »Werte« (im Sinne von tatsächlichen Interessen, wie auch von sittlichen Überzeugungen)[7] nur als eine Art von Belohnung zu betrachten, um derentwillen die Macht wächst und sich ausdehnt. Ich dagegen erblicke in der Macht nur ein besonderes Element, und zwar eines unter vielen[8]. Diese Auffassung ist, wie wir sehen werden, auf jeden Fall eine wesentliche Voraussetzung für das Verständnis des Rechts in der demokratischen Politik.

Für den Juristen sind deshalb das Wesen der Macht, ihre Entwicklung und ihre Erscheinungsformen ein sehr ernstes Anliegen. Wir müssen uns auch vor dem Irrtum hüten, dies wäre nur für die Schattenseiten des Soziallebens wichtig, für die Welt der Feinde von Recht und Gesellschaft. Denn die Macht spielt ihre Rolle auch am hellen Licht des Rechtslebens der demokratischen Gesellschaft. Eine demokratische Regierung läßt ihre Macht nicht von der gesamten Bürgerschaft ausüben, sondern von bestimmten Personen oder Personengruppen. Gegenüber diesen Inhabern der Macht spielt der demokratische Bürger eine wichtige Rolle, aber die Bürger als solche üben keine Regierungsgewalt aus[9]. Das gilt auch für Demokratien, die vom Geist sozialistischer Gleichheit getragen sind[10].

§ 2 Wesen und Erscheinungsformen der Macht im allgemeinen. Macht als Ausübung eines beherrschenden Einflusses von Person zu Person

Nun stelle ich mir folgende Aufgabe: *Erstens* die allgemeine Feststellung des Wesens der Macht als einer Beziehung zwischen Menschen. *Zweitens* die Beschreibung eines »institutionalisierten« Systems der Machtverhältnisse und eine Erklärung der Begriffe »Machtstruktur« und »politisches System«, die einige Schriftsteller für dasselbe wie Macht halten. *Drittens* müssen unter den sich aus diesen Feststellungen ergebenden verwickelten Zusammenhängen gewisse Gesichtspunkte herausgegriffen werden, die für die Aufgaben des Juristen von besonderer Bedeutung sind. Hierbei seien für eine Reihe dieser Gesichtspunkte Übersichten gegeben, die bei der späteren Erörterung gute Dienste leisten werden. *Viertens* müssen einige Begriffe erklärt werden, die sich in der Literatur noch von früher erhalten haben, die heute aber lediglich Unklarheit in die Diskussion bringen und deshalb aus dieser systematischen Untersuchung auszuscheiden sind; es handelt sich um Begriffe wie »Prestige«, »Autorität«, »Legitimität« und »Angst«. *Fünftens* wende ich mich auf dieser Grundlage wieder den Problemen der Institutionalisierung der Macht zu. Es sei in aller gebotenen Kürze geschildert, wie sich Machtbeziehungen zu festen Gebilden oder Systemen entwickeln. Auch will ich die für das Rechtsverständnis wichtigeren Unterscheidungen erklären, vor allem die zwischen unpersönlicher und überpersönlicher Macht.

Frühere Versuche, das Wesen der Macht zu erklären, stützten sich auf die in den Gruppen lebendige Neigung, sich in Herrschende und Beherrschte[11], in Führende und Geführte[12] zu teilen, oder auf mechanische oder biologische Analogien[13]; diese Versuche wurden jetzt aufgegeben. Heute geht man statt dessen von der gegenseitigen Beeinflussung zwischen Personen in Zusammenhängen aus, in denen die einen einen überwiegenden Einfluß auf die anderen haben. Die ethischen Überzeugungen wurden bereits unter dem Gesichtspunkt der gegenseitigen Beeinflussung von Gruppenmitgliedern betrachtet, jetzt sollen auch Machtverhältnisse zum Teil ebenso verstanden werden. Gewiß ist es nicht dasselbe, ob ein Druck von einer Macht oder von einer lebendigen Überzeugung ausgeübt wird, aber beides ist leider unentwirrbar verflochten. Bei großen geistigen Führern und sittlichen Vorbildern ist es so gut wie ununterscheidbar, ob ihr Einfluß die Folge von Machtverhältnissen oder von gemeinsamen ethischen Überzeugungen ist. Die Überzeugungen mächtiger Menschen oder Gruppen von der Berechtigung ihrer Machtstellung verbreiten sich, weil die Menschen oder Gruppen mächtig sind, und das kann (auf Grund der früher erwähnten »Rückkoppelung«) ihre Macht verstärken[14]. Umgekehrt könnten sich ethische Überzeugungen der Anführer einer unterdrückten Klasse

den Machthabern mitteilen und deren Machtstellung schwächen

oder sogar zerstören (wie etwa im 18. und 19. Jht. die Überzeugung von »Menschenrechten« und »Menschenwürde« oder heute vom Selbstbestimmungsrecht der Völker).

Mögen ethische Überzeugungen zur Erklärung und Verherrlichung der Macht noch so viel beitragen, die (von Marx bevorzugte) Annahme ist dennoch falsch, daß dies nichts anderes sein könne als ein trügerischer ideologischer Deckmantel der herrschenden Ausbeuterklasse[15]. Die Überzeugungen können sogar von den Unterdrückten stammen; die Menschen schaffen sich nicht nur ihre Götter, sondern oft auch ihre Beherrscher nach ihrem eigenen Bilde. Mag eine Überzeugung zunächst bloß ein Rechtfertigungsversuch der Ausbeuter sein, die Machtausübung kann zu ihrer »Transpersonalisierung« führen und sie verwandten Überzeugungen annähern. Ethische Überzeugungen können sich von da an in zunehmendem Maße in der Machtverteilung und im Machtgebrauch widerspiegeln. Anders ausgedrückt: Macht paßt sich gern im voraus dem an, was C. I. Friedrich (Anm. 12) die »erwarteten Rückwirkungen« der Untertanen genannt hat, und ihren tatsächlichen Forderungen. Diesen Erwartungen und Forderungen geben die herrschenden ethischen Überzeugungen ihren Inhalt.

Diese enge Verflechtung von Macht und ethischen Überzeugungen wurde hier nur behandelt, um die einleitende Feststellung zu beleuchten, wonach Macht aus der wechselseitigen seelischen Beeinflussung der Menschen untereinander entsteht. Dem sei angefügt: trotz engster Verflechtung kann man in der Regel die wechselseitige Beeinflussung, aus der Macht entsteht, von derjenigen, die sich nur in sozial-ethischem Zwang kundtut, dadurch unterscheiden, daß bei der ersten ein ständiges Übergewicht des Einflusses einiger Personen gegenüber allen anderen vorhanden ist. Gewöhnlich erklärt man das Übergewicht damit, daß die Machthaber im ausschließlichen Besitz[16] allen Vermögens, aller Fachkunde und Bildung sind oder daß sie mit Weisheit, sogar Erhabenheit oder mit sonstigen, von anderen begehrten und bewunderten Werten ausgestattet sind. Man nennt alles dies heute auch die »Grundlagen der Macht«, was so lange unverfänglich ist, als wir nicht glauben, wir hätten mit diesem Ausdruck das volle Wesen der Macht erfaßt.

Zu meiner Kennzeichnung der Macht als eines überwiegenden Einflusses zwischen Personen, der unter gewissen Umständen durch Wechselwirkung entsteht, sei dreierlei zusätzlich bemerkt, um eine unrichtige Auslegung zu verhindern. *Erstens:* Macht besteht nicht aus den Eigenschaften und auch nicht aus dem Besitz der Machthaber[17]. Eine solche Annahme wäre irreführend, selbst wenn wir zugleich anerkennen, daß es vielerlei Grundlagen der Macht gibt (physische, wirtschaftliche und andere) und daß sie in den meisten Lebenslagen voneinander abhängig und miteinander verflochten sind[18]. *Zweitens:* Macht gibt es nur im Bezug auf einen bestimmten Zusammenhang und der Zusammenhang, in dem die Macht Einfluß ausübt, ist ein Teil ihres Wesens. Midas, der alles in Gold verwandelte, was er berührte, war machtlos und mußte Hungers sterben, da ihm niemand für Gold dienen wollte. Der Volksverführer Hitler verlor seine Macht im Bunker in Berlin, obgleich er seine ganze hypnotische Rednergabe noch besessen hatte. Nach jüdisch-christlicher Lehre verleihen Berge von Reichtum keine Macht am Eingangstor zur Erlösung. *Drittens:* Körperliche Gewalt oder ihre Androhung können in bestimmten Zusammenhängen bei der Entstehung der Macht vorkommen, das ist aber keineswegs eine notwendige Erscheinung[19]. Sollten wir noch *viertens* hinzufügen, daß ein überwiegender Einfluß dann nicht als Macht anzusehen ist, wenn diejenigen, die ihn besitzen, nicht die Absicht haben, die Macht zu erlangen und auszuüben?[20] Nach allgemeiner Anschauung ist eine solche Absicht erforderlich und zwar deshalb, weil sonst alle sozialen Beziehungen unter den Begriff »Macht« fielen – gegenseitige Beeinflussung von Personen und Gruppen, die dauernd in Beziehungen stehen, finden sich überall in der Gesellschaft[21]. Und doch müssen wir in einigen Fällen anerkennen, daß unbeabsichtigte Beeinflussung »Macht« sein kann; denn andernfalls würden wir so wichtige Erscheinungen außer acht lassen, wie die Macht, die eine erfolgreiche Gruppe durch die bloße Tatsache erwirbt, daß die Masse sie achtet und ihr nacheifert[22]. Die Bedenken dagegen sind nicht durchschlagend; denn wir können den Bereich der Macht innerhalb der Gesellschaft immer noch genügend abgrenzen, wenn wir auf das Überwiegen der von den Machthabern ausgeübten Beeinflussung über die Gegeneinflüsse abstellen.

Die Erkenntnis, daß Machtbeziehungen auch ohne bewußte Machtausübung bestehen können, ist besonders wichtig für ein Zeitalter starker sozialer und wirtschaftlicher Beweglichkeit.

Denn Macht und Machtzuwachs entstehen oft infolge ungeplanter sozialer Veränderungen. Möglichkeiten zur Macht sind, wie es scheint, in der Veränderung gesellschaftlicher Einrichtungen verborgen, und die Macht fällt dann demjenigen zu, der gerade am richtigen Platz steht, wo sich die neue Macht festsetzt. Wir werden an anderer Stelle in diesem Werk sehen, wie neue Sammelpunkte wirtschaftlicher Macht entstanden, als mit dem Wachsen des modernen Systems der großen Zusammenschlüsse das Eigentum am Großbetrieb von dessen Leitung und Verwaltung getrennt wurde. Wie bemerkt, sind es die Manager der Großverbände, die – vorbehaltlich des Eingreifens der Mehrheitsaktionäre – diese Machtpositionen einnehmen. Damit ist aber nicht gesagt, daß sie diese Stellungen in absichtlicher Planung geschaffen haben oder daß ihre Macht bestritten werden könnte, nur weil sie sich ihrer mitunter vielleicht nicht bewußt sind. Dieses Beispiel unterstreicht die Wichtigkeit des Zusammenhangs bei der Abgrenzung der Macht. *Außer Zusammenhang betrachtet,* könnten diese neuen Machtverhältnisse lediglich als ein Teil der herkömmlichen Macht des Arbeitgebers über den Arbeitnehmer, des Eigentümers über seinen Besitz erscheinen. In *diesem Zusammenhang* aber können die neuen Machtverhältnisse das Schicksal ganzer Staaten und großer Volksmassen beeinflussen; durch geplante Kundenwerbung, Produktion und Vermögensanlage können sie bestimmen, wofür das Nationaleinkommen ausgegeben wird, ja sie können die ganze Wirtschaft entscheidend gestalten[23].

§ 3 Institutionalisierung von Machtverhältnissen: Besonderheiten der Macht in größeren Gruppen

Das Recht ist ein Mittel zur bewußten Regelung des Zusammenlebens. Der Staat ist daher ein Machtsystem inmitten einer Mehrzahl von anderen und hat die Aufgabe, einige Werte vorzugsweise vor anderen oder eine bestimmte Wertzuteilung vorzugsweise vor anderen zu fördern. Die Wahl der Werte oder der Wertzuteilung, die durch die Macht einer Gruppe gefördert werden sollen, ist das, was man »politische Entscheidung« nennt, und das sind die Entscheidungen, über die vor allem anderen die

Machthaber zu bestimmen versuchen[24]. Die Bezeichnung »Politik« ist für die verwickelten Machtbeziehungen angebracht, die sich innerhalb großer Gruppen bei der Vorbereitung solcher Entscheidungen entwickeln (die Staatsgesellschaft ist die umfassendste große Gruppe)[25]. Von einer solchen großen Gruppe sagt man, sie habe ein »politisches System« oder sie sei »politisch organisiert«; sie hat, in anderen Worten, ein geregeltes Verfahren und feste Organe, deren Entscheidungen über die Wahl von Werten als für die Gruppe verbindlich angesehen werden bei der Anwendung ihrer Macht zur Förderung oder Erzwingung politischer Ziele.

Auf folgende vier Punkte lohnt es sich näher einzugehen[26]: *Erstens* hat nicht nur die staatliche Gesellschaft, sondern jede Gruppe von einiger Größe und Dauer in der Regel ein mehr oder weniger entwickeltes politisches System mit mehr oder weniger festem Verfahren und Organen, die die Befugnis haben, ihre Politik zu bestimmen oder sie zwangsweise durchzusetzen. Dies versteht man letztlich unter der Institutionalisierung der Entscheidung und damit der Macht – von den Klubsatzungen bis zu den großen Staatsverfassungen. Die Bezeichnung »politisch« wird gewöhnlich nur auf den Staat angewendet. Sehen wir aber als das wesentliche an einem politischen System das Vorhandensein eines bindend vorgeschriebenen Verfahrens zur Erreichung von Gruppenentscheidungen an, so gibt es offenbar zahlreiche Gruppen innerhalb des Staates, von denen jede ihr eigenes »politisches System« oder ihre eigene institutionelle Machtstruktur besitzt. *Zweitens:* Institutionalisierte Macht in diesem Sinn spielt zwar eine große Rolle bei der Wahl zwischen Werten, die sich den Rang streitig machen, aber die der Macht zustehende Ermessensfreiheit ist noch nicht dasselbe wie der Rangstreit unter den Werten. *Drittens* gibt es Teilgebiete des Soziallebens, die nicht unter die Machtvorgänge fallen[27], wie dort, wo die erstrebten Werte nicht mit anderen im Wettbewerb stehen. Dazu gehören die Tätigkeiten und Ziele wahrer Mystiker, Künstler, Philosophen und Gelehrten, die Bestrebungen innerhalb einer wohlgeordneten, auf Liebe aufgebauten Familiengemeinschaft oder einer Gruppe von Quäkern, überhaupt überall wo Entscheidungen nicht *getroffen,* sondern nur durch Nachdenken und Gefühl des einzelnen und durch Meinungsaustausch *gefunden* werden. *Viertens:* Wie ausgeführt, gibt es innerhalb der staatlichen Gesellschaft eine Vielzahl an institutionalisierten politischen Systemen. Wenn daher, wie so oft heute, gefordert wird, Teilgebiete des Sozallebens der »Politik« fernzuhalten (oder von ihr zu befreien), so muß das nicht heißen, daß sie von *jeglicher* Beeinflussung durch Macht frei sein sollen, sondern nur daß sie von der Beeinflussung durch die umfassende *staatliche* Gesellschaft frei und den Machtsystemen anderer Gruppen unterworfen sein sollen[28].

§ 4 Die rechtserheblichen Spektren der Macht

Nun wende ich mich der schwierigen Frage zu, was unter verschiedener Quantität oder Stärke der Macht zu verstehen ist. Wenn wir davon sprechen, daß in einem Machtkampf die eine Seite gesiegt hat, weil sie die stärkere war, was meinen wir damit? Wenn wir hierbei nicht nur einfach vermerken, was geschehen ist, dann müssen wir meinen, daß die eine Seite gesiegt hat, weil ihre Macht in irgendeiner Weise größer war. Schon der Begriff »Macht« selbst deutet auf unsere Fähigkeit hin, nicht nur die tatsächlichen Ergebnisse, sondern auch die Ursachen zu verstehen, die eine entscheidende Ungleichheit in der Einflußstärke der Ströme und Gegenströme zwischen den Machtausübenden und den von der Machtausübung Betroffenen hervorbringen.

Trotz der allgemeinen Erkenntnis solcher Zusammenhänge können die mit der Ausübung institutioneller Macht in großen Gruppen verbundenen Erscheinungen und Vorgänge nicht genau zahlenmäßig gemessen oder gewogen werden. Dazu sind sie zu verwickelt: Die Einstellung des einzelnen und der Gruppe schwankt im Laufe der Zeit; diese wechselnde Einstellung und die sogenannten »Machtgrundlagen« sind vielfältig und unberechenbar ineinander verflochten; Interessen, ethische Gruppenüberzeugungen, Macht und Recht stehen in wechselseitigem Kraftaustausch. Welche von zwei Machtstrukturen sich schließlich als stärkere erweist, das läßt sich daher nur da vorhersagen, wo der Machtunterschied so groß ist, daß er sich vollends ohne theoretisch ausgearbeitete Messungen offenbart. Mit vollem Recht verzichten H. D. Lasswell und A. D. H. Kaplan von vornherein auf jegliche Annahme, daß wir die einzelnen Faktoren der Macht nach ihren veränderlichen Stärkegraden miteinander vergleichen könnten; ihr hervorragender Beitrag zur Klärung der Begriffe und Methoden erhebt nicht den Anspruch, zu einer quantitativen Analyse zu verhelfen, sondern will durch die Anwendung eindeutiger Begriffe ermöglichen, unser Wissen durch die Untersuchung vergangener Machtkämpfe zu bereichern[29].

Das ist wohl das einzige Ziel, das wir mit solchen quantitativen Bestimmungen von Machtfaktoren anstreben können; vielleicht können wir dabei auch lernen, welche Faktoren uns ein ungefähres Urteil darüber erlauben, ob eine Macht gerade zunimmt oder abnimmt. Beides ist aber bei weitem nicht genug, um einigermaßen schwierige Machtkämpfe zu einem gewollten Ergebnis zu bringen, ja nicht einmal, um ein Ergebnis vorauszusagen. Ich verfolge deshalb diese Frage nicht weiter.

In einem viel bescheideneren Rahmen stellen sich eine Reihe von ähnlichen Fragen, die von besonderer Bedeutung für das Recht sind. In welchem Grad beruht z. B. bei einem bestimmten Machtverhältnis das Übergewicht an Einfluß auf der einen und nicht auf der anderen Machtbasis – auf physischer Kraft, wirtschaftlicher Stärke, höherem Bildungsstand, moralischer Überlegenheit usw.? In welchem Grad ist ein vorhandenes Übergewicht auf einer dem Machtausübenden und dem Beherrschten gemeinsamen Basis entstanden oder durch Zwang des einen gegen den anderen? Welcher Grad von Unterwürfigkeit des einen gegenüber dem anderen ergibt sich aus der Tatsache ihrer vorhandenen Beziehungen? Solche Fragen haben nur eine begrenzte Tragweite. Sie greifen bestimmte, für eine einzelne Untersuchung besonders erhebliche Gesichtspunkte von Machtverhältnissen heraus, in unserem Falle zum Zweck der Erkenntnis der Rolle der Macht für die Schaffung, Erhaltung, Änderung oder Beseitigung des *Rechts*. Sie werden deshalb hier nicht so sehr in irgendeiner methodologischen, allgemein theoretischen Bedeutung dargestellt, vielmehr nur zum richtigen Verständnis der Macht für den Juristen.

In sechs verschiedenen Erscheinungsformen sind Machtverhältnisse für den Juristen bedeutungsvoll genug, um den Grad ihres Vorhandenseins in bestimmten Fällen näher zu untersuchen[30]. Auch hier kann natürlich nicht mit einem festen Maßstab gemessen werden, sondern es handelt sich um Abstufungen, für die in jedem Fall ein besonderes Spektrum gilt. Diese Spektren wollen wir hier aufführen und kurz beschreiben.

(1) *Das Spektrum des Zwangs.* Dieses betrifft den Grad des im Machtverhältnis vorhandenen Zwangs sowie den Grad der Schwere und drohenden Nähe von Zwangsmaßnahmen. Am schwächsten Ende dieses Spektrums steht etwa die Macht des Gelehrten über einen Studenten, der sein Schüler geworden ist. Am entgegengesetzten Ende steht die Macht des Scharfrichters über den zum Tode Verurteilten. Die Betrachtung von Macht nach diesem Spektrum kommt der volkstümlichen Auffassung nahe. Wichtiger aber ist hier die Feststellung, daß Macht in dieser Erscheinungsform sich dauernd im Rahmen einer jeden Art von Rechtsordnung betätigt. Wo nichtjuristische Theoretiker diesen Gesichtspunkt behandeln, dort benützen sie bezeichnenderweise gerne juristische Ausdrücke, so z. B. wenn Parsons von einem »Kontinuum von Zwangsmaßnahmen« spricht, das »von bloßem Zureden bis zur nackten und unmittelbaren Gewaltanwendung« reicht[31].

(2) *Das Spektrum des ethischen Elements.* Ebenso wichtig für das Studium von Recht und Gesellschaft ist der Grad, in dem der Einfluß der Machtausübenden darauf beruht, daß sie sich mit jenen ethischen Überzeugungen eins fühlen, die schon die ihrer Untergebenen sind. Dieser Gesichtspunkt ist in seiner Bedeutung für das Verständnis des Rechts, namentlich in demokratischen Gesellschaften, weniger augenfällig als das Element des Zwangs. Es wird später zu zeigen sein, daß er für das Verständnis der Begriffe des Rechtsstaats (*rule of law*) und der Verfassungskonvention von ausschlaggebender Bedeutung ist. Er hat eine ebensolche Bedeutung für die Erklärung von bestimmten wichtigen Grenzen einer wirksamen Rechtsverfolgung, von Verzögerungen einer Rechtsreform auf gewissen Gebieten (z. B. dem Scheidungsrecht und dem Strafrecht) als auch bestimmter Situationen des Zusammenbruchs oder der gewaltsamen Änderung der Rechtsordnung.

(3) *Das Spektrum der betroffenen Interessen.* Von dem Grade des Zwangs oder der gemeinsamen Überzeugung in einem Machtverhältnis ist der Grad zu unterscheiden, in welchem die Interessen der Beherrschten denen des die Macht Ausübenden untergeordnet werden. Dieser Grad spiegelt zugleich den Bereich der 21

Interessen wider, auf die sich das Machtverhältnis erstreckt, beispielsweise wenn wir die Behelligung des Autofahrers durch einen Verkehrspolizisten mit der eines Ehemanns durch seine herrschsüchtige Frau vergleichen. Ebenso spiegelt er wider, wie weit jedes einzelne Interesse unterdrückt wird, beispielsweise wenn wir die Macht eines Ladenbesitzers, der mit Luxuswaren Schleichhandel betreibt, mit der eines Erpressers vergleichen. Dem Interessenspektrum der Macht wird eine tiefe und überall wichtige Bedeutung durch den Druck tatsächlicher Interessen verliehen, ebenso durch die Frage, wo und wie einige dieser Interessen zugunsten anderer beschnitten werden.

(4) *Das Spektrum des Einflusses.* Fast ebenso wichtig ist ein Spektrum, das den Grad des Einflusses eines Machtverhältnisses auf die Einstellung und das Verhalten des Beherrschten zeigen könnte. Auf den ersten Blick erscheint dieses Spektrum dem des Zwangs so ähnlich, daß auf den Unterschied zwischen den beiden Spektren besonders hingewiesen werden muß. Wie wir beim Spektrum des Zwangs gesehen haben, wäre der Einfluß eines großen Lehrers auf einen Schüler dort ungefähr am schwächsten, die Gewalt des Scharfrichters über den Verurteilten am stärksten Punkt. Im Spektrum des Einflusses könnte das gerade umgekehrt sein. So kann (trotz des Fehlens von Zwang) die Beeinflussung durch den Lehrer so stark werden, daß der Schüler einen Weg einschlägt, der ihn – wie er weiß – in die Hände des Scharfrichters führt und ihn dagegen gleichgültig werden läßt. Die beiden Spektren dienen also verschiedenen Betrachtungsweisen und Gesichtspunkten. Unverkennbar hat der Gesichtspunkt des Einflußgrades im allgemeinen Bedeutung für das Recht als Mittel der sozialen Ordnung, im einzelnen eine je verschiedene Bedeutung den großen Unterschieden im menschlichen Verhalten entsprechend. Eine besondere Bedeutung hat dieses Spektrum auf Sondergebieten wie dem Strafrecht, wo die nie endenwollenden Kontroversen über Verbrechensverhütung, Strafe und Abschreckung es nötig machen, den Grad des Einflusses einzelner Arten von Machtausübung zu bemessen.

(5) *Das Spektrum der Kopfzahl (head-count).* Die vier bisher erwähnten Gesichtspunkte von Machtverhältnissen haben es alle (ausgenommen vielleicht das ethische Element) mit den Beziehungen zwischen dem Machtausübenden und jedem einzelnen seiner Macht Unterworfenen zu tun. Das Recht dagegen sucht,

als Ordnungsmittel das Verhalten der Mitglieder der Gesellschaft allgemein zu regeln. Es erreicht dieses Ziel nicht auf Grund scharfer Berechnung seines Einflusses auf Einzelpersonen, sondern auf Grund von groben Durchschnittsberechnungen; es wägt mit Metzgerwaagen, nicht mit der Goldwaage. Anders ausgedrückt, die *Zahl der dem Machteinfluß unterworfenen Personen* als Maßstab der Reichweite der Macht ist für den Juristen von höchster Wichtigkeit. In demokratischen Gesellschaften wird der Gesichtspunkt der Kopfzahl noch in anderen Beziehungen Bedeutung erlangen.

(6) *Das Spektrum der Zeitlichkeit (time count).* Lasswell und Kaplan haben »den Grundsatz der Zeitlichkeit« *(principle of temporality)* aufgestellt, um die Richtung einer politischen Forschung zu kennzeichnen, die ihren Forschungsgegenstand »in Gestalt einer bestimmten Kategorie von Ereignissen (mit Einschluß ›subjektiver‹ Ereignisse) sieht, nicht in Gestalt von zeitlosen Einrichtungen oder politischen Formen«. Macht ist in dieser Beleuchtung ein Vorgang in der Zeit, bestehend aus erfahrungsgemäß ortsbestimmten und beobachtbaren Handlungen[32]. Das Spektrum der Zeitbedingtheit, das hier wegen seines besonderen Interesses für den Juristen behandelt wird, liegt auf einer etwas anderen Ebene. Es bezieht sich auf den engeren Gesichtspunkt, daß Machtverhältnisse sich durch den Grad ihres zeitlichen Bestandes unterscheiden. Manchmal liegt es in und an ihnen selbst, daß sie durch die bloße Tatsache ihrer Fortdauer an Stärke gewinnen, was die Juristen gemeinhin als »normative Kraft des Faktischen« bezeichnen. Manchmal sind sie ihrem Wesen nach vergänglich, so z. B. wo die »Grundlage« eines Machtverhältnisses an das Dasein bestimmter Personen gebunden ist. Der Gesichtspunkt der Zeitlichkeit kann überdies von Bedeutung sein, wo Machtverhältnisse an das Dasein einer großen sozialen Gruppe gebunden sind, die womöglich ewig leben kann, wenn etwa überpersönliche Macht mit den ethischen Überzeugungen der Gruppe verflochten ist. Auch solche Überzeugungen sind vergänglich, sie können sich ändern oder untergehen. Im Zusammenhang mit der Dauerhaftigkeit der Macht werden noch weitere Unterscheidungen nötig, so z. B. solche nach dem Grade der Anpassungsfähigkeit von Überzeugungen (und damit auch von Machtsystemen) an veränderte Umstände. Am stärksten Punkt eines solchen Spektrums stünde etwa die

Verwandlung der Magna Charta aus einer Charta der Privilegien des Adels zu einer solchen der allgemeinen Freiheit der Menschen und Bürger; am anderen Ende stünde die Macht eines unfähigen Diktators, der sich nicht einmal auf die Treue seiner Palastwache verlassen kann.

§ 5 Veraltete und unwissenschaftliche Auffassungen von Macht

Unser Wissen ist zu weit fortgeschritten, als daß wir heute noch irgendeine Aufzählung von »Formen« der Macht (etwa »wirtschaftliche«, »militärische« usw.) als genügende Grundlage zum Verständnis der Macht gelten lassen könnten. Heute spricht man von den Grundlagen der Macht, wobei diese oft völlig den alten »Formen der Macht« entsprechen. Das verringert kaum die Schwierigkeiten[33], läßt uns aber die Weitverzweigtheit der Erscheinung »Macht« erkennen. Die Macht ist irgendwie verbunden mit einem oder mehreren dieser Elemente, die unter sich mehr oder weniger zusammenhängen und einander verstärken; sie ist abhängig von dem Zusammenhang, in dem sie wirkt, und von der gegenseitigen Beeinflussung, Anregung und Förderung zwischen den bewußten Interessen und Überzeugungen der Menschen einerseits und Machtverhältnissen andererseits, sowie zwischen allen diesen und ihren institutionellen Geschöpfen wie z. B. der Rechtsordnung. Wir müssen uns deshalb vor verlockender Vereinfachung hüten, wozu etwa rechnen: daß Macht aus »Autorität«, »Legitimität« oder der Selbstsicherheit des Machthabers entsteht oder auf seiten der Beherrschten aus Angst oder anerzogenem Gehorsam.

Ist mit den Begriffen »Prestige« oder »Autorität« die offensichtliche Tatsache gemeint, daß in einem festen Machtverhältnis der eine Teil den anderen beherrscht oder sogar unterdrückt, so ist ihre Verwendung unschädlich. Das ist ja lediglich die Feststellung, daß ein Machtverhältnis besteht. Wir dürfen nicht glauben, daß darin irgendeine sozial-psychologische Erklärung dafür liegt, wie Macht entsteht und sich hält[34]. Der Ursprung und Sinn dieser Begriffe ist so umstritten wie der Begriff »Macht« selbst. »Prestige« kann zum Beispiel die halbmystischen Seiten einer Vorherrschaft bezeichnen, die mit Max

Webers Anschauung vom »Charisma« verbunden sind[35], den Zufall der Geburt in eine führende Familie, die sonstige Stellung einer überlieferungstreuen Klassengesellschaft[36] oder die wirkliche oder erwartete Leistung. »Prestige« kann sich ferner darauf beziehen, daß jemandem wegen seiner institutionellen Rolle Eigenschaften zugeschrieben werden, die in der Institution unpersönlich oder überpersönlich geworden sind. Solche Vorgänge (die alsbald untersucht werden) können ihrerseits aus den verschiedensten Verbindungen von Überlieferung, Verdienst, persönlichen Eigenschaften und dem Zufall der Aufeinanderfolge der einzelnen Machthaber hervorgehen. Alles das bleibt verborgen, und die Hauptfrage bleibt unbeantwortet, so wir annehmen, daß uns »Prestige« einen festen Ausgangspunkt für das Studium der Macht bietet.

Ich neige zu einer ähnlichen Ansicht, was die Begriffe »Autorität« und »Legitimität« anlangt[37]. Wie sich gezeigt hat, kann man durchaus ohne diese beiden Begriffe solche Gegenstände erörtern wie die Übertragung rechtlicher Befugnisse (d. s. Befugnisse, die durch Rechtsvorschriften verliehen sind und geschützt werden)[38], die Übereinstimmung der sozialethischen Überzeugungen des Machthabers mit denen der Untertanen[39] und überhaupt das Wesen der Macht sowie ihre Abwandlung ins Unpersönliche und Überpersönliche[40]. »Legitimität« der Macht wird manchmal im engeren Sinne gebraucht, nämlich nur in den Fällen ihrer Verbindung mit einem oder mehreren aus einer bestimmten Zahl von »Grundsätzen« des Machtbesitzes (erbrechtliche, aristokratisch-monarchische, wahlrechtliche, demokratische Grundsätze u. a. m.); dieser engere Sinn ist heute ohne soziologische Bedeutung. »Autorität« kann im engeren Sinn das gleiche wie »überlegenes Wissen und Verstehen« bedeuten[41]; sie bezieht sich diesfalls entweder auf die tatsächlich vorhandene Überlegenheit oder auf den verdienten oder unverdienten bloßen Ruf solcher Überlegenheit in der Gemeinschaft[42]. In dieser zweiten Bedeutung deckt sich »Autorität« mit »Prestige«, und es gilt dafür das soeben über Prestige Bemerkte[43].

Etwas anders liegt die Sache hinsichtlich der Selbstsicherheit der Führer. Insofern wir sie als eine Quelle sämtlicher Machtbeziehungen ansehen, läuft das auf die allzu einfache Erklärung mit dem Verhältnis von Herrschaft und Unterwerfung hinaus, was gewiß nicht genügt. Es läßt sich keineswegs feststellen, welche Beziehung zwischen der demokratischen Natur eines Gemeinwesens und der Anzahl von »autoritären Persönlichkeiten« in ihm besteht, obwohl man annehmen muß, daß demokratische Gemeinwesen ohne autoritäre Persönlichkeiten nicht richtig gedeihen können. Versucht man die schwierigen Fragen der Macht in der Gesellschaft so einfach zu erklären, verkennt man die Hauptrolle, die die Wechselwirkung zwischen Institutionen und Einzelpersönlichkeit spielt[44]. Das Vertrauen der Machtausübenden in ihre eigene Autorität kann jedoch als eine allgemeine sozialpsychologische Bedingung der Dauerhaftigkeit von Machtverhältnissen angesehen werden und darf insoweit als Hauptfaktor gelten. »So die Posaune einen undeutlichen Ton gibt, wer wird sich zum Streit rüsten?«, rief Paulus im ersten Korintherbrief. Das gilt für weltliche Macht ebenso wie für den Glauben und ist seit jeher ein Hauptanliegen der Rechtsordnung. »Rechtssicherheit« ist eine alte Aufgabe; für die feste Stellung der Rechtsprechung ist es zweifellos wichtig, den Glauben an die Rechtssicherheit aufrechtzuhalten. Ja sogar die Leugner der Rechtssicherheit bestätigen oft diese psychologische Wahrheit, indem sie zum Ersatz eine Gewißheit anderer Art vorschlagen[45].

Die Angst der Untertanen ist ebenfalls für einen Schlüssel zum Verständnis von Machtverhältnissen gehalten worden. Nun findet sich zwar Angst gewöhnlich als eine Begleiterscheinung der Untertänigkeit, auch wo die Macht unpersönlich oder überpersönlich geworden ist, und bei reiner Zwangsherrschaft kann Angst sogar zur ausschließlichen oder entscheidenden Grundlage der Macht werden. Aber sogar in diesem äußersten Fall gibt es Angst auf der Seite des Machthabers ebenso wie beim Beherrschten, wie es Machiavelli bei seiner Schilderung von Cesare Borgias Versuchen betont, sich gegen die Wahl eines unnachgiebigen Papstes zu sichern[46]. Angst ist auch selten frei von Beigaben, z. B. der Achtung vor Unbarmherzigkeit. Weiter entfernt vom starken Ende des Zwangsspektrums, muß die Vorstellung von »Angst«, soll sie zur Erklärung der Macht dienen, zu viele verschiedene Dinge decken, z. B. Angst um die eigene Sicherheit gegenüber dem Machtausübenden und in einigem Widerspruch dazu auch die Angst vor den ungewissen Folgen im Falle des Sturzes des Machthabers. Daher braucht es nicht die

26 Angst vor dem Machthaber zu sein, die zu Botmäßigkeit führt,

sondern es kann auch die Tatsache genügen, daß die Angst vor dem Machthaber geringer ist als die Angst vor anderen im Falle des Nichtnachgebens drohender Gefahren.

Weiter zurück im Zwangsspektrum wird »Angst« unverwendbar zur Erklärung von Macht. Hierher gehören die Fälle, in denen um der Gesinnungstreue willen Opfer gebracht werden. Diese Fälle sind so häufig, daß sie in der Alltagssprache erwähnt werden; bei ihnen bringt Treue gegenüber den die Macht ausübenden Personen oder Einrichtungen viel größere Härten und Gefahren mit sich als Treulosigkeit. Gesetzesgehorsam beruht in der Demokratie in erster Linie auf der allgemeinen inhaltlichen Gutheißung der Rechtsordnung oder darauf, daß man sich nicht vorstellen kann, unter einer anderen zu leben, oder auch auf der Angst vor dem, was nach dem Fall der bestehenden Rechtsordnung geschehen könnte; nur nebenbei auf Angst vor den augenblicklichen Machthabern. Beispiele für diese zuletzt genannte Angst gibt es zweifellos immer noch, sogar in festgefügten Gesellschaften; solche Fälle gibt es heute im Kampf um die Integration der Rassen in den Vereinigten Staaten und in einigen Streitfragen zwischen Kapital und Arbeit. Bezeichnenderweise kann gerade in diesen Fällen die Angst der Machthaber vor gefürchteten Gegenschlägen der Untergebenen genau so groß sein wie die Angst der Untergebenen.

Schließlich muß der Tatsache gebührend Rechnung getragen werden, daß erworbene Gewohnheiten bei der Reaktion auf bestimmte Reize zweifellos einen festigenden Einfluß auf bestehende Machtverhältnisse ausüben. Im Verfolg der Lehre Pawlows über die künstlichen Reflexe hatte man gemeint[47], es bestehe eine nahe Verwandtschaft zwischen der Nachgiebigkeit einzelner Menschen gegenüber Machthabern und ihrer Empfänglichkeit für Hypnose. Man hat zuweilen die Machtstellung der faschistischen Diktatoren unseres Jahrhunderts mit Massenhypnose erklärt. Wie immer dem sein mag, die Dauerhaftigkeit der Macht zeigt sich darin, daß das Verhalten des Nachgebenden den Wirkungskreis des Willens und des Kampfes der Beweggründe verläßt und auf das Gebiet des erworbenen Verhaltens übergeht, auf dem der einzelne gewohnheitsmäßig auf erkennbare Reize in einer bestimmten Weise reagiert. In diesem Lichte betrachtet, ist es nicht einfach die Launenhaftigkeit des Engländers, wenn in einer argen Notlage die Klänge von »God save the Queen« eine beruhigende Wirkung auf eine wildbewegte, möglicherweise von Angst gelähmte englische Volksmenge ausübt. Mit bestimmten Reizen verbinden sich die Reaktion des Nachgebens und die Fernhaltung gegenteiliger Antriebe[48]. Diese Reize können so verschiedenen Ursprungs sein wie die allgemeine Unterwerfung unter einen Eroberer, die Angst vor der Zauberei eines Medizinmanns, die Furcht vor den Entbehrungen der Arbeitslosigkeit, die Hoffnung einer Volksmasse auf Unterstützung und die Hoffnung auf Stellen nach einer Wahl. Sie können von denen ausgehen, die der Macht erliegen, wie auch von den die Macht Ausübenden, wenn die Menschen sich zum Beispiel aus Chaos und Verwirrung in ein Ideal wie den Nationalsozialismus flüchten, deren Verfolg Organisation verlangt, oder in den Glauben an übernatürliche Mächte, der den Medizinmännern Arbeit verschafft. In diesen und anderen Fällen (die natürlich auch miteinander verbunden sein können) sorgen, wenn einmal das Machtverhältnis für eine größere Anzahl von Menschen gefestigt ist, Nachahmungstrieb und gegenseitige Beeinflussung dafür, daß die Allgemeinheit ihre Zustimmung gibt. In der Nachgiebigkeit infolge von erworbenen Gewohnheiten liegt zweifellos eine der wichtigsten Erklärungen für die im folgenden zu behandelnden Vorgänge der Institutionalisierung von Machtverhältnissen, aber keineswegs spielen diese Gewohnheiten eine besonders große Rolle als Grundlage der Macht.

§ 6   Abwandlung der Macht ins Unpersönliche und Überpersönliche

Selbst wenn man Machtverhältnisse aus den beteiligten Persönlichkeiten heraus erklären könnte, so bliebe dennoch ungeklärt, wieso sich die Macht in sozialen Beziehungen so oft als etwas Unpersönliches und Unwiderstehliches darstellt. Warum erscheint uns die öffentliche Gewalt – gleichsam die Macht im weitesten Sinne – als etwas, das mehr und anders ist als die Macht der einzelnen machtausübenden Personen? Das führt zurück zum Problem der Institutionalisierung der Macht, der

Entstehung von Machtsystemen und Machtstrukturen.

Aufschlußreich sind für den Juristen die Ansichten N. S. Timasheffs über das Unpersönlichwerden und Überpersönlichwerden der Macht innerhalb großer Gruppen, die dauernden Bestand haben und in denen die Tätigkeiten der Mitglieder ineinandergreifen[49]. Wir sagen: Unpersönliche Macht steht verhältnismäßig hoch im Spektrum der Kopfzahl und im Spektrum des Zeiteinflusses. Zuoberst thront in beiden Spektren die überpersönliche Macht, die auch im Spektrum des ethischen Elements verhältnismäßig hoch steht.

Die Entpersönlichung der Macht[50] ist eine Folge der Erfahrungstatsache, daß der einzelne sich einem Machteinfluß um so williger unterwirft, je mehr und eher er merkt, daß andere das gleiche tun, und um so weniger, wenn andere sich widersetzen. Ein Grund dafür mag im angeborenen Nachahmungstrieb liegen; nun, man hat andere Gründe angeführt. So hat man z. B. darauf hingewiesen[51], daß in einer Gruppe von 100 Beherrschten die Nachgiebigkeit des Mitgliedes A von einer dreifachen Beeinflussung abhängt, nämlich von den Einflüssen (1) seines eigenen Nachgebens in früheren Fällen; (2) des nachgiebigen Verhaltens der 99 anderen Mitglieder; (3) davon, daß jedes der 99 anderen Mitglieder vom nachgiebigen Verhalten eines jeden gegenüber dem Machthaber Kenntnis hat. A ist also an die Machthaber nicht nur durch persönliche Beziehungen *zu ihnen* gebunden und durch seine eigenen Bindungen an die 99 anderen Mitglieder, sondern darüber hinaus durch seine Kenntnis von den Bindungen zwischen jenen anderen und dem Machthaber. A's Glaube, nachgeben zu müssen, ist also die Gesamtfolge tausendfacher Bindungen, auf deren größten Teil er als bloßer Beobachter keinen Einfluß hat. Das erzeugt das Gefühl, daß der Machthaber tatsächlich eine überwältigende unwiderstehliche Macht ausübt. Wären die hundert eines Geistes und handelten sie gemeinsam, könnten sie die Macht entkräften; gegenüber jedem einzelnen ist sie jedoch eine tiefe psychologische Wirklichkeit. Darin liegt die Erklärung dafür, daß es so schwer ist, Machtstrukturen zu stürzen, selbst wo sie rücksichtslos, unmenschlich und abstoßend sind[52].

Mit dieser Entpersönlichung wird die Macht stabiler und zugleich im weiteren Umfang verwundbarer. Gehorsamsverweigerung schwächt nicht nur die Nachgiebigkeit des Ungehorsamen, vielmehr rüttelt sie am Glauben an das Bestehen der Macht überhaupt. Das ist die psychologische Bedeutung der strengen Disziplin, fast einer Disziplin um ihrer selbst willen, in einem großen Heer, dem typischen Beispiel einer unpersönlichen Machtstruktur[53]; ebenso erklären sich die unverhältnismäßig harten und oft unmenschlichen Strafen, die von despotischen Regierungen für einzelne Unbotmäßigkeiten verhängt werden.

Eine weitere Stufe in der Umformung von Machtverhältnissen zu Machtstrukturen ist die Abwandlung ins Überpersönliche, nämlich die Verstärkung der Macht durch ihre Verbindung mit einem Begriff oder Grundsatz, der über die gewaltausübenden Personen hinausgeht[54]. Diese Transpersonalisierung der Macht ist wohl mit dem Ergebnis der Depersonalisierung verbunden, nämlich mit dem Bestehen einer unpersönlichen Macht. Es ist in gewisser Hinsicht etwas Ähnliches wie die bei den Naturvölkern übliche Vergegenständlichung (Personifizierung, Hypostasierung) jener Erscheinungen und Vorgänge, die sie nicht verstehen[55]. Transpersonalisierung verknüpft die Macht mit Wertvorstellungen und Grundsätzen, die bei den Mitgliedern der Gesellschaft in Geltung stehen – und eben diese Verknüpfung festigt und stärkt die Stellung der Machthaber. Der Grundsatz vom »göttlichen Recht der Könige« war eine Transpersonalisierung der »königlichen Macht«[56]. Er festigte die Machtstellung eines herrschenden Königs und beugte durch Sicherung der Thronfolge Unklarheiten nach dem Tode eines Königs vor: »Le roi est mort! Vive le roi!«[57] Das führt nun zur wichtigsten Feststellung, daß nämlich der Grundsatz des »göttlichen Rechts der Könige« dazu diente, die unbeschränkte Macht des Alleinherrschers Regeln zu unterwerfen, die sich aus ihrem göttlichen Ursprung und dessen Geboten ergaben[58]. Die Göttlichkeit, die »einen König schirmt« (Hamlet IV 5 d. Ü.), mag so als Beispiel dafür dienen, daß der Macht Eigenschaften zugeschrieben werden, die sie für den Untertanen annehmbarer und deshalb für den Machthaber wirksamer und leichter in der Ausübung machen. Umgekehrt zeigt sich darin, daß die Menschen auf Dauer nicht bloße »Silben im Munde von Allah« bleiben wollen. Denn obwohl dies zur Verstärkung der Macht dient, wird dieses Ziel (wie noch auszuführen) nicht erreicht, so die Macht nicht ihrerseits das (leichtere oder schwerere) Joch jenes Grundsatzes auf sich nimmt.

Unter Herrschaftsgewalt verstehen wir eine Macht, die als solche anerkannt wird, sofern sie sich auf die ihr zu Gebote stehenden Zwangsmaßnahmen stützt. Sie steht weit oben im Spektrum des Zwangs und dem der betroffenen Interessen, weit unten im Spektrum der ethischen Elemente. Wo sich dagegen die Macht mit einem von der Gesellschaft allgemein hochgehaltenen ethischen Grundsatz verbindet, fühlen sich in der Regel die Machtausübenden gebunden und suchen, beim Ausgleichen der Gegensätze diejenigen Werte zugrundezulegen, die jenem Grundsatz entsprechen. Die Lage der Beherrschten ist unter einer solchen überpersönlichen Machtstruktur besser als unter reiner Zwangsgewalt[59]. Wird eine Macht überpersönlich, so steigt sie im Spektrum der ethischen Elemente höher.

Macht verbindet sich nicht zwangsläufig mit einem von der Gruppenüberzeugung getragenen ethischen Grundsatz und wird dadurch nicht überpersönlich. Ebensowenig gelingt es einer Gruppenüberzeugung notwendigerweise, von den Machthabern anerkannt und unterstützt zu werden. Die Geschichte bietet viele Beispiele des bittersten Streits zwischen diesen beiden. Wie Sir H. Maine vor langer Zeit festgestellt hat, können sie einander in völliger Gleichgültigkeit gegenüberstehen. Oft begnügen sich Gewaltherrscher damit, Steuern und ähnliche Zwangsabgaben einzuheben, ohne in das tägliche Leben des Volkes einzugreifen. Aber sowohl in Machtstrukturen als auch in ethischen Gruppenüberzeugungen sind Kräfte lebendig, die eine aus beiden Bereichen zusammengesetzte, umfassendere Beeinflussung des Verhaltens zum Ziele haben. Reine Herrschaft »könnte nur durch stete Aufsicht bestehen und wäre infolgedessen in den meisten Fällen vollkommen wertlos«[60]. Überpersönliche Macht erfordert wenig Kraftaufwand, denn eine Gruppe schließt sich leichter an Führer an, die mit den Gruppenüberzeugungen übereinstimmen. Ja, es kommt gerade durch die Wiederholung bestimmter Gewaltakte, durch die Unterwerfung unter sie und durch die von ihnen ausgelösten Erwartungen dazu, daß »die Autorität sich auf Moralität zu stützen beginnt«[61]. Paradoxerweise verstärkt also die Transpersonalisierung der Machtstruktur durch Gruppenüberzeugungen, da zu der Unterwürfigkeit der Untertanen deren Bereitschaft tritt, den Grundsätzen zu folgen, für die sich die Macht einsetzt. Andererseits hält die Transpersonalisierung die Macht in Schranken, weil die Machthaber danach streben müssen, jenen Grundsätzen treu zu bleiben, um die eigene Macht nicht zu untergraben[62].

Rudolf von Iherings ältere Lehre von der Selbstbeschränkung der Macht durch ihre Verbindung mit Gruppenüberzeugung war auf dem Wesen des Kampfes aufgebaut, den die Menschen zur Erreichung ihrer Zwecke führen. Er glaubte nicht, daß die Gewalt sich dem Recht unterwarf oder daß sie das Recht als etwas außerhalb ihr stehendes anerkannte; vielmehr »entwickelt sich das Recht als die Politik der Gewalt«. Die Gewalt dankt nach Iherings Auffassung nicht zugunsten des Rechts ab, sondern sie gliedert sich das Recht als Ergänzung an[63]. Die Gewalt wird auf diese Weise eine Rechtsgewalt, Regeln für den Einzelfall werden durch allgemeine Regeln ersetzt, Rechtseinheit und Gleichheit vor dem Gesetz werden zur Übung, mag auch die Zwangsgewalt hinter dem Recht despotisch bleiben. Despotische Macht bedarf immer Machtmittel zu ihrer Sicherung und Festigung; das kann sie nach Iherings Ansicht immer mehr zur Selbstbeschränkung veranlassen, indem sie die von ihr verkündeten Normen als auch für sich verbindlich anerkennt. Solange die Machthaber sich befugt glauben, nach Willkür zu handeln, leiden die Achtung vor dem Recht und der Rechtsgehorsam unter dem verborgenen Willen zum Widerstand[64]. Um solchen Strömungen entgegenzuwirken, hat man Gerichtshöfe vom Sitz der obersten Staatsbehörden wegverlegt und sie ermächtigt, in allen Fällen streng nach dem Recht zu entscheiden. »Die rein äußerliche Trennung der Rechtspflege von der Verwaltung«, so meint Ihering[65], »... enthält ... die Emanzipation der Rechtspflege von der Staatsgewalt. Die Justiz zieht aus, und dieses bloße Ausziehen hat die Folge, daß die Staatsgewalt, wenn sie sich an ihr vergreifen will, erst über die Straße muß«.[66]

Diese Darstellung erinnert gar sehr an »die Suche nach ›allgemeingültigen Gesetzen‹ im großen Stil«, derentwegen Lasswell und Kaplan die Politikwissenschaften entsprechend kritisierten, da durch sie das Augenmerk von der notwendigen Beobachtung und Untersuchung örtlich begrenzter Einzelfragen abgelenkt werde[67]. Doch war Ihering nicht nur ein profunder Kenner geltender Rechtssysteme, sondern auch ein großer Rechtshistoriker. Man darf deshalb wohl annehmen, daß seine allgemeinen

Lehren in enger Beziehung zu beobachteten Tatsachen stehen. Auf jeden Fall muß man sich vor der Annahme hüten, es sei unvermeidbar, daß die Machthaber und die Beherrschten gemeinsame Überzeugungen teilen und daß so das Element des Zwangs auf einen verschwindend niedrigen Punkt im Spektrum des Zwangs verringert werde. Der Grad dieser Verringerung hängt von vielen veränderlichen Umständen ab, u. a. auch vom Inhalt der gemeinsamen Überzeugungen. Der Glaube der Hindus an die Kastenordnung und an eine Reihenfolge der Wiedergeburten müßte in der Tat die Kastenherrschaft verewigen. Die demokratischen Führer des modernen Indien mußten diesen Glauben offen angreifen, um die Interessen von vielen Millionen ihres Volkes zu schützen. In der Regel aber wird der Zwang geringer, wo die Machthaber die allgemeinen Überzeugungen der Beherrschten anerkennen, ebenso wie dadurch der Zeiger im Spektrum der betroffenen Interessen sinkt und im Spektrum des Ethischen steigt.

M. Weber behandelt diesen Gegenstand unter dem Gesichtspunkt der »Legitimität«, der hier vermieden wurde. Weber hielt »legitime« Autorität für entweder bürokratisch, traditionell oder charismatisch. Im ersten Fall ist die Macht mit Grundsätzen oder Regeln verbunden, die von anerkannten Organen in einem feststehenden Verfahren aufgestellt wurden; im zweiten Fall ist sie mit Grundsätzen und Regeln verbunden, die auf Gewohnheit und Überlieferung beruhen; in beiden Fällen sind die Grundsätze und Regeln zu festen Einrichtungen geworden. Charismatische Macht entsteht daraus, daß die Beherrschten gewisse ungewöhnliche Gaben und Eigenschaften des Machthabers anerkennen, die weder genau bestimmt noch überhaupt bestimmbar sind. Charismatische Macht kann nach Webers Ansicht nicht zur festen Einrichtung werden[68], kann aber mit bürokratischer und traditioneller Macht zusammenwirken. Für Webers »Legitimität« im allgemeinen, wie hier für die Transpersonalisierung, gilt ein niedrigerer Zeigerstand im Machtspektrum des Zwangs. Es folgt daraus aber nicht notwendig, daß die Interessen des Beherrschten besser geschützt sind, daß also der Zeiger im Spektrum der betroffenen Interessen zurückgeht.

Soweit die Stärke des Rückhalts von der Kopfzahl der den Machthaber stützenden Mitglieder abhängt, hat der Grundsatz der Gleichheit bei der Führerwahl, wie er z. B. im gleichen

Wahlrecht aller erwachsenen Männer verwirklicht ist, eine besondere Bedeutung für den Aufbau überpersönlicher Macht. Wie T. Parsons es so treffend ausdrückt, ist der Grundsatz der Gleichheit »das universalistische Element in Erscheinungsformen von Normenordnungen«[69]. Dem sei hinzugefügt: Gleich ist ein Wahlrecht, das die von den Machthabern und die von den Beherrschten anerkannten Normen einander anzugleichen und das zugleich den sozial-ethischen Rückhalt der Entscheidungen der Machthaber zu verstärken und dadurch die Anwendung physischen Zwangs minder nötig zu machen sucht. Ich stimme mit Parsons Meinung überein: »Ein Allgemeingültigkeit anstrebendes Wertsystem ist ein Gegengewicht dazu, daß sich hierarchische Arten von Machtausübung weiter verbreiten, als es für die Erreichung zweckmäßiger Leistungsfähigkeit nötig ist[70].«

§ 8   Rollenerwartung, Werte und Transpersonalisierung der Macht

Die von den Menschen anerkannten Werte sind eng verwoben mit dem Aufbau der verwickelten zwischenpersönlichen Beziehungen, aus denen Institutionalisierung und Machtsysteme entstehen. Daher kommt es, daß Arbeiten über die Macht manchmal weit über ihr Gebiet hinauszugehen und die ganze Politikwissenschaft[71], ja überhaupt alle sozialen Verhältnisse zu umfassen scheinen. Lasswell sagt von seinem Forschungsgebiet, es betreffe »die Änderungen in ... den Wertvorstellungen der Gesellschaft«; da diese aber vom Einfluß in der Gesellschaft abhängen, so sei es eine Hauptaufgabe, die wechselseitige Abhängigkeit von Werten und Macht zu erforschen. Daß in einer »Politikwissenschaft« alles von der Erforschung der Macht als »einer notwendigen (und vielleicht auch zureichenden) Bedingung« für die Erzielung von Werten abhängen soll[72], ist eine Ansicht, deren Problematik wir hier nicht näher zu schildern brauchen. Die Ergebnisse der verschiedenen Sozialwissenschaften zu kennen, ist für den Juristen wichtiger als die genaue Abgrenzung zwischen ihnen[73].
Parsons' grundsätzliche Einstellung[74] zielt darauf ab, die allgemeinen Gesichtspunkte bei der Erörterung von Macht und

Werten einander anzunähern. Die »Institutionalisierung« der Macht ist nach seiner Ansicht am besten als ein Teil des Wirkens des gesamten sozialen Systems zu verstehen. Parsons geht davon aus, daß Rollen und Rollenerwartungen voneinander abhängen, wo es sich um die Zuteilung von Rolleninhabern an die Rollen handelt[75] und um die Zuteilung von Werten und Mitteln an Rollen[76]. Innerhalb seines Schemas der in einem lebendigen sozialen System wirksamen Kräfte und Vorgänge werden den einzelnen Rollenträgern Rollen zugeteilt, auf die andere ihre Erwartungen stützen, den Rollen werden Mittel verschiedener Art zugeteilt, und die Rollenträger versuchen, das zu leisten, was von der Rolle erwartet wird[77]. Die Veränderlichkeit der Rollen in diesem zuletzt erwähnten Sinne der Anpassung der Leistung an die Erwartung liefert einen neuen wertvollen Gesichtspunkt für die Betrachtung der Transpersonalisierung und Institutionalisierung der Macht.

Jede der vielen Rollen, die jedes Mitglied der Gesellschaft ausfüllen kann, werden von den sozialen Lebensvorgängen die Mittel zu ihrer Durchführung zugeteilt. In einer Hinsicht heißt das Übertragung der Macht[78]; die Rolle (samt der ihr so verliehenen Macht) steht jedoch unter dem Druck und Einfluß der ihr anhaftenden Erwartungen. Das gilt gleicherweise für die höchsten wie für die bescheidensten Rollen. An dem Spruch »Wir sind ihre Führer, also müssen wir ihnen folgen!« ist sicher etwas Wahres. Die Träger der Macht stehen notwendigerweise unter der Wirkung der Erwartungen, mit denen das Volk ihnen die Macht überträgt; sie gebrauchen sie gewöhnlich zu diesen Zwecken. Das beleuchtet, was Timasheff, Russell und andere meinen, wenn sie von »nackter«, im Gegensatz zu »überpersönlicher« Macht sprechen. Macht, die in dem Sinn »nackt« ist, daß sie nicht die Unterstützung durch die Gruppenüberzeugung der Beherrschten genießt, kann auch als Hilfsmittel betrachtet werden, das einer Person als Träger einer bestimmten Rolle zugedacht wurde, das aber von dieser Person zu Zwecken gebraucht wird, die die an die Rolle geknüpfte Gruppenerwartung außer acht läßt oder ihr zuwiderläuft.

Die Beurteilung der Macht im sozialen System enthält (nach der Ansicht von Parsons) eine gewisse Mengenbestimmung der Macht (oder »Machtmittel«) zur Zuteilung an die einzelnen Rollen[79]. Das geschieht in zwei Arten oder Richtungen, der wirtschaftlichen und der politischen. Bei der *wirtschaftlichen* Art werden die Möglichkeiten des Rollenträgers zum Güteraustausch erweitert, vorausgesetzt, daß die betreffenden Werte übertragbar sind; das Tauschsystem muß gegen Mißbräuche geschützt werden, die es vernichten könnten. Der Zuwachs an wirtschaftlicher Macht in diesem Sinne ist »linear«, d. h. der wachsende Einfluß erstreckt sich auf größere Mengen dieser, aber nur dieser besonderen Werte innerhalb der Austauschfähigkeit des Rollenträgers. *Politische* Macht dagegen ist, wiederum im Zusammenhang der betreffenden Gesellschaft, das Imstandesein zur Beeinflussung nicht nur besonderer einzelner Leistungen oder Güter, sondern des gesamten Systems der Beziehungen in der Gruppe. Der Besitz von *wirtschaftlicher* Macht zum Austausch im Werte von 1 Million Dollar bedeutet, daß man bis zu diesem Betrag über Werte verfügen kann, die in der Gesellschaft gesucht sind. Das Besteuerungsrecht der Regierung dagegen ist eine *politische* Macht, die u. a. dazu instandsetzt, das ganze System der Austauschbeziehungen zu regeln, unter dem allein der Austausch durch die ganze Gesellschaft hindurch vor sich gehen kann. *Wirtschaftliche* Macht ist ihrer Ausdehnung nach »*linear*, einfach eine Frage des Mehr oder Weniger in gerader Linie; *politische* Macht ist *hierarchisch*, d. h. eine Frage der höheren oder niedrigeren Stufe«. Die politische Macht ist nicht nur *mehr* als die wirtschaftliche, sondern sie ist *Macht über* die wirtschaftliche Macht. Daher will Parsons die Notwendigkeit einer Rangordnung in Machtsystemen ableiten, bei der politische Macht allgemein in »Hauptsysteme und Untersysteme« eingeteilt wird. Damit verbunden ist die entscheidende Wichtigkeit des staatlichen Machtmonopols im Staatsgebiet. Das ist »der Kernpunkt des politischen Machtsystems« und macht den Staat zum Mittelpunkt im Machtsystem einer mannigfaltigen Gesellschaft[80].

Später versuchte Parsons, seine Ergebnisse durch schärfere Untersuchungen zu unterstützen, und vertrat die Annahme, daß die Grundzüge der theoretischen Nationalökonomie ein geeignetes Vorbild »eine wesentliche Parallelität« für die Erklärung der politischen Macht enthielten[81]. Unklar bleibt dabei, wie diese Hypothese zu seiner früheren scharfen Unterscheidung zwischen der linearen Mengenart der wirtschaftlichen Macht und der hierarchischen Natur der politischen Macht paßt.

Nach dieser späteren Untersuchung spielt die Macht als das »allgemeine Umlaufmittel« im staatlichen Gemeinschaftsleben eine ähnliche Rolle wie das Geld im Wirtschaftsleben. Zum Verständnis dieser These muß man beachten, wie stark Parsons mit seiner Neudefinition den Sinn von »Macht« für seine Zwecke eingeengt hat, fast auf die Bedeutungen, die das Wort im gewöhnlichen Sprachgebrauch hat. Unter Macht versteht er nun

> die *verallgemeinerte* Befähigung, die Erfüllung von bindenden Verpflichtungen durch Einheiten einer kollektiven Organisation zu sichern, wenn die Verpflichtungen durch ihre Beziehung auf Gemeinschaftsziele *legitimiert* sind und wenn im Falle der Weigerung die Erzwingung durch den Umständen entsprechende negative Maßnahmen zu erwarten ist – einerlei in welcher Weise die Erzwingung geschieht[82].

Dem Wortlaut nach gilt dieser Satz für »Macht« schlechthin, dem Sinne nach aber für »politische Macht«; aber auch in dieser engeren Bedeutung enthält der Satz zwei ungewöhnliche Elemente, die hier hervorgehoben sind. Erstens: »Macht« ist nur, was *generalisiert* ist; daher ist es keine Ausübung von Macht, wenn Gehorsam rein durch Androhung überlegener Gewalt gesichert wird[83]. Zweitens: »Macht« ist nur, was durch Beziehung auf Gemeinschaftsziele[84] *legitimiert* ist[85]. Zur Erfüllung von Verbindlichkeiten werden nicht gegenständliche Gegenwerte eingetauscht, vielmehr eine Reihe von Erwartungen künftiger Gegenverpflichtungen, die im Bestehen der »Macht«, unter der die ersten Verbindlichkeiten entstanden, versinnbildlicht sind.

Verglichen mit dem Gegenstand des vorliegenden Kapitels über die Macht betrifft Parsons' neue Definition nur ein Teilgebiet. Sein Postulat der »Generalisierung« liegt auf der Linie meiner »unpersönlichen Macht«, das der »Legitimierung« auf der Linie meiner »überpersönlichen Macht«. Eine so enge Begrenzung ist an sich nicht zu beanstanden. Es ist durchaus möglich, daß »Macht« nur innerhalb solcher Grenzen als eine Erscheinung des »sozialen Systems« scharf genug erklärt werden kann. Insoweit wir uns als Juristen mit dem Verhältnis von Macht und Recht befassen, ist jede neue Untersuchung darüber wichtig. Wir dürfen als Juristen auch nicht aufhören, uns daneben mit »Macht« im weiteren Sinne unter Gesichtspunkten zu befassen, die uns gerade deshalb angehen, weil sie jenseits solcher neuen, engen Hypothesen liegen[86].

Nach dieser Theorie wird Macht innerhalb einer Gemeinschaft[87] so betrachtet, wie dies die Wirtschaftstheorie in der Wirtschaft mit dem Geld tut[88], ein Vergleich, der mit großem Nachdruck und bis in Einzelheiten ausgearbeitet wird[89]. Geld und Macht sind die Wegzeichen, unter denen innerhalb des Gesamtvorgangs sozialer gegenseitiger Beeinflussung eine Einheit in einem System bewußt dazu veranlaßt werden kann, andere Einheiten zu Handlungen zu bestimmen, die sie ohne diesen Einfluß nicht vornähmen[90]. Unter den Mitteln (oder Zwangsmitteln) zu solcher Veranlassung werden diejenigen, die aus den Einflüssen aller Gesamtumstände hervorgehen, von solchen unterschieden, die auf Absicht zurückgehen[91]. Zu diesen Zwangsmitteln gehört natürlich auch physische Gewaltanwendung, sie können aber auch bis zu rein symbolischen Mitteln abgeschwächt werden. Das Verhältnis zwischen physischem Zwang und Machtausübung innerhalb einer Gemeinschaft wird von Parsons verglichen mit dem Verhältnis zwischen der metallischen Grundlage einer Währung, z. B. Gold, und dem Geldsystem einer Volkswirtschaft[92]. In beiden Fällen könnte man ferner mit der bloßen Grundlage auskommen: die Wirtschaft könnte mit Rohgold als Zahlungsmittel, die Gemeinschaft könnte mit bloßem physischen Zwang arbeiten, doch wären solche Systeme notwendigerweise »primitiv«.

Institutionalisierung und Symbolisierung sind für Geld wie für Macht die Kennzeichen einer Entwicklung über das Primitive hinaus. Das ist beim Geld eine schon alte Erkenntnis. Ist Geld zum allgemeinen Zahlungsmittel geworden, gewinnt Gold einen viel höheren Wert für den Geschäftsverkehr und für den Einkommenswert, als es seinem bloßen Metallwert entspricht. Ein und derselbe Wert in Gold in der Form eines Bankguthabens kann, solange man im allgemeinen sich auf die Erfüllung aller Rechtsverbindlichkeiten verlassen darf, zu gleicher Zeit vom Bankkunden in seinem Geschäft, von der Bank zur Anlage, von der Regierung in Verbindung mit Währungsfragen benützt werden[93]. Es ergeben sich Gelegenheiten zu nutzbringender Verwendung, von Berufskunst und Unternehmungsgeist, die sich nicht ergäben, wenn man nur mit der begrenzten Menge von metallischem Gold arbeiten könnte. Wenn im Geschäftsverkehr jeweils ein Teil des vorhandenen metallischen Goldes von einer Hand in die andere übergeben werden müßte, dann würden sich jene Gelegenheiten verringern; das vorhandene Gold würde lediglich bei den Mitgliedern der Gesellschaft im Kreise herumgehen (»Kreislauf« oder Neuverteilung), und die Gemeinschaft bliebe auf die »Nullsummen-Formel« beschränkt, wonach der Gewinn des einen notwendigerweise der Verlust des anderen ist. Aus diesem »Kreislauf« kann die Gemeinschaft nicht eher ausbrechen, als der Wert des Goldes in der Form von Geld versinnbildlicht wird, als die Gemeinschaft dem Geld Vertrauen schenkt und es als Zahlungsmittel anerkennt. So können einzelne Mitglieder ihr Einkommen erhöhen, ohne daß dies – wie nach der »Nullsummenformel« – auf Kosten der anderen geschieht.

Genau wie das »Geld« uns in den Stand setzt, die Grenzen zu überschreiten, die einer nur mit dem Metallwert arbeitenden Wirtschaft gezogen sind, so erlaubt uns (nach Parsons) das verallgemeinerte Symbol »Macht«, über die Möglichkeiten einer Gemeinschaft hinauszugehen, die lediglich mit den Mitteln physischen Zwanges arbeitet, obwohl der Begriff »Macht« letzten Endes mit physischem Zwang verknüpft bleiben mag. Nach Parsons' obiger Definition ist Macht »generalisiert« und »legitimiert«, Gehorsam ihr gegenüber ist auch unabhängig von Zwang zu erwarten. Die Mitglieder der Gemeinschaft fühlen sich an die so entstehenden Verpflichtungen gebunden, dieses Gefühl des Gebundenseins wird durch die Generalisierung und Legitimität der Macht ausgelöst und hat auf die Betätigungsmöglichkeiten der Gemeinschaft eine befreiende und ausdehnende Wirkung, ähnlich wie das »Vertrauen« auf die Wirtschaft wirkt. Die Institutionalisierung und Symbolisierung von Gold zur Währung führt zur Steigerung des Gesamteinkommens, wobei einige Teilnehmer gewinnen können, ohne daß andere verlieren müssen; ebenso kann die Institutionalisierung und Symbolisierung von Zwang zu Macht ähnlich uneingeschränkte Gewinne an Macht sowohl für die Mitglieder als auch für die Führer der Gemeinschaft bringen[94].

Werden in der Politik neue Ziele gesteckt oder erreicht oder neue Mittel zu ihrer Erreichung gefunden, entsteht daraus ein Zuwachs im Gesamtbetrag der Macht, und zwar – wiederum ähnlich wie auf dem Gebiet der Wirtschaft – durch eine Art von

»Bankgeschäft«. Die Interessen der Mitglieder und die Mittel zu ihrer Verfolgung werden von den Mitgliedern bei Führern »auf Guthaben eingezahlt«; solche Führer werden ausgewählt, die sich durch Unternehmungsgeist, Erfahrung und Fleiß dafür eignen, Ziele und Zwecke zu stecken und zu verfolgen. In einer pluralistischen Gesellschaft läßt dies dem Ermessen der Führer einen weiten Raum, aber auch für Gelegenheiten, die Forderungen der Mitglieder und damit auch die zur Entscheidung kommenden politischen Fragen zu beeinflussen[95]. Es besteht also eine Art von »Kreditsystem« für die Macht, das für die Mitglieder und die Führer erweiterte Möglichkeiten zur Pflege der Leistungsfähigkeit bietet und die nötige Zeit verschafft, um eine für die Verfolgung der Ziele geeignete Organisation aufzubauen. So wie das Geld-Kreditsystem ist auch das Macht-Kreditsystem der Gefahr von Inflation und Deflation ausgesetzt[96].

Dieses von Parsons entworfene Muster einer bürgerlichen Ordnung gilt für jegliche Gemeinschaft, mag es sich um eine politisch organisierte, gebietsgebundene Gesellschaft mit Gewaltmonopol (den Staat) handeln oder um die vielen kleineren Verbände innerhalb oder zugleich auch außerhalb ihrer Grenzen. Innerhalb dieser Vielheit von Gemeinschaften ist der Staat im obigen Sinn ein »überragend wichtiger Kernpunkt der Autorität«[97], seine Überlegenheit zeigt sich in der Macht seiner Führer. Aber nach der obigen Definition der Macht muß auch die Macht dieser Führer »legitim«, also ihrem Wesen nach beschränkt sein. »Legitimität« bedeutet (nach Parsons), daß in zwei Fällen die Macht unter allen Mitgliedern der Gemeinschaft *gleichmäßig* verteilt bleibt[98]. Der eine Fall ist die Wahl der Führer, wo die Legitimität gleiches Wahlrecht aller erwachsenen Männer erfordert. Mit diesem Wahlrecht kann jedes Gemeinschaftsmitglied das System der Entscheidungen von oben her beeinflussen; so gewinnt das System mit der Ausdehnung des gleichen Wahlrechts den Rückhalt bei den Mitgliedern. Ein zweiter Fall, wo die Macht der Führer durch Legitimität gekennzeichnet ist, ist der gleiche Zugang der Mitglieder zu Ämtern, gleichgültig nach welchen Kriterien man ihre Fähigkeiten beurteilt. So wird dem Aufkommen einer Günstlingsherrschaft und ähnlichem entgegengewirkt, was dem erfolgreichen Einsatz von Arbeitsleistungen zu geplanten Zwecken hinderlich sein könnte. In Verbindung mit dem gleichen Wahlrecht wird so die

hierarchische Bürokratisierung der Macht verlangsamt und abgelenkt[99].

So lehrreich Parsons' Analogie zwischen Wirtschaft und Politik, Geld und Macht in mancher Beziehung ist, so verschwommen bleiben dabei Besonderheiten in den Machtverhältnissen,
mit denen sich die meisten anderen Denker befassen. Wie er
behauptet, hat er den »Begriff der Macht in dem Zusammenhang eines allgemeinen Begriffsschemas gebracht, mit dem große
und verwickelte soziale Systeme erklärbar werden«[100]; trifft
dies zu, gelang ihm das einzig dadurch, daß er wichtige Tatsachen in seiner eigenen Neudefinition der Macht wie auch den
einschlägigen Forschungen anderer Denker verschleierte. Wenden wir uns nun diesen Tatsachen zu, muß eine Feststellung
getroffen werden, die selbstverständlich klingen mag, die Parsons aber zu übersehen scheint, nämlich die folgende: Geld ist
ein meßbares Mittel zur Erfüllung klarer Aufgaben gemäß verhältnismäßig festen Gesetzen und Gewohnheiten und durch
einen wohlverstandenen sozialen Mechanismus. Macht dagegen
ist ein überall auftretender Zug[101] in allen menschlichen Beziehungen und wird notwendigerweise von einer großen, nie ab-
nehmenden Vielheit von verwickelten, sich gegenseitig bedingen-
den veränderlichen Umständen beeinflußt[102].

Im einzelnen ist Parsons *erstens* entgegenzuhalten, daß es eine
trügerische Annahme ist, man könne aus der Analogie von Geld
und Macht die Möglichkeit folgern, Machtverhältnisse mengen-
mäßig zu bestimmen. Die Analogie verwischt einfach die Probleme des Messens von institutioneller Macht, die sich aus den
schon erörterten verwickelten Wechselwirkungen und der Unbeständigkeit der Faktoren ergeben. Obschon wir allein an die
dort untersuchten Gesichtspunkte denken mögen, kann offensichtlich von keiner Meßbarkeit im Sinne der Geldanalogie
gesprochen werden.

Ein zweiter und dritter Einwand betreffen zwei Probleme[103],
die Parsons zu lösen hoffte. So glaubte er, die »begriffliche
Unklarheit« der Vorstellung von der »Macht« dadurch überwinden zu können, daß er sie als *»einen besonderen Mechanismus«* der sozialen Wechselwirkung betrachtet. Zu diesem Zweck
beschränkt er die Bezeichnung »Macht« auf gewisse Fälle der
Machtübertragung, nämlich auf das, was ich »unpersönliche« und
»überpersönliche« Macht genannt habe. Macht in diesem Sinn

ist, wie dargelegt, nur ein Teil der üblicherweise »Macht« genannten Tatsachen und Erscheinungen. Die »Besonderheit« des Mechanismus liegt also mindestens zum Teil darin, daß das Nicht-Besondere ausgeschaltet wird. Aber auch im beschränkten Bereich seiner eigenen Machtdefinition entstehen Schwierigkeiten: auch nachdem er auf Zwangsgewalt gegründete Macht aus seiner Definition ausgeschlossen hat, bleiben der Macht in seinem Sinne und der ausgeschlossenen Gewalt die gemeinsamen Merkmale des Drucks, der Willensauferlegung, der Nötigung zum Gehorsam u. dgl. Das Geld ist seinem Wesen nach ein Mittel zur Herbeiführung von Verträgen; aus ungleicher Verhandlungsstärke folgende Willensauferlegung ist dafür nur eine Begleiterscheinung[104].

Diese zweite Schwierigkeit hängt wohl mit der folgenden dritten zusammen: Parsons erklärt, daß »Legitimität« eine wesentliche Eigenschaft der »Macht« ist, damit widerlegt er jedoch die eigene angebliche Lösung der Frage, ob die Macht eine Erscheinungsform von »Zwang« oder »Zustimmung« ist. Nach seiner Definition erfordert Macht »Legitimierung«, worunter er vor allem versteht, daß sie von den Mitgliedern der Gemeinschaft getragen ist, die nach *gleichem Wahlrecht* die Regierenden wählen; getragen ferner von dem Einfluß, den die gewählten Regierenden ihrerseits auf die Wähler ausüben. Parsons kommt zum Ergebnis, daß Macht eine Erscheinungstatsache von beidem, Zustimmung und Zwang ist, weil sie eine Vielheit von Faktoren und Wirkungen politischer Leistung in sich vereinigt. Daß Macht nur *entweder* »Zustimmung« *oder* »Zwang« ausdrücken könne, ist ein schon lange und allgemein aufgegebener Irrtum und ändert nichts an den heutigen Hauptzweifelsfragen der Auffassung von »Zustimmung«: Zustimmung in welchem Sinne? Welche Arten und Grade von Zustimmung und Zwang sind an den verschiedenen Machtsituationen beteiligt? Für solche Fragen hilft uns Parsons' Bild einer bürgerlichen Ordnung nicht weiter. Denn danach kann die »Legitimität« der Macht in jedem Einzelfall damit erklärt werden, daß die Regierenden die von den Regierten gebilligten Ziele verfolgen, ebenso gut aber auch damit, daß die Regierenden ihre Macht dazu benützen, um die Regierten zu überreden, die von den Regierenden verfolgten Ziele gut zu heißen.

II. Ethische Überzeugung, Macht und Recht in den Demokratien des Westens

§ 9 Der Grundsatz der Zustimmung und sein Verhältnis zu Macht und Recht

Die Ziele und Leistungen der westlichen demokratischen Staaten erscheinen im richtigen Licht, erkennt man, daß das Recht einen hohen Grad von ethischer Überzeugung und Macht in sich vereint und daß es als Ordnungssystem hoch im Spektrum der ethischen Überzeugung und zugleich im Spektrum des Zwangs steht[105]. Denn mag es auch viele Schattierungen geben, so steht doch fest, daß die Macht im demokratischen politischen System und das daraus entspringende Recht zum Überpersönlichen neigen.

Trotz allen seinen Schwierigkeiten scheint hier der Grundsatz der Zustimmung das wichtigste Verbindungsglied zwischen Macht und sozialethischer Überzeugung zu sein. Er macht es nötig, daß die Macht sich mit denjenigen Werten verbündet, die jeweils von den vorherrschenden sozial-ethischen Überzeugungen am stärksten vertreten werden. Der demokratische Staat, so hat man gesagt, »muß seinem Recht dadurch Geltung verschaffen, daß . . . er es aus der Erfahrung seiner Bürger formt«, vor allem (aber nicht nur) dadurch, daß er die Bürger an Gesetzgebung und Verwaltung teilnehmen läßt[106]. In diesem Zusammenhang ist es einerlei, in welchem Sinne »Zustimmung« hier zu verstehen ist. Sie könnte bedeuten, daß ein jeder einer jeden Betätigung der Macht zustimmt (was natürlich nie vorkommt); oder daß jeder sich der Regierung unterwirft, oder daß er sich dem »Willen der Allgemeinheit« fügt (d. h. dem Willen der Mehrheit[107] oder dem Willen der Mehrheit, falls er dem »allgemeinen Wohl« dient, oder dem Willen der Mehrheit bei Rücksichtnahme auf den Willen der Minderheit oder dem Willen derjenigen, die durch Wahl dazu bestellt sind, unter Überwachung und mit der Möglichkeit der Abberufung die Macht für alle auszuüben)[108]. »Zustimmung« könnte auch bedeuten, daß die gefundenen Lösungen den Bedürfnissen und der Erfahrung aller Betroffenen entstammen[109]. Was demgegenüber allein wesentlich ist, das sind die Grundsätze der Wahl der Regierenden durch die Untertanen auf Grund eines weiten, möglichst eines allgemeinen gleichen Wahlrechts, sowie der nach der Wahl fortdauernden Verantwortlichkeit der Regierenden[110].

Wesentliche Voraussetzungen sind natürlich: das freie Recht der Regierten, den Regierenden gegenüber ihre Beschwerden auf entsprechendem Weg vorzubringen[111]; die Ermächtigung zur Absetzung der Regierenden, wenn sie die Beschwerden nicht zur Kenntnis nehmen oder nicht fähig sind, ihnen abzuhelfen; ihre Freiheit, als letzte Zuflucht zu bestimmen, welches Opfer für die Erreichung eines vorgeschlagenen gemeinsamen Ziels sie zu bringen bereit sind. In alledem liegt für sämtliche Mitglieder einer demokratischen Gemeinschaft das moralische Recht auf die zur Urteilsbildung nötigen Informationen und Kenntnisse, sowie für die jeweilige Minderheit das moralische Recht, durch Ausübung der soeben genannten Rechte und Freiheiten die Mehrheit zu ihrer Ansicht zu bekehren und so die Wahl anderer Regierungen herbeizuführen[112]. Das sind kostbare und wichtige Gerechtsame eines demokratisch regierten Volkes, um die Verantwortlichkeit der Regierenden zu sichern, aber sie enthalten nicht die Regierungsgewalt selbst[113]. Nach moderner politischer Auffassung wird die Macht des Volks über Parlament und Regierung regelmäßig unterbrochen, denn ist das Parlament einmal gewählt, dann muß das Volk ihm bis zur nächsten allgemeinen Wahl sein Vertrauen schenken. Was bis dahin die Regierung beeinflußt, sind nicht die Bürger auf Grund irgendwelcher Ausübung von Macht, sondern Gruppen, deren Tätigwerden in verschiedener Weise von öffentlichen oder privaten Stellen angeregt wird, und die eigene Erwartung der Regierung, wie die Regierten sich zu den Regierungsmaßnahmen stellen werden[114]. Zudem sind die Bürger in der Zwischenzeit zwischen zwei Wahlen ihrerseits der Beeinflussung durch die Regierung ausgesetzt.

Eine zweite wesentliche Besonderheit der Macht in einer Demokratie liegt in der Sicherung gegen Machtmißbrauch zwischen zwei Wahlen. Die Macht liegt nicht in der Hand eines einzelnen oder einer kleinen Zahl, sondern ist einer großen Zahl (natürlich nicht der Mehrheit) anvertraut. Die ihnen als Monarch, Minister, Parlament, Staatsbeamte oder Richter übertragenen Rollen bilden ein vielfach verzahntes Getriebe, im Gegensatz zu dem einfachen System der Unterordnung in einer Despotie oder Oligarchie. Zwar ist die strenge Trennung zwischen gesetzgebender, vollziehender und rechtsprechender Gewalt im Sinne von Montesquieu[115] für eine moderne Demokratie nicht wesentlich und wohl auch gar nicht möglich, aber die Verteilung von Zuständigkeiten zur wechselseitigen Überwachung und Kontrolle im engeren Sinne des Wortes gehört zu den festen Einrichtungen der Demokratie, und die Unabhängigkeit der rechtsprechenden von der vollziehenden Gewalt erscheint als ein wesentliches Merkmal der Demokratie[116].

§ 10 Die ethisch bindende Natur des Rechts in der Demokratie

Demokratische Bürger anerkennen in der Regel, daß das Recht sie auch ethisch bindet[117]. Das schließt aber nicht aus, daß einzelne Rechtsregeln der Gruppenüberzeugung widersprechen, ja sogar daß sie bekämpft oder mißachtet werden. Nicht einmal die Hinnahme eines ganzen Rechtssystems ist etwas ein für allemal Endgültiges. Im Gegenteil, wie der Gehorsam gegenüber dem Recht eine Grenze an der ethischen Pflicht zum Widerstand hat, so hat er auch eine soziologische Grenze. Immerhin fügen sich die Menschen, soweit Demokratie erreicht ist, dem Gesetz nicht nur unter Zwang, sondern gleichermaßen auch mehr im Gefühl einer ethischen Verpflichtung, und beides, Zwang und ethische Überzeugung, ist wesentlich. Die Inhaber der Regierungsgewalt in demokratischen Gesellschaften erkennen ihrerseits im allgemeinen die von ihnen angewendeten und notfalls zwangsweise durchgesetzten Regeln als für sie selbst ethisch verbindlich an. Das zeigt sich sehr deutlich im englischen Verfassungsrecht, wo die Machthaber nicht nur die ihnen vom Recht, sondern ebenso die von Konventionen gesetzten Schranken beobachten[118]. Grundsätzlich können die Inhaber der obersten Gesetzgebungsgewalt nicht einer rechtlichen Macht und Aufsicht unterstehen, worauf Austin schon vor langer Zeit hingewiesen hat. Wenn demokratische Machthaber sich selbst in den Schranken des Rechts halten – sogar gegen ihr persönliches Interesse –, so tun sie das letzten Endes deshalb, weil sie die Stärke der ethischen Gruppenüberzeugung achten, die ein Bestandteil der Rechtsschranke ist. Nur solange die Machthaber dies einbekennen, bleibt ein Land im Zustand des Rechts. Für

Austin bestand das Recht rein aus Macht und daher kam er zu dem falschen Schluß (den er für »unausweichlich« erklärte), daß dem souveränen Herrscher keine Rechtspflicht gegenüber dem Untertan obliegen könne.

§ 11 »Rule of Law« und die sozial-ethischen Schranken der Macht in ihrer englischen und amerikanischen Ausprägung

Die Erkenntnis des ethischen Bestandteils im demokratischen Recht leistet wichtige Hilfe gegenüber irrtümlichen Auffassungen der durch Dicey berühmt gewordenen Lehre vom Rechtsstaat *(rule of law)*[119]. Der Kern dieser Lehre liegt wohl darin, daß die Machthaber anerkennen, ihre Macht nur in den Schranken gemeinsamer sozial-ethischer Überzeugungen ausüben zu können und zu dürfen[120]. Der *rechtliche* Kernpunkt – nichts anderes als eine praktische Anwendung der Lehre – liegt darin, daß die Organwalter, die Menschen und der Idee nach die Staatsorgane als solche wie alle anderen Personen und Körperschaften sich vor Gericht zu verantworten haben[121]. Dieser *rechtliche* Gesichtspunkt ist aber für die vorliegende allgemeinere Betrachtung nicht die Hauptsache.

Mehrere wichtige Folgerungen ergeben sich aus der ethischen Bedeutung der Auffassung vom Rechtsstaat. *Erstens* erweist es sich als künstlich und unklar, daß man »den Rechtsstaat« und die »Heiligkeit der Menschenrechte« einander gegenüberstellen möchte, als ob dies zwei um Vorrang kämpfende Ideale wären. *Zweitens:* der Begriff Rechtsstaat ist als Rechtslehre nicht die Schöpfung einer einzelnen Nation, weder der angelsächsischen, noch einer anderen, was immer seine Entstehungsgeschichte ist[122]. *Drittens* erschöpft sich das Ideal des Rechtsstaats nicht darin, daß der Grundsatz »gleichmäßiger Rechtsanwendung« gilt und seine Befolgung durch entsprechende Einrichtungen und Verfahrensvorschriften gewährleistet wird, z. B. durch unabhängige Richter- und Anwaltschaft, durch das Recht der Beschwerde gegen einzelne Verwaltungsakte, durch den Anspruch auf eine mit Gründen versehene Entscheidung und durch die Zulässigkeit von Rechtsmitteln. Ebenso wichtig für den Rechtsstaat ist der sachliche Inhalt des Rechts[123] und der Bestand einer verantwortlichen Gesetzgebung, gegründet auf gleiches Wahlrecht[124] und auf die Achtung vor der Würde jedes Menschen in Gesetzgebung, Rechtsprechung und Verwaltung. Diese Rücksicht auf den sachlichen Gehalt des Rechts verlangt sowohl ein Mindestmaß an Gerechtigkeit der Rechtsregeln als auch ein kraftvolles Eingehen des Rechts auf die Bedürfnisse der sozialen und wirtschaftlichen Entwicklung.

Der Rechtsstaat verlangt aber nicht, daß alle Angelegenheiten aller Personen ohne Rücksicht auf die verschiedenen Umstände des Einzelfalls einer einheitlichen Regel unterliegen sollen[125]. Die »Verkehrsregel« *(the rule of the road)* ist mitnichten das einzige gültige Muster für alles Recht und Gesetz im Rechtsstaat, dergestalt daß der Rechtsstaat die Rechtsnormen, die auf einen bestimmten *Sachgehalt* und auf materiale Gerechtigkeit abstellen, verurteilt und meidet[126]. Eine solche irrtümliche Auffassung würde, wie wir schon in anderem Zusammenhang gesehen haben, unüberwindbare philosophische und praktische Schwierigkeiten bereiten und sie würde wegen vermeintlicher Verletzung der rechtsstaatlichen Grundsätze große Teile des herkömmlichen *Common Law* und Billigkeitsrechts, wie auch der neueren Gesetzgebung verwerfen. Meistens wären dies Rechtsregeln, in denen fast alle denkenden Menschen den Ausdruck elementarer sozialer Gerechtigkeit erblicken[127] und an deren ältesten nicht einmal Dicey etwas auszusetzen hatte. Der Wert »Gleichheit« hat, wie bereits ausführlich dargelegt, ständig mit anderen Werten zu ringen, sich ihnen anzupassen und mit ihnen zu verbinden. Wäre all dies anders, dann entständen unüberbrückbare Kluften zwischen den ethischen Überzeugungen der Gemeinschaft und der Machtausübung in ihr. Geschichtlich herrschte nur in einem bestimmten wichtigen Zeitabschnitt die Überzeugung vor, daß »*rule of law*« dasselbe sei wie Einheit und Einheitlichkeit aller Rechtsvorschriften insgesamt. Allein, sogar damals herrschte sie nicht annähernd so weit, wie es für sie behauptet wurde. Wollte man auf dieser Grundlage ein für allemal »*rule of law*« für gleichbedeutend mit Systemeinheit allen Rechts und Einheitlichkeit der Rechtsregeln erklären, ohne auf den Wechsel in den Anschauungen der Menschen über Gerechtigkeit Rücksicht zu nehmen, dann würden die Grundsätze, nach denen Macht ausgeübt wird, in Widerspruch zu den Werten geraten, welche von den Gewaltunterworfenen hochgehalten werden. Dann bliebe von der Macht nur die bloße Beherrschung übrig und das täte der »rule of law« im eigentlichen Sinne Abbruch.

Ein anderes wesentliches Ergebnis dieser Untersuchung ist die Erkenntnis, daß die bloße förmliche Rechtmäßigkeit im engen juristischen Sinne weniger ist als Rechtmäßigkeit im Sinne des Rechtsstaats-Ideals. Im bloßen juristischen Sinn ist es denkbar, daß das vereinte oberste englische Parlament durch Gesetz beschließt, die Führer der Opposition umbringen zu lassen; aber ein solches Gesetz würde zweifellos wichtige Grundsätze des Rechtsstaates verletzen, was immer wir darunter verstehen. Insofern rein formaljuristische Schranken in Frage stehen, kann also auch in einer Demokratie die Macht des Parlaments so ungehemmt ausgeübt werden, wie es der Mehrheit beliebt. Im englischen Staatsrecht steht dem *rechtlich* nur eine neue Parlamentswahl entgegen, *tatsächlich* der von den Herrschenden vorauszusehende Widerstand des Volks und *außerrechtlich* eine drohende Revolution[128]. In Staaten mit geschriebenen Verfassungen, wie Australien, Kanada und Amerika, kommen noch die verfassungsmäßigen Beschränkungen durch die Trennung der Gewalten, Freiheitsurkunden *(Bills of Right)* und dergleichen dazu[129].

§ 12 Unabänderliche verfassungsmäßige Schranken der Gesetzgebung und die Gruppenüberzeugung in der Demokratie

Wenn die Verfassungsurkunden demokratischer Länder Beschränkungen der soeben erwähnten Art enthalten, so können diese dazu dienen, die Macht mit sozial-ethischen Überzeugungen in Einklang zu bringen und zwar nicht mit den gegenwärtigen, sondern mit den aus der Zeit der Annahme der Verfassung. Sie wirken als Sperrzone *(cordon sanitaire)* zwischen den gegenwärtigen ethischen Überzeugungen und dem Sitz der Macht[130]. Insoweit die Beschränkungen darin bestehen, daß sie die Geltendmachung von Rechten und Ansprüchen ermöglichen und sichern – z. B. durch das Recht auf freie Meinungsäußerung, Versammlungsfreiheit, freien Zugang zu Behörden und Gerichten –, kann die Macht sich mit der Erfahrung der Bürger und ihren Überzeugungen aus späterer Zeit verbinden, jedenfalls so lange als die Gesellschaft die Freiheit zu ihrem Ziele hat. Weitergehende, schwer abänderbare Beschränkungen jedoch können einer demokratischen Regierung Abbruch tun[131]. Als die Väter der amerikanischen Verfassung jede Einschränkung der Verbindlichkeit von Verträgen verboten, wußten sie zwar, daß sie damit für künftige Generationen den Grundsatz der Regierung gemäß dem Volkswillen außer Kraft setzten[132], aber sie konnten kaum ahnen, bis zu welchem Grade die Rechtsprechung des *Supreme Court* bis 1936 die sozialen Überzeugungen von 1789 oder 1889 hoch und heilig halten und diejenigen ihrer eigenen Zeit mißachten sollte[133].

Betrachten wir verfassungsmäßige Beschränkungen unter diesem Gesichtspunkt, so wollen wir damit nur wenig weiter gehen als Holmes mit seiner Bemerkung, eine Verfassung müsse im Licht der Tatsache ausgelegt werden, daß sie »ein Wesen ins Leben ruft, dessen künftige Entwicklung nicht einmal vom begabtesten seiner Schöpfer ... vorhergesehen werden konnte«, und deshalb »im Licht unserer gesamten Erfahrung und nicht nur dessen, was vor hundert Jahren darüber gesagt worden ist«[134]. Soweit der Wortlaut eines Gesetzes aber keiner freien Auslegung auf Grund späterer Erfahrung zugänglich ist, kann hier diese wohlbekannte Betrachtungsweise von Holmes nicht weiterhelfen[135]. Unsere Zweifel erledigen sich nicht damit, daß Rostow zutreffend »den demokratischen Charakter des richterlichen Prüfungsrechts« der Verfassungsmäßigkeit[136] betont, obwohl dies in anderer Richtung zweckdienlich sein kann. Eine Prüfung der Verfassungsmäßigkeit durch die Gerichte kann verhindern, daß eine nur vorübergehende Mißachtung von noch herrschenden Gemeinschaftsüberzeugungen Dauerfolgen hat. Sie kann auch Eingriffe in diejenigen Freiheitsrechte abwehren, die für eine freie Regierung wesentlich sind, weil ihre Ausübung die ständige Beeinflussung des Machthabers durch die Überzeugung der Gemeinschaft ermöglicht: freie Meinungsäußerung, freier Zugang zu den Gerichten, ein den wahren Volkswillen ausdrückendes Wahlrecht[137] und Unabhängigkeit der Gerichte[138].

Trotz alledem bleibt unser Hauptproblem ungelöst: es kann verfassungsmäßig Beschränkungen geben, die nicht damit gerechtfertigt werden können, daß sie das dauernde »Gewissen eines Volkes« gegen seine augenblicklichen Verirrungen und Schwächen schützen sollen, und dennoch können sie vom Volk nicht geändert werden. Es wird also die Zukunft auf bestimmte ethische Überzeugungen festgelegt und das verletzt das nach dem demokratischen Ideal wesentliche Recht späterer Generationen auf eine Rechtsordnung, die ihrer eigenen Überzeugung entspricht. Müßten wir das z. B. nicht von einer Verfassung sagen, die – unabänderlich – jegliche Revisionsnorm verböte, wodurch die Monarchie abgeschafft oder Ehescheidung zugelassen würde? Verträgt es sich mit der Demokratie, späteren Generationen Gesetzesänderungen zu verbieten, wenn sie die Monarchie und die Unauflöslichkeit zerrütteter Ehen unerträglich finden?[139]

§ 13   Fester Brauch im Verfassungsrecht im Verhältnis zu Macht und sozial-ethischer Überzeugung

Was in einer Demokratie die Macht zu Recht und Gesetz, die höchste Gewalt zum Rechtsstaat mäßigend umformt, ist nach dem Ausgeführten die ethische Gruppenüberzeugung. Die gleiche Erklärung vertieft die Begründung, die Dicey dafür gibt, daß im Verfassungsrecht festes Herkommen und Konvention als verbindlich behandelt werden, obwohl sie kein gerichtlich erzwingbares Recht sind. Nach Diceys Erklärung war es nicht etwa die Furcht vor einer Anklage wegen Verfassungsbruchs, die die jährliche Einberufung des britischen Parlaments oder die Unterwerfung der Regierung unter den Willen des Unterhauses erzwang[140]. Vielmehr war es seiner Ansicht nach die »öffentliche Meinung«, die »den anerkannten Regeln der Führung des öffentlichen Lebens Geltung verlieh«[141], und das Ziel dieser Regeln war es, sicherzustellen, daß der Wille des Volks zum Durchbruch kommt. In der Folge gab Dicey diese Erklärung auf und bevorzugte die formaljuristische Begründung, daß »ein Verstoß gegen . . . diese Konvention den Zuwiderhandelnden alsbald mit den Gerichten und dem herrschenden Recht in Konflikt bringen wird«[142].

Dadurch daß Dicey so »den Willen des Volks« und »die öffentliche Meinung« hinter der Annahme einer möglichen Verletzung von Rechtsvorschriften zurücktreten ließ, machte er an der entscheidenden Stelle seiner Untersuchung einen Schritt zurück[143].

»Die wirksamen Zwangsmittel hinter dem bindenden Herkommen«, so hat man gesagt[144], »sind die Stärke der öffentlichen Meinung und der Abscheu der Minister vor einer Zerrüttung des Regierungsapparats«. Wie W. J. Jennings treffend hinzufügte, »ist es der Zweck von Verfassungskonventionen, für das Zusammenarbeiten der Ministerien zu sorgen und für die allgemeine politische Aufsicht über ihre Politik«[145]. Hier ist die soziologische Seite wichtiger. Kann der ganze rechtmäßige Regierungsapparat zerrüttet werden, ohne daß eine Rechtsnorm verletzt wird, so kann sein Bestand nicht auf Rechtmäßigkeit allein beruhen. »Der König samt Parlament« *(King in Parliament)* kann von Rechts wegen der öffentlichen Meinung zuwiderhandeln, praktisch aber nur unter der stillschweigenden Bedingung, daß er damit aufhört, »König samt Parlament zu sein«. Es handelt sich also im wesentlichen nicht um die mögliche künftige Verletzung einer Rechtsnorm, sondern um die gegenwärtige Verletzung von Überzeugungen des Volkes, die von den Machthabern geteilt werden oder die sie zu achten bereit sind, weil sie Angst vor der Regierungsform haben, die einträte, wenn die in ihren Überzeugungen Verletzten das Recht in ihre eigene Hand nähmen[146]. Wie wir gesehen haben, ist Angst nicht nur auf seiten der Beherrschten ein Faktor in Machtverhältnissen[147].

§ 14 Herrschaftselemente in demokratischen Rechtssystemen

Der Gegensatz zwischen despotischer und rechtlicher demokratischer Macht ist klar; es wäre aber eine irrtümliche Annahme, daß irgendeine bestehende Gesellschaft jemals nur entweder die eine oder die andere dieser beiden Arten von Macht verkörpert. Der härteste Despot, der länger als einen Tag regiert, muß sich mindestens auf die Treue seiner Palastwache verlassen können. Umgekehrt bleiben Spuren absoluter Herrschaft selbst in solchen Rechtssystemen lebendig, die vorbildliche Rechtsstaaten bilden und unter denen die Macht im Geiste der sozialen Ethik ausgeübt wird. Viele Beispiele dafür liefert die Geschichte der vom Staat beanspruchten Befreiung von Haftpflicht und gerichtlicher Verantwortung. Noch mehr Beispiele finden sich im Bereich der Hoheitsrechte der Krone[148], der Notstandsgesetzgebung, der Machtbefugnisse gegen »Mißachtung des Gerichts« *(contempt of court)*[149], des Militärstrafrechts[150] und der Sicherheitspolizei. Im folgenden werden viele Fälle zu besprechen (und zu kritisieren) sein, in denen die Macht der Regierung, der Strafverfolgungsbehörde[151], der Verwaltung und sogar der Gerichte zu unbeschränkt ist.

III. Machtordnungen in der Demokratie

§ 15 Das Nebeneinander und Gegeneinander von Machtordnungen[152]

Der Kernpunkt der institutionellen Theorien von M. Hauriou und Santi Romano war, wie in diesem Werk ausgeführt, die Lehre von der Vielfältigkeit der festen Gruppenbeziehungen in der Gesellschaft – von der Fülle der »Institutionen«, die sich aus den verschiedenen Interessen, Idealen und Betätigungen der Menschen entwickeln. Die Vielfältigkeit des sozialen Lebens auch in der einheitlich zusammengefaßten modernen Demokratie ist – in sachlicher und modernem soziologischen und psychologischen Denken gemäßer Form – eine Hauptlehre der englischen politischen Pluralisten gewesen[153]. Diese und ähnliche Anschauungen betonen, daß die Gesellschaft »Staat« nicht einfach als eine einzige Machtordnung betrachtet werden kann, sondern daß sie aus sehr vielen und verschiedenen Machtordnungen besteht; viele dieser Ordnungen überschneiden sich in ihren Ansprüchen auf Gehorsam und Treue, treffen sich in den verschiedenen Rollen der Gruppenmitglieder und liegen oft miteinander im Kampf um die Erweiterung ihrer Einflußgebiete. Ebenso hat man erkannt, daß es nichtstaatliche Machtfelder und -zentren gibt, die über die Staatsgrenzen hinausreichen: internationale Kirchen, Kartelle und Kommunistische Internationalen. Die jahrhundertelangen Kämpfe zwischen dem geistlichen und dem weltlichen Schwert (Papst und Kaiser)[154]; zwischen beiden, mit ihrem Kirchenrecht und Feudalrecht, und den aufsteigenden Nationalstaaten, ein so wichtiges Element des Reformationszeitalters[155]; zwischen dem englischen König mit seinen Gerichtshöfen und den feudalen und Städteeinrichtungen Englands im Mittelalter – alles dies kommt uns hier deutlich zum Bewußtsein. Ebenso deutlich zeigt sich uns die Reichhaltigkeit der modernen Gesellschaft an Organisationen und Vereinigungen aller Arten, die – oft im Kampfe miteinander – die verschiedensten Ziele verfolgen[156].

Der Gedanke dieses politischen Pluralismus ist für demokratische Gesellschaften längst so sehr zum Gemeinplatz geworden, daß man sich jetzt vor allem den daraus folgenden Fragen zuwendet. Wie ist es möglich, daß so viele, so verschiedenartige und so variierende Vereinigungen nebeneinander bestehen bleiben können, wo doch jede ihre eigene Verfassungsform, oft auch ihr eigenes politisches System hat, nach dem sie ihre Politik bestimmen und manchmal auch zwangsweise durchsetzen? Wie ist das zudem im Rahmen des politischen Systems des Staates möglich, den wir uns doch noch immer als eine dauernde, zusammenhängende Einheit vorstellen? Eine Teilantwort ist natürlich, daß das System des Staats sich manchmal nur unter den größten Schwierigkeiten – oder gar nicht – als eine Einheit erhalten hat. Das politische System einer großen nichtstaatlichen Vereinigung, z. B. das einer Kirche, hat manchmal mit dem Staat gewetteifert, was die Lückenlosigkeit, Vielfältigkeit und Ausdehnung ihres Machtapparates anlangt. Solche Zustände widersprechen jedenfalls dem Begriff des demokratischen Staats so sehr, daß sie heute nur ausnahmsweise in gefestigten demokratischen Staatswesen vorkommen. Für diese bleiben die obigen Fragen bedeutungsvoll.

§ 16   Rangordnung als Grundlage für den Bestand von Machtordnungen; Einwendungen dagegen

Wo Machtordnungen miteinander im Wettbewerb stehen, da ist – nach Ansicht einiger – ihr Bestand in der Regel nur durch Einführung einer Rangordnung zu sichern. Das bedeutet, daß eine der Machtordnungen zur herrschenden wird und die übrigen in sie eingegliedert und ihr untergeordnet werden, jedoch noch einen wechselnden Grad von Selbständigkeit und Willensbetätigung beibehalten[157]. Diese Entwicklung zur Bestandssicherung durch Rangordnung wird durch die zunehmende Spezialisierung der wetteifernden Machtordnungen gefördert; denn je größer die Spezialisierung, um so geringer die Reibungsflächen mit herrschenden allgemeinen Machtordnungen[158]. So bewirkt auch – wie richtig bemerkt wird – die Depersonalisierung und Transpersonalisierung von Machtordnungen[159], daß persönliche Faktoren im Spiel der Kräfte zurücktreten und so die Eingliederung in die herrschende Machtordnung erleichtert wird. Diese ganzen Entwicklungen – so wird weiter geltend gemacht – unterstreichen die wichtige Rolle des Rechts, denn die Dauerhaftigkeit dieses »Systems der Machtsysteme«[160] hängt letztlich von jenem Ausgleich zwischen Macht und sozialethischer Überzeugung ab, für den das Recht das wichtigste Werkzeug ist. Es wird von den Vertretern dieser Ansicht zugegeben, daß die Rangordnung der Machtordnungen sehr verschiedene Abstufungen zwischen Einfachheit und Kompliziertheit aufweist, von dem verhältnismäßig klaren Aufbau eines Heers, einer Kirche oder der europäischen Feudalordnung bis zu den Schwierigkeiten der bundesstaatlichen Ordnung im heutigen Nordamerika, in der Sowjetunion oder Australien.

Wie ich demgegenüber schon 1946 in *The Province and Function of Law* bemerkt habe, wird die Ansicht, nur durch strenge Rangordnung in einem staatlichen »System der Systeme« könnten andere Machtordnungen bestehen bleiben, keineswegs durch die Erfahrung bestätigt. Einerseits gehören die Vereinigten Staaten zu den solidesten modernen Staaten und zeigen doch ein höchst unvollkommenes System des inneren, hierarchischen Aufbaus (wenn ihre innere Ordnung überhaupt als System zu bezeichnen ist). Andererseits erwies sich das nationalsozialistische Deutschland als weniger dauerhaft, obwohl es das Muster strenger Rangordnung war[161]. Einzelfälle genügen natürlich nicht, um eine Theorie zu widerlegen; aber wenn sie so augenfällig sind wie diese beiden, so begründen sie doch ernste Zweifel. Die neuerliche Forschung hat sich von den einfacheren Arten abgewendet, die Dauerhaftigkeit des sozialen Systems, einschließlich der in ihm enthaltenen Machtfaktoren zu erklären, und hat sich damit abgefunden, daß eine viel eingehendere Untersuchung der Faktoren und ihrer Wechselwirkung nötig ist. Der Einfluß des Staats steht natürlich im Mittelpunkt des

Machtsystems; er setzt die Regeln des Verfassungsrechts, vertritt und fördert gemeinsame Interessen anderer Gruppen, schafft und erhält die allgemeinen Vorbedingungen für ihre Sicherheit, und gibt durch sein Vorhandensein diesen anderen Gruppen ihre Form[162]. Manchmal (aber keineswegs immer) kann der Staat mit seinem Hauptsystem und Monopol der Gewalt ein übermütig gewordenes großes »Nebensystem« in seine Schranken weisen. Das geschieht aber keineswegs so selbstverständlich, wie es die naiven Vorstellungen von Rangordnung vermuten ließen; vielmehr kommt es statt dessen häufiger zur Verständigung und zum Ausgleich zwischen »Obersystem« und »Untersystem«. Wie Parsons bemerkt hat – freilich längst vor ihm Aristoteles in der »Politik« – besteht die gebietsbegrenzte Gesellschaft »nicht aus einer einzigen Gemeinschaft, sondern aus einem verzweigten System von Gemeinschaften«, obwohl sie zugleich ineinander verschachtelt sind. Innerhalb des gesamten Systems der Willensbildung in der gebietsbegrenzten Gesellschaft (mit dem die Grundlage zur Ausübung körperlichen Zwangs in enger Verbindung steht) sind Vorrechte auf Grund einer Rangordnung unvermeidlich. Aber sogar hier kommt es fortgesetzt zu Grenzüberschreitungen innerhalb der Rangordnung, weil die Grenzen fließend sind und die Vorrechte wechseln[163]. In einer Demokratie geschieht dies vor allem infolge des Einflusses, den das Volk durch das gleiche Wahlrecht auf die Auswahl seiner Führer (d. h. auf das Recht zur Machtergreifung) ausübt, und auch infolge des grundsätzlich gleichen Zugangs aller Bürger zu Ämtern im politischen System.

So viele Vorbehalte müssen insgesamt gegenüber der Lehre gemacht werden, eine Rangordnung sei die einzige feste Grundlage für das dauerhafte Nebeneinanderbestehen von Machtordnungen, daß es besser ist, diese Lehre als Leitfaden für die Untersuchung dieser Fragen aufzugeben. Die Geschichte kennt, wie F. S. Cohen nachwies, kein einziges Beispiel einer auf fester Rangordnung aufgebauten Machtordnung von unbegrenzter Dauer. Dagegen ist die Dauerhaftigkeit verwickelter bundesstaatlicher Ordnungen wie derjenigen der Vereinigten Staaten eine Tatsache, obwohl man in ihnen keine Spur von einer einzelnen höchsten Staatsgewalt mit letztinstanzlicher Zuständigkeit entdecken kann; es sei denn im Sinne einer bloßen Fiktion[164]; dies obwohl es auf einigen Gebieten überhaupt keine für Machtausübung zuständige Stelle zu geben scheint[165]. 55

Die Theorie der unerbittlichen Entwicklung zur Rangordnung wird nicht einmal von derjenigen Gemeinschaft bestätigt, die am stärksten darum gekämpft hat, »eine Regierung von Gesetzen, nicht von Menschen zu haben«. Diese Theorie klingt überhaupt nur dann überzeugend, wenn wir über die Tatsache hinwegsehen, daß die oberste Macht in einem festen staatlichen System sich nicht auf die Überzeugungen des Volks stützen kann, sofern kein voller Ausgleich zwischen den vielen Machtordnungen erzielt wird, die innerhalb der staatlichen Gesellschaft neben dem staatlichen Machtsystem wirksam sind[166]. Alle festen Machtordnungen sind, in anderen Worten, in ihrem *sozialen* Aufbau »föderalistisch«, was immer sie *formalrechtlich* sein mögen; namentlich gilt das für so verwickelte und veränderungsfähige Machtordnungen wie die unsere[167]. Die Lehre von der festen Rangordnung erinnert schließlich bedenklich an den Ausspruch von Hobbes, daß in einem wohlgeordneten Staat Verbände jeglicher Art verboten werden sollten, da sie »wie Würmer in den Eingeweiden eines Menschen« seien[168]; das ist für uns eine Warnung, daß diese Lehre mit der Theorie und Praxis der modernen Demokratien wohl nicht vereinbar ist.

Diesen Einwendungen gegen diese Lehre liegt die Tatsache zugrunde, daß die einzelnen Menschen Träger ganz verschiedener Interessen sind. Sie gehören einer entsprechenden Vielfalt von Machtordnungen an, jeder Mensch vielleicht mehreren gleichzeitig. Die staatliche Machtordnung ist gewiß die ausgedehnteste und umfassendste, aber doch nicht die einzige. Zweifellos ist die Machtordnung des modernen Staats, vollends des demokratischen Staats in weiterer Ausdehnung begriffen. Seither jedoch haben die Staaten, auf jeden Fall die Demokratien, nicht ernstlich versucht, alle Entscheidungen über Politik, die das gesamte Leben ihrer Bewohner berühren, selbst zu treffen; es gibt kein Anzeichen dafür, daß sie das in naher Zukunft versuchen wollten. So hält es wohl niemand wirklich für wahrscheinlich, daß demokratische Regierungen die Kirchen, Gewerkschaften und andere industrielle Verbände sowie die Universitäten unmittelbar der Herrschaft des staatlichen Machtsystems unterwerfen wollen, obwohl die Tätigkeit all dieser Einrichtungen für die ganze Gemeinschaft von größter Bedeutung ist. Die vielen Verbände, die innerhalb des Staates politische Macht ausüben, werden deshalb weiterhin ungehindert die Macht haben, um in der verschiedensten Weise und Abstufung über ihre eigene Politik zu entscheiden[169].

An diesem Ergebnis ändert die schon erwähnte Rückwirkung nichts, kraft deren Rechtsregeln, die zunächst nur die Kräfteverteilung im staatlichen Machtsystem zum Ausdruck bringen, durch ihre Anwendung einen *Macht*zuwachs ihrer Ursprungsstelle herbeiführen, indem sie diesem Machtzentrum *rechtliche* Zuständigkeiten und Möglichkeiten zur Verfügung stellen. Rein gedanklich könnte man sich fragen, ob diese Rückwirkung dann nicht weitere *Rechts*vorschriften zur Folge hätte, durch die das Machtzentrum weiter verstärkt würde, so daß es schließlich zur äußersten Beherrschung durch dieses Zentrum kommen müßte. Bei näherem Nachdenken aber ist das nicht haltbar. Denn in demokratischen Gesellschaften rühren Rechtsänderungen nicht gerade aus einem einzelnen Kampfgebiet her oder aus einem einzelnen Machtzentrum, sondern aus einer beträchtlichen Anzahl von Gebieten und Zentren, die sich gegenseitig begrenzen, beeinflussen und beschränken. Das Endergebnis im Bezug auf Vorrang unter den verschiedenen Machtordnungen auf den verschiedenen Gebieten kann deshalb recht unbestimmt und veränderlich sein, und wir wissen ja, daß es in der Tat so ist.

§ 17 Umfassender Ausgleich und Anpassung als Grundlage der Dauerhaftigkeit demokratischer Machtordnung

Gleichzeitig mit dem Aufstieg der modernen staatlichen Machtordnung entwickelten sich, namentlich in demokratischen Staaten, machtvolle Verbände aller Art. Das Kennzeichen des modernen Zeitalters ist das ständig zunehmende Neben- und Aufeinanderwirken der staatlichen Machtordnung und einer Menge von Verbänden. Die Arbeitnehmerverbände und die Zusammenschlüsse der Unternehmer und des Kapitals sind nicht die einzigen, sondern nur die auffälligsten solcher Verbände; sie wurden schon ausführlich behandelt. Wie vielfältig und lebendig die Macht in der Gesellschaft wirkt, dafür 57 sprechen unter vielen anderen auch die folgenden Beispiele: die nie aussetzende Rührigkeit politischer Parteien, der Kirchen und anderer religiöser Verbände; der Aufstieg von Produktions- und Konsumgenossenschaften, von Frauenvereinigungen und von gewerkschaftlichen Zusammenschlüssen der Arbeitgeber, Arbeitnehmer und der freien Berufe, der zunehmende Einfluß der Universitäten, sowie der nationalen und internationalen, kulturellen und politischen Vereinigungen aller Art.« Alle freiwilligen Vereinigungen streben danach, daß ihre eigenen Arbeitsergebnisse vom Staat als allgemeingültig übernommen werden«, und alle verlangen, daß sie innerhalb ihres eigenen Arbeitsgebiets frei von Eingriffen staatlicher Macht bleiben[170]. »Die Gesamtheit ist sozusagen wie ein Bundesstaat, in dem die Verteilung der Macht (zwischen Bund und Gliedstaaten) der natürliche Ausdruck des menschlichen Triebs zur Gruppenbildung ist«[171]. Faschismus und Nationalsozialismus versuchten, dieses reiche Gruppenleben durch eine starre Rangordnung der Macht zu ersetzen und die Neigung der Menschen zur Gruppentreue unter Anwendung einer rohen Mischung von Täuschung, Gewalt, Einschüchterung und Massenbeeinflussung für ihre eigenen Zwecke auszunützen. Zum Glück sind solche Versuche in den Staaten des Westens mit erheblicher demokratischer Überlieferung bisher stets von kurzer Dauer gewesen.

Unter den Juristen war es das »unvergängliche Verdienst«[172] Otto von Gierkes, daß er die Bedeutung der von ihm »Genossenschaften« genannten Gruppen im Leben der Gesellschaft erkannt hat, wobei jede Gruppe sich eine *eigene* Ordnung für ihre Tätigkeit schafft. Damit wurde die allzu einfache Auffassung unhaltbar, daß es allein die staatliche hierarchisch aufgebaute Zentralordnung sei, die der Gesellschaft ihr Recht aufzwingt. So wurde der Weg frei zu Ehrlichs soziologischer Rechtswissenschaft, will sagen: Rechtssoziologie, wie zur Politikwissenschaft[173].

Die neue Auffassung betonte die Wirksamkeit nichtstaatlicher Verbände, die unabhängig vom Staat entstehen, seiner Genehmigung nicht bedürfen. Ja sie ging weiter und verkündete, daß der Staat selbst, mit allen seinen Gerichten, Behörden und Rechtseinrichtungen wie Familie, Besitz und Eigentum, von der Gesamtheit jener nichtstaatlichen Verbände abhängt, was seinen Bestand und seine Dauerhaftigkeit betrifft. Es gibt nach Ehrlich keinen Staat, in dem auf die Dauer eine Regierung möglich wäre, die sich ausschließlich auf das zentralisierte staatliche Recht verläßt[174]. Um im sozialen Verhalten Wirklichkeit zu werden, um im Sinne von Ehrlich »lebendes Recht« im Gegensatz zum Recht in juristischen Diskussionen, Schriften und Gerichtsentscheidungen zu sein, muß das staatliche Recht zur inneren Ordnung der vielen Verbände, aus denen eine Gesellschaft besteht, in richtiger Beziehung stehen. Fehlt es daran, kann die Rechtsnorm des Staates zwar eine sogenannte staatliche Entscheidungsnorm bleiben, aber sie hat keine Bedeutung für die Ordnung der Gesellschaft. Die anderen – seien es »unter«-, seien es »über«staatliche Verbände, erweisen sich allemal und allezeit als viel mächtiger und zäher denn jener zentralisierte Großverband, den wir Staat nennen und der sich ein System von Mitteln geschaffen hat, um seinen Willen wirksam durchzusetzen[175].

Nach Auffassung der theoretischen Politik stellt die Tätigkeit der nämlichen Gruppen als Zwischenverbände einen dritten Faktor im Leben der Gesellschaft dar, sie steht zwischen der Gesellschaft als ganzem und ihren einzelnen Mitgliedern. Die Menschen »formen sich zu Gruppen als Ausdruck von Bedürfnissen, die sie empfinden, die aber durch Tätigwerden eines Einzelnen nicht befriedigt werden können«[176]. Der Staat ruft die Gruppen nicht ins Leben, sie sind wie er selbst ein gleichsam von Natur Gewachsenes und haben wie er Aufgaben zu erfüllen, Leben zu gestalten, Interessen zu fördern und besitzen Macht zur Stützung ihrer Ansprüche[177]. Diese Gruppen sind ihrem Wesen nach untereinander nicht einig. Sie »wachsen nicht zu einem großen einheitlichen Ganzen zusammen«[178]. Geraten – wie es oft geschieht – ihre Anforderungen an dieselben Menschen in Konflikt, müssen sich ihre Wortführer verständigen. Unterwerfung einzelner Gruppen unter den Staat kommt als Lösung vor, ist aber in den letzten anderthalb Jahrhunderten durchaus nicht die Regel gewesen. So blieb zwar in dem gewaltigen Streit zwischen dem britischen Staat und den Gewerkschaften im Generalstreik von 1926 der Staat Sieger, aber er vernichtete seine Gegner nicht, sondern wehrte nur ihren Angriff ab. Nach weniger als zwanzig Jahren wurde das schimpfliche Gesetz von 1927 durch eine Labour-Regierung widerrufen; die späteren konservativen Regierungen haben nicht versucht, es wieder in Kraft zu setzen. Einen solchen Versuch werden wir voraussichtlich so wenig erleben wie einen neuen Generalstreik von der Art desjenigen von 1926.

Es ist durchaus nicht die staatliche Macht allein, die sich mildern und überpersönlich werden muß, um ein dauerhaftes Zusammenleben vieler Machtgruppen zu ermöglichen. Ein solches Zusammenleben nicht nur mit dem politischen System des Staats, sondern auch zwischen anderen Machtsystemen untereinander möglich zu machen, das ist eine der wichtigsten Aufgaben der staatlichen Gesetzgebung. Sozial-ethische Überzeugungen, die allen oder großen Teilen der Gesamtheit gemeinsam sind, beeinflussen die Macht anderer politischer Systeme und die Macht des Staats. Die immer wiederkehrenden Auseinandersetzungen über Staatssubventionen für Bekenntnisschulen und über den Religionsunterricht in öffentlichen Schulen zeigen nur, wie dauerhaft in den angelsächsischen Ländern der Ausgleich zwischen Gruppen- und Staatsmacht ist. Die Gesamtheit anerkennt den Grundsatz der Glaubens- und Religionsfreiheit, und das schützt vor übermäßigen Ansprüchen kirchlicher Gruppen wie vor Übergriffen des Staats. Wie P. H. Partridge richtig bemerkt, haben in einem Land wie Britannien die Männer, die für den Staat und seine Beamtenschaft, für die Universitäten und Kirchen, für Industrie und Handel das Wort führen, gewöhnlich die gleichen Schulen und Universitäten besucht: sie besitzen ein feines Gefühl dafür, wie weit sie mit ihren Forderungen gehen können, ohne den Zusammenhalt des ganzen Systems zu gefährden. In der Vergangenheit war dies mit einem erblichen Klassensystem und mit der Herrschaft der Aristokratie verknüpft, jedoch ist das heute immer weniger der Fall. Haben alle Bürger entsprechend ihrer Begabung gleiche Bildungsmöglichkeiten, gilt das soeben Ausgeführte unabhängig vom Geburtsstand der Wortführer.

Die politischen Streitfragen, die innerhalb einer Gruppe ausgefochten und dann gegenüber anderen Machtsystemen vertreten werden, bilden nur einen (manchmal sehr kleinen) Teil der Beschäftigung und Aufgaben der Mitglieder der betreffenden Gruppe mit Einschluß des Staates selbst. Weil deshalb hinsichtlich der großen Reihe und Vielfalt der Betätigungen im täglichen Leben keine derartigen Konflikte entstehen, wird insgesamt der Eindruck einer dauerhaften Einheitlichkeit erweckt.

Die nur bedingte Dauerhaftigkeit des Ausgleiches *(adjustments)*
zwischen verschiedenen Machtgruppen in der demokratischen
Gesellschaft besagt, daß große, manchmal aufwühlende Veränderungen möglich sind. Dauerhaftigkeit ist immer eine Frage
des Mehr oder Weniger und läßt viel Raum für ungelöste
Streitfragen und Gegensätze. Haben wir einmal Ausgleich und
Anpassung für die Grundlage demokratischer Dauerhaftigkeit
erklärt, so dürfen wir deshalb nicht annehmen, daß ein bestimmter Kompromiß, der zu gegebener Zeit erreicht ist, der einzig
mögliche gewesen oder daß er unerschütterlich sei.

Solche falschen Annahmen können leicht unterlaufen, wo die
Voraussetzungen weniger klar sind als im Regelfall. Gegenüber
dem ausführlichen Schema von Parsons wurde eingewendet, es
beruhe auf der Voraussetzung, daß eine wesentliche Störung der
bestehenden Machtverteilung nicht möglich ist, seine soziale
Analyse verkenne die Möglichkeit grundlegender sozialer Veränderungen und sei deshalb nur in dem Maße gültig und brauchbar, wie jene Voraussetzung[179]. Wie ferner Partridge zutreffend
geltend macht, will Parsons die Machtverteilung (er nennt es
Verteilung von Möglichkeiten) in der Gesellschaft als von
Werten und Normen bestimmt ansehen, die er als unabhängige
veränderliche Faktoren behandelt. Wie aber schon wiederholt
betont wurde, unterliegen die vorherrschenden Werte und
Normen (oder wie wir ebenso gut sagen könnten: die jeweiligen
sozialethischen Überzeugungen) selbst dem Einfluß des steten
Wandels in der Machtverteilung innerhalb der Gesellschaft.
Eines unter vielen sprechenden Beispielen ist die Wirkung des
aus besserer Organisation und erweitertem Wahlrecht entstandenen Machtzuwachses der Gewerkschaften auf die Bewertungen und Normen, nach denen ihre Tätigkeit beurteilt und
überwacht wurde.

Solcher Wandel der Werte und Normen ändert seinerseits die
Verteilung der Rollen und Möglichkeiten; auf diese Weise kann
die wechselseitige Beeinflussung sich ständig verstärken. Mit
dieser Erkenntnis sollte der letzte Rest von Vertrauen in die
Erklärbarkeit der Machtphänomene schwinden. Für ihre Untersuchung gelang es bislang nicht, einen befriedigenden Rahmen

zu finden, der frei wäre von vorweggenommenen Annahmen hinsichtlich der Unvermeidlichkeit früherer und künftiger Zuteilung von Rollen und Möglichkeiten und der auf genauester und umfassendster Tatsachenforschung beruhen müßte. Sollte dies dennoch gelingen, so muß trotzdem mit bloßen Mutmaßungen gearbeitet werden, wo es sich um den wechselseitigen Einfluß von Änderungen sittlicher Überzeugungen und Änderungen in den Machtverhältnissen handelt, den von einander abhängigen veränderlichen Faktoren in einem fortschreitenden Zusammen- und Gegenspiel. Nach Parsons' Meinung genügt die Erkenntnis von der Herstellung des Gleichgewichts im sozialen System im Ganzen; es ist sohin nicht nötig, eine engere Theorie über einzelne Änderungen im sozialen System zu finden. Diese Einstellung kann zwar dem nachträglichen Verständnis vergangener Geschehnisse dienlich sein, aber keine brauchbare Voraussage der künftigen Ergebnisse einer im Gang befindlichen Entwicklung zulassen. Ich komme auf diese Frage noch zurück.

Außer auf den Gebieten solcher noch in Entwicklung begriffener Werte und Machtverhältnisse können sich Erscheinungen des bloßen Versuchens und einer nur vorläufigen Ordnung jederzeit in stürmischen, obgleich nicht revolutionären Geschehnissen zeigen. Eine auf ein Sondergebiet begrenzte Machtordnung kann sich auf ein Gebiet ausdehnen, auf dem sie mit der allgemeinen Machtordnung zusammenstößt. Aus dieser Überlegung heraus wird der »Generalstreik« als Druckmittel der Arbeiter gegen die Arbeitgeber verurteilt; sie kann zudem die berühmten Entscheidungen der Fälle *Taff Vale* und *Osborne* erklären. Umgekehrt mag die staatliche Machtordnung versuchen, ein Gebiet zu übernehmen oder zurückzuerobern, das zuvor der Betätigung einer Gruppe überlassen war. Gerade in diesem Drang des Staates, einen Teil des Wirtschaftslebens unter seine Ordnungsmacht zurückzuholen, liegt die Erklärung für einige der hauptsächlichsten gegenwärtigen politischen Konflikte. Solche Zusammenstöße zwischen Staatsmacht und Gruppenmacht zeitigen mitunter überraschende und unerwartete Ergebnisse, weil eine einmal bestehende Machtverteilung danach strebt, weiter in Geltung zu bleiben, lange nachdem die sie tragenden Überzeugungen der Menschen und Machtgrundlagen umgeschlagen sind. Ein trügerischer äußerer Schein dauerhafter Machtverhältnisse mag fortbestehen, weil sich die Unterwürfigkeit zahlreicher Menschen und Gruppen gegenseitig bestärkt und weil sich jeder ängstigt, was geschehen werde, wenn ein Wechsel einträte. Das Machtsystem hat sozusagen seinen Platz hoch im Spektrum der Kopfzahl, doch nicht mehr. Der äußere Schein kann dann aus verhältnismäßig unwichtigem Anlaß unter gewitterartigen Rückwirkungen zusammenbrechen, was den Eindruck eines gewaltsamen Umsturzes erweckt.

Alles dies enthüllt, daß Parsons, D. Easton und andere es mit gutem Grund aufgeben, Beständigkeit und Unbeständigkeit als Elemente der Vielheit der Strukturen, die in einer demokratischen Gesellschaft sich gegenseitig beeinflussen, ausschließlich unter dem Gesichtspunkt der Auswirkungen und Gegenwirkung der Macht verstehen zu wollen. Sie betonen statt dessen, wie ich es 1946 getan habe[180], die Rolle persönlicher Bedürfnisse, Ansprüche und ethischer Überzeugungen, die sich zusammenschließen und die Macht an sich nehmen. So könnte man beispielsweise den Machtzuwachs der Gewerkschaften nicht erklären, ohne die Dringlichkeit gewisser weitverbreiteter menschlicher Bedürfnisse und die tiefe Überzeugung zu erkennen, daß diese Bedürfnisse befriedigt werden müssen. Damit soll nicht gesagt sein, daß die Menschen ihre fertigen Überzeugungen mitbringen und sie auf Gemeinschaften übertragen. Zusammenschluß zu einer Gruppe gestaltet Überzeugungen sehr stark um; er schafft neue beim Kampf um die Erhaltung der alten. Ja man kann in der Bildung kleinerer Gruppen innerhalb des großen modernen Staates bei den meisten Menschen geradezu eine Vorbedingung dafür sehen, daß sie überhaupt für die Gesellschaft wichtige ethische Überzeugungen haben. Ohne solche sieht sich der Einzelmensch einer Welt des Chaos gegenüber, in der er nur schwer Gleichgesinnte und Gleichgestimmte oder Anhaltspunkte für seine eigene Meinungsbildung finden kann. Höchstens in einer ganz kleinen Gemeinschaft, wie etwa im altgriechischen Stadt-Staat, kann man sich ein erfülltes Leben in einer einzigen allumfassenden Gruppe vorstellen[181], was aber beispielshalber Aristoteles gerade nicht getan hat.

Die Annahme, daß Machtordnungen ihrem Wesen nach eine feste Rangordnung anstreben, kann dazu verleiten, die Rolle der Gruppen innerhalb der weiteren Staatsgemeinschaft lediglich darin zu sehen, daß sie eine untergeordnete Tätigkeit ausüben sollen und nur geduldet sind. Das soeben Ausgeführte offenbart, wie verkehrt diese Auffassung wäre. Im Gegenteil: die Tätigkeit der Gruppen stellt einen wesentlichen Teil des Aufbaus der demokratischen Gesellschaft und ihrer Rechtsordnung dar. Wo Rückhalt an den Überzeugungen der Menschen das Faktum eines Befehls in demokratisches Recht verwandelt, dort stammen diese Überzeugungen hauptsächlich aus dem inneren Leben der Gruppen. Gehört es zum Wesen des Rechts in einer Demokratie, daß ihm die Rechtsunterworfenen ihre Zustimmung geben, solchermaßen Rechtsgenossen werden, so sind es wiederum die nichtstaatlichen Gruppen, von denen diese Zustimmung abhängt[182]. Aus solchen Gruppen quellen im allgemeinen die Stimmungen und Überzeugungen hervor, die im Leben der Gesellschaft und in der Politik wirksam sind. Oft verleiht erst die Gruppe der Überzeugung ihre Kraft und sogar ihren Sinn[183]. Fast immer gibt erst die Gruppe der Überzeugung das nötige Gewicht, um von den Machthabern einer Demokratie beachtet zu werden[184]. Pressions- oder Interessengruppen, das sind nicht-parteipolitische Gruppen, die auf die öffentliche Politik an bestimmter Stelle Einfluß ausüben wollen (oft *»Lobbies«* genannt, besonders von Gegnern solcher Machenschaften)[185], gibt es nicht nur für die wichtigsten drei Träger der allgemeinen Wirtschaft: geschäftliche Unternehmungen, Arbeiterschaft und Landwirtschaft. Sie vertreten jetzt ebenso zahlreiche andere Sonderinteressen, so z. B. Konsumentenvereinigungen, ehemalige Kriegsteilnehmer und in bunter Vielzahl religiöse und Freidenkergruppen, Reformgruppen wie die Liga für Frauenwahlrecht, die Vereine zur Reform des Strafvollzugs oder für die Einsetzung einer Weltregierung. Ihre offene oder geheime Tätigkeit hat den Zweck, die Stimmen der Gesamtheit zugunsten ihrer Ziele zu vermehren und zu verstärken, um sie auf die Inhaber der politischen Gewalt wirken zu lassen. Man hat sie natürlich für große Mißstände verantwortlich gemacht.

Es darf aber nicht übersehen werden, daß die Gruppen und Lobbies in Zeiten tiefer sozialer und wirtschaftlicher Veränderungen einen nicht ungünstigen Einfluß zur Stärkung und zum Fortbestand der Regierungen und der Staatsgewalt ausüben. Eigentlich verdienen jede Gruppe und Gruppenart, sowie ihre verschiedenen Betätigungen jeweils eine besondere Untersuchung und Bewertung, weit über den Rahmen des vorliegenden Zusammenhangs hinaus. Was uns hier beschäftigt, ist die

Beobachtung, wie unentbehrlich es für eine geordnete feste, aber zugleich freie Regierung ist, daß als Mittler zwischen der Masse der einzelnen und den Stellen der politischen Macht sich viele freiwillige Verbände rege betätigen[186]. Die meisten Rechtsänderungen von allgemeiner Bedeutung gründen sich auf den unausgesetzten Wandel der Überzeugungen und Macht in und zwischen den Gruppen[187]. Dieser Wandel drückt sich auch in den vorherrschenden ethischen Überzeugungen der weiteren Gemeinschaft aus. Diese Überzeugungen üben ihrerseits einen Gegeneinfluß auf die Überzeugungen der kleineren Gruppen aus und auf die Verteilung der Macht unter ihnen. Einerlei, ob man die Macht in einem demokratischen Staat als »föderativ« (Machtverteilung wie in einem Bundesstaat) bezeichnen will oder nicht[188], sicher ist, daß die (hierarchische) Vorstellung von einer festen Rangordnung in der Machtverteilung zur Erklärung nicht genügt[189].

IV. Die Wirkung von Änderungen und Revolution auf das Recht[190]

§ 19 Revolution und Macht

In Machtstrukturen finden fortgesetzt Personalveränderungen statt. *»Le roi est mort! Vive le roi!«* gilt als soziale Tatsache, obschon nicht rechtlich, beim Tod von Ministern, bei der Auflösung von Parlamenten, wie beim Ableben der Bürger. Es können sich sogar die von der Macht befolgten Grundsätze ändern, ohne daß das Fortbestehen und der Kern der Machtstruktur davon betroffen werden, wie dies in der langen Geschichte der friedlichen sozialen und politischen Änderungen in England geschehen ist. Dasselbe gilt für den ständig sich vollziehenden Wechsel in der Machtverteilung und Mitgliedschaft bei den Verbänden, deren gegenseitige Beeinflussung das Leben der Gesellschaft darstellt[191]. Änderungen bei Weiterbestehen steht hier im Gegensatz zu Änderung durch Revolution. Weiterbestehen ist für die Zwecke dieser Darstellung gegeben, sofern die Neigung zur Anerkennung der neuen Lage vorwiegend eine Fortsetzung des vor der Änderung gewohnten Verhaltens ist. Revolutionär ist die Änderung, wo diese alten Verhaltensmuster zerstört sind und gänzlich neue geschaffen werden müssen.

Dazu ist zweierlei zu bemerken: erstens, Personalveränderungen oder neue Grundsätze brauchen den Entwicklungszusammenhang nicht immer zu zerstören, aber die Gefahr einer solchen Unterbrechung ist umso größer, je plötzlicher und stärker diese Veränderungen sind. Nicht ohne Grund haben die herrschenden Klassen von jeher Außenstehenden die Zulassung erschwert. Zweitens: das soziologische Weiterbestehen einer Machtstruktur ist nicht immer dasselbe wie das Weiterbestehen einer Rechtsstruktur[192]. Würde etwa durch Gesetz allen nichtregierenden Parteien die politische Tätigkeit verboten werden, so müßte das rein formalrechtlich keinen Bruch in der Rechtsordnung bewirken, aber soziologisch wäre es zutiefst revolutionär. Unter dem Gesichtspunkt der Macht ist Revolution ein verhältnismäßig plötzlicher und weitreichender Bruch in der Bereitschaft der Menschen zum Gehorsam; gewöhnlich schließt sich – mit oder ohne vorübergehendes Chaos in einer Übergangszeit – der Aufbau einer neuen Bereitschaft zum Gehorsam gegenüber einer neuen Macht an[193]. »Revolution« in diesem Sinn ist der Gegenstand der folgenden Betrachtung.

Alle Elemente, aus denen sich die Machtstruktur zusammensetzt, sind für die Revolution von Bedeutung. So beeinflußt die Anzahl der Machtunterworfenen das Gefühl für die Stärke der Macht, der sich die Untertanen fügen. Dichte und Größe der Bevölkerung verleihen einem festen Machtsystem Widerstandsfähigkeit, sie begünstigen aber zugleich Störungen der Macht durch Nachahmung und Ansteckung, so es einmal zur offenen Auflehnung gegen die Staatsgewalt kommt. Die Fügsamkeit gegenüber der Staatsgewalt hängt hinwiederum von der Fähigkeit der jeweiligen Führerschaft ab. Wo die Machtstruktur auf persönlicher Führung beruht und nicht überpersönlich geworden ist, wird nach dem Tode der Führer eine Revolution eher zu erwarten sein. (Aber, abgesehen von der Frage der Nachfolge im Todesfall, ist die landläufige Meinung, die modernen persönlichen Diktaturen seien ihrem Wesen nach unbeständig, bis jetzt noch nicht durch Tatsachen verifiziert). Umgekehrt ist bei überpersönlichen Machtsystemen die Ablösung eines Führers durch einen anderen gesicherter, trotzdem jedoch dann gefährdet, wenn unfähige Führer den Gehorsam gegenüber dem System untergraben. Die Zulassung führungsbegabter neuer Kräfte ist deshalb nicht einfach ein bloßes demokratisches Ideal oder eine demagogische Parteiparole, sondern eine unbedingte Voraussetzung für die Festigkeit von Machtstrukturen. Ohne solche Zulassung leiden nicht nur die Machtstrukturen darunter, daß unfähige Führer emporkommen, sondern es werden auch die zur Führung fähigen Köpfe dazu getrieben, kampfbereite und revolutionäre Gegenzentren der Macht zu errichten. Das war eine, obzwar nicht die wichtigste Revolutionserscheinung während der zwei letzten Generationen im zaristischen Rußland[194].

§ 20 Revolution als Konflikt zwischen dem Recht und sozial-ethischen Überzeugungen

Wo Macht- und Rechtsordnung, wie in demokratischen Ländern, sich auf sozial-ethische Überzeugungen stützen, kann Unsicherheit und sogar Revolution dadurch entstehen, daß diese Stütze ganz entzogen wird[195]. Sogar in einer wohlausgeglichenen Rechtsordnung kommt es zu Spannungen zwischen Recht und vorherrschenden Überzeugungen, infolge derer das geschriebene Recht in wichtigen Fragen und in beträchtlichem Grade versagt und vom lebenden Recht abweicht. Werden diese Spannungen zu groß, kann eine Revolution der hier behandelten Art ausbrechen. Ob ein solcher äußerster Fall eintritt, ist eine Sache der soziologisch-rechtlichen Untersuchung. Die amtlich geduldete Abweichung von Rechtsnormen und die Gewöhnung an ihre Umgehung in der Gemeinschaft können so alltäglich und weitverbreitet werden, daß – nach dem Ausspruch von Jerome Hall[196] – »die Vorschriften der Rechtsetzer« (für das Verhalten der Beamten und Bürger) der Sache und Wichtigkeit nach nicht mehr genug bedeuten, um ernstliches, geistiges Interesse zu erregen. »Dies kann drei Gründe haben: erstens kann auf dem Wege der Rechtssetzung versucht werden, Verhaltensmuster aufzuzwingen, die den herrschenden Überzeugungen gröblich widersprechen; zweitens können im Recht Überzeugungen festgefroren sein, die jeder Stütze entbehren; drittens können die Überzeugungen unklar sein, namentlich gegenüber neuen Situationen, denen sich die Gesellschaft noch nicht angepaßt hat[197]. Im folgenden eine kurze Stellungnahme zu diesen drei Gründen:

Erstens: Sozial-ethische Änderungen vollziehen sich äußerst langsam, verglichen mit der Schnelligkeit, mit der Gesetzgebung und Vollziehung handeln; tiefgreifende Gesetzesänderungen oder Verschärfungen in der Anwendung von Gesetzen beschwören zuweilen unlösbare Konflikte zwischen den Geboten des Rechts und dem Druck der sozial-ethischen Überzeugung herauf. Zahlreiche Beispiele dafür bietet die Geschichte der amerikanischen Prohibition und der Durchführung der verfassungsmäßigen Gleichberechtigung der Neger[198]. *Zweitens:* Aus einer Reihe von Gründen kann eine Gesellschaft außerstande sein, ihr Recht für einen bestimmten Bereich aufzuheben oder zu verbessern, selbst nachdem die meisten ihrer Mitglieder längst von den Überzeugungen abgegangen sind, auf denen die betreffende rechtliche Regelung beruht[199]. Unter diesen Umständen tötet die ethische Überzeugung das Recht. Wird in einem solchen Falle versucht, der betreffenden Rechtsvorschrift um jeden Preis Geltung zu verschaffen, bewahrt die zur Unterdrückung nötige Gewalt immer weniger von ihrem ethischen Rückhalt. Feindseligkeit gegenüber den Machthabern wächst, die Gegnerschaft gegen einzelne Rechtsvorschriften wird zur Feindschaft gegenüber der ganzen Rechtsordnung und der sie tragenden Machtstruktur[200]. Werden die vom Recht mißachteten Überzeugungen als lebenswichtig empfunden, mag eine revolutionäre Situation eintreten, die die gesamte Machtstruktur bedroht[201]. Dabei darf nicht übersehen werden, daß die revolutionäre Ablehnung der bestehenden Rechtsordnung und ihrer Machtgrundlage oft mit dem Ruf nach Gerechtigkeit verbunden war. Tatsächlich birgt jede Auffassung der Gerechtigkeit als eines mächtigen menschlichen Strebens eine Art von ständiger, stiller Revolution, selbst innerhalb einer festen Rechtsordnung: Sie bedeutet, daß jede noch so geringfügige Rechtsverletzung von heute zugleich ein Vorbote größerer Gerechtigkeit im Recht von morgen sein kann[202].

Verschieden hiervon ist die *dritte* Art, in der soziale Überzeugungen die demokratischen Machtstrukturen untergraben können. Bei den beiden ersten Arten handelt es sich um den Zusammenstoß zwischen Rechtsgehorsam und ethischen Überzeugungen, bei der dritten Art um die Ungeklärtheit ethischer Überzeugungen[203]. Solche Unklarheiten entstehen infolge der Verschlungenheit der modernen Gesellschaftsordnungen und werden verstärkt durch die Schnelligkeit technologischer, zugleich sozialer und wirtschaftlicher Änderungen, durch unzureichende Anpassung des Rechts (namentlich infolge verfassungsmäßiger Hindernisse[204] oder durch planlose Notlösungen zur Bewältigung dieser Hindernisse[205], sowie durch die tiefe persönliche, soziale und wirtschaftliche Unsicherheit, die von den genannten und anderen Faktoren verursacht wird. Das alles wird schlimmer, so aus Mangel an Verantwortungsgefühl oder mit böser Absicht die urteilsunfähigen Massen mit den Mitteln der Massenmedien bearbeitet werden.

Im Bezug auf diese dritte Art von Spannung zwischen Recht und sozial-ethischen Überzeugungen müssen wir an die besonderen Probleme denken, denen die wirtschaftlich entwickelten volkreichen Demokratien durch die fortschreitende industrielle Revolution gegenübergestellt worden sind. In einer Hinsicht ist die in den Demokratien bemerkbare Entwicklung zu Unsicherheit und Auflösung eine Begleiterscheinung ihrer wichtigsten Errungenschaft, nämlich der Überwindung der Klassenspaltung, der vererblichen Standesrechte und der ganzen feudalen und aristokratischen Gesellschaftsordnung früherer Jahrhunderte. Auf diese Entwicklung bezieht sich Sir H. Main's bekannter und umstrittener Anspruch über die Bewegung vom »Status« zum »Kontrakt«. Parsons nennt denselben Vorgang den Übergang von dem durch Geburt und Familienzugehörigkeit bestimmten, zugewiesenen (»askriptiven«) zu dem durch persönliche Leistung erworbenen Status. Darin liegt die Vermehrung von Gelegenheiten für jeden einzelnen, »seinen Weg in dieser Welt auf Grund eigenen Verdienstes zu machen«, entweder dadurch, daß die Möglichkeit dazu, z. B. Schul- und Berufsausbildung, bereitgestellt wird oder daß überkommene und rechtliche Hindernisse beseitigt werden.

Gewiß ist die Zeit noch fern, in der allen Mitgliedern der Gesellschaft die Gelegenheit geboten wird, ihren Weg gemäß ihrem Verdienst zu machen. Aber selbst wenn dieser Idealzustand erreicht wäre, würden die meisten Menschen unzufrieden bleiben, weil sie nicht so weit in die Höhe kommen, wie sie es zu verdienen glauben; denn an der Spitze der Gesellschaft ist nur für wenige Raum. Außerdem könnte man dann demjenigen, der es nicht weit bringt oder der Unglück hat, daraus fast einen persönlichen Vorwurf machen; denn nach Wegfall des »askriptiven« Status kann solches Versagen nicht mehr dem Schicksal oder einer unabänderlichen Sozialordnung zur Last gelegt werden. Zudem ist das enge Zusammengehörigkeitsgefühl der Bürger geschwunden, seitdem sich die Volksmassen vom Land in die Städte ergossen haben, hinweg von dem beschaulichen Leben in der Gemeinschaft des Dorfes, des Kirchspiels und der Nachbarschaft mit seinen religiösen und feudalen Bindungen. An die Stelle des alten persönlichen Verhältnisses zwischen Meister und Lehrling, zwischen Meister und Gehilfen ist das Verhältnis des die Maschinen bedienenden Fabrikarbeiters zu einem unpersönlichen Arbeitgeber (gewöhnlich einer Gesellschaft) getreten, wobei der Arbeiter so gut wie niemals sein eigener Herr werden kann. (Es ist für unsere heutige Gesellschaft kennzeichnend, daß der selbständige Einzelunternehmer als »self-employed«, d. i. »eigener Angestellter« bezeichnet wird). Die Herrschaft der Maschine und die Rationalisierung der Produktion hat die Freude an selbständiger Arbeit und Handwerkskunst verdrängt.

Trüber wurde das Bild durch die Arbeitslosigkeit großer Massen. Andererseits entstanden Leben und Bewegung aus dem Zusammentreffen sittlicher Vorstellungen von Freiheit und Menschenwürde mit der gärenden Unruhe weltverbessernden und sozialistischen Gedankenguts. Auf diesem Hintergrund spielte sich nach dem Ersten Weltkrieg die Entwicklung der westlichen industrialisierten Gesellschaft zum »Wohlfahrtsstaat« ab. Auch wenn ein hoher durchschnittlicher Wohlstand erreicht ist, können die seelische Unsicherheit, die soziale Entfremdung und Auflösung ernste Probleme bleiben. Sie nehmen heute neue und drohende Formen an infolge der technischen Fortschritte im Nachrichtenwesen und der zunehmenden Verwendung automatischer Maschinen für die Gütererzeugung[206].

Werden einer demokratischen Rechtsordnung die Stützen ethischer Überzeugungen entzogen, sinkt sie unwillkürlich in zunehmendem Maß zur Grundlage bloßer Herrschaftsausübung herab. Ob sie in diesem Fall demokratisch bleibt, hängt davon ab, ob die dann auftretenden Herrschenden die Absicht und

Fähigkeit haben, die Unsicherheit der Gemüter und die Unzufriedenheit des Volkes zur Vernichtung der Demokratie auszunützen. Die im 20. Jahrhundert entstandenen faschistischen Diktaturen zeigen, daß es solche Persönlichkeiten heute ebenso gibt wie in früheren Zeiten. Zu hoffen, daß Zustände, die ihr Emporkommen begünstigen, nicht eintreten, ist nicht genug; sicherer ist es, das Eintreten solcher Zustände zu verhindern.

Machtstrukturen, die wie die demokratischen an allgemein anerkannte ethische Grundsätze gebunden sind, erweisen sich überdies als in gewissem Sinne besonders wehrlos gegenüber skrupellosen Machthabern. In unserem Zeitalter haben faschistische Führer die demokratische Rede- und Versammlungsfreiheit ausgenützt, um an die Macht zu kommen und dann diese Grundrechte, sowie alle Gegenparteien abzuschaffen. Die bedrohten Demokratien waren durch ihre eigenen Freiheitsgrundsätze daran gehindert, Maßnahmen zu ihrem Schutz zu treffen. Auf der anderen Seite kann ein reiner Despot alle Arten von Gewalt, Trug und Grausamkeit zur Unterdrückung von politischen Gegenkräften anwenden, ohne dadurch seine eigene Machtstellung zu schwächen. Weit entfernt von einer festen Bindung an solche Grundsätze von Unterdrückung, vermag er deren allgemeine Anerkennung für seine eigenen Zwecke zu benützen; hat er aber einmal die Macht ergriffen, kann er mit Hilfe der modernen Massenmedien diese Anerkennung beseitigen und statt dessen für entgegengesetzte Grundsätze, wenn nicht Zustimmung, so doch Gehorsam aufbauen[207].

§ 21   Revolution infolge umwälzend neuer sozialer Überzeugung

Wenn inmitten des allgemeinen Zerfalls sozialer Überzeugungen die nackte Gewalt die Macht ergreift, so ist das eine andere Art von Revolution, als es die französische, amerikanische und russische Revolution war. Bertrand Russell macht diese Unterscheidung in folgender, vielleicht allzu scharfer Weise[208]:

Es kommt vor, daß die das alte Regime tragenden Glaubens- und Denkgewohnheiten einem bloßen Skeptizismus[209] Platz machen; dann kann der Zusammenhalt der Gesellschaft nur durch Ausübung offener Gewalt bewahrt bleiben. Es kann aber auch vorkommen, daß ein neuer Glaube mit neuen Denkgewohnheiten die Menschen immer stärker erfaßt und schließlich stark genug wird, um ein als veraltet empfundenes Regierungssystem durch ein neues zu ersetzen, das im Einklang mit den neuen Überzeugungen steht ...

Entartung des sozialen Systems zu einer reinen Machtstruktur und Umwandlung einer Machtstruktur durch neue sozial-ethische Überzeugungen sind beides soziologische Revolutionen, aber sie schließen einander nicht aus[210], sondern können einander ablösen oder gleichzeitig vor sich gehen. Bei einer revolutionären Gesamtlage ist es oft unmöglich vorherzusagen, was von beidem schließlich eintreten (oder auch nur vorherrschen) wird. Wie wir anfangs gesehen haben, bildet sich rings um Machtsysteme ein System von wechselseitiger Gefügigkeit, das die Macht verstärkt. Das so gestützte Machtsystem mag ein reines Herrschaftssystem sein. Obgleich die ethischen Überzeugungen der Gesellschaft wegfallen, die vorher das Machtsystem getragen haben, wird dieses vielleicht dennoch (wie dargelegt) den äußeren Anschein von Festigkeit und Dauer bis zum Augenblick des Zusammenbruchs beibehalten. Wann dieser Augenblick kommt und welche Art von Machtstruktur das bestehende System ablösen wird, hängt oft von mehr oder weniger zufälligen Umständen ab, etwa davon, welche Personen oder Gruppen und in welchem Zeitpunkt sie, aus eigenem Antrieb oder angestachelt von anderen, in offene Auflehnung ausbrechen, die dann den letzten äußeren Schein der alten Macht zerstört. Daß eine Machtstruktur oft bis zum letzten Augenblick unangreifbar erscheint, erklärt vielleicht, warum selbst die edelsten Erhebungen des Menschengeistes so häufig von Ausschreitungen begleitet sind. Es gibt tatsächlich kein Beispiel einer größeren Revolution, die nicht bis zu einem gewissen Grade sowohl aus allgemeinem Verfall ethischer Überzeugungen als auch aus umwälzenden neuen Überzeugungen hervorgegangen und die nicht von nackter Gewalt begleitet gewesen wäre[211].

§ 22   Macht und Gewaltentrennung

Die Macht in allen ihren Erscheinungsformen spielt zweifellos
72 eine Hauptrolle in dem Gewirr der Kräfte, die zu Gestaltung,

Entwicklung, Festigkeit und Zusammenbruch von Rechtsordnungen beitragen. Mit dem vorliegenden Kapitel wollte ich nicht etwa eine neue Teorie der Macht aufstellen, im Gegensatz zu den vielen, die auf diesem sehr lebhaften Gebiet der Rechts- und Staatsphilosophie schon vertreten sind. Vielmehr wollte ich nur die vorhandenen Theorien zusammenstellen, sie in ihren Einzelheiten zergliedern und, wo nötig, erklären; all dies unter möglichst klarer Hervorhebung der juristischen Hauptprobleme, soweit sie sich auf die Rolle und Grenzen des Rechts als Mittel der gesellschaftlichen Ordnung beziehen. In diesem Zusammenhang habe ich es unternommen, auf die Bezeichnungen und Merkmale von Machtverhältnissen einzugehen, sowie die besonderen Kennzeichen einer Rechtsordnung zu untersuchen, die in dem Begriff des Rechtsstaats und den damit verbundenen Auffassungen von demokratischer Zustimmung enthalten sind. Was sich dabei hinsichtlich der Entstehung, Struktur und Wirkungsweise der Macht und der sozial-ethischen Überzeugung ergeben hat, vereinigt sich zu den Hauptproblemen der Festigkeit, der Fortbildung und der »Revolution« im Recht. Wie bereits ausgeführt, besteht die praktische Anwendung der so gefundenen Erkenntnis darin, daß versucht werden muß, der Macht die sozial-ethischen Zügel des Zustimmungsgrundsatzes und der Gewaltentrennung anzulegen.

Diese politischen Symbole sind jedoch so gefühlsbetont und von politischen Glaubenssätzen durchdrungen, daß daraus eine weitere Gefahr für Erörterungen wie diese hier entsteht. Hin und wieder strahlen nämlich so hohe und weitreichende Begriffe wie ethische Überzeugung und Macht die Versuchung aus, in dramatische oder mystische Allgemeinbetrachtungen zu verfallen. Ich habe mich bemüht, solchen Versuchungen zu widerstehen und statt dessen auf die alltäglichen Beziehungen von Mensch zu Mensch hinzuweisen, durch die die sozialen Vorgänge in die Rechtsordnung eingehen und durch die umgekehrt die Rechtsordnung jene Vorgänge beeinflußt. Dabei wird schon hier klar, was ich anderswo ausführlicher darlegen werde, daß die Gewaltentrennung (wie Justice Kitto in *R. v. Davison*[212] es ausgedrückt hat) nicht bloß die Bereitstellung von »Schutzmaßnahmen für die Freiheit des Individuums« bedeutet, sondern daß durch sie die »verschiedenartigen beruflichen Kenntnisse und Übungen« anerkannt werden, die »auf den verschiedenen Stufen der Rechtssetzung und Rechtsanwendung erforderlich sind«. Faßt man das Recht als die Vermittlung zwischen Macht und sozial-ethischer Überzeugung auf, so genügt es nicht, nur an diese beiden Elemente an sich zu denken. Vielmehr müssen wir uns zusätzlich fragen: Welches sind die besonderen »Geschäfte« des Rechts (»law-jobs«), bei denen Macht und ethische Überzeugung zusammentreffen? Was sind unter dem Gesichtspunkt der »verschiedenartigen beruflichen Kenntnisse und Übungen« die Anforderungen an die Juristen, die diese Aufgaben zu lösen haben, und was sind ihre Hilfsquellen dafür? Bei dieser Fragestellung liegt die Hauptbedeutung der Gewaltentrennungslehre wohl darin ,daß sie uns auf drei große Gruppen von Aufgaben und Hilfsquellen des Rechts hinweist und damit auf drei Hauptwege, auf denen das Recht und die Juristen zwischen der Macht und der ethischen Überzeugung vermitteln[213].

[1] Blackstone definierte Recht als eine von »der höchsten Staatsmacht« vorgeschriebene Regel (Blackstone, 1 *Commentaries* 44). Vor ihm hatte Hobbes die Gesetzgebungsgewalt auf ursprüngliche Vereinbarungen zurückgeführt, durch die die Menschen einer oder mehreren bestimmten Personen »ihrer aller Kraft und Mittel überlassen haben, um sie nach bestem Ermessen für ihren Frieden und ihre gemeinsame Verteidigung zu gebrauchen«, und so eine »souveräne Macht« über sie geschaffen haben (Hobbes, *Leviathan* [1651] Teil II Kap. XVII; vgl. auch Teil II Kap. XVII »Siebentens«). Bentham und nach ihm Austin gründeten die ganze formale Rechtstheorie auf die Annahme einer Teilung der Gesellschaft in jene Personen, die Gebote erlassen, und die unbestimmte Masse derer, die den Geboten gehorchen, die »politischen Oberen« oder den »Souverän« und die Untertanen, und das ist (mit ihrer unwesentlichen Abänderungen) die Grundlehre der führenden englischen Rechtsgelehrten geblieben (siehe z. B. S. Amos, *Science of Law* [1874] 84; W. Markby, *Elements of Law*, § 9; T. E. Holland, *Jurisprudence* [Aufl. 1924] Kap. IV). Noch im Jahre 1929 definierte Sir F. Pollock »Recht« nach englischer Auffassung als »jede Regel . . ., die von der höchsten Staatsgewalt ausdrücklich vorgeschrieben ist«. (F. Pollock, *First Book of Jurisprudence* [6. Aufl. 1929] 15). Die Abänderungen bestehen hauptsächlich darin, daß dem Gebot des Souveräns die Erzwingung durch ihn oder auch durch von ihm eingesetzte Gerichte gleichgestellt wird, wobei aber das Merkmal der Macht erhalten bleibt.
Für Ihering bestand das Recht aus »Zwangsvorschriften« (siehe Stone, *Human Justice* Kap. 5). Für Kohler war die Rechtsordnung eine zwangsweise Ordnung menschlicher Beziehungen, für Binder war sie »Macht im Dienste der Idee der Gesellschaft«, und auch Somló leitet sie von einer »höchsten Gewalt« ab. Siehe J. Kohler, *Einführung in die Rechtswissenschaft (1902)* § 1. J. Binder, *Philosophie des Rechts* (1925) 1063; F. Somló, *Juristische Grundlehre* (1917) 105.

2 siehe die Zusammenstellung bei Pound, *Outlines* 60–73 und die Darstellung bei R. Pound »Theories of Law« (1912) 22 *Yale L. J.* 114. (Pounds Unterscheidungen nach dem Zeitalter sind recht ungenau; er löst z. B. den Zusammenhang der »Befehls«-Definitionen von Bodin und des spätrömischen Kaiserreiches mit den betreffenden Zeitaltern.)

3 Bezeichnend für dieses Verkennen des Wesens der Macht und ihres Einflusses auf ethische Überzeugungen ist es, daß Bentham sich für die Verwirklichung seiner demokratischen Gerechtigkeitstheorie ebensoviel (wenn nicht mehr) von der despotischen Herrschaft der Zarin Katharina versprach wie von der aufsteigenden Macht des freien britischen Parlaments oder von der Nationalversammlung der französischen Revolution. Siehe Stone, *Human Justice* Kap. 4, § 1.

4 Ehrlich, *Grundlegung* Kap. V. Sein weitergehender Versuch (74), die Herrschaft aus dem Besitz abzuleiten, ist aber kaum haltbar.

5 Siehe auch Stone, *Human Justice* Kap. 3, § 7.

6 Y. Dror, »Law and Social Change« (1959) 33 *Tulane L. R.* 789–802 malt ein verlockend einfaches Bild, weil er gerade die Schwierigkeiten der hier hereinspielenden Zirkelschlüsse unbeachtet läßt. Er macht es sich leicht, indem er ausführt: das Recht ist ein Teil der sozialen Kultur und ändert sich (mit einiger, in seiner Systemgebundenheit begründeten Langsamkeit) grundsätzlich mit der Kultur (789/90); das Recht kann auch dazu benützt werden, um eine soziale Veränderung herbeizuführen (794 ff.); auch dies oft mit einiger Verspätung, namentlich dann, wenn die betreffenden Gebiete des Soziallebens stark gefühlsbetont sind (798 ff.); daher sind »soziale Veränderung und Rechtsänderung feste, sich gegenseitig beeinflussende Faktoren« (801/2). Das eigentliche Problem aber ist die Frage, unter welchen Bedingungen das Recht in einer bestimmten Gesellschaft und Lage soziale Veränderungen erfolgreich herbeiführen kann und unter welchen Bedingungen das Recht sich ohne Schwierigkeit den Änderungen in der übrigen Kultur anpaßt.

7 Die in dieser Definition liegende Doppelwertigkeit von »Werten« birgt weitere Schwierigkeiten.

8 Wenn Staatsphilosophen wie H. D. Lasswell, T. Parsons und D. Easton sich vorstellen, daß die Macht das ganze Sozialleben durchdringt, dann stehen sie wohl vor der unlösbaren Aufgabe, eigentliche *politische* Beziehungen *innerhalb* der allgemeinen Machtverhältnisse zu unterscheiden. Lasswell-Kaplan, *Power* wollen in der Politik »die Verteilung von Werten unter dem Einfluß der Macht« sehen; Easton beruft sich auf die höchste Gewalt (*»authoritativeness«*) für die Zuteilung von Werten. Das genügt nicht zur Unterscheidung der besonderen politischen Beziehungen. Da in sozialen Beziehungen immer Werte zu finden sind, würde die Politik alle anderen Sozialwissenschaften, ja vielleicht überhaupt alle menschlichen Beziehungen verschlingen, denn Werte und ihre Beeinflussung durch Macht gibt es auch im Verhältnis zwischen nur zwei Personen oder mehreren, die nicht als Gesellschaft bezeichnet werden können. Noch andere Schwierigkeiten entstehen, wenn (wie z. B. bei Easton) bewiesen werden soll, daß die »Politik« des Staats etwas anderes ist als die Politik aller übrigen Gruppen; denn um dies zu tun, muß man dem System der staatlichen Politik künstlich ein Unterscheidungsmerkmal (z. B. die letzte Zwangsgewalt) beilegen.

9 Laski, *Politics* 145. Daher das eng begrenzte Anwendungsgebiet für die Volksabstimmung als brauchbares Mittel der Demokratie.

10 Michels, *Parties* Teil II Kap. I–VI und Teil III.

11 siehe z. B. McDougall, *Social Psychology* (10. Aufl. 1917) 65.

[12] Michels, *Parties* Teil I Kap. V; H. J. Laski, *Authority in the Modern State* (1919) 32. Russell, *Power* 15 fügt den Bibelspruch an: »Selig sind die Sanftmütigen, denn sie werden das Erdreich besitzen«; vgl. die Darstellung bei Friedrich, *Government* 159–246 unter den Titeln »Macht und Führung« (159–179); »Gesetz und Herrschaft« (180–198); »Beeinflussung und erwartete Rückwirkung« (198–215); »Politische Macht und Beweisführung« (216–246).

[13] Es führt durchaus nicht weiter, wenn man die Rolle der Macht mit der Rolle der »Energie« als »Grundbegriff der Physik« vergleicht (Russell, *Power* 10) oder mit dem magnetischen Nordpol (F. H. Allport, *Social Psychology* [1924] 160). Die unglücklichen Versuche der frühen Soziologie mit mechanischen und biologischen Analogien mahnen hier zu besonderer Vorsicht.

[14] siehe Lasswell-Kaplan, *Power* Kap. V. T. Geiger, *Vorstudien zu einer Soziologie des Rechts* (1947) 12–29, 54 ff., abgedr. in T. Geiger, *Arbeiten zur Soziologie* (1962, hrsg. P. Trappe) 364–384 macht den kühnen Versuch, die Vorgänge der Transpersonalisierung in symbolischer Notation darzustellen.

[15] Marx will die demokratische Besserstellung der Arbeiter als bloße »kapitalistische Konzessionen« gelten lassen, die enden werden, bevor eine allgemeine Machtübertragung wirklich erreicht ist; dieser Erklärungsversuch ist heute nicht mehr glaubwürdig und wird auch von sozialistischen Denkern abgelehnt; siehe z. B. Alexander bei Thompson, *Apathy* 243, 264 ff.

[16] Über die Bedeutung der Macht als Mittel des Ausschlusses siehe Russell, *Freedom* 240/1; vgl. Timasheff, *Sociology of Law* 171, der jedoch eine zu scharfe Unterscheidung macht.

[17] Das ist auch der Sinn von Russells Ausführungen, bes. in Kap. I und II, mag er auch *(passim)* die Sondermerkmale der einzelnen Arten betonen; vgl. auch die allgemeine Darstellung von Michels, *Parties* (wo diese letztere Auffassung angewendet wird); C. E. Merriam, *Political Power* (1954), wieder veröffentlicht bei H. D. Lasswell, C. E. Merriam, T. V. Smith, *A Study of Power* (1950) 105 ff. Lasswell-Kaplan *(Power 75)* betont zutreffend, daß Macht nicht als Besitztum oder Eigenschaft, sondern nur als eine Beziehung zu definieren ist. Dagegen betrachtet Friedrich *(Government 160 ff.)* die Macht als einen Gegenstand, ein Besitztum, wenn sie in der Form eines Amtes zur festen Dauereinrichtung geworden ist; trotzdem beschreibt er die Macht als »eine Beziehung zwischen Menschen, die sich in zustimmendem Verhalten kundgibt«.

[18] vgl. Russell, *Power* 36; übernommen von Lasswell-Kaplan, *Power* 92.

[19] siehe C. J. Friedrich (Hrsg.), *Authority* (1 *Nomos*, 1958) Kap. I; Lasswell-Kaplan, *Power* 75; D. Easton, *The Political System* (1953) 143 ff. Über die Behandlung der Macht unter dem Gesichtspunkt der Beziehung bei Parsons-Shils, *Theory of Action* 198 ff. und Parsons, *System* 114 ff., 121 ff. siehe weiter *unten*.

[20] Friedrich, *Government* behandelt den Gegensatz zwischen Einfluß und Macht nicht ohne sich zu widersprechen; er betrachtet (1) Heimlichkeit als ein wesentliches Merkmal des »Einflusses« (163, 209/10), (2) Einfluß als eine »nicht in Befehlsform ausgedrückte Macht« (200), (3) als eine Art von Macht (199), (4) als ein Mittel zur Anpassung einer Machtstruktur an die »wirkliche Machtlage« *(ebenda)*.

[21] siehe z. B. D. Easton *a. a. O.* 144.

[22] Ich verdanke diesen Gesichtspunkt P. H. Partridge (siehe *unten* Anm. 26), bin jedoch selbst für die obige Darstellung verantwortlich.

23 siehe Berle, *Capitalist Revolution* 15–44, bes. 21 ff.; J. K. Galbraith, *The Affluent Society* (1958) *passim*.

24 vgl. Lasswell-Kaplan, *Power* 74/75.

25 Beispielsweise zum Unterschied von einem Streit zwischen Eltern und Kind darüber, ob das Kind einen Haarschnitt braucht; oder zwischen Ehegatten darüber, ob die Frau jetzt ihren Pelzmantel bekommen soll; oder zwischen einem Straßenräuber und seinem Opfer über dessen Geldbeutel; oder zwischen Käufer und Verkäufer über den Preis eines Ackergauls. In den meisten dieser Fälle wäre der Streit auch zu unbedeutend und zu kurz, um irgendwelche Fragen nach System oder Institutionalisierung aufkommen zu lassen.

26 Es ist hier nicht meine Absicht, den Begriff »Politik« als solchen abzugrenzen, aber folgende Hauptpunkte können hervorgehoben werden. (1) Politik befaßt sich mit den Machtbeziehungen innerhalb einer festen Sozialordnung, deren Mitglieder in verschiedener Art und Weise voneinander abhängig sind. (2) Politik umfaßt die widerstreitenden Tätigkeiten, Ansprüche oder Erwartungen dieser Mitglieder nicht *in toto*, sondern nur unter gewissen Gesichtspunkten. (3) Die so von der Politik erfaßten Gesichtspunkte sind diejenigen, bei denen zunächst eine Entscheidung der Gruppe über die politischen Ziele erforderlich, also eine Wahl zu treffen ist unter den verschiedenen Vorschlägen darüber, wie »die voneinander abhängigen Tätigkeiten der Gruppenmitglieder geregelt oder ausgeglichen werden sollen«. (4) Einrichtungen der Gruppe werden von der Gruppe aus praktischen Gründen anerkannt, um Entscheidungen über politische Ziele und Wege zu treffen und durchzusetzen; siehe die ausgezeichnete Übersicht und Kritik bei P. H. Partridge, »Some Notes on the Concept of Power« (1963) 11 *Political Studies* 107–12; vgl. Parsons, »Political Power« I u. II *passim*, bes. 808 ff. Eine anthropologische Behandlung, die das Hauptgewicht auf den Staat legt, bei Gluckman, *Barotse Jurisprudence*, Kap. II.

27 Easton a. a. O. (oben Anm. 19) 144.

28 Dies ist nur eine der vielen Unklarheiten, unter denen solche Auseinandersetzungen leiden. Nur selten fällt ein »von Politik befreiter« Bereich in ein von Machteinflüssen unberührtes Gebiet persönlicher Handlungsfreiheit zurück. Siehe auch über den Gebrauch nichtssagender Ausdrücke wie »am wenigsten möglich« oder »gesund« in solchen Erörterungen; siehe neuerdings P. H. Partridge, »Politics, Philosophy, Ideology« (1961) 9 *Political Studies* 217–235, ferner den Bericht über den Meinungsaustausch zwischen L. Namier und S. Hampshire bei J. L. Talmon, »... Sir Lewis Namier« (1962) 33 *Commentary* 237–246, sowie M. Oakeshott, »Rationalism in Politics« (1947) 1 *Cambridge Journal* 145–157.

29 siehe Lasswell-Kaplan, *Power* Einl. XVI ff., Anm. 12 u. 220 Anm. 22. Sie halten aber doch an der etwas unklaren Erwartung fest, daß die Forschungsergebnisse auf diesem Gebiet quantitativer Feststellung fähig sein würden, daß »zahlenmäßige Bestimmung den erfolgreichen Abschluß der Untersuchung kennzeichnet...« und daß die verschiedenen Grade und Wege, in denen Formen der Macht im Spiele sind, »in jedem einzelnen Falle grundsätzlich getrennt bestimmt werden müssen«. So haben auch die Hinweise auf quantitative Feststellungen bei Friedrich, *Government* 159 ff. doch zumeist nur Bedeutung für die *nachträgliche* Erklärung von Geschehnissen. Siehe z. B. seine Ausführungen darüber, ob die anscheinende »Autorität« »falsch« ist (230); was die Merkmale der »Sicherheit« in seiner Erklärung sind, daß »der Einfluß zunimmt, wenn die Sicherheit ... abnimmt« (208/9); was der »entscheidende« Teil eines Verfas-

sungssystems ist, dessen Versagen einen revolutionären Bruch in dem System zur Folge hat (272–275); was »Rechtsmißbrauch« im Gegensatz zur Rechtsentwicklung ist (275–279); vgl. auch *ebenda* 176, 215.

[30] vgl. die wertvollen Gedanken über ein »Kontinuum« von Beziehungen, die Machtausübung enthalten, und über die verschiedenen »Dimensionen« von Macht bei P. H. Partridge *a. a. O. (oben* Anm. 26), bes. 110–113, 118/9, 122–124.

[31] T. Parsons, »The Law and Social Control« bei W. M. Evan (Hsg.), *Law and Sociology* (1962) 58, 59. Wie er ferner hervorhebt (Parsons, *Political Power* I 604/5) kann ein sehr starker Zwang in einem gegenwärtigen Fall als eine mildere Form von Beeinflussung in künftigen Fällen wirken. Siehe *unten* in diesem Kapitel darüber, daß Parsons – in einigem Widerspruch zu dieser Ansicht – den Zwang als solchen vom Begriff der »Macht« ausschließen will.

vgl. Friedrich, *Government* 165–170 über »Macht durch Gewalt« und »Macht durch betätigte Einfühlung«. Friedrich unterscheidet körperlichen, wirtschaftlichen und seelischen Zwang. Über Propaganda als »seelischen Zwang« siehe *ebenda* 168–170.

[32] Lasswell-Kaplan, *Power* XIV.

[33] Es veranlaßt uns z. B. dazu, den von der »Macht« ausgehenden Einfluß in gewissem Sinne selbst als eine »Machtgrundlage« neben wirtschaftlichen, militärischen und anderen Grundlagen aufzufassen. Ich möchte mit T. Parsons (»Political Power« I 597) annehmen, daß man besser von »Faktoren der Wirksamkeit« oder ähnlichen Bezeichnungen spricht und daß die Macht selbst (mindestens im Leben einer großen Gruppe) kein solcher Faktor ist, sondern nur ein Mittel, um den Einfluß auf die Faktoren zu gewinnen. Aber gerade auch in dieser Art von Erklärung ist wohl ein gewisser Zirkelschluß verborgen, wenn angenommen wird, daß alle »Faktoren der Wirksamkeit« lediglich von der Macht gespeiste Mittel der Beeinflussung sind; siehe allg *ebenda* 596 ff.; vgl. auch Friedrich, *Government* 179.

[34] siehe z. B. G. Murphy, »Social Motivation« bei Lindzey (Hrsg.) 2 *Handbook* 601, bes. 621 ff.

[35] Was Weber eigentlich mit Charisma gemeint hat, wird immer unklarer; siehe *unten* Anm. 53. Die Klärung wird durch verschwommene Wörter wie »Autorität« erschwert (siehe oben). Weber meint z. B., die Idee des Charisma vermenge Führerschaft, eine Basis der Macht, und »Autorität«, eine Eigenschaft der Machthaber; diese Kritik ist ebenso unfruchtbar wie die ganze Idee der Autorität.

[36] vgl. de Jouvenel, *Power* 31–33. Im Mittelalter, so wird oft behauptet, war man geneigt, die Berufung auf die richtige Autorität als Wahrheitsbeweis gelten zu lassen. Daher war es mehr als eine bloße Zeremonie, wenn etwa ein König bei seiner Krönung gesalbt wurde: vielmehr sollte dadurch seine Autorität für alle Zukunft offenbar gemacht werden.

[37] Über den neuerlichen Gebrauch dieser Ausdrücke durch Parsons siehe sein »Political Power« I u. II, bes. 602, 611–613, 807 ff.

[38] Der Buchtitel von de Jouvenels *Power* ist irreführend, da er das Wort *»power«* in dem oben erklärten Sinne von *»authority«* verwendet und darunter *»l'ensemble des éléments gouvernementaux«* versteht.

[39] Wie P. H. Partridge *a. a. O. (oben* Anm. 26) 719 ff. betont, gebrauchen wir den Ausdruck »legitim« auch dann für ethisch verschiedene Sachverhalte, wenn wir eine Macht legitim nennen, falls sie mit Werten verbunden ist, die dem Machthaber und den Untertanen gleichviel gelten. Die Machtstellung eines großen Lehrers gegenüber seinen Schülern ist

»legitim« in diesem Sinne und verträgt sich in der Regel mit den Interessen beider Teile. Doch kann eine auf gemeinsamer Überzeugung beruhende Macht so geartet sein, daß sie zu einer sehr starken Beherrschung der untergebenen Seite führt und zur Mißachtung ihrer Interessen. Anschauliche Beispiele dafür bieten primitive Religionskulte, in denen die Priester die Macht haben, Menschenopfer oder abscheuliche Dienste anzuordnen. Partridge sieht in solcher Doppeldeutigkeit der »Legitimität« einen Grund dafür, diesen Begriff »mit großer Vorsicht« zu behandeln. Ich sehe darin nur einen weiteren Grund, den Begriff vom wissenschaftlichen Gebrauch auszuschließen.

40 In dem sonst so aufschlußreichen Werk von C. J. Friedrich finden wir einige unlösbare Rätselfragen, wenn er das Verhältnis zwischen »Autorität« und »Legitimität« von Machthabern zu erklären versucht, das Verhältnis zwischen diesen beiden Begriffen und den allgemein anerkannten Werten, sowie der Gerechtigkeit. Siehe Friedrich, *Government* 216–231 (Autorität) und 232–246 (Legitimität).

41 siehe C. J. Friedrich, »Authority, Reason and Discretion« *a. a. O.* (*oben* Anm. 19) 37.

42 Es ist lediglich eine Wiederholung dieser Feststellung, wenn Friedrich bemerkt, die Fähigkeit zur Weitergabe »überlegenen Wissens oder Verstehens« stehe in wesentlicher Beziehung zu den Erscheinungen der Macht (*ebenda*). Auf dieser Grundlage ist es zweifellos *nicht* das überlegene Wissen und Verstehen als *solches*, das Machtverhältnisse verstärkt, sondern nur der Glaube der Menschen an eine solche Überlegenheit. Wenn des Machthabers überlegenes Wissen und Verstehen ein Gebiet betrifft, das für die Führung von Menschen oder auch für ihre Beeinflussung zugunsten des Machthabers wichtig ist (z. B. die Sozialpsychologie), dann kann die Überlegenheit *als solche* der Machtausübung Erfolg verleihen. Das ist aber wieder ein anderer Gesichtspunkt.

43 Weiter unten melde ich entschiedene Vorbehalte gegenüber Parsons' neuerlichem Versuch an, sozusagen den Spieß umzudrehen und vom Begriff »Macht« alles auszuschließen, was nicht in manchmal unklarem Sinne seiner neuen Definitionen irgendwie »legitimiert« ist. Er gibt dort auch für »Autorität« eine eigene Erklärung, nämlich als denjenigen Aspekt des sozialen Status in der Gesellschaft, kraft dessen der Inhaber dieser Stellung »legitim« Entscheidungen treffen kann, an die andere Mitglieder gebunden sind (»Political Power« I 612/3), oder als »den institutionalisierten Kodex der Regeln über die Rechte oder Beteiligung im Machtsystem« (*ebenda*). Ich halte an der eigenen Ansicht fest.

44 siehe die aufschlußreichen Ausführungen von E. A. Shils bei R. Christie und M. Jahoda (Hrsg.), ... *The Authoritarian Personality* (1954) 48/9 und bei B. Crick, *The American Science of Politics* (1959) 202–207. Siehe die von C. J. Friedrich in diesem Punkt abweichende Ansicht von Parsons (»Political Power« I 599), daß Führereigenschaft keine Form von Macht ist, sondern eine besondere Art von »tatsächlichem« Beitrag der Gemeinschaft zu ihrem systematischen Zusammenschluß. Die führende moderne Untersuchung bei T. W. Adorno u. a., *The Authoritarian Personality* (1950) ist aufgebaut auf die Arbeiten von Christie/Jahoda *a. a. O.* und vielen anderen (siehe z. B. P. Kecskemeti, »Prejudice ...« (1951) 11 *Commentary* 286; N. Glazer, »New Light on the Authoritarian Personality« (1954) 17 *ebenda* 289; siehe ferner bei Davis, *Attitude Change* 15 ff. einen Bericht über spätere Versuchsarbeiten, bes. von M. Wagman, die mit gewissen Einschränkungen die Ansichten von Adorno bestätigen.

[45] Darin liegt der wahre Sinn der Lehre von der notwendigen Lückenlosigkeit und Reinheit der Rechtsordnung, sowie der von Llewellyns »Größe der Tradition des *Common Law*«, von Jerome Franks Glauben an das »gänzlich reife« Urteil und selbstverständlich auch von den ewigen und allgemeingültigen Grundsätzen des Naturrechts.

[46] Angeführt von Russell, *Power* 98/99: »Er beschloß, in vierfacher Weise vorzugehen. Erstens durch Ausrottung der Familien derjenigen Edlen, die er ausgeplündert hatte, um dem Papst diesen Vorwand zu nehmen. Zweitens dadurch, daß er den ganzen römischen Adel für sich gewann, um mit dessen Hilfe den Papst im Zaum halten zu können. Drittens dadurch, daß er das Kardinalskollegium mehr zu sich herüberzog. Viertens dadurch, daß er noch vor dem Ableben des Papstes seine Macht so stärkte, daß er aus eigenen Kräften den ersten Schlag überwinden konnte.«

[47] Besonders vertrat diese Ansicht Pawlows Schüler K. I. Platonoff, *Hypnosis and Suggestion* (1925, russisch); siehe die Erörterung bei Timasheff, *Sociology of Law* 183.

[48] vgl. die Ausführungen über »bedeutungsvolle Symbole« von G. H. Mead *(Mind, Self and Society,* 1934) und dazu A. Strauss (Hrsg.), *The Social Psychology of George H. Mead* (1956) 158 und *ebenda* A. Rose, *Social Processes* 3, 5–7.

[49] vgl. Timasheff, *Sociology of Law* 171, wo »unpersönliche« Machtverhältnisse solchen »von Angesicht zu Angesicht« gegenübergestellt werden; die Ansicht von Parsons, »Political Power« I 607, daß Macht ein »verallgemeinertes Instrument in einem verwickelten System« ist, kann nur für Macht im obigen Sinne anerkannt werden.

[50] vgl. Austin, 1 *Lectures* (3. Aufl. 1869) 196/97 (Lekt. V).

[51] Das ist die Grundlage der Ausführungen von Timasheff *a. a. O.*

[52] Selbst wenn von 1933 an jeder Deutsche die Naziherrschaft verabscheut hätte, so konnten sie sich von ihr, nachdem sie einmal fest errichtet war, nicht befreien solange nicht eine neue Machtstruktur auf dem Felde erschien und die alte über den Haufen stieß. Die Unerschütterlichkeit des *status quo* entsteht aus der Summe der Nachgiebigkeit der einzelnen, für deren Mehrzahl ein freier, persönlicher Entschluß ein unmögliches Wagnis darstellt. Wie die obige Untersuchung zeigt, ist es mehr eine psychologische, als eine logische Unterscheidung, die Austin zwischen kleinen und großen Gruppen machte und die ihm wegen seiner Auffassung vom gewohnheitsmäßigen Gehorsam der großen Masse als der Grundlage der Souveränität Schwierigkeiten bereitete. Es handelt sich um den Unterschied zwischen Machtbeziehungen von Angesicht zu Angesicht und einer entpersönlichten Machtstruktur; siehe Stone, Legal System Kap. 2, § 4.

[53] vgl. J. A. G. Griffith, »Justice and the Army« (1947) 10 *M. L. R.* 292, 300 ff.; siehe ferner *Report of the Army and Air Force Courts Martial Committee,* 1938, Cmd. 6200 § 19.

[54] Über die anthropologische Anerkennung der Transpersonalisierung der Macht als wichtige soziale Stufe siehe z. B. Sahlins, »Political Types«, bes. 292 ff., 295, 297, 300 und die tiefschürfende Untersuchung über die Barotse bei Gluckman, *Barotse Jurisprudence* Kap. II *passim;* vgl. im wesentlichen auch die Ausführungen bei Friedrich, *Government* 179–181 über »stabilisierte, institutionalisierte und zur Regierungsgewalt gewordene Macht«; ferner *ebenda* 182–198 seine Beschreibung von vierzehn Formen der Institutionalisierung.

Der Umformungsvorgang kann sich vielleicht auch umkehren. Heute ist

die Macht der Eltern gegenüber erwachsenen Kindern etwas grundsätzlich

Persönliches, sie hängt von der Veranlagung der einzelnen Familienmitglieder zum Herrschen oder Nachgeben ab. Die mit einer Religion verbundene römischrechtliche *patria potestas* kleidete die persönlichen Beziehungen in das Gewand einer übernatürlichen Befehlsgewalt der Vorfahren über die Nachfahren, wie es sich z. B. in der Pflicht des Erben zeigt, für den Vorfahren religiöse Zeremonien zu verrichten.

[55] siehe bei 1 Pareto §§ 186–198 (111–127) eine beachtenswerte Untersuchung dieser Personifizierung im Falle von Gewittern.

[56] siehe Russell, Power Kap. V; vgl. die Rolle der christlichen Auffassung der Eheschließung als »Heiligung des wichtigen und ausschließlichen Rechts der rechtmäßigen Ehefrau«; siehe Ferrero, *Power* 148/49, sowie *ebenda* Kap. XI und 142/43 allgemein über den Grundsatz der Göttlichkeit.

[57] Aber wie Gluckman *(Barotse Jurisprudence* 51–53) scharf betont, kann das »göttliche Recht«, insoweit es einem fürstlichen Geschlecht als solchem beigelegt wird, auch die immer wiederkehrenden Kämpfe zwischen Angehörigen des Fürstenhauses institutionalisieren. Als Beispiele führt er die Barotse-Zulu- und Swazistämme an; siehe auch seine damit zusammenhängende Ansicht über die Ursprünge des Verbrechens des Hochverrats in Europa und bei den Barotse, bes. 49, 58/59, 71–74.

[58] vgl. Timasheff, *Sociology of Law* 203 ff. und im Sinne einer »Tradition« des Königsamtes Llewellyn, »Law Jobs« 1384/5. Auch Russell, *Power* spricht von »Tradition« in diesem Sinne.

[59] Daß ein britischer *Prime Minister* seine Machtstellung nicht etwa durch Ermordung des Führers der Opposition festigen könnte, das verdanken wir nicht unserem Recht oder einer Verfassung, sondern dem sozialethischen Element, das den betreffenden Machtverhältnissen innewohnt. *Theoretisch* könnte ein britischer *Prime Minister* seine Parlamentsmehrheit dazu benützen, die Opposition durch Gesetz zu vernichten. In der politischen *Praxis* in Japan hat die konstitutionelle Monarchie lange Zeit eine »Regierung durch Meuchelmord« geduldet.

[60] Ehrlich, *Grundlegung* 74. Die rücksichtslosesten Diktatoren zeigen sich manchmal bemüht, sich selbst und ihre Handlungen mit den hergebrachten Überzeugungen ihrer Untertanen in Einklang zu bringen; so gab sich Hitler für den »Obersten Gerichtsherrn in Deutschland« aus und wandte sich damit an den überlieferten deutschen Rechtsgehorsam; vgl. M. Katz, »Government under Law . . .« in dem von ihm herausgegebenen *Government under Law and the Individual* (1917) 1–15.
Über das Verhältnis von Führern zu Gruppennormen und über die mit dem Begriff Gruppennorm verknüpften Schwierigkeiten siehe Verba, *Small Groups* 165–198; siehe auch *ebenda* 161 ff. über die Notwendigkeit, zwischen sozialgefühlsbetonter und zweckbetonter Führung zu unterscheiden.

[61] Llewellyn, »Law Jobs« 1394. Diese Bemerkung wird kaum vertieft, wenn man mit Ferrero, *Power* 139 sagt, daß jede Regierung als eine »prälegitime« begann, d. i. als »eine, die nach allgemeiner Anerkennung strebte, sie aber noch nicht gefunden hatte, und die . . . am Tage legitim wurde, an dem es ihr gelang, die Opposition zufriedenzustellen . . .« Der Ausdruck »Legitimität« hat auf jeden Fall geschichtliche und gefühlsbetonte Züge, wodurch wissenschaftliche Fragen eher verwirrt als geklärt werden; vgl. C. F. Merriam, *Political Power* (1934) 213, angeführt bei Lasswell-Kaplan, *Power* 130.

62 Ebenso erleichtert die Transpersonalisierung der Macht einerseits die Aufeinanderfolge von Herrschern, während sie andererseits das Aufkommen
von »starken« Herrschern künstlich verhindert.

Ferrero, *Power* will aus diesen Erkenntnissen eine neue Theorie des Regierens ableiten. Nach seiner Lehre besteht die Hauptaufgabe des sozialen
Lebens darin, die sich gegenseitig steigernde Angst und den Argwohn zwischen Herrschern und Beherrschten, zu meistern. Er meint, in der Neuzeit sei das nur dadurch gelungen, daß die Menschen (durch Handlung
oder Unterlassung, aber ehrlich) einen der vier Grundsätze der Legitimität anerkannt haben und daß die Regierung diesen Grundsätzen gemäß
gehandelt hat. Siehe bes. Kap. III, IV, XVI. Die vier Grundsätze sind
Erblichkeit und, damit zumeist verbunden, aristokratische Monarchie,
Wahlsystem und, heute gewöhnlich damit verbunden, Demokratie. Jeder
der vier Grundsätze kann in geeigneten sozialen Verhältnissen verwirklicht werden; für die moderne westliche Welt hält Ferrero den Grundsatz
der Demokratie den Umständen nach für den einzig brauchbaren. Siehe
über Einwendungen gegen diese Lehre oben *Anm. 56* und weiter unten.

63 Ihering, *Der Zweck im Recht,* 2. Aufl., Leipzig 1884, Bd. 1, S. 249 f., und
siehe Stone, *Human Justice,* Kap. 5. Llewellyn (»Law Jobs« 1385/6) betrachtete den inneren Drang nach Regelung und Einheitlichkeit als »eine
soziologische Tatsache«; siehe auch Parsons' umfassendere Untersuchung
der Kontrolle über den Beamtenapparat und des Zugs zu »Verallgemeinerung und Legitimierung« in Machtsystemen, »Political Power« *passim,*
bes. II 810, 813/4; siehe *unten* Anm. 68.

64 vgl. Ehrlich, *a. a. O.* Damit hängt die Lehre vom Rechtsstaat zusammen,
wonach der Staat nur auf der Grundlage von Rechtsvorschriften befehlen
und zwingen kann; das war wohl von den sechziger Jahren des 19. Jhdts.
zum Kernpunkt der deutschen staatsrechtlichen Literatur geworden; siehe
z. B. C. F. von Gerber, *Grundzüge ... des deutschen Staatsrechts* (1865);
P. Laband, *Staatsrecht ...* (1876); G. Jellinek, *Allgemeine Staatslehre*
(1900). Mit der Lehre von der Selbstbeschränkung der Macht wollte Jellinek erklären, warum das Recht (auch das Völkerrecht) für souveräne
Staaten verbindlich sein kann. Eine ausgezeichnete kurze englische Darstellung davon liefern G. H. Sabine und W. J. Shepard in der Einleitung
der Übersetzung zu Krabbe, *The State* XXIX/XXX; siehe *ebenda*
LXXIV–LXXXI, Kap. I, IX, bes. 208–232 über die Weiterentwicklung
dieser Lehre: die Auffassung des Staats oder seines Herrschers als persönliche gesetzliche Machthaber wurde fallen gelassen, und es blieb nur
die Lehre, daß das Recht selbst die höchste Macht im Staate und daß der
Staat nur eine Personifizierung »der Macht des Rechts zur Schaffung von
Rechtspflichten« ist (9). Was Krabbe aus ethischen Gründen folgert, deckt
sich im Ergebnis weithin mit dem, wozu Kelsen auf dem Wege der Logik
(siehe Stone, *Legal System* Kap. 3, § 12) und Duguit auf dem Wege der
»sozialen Tatsachen« kommen (Stone, *Human Justice* Kap. 5, § 10); siehe
auch Hayek, *Liberty* Kap. 13.

Über die allgemeinen Folgerungen aus der Lehre von der unbeschränkten
Macht des Parlaments siehe G. Marshall, *Parliamentary Sovereignty and
the Commonwealth* (1957), *passim* und I. Tammelo, »The Antinomy of
Parliamentary Sovereignty« (1958) 44 *Arch. R.- und Sozialph.* 495.

65 Ihering, *Zweck* Bd. 1, 392.

66 Llewellyn, »Law Jobs« 1366, 1369, 1385/6 schildert diese stufenweise
Entwicklung eines den Staat und seine Beamten bindenden Rechts, der
»an Recht und Gesetz gebundenen Regierung«, weniger dogmatisch. Die
Schwäche von Iherings Darstellung lag in unzureichender psychologischer

Erklärung und seinem allzu flachen Versuch, die Rechtsentwicklung in die allgemeine Entwicklungslehre einzufügen. So erkannte er zwar an, daß bei Staatsstreichen und Diktaturen die Rechtsgewalt in rohe und nackte Gewalt zurückfallen kann, aber behauptete, wenn dies geschehe, so sei es ein Beweis dafür, daß das Recht zu schwach gewesen sei, um seine sozialen Zwecke zu erreichen. Das war – was heute kaum mehr gesagt werden muß – entweder ein Zirkelschluß oder naiv. Sollte es heißen, ein erfolgreicher Staatsstreich beweise, daß die gesetzliche Gewalt nicht mehr Herr der Lage war, dann ist es ein Zirkelschluß. Sollte es heißen, ein erfolgreicher Staatsstreich beweise, daß die gesetzliche Gewalt nicht zur Sicherung der sozialen Interessen (was immer darunter zu verstehen ist) eingesetzt worden war, dann klingt das naiv. Mit den modernen Vernichtungsmitteln der physischen und psychologischen Kriegsführung kann eine kleine, aber tatkräftige Minderheit die Macht ergreifen und behaupten, unabhängig davon, ob das Recht zur Sicherung »sozialer Interessen« ausreicht. Anderer Ansicht über diesen letzten Punkt ist, wie es scheint, G. W. Paton, »Pound and Contemporary Juristic Theory« (1944) 22 *Can. B. R.* 479.

67 Lasswell-Kaplan, *Power* XXIII.

68 siehe Gerth-Mills, *From Max Weber* 246, 248. Was Weber sich unter Charisma genau vorgestellt und was er daraus gefolgert hat, ist noch heute zweifelhaft. Siehe z. B. Strauss, *Natural Right* 53–59; Nadel, *Social Structure* 47 ff. und *oben* Anm. 35. Wie Nadel ausführt, kann eine Rolle, die Weber für charismatisch hält (weil die Gruppe einem Führer wegen seiner persönlichen Eigenschaften überallhin folgt), dennoch in einer bestimmten Gesellschaft zur festen Übung erstarren und ein Teil des institutionellen Lebens der Gruppe werden. Eine solche Rolle wäre ein Zwischending zwischen charismatischer und anderer Macht. Von den Hebräern z. B. könnte gesagt werden, sie hätten die Rolle des Propheten oder Sehers »institutionalisiert«, insofern sie von Zeit zu Zeit mit dem Auftreten von Männern rechneten, die »außergewöhnliche, unerwartete oder umwälzende Eingebungen« erhalten. Unter vielen anderen Erklärungen dieser schwierigen Vorstellung siehe Friedrich, *Government* Kap. IX, bes. 170–175, Kap. XIII, bes. 234–236 und beachte seine wichtigen Vorbehalte im Bezug auf die Wertfaktoren (174) und auf die Schwierigkeiten des Begriffs eines zur »Routine« gewordenen Charismas (172, 175, 235/6); siehe auch *ebenda* 172–176 über Führertum und den Versuch, es von Demagogie zu unterscheiden (174). Eine kurze englische juristische Darstellung, die sich jedoch wesentlich auf Webers ursprüngliche Behauptungen beschränkt, bei D. Lloyd, *The Idea of Law* (1964) 29–33.

69 »Political Power« II 810; siehe auch *ebenda* 818 ff. über das Verhältnis zwischen universalistischer Gleichheit und dem »Vertrauen«, das dem Machtsystem Lebenskraft verleiht.

70 *Ebenda* 811.

71 vgl. Lasswell-Kaplan, *Power*, Einl., bes. XII; siehe auch die Stellungnahme dazu von D. Easton, *The Political System* (1953) 22n., 121/2, daß der Versuch »empirische politische Hypothesen in ein System zu bringen«, der Sache nach das Gebiet der Probleme von D. Lerner u. H. D. Lasswell (Hrsg.), *The Policy Sciences* (1951) und von Lasswell, *Politics* umfaßt.

72 Lasswell-Kaplan, *Power* 240; Lasswell, *Politics passim*, bes. Kap. I; siehe über die strittigen Meinungen darüber Easton *a. a. O.* 120–124; *ebenda* auch über die Kritiken von G. E. Catlin, *Science and Method of Politics* (1926) und *Principles of Politics* (1930); siehe ferner *unten*.

73 Die neueren Betrachtungsweisen haben ihre eigenen Schwierigkeiten, besonders wegen der Verbindung von analytischer Kleinarbeit mit dem Im-Auge-Behalten der allgemeinen sozialen Gesichtspunkte. Daran muß sich der Jurist schon wegen der Abhängigkeit des Rechts zu gewöhnen lernen und er sollte für seine Leidensgenossen nachsichtiges Verständnis haben. Manchmal aber könnte man wirklich wünschen, daß Parsons mehr vom Stand der Rechtswissenschaft gewußt hätte.

74 siehe Parsons-Shils, *Theory of Action* 198–200; Parsons, *System* 36–45, 505–513.

75 *System* 114 ff. Eine ausgewogene Kritik von Parsons' Stellung zu diesen Fragen bei Nadel, *Social Structure* 47–62, bes. 47–56.

76 *ebenda* 121 ff. Über die ähnliche Lehre von Hume siehe Stone, *Human Justice* Kap. 4, Anm. 101. Vgl. Parsons nachfolgend R. Dahrendorf, *Class and Class Conflict in Industrial Society* (1959) 165, der jedoch Parsons' Betonung der Entwicklung zu Gleichgewicht und Vereinigung als »unhaltbar und von gefährlicher Einseitigkeit« tadelt. Nach Dahrendorfs Ansicht treten Gruppengegensätze immer auf, wenn soziale Rollen zugeteilt werden, die mit Erwartungen von Herrschen oder Beherrschtwerden verbunden sind; vgl. eine ähnliche Kritik an dem Selbstausgleich zwischen gegensätzlichen Rollenerwartungen bei R. K. Merton, »The Role-set: Problems in Sociological Theory« (1957) 8 *Ba., J. Soc.* 106–120, bes. 114.

77 Parsons-Shils, *Theory of Action* 198 ff. Ebenso betont, in anderer und zumeist ersprießlicher Betrachtungsweise, Friedrich (*Government*) den Einfluß des Machthabers auf seine Anhänger und ebenso umgekehrt den Einfluß der Anhänger auf den Machthaber, kraft des »Gesetzes der vorweggenommenen Reaktionen« (199–215). Friedrich ergänzt dies mit seiner Auffassung der »politischen Autorität« des Machthabers im Sinne seiner Fähigkeit zur sinnvollen Fortbildung von Werten und Überzeugungen, die ihm und den Anhängern gemeinsam sind und denen gemäß beide handeln (216–231, bes. 223, 227–230).

78 Parsons, *System* 200. Außer diesen den Machthabern zugeteilten Mitteln unterscheidet Parsons Belohnungen (*System* 132), die in einem *Ehrensystem* oder einer gesellschaftlichen Rangordnung gipfeln; das muß (obwohl er es nicht so ansieht und nennt) eine gewisse Wirkung auf die Aussichten haben, politische Mittel zugeteilt zu bekommen. Soweit wirtschaftliche Vorteile in Betracht kommen, kann ihre Ergänzung durch politische Vorteile in Gestalt von Belohnungen wahrscheinlich nur durch korrupten Mißbrauch der wirtschaftlichen Vorteile geschehen. Die Riesensummen, die von den Lobbyisten zur Beeinflussung von Abgeordneten ausgegeben werden, stellen so betrachtet Versuche dar, »lineare« Macht in »hierarchische« Macht (im später zu erörternden Sinne von Parsons) zu verwandeln.

79 Parsons, *System* 123 ff. Mit der Ausnahme des hier erörterten Gegensatzes zwischen »wirtschaftlich« und »politisch« finden wir in Parsons' Darstellung keine Antwort auf die vorher erwähnten Fragen der Mengenbestimmung für Zwecke der Vorhersage und Beeinflussung.

80 Parsons, *System* 126. Das ist sicher eine deutlichere Unterscheidung als mit K. Alexander, »Power at the Base« bei Thompson, *Apathy* 245 zu sagen: »Politische Macht hängt vor allem von Ideologie und Zwang ab, wirtschaftliche Macht von Knappheit und Ideologie«. Doch ist der Ausgang eines geschichtlichen Kampfes natürlich nicht das bloße Ergebnis einer dieser Unterscheidungen. Die ausschlaggebenden Faktoren in einem nicht-sozialistischen System sind die folgenden: (1) Macht im Verein mit Kapital; (2) Macht über das Wissen – nur teilweise überwacht, aber weithin ausgebildet durch Regierungsmaßnahmen; (3) die Macht der Regierung zur

Beschränkung der Macht und Tätigkeiten von Kapital und Bildung; (4) Macht über die Bereitstellung von Arbeitskräften – jedoch weniger ausdauernd als Kapital; (5) (viel weniger wichtig) die Macht der Verbraucher, siehe *ebenda* 244–252.

[81] siehe sein »Political Power« I u. II mit der einleitenden Erklärung I 594–600. Sein ohnedies schwieriger Stil wird hier durch grobe Druckfehler an wichtigen Stellen nahezu unmöglich.

[82] *a. a. O.* 602 (Ich habe zwei offensichtliche Druckfehler berichtigt). Der Umfang der »gemeinsamen Ziele« ist in diesem Zusammenhang nicht angegeben, soweit es über den engen Sinn bei Hobbes (*ebenda* 606) hinausgeht und gewiß auch über eine unbestimmt gelassene Beziehung zum »Grundsatz der Zustimmung« *(consent principle)*; siehe hierzu *a. a. O.* II 809 ff., bes. 815.

[83] *ebenda.*

[84] Wie er hervorhebt (»Political Power« I 602/3) sind diese miteinander verbunden. Insoweit Legitimität als Antrieb fortfällt, hängt es immer mehr von besonderen, auf den Einzelfall zugeschnittenen Anreizen ab, ob Verpflichtungen erfüllt werden.

[85] Eine ausführliche Behandlung seiner Anschauung über Legitimierung bei T. Parsons, *Structure and Process in Modern Societies* (1960) Kap. V.

[86] Wie Parsons zugibt, enthält diese Anschauung infolge seiner neuen Definationen, darunter derjenigen von »Macht«, etwas Willkürliches (828/9). Er sieht darin einen Teil eines »werdenden Systems theoretischer Analyse« des sozialen Systems als eines Ganzen, zum Zwecke der empirischen Erklärung und Erprobung (siehe *ebenda* II). Sicher ist es willkürlich, aus dem Sinne von »Macht« eine ganze Reihe von Erscheinungen auszuschließen, beginnend mit der Anwendung reiner Gewalt bis zu allem, was auch nur eines der Parsons'schen Postulate nicht erfüllt. Denn das, was er einschließt, und das, was er ausschließt, bleibt der Art nach verwandt. Parsons selbst muß sich an zahlreichen Stellen (siehe z. B. *a. a. O.* I 603, 606 u. II 815) nicht nur mit den Folgen der »Macht« in seinem Sinne befassen, sondern auch mit denen reiner Gewaltanwendung. Trotz seines Vergleiches mit dem Geld als Umlaufmittel ist seine Unterscheidung nicht so klar wie die zwischen Geld und Metall als Grundlage des Güteraustauschs.

[87] Die »Gemeinschaft« *(polity)* oder »Gesamtheit« *(collectivity)* von Parsons ist in diesem Zusammenhang ein gedachtes Untersystem einer Gesellschaft, nicht etwa eine wirkliche »Gruppe, sondern eine Gruppe von im System verbundener Personen«, verbunden durch ihre Interessen und ihre Fähigkeit zu gemeinsamer, wirksamer Handlung *(a. a. O.* I 595).

[88] Im allgemeinen übernimmt Parsons die herrschende Wirtschaftstheorie und ihre Begriffe; siehe aber seine abweichende Ansicht über die Unterscheidung zwischen »Gütern« und »Dienstleistungen« als Arbeitsergebnis, *a. a. O.* I 598.

[89] *ebenda* 603 ff.

[90] *ebenda* 603.

[91] *ebenda* 603–605. In meiner Betrachtungsweise unterscheide ich hier zwischen mittelbarer und unbewußter und unmittelbarer oder bewußter sozialer Beeinflussung. Parsons spricht von umständebedingter *(situational)* und absichtlicher Beeinflussung. Bei der ersten Art wird die Lage der betreffenden Person so verändert, daß die gewünschte, von ihr zu veranlassende Handlung auch zu ihrem eigenen Vorteil zu sein scheint, unabhängig von den eigenen Wünschen des Beeinflussenden. Bei der zweiten Art werden durch Symbole Gründe geltend gemacht, warum die betreffende

Person ihre Absichten ändern soll, um den Wünschen des Beeinflussenden nachzugeben. Parsons unterscheidet positive und negative Zwangsmittel beider Arten und betont dabei deren »grundlegende Asymmetrie«, insofern positive Sanktionen für den Fall des Gehorsams, negative für den Fall des Nichtnachgebens eintreten müssen.

92 *a. a. O.* 605 ff.

93 *ebenda* I 606 ff., siehe auch II 816–827, bes. 816–820.

94 siehe *a. a. O.* I 596 ff., 607–609 und II 820–827; siehe auch die älteren Angriffe auf den »Nullsummen«-Begriff bei T. Parsons, »Distribution of Power in American Society« (1957) 10 *World Politics* 123–143.

95 Das führt zu einer neuen Auffassung der »kollektiven Führung«, sie erscheint als »die Bankinhaber . . ., die die bindenden Verpflichtungen ihrer Kunden in der Weise flüssig machen können, daß die Gesamtsumme der von der Gemeinschaft eingegangenen Verpflichtungen im Ganzen genommen erhöht werden kann«. A. a. O. (*oben* Anm. 81) 822/3.

96 Beim Geld sind uns die Mittel und die Art ihrer Anwendung bekannt, mit denen das Wirtschaftssystem als Ganzes durch Einrichtung einer Zentralbank, durch Kreditbeschränkungen und durch Verwendung von öffentlichen Geldern bewirtschaftet wird. Die Ähnlichkeit mit der Macht im Gemeinwesen springt in die Augen. »Inflation« im Machtkredit besteht darin, daß die Verpflichtungen übermäßig vermehrt werden, so daß (um im Bilde zu bleiben) Forderungen auf Leistung unerfüllt bleiben müssen. »Deflation« besteht darin, daß das Vertrauen in die Legitimität der Macht der Führer untergraben wird, und zeigt sich in ihrer schlimmsten Form, wenn sie sich (wie zur Zeit von McCarthy) zu Angriffen auf Staatsbeamte, private Vereinigungen, die Universitäten und schließlich auf die ganze Verwaltung und die Armee steigert. (Im Falle McCarthy jedoch fiel die ganze künstliche Bewegung plötzlich in nichts zusammen, und das Vertrauen kehrte zurück).

In der Gemeinschaft wird das »Kreditsystem« u. a. dadurch gestärkt, daß in Demokratien die Mitglieder der Gesetzgebung und die Leiter der Verwaltung sich häufig zur Wiederwahl stellen müssen. Eine weitere Sicherung ist die Aufrechterhaltung einer arbeitsfähigen Opposition, die bis zu einem gewissen Grade (wenn auch nicht ganz) die bestehende Führung daran hindern kann, den Einfluß ihrer Macht zu stark zur Unterbindung der Oppositionswünsche zu verwenden. Die klassische Lehre von der Gewaltentrennung hat ähnliche Bedeutungen, die heute für die Frage der Verwaltungskontrolle eine Hauptrolle spielen.

97 siehe *unten.*

98 Oder vielleicht besser: in diesen beiden Fällen können alle Mitglieder von ihren gleichen Anteilen an Möglichkeiten Gebrauch machen; siehe »Political Power« II 807 ff.

99 *ebenda* 813/4. »Gleiches Wahlrecht« verweist uns natürlich im voraus auf die schwierigen Fragen der Neuverteilung im Wahlsystem; vgl. darüber die weiter unten angeführte Rechtsprechung und Literatur.

100 *ebenda* I 593.

101 vgl. Parsons eigene einleitende Erklärung *a. a. O.* I 594.

102 Es ist auch zum mindesten zweifelhaft, was man sich unter Parsons' Ansicht vorstellen soll, daß »Macht« so wie Geld »ausgegeben« wird, indem »andere mögliche Entscheidungen geopfert werden, die durch unter einer Politik unternommene Verpflichtungen ausgeschlossen werden . . .« (*a. a. O.* II 809); vgl. *ebenda* I 602, 604 über Parsons Auffindung von »Austauschelementen« in Angelegenheiten der Macht. Wenn ein Machthaber seine Macht dazu benützt, um die Erfüllung einer bestimmten Verpflichtung zu

erzwingen, verliert er dadurch wirklich einen Teil seiner Macht? In welchem ernstlichen Sinne tauscht er einen Teil seiner Macht aus für die Leistung, die er erzwingen möchte? Ich verdanke diese Überlegung einem brieflichen Meinungsaustausch mit P. H. Partridge.

103 Über das zusätzliche Problem der »Null-Summe« siehe *oben* im vorliegenden Paragraphen.

104 Diese Kritik wird eher noch verstärkt durch die *oben* Anm. 91 erwähnte, sehr gekünstelte Aufstellung eines Schemas von »Sanktionen«, das sowohl für das Wirtschaftssystem als auch für das politische System passen soll.

105 Wie A. D. Lindsay bemerkte, handelt sein Buch *Democratic State* »nicht von einem Demokratie genannten allgemeinen Ideal, sondern von dem geschichtlichen modernen demokratischen Staate«, der als Typus in Westeuropa, Amerika und den britischen Dominien im 19. Jahrhundert entstand; siehe *a. a .O.* 1.

106 vgl. Laski, *Politics* 251. Eine ausgezeichnete, neuerliche kurze Untersuchung der im Begriff »Zustimmung« enthaltenen Schwierigkeiten ist A. Gewirth, »Political Justice« bei R. B. Brandt (Hrsg.), *Social Justice* (1962) 119, 128–141. Er kommt, ähnlich wie ich, zum Ergebnis, daß die hier zur Erörterung stehende »Zustimmung« weder ein »Geschehnis« ist (d. i. eine feststellbare, betätigte Zustimmung zu einer bestimmten Ausübung der Macht), noch eine »generelle Geneigtheit« (d. i. eine unausgesprochene, unwiderrufliche Gefügigkeit gegenüber der allgemeinen Ausübung der betreffenden obersten Gewalt). Vielmehr bezieht sich »Zustimmung« auf eine gesicherte Ordnung, die es jedem weder geisteskranken noch verbrecherischen Erwachsenen ermöglicht, die Maßnahmen der Regierung zu erörtern, zu bemängeln und gegen die Regierung zu stimmen. Im selben Sinne erblickt Friedrich, *Government* 225–228 den Unterschied zwischen »konstitutionellen« und »totalitären« Regierungssystemen darin, daß bei den erstgenannten die Machthaber in der Lage sind, die Werte, die sie mit den Untertanen teilen, durch Erörterung weiter zu entwickeln; siehe auch *ebenda* 284.

107 Neuerdings hat F. S. C. Northrop, *The Complexity of Legal and Ethical Experience* (1959) 246, 299 den gewagten Versuch gemacht, die Berechtigung der Mehrheitsherrschaft aus »den obersten Ordnungstatsachen der Natur« abzuleiten und sie als eine Brücke zwischen Tatsachen und Werten hinzustellen.

108 vgl. auch über einige dieser Formulierungen H. Kelsen, »Pure Theory of Law . . .« (1942) 55 *H. L. R.* 44, 54–57; Ferrero, *Power* 173–178; Lindsay, *Democratic State* 34; Ferrero *a. a. O.* Kap. XII, bes. 168/9.

109 Laski, *Politics* 241–244 und Kap. VII *passim;* vgl. die bei Stone, *Human Justice* Kap. 9 erörterte Gerechtigkeitstheorie von Pound. Über die heutige Erheblichkeit der Zustimmungstheorien seit Locke siehe Lindsay, *Democratic State* Kap. V, X und ausführlicher C. H. McIllwain, *The Growth of Political Thought in the West* (1932). Über den Grundsatz der Volksvertretung mit Bezug auf moderne gesetzgebende Körperschaften siehe H. Eulan und J. C. Wahlke (Hrsg.), *Legislative Behaviour* (1959), bes. B. Akzin 9–23 und C. A. Beard und J. D. Lewis 23 ff.; siehe über die Verfahren der Gesetzgebung im Hinblick auf diesen Grundsatz ebenda H. G. R. Greaves (78), H. E. Shuman (84) und W. H. Riker (97), ferner über die Wählerschaft als Grundlage D. McRae Jr. (197) und D. B. Truman (204); *ebenda* 355–399 sind verschiedene, diese Gegenstände berührende Gesichtspunkte und Fragen erörtert. Über Volksentscheid und Volksbegehren als Ergänzung der Volksvertretung zur Kundmachung der

Zustimmung siehe Hart-Sacks, *Legal Process* 670–690 und über verschiedene technische Gesichtspunkte beim demokratischen Gesetzgebungsverfahren *ebenda* 714–747.
Eine allgemeine Darstellung des Aufbaus und der Arbeitsweise des Kongresses der Vereinigten Staaten von Amerika bietet E. S. Griffith, *Congress and its Contemporary Role* (3. Aufl. 1961), bes. 151–165 (»*pressure groups*«) und 36–66, 109 ff. (Beziehungen zur Regierung und Verwaltung). Siehe auch A. Downs, *An Economic Theory of Democracy* (1957), bes. 296–300, wo ein bemerkenswerter Versuch gemacht wird, schematisch die Hauptfolgerungen zusammenzustellen, die sich aus der Zugrundelegung eines demokratischen Parteiensystems ergeben.

[110] vgl. Lindsay, *Democratic State* 129.

[111] Das bekannte Argument vom »drückenden Schuh«.

[112] vgl. Lindsay, *Democratic State* Kap. XI bes. 267 ff., 200 ff.; W. I. Jennings, *The Law and the Constitution* (1933) 56–60; Ferrero, *Power* 175 ff. H. D. Lasswell – M. S. McDougal, »Legal Education and Public Policy« (1943) 54 *Yale L. J.* 203, 217–232 unterscheiden die drei folgenden, für die juristische Ausbildung erheblichen demokratischen Wertziele: (1) geteilte Macht, (2) geteilte Achtung, (3) geteiltes Wissen; als Mittel zu diesen Zielen bezeichnen sie: (1) Gleichgewicht, z. B. hinsichtlich des Einkommens, (2) Regelmäßigkeit, d. h. keine sprunghaften sozialen Änderungen, (3) Tatsachenkenntnis (Realismus), d. h. Zugang zu Informationen.

[113] vgl. Lindsay, *Democratic State* 282–286.

[114] vgl. Laski, *Politics* 264. Die ältere Auffassung lebt jedoch im englischen Schrifttum noch immer fort; siehe bei W. I. Jennings *a. a. O.* (*oben* Anm. 112) App. I, 261–284, eine treffende Kritik dieses Fortlebens, z. B. in dem *Report to the Committee on Ministers' Power* 1932 (Cmd. 4060). Über Parsons' angebliche Lösung des »Entweder – Oder« zwischen Zwang und Zustimmung, was ich nicht als wesentliche Frage betrachte, siehe *oben*.

[115] *L'ésprit des lois* (1748), Buch XI, Kap. VI: »Über die Verfassung Englands«, das heute allgemein als eine recht ungenaue Idealisierung der englischen Verhältnisse angesehen wird.

[116] Zur Geschichte der hier mitwirkenden Auffassungen siehe: Aristoteles, *Politik* IV 14 (Teilung der Regierungsgewalt); Montesquieu: *L'ésprit des lois* Buch XI Kap. VI (Gewaltentrennung und Freiheit); M. Farrand, 2 *Records of the Federal Convention* (1787) 77 (die Gewaltentrennung in der Verfassung der Vereinigten Staaten); *Constitution of the Commonwealth of Massachusetts* (1780) (»eine Regierung von Gesetzen, nicht von Menschen«); T. Jefferson, *Notes on the State of Virginia* (1781) bei P. L. Ford (Hrsg.), 4 *Writings of Thomas Jefferson* (1894) 46 (Gewaltentrennung als Schutz vor Despotismus); *An Act for ... Better Securing the Rights and Liberties of the Subject* (Gesetz zur Sicherung der Rechte und Freiheiten der Untertanen) (1700) 12 u. 13 Wm. IIIc. 3 (Unabhängigkeit der Richter in England); Rede Georgs III. über die Unabhängigkeit der Richter vom 3. März 1761 bei W. Cobbett, 15 *Parliamentary History of England* (1813) 1007; Urteilsentwurf des Richters Taney C. J. in der Sache *Gordon v. U. S.* (1864) 69 U. S. 561, später veröffentlicht als Anhang zu (1885) 117 U. S. 697 (rechtsprechende und gesetzgebende Gewalt); *Thoe v. Chicago, Milwaukee St. Paul Rly. Co.* (1916) 181 Wis. 456, 457, 466, 195 N. W. 407 (Schwurgericht und die Trennung der Gewalten).

In ihrer Wirkung ist die der Überwachung und dem Ausgleich dienende Verteilung von Regierungszuständigkeiten nicht scharf unterscheidbar von dem Kräftespiel zwischen anderen Machtzentren, die etwa auf gemeinsamen Interessen oder auf örtlichen Beziehungen aufgebaut sind; siehe allgemein Laski *a. a. O.* Kap. X, bes. 550–559 und die aufschlußreiche anthropologische Untersuchung bei Gluckman, *Barotse Jurisprudence* Kap. II, bes. 41–46; siehe ferner gegen Ende dieses Kapitels.

117 Meistens auch dann, wenn es sich um persönlich unangenehme oder gleichgültige Dinge handelt, etwa um Steuern, Wehrpflicht oder den Grundsatz des »Shelley Case«. Über den Widerstand der öffentlichen Meinung gegenüber Gesetzesänderungen in bestimmten Fällen (z. B. Homosexualität, Todesstrafe, Leibesstrafen) im Hinblick auf Verantwortlichkeit der Regierung siehe H. Mannheim, »Criminal Law and Penology« bei Ginsberg, *20th Century* 264–285 *passim.*

118 Wie wir noch sehen werden, ist es auch unter einer strikten Verfassung unmöglich, Rechtsübergriffe der obersten Machthaber *nur mit dem Mittel des Rechts* zu verhindern.

119 Ebenso der damit weithin übereinstimmende kontinentaleuropäische Begriff des »Rechtsstaats«. (Im folgenden Text wird *»rule of law«* meistens mit »Rechtsstaat« übersetzt. d. Ü.) Siehe Iherings Auffassung von der Selbstbeschränkung der Macht oben in diesem Kapitel; über die griechischen, römischen und christlichen Beiträge siehe Lindsay, *Democratic State* 52–63 und Stone, *Human Justice passim,* bes. Kap. 1–2. Dieser ethische Bestandteil im Unterschied vom rein rechtlichen scheint in der Begeisterung der Werbefeldzüge für »Weltrecht« und »rule of law« bedauerlicherweise manchmal aus den Augen verloren zu werden. In dem weisen Wirken der Internationalen Juristenkommission wurde dies jedoch klar erkannt, siehe ihre Erklärung von New Delhi 1959 und ihren Bericht *The Rule of Law in a Free Society* (1959). Siehe ferner N. S. Marsh, »The Background to the Congress of New Delhi« (1959) 2 J. of I. C. J. (No. 1) 42–54 (bes. 23–37 die Arbeitsübersicht). Über die besonderen Schwierigkeiten für Entwicklungsländer siehe V. Bose, »Reflections on the Declaration of Delhi« *ebenda* 39–42.

120 vgl. B. Schwartz, *Law and Executive in Britain* (1949) 11 über den Rechtsstaat als »normative Tatsache«. In diesem Sinne war Austins Behauptung richtig, daß das Staatsrecht letzten Endes auf »positiver Moralität« beruht. Vgl. Lindsay, *Democratic State* 224–229 und siehe hinsichtlich Kelsens »Grundnorm« Stone, *Legal System* Kap. 3, § 17. Buch, *»Principes généraux«* gibt der Auffassung von »allgemeinen Rechtsgrundsätzen« eine ähnliche ethische Bedeutung. Das kann leider jedoch die Rechtsdogmatik in diesem Punkt noch verwickelter machen (siehe dazu Stone, *Legal Controls* 133 ff., 863–865), ohne etwas zu unserer Erkenntnis der Gerechtigkeit beizutragen.

121 Laski, *Politics* 298; siehe das oben in diesem Kapitel, bes. Anm. 64 Ausgeführte.

122 Über den geschichtlichen Beitrag der amerikanischen Auffassung vom »gehörigen Verfahren« *(due process)* siehe W. N. Seymour – S. L. Sherman, »The Evolving World Concept of the Rule of Law« (1963) 4 J. of I. C. J. 269–274.

123 vgl. N. S. Marsh, »The Rule of Law . . .« (1963) 4 J. of I. C. J. 257–268; siehe über das seitherige Versagen der angloamerikanischen Juristen im Sachlich-Rechtlichen die Kampfansage von E. M. Byrd jr,. »The Role of the Lawyer in . . . Economic and Social Development . . .« (1964) 4 J. of I. C. J. 48–73.

Mangelnde Erkenntnis der Rolle der Gerechtigkeit für den Rechtsstaat ist die Ursache vieler unfruchtbarer Auseinandersetzungen, z. B. darüber, ob die Vorstellung vom »Rechtsstaat« auch außerhalb der angelsächsischen Überlieferung von Nutzen ist und ob der Rechtsstaat oder die Sicherung der »Menschenrechte« das erstrebenswerte Ziel ist; siehe N. Jacob, »Réflexions sur le primauté du droit« in *La vie judiciaire* Nr. 920 vom 25.–30. Nov. 1963 und die Entgegnung von D. Thompson, »The Rule of Law – Anglo-Saxon or World-Wide?« (1964) 5 *J. of I. C. J.* 303–308. Die Widersinnigkeit solcher Unterscheidungen und der sachliche Wertgehalt der Idee des Rechtsstaats ergibt sich klar in der Präambel zur Allgemeinen Erklärung der Menschenrechte von 1948; vgl. auch R. Cassin, »Reflections on the Rule of Law« (1963) 4 *J. of I. C. J.* 224–242, bes. 224–226; J. Jiménez de Aréchaga, »....The Rule of Law« (1963) *ebenda* 275–281.

[124] Das bedeutet möglichste (aber nicht einfache mechanische) Gleichheit des Stimmgewichts. Der erforderliche Grad der Annäherung an die Gleichheit ist ein Hauptgegenstand der jetzt in den Vereinigten Staaten heiß umstrittenen Frage einer Neuverteilung der Sitze in den verschiedenen gesetzgebenden Körperschaften. Die bahnbrechende Entscheidung *Baker v. Carr* (1962) 369 U. S. 186 (im Bezug auf die Vertretung der Neger) wurde auf den Bereich des Bundesparlaments angewendet in *Wesberry v. Sanders* (1964) 376 U. S. 1, auf ein Staats-Oberhaus (Alabama) in *Reynolds v. Sims* (1964) 377 U. S. 353 und sogar zur Ungültigkeitserklärung eines kurz vorher durch Volksbegehren eingeführten Wahlsystems in *Lucas v. Forty-Fourth Gen. Assembly* (1964) 377 U. S. 713; siehe aus der wachsenden, noch tief im Meinungsstreit steckenden Literatur: P. A. Freund, »New Vistas . . .« (1964) 112 Univ. of. Pa. L. R. 681; P. B. Kurland, ». . . Equal in Origin« (1964) 78 H. L. R. 143; C. A. Auerbach, »The Reapportionment Cases . . .« (1964) *Sup. Ct. Rev.* 1; siehe ferner *oben* Anm. 99 und *unten* zu Anm. 137.

[125] So kann auch heute noch *unter besonderen Umständen* Armut (oder Reichtum) oder die Hautfarbe einen Grund für ungleiche Behandlung bilden. Als Beispiele seien genannt: der Unterhalt des Gemeinschuldners im Konkursverfahren, Unterhaltsansprüche, gestaffelte Steuersätze, Sonderzuwendungen oder Schutzbestimmungen für unterdrückte oder benachteiligte Gruppen wie die Unberührbaren in Indien oder die jemenitischen Juden in Israel; vgl. gegenwärtig zur Schulbildung der amerikanischen Neger O. M. Fiss, »Racial Imbalance« (1965) 78 *H. L. R.* 564–617, bes. 565/6, 574–583, 617; siehe ferner J. Stone, »Result-Orientation and Appellate Judgement« in *Scott Festschrift* 346–358 *passim*, bes. 350/1, 353/4.

[126] siehe Hayek, *Serfdom passim.*

[127] vgl. Stone, *Human Justice* Kap. 3, §§ 15, 16 und Kap. 11, §§ 1 ff.; vgl. W. I. Jennings *a. a. O.* (*oben* Anm. 112, 2. Aufl. 1938) 53 ff., 285–297.

[128] vgl. C. J. Friedrichs »*rule of anticipated reactions*« (Regel des erwarteten Widerstands) in *Democracy* (1941) 589 ff. und in *Government* 198 ff.; siehe dazu Lord Wright in *Liversidge v. Anderson* (1942) A. C. 206, 261: »In der Verfassung unseres Landes gibt es keine verbürgten Rechte. Die Gewähr für englische Freiheit liegt in der Vernunft des Volkes und in dem System der Volksvertretung und verantwortlichen Regierung, das sich entwickelt hat.«

[129] Es liegen zahlreiche Darstellungen der in verschiedenen Ländern erreichten Stufen des Rechtsstaats vor (*J. of I. C. J., passim*), sowie Abhandlungen des I. C. J. über einzelne schwierige Gebiete wie Tibet, Südafrika,

Kuba. Über die Aussprachen über die diesbezüglichen westlichen und kommunistischen Anschauungen in Chicago (1957) und Warschau (1958) siehe C. J. Hamson, »The Rule of Law as understood in the West« (1959) 9 *Annales de la Faculté de Droit d'Istambul* 1–17 und den Bericht »Le concept de légalité dans les pays socialistes« in *Cahiers de l'academie polonaise des sciences* (1961) No. XXI.

130 vgl. G. W. Paton *a. a. O. (oben* Anm. 66) 484.

131 siehe die abweichende Ansicht von Justice Sutherland in *W. Coast Hotel Case* (1937) 300 U. S. 379, 404, die im Hinblick auf die Geschichte der Rechtsprechung zur Klausel vom »gehörigen Verfahren« bemerkenswert ist. Über andere Verfassungen siehe J. Willis, »Administrative Law and the British North America Act« (1939) 53 *H. L. R.* 251; J. R. Mallory, »The Courts and the Sovereignty of Parliament« (1944) 10 *Can. J. Ec. Pol. Sc.* 165 (Kanada); G. Sawer, »The Supreme Court and the High Court of Australia« (1958) 6 *J. Publ. L.* 482 (Australien); N. Bobbio, »Due variazioni sul tema dell'imperativismo« (1960) 37 Riv. int. di fil. del dir. 71 (Italien).

132 siehe C. Beard, *An Economic Interpretation of the Constitution of the United States* (1925); Russell, *Freedom* 268–273; siehe über das Auftreten solcher Strömungen in der verfassungsgebenden Versammlung *(Constitutional Convention)* J. Frank, »When ›Omer Smote‹ is Blooming Lyre« (1942) 51 *Yale L. J.* 367, 374–378, sowie (bes. über die Sicherstellung der republikanischen Regierungsform und das richterliche Prüfungsrecht) M. Franklin, ».... The Republic and Judicial Review« in *Scott Festschrift* 96–130.

133 vgl. Stone, *Human Justice* Kap. 3, §§ 5 ff.; T. R. Powell, »Some Aspects of Constitutional Law« (1940) 53 *H. L. R.* 529, 552/3; siehe ferner bei W. W. Wilbur, »Judicial Review of Acts of Congress« (1936) 43 *Yale L. J.* 816 eine übersichtliche Darstellung der allgemeinen Gesichtspunkte in drei Teilen: (1) verfahrensmäßige Garantien; (2) Grenzen der Rechtsprechung; (3) unbestimmte rechtspolitische Grundsätze (was hier hauptsächlich in Frage steht). Über die Rückläufigkeit des 1932 beginnenden Jahrzehnts siehe Note (1942) 56 *H. L. R.* 100. Die gleichen Probleme kann es auch dann geben, wenn die Verfassung keine ausdrücklichen Beschränkungen enthält, wenn solche Beschränkungen im Wege der »Auslegung« konstruiert oder in den Text hineingelesen werden können; siehe die fesselnde Beschreibung einer solchen Interpretation bei J. Willis *a. a. O. (oben* Anm. 131). Der Protest der Konferenz der Obersten Richter der Einzelstaaten von 1958 (auf der Grundlage des Berichts des Chief Justice von Maryland Brune) gegen die in der Spruchpraxis des *Supreme Court* von Amerika herrschende Richtung wandte sich gegen eine umgekehrte Erscheinung. Die protestierenden Richter forderten andere Richter dazu auf, »eine der größten richterlichen Befugnisse auszuüben – nämlich die Befugnis zur richterlichen Zurückhaltung« – und unter Aufgabe der in den neuerlichen Entscheidungen befolgten Linie zu einer mehr wörtlichen Auslegung des Verfassungsrechtes zurückzukehren. Eine treffende Darstellung einiger im Protest enthaltener Unklarheiten findet sich bei Rostow, *Prerogative* 96–114.

134 In *Missouri v. Holland* (1920) 252 U. S. 416, 433. Die gleiche Wirkung, nämlich die Ausschaltung der Ethik als Stütze des Rechts, kann auch die Folge von Beschränkungen sein, die aus den verfassungsmäßigen Grenzen der Machtbefugnisse und aus der Trennung der Regierungsgewalt von Bund und Staat entstehen, wenn diese den heutigen Anforderungen nicht

mehr entsprechen; die schädlichen Folgen kommen zu den im obigen Text erörterten noch hinzu; vgl. allgemein Friedmann, *Changing Society* 18–22.

[135] Die Frage bleibt auch dann offen, wenn wir die Unterscheidung ablehnen, die in Äußerungen von Richtern des *Supreme Court* häufig wiederkehrt, nämlich die zwischen allgemeinen Ausdrücken oder Erklärungen, die vom Richter wechselnden Zeitverhältnissen angepaßt werden können, und Fachausdrücken, die von Anfang an ihre Bedeutung unveränderlich beibehalten; siehe Wofford, »History in Interpretation« 514–523, bes. die treffende Kritik an den Äußerungen des verstorbenen Justice Frankfurter. Wofford gelangte zu dem überzeugenden Ergebnis (siehe bes. 528–533), daß historische Auslegung im ursprünglichen Sinn den Richter davor schützt, sich bei seiner Entscheidung von einer persönlichen momentanen Stimmung oder von vorübergehenden sozialen Gefühlsgründen leiten zu lassen, daß sie aber nur selten, wenn überhaupt jemals, eine sichere Entscheidung verbürgt.

Es ist jedoch eine äußerst schwierige Aufgabe, die Grenzen der Auslegungsfähigkeit von Wörtern zu beurteilen. Das beste Beispiel dafür liefert der Fall *Hughes and Vale v. N. S. W.* (No. 1) (1953) 87 *C. L. R.* 49, der S. 92 der australischen Verfassung betrifft. Drei Richter (Justices McTiernan, Williams and Webb) wollten sich der Entscheidung *McCarter v. Brodie* (1950) 80 *C. L. R.* 43 anschließen, in welcher die Entscheidungen in Transportprozessen aus einer früheren Zeit beibehalten worden waren. Justices Fullagar und Kitto neigten zur gegenteiligen Ansicht. Der Vorsitzende Chief Justice Dixon, der in den *Transport Cases* überstimmt worden war, erklärte zwar, er halte jene Urteile aus den früher vertretenen Gründen noch jetzt für falsch, er führte aber eine Mehrheit (von 4:2) zur Aufrechterhaltung jener früheren Rechtsprechung herbei, weil der Grundsatz der *stare decisis* (Bindung an frühere Entscheidungen über Rechtsfragen) es verbiete, ohne zwingendere Notwendigkeit, als sie jetzt nach seinem Empfinden gegeben sei, von einer so neuen und so ausführlich begründeten Entscheidung wie *McCarter v. Brodie* abzuweichen; siehe 67–70 und vgl. über diesen Gesichtspunkt Stone, *Legal System* Kap. 7 Anm. 244. Justice Fullagar führte zur Begründung seiner entgegengesetzten Ansicht aus, daß die umstrittenen staatlichen Vorschriften über Güterbeförderung durch Kraftwagen, gerade weil die Staatseisenbahnen geschützt werden müssen, jetzt eine glatte Verletzung von S. 92 bedeuteten und ungültig seien; siehe bes. 97–99. Zwar teile er die Ansicht des Privy Council in *Banking Case* (1949) 79 *C. L. R.* 497, wonach »eine Verfassung nach politischen, sozialen und wirtschaftlichen Umständen« auszulegen sei, das rechtfertige aber nicht, daß man sich über S. 92 im Namen von »als selbständige politische Einheiten« geltenden Staaten hinwegsetze, deren Interessen S. 92 schützen will.

[136] E. V. Rostow, »The Democratic Character of Judicial Review« (1952) 66 *H. L. R.* 193–224, bes. 194–196, 200, jetzt abgedr. in *Prerogative* 147–192, bes. 148–151, 156/7. Er geht von der Auffassung aus, daß es auch eine »nichtparlamentarische« Demokratie geben könne, in der die Gesetzgebung der richterlichen Nachprüfung unterworfen ist und zwar sowohl im Bezug auf die Zuständigkeit als auch auf die sachliche Gerechtigkeit. Diese Auffassung stützt sich offenbar auf folgende Erwägungen oder wenigstens auf eine davon: (1) In verschiedener Weise sind alle Regierungsorgane letzten Endes dem Volk verantwortlich; (2) Durch die geschriebene Verfassung kann die künftige Handlungsfreiheit des Volkes beschränkt werden. Wenn also die Gerichte heutigen sozialen Überzeugungen widersprechende verfassungsmäßige Beschränkungen aufrechterhalten, so ver-

treten sie das dauernde »Gewissen« des Volkes gegen seine späteren Leidenschaften und Schwächen. Insoweit stimme ich dieser Ansicht zu.

137 Dabei bleibt es, auch wenn wir die Unklarheiten des »gleichen« Wahlrechts und alle Schwierigkeiten einer gerichtlichen Regelung des Wahlrechts anerkennen; siehe die *oben* Anm. 124 genannten Fälle und Äußerungen, namentlich über den Fall *Lucas*.

138 Insoweit teile ich Rostows Kritik an dem Pessimismus des späten Learned Hand. Wo jedoch die jetzigen Überzeugungen von den in unabänderlichen beschränkenden Verfassungsbestimmungen festgelegten Überzeugungen der früheren Gesellschaft erheblich abweichen, da finde ich es recht inhaltslos, mit Rostow (*Prerogative* bes. 90 ff., 117 ff., 140 ff., 153) von der Verantwortlichkeit demokratischer Organe gegenüber dem Volk zu sprechen, namentlich in Fällen, in denen die Beschränkung auf eine angreifbare richterliche Auslegung der Verfassung zurückgeht. Der (*a. a. O.* 92 herangezogene) Aphorismus von T. R. Powell, daß nicht der Wille, sondern nur die Laune des Volkes beschränkt wird, hilft nicht viel, solange diese Unterscheidung nicht näher erklärt wird; vgl. auch allg. Rostow, *Prerogative* 121–124; Justice W. J. Brennan, »Education and the Bill of Rights« (1964) 113 *Univ. of Pa. L. R.* 219–226, bes. 224.

139 Von anderen Gesichtspunkten aus behandelt wird dieser Gegenstand bei Stone, *Legal System* Kap. 6–8 *passim;* siehe aus der umfangreichen Literatur: Freund, *Supreme Court;* B. Schwartz, *The Supreme Court* (1957); E. Cahn, *Supreme Court and Supreme Law* (1954); E. N. Griswold, *Fools Rush in* (Morrison Lecture 1958); E. G. Henderson – L. L. Jaffe, »Judicial Review and the Rule of Law: Historical Origins« (1956) 72 *L. Q. R.* 345–364; O. J. Roberts, *The Court and the Constitution* (1951); H. M. Hart Jr., »The Power of Congress to Limit the Jurisdiction of the Federal Courts: An Exercise in Dialectic« (1953) 66 *H. L. R.* 1362–1402; P. A. Freund, »A Supreme Court in a Federation...« (1953) 53 *Columbia L. R.* 597–619 (rechtsvergleichend); E. McWhinney, *Judicial Review in the English Speaking World* (1956); G. Sawer, »The Supreme Court and the High Court of Australia« (1957) in dem Symposium über »Policy-Making in a Democracy: The Role of the Supreme Court« in 6 *J. Publ. L.* 482–508 (das ganze Symposium ist wertvoll); schließlich mehrere theoretisch bedeutungsvolle Ausführungen bei Latham, »Commonwealth« und bei B. Akzin, »On the Stability and Reality of Constitutions« (1955) 3 *Scripta Hierosolymitana* 313–339.

140 A. V. Dicey, *Law of the Constitution* (7. Aufl. 1908) 436, 439–440. Eine weitere Darstellung enthält G. Marshall – G. C. Moodie, *Some Problems of the Constitution* (1959).

141 Dicey *a. a. O.* 440.

142 *ebenda* 442. Zwar gerät Dicey damit auf ein Nebengleis, aber in der Hauptsache stimmt seine Erkenntnis mit späteren Forschungsergebnissen überein. Vgl. Ehrlich, *Grundlegung* 20 ff., 31 ff., wo das Beruhen herkömmlicher Rechtsnormen auf sozial-ethischen Überzeugungen (»innere Ordnung der Verbände«) klargemacht wird; vgl. auch Ferrero, *Power* Kap. X, XVI, bes. 143/4. Entscheidend für die Einhaltung des Herkommens ist nicht die Anerkennung bestimmter Lehrsätze oder Handlungen, sondern die Anerkennung der gesamten bestehenden sozialen und politischen Ordnung. Die Behandlung im Text entwickelt Ehrlichs Lehre weiter und wendet sie auf Diceys Lehre an.

143 siehe z. B. W. I. Jennings *a. a. O.* (*oben* Anm. 112); E. C. S. Wade – G. G. Phillips, *Constitutional Law* (2. Aufl. 1935) 7, 9.

[144] *ebenda.* Vgl. E. C. S. Wade, Einl. zur 10. Aufl. von Dicey, *Law of the Constitution* (1959) und sein »Law, Opinion and Administration« (1962) 78 *L. Q. R.* 188.

[145] siehe diese bemerkenswerte frühe Kritik an Dicey bei Jennings *a. a. O.* 55 ff., bes. 67–73.

[146] Laski, *Politics* 58; siehe bei Lindsay, *Democratic State* 200 ff. eine kurze Darstellung der außerrechtlichen Elemente im demokratischen Verfassungswesen. Daß man den sozial-ethischen Bestandteil der *»rule of law«* im Unterschied vom formal-rechtlichen Bestandteil nicht erkannt hat, ist eine Quelle großer Unklarheit gewesen. »Sozialistische Legalität« erweitert zwar das Wirkungsfeld des Rechts und bedeutet deshalb ein begrüßenswertes Abrücken von willkürlicher Macht, aber damit ist der Rechtsstaat weder ganz noch teilweise aufgebaut. Klarheit über diesen grundlegenden Punkt käme Untersuchungen wie der bei H. J. Berman, »Soviet Law and Government« (1958) 21 *M. L. R.* 19–26 zugute; vgl. den Hinweis von Rheinstein (»Social Order« 12), daß die vom römischen *ius gentium* verwirklichte Gleichheit aller Personen im Handelsrecht Hand in Hand ging mit »gleicher Untertänigkeit gegenüber der absoluten Herrschaft eines oft despotisch willkürlichen Kaisers«.
Ein anderes durchschlagendes Beispiel aus der Gegenwart für das Unvermögen des bloß formalen Rechts zur Sicherung eines Rechtsstaats liefert die Krise der südafrikanischen Rassenpolitik hinsichtlich der sog. *»entrenched provisions«;* siehe Stone, *Legal System* Kap. 3, Anm. 45 und D. Cowen, »Legislature and Judiciary« (1952) 15 *M. L. R.* 282–296 (1953) und 16 *M. L. R.* 273–298; E. N. Griswold, »The Coloured Vote Case . . .« (1952) 65 *H. L. R.* 1361; B. Beinart, »The S. African Appeal Court and Judicial Review« (1958) 21 *M. L. R.* 587–608. In dem *Senate Act Case* (1957) I S. A. 552 (A. D.) wollte nur Justice Schreiner die Rechtsgültigkeit des Senatsgesetzes schlechtweg verneinen.
Auch wenn wir unter *»rule of law«* nur die »Gleichheit« im Recht verstehen wollen, müssen wir doch, wie MacDermott, *Protection from Power* es tut, zur Ergänzung auf Sittlichkeit, Anstand, Gerechtigkeit oder Güte zurückgreifen. Siehe Stone, *Human Justice* Kap. 11, §§ 2, 3.

[147] vgl. Macmillan, *Law* 16 ff. Der Verfasser möchte deshalb der Gleichstellung von Herkommen und Recht durch Jennings (*a. a. O.* 173) nur bedingt zustimmen. Sie gleichen sich nur darin, daß beide in einer demokratischen Gesellschaft letzten Endes von einem Mindestmaß an sozialethischer Unterbauung abhängen.

[148] Eine starke Kritik bei Laski, *Politics* 554–559.

[149] siehe allg. »Justice« Report, *Contempt of Court* (1959) (Vorsitzender Lord Shawcross).

[150] Und allg. »amtliche« (im Gegensatz zu »richterlichen«) Ermessensentscheidungen.

[151] Die ermessensmäßigen Einstellungsverfügungen (*»nolle prosequi«*) gehen so weit, daß sie sogar förmliche Gesetze zu toten Buchstaben machen können und ebenso auch Rechtssätze des *Common Law* (z. B. in Strafsachen wegen Bigamie, wenn bei der Scheidung der ersten Ehe ein unbedeutender Formfehler unterlaufen war). Das Ermessen erstreckt sich tatsächlich aber auch auf das Urteil, nicht nur darauf, ob das Verfahren durchgeführt wird; siehe die von Hart-Sacks, *Legal Process* 1078–1090 behandelten Fälle und den grundlegenden Aufsatz von S. H. Kadish, »Legal Norm and Discretion in the Police and Sentencing Processess« (1962) 75 *H. L. R.* 904.

152 vgl. die bedeutende Darstellung bei Ehrlich, *Grundlegung* 120–137.

153 siehe Laski, *Politics*, bes. 59, 261–263; siehe ferner ders., *The Problem of Sovereignty* (1917) und *Authority in the Modern State* (1919; J. N. Figgis, *Churches in the Modern State* (1913); H. M. Magid, *English Political Pluralism* (1941).

154 vgl. Russell, *Power* Kap. IV, VII über »Priestermacht« und »Revolutionäre Macht«.

155 *ebenda* 114–117. Vgl. G. H. Sabine – W. J. Shepard bei Krabbe, *The State* XVIII ff.

156 Es ist kaum nötig hinzuzufügen, daß die Mitglieder der Gruppe in sehr verschiedenem Maße am Gruppenleben äußerlich und innerlich teilnehmen. Gewiß erreicht keiner das ihm vorschwebende Ideal, aber diese Ideale und ihre Gegensätze sind soziale Tatsachen von großer Wichtigkeit; vgl. Lindsay, *Democratic State* 40–43.

157 Timasheff, *Sociology of Law* 194–203.

158 Über diese Entwicklung in der römischen Rechtsgeschichte, im Europa der Feudalzeit und im modernen Staat siehe Ehrlich, *Grundlegung* 125–127.

159 siehe oben die ersten Abschnitte dieses Kapitels.

160 Timasheff, *Sociology of Law* 217–219.

161 Nach der militärischen Niederlage war das Hitlerregime gegenüber dem militärischen und politischen inneren Widerstand nur noch kurze Zeit bis zum Zusammenbruch lebensfähig, und das vielleicht auch nur infolge einer Reihe von wirklichen oder absichtlich herbeigeführten Krisen. (Siehe G. Ritter und H. Rothfels bei A. O. Parkinson (Hrsg.), *Studies in Diplomatic History . . .* (1961) 331, 348. Ob der *Grad* der mangelnden Dauerhaftigkeit einer persönlichen Diktatur empirisch beweisbar ist, bleibt eine offene Frage; siehe weiter *unten*.

162 vgl. Ehrlich, *Grundlegung* 295–314.

163 Parsons, »Political Power« II 807.

164 Lindsay, *Democratic State* 223/4; siehe auch die Schrift von E. McWhinney, *Comparative Federalism* (1962).

165 Bryce, 2 *Studies* 53 ff.

166 vgl. *ebenda* 388.

167 vgl. Llewellyn, »Law Jobs« 1364/5; er stellt fest, daß das »Rechtliche« ein Streben nach »Ausschließlichkeit« und »Vereinheitlichung« in sich trägt, hält aber in einer vielfältigen und »veränderlichen« Gesellschaft eine völlige Vereinheitlichung für unmöglich. Die Annahme einer rangordnungsmäßigen (hierarchischen) Einheit erklärt er für eine Fiktion, hinter der sich die verwickelte Vielfalt der Machtordnung verbirgt, die aber für das Leben der Gesellschaft praktisch ist.

168 Hobbes, *Leviathan* (1651) Kap. II 29.

169 vgl. P. H. Partridge *a. a. O.* (*oben* Anm. 26) bes. 129 ff.; Parsons, »Political Power« I 608/9 und ausführlicher in »The Principal Structures of Community« (1959) 2 *Nomos* 152–179. Wie Parsons sagt, besteht »eine innere Beziehung zwischen einerseits der Anwendung von Gewalt und der Herrschaft über sie, andererseits der Gebietsgrundlage der betreffenden Organisation« (siehe »Political Power« II 808/9). Zugleich aber lehnt er nachdrücklich die Ansicht ab, daß sich in allen sozialen Systemen ein Zug zur Entwicklung einer festen Rangordnung der Machtsysteme findet (*ebenda* II 816).

170 Laski, *Politics* 59.

171 *ebenda* 7 und Kap. VII.

172 So wörtlich Ehrlich, *Grundlegung* 17.

173 Ehrlichs Kapitel über »Die innere Ordnung der gesellschaftlichen Verbände« und »Die gesellschaftlichen Verbände und die gesellschaftlichen Normen« (*Grundlegung* Kap. II und III) baut auf Gierkes Gedanken auf.

174 *ebenda, Grundlegung* 29 f., 43 ff., 69 ff.

175 *ebenda* 300.

176 Laski *a. a. O.*

177 Ehrlich, *Grundlegung* 314.

178 Laski, *Politics* 263; vgl. die Einleitung des Übersetzers bei Krabbe, *The State* XXX–XXXIV und *oben* Anm. 64, 153.

179 siehe A. MacIntyre, »Breaking the Chains of Reason« bei Thompson, *Apathy* 222–226; Nadel, *Social Structure* 47 ff.

180 siehe Stone, *Province* 733; vgl. Llewellyn, »Law Jobs« 1382/3.

181 vgl. Lindsay, *Democratic State* 195, 203.

182 vgl. *ebenda* Kap. IX bes. 228/9, 197.

183 vgl. Llewellyn, »Law Jobs« 1360.

184 Daher die Vorschläge, die parlamentarische Veretretung nicht auf örtlichen Wahlkreisen, sondern auf Berufs- und Wirtschaftskreisen aufzubauen. Hauptsächlich will man dadurch die organisierten Interessen, die sonst als Pressions- und Interessengruppen hinter den Kulissen der politischen Bühne und in oder hinter den politischen Parteien arbeiten, offen als politische Faktoren auftreten lassen; siehe z. B. für das Verkehrswesen O. Kahn-Freund, »The Report of the Transport Advisory Committee« (1939) 3 *M. L. R.* 136, 149; für Geldverleih J. Kilgore, »Legislative Tactics of Unregulated Lenders« (1941) 8 *L. and C. Prob.* 172 und G. L. Gisler, ». . . Measure against Loan Sharks« 8 ebenda 183. Ein treffliches Beispiel für die Schlagkraft von organisierten Konsumenteninteressen, auch wenn sie noch unklar sind, siehe bei D. F. Cavers, »Food, Drug and Cosmetic Act« (1939) 6 *ebenda* 1–22. Cavers sah dieses Gesetz als eine große Reformtat an, die Frucht eines fünfjährigen Kampfs einer Gruppe von Frauenverbänden gegen den Widerstand der mächtigsten, hochorganisierten Interessen. Die Drogenindustrie berief sich für ihren Widerstand lachhafterweise auf das »Recht des amerikanischen Volks zur Selbst-Heilbehandlung«.
Über die ungünstige tatsächliche Ungleichheit zwischen gutorganisierten Produzenten (mit Einschluß der Arbeiter) und unorganisierten, zerstreuten Konsumenten in der Geltendmachung ihrer Interessen, über die damit verknüpfte Beeinträchtigung demokratischer Planung und infolgedessen die Gefährdung des Planens durch die Demokratie siehe Myrdal, *Welfare State* 76–86, 135; K. Alexander bei Thompson, *Apathy* 245.

185 Ein oft durch sprachliche »Obertöne« ausgedrücktes Werturteil, genau so wie wir bei einer uns mißliebigen »Organisation« und ihrem »Führer« von dem »Boß des Betriebs« (englisch: »boss of the machine«) sprechen; siehe (Bronx »Boss«) E. J. Flynn, *You-re the Boss* (1947) 231/2. Phillips, *Municipal Government* 211 möchte *»boss«* und *»machine«* nur bei tatsächlicher Rechtswidrigkeit oder beim Fehlen allgemeiner Ziele verwenden. Es ist aber wohl besser, ausdrücklich von je nachdem lauteren oder unlauteren Handlungen zu sprechen.
Über die allmähliche, aber stetig fortschreitende Erkenntnis der rechtmäßigen, wie auch der mißbräuchlichen Rolle des Lobbyistentums bei der Geltendmachung von Interessen und Überzeugungen siehe die Beiträge zu H. Eulan – J. C. Wahlke, (Hrsg.), *Legislative Behaviour* (1959), bes. D. B. Trumann (150–164, Zulassung von Lobbyisten), S. H. Beer (165–178, die Lage in Großbritannien und Nordirland), O. Garceau – G. Silverman (179–189, allgemein), J. J. Millett (190 ff., Führerschaft in den Inter-

essentengruppen). Über die Rolle der Rechtsanwälte in den Lobbies siehe Hart-Sacks, *Legal Process* 829–835, sowie allgemein D. C. Blaisdell, *Economic Power and Political Pressures* (1941). Das amerikanische Gesetz über Lobbies, der *Federal Regulation of Lobbying Act* von 1946 (60 Stat. 839, 2 U. S. C. §§ 261–270 (1958) ordnet unter Strafandrohung an, daß bezahlte Lobbyisten beim Parlament registriert werden und regelmäßige, ausführliche Erklärungen einreichen müssen über ihre Ausgaben, Zahlungsempfänger und die Kosten für von ihnen veranlaßte Zeitungsartikel, soweit alle diese nicht zu ihrem gewöhnlichen Geschäftsbetrieb gehören (Sektion 308).

Vorher galten einige nicht so weitgehende Bundesgesetze, z. B. *Public Utility Holding Company Act* (1935) im Bezug auf Verwaltungsbehörden, ferner viele, verhältnismäßig erfolglose Staats-Gesetze, als erstes *Massachusetts Acts*, 1890, c. 456; siehe Note (1947) 47 *Columbia L. R.* 98, wo auch bemerkt wird, das Gesetz von 1946 habe wohl ein solches Übermaß an Angaben verlangt, daß deren wirksame Prüfung unmöglich gemacht wurde; siehe auch F. E. Walter, »Federal Regulation of Lobbying« (1961) 34 *So. Cal. L. R.* 111.

186 D. D. McKean, *Party and Pressure Politics* (1949) 430 schätzt die Gesamtzahl solcher Verbände aller Art in Amerika auf wohl über hunderttausend. Siehe allg. V. O. Key, *Politics, Parties and Pressure Groups* (1947, 4. Aufl. 1957); D. C. Blaisdell (Hrsg.), »Unofficial Government-Pressure Groups and Lobbies« (1957) 319 *Ann. Am. Acad. Pol. Sc.* IX ff.; A. Ranney – W. Kendall, *Democracy and the American Party System* 1956); Phillips, *Municipal Government* 202–222; J. Meynaud, *Nouvelles etudes sur les groupes de pression en France* (1962).

Die größten Lobbygruppen in Washington umfaßten 1950 die folgenden Arten (siehe 7 *C. Q. A.* 1950, 718/9): *Handel und Gewerbe* mit 142 Gruppen und $ 4,331,603 Ausgaben; *Freie Berufe* mit 21 Gruppen und $ 1,596,853 Ausgaben; *Farmer* mit 13 Gruppen und $1,212,214 Ausgaben; *Bürger* mit 44 Gruppen und $ 878,254 Ausgaben; *Auswärtige Politik* mit 13 Gruppen und $ 744,904 Ausgaben; *Arbeiterschaft* mit 30 Gruppen und $ 518,413 Ausgaben; *Steuerzahler* mit 31 Gruppen und $ 442,186 Ausgaben; *Landgewinnung* mit 11 Gruppen und $ 389,374 Ausgaben; *Kriegsteilnehmer* mit 7 Gruppen und 188,421 Ausgaben.

Im selben Jahr gehörten zu den 16 Einzelgruppen mit den höchsten Ausgaben (zwischen $ 104,000 und $ 1,326,000) die Vertreter der Interessen so verschiedener Auftraggeber wie: *American Medical Association* mit $ 1,326,078; *Committee for Constitutional Government* $ 921,549; *Townsend Plan Inc.* (Altersrenten) $ 379,551; *United World Federalists* $ 345,022; *Association of American Railroads* $ 269,825; *Atlantic Union Committee* $ 116,666; *A. F. L.* $ 116,027.

Die Gesamtsumme der Ausgaben erreicht 1950 die Rekordhöhe von $ 10,303,204. Danach sanken die Jahresausgaben stetig bis auf $ 3,818,177 für 1957, um dann wieder anzusteigen. Für 1958 betrugen sie insgesamt $ 4,132,719 (siehe 1959) 15 *C. Q. A.* 678–682: *Handel und Gewerbe* mit 144 Gruppen und $ 2,047,657 Ausgaben; *Freie Berufe* mit 19 Gruppen und $ 365,536 Ausgaben; *Farmer* mit 18 Gruppen und $ 282,230 Ausgaben; *Bürger* mit 45 Gruppen und $ 426,252 Ausgaben; *Arbeiterschaft* mit 31 Gruppen und $ 842,557 Ausgaben; *Kriegsteilnehmer* mit 6 Gruppen und $ 168,486 Ausgaben. Ausgaben von über $ 100,000 hatten 1958 vier Einzelgruppen: *A. F. L.* – *C. I. O.* $ 133,348; *American Tariff League* $ 131,750; *National Federation of Post Office Clerks (A. F. L. – C. I. O.)* 97

$ 113,100; *American Trucking Associations Inc.* $ 105,612. Im Jahre 1960 ging die jährliche Gesamtsumme auf unter $ 4 Millionen zurück und hielt sich seither auf diesem Stand.

187 Ehrlich, *Grundlegung* 318 ff. über die Änderungen der wirtschaftlichen Aufgaben der Familie.

188 Im Einleitungskapitel zu *Politics* (3. Aufl. 1938) stellte Laski »die Natur des Staats als Ausdruck der Klassenverhältnisse« in den Vordergrund und gelangte zur Ansicht, daß erst die »klassenlose Gesellschaft« eine wirkliche Vielgestaltigkeit im sozialen und politischen Leben ermöglichen wird. Damit nimmt er überraschenderweise die alte marxistische Prophezeiung wieder auf, daß in der klassenlosen Gesellschaft der Staat und seine Zwangsgewalt »absterben« wird.

189 Über die Annahme einer Wechselbeziehung zwischen der »föderativen« und der »hierarchischen« Auffassung, sowie über die anglo-amerikanische und die französische Einstellung dazu siehe Lindsay, *Democratic State* 115/6.

190 siehe bei Friedmann, *Changing Society* passim Beispiele für das Kräftespiel zwischen den mannigfachsten Faktoren für und gegen Gesetzesänderung auf verschiedenen Gebieten des heutigen englischen Rechts, mit gewissen Unterscheidungen in der Einleitung (6–22), besonders zwischen »politischem Recht« (das »offenbar« Gemeinschaftsinteressen betrifft) und dem mehr technischen Recht. Friedmann würde natürlich selbst zugeben, daß dies nur eine ungefähre und veränderliche Trennungslinie ist; siehe allg. Ehrlich, *Grundlegung* Kap. XVII; Russell, *Power* Kap. VII; Mannheim, *Man and Society passim*; Cairns, *Legal Science* 82–111; Friedrich, *Government* 270–275, 634–656.

191 Man hat den Staat ein »lebendes Gesamtwesen« genannt, zusammengesetzt aus Organisationen von Lebewesen, »die sich in ihrer allgemeinen Natur ändern, aber doch ihre Eigenpersönlichkeit behalten« (Lindsay, *Democratic State* 33).

192 So war die Naziherrschaft in Deutschland, wie oft hervorgehoben wurde, ein revolutionäres Regime, obwohl es der äußeren Form nach seine Befugnis zur Macht aus der republikanischen Weimarer Verfassung ableiten konnte; vgl. Timasheff, *Sociology of Law* 222/3; siehe jedoch über den Ursprung des hier wichtigen Art. 48 J. P. Mayer, *Max Weber and German Politics* (1944) 76 ff.

193 Der Ausdruck »Revolution« kann in verschiedenem Sinn gebraucht werden, sollte aber in einem und demselben Zusammenhang stets im selben Sinne verwendet werden; vgl. Ferrero, *Power* 285 ff., der jedoch selbst ein Beispiel dafür liefert, wie schwer das ist. In Kap. XII nennt er eine Regierung »revolutionär« im Sinne von »illegitim«, wenn sie »die Grundsätze der Legitimität, mit denen sie ihre Macht zu rechtfertigen vorgibt, weder beachten will noch kann . . .« (188, 209–210, 212). (Was er wirklich meint, ist »Beherrschung« oder »nackte Gewalt«, die mit Lug und Trug arbeitet). Später in Kap. XVI verbindet Ferrero mit demselben Ausdruck »revolutionär« zwei andere, ganz verschiedene Bedeutungen, nämlich die einer umfassenden Neuorientierung der Denkweise und Einrichtungen (285) oder die »der Zerstörung des Rechtssystems« (286), wobei er aber anscheinend (285) »den Grundsatz der Legitimität« zu »den Gesetzen« zählt.

194 vgl. Ehrlich, *Grundlegung* 124 ff.

195 Ehrlichs Darstellung (*ebenda*) beachtet diesen Gesichtspunkt zu wenig.

196 »Criminology and a Modern Penal Code« (1936) 27 *J. Crim. L. Crimin. and Pol. Sc.* 1, 3.

197 Über Ehescheidung J. G. Fleming, »Evasion of Law and Divorce Adjudication« (1952) 1 *Int. and Comp. L. Q.* 381.

198 siehe A. E. Sutherland Jr., »The American Judiciary and ... Desegregation« (1957) 20 *M. L. R.* 201–219 über die Aufhebung der Trennung zwischen Negern und Weißen, im Anschluß an die Entscheidungen *Brown v. Board of Education* (1954) 347 U. S. 483, (1955) 349 U. S. 294, in der von der Entscheidung im Präzedenzfall *Plessy v. Ferguson* (1896) 163 U. S. 537 abgegangen wurde; P. A. Freund, »Storm over the American Supreme Court« (1958) 21 *M. L. R.* 345. Die im Falle *Brown* gegebene Weisung, es sollten die seit 90 Jahren verfassungsmäßig verbrieften Rechte nun mit »aller entschiedenen Beschleunigung« verwirklicht werden, sprach Bände. Wie der Bürgerkrieg selbst machte diese Weisung die gewaltigen Probleme deutlich, die entstehen, wenn die Rechtsordnung und die tiefen Überzeugungen der von den Normen unmittelbar betroffenen Bürger aufeinanderprallen.
Über die verschiedenen amerikanischen Staatsgesetze zur Förderung »fairer Zustände im Unterrichtsweesen« siehe Note, »Fair Educational Practices Acts« (1950) 64 *H. L. R.* 307, abgedr. bei Hart-Sacks, *Legal Process* 956–962.

199 Über die besonderen Schwierigkeiten beim Versuch, gewisse Arten von Strafbestimmungen aufzuheben, namentlich solcher für Sittlichkeitsverbrechen, siehe H. Mannheim bei Ginsberg, *20th Century* 264–285; R. Cross, »Unmaking Criminal Law« (1962) 3 *Melb. U. L. R.* 415; Friedmann, *Changing Society* 16/7. Die gleichen Schwierigkeiten bestehen auf den entsprechenden Gebieten des Zivilrechts, z. B. hinsichtlich der Ehescheidung, Geburtenbeschränkung, künstlichen Befruchtung.
Fortschritte auf diesen Rechtsgebieten werden gewöhnlich erst nach langen und mutigen Angriffen durch Minderheitsgruppen oder einzelne Vorkämpfer erreicht (vgl. A. P. Herbert und das englische Eherecht), nachdem nicht nur allgemein gehegte Überzeugungen überwunden werden mußten, sondern noch mehr die Bequemlichkeit des *»quieta non movere«*. Neuerungsfeindliche Minderheiten können das bequeme Festhalten am *status quo als* dessen ausdrückliche Billigung hinstellen. Dieser falsche Anschein ist der Grund dafür, daß Reformen oft von heute auf morgen durchführbar werden, wenn einmal die reformfreundliche Minderheit die Regierung zu einem Versuch überreden kann. Ähnliche, noch dringlichere Probleme liegen vor, wenn im heutigen Indien oder in verschiedenen mohammedanischen Ländern Minderheiten von westlich gebildeten Führern sich für die Reform des Eherechts oder des Kastenwesens einsetzen; vgl. Friedmann, *Changing Society* 12.
Anders können die Dinge auf rein technischen Rechtsgebieten liegen, wo herrschende Überzeugungen keine Rolle spielen; siehe z. B. hinsichtlich der *Mortmain Statutes* (Gesetze über das Eigentum der Toten Hand). *A.-G. v. Parsons* (1956) 2 *W. L. R.* 153 (H. L.). Zur Stellung des *Clerks* (juristischer Berater des Friedensrichters) in der Rechtsprechung der Friedensrichter *(Magistrates)* vgl. *R. v. Barry (Glamorgan) Justices* (1953) 1 *W. L. R.* 1320 und *R. v. East Kerrier Justices* (1952) 2 Q. B. 719, sowie die Erklärung des Lord Chief Justice namens der Richterschaft (1953) 1 *W. L. R.* 1416.

200 siehe den Bericht der amerikanischen Nationalkommission für Einhaltung und Erzwingung des Rechts *(Law Observance and Law Enforcement)*,

Report on the Enforcement of the Prohibition Laws of the United States (1931) bes. 43–60, 91–98 und über einen ähnlichen Gegenstand die *U. K. Royal Commission on Betting and Lotteries* (Wetten und Lotterien), ein Rechtsgebiet, dessen Regelung Macmillan, *Law* 45 »vergeblich und unaufrichtig« nennt. Die verheerende Wirkung wird natürlich noch schlimmer, wenn die der neuen sozialethischen Überzeugung widersprechenden Rechtsregeln den am Sitz der Macht zahlreicher Vertretenen offensichtlich einen übermäßigen tatsächlichen Vorteil verschafft und alle anderen benachteiligt.

[201] Llewellyn, »Laws Jobs« 1394. Vgl. F. V. Harper, »The Myth of the Void Divorce« (1935) 2 *L. and C. Prob.* 335.

[202] vgl. Friedrich, *Philosophy of Law* 208.

[203] vgl. Llewellyn, »Law Jobs« 1382.

[204] siehe dazu Stone, *Human Justice* Kap. III §§ 5 ff. Viele solche Gegensätze, die aus den technischen Verwicklungen des heutigen Lebens entstehen, berühren uns in diesem Zusammenhang nicht; vgl. z. B. über Verletzung von Vorschriften für den Kraftfahrzeugverkehr H. Mannheim bei Ginsberg, *20th Century* 280.

[205] Beispielsweise das Besteuerungsrecht und Geldzuwendungen oder die Abkehr von engherziger gerichtlicher Rechtsauslegung; siehe über die amerikanische Verfassungskrise von 1937 O. K. Fraenkel, »The Constitution and the Supreme Court« (1937) 37 *Columbia L. R.* 212; siehe ferner über einige Probleme dieser Art auf politisch neutralem Gebiet wie z. B. öffentliche Gesundheitspflege: C. Heer, »Formulae for Grants-in-Aid in the Wagner Bill« (1939) 6 *L. and C. Prob.* 666.

[206] siehe Mannheim, *Man and Society* 128/9 unter Berufung auf Lasswell, *World Politics;* R. K. Merton, »Social Structure and Anomie« (1938) 3 *Am. Soc. Rev.* 672; D. Riesman, *The Lonely Crowd* (1955); B. Bettelheim – M. Janowitz, *Dynamics of Prejudice, A Psychological and Sociological Study of Veterans* (1950), wo festgestellt wird, daß soziale freie Beweglichkeit das Gefühl der Ungesichertheit verstärkt; vgl. auch allg. die gesammelten Untersuchungen bei Davis, *Attitude Change.*
Die mangelnde Festigkeit neu eingeführter demokratischer Verfassungen in den meisten neuen Staaten Asiens und Afrikas hat ganz andere Ursachen, die mit ihrer zurückgebliebenen wirtschaftlichen und politischen Entwicklung und ihren Bemühungen um eine »wirtschaftliche Loslösung« zusammenhängen; siehe über diese allgemeine Frage H. Finer, *Power on Horseback* (1962).

[207] Aus der Schwäche der Weimarer Republik gegenüber den Anfängen des Nazismus und derjenigen der französischen und englischen Demokratien gegenüber ähnlichen Bewegungen vor 1939 ergibt sich deshalb die Notwendigkeit größerer Klarheit darüber, daß die Freiheit ihre Grenzen haben muß, wenn sie zu ihrer eigenen Vernichtung benützt werden soll.

[208] Russell, *Power* 108. Das entspricht etwa der etwas unklaren Unterscheidung, die G. Ferrero zwischen »illegitimer« und »prälegitimer« Regierung macht; siehe sein *Power* Kap. X, XII; siehe jedoch *oben* Anm. 193 über gewisse Vorbehalte gegenüber Ferreros Ansicht.

[209] Dem müssen wir natürlich hinzufügen: einer bloßen Feindseligkeit und Gefühlsverwirrung.

[210] siehe in dieser Art von Zusammenhang die kurzen Ausführungen über die nationalsozialistischen und kommunistischen Bewegungen bei Parsons, *System* 520–534.

211 vgl. auch Llewellyn, »Law Jobs« 1394; siehe auch die unter diesem Gesichtspunkt stehende Untersuchung der zwei verschiedenen Strömungen der französischen Revolutionszeit bei Ferrero, *Power* 189–209; ferner *ebenda* 211, 284–290 über den Doppelsinnn des Ausdrucks »Revolution«, hinter dem sich diese Unterscheidung verbirgt.

212 (1954) 90 *C. L. R.* 353, 381 unter Berufung auf C. H. Wilson in 11 *Chamber's Encyclopaedia* (1950) 153–155.

213 Die Rolle der Gesetzgebung bei der Vermittlung zwischen Macht und sozialethischen Überzeugungen wurde schon früher erörtert.

Kapitel II
Freiheit und Rechtskontrolle der Verbände

I. Ordnungsverbände, Kampfverbände und Vereinigungsfreiheit

§ 1 Die Vielfalt der mit Wirtschaftsverbänden verknüpften Interessen

Das Recht auf Vereinigungsfreiheit – namentlich Koalitionsfreiheit – stellt sich heute wesentlich als das Recht des einzelnen dar, nach Belieben mit anderen in Verbindung zu treten, um für die ganze Gruppe – gewöhnlich gegenüber außenstehenden einzelnen oder Gruppen – besondere Stärke oder Vorteile in der Verfolgung des gemeinsamen Ziels zu gewinnen. Dieser Kraftzuwachs ist – wenn einmal erreicht – so groß, daß seine Erhaltung und weitere Ausdehnung zu Hauptzielen der Gruppe werden. Die meisten Verbände benützen ihre Macht dazu, Außenstehende zum Beitritt zu zwingen oder sie vom Anschluß an einen Konkurrenzverband abzuhalten; der Beitrittszwang durch Boykott ist eine natürliche Begleiterscheinung der Vereinigungsfreiheit. Die so entstehenden Machtzentren werfen schwierige und je nach ihren Zielen verschiedene Fragen auf. Denn die Verbandsmacht kann nicht nur gegen die Persönlichkeits-, Vermögens- oder Vereinigungsrechte anderer, sondern auch gegen lebenswichtige Versorgungsbetriebe und gegen die Ausübung der Staatsaufgaben eingesetzt werden, wobei sie im ersten Falle die allgemeine Sicherheit, im zweiten Falle die politischen Einrichtungen gefährdet. Andererseits bewirkt der Zusammenschluß zu Verbänden, daß Arbeitgeber und Arbeitnehmer eine einigermaßen gleiche Verhandlungsstärke erreichen, wodurch das Recht auf Vereinigungsfreiheit mit dem sozialen Interesse an einem Mindestmaß an Lebenshaltung, an den wirtschaftlichen Einrichtungen und am wirtschaftlichen Fortschritt überhaupt eng verknüpft wird. Die heutige Gesellschaft wird aber zunehmend vielseitiger und wendet sich immer mehr auch solchen Interessen zu, die über das rein Wirtschaftliche hinausgehen; der moderne Mensch will sich in dieser Gesellschaft zurechtfinden und für sie wirken, es gibt deshalb kaum ein Interesse, das nicht durch Zusammenschluß zu Verbänden gefördert werden könnte[1]. Und doch liegt auch heute noch wie seit hundert Jahren die Hauptbedeutung der Vereinigungsfreiheit in der Förderung wirtschaftlicher Interessen durch Gewerkschaften, Unternehmerverbände, Großkonzerne und aus diesen gemeinsam gebildeten Gruppen.

Die modernen Gewerkschaften sind so mächtig geworden, daß sie das Recht auf freie Berufsausübung beeinträchtigen können. Wie diesbezüglich schon ausgeführt und wie für kapitalistische Vereinigungen noch dargelegt werden wird, kann es gerade dieser ursprünglich vom Gesetz begünstigte Machtzuwachs gebieten, daß der Gesetzgeber neuerlich eingreift, um die erforderlichen ausgleichenden Maßnahmen zu treffen. Dies bleibt oft verborgen, weil die aus früherer Zeit stammenden Theorien und Schlagworte beibehalten werden[2].

§ 2   Der Gegensatz zwischen den Verbänden vor dem 19. Jahrhundert und den modernen Kampfverbänden

In Europa (und England) des Mittelalters stand das religiöse, städtische und gewerbliche Verbandsleben in reicher Blüte; die Zünfte spielten eine wesentliche Rolle im Sozial- und Wirtschaftsleben. Der Platz, den solche Verbände in der Sozialordnung einnahmen, war jedoch von dem, den die heutigen Arbeitgeberverbände und Gewerkschaften innehaben, völlig verschieden. Jene waren ein Teil der sozialen Einrichtungen zur Überwachung und Ordnung der Wirtschaft, des religiösen Lebens und anderer Gebiete. Die verbreitete Vorstellung, daß die alten Zünfte der Ursprung der heutigen Arbeiter- und Arbeitgeberverbände seien, hat sich als oberflächlich und völlig irrig erwiesen. Sie waren in der Hauptsache ein Mittel, um fähige, vertrauenswürdige Vertreter eines bestimmten Handwerks mit dessen Regelung und Beaufsichtigung auf Grund von Herkommen und durch Übereinkunft im Rahmen recht ausführlicher Vorschriften zu beauftragen. Man kann sie nicht einmal als Vorläufer der heutigen Arbeiter- oder Handelsverbände bezeichnen; denn deren wesentliche Aufgabe galt von Anfang an dem Wettbewerb und Wirtschaftskampf mit dem Monopol als Endziel[3].

In dieser Hinsicht war die Zunft eine typische Einrichtung der mittelalterlichen, auf feste Beziehungen gegründeten Gesellschaft. Rechte und Pflichten des Bürgers galten als durch den sozialen Aufbau unabänderlich festgelegt. Ob es sich um das Verhältnis zwischen dem Grundeigentümer und seinem Mieter oder Pächter handelte, zwischen Kirchengemeinde und Gemeindemitglied, zwischen Herbergswirt und Gast, zwischen Frächter und Absender, zwischen Lehrherrn und Lehrling, zwischen Handwerksmeister und Gesellen oder Publikum, stets galt die Auffassung, daß Rechte und Pflichten kraft Gesetzes und Brauches im öffentlichen Interesse festgelegt und kein Gegenstand privaten Aushandelns von Fall zu Fall waren. Maßeinheiten, Beschaffenheit, Preise und Löhne waren bis ins 18. Jht. fest bestimmt, ihre Einhaltung wurde behördlich erzwungen[4] und nicht dem *laissez faire* des Marktes überlassen. Die Lehre des *laissez faire* stand mit Adam Smith's *Wealth of Nations* 1776 gerade in ihren Anfängen. Das berühmte *Statute of Apprentices* (Gesetz über das Lehrlingswesen) von 1562, das bis in die Neuzeit galt, wollte z. B. die Bezüge der Lohnarbeiter in »angemessener Höhe« sowohl für Zeiten des Überflusses als auch für Zeiten des Mangels festsetzen; es sah Jahresversammlungen der Bezirksrichter und anderer »urteilsfähiger und würdiger Personen« vor, um die Löhne für jegliche Art Arbeit zu bestimmen, sowie die Zahl und die Ausbildung der Lehrlinge zu regeln.

Im Gegensatz dazu ist nach der Auffassung der modernen wirtschaftlichen Vereinigungen die Festsetzung der Löhne, Arbeitsbedingungen und der Warenbeschaffenheit nicht Sache der Behörden, sondern Sache jedes einzelnen, der auf einem vermeintlich freien Markt das Beste für sich aushandeln soll. Die persönlichen wirtschaftlichen Beziehungen sind grundsätzlich der behördlichen Regelung entzogen und dem privaten Vertragsabschluß überlassen. Als die freie Verhandlung an die Stelle der behördlichen Regelung trat, war zu erwarten, daß die älteren Vereinigungen sich entweder ihrem Wesen nach ändern oder überhaupt wichtige Aufgaben verlieren mußten (wie dies bei vielen noch bestehenden Zünften [guilds] der City of London der Fall ist); sie konnten sich ebenso gut gänzlich auflösen oder kleinere Gruppen bilden, wobei die Einzel- oder Gruppeninteressen mehr oder weniger in Konflikt gerieten[5]. Ob diese neu auftretenden einzelnen oder Gruppen Erfolg haben sollten, hing von einer Reihe zum großen Teil zufälliger und unbeeinflußbarer Umstände ab. Die Verhandlungsstärke derer, die die gleichen Waren oder Dienstleistungen anbieten oder erwerben wollten, mußte aber auf jeden Fall wachsen, soweit sie sich zu gemeinsamem Vorgehen zusammenschlossen; und diese Stärke durch Zusammenschluß war ein Erfolgsfaktor, der vom Willen der Beteiligten abhing.

Anders als die mittelalterlichen Bünde verfolgen also die modernen wirtschaftlichen Zusammenschlüsse die ihrer Gruppe entsprechenden Ziele gegenüber anderen Gruppen oder einzelnen, nicht aber ein gemeinsames Ziel. Sie wollen nicht mit anderen zum Zwecke einer friedlichen Regelung zusammenarbeiten, sondern im Wettbewerb für sich kämpfen. Die moderne Vereinigung ist grundsätzlich frei von gesetzlicher Regel, sie ist kein Mittel zur rechtlichen Regelung[6]. Sie ist eine Waffe zum sozialen Kampf und zur kraftvollen Neuordnung, kein bloßes Mittel zur Erhaltung von Ruhe und Ordnung. Die »Gerechtigkeit«, die sie erstrebt, muß von ihr erkämpft werden, sie wird nicht von der Obrigkeit angeordnet.

§ 3   Der Übergang von der Ordnungsvereinigung zur Kampfvereinigung

Festgefügte Arbeitervereine zur Verbesserung der Arbeitsbedingungen und Löhne wurden erst in der zweiten Hälfte des 18. Jhts. zu einer Quelle heftiger Beunruhigung für Arbeitgeber und Parlament[7]. Die Entwicklung ging Hand in Hand mit dem Anwachsen einer beträchtlichen Klasse von Lohnarbeitern, die – anders als die Lehrlinge in früheren Zeiten – keine Aussicht mehr hatten, selbst Handwerksmeister zu werden. Diese moderne Vereinigung zum Lohnkampf verdankt ihren großen

Aufschwung der gegen Ende des 18. Jhts. zunehmenden Verwendung von Maschinen in der Industrie, wodurch Handwerksmeister und -gesellen endgültig in zwei scharf getrennte Klassen gespalten wurden; denn der Geselle konnte in der Regel niemals hoffen, Eigentümer der Maschinen zu werden[8].

Bevor sich die neue Vereinigungsart durchsetzte, war es zu einer bemerkenswerten Übergangserscheinung gekommen. Die ersten Schritte der neuen Arbeitervereine bestanden nämlich nicht darin, daß sie das Gewicht ihrer Mitgliederzahl zum Aushandeln besserer Bedingungen benützten, sondern darin, daß sie vom Parlament gesetzliche Maßnahmen gegen die Arbeitgeber verlangten[9]. Die Arbeiterverbände fuhren fort, sich auf das *Statute of Apprentices* zu berufen, obwohl die in diesem Gesetz verkörperte alte Ordnung längst brüchig geworden war, und sie beantragten im Parlament, das alte Gesetz in voller Schärfe aufrechtzuerhalten[10]. Die Arbeitgeber drangen jedoch auf die Beseitigung solch »künstlicher« Lohnregelungen durch Gesetz oder Gewohnheit, weil sie sonst, namentlich im Ausland, konkurrenzunfähig würden. Sie hatten damit in der zweiten Hälfte des 18. Jhts. Erfolg, hielten das Parlament von weiterem Eingreifen ab[11] und erreichten sogar die Abschaffung schon bestehender Vorschriften[12]. Mit der Aufhebung der wichtigsten Bestimmungen des *Statute of Apprentices*[13] verloren die alten Ordnungsvereinigungen ihre letzte Stütze, und die Bahn für das Auftreten der Kampfvereinigung war frei. Die wissenschaftliche Rechtfertigung war schon in Adam Smith, *Wealth of Nations*, und Bentham, *Defence of Usury*, enthalten[14]; das Parlament hatte sie bestätigt und damit den erfolgreichen Kampf der Arbeitgeber nachträglich als berechtigt anerkannt[15].

§ 4   Die rechtlichen Bestimmungen gegen rechtswidrige Abreden
(»Law of Conspirary« – »Law of Combinations«)
in der Übergangszeit

Die Rechtsnormen des alten *Common Law* über strafbare Abreden verfolgten als eine ihrer Hauptaufgaben die Bekämpfung der Vereinigungen zur Wahrung und Förderung der Arbeitsbedingungen *(»bargaining combinations«)*, denn solche

Vereinigungen mußten das frühere (»regulative«) System der

geregelten Arbeitsverhältnisse stören. Diese Aufgabe wurde gegenstandslos, als die vorhandenen wirtschaftlichen Vereinigungen aufhörten, ihre Verhältnisse zu regeln; aber das Recht galt unverändert fort, wonach »*bargaining combinations*« rechtswidrig waren. Durch die kurz nacheinander erlassenen *Combinations Acts* von 1799 und 1800[16] gewannen die Verbote gegen Zusammenschlüsse der Arbeiter sogar einen noch weiteren Geltungsbereich als jemals zuvor[17]. Das Gesetz von 1800 verbot alle zu Kollektivverhandlungen geeigneten Zusammenschlüsse und dehnte das Verbot auf die gesamte Industrie aus, wo Löhne und Arbeitsbedingungen nicht mehr verbindlich festgesetzt waren, sondern einfach von der Verhandlungsstärke abhingen. Ein Meister konnte seine hundert Arbeiter fristlos entlassen, wenn Lohnverhandlungen ergebnislos waren, aber die hundert Arbeiter hätten sich strafbar gemacht, wenn sie zusammen die Arbeit aufgegeben hätten[18]. Selbst wenn das Gesetz gleichermaßen streng auf beide Seiten angewendet worden wäre[19], so wäre das Ergebnis doch ungleich gewesen, denn worum die Arbeiter kämpften, war die Sicherung des dringendsten Lebensbedarfs.

Als unter der Herrschaft des *laissez faire* die Arbeitgeber die Aufhebung aller Preis- und Lohnregelungen durchsetzten, blieb der einzelne Arbeiter darauf angewiesen, mit ungleichen Waffen mit seinem Arbeitgeber über den Lohn zu verhandeln; umso stärker wurde der Ruf nach Vereinigungsfreiheit. J. S. Mill verkündete[20] mit den Gedanken des *laisses faire* die »Freiheit der Vereinigung, die Freiheit, sich zu jedem Zwecke zusammenzuschließen, der anderen keinen Schaden zufügt«; diese Verkündung war der Ausdruck, nicht die Ursache der Forderung[21]. Die Arbeitgeber und Unternehmer verlangten Vertragsfreiheit, die Arbeiter kämpften um Gleichheit der Verhandlungsstärke.

Es dauerte ein Menschenalter bis zum ersten wesentlichen Schritt zum Ausgleich der Verhandlungsstärke, nämlich der gesetzlichen Anerkennung der Arbeitervereine durch den *Combinations Act* von 1824[22] (an dessen Stelle alsbald der *Act* von 1825 trat)[23]. Aber auch damals noch schwankte die Gesetzgebung. Das spätere Gesetz war in wesentlichen Punkten eine Umkehrung des früheren. Denn erstens setzte das spätere Gesetz das (in sich unklare) Vereinigungsverbot des *Common Law* wieder in Kraft, das das frühere Gesetz aufgehoben hatte. Zweitens sollten nach dem späteren Gesetz Arbeitgeber und Arbeitnehmer (entgegen dem Verbot des *Common Law*) berechtigt sein, sich über Löhne und Arbeitsbedingungen zu verständigen, als Ausnahme von den recht unscharf gefaßten Strafbestimmungen gegen den Gebrauch von Gewalt, Drohung und Einschüchterung, Belästigung oder Obstruktion[24]. Trotz diesen Rückschritten bedeutete das Gesetz von 1825 den Anfang einer neuen Zeit in der Geschichte der wirtschaftlichen Zusammenschlüsse, weil es zum ersten Mal das Recht auf kollektive Verhandlung und auf vereinbarte Arbeitsverweigerung anerkannte[25].

II. Wirtschaftliche Vereinigungen und die Entwicklung der richterlichen »Neutralität«[26]

§ 5 Der Fall Mogul: Konflikte zwischen Kaufleuten

Nach dem *Combination of Workmen Act* 1825 blieben, wie oben ausgeführt, die Regeln des *Common Law* gegen rechtswidrige Abreden nach wie vor auf die Vereinigungen der Kaufleute und Arbeiter anwendbar. Daraus entstand die Frage nach den Grenzen dieses *Common-Law*-Verbots; waren A, B und C rechtlich daran gehindert, zu dritt das zu tun, was jeder für sich allein tun durfte? Nach der herrschenden Vorstellung von persönlicher Freiheit mußte diese Frage wohl verneint werden. Aber die so den vereinigten Dreien gegebene Macht hätte die Freiheit derjenigen verletzen können, gegen die sie ausgeübt wird.

Im Falle *Mogul SS. v. McGregor Gow & Co.*[27] waren alle Beklagten Schiffseigentümer; sie hatten sich zusammengeschlossen, um die Frachtsätze für den Teehandel zwischen Hankau, Shanghai und England zu überwachen und hoch zu halten. Es stellte sich heraus, daß ohne ein solches virtuelles Monopol kein ganzjähriger Handel aufrechtzuerhalten war. Zu diesem Zwecke gewährten die Beklagten Frächtern, die ausschließlich auf Schiffen der Beklagten verluden, Rabatte, welche die Frachtsätze so verbilligten, daß die Kläger (früher einmal selbst Partner der Abrede) nicht mehr konkurrieren konnten und schweren geschäftlichen Schaden erlitten. Die Kläger stützten ihre Klage auf *»conspiracy«*, nämlich auf die Rechtswidrigkeit der Abrede der Beklagten, die

Kläger an der Erlangung der Fracht für ihre Schiffe zu hindern oder die Frächter an der Benutzung der Schiffe der Kläger zu hindern, beides in der Absicht die Kläger zu schädigen. Durch Mehrheitsentscheidung des *Court of Appeal* (Berufungsgericht) wurde das klagsabweisende Urteil von Judge Coleridge bestätigt. Die von der Mehrheit, wie auch die von der Minderheit gegebene Begründung gibt über die Unklarheit Aufschluß, die noch heute in solchen Fällen herrscht.

Die Mehrheit ging nach der Erklärung von Bowen L. J. und mit Zustimmung des Oberhauses[28] von der Erwägung aus, daß die Kläger in der rechtmäßigen Ausübung ihres Handelsgewerbes frei sind und daß es ebenso den Beklagten freisteht, ihr Geschäft so zu führen, wie sie es für vorteilhaft halten[29]. Wie Bowen L. J. ausführte, ist es rechtswidrig, dem Eigentum oder dem Geschäftsunternehmen eines anderen absichtlich Schaden zuzufügen, jedoch nur dann, wenn es an »triftigem Grund und Rechtfertigung« *(just cause and excuse)* dafür fehlt. Ein solcher Rechtfertigungsgrund liegt in dem Recht der Handelstreibenden, »ihr Geschäft frei zu ihrem eigenen Besten zu führen«. Hier haben die Beklagten »den Klägern nicht mehr angetan, als daß sie in ihrem eigenen geschäftlichen Interesse einen Konkurrenzkampf bis zum bitteren Ende durchgeführt haben«. Bowen L. J. lehnte deshalb die Ansicht von Lord Esher ab, der nach »Billigkeit« und »Angemessenheit«[30] mit Berücksichtigung des Zahlenmäßigen entschieden haben wollte; der allein mögliche Schadenersatzgrund bestand nach seiner Auffassung in der Verletzung bestimmter Rechtsregeln wie denen über Betrug, Drohung, Belästigung oder Obstruktion[31].

Nach dieser Urteilsbegründung soll also das Recht nichts mit den hier gegeneinander kämpfenden wirtschaftlichen Interessen zu tun haben; die Klage wurde abgewiesen, weil die Richter sich selbst und das Recht im Widerstreit dieser Interessen für neutral hielten. Aber gerade bei den Erwägungen, mit denen die Nichtbeachtung von »Billigkeit« oder »Angemessenheit« begründet wurde, stand die Frage nach dem Vorliegen eines »triftigen Rechtfertigungsgrunds« im Vordergrund. Und wenn Lord Esher M. R. in seinem Minderheitsvotum[32] ebenfalls von der Freiheit jedes Kaufmanns in seiner Geschäftsführung ausgeht, sogar von der Freiheit, anderen zu schaden, solange er sich im Rahmen eines »lauteren Wettbewerbs« hält, so läuft das fast auf dasselbe hinaus wie die Ansicht, daß eine solche Schädigung erlaubt ist, weil Wettbewerb, solange er nicht »unlauter« ist, eine »triftige Rechtfertigung« einer solchen Schadenszufügung ist. Das wiederum stimmt mit der Meinung von Bowen L. J. überein, daß die Ausübung der Geschäftstätigkeit zum eigenen Besten eine solche »triftige Rechtfertigung« ist[33]. Sowohl die Beurteilung als »Unlauterkeit« als auch die als »triftiger Rechtfertigungsgrund« verlangen eine Bewertung und einen Ausgleich der widerstreitenden Interessen – das aber verträgt sich nicht mit der »Neutralität« im obigen Sinne.

Die Mehrheit entzog sich diesen Schwierigkeiten dadurch, daß sie einfach – als ob es sich um die Aufstellung einer Rechtsnorm handelte – erklärte, seinen geschäftlichen Vorteil durch Wettbewerb »bis zum bitteren Ende« zu verfolgen, sei ein »triftiger Rechtfertigungsgrund«. Offenbar jedoch waren sich die Mehrheit des *Court of Appeal* und Lord Bramwell im Oberhaus nicht sicher, ob man so über die Werturteilsfrage hinweggehen dürfe. Lord Bramwell scheint den Fall unter dem Gesichtspunkt der *public policy* beurteilt zu haben und machte kurz hintereinander die sprunghaften Bemerkungen: »in solchen Fällen die *public policy* betreffend gebe es kein Beweisverfahren«, vielmehr »solle das Gericht aus Rechtsgründen erklären, ob etwas dagegen verstößt«; das sei aber schwierig »ohne jeglichen Beweis über die Wirkungen und Folgen«, und er sei seiner Sache »nicht sicher, ob die Abrede nicht doch unnötigen Leerlauf verhindere und nicht doch gut für die Allgemeinheit sei. Lord Coleridge habe sie für gut gehalten«[34]. Und dann ging Lord Bramwell mit den vier Wörtern, »er wolle nun fortfahren«, ebenso nichtssagend über diese Fragen hinweg, wie es Bowen L. J. getan hatte, als er erklärte, Geschäftsführung zum eigenen Vorteil sei immer ein »triftiger Rechtfertigungsgrund«[35].

Das Ergebnis dieser Rechtsprechung war also, daß »Geschäftsfreiheit« auf beiden Seiten anerkannt wurde; indem man so die schwierige Aufgabe der Bewertung und Ausgleichung ausschaltete, konnte man sich der richterlichen Neutralität im Wirtschaftskampf rühmen. Das Problem des Interessenausgleiches verschwindet jedoch nicht dadurch, daß man es unbeachtet läßt. Auf seiten des Klägers standen seine Interessen an dem im Geschäft angelegten Kapital, an seinen gewinnbringenden Beziehungen zu den Teefrächtern und sein Recht auf freie

Berufsausübung. Auf seiten der Beklagten stand ihr Interesse an möglichst vorteilhaftem Seehandel unter Ausschluß der Konkurrenz. Außerdem standen aber wichtige soziale Interessen auf dem Spiel. So wird eine genaue Prüfung zeigen, daß das soziale Interesse an der Erhaltung wirtschaftlicher Einrichtungen insofern betroffen war, als die Frachtschiffahrt als wesentlicher Teil der unsichtbaren Ausfuhr Devisen für England einbringt. Das gleiche gilt für das soziale Interesse am wirtschaftlichen Fortschritt, je nachdem der Frachtverkehr mit China den großen öffentlichen Versorgungsbetrieben gleichzustellen war, bei denen billige und leistungsfähige Bedienung ein Monopol verlangen kann[36], oder dem gewöhnlichen Handelsbetrieb, bei dem zu diesem Zweck Wettbewerb erforderlich ist.

Ich will diese Interessenabwägung jetzt nicht zu Ende führen. Worauf es mir hier ankommt, ist die Erkenntnis, daß eine umfassende Untersuchung nötig ist, sobald man Maßstäbe wie »Billigkeit« und »Angemessenheit« gegenüber den Parteien und der Allgemeinheit zuläßt. Nun, die Richter lehnten dies ab[37]. Eine genaue Untersuchung der richtigen Schranken der Vereinigungsfreiheit wird – und das ist hier der wichtige Punkt – zu so verschiedenen Ergebnissen führen, je nachdem es sich um Konkurrenten untereinander, um Gewerkschaften und Unternehmer oder um Gewerkschaften untereinander handelt, so daß es keine gemeinsame Rechtsregel für alle derartigen Verhältnisse gibt; es muß vielmehr für jeden unterschiedlichen Sachverhalt eine besondere Regel gefunden werden. Das anglo-amerikanische *Common Law* ist jedoch von dem Gedanken beherrscht, man müsse mit einer einzigen Formel auskommen[38].

§ 6   Die Fälle Quinn und Plant v. Woods: Streit zwischen Gewerkschaften und einzelnen Nichtmitgliedern oder anderen Gewerkschaften um Erhöhung der Verhandlungsstärke

Die beiden nächsten wichtigen englischen Fälle waren *Allen v. Flood*[39] und *Quinn v. Leathem*[40]; beide betrafen Konflikte der Gewerkschaften untereinander wie deren Konflikte mit einzelnen Arbeitgebern. In dem uns hier allein berührenden zweiten Fall, der in Irland spielt, wurden Craig, Davey und **111**

Quinn, Beamte einer Gewerkschaft von Fleischergesellen und Gehilfen, auf Schadenersatz wegen »conspiracy« (Abrede zu rechtswidrigem Tun) geklagt. Wie die Beweisaufnahme ergab, waren die Gewerkschaftmitglieder durch ihre Satzung verpflichtet, unter Zurücksetzung von Nichtmitgliedern einander bei der Stellensuche beizustehen. Der Kläger Leathem, ein Fleischermeister in Lisburn, beschäftigte im Juli 1895 einige Nichtmitglieder. Er hatte sich bereit erklärt, alle von diesen Nichtmitgliedern an die Gewerkschaft geschuldeten Geldstrafen, Beitragsrückstände und Schulden zu bezahlen, wenn sie in die Gewerkschaft aufgenommen würden; die Beklagten hatten dies jedoch namens der Gewerkschaft abgelehnt und statt dessen die Entlassung der Nichtmitglieder verlangt. Um ihre Forderung durchzusetzen, drohten sie dem Kläger, Munce, einen seiner alten freien (nicht vertraglich gebundenen) Kunden, dadurch von Bestellungen abzuhalten, daß sie die Angestellten von Munce streiken lassen würden, falls Munce sich ihrem Bestellungsverbot nicht füge. Munce unterließ unter diesem Druck weitere Bestellungen, und der dadurch entstandene Schaden war Gegenstand der Klage. Das irische Gericht gab der Klage statt und der Fall kam in letzter Instanz vor das Oberhaus.

Das Oberhaus wies die Berufung zurück; hinsichtlich der conspiracy[41] nahm es an, daß die Rechtsnorm aus dem Fall Mogul anzuwenden war (ohne dies näher zu erläutern). Lord Macnaghten schloß sich der im Falle Mogul von Bowen L. J. geäußerten Ansicht an, daß Vereinigungen einen größeren Druck ausüben können als ein einzelner, sah aber einen Unterschied zwischen den beiden Fällen darin, daß hier die Beklagten durch Ablehnung des klägerischen Angebots, bei Aufnahme der Nichtmitglieder in die Gewerkschaft alle ihre Strafgelder und Schulden zu bezahlen, gezeigt hatten, daß es ihr einziges Ziel war, sich durch Schädigung des Klägers an den Nichtmitgliedern zu rächen[42]. Wenn sie jedoch bis zum Augenblick der Ablehnung des klägerischen Angebots ein nicht anzuzweifelndes, rechtmäßiges wirtschaftliches Interesse und somit eine »triftige Rechtfertigung« im Sinne von Bowen L. J. hatten, durch Druck auf Munce einen Druck auf Leathem auszuüben, wie kann man dann sagen, daß in diesem Augenblick das Interesse aufhörte? Konnten die Beklagten es nicht als für die Werbekraft der Gewerkschaft höchst schädlich ansehen, wenn bekannt wird, daß Außenseiter nach jahrelangem Fernbleiben jederzeit mit Rückwirkung alle Vorteile der Mitgliedschaft erlangen können, wenn sie bei ihrem Beitritt Strafgelder und Beiträge zahlen[43]? In dem in Massachusetts entschiedenen Fall *Plant v. Woods*[44] bemerkte Holmes C. J. (überstimmt) zu dem ähnlich gelagerten Tatbestand eines Streites zwischen zwei konkurrierenden Gewerkschaften:

> Der Rechtsstreit spitzt sich auf die Frage zu, ob – vorausgesetzt, daß gewisse Zielsetzungen einen Rechtfertigungsgrund bilden – die in diesem Falle angedrohten Boykotte und Streiks zu diesen gehören . . . Das Ziel hier war nicht unmittelbar Lohnerhöhung, sondern war um einen Grad davon entfernt. Nächstes Ziel und unmittelbarer Beweggrund war die Stärkung der Gewerkschaft der Beklagten als Vorbereitung und Mittel für einen aussichtsreicheren Kampf um Löhne oder andere strittige Fragen. Im Gegensatz zu meinen Mitrichtern halte ich die Drohung für rechtlich zulässig hinsichtlich sowohl des genannten vorbereitenden Ziels, als auch des Endziels, wozu Machtzuwachs der Gewerkschaft ein Mittel war[45].

Das Gericht war in *Plant v. Woods* einstimmig der Ansicht, daß es sich nicht um die formelle Entscheidung einer einzelnen Rechtsfrage handelte, sondern um einen Ausgleich zwischen verschiedenen Interessen. Nach Ansicht der Mehrheit »ist die Notwendigkeit des Anschlusses der Kläger an diese Gewerkschaft nicht so groß, noch ihr Verhältnis zum Recht der Beklagten – verglichen mit dem Recht der Kläger auf Schutz vor Störungen – derart, daß man die Handlungen der Beklagten als Ausübung des freien Wettbewerbs ansehen kann«[46].

Selbst wenn der im Falle *Mogul* aufgestellte einfachere Rechtssatz für den Wettbewerb zwischen Kaufleuten in jeder Hinsicht klar und zweckmäßig gewesen wäre, so hätte seine unbesehene Übertragung auf den anders liegenden Fall *Quinn* zu einem Fehlurteil geführt. Denn der Interessenkonflikt in *Quinn v. Leathem* ist seiner Art nach nicht wesensgleich und vielleicht auch gar nicht vergleichbar mit dem im Falle *Mogul*. Soziale Interessen an der Erhaltung und dem Fortschritt wirtschaftlicher Einrichtungen spielten in beiden Fällen eine Rolle, jedoch in verschiedener Weise. Der Wettbewerb zwischen Unternehmern kann dem Fortschritt nützen oder schaden, je nachdem in dem betreffenden Handelszweig Wettbewerb oder Monopol die Leistungsfähigkeit und Billigkeit der Produktion besser fördern. Die Kämpfe zwischen Lohnarbeitern und Arbeitgebern oder ihre Vorgefechte sind zwar nie unmittelbar wirtschaftlichen Einrichtungen förderlich, sie können es mittelbar jedoch dadurch sein, daß sie ein Mindestmaß an Lebenshaltung, somit auch die Kaufkraft der Massen und die Stetigkeit der Warennachfrage sichern[47]. Insofern die Befriedigung des Mindestbedarfs der Arbeiter ein wirtschaftliches Ziel ist, wird die Gewerkschaft selbst eine wirtschaftliche Einrichtung mit dem Anspruch auf Schutz, und ihr Interesse am »closed shop« (Aussperrung der Nichtmitglieder von der Arbeit in einem Betrieb) wird auf einer bestimmten Entwicklungsstufe zu einer wichtigen Waffe für die Kampfstärke der Gewerkschaft[48]. In Konflikten zwischen Unternehmern nach Art des Falles Mogul spielte weder das soziale Interesse am Mindestmaß der Lebenshaltung eine Rolle, noch das an der Gewerkschaft als eines Mittels dazu. Wie kann dann ein und dieselbe Regel auf beide Fälle, Quinn und Mogul, angewendet werden, es sei denn, sie wäre wirklich auf einen Maßstab wie »Billigkeit«, »Angemessenheit«, »Gerechtigkeit« gestützt, wonach jeder Konflikt auf seine Eigenheiten untersucht werden müßte? Diese Seite der Entscheidungsgründe im Falle Mogul wurde jedoch vergessen oder sie wurde dem Grundsatz gleichgesetzt, daß die uneingeschränkte Verfolgung eigener Interessen immer ein triftiger Rechtfertigungsgrund ist. Diese Gleichsetzung verhinderte einen Ausgleich aller beteiligten Interessen, wie er nach dem Gebot von Billigkeit und Angemessenheit verlangt wird.

§ 7   Sorrel v. Smith: Streit um die Macht im Wettbewerb zwischen Unternehmerverbänden

Als das Oberhaus der »Trilogie« Mogul, Allen v. Flood und Quinn v. Leathem[49] eine vierte Entscheidung folgen ließ, war es, wie nach dem Vorstehenden nicht überraschen kann, weiterhin zweifelhaft, was nach Common Law die Grenzen des Erlaubten für Vereinigungen von Unternehmern, sowie von Arbeitgebern und Arbeitern sind. Im Falle Sorrel v. Smith[50] gehörte der Kläger einer

Vereinigung von Einzelhändlern an, die zur Erzwingung einer bestimmten Politik einen Boykott verhängt hatten; als Teil dieses Boykotts hatte er die Lieferung von Zeitungen an X eingestellt. Die Beklagten waren Großhändler und hatten zur Bekämpfung dieser Politik einen Gegenboykott gegen den Kläger wegen dessen Teilnahme am ersten Boykott verhängt. Für den ihm dadurch zugefügten Schaden verlangte der Kläger Ersatz. Die Klage wurde abgewiesen.

Die Gründe, mit denen das Oberhaus die Klagsabweisung bestätigte, sind verschiedener Art. Zunächst wiederholte Viscount Cave L. C. eine weniger bekannte Äußerung von Lord Bramwell aus dem Falle *Mogul*[51] und meinte, die Einstellung des Klägers erinnere an die Beschwerde: »Cet animal est très méchant; quand on l'attaque il se défend«; da der Kläger selbst genau das getan habe, was er jetzt beim Beklagten als rechtswidrig beanstande, seien »seine Hände nicht sauber genug« für einen Anspruch aus Billigkeitsgründen. Noch immer auf der Suche nach einer einheitlichen Regel des *Common Law* sowohl für Konflikte der Unternehmer wie auch für solche der Gewerkschaften, meinte der Lordkanzler, es komme mangels einer gesetzlichen Regelung[52] darauf an, ob »der wahre Zweck der Vereinigung nicht der ist, einem Dritten Schaden zuzufügen, sondern darin besteht, das Geschäft der Mitglieder zu fördern und zu erhalten«[53]. Wiederum unterließen es hier die Richter, die gewichtigen sozialen und persönlichen Interessen zu untersuchen, die auf dem Spiele standen und die zwar mehr mit denen im Falle *Mogul* als denen im Falle *Quinn* übereinstimmten, aber sich doch sehr von beiden unterschieden.

§ 8 Der Fall Harris Tweed: Die Schicksalsstunde der alten Formel

Bis 1942 wandte die englische Rechtsprechung die vermeintlich einfache (aber ungenau verstandene) Formel des Falles *Mogul* an, um nicht nur über Konflikte der Kaufleute untereinander zu entscheiden, sondern auch über Konflikte zwischen Arbeitgebern und Arbeitnehmern, der Arbeitnehmer untereinander und der Gewerkschaften untereinander. Wie sich jedoch klar herausgestellt hatte, war diese Formel in Wirklichkeit in zweifacher Hinsicht zu solch uneingeschränkter Anwendung untauglich: einmal im Hinblick auf ihre grundsätzliche Unterscheidung zwischen der Förderung des eigenen Geschäfts und der Schädigung eines anderen als den beiden möglichen Zwecken gemeinsamer Wettbewerbshandlung, und zweitens im Hinblick auf die Gemeinsamkeit solcher Zweckbestimmungen zwischen den Partnern der Abrede[54]. Bei diesem Stand der Rechtsprechung wurde das Oberhaus durch den Fall Harris Tweed[55] erneut mit diesen Fragen befaßt. Die Berufungskläger stellten auf der Hebrideninsel Lewis Tweedstoff her und traten dadurch mit den ursprünglichen Erzeugern von Harris Tweed in Wettbewerb (Harris heißt der südliche Teil der Insel Lewis). Die alten Erzeuger ließen das Garn in den Spinnereien auf der Insel spinnen, und aus diesem Garn wurde der Stoff von den dort ansässigen Kleinbauern in Heimarbeit gewoben. Der Stoff wurde als »Harris Tweed« verkauft und mit dem Echtheitsstempel versehen. Die Berufungskläger, die neuen Erzeuger, bezogen Rohgarn vom Festland, ließen es in ihren Spinnereien auf der Insel fertigstellen und sandten es dann zurück nach dem Festland, wo es von Bauern in Handweberei gewoben wurde. Auf diese Weise produzierten sie billiger, waren aber nicht berechtigt, den Echtheitsstempel für Harris Tweed zu verwenden. Zum Prozeß kam es dadurch, daß die Angestellten der alten Erzeuger als Mitglieder der Gewerkschaft *Transport and General Workers Union* durch die berufungsbeklagten Beamten ihrer Gewerkschaft alle Mitglieder veranlaßten, die Beförderung des Garns der neuen Erzeuger vom Festland zur Insel und umgekehrt zu unterbinden. Zu den Mitgliedern gehörten auch die Hafenarbeiter der Insel Lewis.

Es spielte auch eine Rolle, daß die Angestellten der alten Erzeuger von ihren Arbeitgebern Lohnerhöhung und das Versprechen verlangten, ausschließlich Gewerkschaftsmitglieder anzustellen. Im Laufe dieser Verhandlungen kam auch ein Bündnis zwischen der Gewerkschaft und den alten Erzeugern zur Sprache, durch das die neuen Erzeuger aus dem Geschäft getrieben werden sollten, aber es ist bestritten, daß man sich darüber geeinigt hätte. Es wurde anscheinend als tatsächlich feststehend betrachtet, daß die beklagten Gewerkschaftsbeamten zur maßgeblichen Zeit auf Vermehrung der Zahl ihrer Mitglieder bedacht waren.

116 Zweifelhaft war es[56], wie weit die Konkurrenz der neuen Er-

zeuger tatsächlich dem echten Harris Tweed schadeten; kein Zweifel aber bestand daran, daß die Gewerkschaftsbeamten an einen solchen Schaden glaubten und daß sie annahmen, nach Ausschaltung dieser Konkurrenz könnten die Angestellten der alten Hersteller bessere Löhne und Arbeitsbedingungen erlangen. Hinsichtlich der in Konflikt stehenden Interessen enthält dieser Tatbestand drei Besonderheiten, die ihn von den oben behandelten früheren Fällen unterscheiden. *Erstens:* war der Angriff der Gewerkschaft auf die Vermögensinteressen der neuen Hersteller wegen der geographischen Lage ihrer Spinnerei auf der Insel außergewöhnlich folgenschwer; denn »das Geschäft und der Broterwerb jedes dort Lebenden sind in der Gewalt der Gewerkschaftsfunktionäre«[57]. Demgegenüber könnte man *zweitens* den Angriff deshalb für gerechtfertigt erklären, weil die neuen Hersteller zwar nicht den ihnen rechtlich verbotenen Echtheitsstempel, wohl aber die Warenbezeichnung »Harris Tweed« benützten und sich so – nicht durch ehrlichen Wettbewerb, sondern auf Schleichwegen – Vorteile zunutze machten, die mit dem guten Ruf des ursprünglichen Stoffes verbunden waren, indem sie sich die von den alten Herstellern und ihren Arbeitern aufgebauten guten Handelsbeziehungen zu eigen machten. *Drittens* handelte die Gewerkschaft mit ihrem Angriff auf einen Konkurrenten des Arbeitgebers unmittelbar zu dessen Nutzen, möglicherweise sogar im gegenseitigen Einverständnis; das gab neuen Grund zur Frage, ob auch auf diese Sonderart eines wirtschaftlichen Kampfes die alte Einheitsformel des Falles *Mogul* (Verfolgung eigener Geschäftsinteressen zulässig, absichtliche Schädigung unzulässig) wahllos angewendet werden sollte. Keine dieser drei Besonderheiten wurde, wie es scheint, von den Oberhausrichtern als erheblich für die Findung und Anwendung der hier maßgebenden Rechtsregel betrachtet[58].

Wie ich schon 1946 sagte[59], war der Fall *Harris Tweed* ein Prüfstein für die Fähigkeit dieses Zweigs der Rechtsprechung, mit den ihm gestellten Aufgaben fertig zu werden. Innerhalb der dann folgenden zehn Jahre mußte, wie ich ausführen werde, die Gesetzgebung des Vereinigten Königreichs mit den neuartigen Vorschriften gegen Wettbewerbsbeschränkungen von 1948 und 1956 eingreifen. Die meisten Mißstände, die dieses Eingreifen nötig machten, werden klar erkennbar, wenn man die Äußerungen der Richter im Falle *Harris Tweed* untersucht.

a) Die Gleichgültigkeit des Rechts gegenüber der Machtkonzentration als solcher

Viscount Simon meinte, ohne daß einer der anderen Richter widersprach, die vermutliche besondere Stärke mehrerer verglichen mit der eines einzelnen könne kein rechtlich entscheidender Gesichtspunkt sein[60]; denn »ein einzelner Tyrann kann, wenn er stark genug ist, mehr Leid zufügen ... als eine Vereinigung weniger starker Personen«. Zur Veranschaulichung hätte er auf die *United States Steel Corporation* oder die *Imperial Chemical Industries Ltd.* verweisen können, von denen jede rechtlich gesehen nur eine Einzelperson ist, aber über eine größere Macht verfügt als viele gewöhnliche Unternehmer zusammengenommen; an Vermögen und an Zahl der Betriebsangehörigen übertrifft die *American Telephone and Telegraph Co.* die meisten amerikanischen Bundesstaaten. Lord Wright äußerte sich im selben Sinne[61]. Wie er hätte hinzufügen können, sind Größe und Macht des Unternehmens allein keine zuverlässigen Merkmale für wirtschaftliche Leistung und Fortschritt, etwa durch Verbesserung und Verbilligung der Produktion. Die Größe eines Betriebs mag man einfach seiner Kapitalstärke zuschreiben, die es ermöglicht, die Konkurrenz zu unterdrücken und die Preise ohne Rücksicht auf technische Leistungsfähigkeit festzusetzen[62]. Obwohl diese Äußerungen der Richter die Grundlagen des Wettbewerbsrechtes ins Schwanken brachten, fühlte sich keiner von ihnen dazu berufen, sie wieder zu festigen. Viscount Simon begnügte sich mit dem Hinweis auf die Geschichte der strafbaren *conspiracy* in der Rechtsprechung der *Star Chamber* und auf die ungewöhnliche Tatsache, daß die Teilnehmer an einer Abrede für Handlungen haftbar sein können, die bei Begehung durch einen einzelnen gar nicht rechtswidrig wären.

b) »Unrecht«, »Rechtswidrigkeit«, »Schädigungsabsicht«

Die drei feststehenden Voraussetzungen der schuldrechtlichen Haftung für rechtswidrige Absprache sind: (1) eine Mehrzahl von Tätern, (2) Rechtswidrigkeit der verabredeten Handlung und (3) Schaden. Die Hauptschwierigkeit bereitet die zweite Voraussetzung. Einfach liegt die Sache nur, wo das Ziel oder das Mittel zum Ziel der Absprache die Begehung einer anderen bestimmten unerlaubten oder strafbaren Handlung ist. Bei den uns hier beschäftigenden Fällen wirtschaftlicher Vereinigungen ist die entscheidende Frage: welche Ziele einer Absprache sind rechtswidrig, wo keine andere unerlaubte Handlung als Ziel in Frage steht? Zur Zeit der Entscheidung *Quinn v. Leathem*[63] lautete die Antwort: wenn der »wirkliche Zweck« die Schädigung des Konkurrenten ist, dann ist die Abrede rechtswidrig; wenn die Förderung oder Aufrechterhaltung des eigenen Geschäfts bezweckt wird, ist die Abrede rechtmäßig.

Im Falle *Harris Tweed* wurde diese Formel mehrfach erschüttert. *Erstens* meinte der Lordkanzler[64], »Schädigungsabsicht« bedeute hier die Absicht einer »rechtswidrigen« Schädigung. Das führt natürlich sofort zu der weiteren Frage: wann ist eine Schädigung »rechtswidrig«? Um dies zu beantworten, mußte der Lordkanzler noch weitere Unterscheidungen machen. Er erklärte daher *zweitens,* es komme nicht auf den Beweggrund oder die Absicht an, sondern auf den Zweck und das Ziel der verabredeten Handlung, auf das, was »in Wahrheit das Ziel in den Köpfen der Teilnehmer war«[65]. *Drittens* fanden die Richter, was J. Evatt schon elf Jahre vorher erkannt hatte[66], daß die von der Formel erwähnten zwei getrennten Möglichkeiten in Wirklichkeit einander gar nicht ausschließen[67]. Denn die Partner der Absprache können gleichzeitig und »in Wahrheit« beide Ziele haben – und das vielleicht in der Regel. Sie können sich beispielsweise zusammenschließen, um einen gefährlichen Konkurrenten aus dem Geschäft zu vertreiben, oder – eine im Falle *Quinn* mögliche Auffassung – um Nichtgewerkschaftsmitgliedern und ihren Arbeitgebern ein warnendes Beispiel zu geben und sie davon abzuhalten, künftig gegen ihr eigenes Interesse zu handeln. Das Ziel kann aber auch weder das eine, noch das andere sein[68]. Um dem Fall der gemischten Zwecke gerecht zu werden, waren alle Richter damit einverstanden, daß anstelle des »wahren« Zweckes der »vorherrschende« Zweck maßgeblich sein soll: »ist der vorwiegende Zweck die Schädigung eines anderen und tritt der Schaden ein, liegt eine rechtswidrige Absprache vor, andernfalls nicht.« Diese neue Formel ist das klare und offene Anerkenntnis, daß die alte Formel irreführend war[69].

Sobald einmal anerkannt war, daß es sich um gemischte Beweggründe und um deren verschiedene Stärke handeln kann, wurde die bis dahin so einfach klingende Frage der Haftung außerordentlich verwickelt. Beweggründe können von Partner zu

Partner verschieden oder auch bei jedem einzelnen gemischt sein, oder es kann beides der Fall sein. Welche Rechtsbelehrung den Geschworenen im zweiten dieser Fälle erteilt werden soll, darüber scheinen Viscount Simon und Lord Wright verschiedener Ansicht zu sein[70]. Die Verschiedenheit von Partner zu Partner kann darauf beruhen, daß jeder seine eigenen besonderen Geschäftsinteressen verfolgt, in welchem Falle sie nach wohl übereinstimmender Ansicht alle geschützt wären[71]. Es könnten aber auch einige Partner ihre besonderen Geschäftsinteressen verfolgen, während andere nur aus Bosheit oder aus dem Wunsch, Schaden anzurichten, handeln. Wie die *Lords of Appeal* einen solchen Sachverhalt beurteilen würden, ist zweifelhaft[72]. Die Zweifel häufen sich natürlich, wenn man bedenkt, daß die Frage der Vorherrschaft von erlaubten oder unerlaubten Zwecken bei den einzelnen Partnern der Absprache verschieden zu beantworten sein kann.

§ 9 Der Fall Harris Tweed (Fortsetzung): Die Erweiterung der Formel durch Einbeziehung des Ausgleichs von Interessenkonflikten

Nachdem die Berücksichtigung der verschiedenen Absichten eines jeden Teilnehmers an der *conspiracy* in sie einbezogen war, verlor die alte Formel den Vorzug der Einfachheit, doch es fehlte ihr nach wie vor ein Eingehen auf die typischen Interessenkonflikte, die es auszugleichen gilt. Aber auch das ist nicht alles. Die abgeänderte Formel ist noch unbestimmter geworden, ihre Anwendung kann zu Trugschlüssen führen. Denn eine andere Ergänzung, die der Fall *Harris Tweed* der Formel angefügt und sie dadurch nicht klarer gemacht hat, besteht darin, daß die an der Absprache beteiligten Beklagten auch haftbar sein können, wenn sie vorwiegend ihre eigenen Handelsinteressen zu verfolgen, nicht so sehr den Kläger zu schädigen beabsichtigt haben, dann nämlich, wenn ihre Handelsinteressen in gewisser Beziehung widerrechtlich waren. Viscount Simon[73] deutete an, die Beklagten wären haftbar gewesen, wenn die Gewerkschaft bei Verfolgung ihrer eigenen Interessen Geldzuwendungen von den

alten Herstellern bekommen hätten, um ihnen bei der Niederringung der neuen Hersteller zu helfen[74]. Lord Wright behielt sich eine Stellungnahme vor[75]; als er aber vom »Ziel des erstrebten Vorteils« als Rechtfertigung sprach, fügte er das Beiwort »rechtmäßig« hinzu[76]. Viscount Maugham sprach nicht von »Handels- und Geschäftsinteressen«, sondern von »*rechtmäßigen* Handels- und Geschäftsinteressen«, die zu schützen sind[77]. Alles das läßt die Frage offen: was sind »rechtmäßige« oder »berechtigte« Interessen, bei deren Förderung einem Dritten Schaden zugefügt werden darf? Viscount Maugham vertrat die Ansicht, es dürfe nicht nur keine böse Absicht auf Schädigung vorliegen, sondern es müsse ein »positiver«, vom Recht zu billigender Grund für die Handlung gegeben sein[78], z. B. Erweiterung des Geschäfts oder Steigerung des Gewinns. Für ihn, wie für den ihm hierin zustimmenden Lord Porter[79], blieb also immer die Aufgabe festzustellen, ob der vorherrschende Zweck ein solcher war, wie er vom Recht gutgeheißen wird[80]. Andererseits machte nach Ansicht von Lord Wright eine böse Absicht die Beklagten nicht unbedingt haftbar, weil »Schadenfreude«[81] die »Verfolgung eines rechtmäßigen praktischen Ziels« nicht unrechtmäßig macht. Auch von diesem Standpunkt aus muß weiter gefragt werden: war das »praktische Ziel« im vorliegenden Einzelfall oder in dieser Klasse von Fällen rechtmäßig?

Wenn Lord Wright betonte, daß das »Recht« auf »Freiheit des Handels« wie jedes andere Freiheitsrecht durch die »Rechte« anderer Unternehmer oder Arbeiter begrenzt ist, so machte er damit (vielleicht, ohne es zu wissen) deutlich, daß alle Bemühungen der Rechtsprechung nur dazu geführt haben, eine Frage zu wiederholen, die sie schon sechzig Jahre vorher hätte klären können[82]. Denn die Definition des »Rechts« in diesem Sinne, oder besser: des Bereichs, in dem widerstreitende Interessen in den verschiedenen typischen Sachlagen rechtlich gesichert werden sollen, ist das Kernstück des ganzen Problems, was man mit der einfachen alten Formel vergeblich zu verschleiern suchte[83]. Die *Lords of Appeal* haben anscheinend angenommen, sie könnten noch durch neue Auslegung der alten Formel weiterkommen[84], obwohl sie doch selbst die Formel so erschüttert hatten, daß die Rechtslage sogar für die Tatbestände der schon entschiedenen Fälle gänzlich unklar geworden war[85].

Ein Menschenalter nach dem Fall *Harris Tweed* wurde dem Oberhaus wiederum die Aufgabe gestellt, seine Rechtsprechung über *»conspiracy«* in ein durchdachtes System zu bringen. Zwei Fälle aus 1964 betrafen das Vorgehen von Gewerkschaften gegen Unternehmer zur »Verteidigung von Gewerkschaftsgrundsätzen«, in beiden Fällen wurde gegen die Gewerkschaften entschieden[86]. Die Hauptfrage dabei war nicht, welche »Zwecke« und »Ziele« eine *conspiracy* rechtswidrig machen, wenn die gewählten Mittel keine andere, besonders unerlaubte Handlung enthalten; vielmehr war die Hauptfrage die nach der Rechtmäßigkeit der Mittel. Diese Frage war, wie sich in den späteren Fällen herausstellte, viel schwieriger, als auf Grund von *Quinn v. Leathem* und *Plant v. Woods* angenommen werden konnte[87]. Diese Fälle machen die Feststellung der Rechtswidrigkeit der Mittel so schwierig, wie es die Feststellung der Rechtswidrigkeit der Ziele schon vorher gewesen ist.

Die drei Beklagten im Falle *Rookes v. Barnard*[88] waren Mitglieder einer Gewerkschaft von Konstruktionszeichnern, die mit der *British Overseas Airways Corporation* ein »Übereinkommen« hatte, wonach im Konstruktionsbüro der B.O.A.C. im Flughafen London ausschließlich Gewerkschaftsmitglieder beschäftigt werden sollten. Dieses Übereinkommen war bis 1955 eingehalten worden, als der klagende Angestellte mit der Gewerkschaft in Streit geriet und aus ihr austrat. Die Beklagten drohten der B.O.A.C. mit einem Streik aller Angestellten, falls sie den Kläger nicht entlasse. B.O.A.C. entließ ihn, ohne daß dadurch sein Arbeitsvertrag verletzt wurde. Es war unbestritten, daß die Gewerkschaft ein berechtigtes Interesse daran hatte, der Weiterbeschäftigung eines Nichtmitglieds zu widersprechen, und daß Streiks und Streikdrohungen im allgemeinen rechtlich erlaubte Mittel zur Geltendmachung von Gewerkschaftsinteressen sind. Die Besonderheit des Falles bestand jedoch darin, daß der angedrohte Streik eine Verletzung des Tarifvertrages zwischen der Gewerkschaft und der B.O.A.C. bedeutet hätte, der ein Streikverbot enthielt; nach Ansicht der *Lords of Appeal* wäre dadurch zugleich ein Streikverbot verletzt worden, das als in den Arbeitsvertrag jedes einzelnen Mitglieds aufgenommen zu gelten habe[89].

Die Anwendung der alten einfachen Formel auf einen solchen – leicht abgeänderten – Tatbestand hätte folgende Ergebnisse gehabt, falls keine gesetzlichen Bestimmungen entgegenstanden wären: Wäre die Entlassung des Klägers durch die B.O.A.C. eine Verletzung *seines* Anstellungsvertrages gewesen, so wäre das ein rechtswidriges Mittel zur Erreichung des Zwecks des Beklagten gewesen; ihr Zusammenwirken hätte zur rechtswidrigen Absprache zwecks Herbeiführung eines Vertragsbruchs geführt[90]. Tatsächlich war die Entlassung des Klägers keine solche Vertragsverletzung. Die Beklagten hätten sich ebenfalls haftbar machen können, wenn es zu dem im Tarifvertrag verbotenen Streik gekommen wäre, wenn also die Angestellten *ihre* Arbeitsverträge mit der B.O.A.C. verletzt hätten. Auch das wäre ein rechtswidriges Mittel im Sinne von *Lumley v. Gye* gewesen. Diese beiden klaren Ergebnisse der Formel wären unter dem Gesichtspunkt von Rechtspolitik und Gerechtigkeit befremdlich gewesen. Denn in beiden Fällen wäre der von den Beklagten herbeigeführte Vertragsbruch nur die Antwort auf einen vorausgegangenen Vertragsbruch der B.O.A.C. gewesen, nämlich auf die Nichtentlassung des Klägers in Verletzung des »Übereinkommens« über den Ausschluß von Nichtgewerkschaftsmitgliedern (eine vermutlich vom Kläger selbst veranlaßte Verletzung). Rechtspolitisch und nach den hier maßgebenden Begriffen wäre dies wahrlich ein Fall von »*Cet animal est très méchant, quand on l'attaque il se défend*« gewesen.

In Wirklichkeit ist es zu keinem solchen von den Beklagten veranlaßten Vertragsbruch gekommen, sondern – ironischerweise – war es einzig und allein die B.O.A.C., die ein Übereinkommen verletzte. Daher war kein von den Beklagten tatsächlich angewendetes Mittel rechtswidrig. Es wäre schon rechtspolitisch unbegreiflich, die Beklagten für die Herbeiführung tatsächlicher Vertragsbrüche haften zu lassen, wenn dies der Sache nach nur die Antwort auf einen Vertragsbruch der B.O.A.C. war, auch wenn dieser nicht vom Kläger selbst veranlaßt worden ist. Um wieviel unbegreiflicher wäre eine solche Haftung, wenn das beanstandete Vorgehen der Beklagten gar nicht zu einem Vertragsbruch geführt hat[91]. Durch eine geringe Begriffsverschiebung kann jedoch auf denselben Tatbestand eine Haftung der Beklagten für *conspiracy* gegründet werden, und das zeigt, wie unzuverlässig die Unterscheidung von »Zielen« und 123

»Mitteln« ist. Faßt man beispielsweise den vertragswidrigen Streik der B.O.A.C.-Angestellten nicht als ein »Mittel« auf, sondern als »Teilzweck« oder »Teilziel« der drei Beklagten, so war ihre Absprache, die dem Kläger Schaden zufügte, eine Absprache zu rechtswidrigem Zweck und Ziel. Nach der streng ausgelegten Formel ergäbe sich die Haftung der Beklagten, auch wenn der bezweckte Vertragsbruch nie eingetreten wäre. Mit einer weiteren Verschiebung von der (wie wir sogleich sehen werden, tatsächlich nötigen) begrifflichen Untersuchung zur Prüfung des Ergebnisses könnte man dann auch sagen, die einschüchternde Androhung einer unerlaubten Handlung sei selbst schon eine unerlaubte Handlung, und die Einschüchterung durch die Drohung, den rechtswidrigen »Zweck« des Vertragsbruchs zu verfolgen, wäre dann ein rechtswidriges »Mittel«. Auch das würde die Haftung begründen, obwohl es tatsächlich nie zum Vertragsbruch gekommen ist[92].

Um überhaupt Haftung annehmen zu können, mußten die *Lords of Appeal* zunächst irgendwie um die Anwendung von zwei Bestimmungen des *Trade Disputes Act 1906*[93] herumkommen. Nach Artikel 1 dieses Gesetzes ist eine von mehreren gemeinsam begangene Handlung »aus Anlaß oder zur Förderung eines Arbeitsstreits« kein Klagegrund, »es sei denn, daß die Handlung, falls ohne Absprache begangen, nach *Common Law* ein Klagsgrund wäre«. Um eine solche Haftung feststellen zu können, erklärten die *Lords of Appeal* auf Grund von Erwägungen, die sie selbst als schwierig bezeichneten, die bis dahin umstrittene unerlaubte Handlung der »Einschüchterung« bestehe von Rechts wegen und erweiterten den Tatbestand dahin, daß nicht nur Androhung von Gewalt, sondern auch Androhung der Verleitung zum Vertragsbruch als eine rechtswidrige, unerlaubte Handlung darunter fallen sollen[94]. Das wesentliche an dieser rechtswidrigen Einschüchterung, die auch von einem Einzeltäter begangen werden kann, ist die Bedrohung als solche, ohne daß die angedrohte unerlaubte Handlung ausgeführt werden muß. Im vorliegenden Fall wäre daher das Verhalten der Beklagten, unter dem Gesichtspunkt der Einschüchterung als einer selbständigen unerlaubten Handlung beurteilt, nach *Common Law* auch ohne Absprache oder Mehrtäterschaft rechtswidrig gewesen und hätte deshalb den Schutz von Art. 1 des Gesetzes von 1906 nicht

genossen. (Wie die *Lords of Appeal* unumwunden und ohne große

Bedenken wegen des Problems der zeitlichen Rückwirkung zugaben, war es weder 1906 noch überhaupt vor ihrer nunmehrigen Entscheidung klargestellt, daß solche Tatsachen den Tatbestand der unerlaubten Handlung »Einschüchterung« bilden können.)

Wenn demnach Art. 1 des Gesetzes von 1906 unter der Voraussetzung anzuwenden war, daß es die von den Lords erklärte und umschriebene unerlaubte Handlung der »Einschüchterung« im Jahre 1964 gab, hätten sich die Beklagten durch ihre Drohungen auch ohne Absprache dieser Verletzung schuldig gemacht[95]. Die rechtswidrigen Handlungen erscheinen dann im Sinne der alten *Conspiracy*-Formel als das »rechtswidrige Mittel«, das die Beklagten in Mittäterschaft zur Schädigung des Klägers benützt haben. Das hängt jedoch noch davon ab, ob die weitere, zweifache Ausnahmevorschrift von Art. 3 Anwendung findet. Nach dieser Vorschrift ist ein sonst klagebegründendes Verhalten, wenn es sich auf einen geschäftlichen Streit bezieht, nicht *»aus dem alleinigen Grunde klagsbegründend«*, weil es (1) »einen Dritten veranlaßt, einen Arbeitsvertrag zu brechen« oder weil es (2) »eine Störung des Gewerbes, Geschäfts oder des Arbeitsfriedens ist oder das Recht eines Dritten behindert, mit seinem Vermögen oder seiner Arbeitskraft nach Belieben zu verfahren«[96].

Wie Lord Reid bemerkte, können die von mir unterstrichenen Worte in zweierlei Sinn ausgelegt werden. Sie können bedeuten, daß die Haftung entfällt, wenn eine der aufgezählten Voraussetzungen zu den Tatsachen gehört, die der Kläger zu beweisen hat, um zu obsiegen. (In diesem Falle wären hier die Beklagten geschützt, weil »Veranlassung zum Bruch eines Arbeitsvertrags« zweifellos eine wesentliche Tatsache ist, die bewiesen werden muß, um die rechtswidrige Einschüchterung darzutun.) Der Sinn kann aber auch der sein (und die Lords hielten das für die richtige Auslegung), daß Haftungsbefreiung nur eintritt, wenn die Klage auf einen der Tatbestände (1) oder (2) gestützt und dieser ausdrücklich als Klagsgrund genannt wird. Dann aber ist die »neu aufgebügelte« unerlaubte Handlung der Einschüchterung (durch die Androhung, einen Vertragsbruch zu veranlassen) etwas anderes als die in (1) und (2) aufgeführten Tatbestände; der Schutz von s. 3 müßte also versagen, und die Beklagten sind haftbar[97]. Die *Lords of Appeal* ließen sich von der dieser Auslegung entgegenstehenden, schwer zu beantwortenden Frage nicht beirren, welche unerlaubten Handlungen denn nach dem Willen des Gesetzgebers von 1906 den einzelnen »Störungen« nach Abs. (2) von Art. 3 entsprechen sollten[98]. Daß ohne Klärung dieser Frage die zweite Auslegung gewählt wurde, ist schwer zu verstehen.

Die Entscheidung *Rookes v. Barnard* hat sonach erstaunlicherweise die Auffassung der Gerichte bestätigt, daß auf die Probleme der wirtschaftlichen Verbände noch immer und ausschließlich die alte feste Formel für *»conspiracy«* angewendet werden soll. Die *Law Lords* haben keinen Weg gezeigt, wie man über den Morast an Schwierigkeiten hinwegkommen kann, die mit ihren früheren Entscheidungen nach jener Formel verknüpft sind und die hier untersucht wurden[99]. Im Gegenteil, sie fügten Schwierigkeiten hinzu. Beispielsweise glaubte Lord Devlin, ernste Zweifel über eine so grundlegende Frage hegen zu müssen wie die, ob das Merkmal der Verabredung (Mehrzahl von Tätern) ein wesentlicher Entscheidungsgrund *(ratio decidendi)* in den Fällen *Quinn v. Leathem, Sorrel v. Smith* und *Harris Tweed* gewesen ist[100]. Und Lord Evershed gelangte zu folgender Feststellung über den Wert der bis 1964 ergangenen zwölf Entscheidungen des Oberhauses und der noch viel zahlreicheren Entscheidungen des Court of Appeal (weithin übereinstimmend mit meinen Schlußbemerkungen zum Fall *Harris Tweed*), an die die Gerichte erster Instanz »gebunden« sind: »Ich bin nicht imstande, zuversichtlich zu hoffen, daß im vorliegenden Falle genügend Ordnung in das Chaos gebracht sein wird, um es in einem künftigen nicht doch notwendig zu machen, nicht nur die jetzigen Entscheidungsgründe, sondern auch die aus allen früheren Fällen zu beachten«[101].

Dieser Fall veranschaulicht in einem Hauptpunkt, wie es noch im Jahre 1964 um die Rechtsprechung über wirtschaftliche Vereinigungen nach *Common Law* steht, daß sie sich nämlich nicht fortschrittlich entwickeln kann, so lange sie sich auf die Auslegung einer primitiven Formel beschränkt, ohne die dem jeweiligen Sachverhalt entsprechenden und in ihm wirksamen Interessen zu beachten[102].

Der Fall eignet sich ferner zur Einführung in ein Hauptthema der folgenden Gedankengänge, nämlich die Versuche der Gesetzgebung zur Erfüllung der von den Richtern gemiedenen

Aufgabe des Interessenausgleichs. Wie immer man die Stellungnahme der Richter deuten mag, sie haben, wie im folgenden zu
zeigen sein wird, den Maßnahmen des Gesetzgebers in einer
Weise entsprochen, die allzu oft eben diejenigen Probleme neu
geschaffen hat, die der Gesetzgeber aus dem Wege räumen
wollte. Im Falle *Rookes v. Barnard* gingen sie fast so weit,
entgegen der ausdrücklichen Vorschrift des *Trade Disputes Act*
1906, Art. 3 die Verleitung zum Bruch eines Dienstvertrages
anläßlich eines Arbeitsstreits für unerlaubt zu erklären. Bezeichnenderweise fühlte sich im unmittelbar folgenden Fall Lord
Pearce zu der Mahnung gezwungen, daß »es der unverkennbare
Zweck des Art. 3 ist, einen Gewerkschaftsfunktionär des Arbeitgebers zu schützen«[103].

III. Gesetzgebung zum Ausgleich der durch die Gewerkschaftsbewegung entstandenen Interessenkonflikte[104]

§ 11 Die gesetzliche Anerkennung des Rechts der Arbeiter auf
   Tarifverträge, Streik und Streikposten

Die Rechtsprechung hatte, wie vorhin geschildert, die im Arbeitsrecht einander gegenüberstehenden menschlichen Interessen
nicht ausgeglichen und sie dadurch stärker und dringender erscheinen lassen. Der *Combinations Act* 1925 (oben § 4) hatte
Arbeitervereinigungen noch immer dem *Common Law* über
»conspiracy« unterstellt. Diese noch 1964 nicht ganz klare
Rechtslage bedrohte in ihrer Entwicklungszeit 1825–1870 auch
solche Betätigungen von Arbeitervereinigungen, die heute allgemein als erlaubt gelten. Die der Gewerkschaftsarbeit feindliche Rechtsprechung wurde heftig angegriffen, und hinter diesen
Angriffen stand die Forderung der Arbeiter auf das Recht zum
Gebrauch ihrer Hauptwaffe im Kampf um die Sicherung eines
Mindestmaßes an Lebenshaltung. Diese dringende Forderung,
die von den Gerichten nicht beachtet wurde, brach sich wiederholt in der Gesetzgebung Bahn, wurde aber auch danach nur zu
oft von der Rechtsprechung unterdrückt[105].
Nach einer *Royal Commission* (Untersuchung durch Sonderausschuß) schaffte der *Union Act* 1871 die Bestimmungen über

die Strafbarkeit oder Nichtigkeit jeglicher wettbewerbsbeschränkender Vereinbarung ab und ordnete die Registrierung der Gewerkschaften an. Nach der Auslegung durch die Gerichte jedoch standen die weitergeltenden Verbote von »Belästigung« und »Obstruktion« gemäß dem *Criminal Law Amendment Act* 1871 noch immer der wirksamen Aufstellung von Streikposten entgegen[106]. Der *Conspiracy and Protection of Property Act* 1875[107] schrieb vor: »Eine Vereinbarung oder Vereinigung von zwei oder mehr Personen zur Begehung oder Veranlassung einer Handlung im Hinblick auf oder zur Förderung eines arbeitsrechtlichen Streits zwischen Arbeitgebern und Arbeitern soll nicht als ›conspiracy‹ strafbar sein, sofern die Handlung, begangen von nur einer einzelnen Person, nicht strafbar wäre.« Diese Aufhebung der Strafbarkeit befreite die Gewerkschaftler noch nicht von der zivilrechtlichen Haftung für die unklare, nicht genauer definierte unerlaubte Handlung der »conspiracy«, siehe *Quinn v. Leathem*[108]. Die Einschränkung des Streikrechts wurde im selben Jahr noch durch eine Entscheidung verschärft, wonach die Gewerkschaften mit ihrem Vermögen für die im Verlaufe eines Arbeitsstreits begangenen unerlaubten Handlungen haftbar sind[109]; ferner durch eine Entscheidung, daß die Verleitung zum Vertragsbruch gemäß *Lumley v. Gye*[110] schon dann eine unerlaubte Handlung ist, wenn ein einzelner sie begeht, und daß deshalb eine unerlaubte »conspiracy« vorliegt, wenn streikende Arbeiter diejenigen, die ihre Arbeitsstellen eingenommen haben, zur Beteiligung am Streik und dadurch zum Vertragsbruch auffordern[111].

Es bedurfte einer weiteren *Royal Commission* und eines Stimmenzuwachses im Parlament, um die Gegensätze zu überbrücken, die Gesetzgebung und Rechtsprechung in der Einschätzung der im Arbeitsrecht kämpfenden Interessen trennten. Das geschah vermöge des *Trade Disputes Act* 1906, dessen wechselvolle Schicksale in unserer Zeit ich vorhin dargestellt habe. Dieses Gesetz erweiterte die Rechte der Arbeiter in vier wichtigen Beziehungen. *Erstens* nahm es gemeinsame Handlungen, die im Hinblick auf Arbeitsstreitigkeiten[112] und zu deren Unterstützung begangen werden, im selben Umfang von der Haftung für unerlaubte »conspiracy« aus, in dem sie das Gesetz von 1875 für straffrei erklärt hatte, d. i. soweit sie nicht auch bei Begehung durch einen einzelnen rechtswidrig wären[113]. *Zwei-*

128

zum Vertragsbruch aus[114]. *Drittens* verbot es Ersatzklagen gegen Gewerkschaften wegen Schadens aus angeblich von ihnen oder für sie begangenen unerlaubten Handlungen. *Viertens* erklärte das Gesetz mit ausführlicher Definition das ordentliche und friedliche Aufstellen von Streikposten für rechtlich zulässig[115]. Der Schutz, den das englische Recht nach dem Stand von 1906 den Arbeitervereinigungen gab, war weit, nach verbreiteter Ansicht sogar zu weit. Sie wurden nicht nur als das Mittel geschützt, um in einer vom Wettbewerb beherrschten Wirtschaft ein Mindestmaß an Lebenshaltung zu sichern, sondern deshalb auch als eine besondere und wichtige wirtschaftliche Einrichtung[116].

tens nahm es solche Handlungen von der Haftung für Verleitung Wie es der amerikanische *Clayton Act* von 1914 und das Urteil im Falle *Mogul* für Konflikte zwischen Kaufleuten taten, erklärte sich das Gesetz von 1906 für »das Recht der Arbeiter und Unternehmer, ihren Kampf bis zu den Grenzen durchzufechten, innerhalb derer die Verfolgung des eigenen Interesses gerechtfertigt ist«. Es enthielt keine endgültige Regel für mögliche künftige Konflikte, bei denen die industriellen Kämpfe zu einer Gefahr für die allgemeine Sicherheit, die politischen Einrichtungen und das Volksvermögen werden können; es schloß auch nicht die Möglichkeit künftiger Gesetzesänderungen aus, sollten sie notwendig werden, um »primitive Kampfmethoden durch ein geordnetes Rechtsverfahren zu ersetzen«[117].

§ 12 Wirtschaftliche Vereinigungen und soziales Interesse an der allgemeinen Sicherheit

In den Jahrzehnten nach den Wirren und Gewalttaten der französischen Revolution von 1848 war man auch in England aufs äußerste um die allgemeine Sicherheit besorgt; in der dann folgenden Zeit der Beruhigung hob das Gesetz von 1875[118], wie wir gesehen haben, die Bestimmungen auf, die den der Interessenvertretung in Arbeitsstreitigkeiten gewidmeten Arbeitervereinigungen mit Strafe gedroht hatten. Gleichzeitig aber führte es neue Strafbestimmungen wegen Verletzung von Arbeitsverträgen mit Gas- und Wasserversorgungsbehörden ein, falls die

Verletzung in Kenntnis der Tatsache geschieht, daß die Versorgung unter der Vertragsverletzung leiden muß; ferner gegen Verletzung von Dienst- und Anstellungsverträgen, wenn den Umständen nach als wahrscheinlich angenommen werden mußte, daß die Vertragsverletzung Gefahr für Leben und Sicherheit oder für wertvolles Eigentum zur Folge haben wird. Zur Zeit des *Emergency Power Act* 1920 war der Fortschritt zugunsten der Arbeitervereinigungen schon überaus groß[119]. Dieses Gesetz ermächtigte die Regierung zum Erlaß von Verordnungen für die öffentliche Sicherheit im Falle eines Notstandes, verursacht durch Handlungen, die ihrer Art und ihrem Umfang nach »darauf berechnet sind, die Versorgung mit Lebensmitteln, Wasser, Heizstoff oder Beleuchtung oder die Personen- und Güterbeförderung zu stören und dadurch einen wesentlichen Teil der Bevölkerung des wesentlichen Lebensbedarfs zu berauben«. Aber auch in einer so gefährlichen Lage schließt das Gesetz jegliche Form von militärischer oder industrieller Dienstpflicht aus und ebenso jegliche Strafbarkeit wegen Teilnahme an einem Streik oder der gewaltlosen Anstiftung eines anderen zur Teilnahme.

Andere für die allgemeine Sicherheit wichtige Abänderungen folgten dem Gesetz von 1906. Zunächst waren während der beiden Weltkriege die Produktion und die Sicherheit gegenüber dem äußeren Feind so dringende Aufgaben, daß für die Dauer des Kriegs das Streikrecht und das Aussperrungsrecht beschränkt werden mußten; statt dessen beschleunigte man den Ausbau des Schlichtungs- und Schiedsverfahrens (mit erweiterter Zuständigkeit und Rechtsschutz für Tarifverträge)[120]. Sodann war nach weitverbreiteter Ansicht der englische Generalstreik von 1926 ein einzigartiges Beispiel für einen tiefgehenden Konflikt zwischen Koalitionsfreiheit und allgemeiner Sicherheit in Friedenszeiten[121]. Kurz darauf bot der *Trade Disputes and Trade Union Act* von 1927[122] Gelegenheit zu einer strikten Beschränkung der Vereinigungsfreiheit zugunsten der allgemeinen Sicherheit. Dieses Gesetz untersagte und bedrohte mit Strafe die Erklärung oder Anstiftung[123] aller Streiks oder Aussperrungen, die *entweder* nicht einem Arbeitsstreit *innerhalb des Gewerbes oder der Industrie dienen, in denen die Streikenden oder die aussperrenden Unternehmer tätig sind, oder die »einen beabsichtigten und berechneten Zwang«* auf die Regierung entweder unmittelbar oder dadurch ausüben, daß sie der Gesamtheit Leid zufügen[124]. Für solche Streiks, die hiernach widerrechtlich sind, hob das Gesetz von 1927 die Befreiung von zivilrechtlicher Haftung (Gesetz von 1906) auf[125], desgleichen die Befreiung von der Zuständigkeit für Verordnungen nach dem *Emergency Powers Act* 1920[126], ein bemerkenswerter Widerruf eines Gesetzes nach nur sieben Jahren[127]. Während der Beratungen über das Gesetz von 1927 gingen die politischen Leidenschaften hoch, tatsächlich aber kam es während seiner zwanzigjährigen Geltungsdauer zu keinem Zivilprozeß darüber und nur zu einem einzigen Strafurteil, das jedoch in der Berufungsinstanz aufgehoben wurde[128]. Nach der Aufhebung des Gesetzes durch die Labour-Regierung im Jahre 1946[129] sind die einzigen Arbeitnehmer, denen der Zusammenschluß zu einer Gewerkschaft verboten ist, die Polizeibeamten gemäß *Police Act* 1919[130]. Die verschiedenen konservativen Regierungen der 50er Jahre haben, wie es scheint, diesen Rechtszustand als befriedigend angesehen, denn sie haben nicht versucht, das Gesetz von 1927 wieder in Kraft zu setzen[131].

§ 13   Wirtschaftliche Vereinigung und soziales Interesse an der Sicherheit politischer Einrichtungen

Der Konflikt zwischen Arbeitervereinigungen und politischen Einrichtungen trat deutlich zutage, als die Gewerkschaften in den Wahlen von 1906 mit großem Erfolg die Kandidaten der Labour-Partei unterstützten. Die Entscheidung *Amalgamated Society of Railway Servants v. Osborne*[132] erklärte es für rechtswidrig, Gewerkschaftsgelder zur Unterstützung solcher Kandidaten, die einer politischen Partei oder den Interessen der Gewerkschaft Gefolgschaft schuldeten, oder überhaupt zu irgendeinem anderen als den im *Trade Union Act* 1876 genannten industriellen Zwecken zu verwenden. Ob diese Entscheidung nach Recht[133] und industrieller Gerechtigkeit[134] richtig war, kann unerörtert bleiben, denn wiederum entschied das Parlament gegen die Rechtsprechung und löste den Konflikt zugunsten der Vereinigungsfreiheit durch den *Trade Union Act* 1913[135]. Auch diese Verbesserung von 1913 machte das Gesetz von 1927

rückgängig. Es führte zwei neue Verbote ein; eines davon erklärte Streiks für rechtswidrig, wenn sie »geplant und darauf
berechnet sind, einen Zwang auf die Regierung auszuüben, entweder unmittelbar oder dadurch, daß der Allgemeinheit emp-
findlicher Schaden zugefügt wird«[136]. Ferner versuchte es, die
Mittel für politische Betätigung der Gewerkschaften durch die
Bestimmung niedrig zu halten, daß Mitglieder nur mit ihrer
Zustimmung zu Beitragsleistungen für politische Zwecke herangezogen werden dürfen[137]. Staatsbeamten wurde die Mitgliedschaft bei Gewerkschaften streng verboten, mit Ausnahme von
innerdienstlichen Vereinigungen, denen jedoch durch genaue Vorschriften jede politische Zielsetzung und Aufnahme von noch so
losen politischen Verbindungen untersagt war (Art. 5). Schließlich wurde jeder örtlichen Behörde verboten, von ihren eigenen
Angestellten oder von den Angestellten der für die Behörde
tätigen Firmen Mitgliedschaft bei einer Gewerkschaft zu verlangen (Art. 6). Auch diese Bestimmungen wurden, wie das
ganze Gesetz von 1927, 1946 aufgehoben.

§ 14 Wirtschaftliche Vereinigungen und soziales Interesse an Naturschätzen und wirtschaftlichem Fortschritt

Das soziale Interesse an den Naturschätzen, an wirtschaftlichen
Einrichtungen und am wirtschaftlichen Fortschritt ist die Trieb-
feder der verschiedenen Versuche, neue Methoden an Stelle der
Streiks und Aussperrungen zu finden, über deren Nutzlosigkeit
in einer Welt beschränkter Hilfsmittel sich alle einig sind. Zwei
ältere englische Gesetze, der *Conciliation Act* 1896[138] und der
Trade Boards Act 1909[139] weisen die Wege zur neuen Entwicklung. Der eine geht in Richtung auf gesetzliche Mindestlöhne und Mindestarbeitsbedingungen, anstatt deren Festsetzung dem Aushandeln durch die Parteien zu überlassen. Die
lange, ununterbrochene Reihe der Fabrikgesetze und Gesetze
über Mindestlöhne, sowie ihr Einfluß auf die Arbeitsbedingungen ist hinreichend bekannt[140]. Der zweite Weg geht in Richtung auf die Erledigung von Arbeitsstreitigkeiten durch Vermittlung, Schiedsverfahren oder andere friedliche Mittel unter Einschluß von Übergangsformen wie »Zwang« zur Verhandlung

und zu Vermittlungsversuchen, sowie Verbindlichkeitserklärung (»*extension*«) von Tarifverträgen für einen ganzen Industriezweig, wenn für einen wesentlichen Teil die Einigung zustandegekommen ist[141]. In England ging die Entwicklung nur langsam voran; die Gesetze beschränkten sich darauf, Einrichtungen zur Erledigung von Arbeitsstreitigkeiten zu schaffen, deren sich die Parteien bedienen konnten, wenn sie wollten[142]. In anderen britischen Ländern war die Entwicklung viel schneller. Nach dem *Commonwealth Conciliation and Arbitration Act* »zur Verhütung und Beendigung industrieller Streitigkeiten« wurde für Australien ein ständiger Gerichtshof höchster Instanz eingesetzt, der das Erscheinen der Parteien erzwingen und Tarifverträge festsetzen kann[143]; dieser Gerichtshof zählt zu den fortschrittlichsten seiner Art. In neuerer Zeit haben die totalitären Staaten es zu einem Hauptziel ihrer Politik gemacht, Arbeitsstreitigkeiten auszuschalten. Das wird manchmal fälschlich als ein »faschistischer« Zug aufgefaßt, während es in Wirklichkeit ein altes demokratisches Ziel ist. Der Unterschied ist sehr groß. In den faschistischen Ländern wurde zunächst der gordische Knoten des Arbeitsstreits so durchgehauen, daß man den Gewerkschaften jede wirkliche Macht nahm und ihre Forderungen auf angemessene Löhne auf Gnade und Ungnade der absoluten Staatsgewalt überließ. In demokratischen Ländern wurde das zwangsweise Schiedsverfahren eingeführt, um das Versprechen angemessener Mindestlöhne zu erfüllen, um die Gewerkschaft in ihrem Kampf für Mindestlöhne zu unterstützen oder um das Gewerkschaftswesen zu stärken[144]. Auch dann aber blieb die Verhandlungsstärke und Unabhängigkeit der Gewerkschaften unberührt. Endlich mußte jeder Versuch, Tarifverträge abzuschaffen, daran scheitern, daß Gesetzgebung und Regierung vom Wohlwollen der Wähler abhängen. Selbst wenn Streiks theoretisch rechtswidrig und mit Strafe bedroht sind und wenn die Gesetzgebung für angemessene Mindestlöhne sorgen soll, bleibt der Streik doch oft ein wichtiges praktisches Mittel zur Lösung von Lohnfragen[145]. Logisch scheinbar unanfechtbare Vorhersagen, daß es zu keinen industriellen Kämpfen mehr kommen werde, haben sich noch nicht bewahrheitet[146]. Gewerkschaften im Vereinigten Königreich sind nur selten einer zentral verfügten Lohnpolitik unterworfen[147].

Wirtschaftliche Leistungsfähigkeit sowie die Ausnützung und

Erhaltung der natürlichen Hilfsquellen spielen eine wichtige Rolle in Kriegszeiten, besonders war dies im Zweiten Weltkrieg so[148]. Der Tarifvertrag[149] hatte sich zusammen mit den Gewerkschaften als ein wesentliches Mittel zum Ausgleich der Verhandlungsstärke von Arbeitern und Arbeitgebern entwickelt und hatte dadurch dazu beigetragen, den Arbeitern ein Mindestmaß an Lebenshaltung zu sichern; nunmehr verwandelte er sich in wichtigen Beziehungen in ein Mittel zur Sicherung der größten wirtschaftlichen Leistungsfähigkeit, während gleichzeitig der Staat selbst eingriff, um das Mindestmaß von Lebens- und Arbeitsbedingungen zu sichern[150].

Sobald jedoch ein angemessener Ausgleich in der Verhandlungsstärke von Kapital und Arbeit erreicht war, begannen in England beide Sozialpartner übereinstimmend, sich gegen weiteres Eingreifen der Gesetzgebung zu wenden[151]. Beide verfolgten eine Politik, die Kahn-Freund ein *»kollektives laissez faire«* nennt; sie verlangt, der Staat solle seine Finger vom Kampf zwischen organisiertem Kapital und organisierter Arbeiterschaft lassen. Dicey wurde durch die späteren Ereignisse Lügen gestraft mit seiner auf den *Trade Disputes Act* 1906 gestützten düsteren Vorhersage, die Arbeiterschaft werde immer weitere, übertriebene Schutzgesetze verlangen. Nachdem die Verhandlungsstärke beider Parteien gefestigt war, trat an die Stelle der Forderung nach staatlichem Eingreifen die Forderung nach Unterlassung weiterer Eingreifens[152]. Abgesehen von dem – im Jahre 1946 aufgehobenen – Gesetz von 1927 und von der nach Kriegsende alsbald außer Kraft gesetzten Kriegsgesetzgebung haben sich die Labourregierungen und die konservativen Regierungen weithin den Grundsatz des »kollektiven *laissez faire«* zu eigen gemacht[153]. Das »freie Spiel der kollektiven Kräfte« hat in gewisser Weise selbst die Regelung und Überwachung des Arbeitsvertrages übernommen, so daß beispielsweise – von Sonderfällen wie denen der Grubenarbeiter und gewisser Klassen von gewerblichen Kraftfahrzeugführern abgesehen – die Dauer der Arbeitsschichten nicht durch Gesetz, sondern durch Vereinbarung festgesetzt wird[154]. Anders als in Amerika hat die organisierte englische Arbeiterschaft bisher nicht ernstlich Schutz vor unbilligen Arbeitsbedingungen verlangt[155].

Durch kollektive Verhandlungen wurde ein so fein ausgearbeiteter Mechanismus wie die sog. »*Whitney Councils*« geschaffen sowie ausführliche sachliche und Verfahrensregeln aufgestellt; alle beteiligten Gruppen aber haben zusammengewirkt, um das allgemeine Recht und die ordentliche Rechtsprechung aus diesem Gebiet fernzuhalten. Auch die immer wichtiger gewordenen kollektiven Arbeitsverträge blieben (mit Ausnahmen, meistens in Kriegszeiten) wesentlich unabhängig von gesetzlicher Regelung und Rechtszwang[156]. Entgegen den Erwartungen von Dicey aus dem Jahre 1914 beschränkte sich die englische Gesetzgebung auf dem Gebiete des Arbeitsrechts im wesentlichen auf Ergänzungen zu den Ergebnissen von Kollektivverhandlungen, sie bildete nicht etwa eine staatlich festgelegte Grundlage für irgendeine Form zwangsweise vorgeschriebener Schiedsverfahren. Die Gewerkschaften bestanden sogar mit solchem Nachdruck darauf, in ihren Verhandlungen völlig frei zu sein, daß darüber manchmal das ebenso wichtige Streben nach Arbeit für alle Arbeitsfähigen zu kurz kam[157]. Heute kämpfen die britischen Gewerkschaften wohl mehr für die besonderen Interessen ihrer Mitglieder als für den allgemeinen sozialen Fortschritt, »*laissez faire*-Kollektivismus ist ihnen wichtiger als Staatssozialismus«[158].

§ 15   Interessenkonflikte beim Aufkommen von Kollektivverhandlungen in Amerika

Der Kampf um das Recht der Arbeiter auf Koalitionsfreiheit hat in Amerika, etwas langsamer und mit einigen Unterschieden, dieselbe Entwicklung durchgemacht wie in England[159]. Wie dort waren zunächst die *Common Law*-Lehre über Wettbewerbsbeschränkungen (verkörpert durch den *Sherman Anti-Trust Act* 1890) und die vage Lehre des *Common Law* über »*conspiracy*« ein Hindernis. Nach dem Streik bei der *Great Pulman Company* (1894)[160] kam man außerdem auf den Gedanken, Streiks durch gerichtliche einstweilige Verfügung zu brechen; zur Begründung eines Antrages genügte der Nachweis einer möglichen oder tatsächlich geschehenen oder angedrohten Rechtsverletzung als Folge des Streiks. Diese Anrufung der Gerichte zur Unterdrückung von Streiks erwies sich als eine viel wirksamere Streikabwehr, als es Schadenersatzprozesse oder Strafverfolgungen sein konnten; die einstweilige Verfügung spielte von den 90er Jahren des 19. Jhts. bis zu den 30er Jahren eine entscheidende Rolle bei der Unterdrückung von Streiks[161]. Die wirtschaftlichen Interessen der Unternehmer gingen dabei über diejenigen der Arbeiter, wie auch über das soziale Interesse an dem Mindestmaß von Lebenshaltung hinaus[162].

Und doch hing in Amerika noch mehr als in England die Erreichung eines Mindestmaßes an Lebenshaltung davon ab, daß die Arbeitervereinigungen erstarkten; Sozialversicherung und Sozialgesetzgebung kamen in Amerika viel später. Um die Forderung nach Stärkung der Vereinigungen durchzusetzen, wandte man sich an die Gesetzgebung[163]. Im Ersten Weltkrieg hatten einzelne Gliedstaaten Einrichtungen zum Ausgleich von industriellen Streitigkeiten geschaffen, die den Weg zu einer allgemeinen Gesetzgebung über die Schlichtung von Arbeitsstreitigkeiten wiesen. Verwirklicht wurde dieser Gedanke zum ersten Mal in Friedenszeiten[164] für die Eisenbahnen[165]. Es zeigte sich dabei das deutliche Bestreben, das Recht der Arbeiter auf Zusammenschluß zu fördern und sie von Zwangsmaßnahmen der Unternehmer in der Form von »yellow dog«-Verträgen, Firmengewerkschaften, einstweiligen Verfügungen u. dgl. zu befreien. Ebenso war die Befreiung der Arbeitervereinigungen von den Fesseln der unklaren Theorie der Wettbewerbsbeschränkung ein offenbares Ziel des nach zwanzigjährigem Ringen erkämpften Clayton Act 1914, ss. 6, 20, des Gegenstücks zum englischen Conspiracy and Protection of Property Act von 1875. In gewisser Hinsicht stimmte der Clayton Act auch mit dem englischen Gesetz von 1906 überein, insofern er gerichtliche Verfügungen gegen gewisse Betätigungen der Gewerkschaften untersagte, zu denen das friedliche Aufstellen von Streikposten rechnete. Wie in England, so litt in Amerika die Verwirklichung des Gesetzes darunter, daß die Gerichte es zu eng auslegten[166]. Mit dem amerikanischen Sonderproblem der mißbräuchlichen Verwendung einstweiliger Verfügungen gegen die Arbeiter (»labour injunctions«) beschäftigte sich die Staats- und Bundesgesetzgebung wiederholt, bis es schließlich zu dem Bundesgesetz

Norris-La Guardia Act von 1932[167] kam, das einstweilige

Verfügungen in Arbeitsstreitigkeiten verbot; gleichartige Gesetze ergingen in den einzelnen Bundesstaaten[168].

Auf dieser Stufe der Entwicklung besteht ein bemerkenswerter Unterschied zwischen England und Amerika. In England kam es zur völligen Anerkennung der Arbeiterverbände zu einer Zeit, in der die auf freiem Wettbewerb aufgebaute Industriewirtschaft keinen ernsten und langdauernden Niedergang erlitten hatte. In Amerika dagegen war es erst in der Zeit nach der Weltwirtschaftskrise so weit, daß (unter dem unglücklichen *National Industrial Recovery Act* 1933[169] Arbeitsämter *(Labour Boards)* eingerichtet wurden; sie waren nicht nur zur Schlichtung von Arbeitsstreitigkeiten zuständig[170], sondern auch zur Durchführung, notfalls zur Erzwingung der Vorschrift des Art. 7 (a), wonach Arbeiter »das Recht haben, sich zusammenzuschließen und als Gesamtheit durch ihre eigenen Vertreter zu verhandeln, frei von Störungen, Behinderungen oder Zwang durch die Arbeitgeber«, und wonach insbesondere von keinem Arbeitnehmer oder Arbeitssuchenden »als Bedingung seiner Anstellung verlangt werden darf, daß er einer Firmengewerkschaft beitritt oder daß er einer Gewerkschaft seiner Wahl nicht beitritt«[171]. Diese Maßnahmen entsprangen nicht wie in England in erster Linie dem Bestreben, den Arbeitern bessere Löhne und Arbeitsbedingungen zu verschaffen, sondern dem Interesse an den wirtschaftlichen Einrichtungen und dem wirtschaftlichen Fortschritt. Es bietet sich uns also hier die bemerkenswerte Erscheinung, daß gleichzeitig mit staatlichen Maßnahmen zur Schlichtung von Arbeitsstreitigkeiten unter größter Schonung des wirtschaftlichen Fortschritts die Regierung das Erstarken der Arbeitervereinigungen fördert und daß sie das wesentlich gerade um des wirtschaftlichen Fortschritts willen tut. Diese enge Verbundenheit zwischen Erstarken der Gewerkschaften, ausreichenden Löhnen und wirtschaftlichem Fortschritt zeigt sich auch noch im *National Labor Relations Act* vom 5. Juli 1935 *(»Wagner Act«)*[172], der in dieser Hinsicht die verfassungswidrige *»New Deal«*-Gesetzgebung ersetzte. Art. 1 des Gesetzes von 1935 erklärte zum Ziel der amerikanischen Politik mit Gesetzeskraft die Beseitigung der Hemmungen der Wirtschaft und ihrer Ursachen durch Förderung des Zusammenschlusses der Arbeiter und ihrer Vertretung für kollektive Verhandlungen[173].

Die Grundlage der Verfassungsmäßigkeit des *Wagner Act*

bestand darin, daß die Forderung der Arbeiter auf Mindestlöhne durch Kollektivverhandlungen mit der Pflege und dem Fortschritt des *»inter-state commerce«* (Handelsverkehr zwischen den Bundesstaaten) und damit der wirtschaftlichen Einrichtungen unauflöslich verbunden war[174]. Art. 7 und 8 verkündeten nicht nur das Recht auf freie Vereinigung (Koalitionsfreiheit), sondern zählten auch die einzelnen unlauteren, verbotenen Praktiken auf, mit denen die Unternehmer das Recht der Vereinigungsfreiheit verletzen können[175]. Art. 9 führte ein unparteiisches staatliches Verfahren der Wahlprüfung ein, um festzustellen, wer mit Mehrheit zur ausschließlichen Vertretung einer Belegschaft gewählt worden war. Im übrigen schuf das Gesetz ein ständiges *National Labour Relations Board*[176] mit ausschließlicher Zuständigkeit zur Entscheidung über Beschwerden wegen unlauterer Praktiken und zum Erlaß von vollstreckbaren Anordnungen; in bestimmten Fällen können gegen Entscheidungen des *Board* die ordentlichen Bundesgerichte angerufen werden[177].

Was die moderne amerikanische Gesetzgebung zur Rechtspflicht macht, ist das kollektive »Verhandeln«, nicht der kollektive Vertragsabschluß[178]. Man hat diese Gesetzesbestimmungen »den tapfersten, obschon etwas Don-Quichote-artigen Vorstoß gegen das *laissez faire*« genannt[179]. Für ein zwangsweises Schiedsverfahren über Löhne und Arbeitsbedingungen fehlt es bis jetzt an gesetzlichen Vorschriften[180]. Eine mit den Grundsätzen einer freien Gesellschaft vereinbarte gesetzliche Sicherstellung eines Mindestmaßes an Lebenshaltung, unabhängig von der kollektiven wirtschaftlichen Macht der Arbeiter, liegt in weiter Ferne[181]; es wird stets ein weiter Raum für unbeschränkte Kollektivverhandlungen offen bleiben. Trotzdem ist zur Verhütung oder Eindämmung von verheerenden industriellen Kämpfen scharfer und umstrittener Gebrauch von der staatlichen Zuständigkeit für Notstandsmaßnahmen gemacht worden[182].

Mit der Einführung der Mindestlöhne für einzelne Industrien oder Gruppen von Arbeitern[183] ist in den Vereinigten Staaten ein guter Anfang gemacht, ebenso mit Bestimmungen über echte Kollektivverhandlungen, angemessene Arbeitsbedingungen und gegen Kinderarbeit[184], derer aller Verfassungsmäßigkeit jetzt gerichtlich bestätigt ist. Das Bundesgesetz über Sozialfürsorge, der *Social Security Act* 1935[185], hat in den letzten Jahren zu einzelstaatlichen Maßnahmen für soziale Wohlfahrt und Fürsorge angeregt. In Amerika wie in England kann diese Entwicklung selbst zu Interessenkonflikten führen, und zwar zwischen dem Interesse an der Erhaltung bestehender wirtschaftlicher Einrichtungen und dem Interesse an einem Mindestmaß der Lebenshaltung sowie an wirtschaftlichem Fortschritt[186]. Der *Labor Management Relations Act* 1947 *(»Taft-Hartley Act«)* ging in Titel II von der Annahme aus, daß die Gewerkschaften nunmehr eine genügende Gleichheit in der Verhandlungsstärke erreicht haben[187], und machte gewisse Anpassungen im Interesse der allgemeinen Sicherheit, ähnlich wie gewisse Bestimmungen des englischen *Emergency Powers Act* 1920 und des Gesetzes von 1927, doch wiederum ohne unmittelbaren Angriff auf das Streikrecht[188]. Hier ergeben sich gewisse ernste Konflikte mit den bürgerlichen Freiheitsrechten[189].

In beiden Ländern dauert die Spannung zwischen Unternehmern und Gewerkschaften an, ebenso der Widerstand beider Seiten gegen die Einmischung des Staates in ihre Streitigkeiten. Dem liegt überdies ein ständiger Kampf um die Treuepflicht des einzelnen Arbeiters zugrunde; der Arbeiter ist beiden: dem Betrieb wie der eigenen Gewerkschaft zur Treue verpflichtet. Seine Treuepflicht ist also »gespalten«, und so lange aus der gespaltenen keine »zumutbare und wirkliche Doppel-Treuepflicht« gemacht werden kann, bei der keine Hälfte absolute Treuepflicht verlangt, so lange muß es immer wieder zu unerträglichen Spannungen kommen[190]. Unter diesen Umständen müssen Staat und Recht ihre übliche Neutralität aufgeben, wenn eine der beiden Seiten absolute Forderungen stellt[191].

§ 16   Kollektivverhandlungen und staatliche Regelung um die Jahrhundertmitte

In England, Amerika und anderen fortschrittlichen Ländern sind die Bereiche für Kollektivverhandlungen sehr groß, und diese bewirken, daß Kapital und Arbeit in ständiger Fühlung bleiben. Das verleiht dieser Verhandlungsfreiheit gleichsam die Rolle staatlicher Regelung. Hauptgegenstand sind noch immer die Löhne, daneben aber erstrecken sich die modernen Tarifverträge auf eine Reihe anderer Dinge, z. B. Festigung, Wachstum und Stellung der Gewerkschaften, allgemeine Arbeitsbedingungen, arbeitsfreie Feiertage und bezahlte Ferien, Lehrlingsausbildung, Kündigungsschutz, Altersrenten, Zusammenarbeit von Betriebsleitung und Belegschaft, Beschwerdeverfahren, beste Ausnützung der Betriebsanlagen, technische Änderungen u. a. m.[192].

Nach Ansicht neuerer Schriftsteller erfüllen die Sozialpartner eines modernen Tarifvertrages die Aufgabe, »Recht und Ordnung in der Industrie« aufrechtzuerhalten; mit genau denselben Worten kennzeichnete Justice Higgins ein System, das diesen Zweck durch behördliche, rechtsverbindliche Schiedssprüche *(»awards«)* zu erreichen hoffte[193]. Auch Lohnverhandlungen drehen sich nicht allein um formelhafte Forderungen wie *»a fair day's pay for a fair day's work«*, *»a living wage«* oder *»a productivity wage«* (= Lohn entsprechend der Arbeitsleistung). Die Vertreter führen so verschiedenartige (nach Ansicht von A. M. Ross auch widerspruchsvolle) Gedanken ins Feld, daß man die Gewerkschaft als »eine politische Agentur im Wirtschaftsleben« betrachten muß[194]. Der Erfolg von Lohnverhandlungen hängt nicht nur von der Lage des Arbeitsmarktes ab, sondern ist eher das Ergebnis verwickelter, sich gegenseitig bedingender Einflüsse von seiten der Gewerkschaftler, der Arbeitgeber, der Gewerkschaftsfunktionäre aller Grade, anderer Gewerkschaften und der Regierung.

Das Ergebnis im Einzelfall läßt sich schwer vorhersagen, aber Kollektivverhandlungen und Kollektivverträge als solche sind zu einer anerkannten festen Einrichtung geworden; sie dienen nicht nur der Festsetzung von Löhnen und Arbeitsbedingungen, sondern haben ganz allgemein ein systematisches Arbeitsrecht in Theorie und Praxis, sowie ein Verfahren geschaffen, in dem die persönlichen und die Gruppeninteressen von Arbeitern und Arbeitgebern innerhalb des Arbeitsvertrages vertreten werden können[195]. Vom englischen Tarifvertragsrecht hat man gesagt, es gleiche mehr einer »Kollektivverwaltung« als einem »kollektiven Vertragschließen«; im Vordergrund stehe nicht das sachliche Arbeitsrecht, sondern das Verfahren und die technische Seite; was es hervorbringe, seien keine Gesetzbücher der Arbeitsbedingungen, sondern eine Menge außerrechtlichen Brauchtums, das recht unberührt bleibt von einem Umschwung der öffentlichen Meinung und vom Wechsel der Parteiregierungen[196]. Es liegt nicht nur an dem besonderen Rechtsgebiet und an dem Umfang der betroffenen Interessen, daß die industrielle Kollektivvereinbarung fast wie eine behördliche Verordnung wirkt. Die Einstellung der Partner gleicht oft derjenigen zweier über einen völkerrechtlichen Vertrag verhandelnden Staaten, nicht derjenigen von Vertragsparteien im Zivilrecht. Dieser Eindruck wird oft dadurch verstärkt, daß eine Seite mit nackter Gewalt droht, um den Willen der anderen Seite zu brechen; beschwichtigend wirkt in solchen Fällen offenbar nur das gemeinsame Interesse, es nicht so weit kommen zu lassen, daß der Staat mit Befehlsgewalt eingreift.

Die Angleichung der Kollektivverhandlungen an die Ausübung amtlicher Befugnisse und an politische Tätigkeit zeigt sich auch heute in der Verwendung der Streikwaffe in hochentwickelten Industriewirtschaften. Seitdem die Sozialfürsorge staatlich geregelt ist, Arbeitsferien eingeführt und die Stellung und gleiche Verhandlungsstärke der Gewerkschaften rechtlich gesichert sind und seitdem nach dem Zweiten Weltkrieg die Arbeitslosigkeit stark zurückgegangen ist, beschränken sich die Streiks auf ihren ursprünglichen Zweck der Lohnerhöhung. Man hat deshalb gesagt, daß sowohl in Großbritannien als auch in Nord- und Westeuropa »die Industriearbeiterschaft wieder ein Teil des Bürgertums geworden ist«[197]. Tatsächlich zeigt sich in diesen Ländern ein »Absterben des Streiks«, berechnet nach insgesamt verlorenen Arbeitstagen[198]. Es wäre natürlich gewagt, über die Abnahme der Streiks in den einzelnen Ländern oder der Streiks bestimmter Art allgemeine Behauptungen aufzustellen[199], aber die »beachtliche Verkürzung der Streiks im ganzen«[200] ist ein klarer Zug in der neueren Entwicklung. Ebenso unverkennbar ist, daß die Streiks heute immer seltener den Löhnen und der Anerkennung der Gewerkschaften gelten, sondern viel öfter der förmlichen oder feierlichen Bekräftigung der Gewerkschaftspolitik und der Geschlossenheit ihrer Unterstützung als Teil der Taktik in der Kollektivverhandlung[201]. Auch bei Streiks um Löhne ist es im Grund nur die Absicht der Gewerkschaften, die Macht zu zeigen, die hinter den Lohnforderungen steht, auch wenn die verlangten Lohnerhöhungen, wie oft, nur gering sind.

Der wirkliche Einfluß von Kollektivverhandlungen und Streiks auf die Lohnhöhe ist in den genannten, hochentwickelten Ländern geringer als gemeinhin angenommen[202].

Insofern als die zur festen Einrichtung gewordenen Kollektivverhandlungen zwischen den Organisationen der Arbeitgeber und Arbeitnehmer die Aufgabe einer staatlichen Arbeitsordnung übernehmen, kann die Abwehr jeder staatlichen Einmischung durch diese Organisationen, ihre Forderung auf ein »kollektivistisches *laissez faire*«, nicht einfach hingenommen werden. Denn die Verständigung über ihre Konflikte kann andere Teile der Gesellschaft berühren, ja geradezu auf deren Kosten gehen[203]. Wie vielfach bewiesen, können organisierte Arbeitgeber und Arbeitnehmer gemeinsame Sache machen, um mittels ihrer Kollektivverhandlungen die Kosten ihrer Einigung auf andere Mitglieder der Gesellschaft, namentlich auf die Verbraucher, abzuwälzen, ohne sich dadurch bloßzustellen. Was der Form nach ein Streik oder eine Aussperrung ist, die freiwillige Unterwerfung unter einen Schiedsspruch, die Anrufung eines amtlichen Schlichters oder sogar ein Verfahren vor dem zuständigen Sondergericht, der Sache nach kann dies alles ein im voraus getroffenes Abkommen sein, wobei jede der beiden Parteien es der Allgemeinheit gegenüber so hinstellt, als ob sie von der anderen dazu gezwungen würde – die Kosten aber trägt die Allgemeinheit. Ein solches Zusammenspiel zwischen leitenden Angestellten von Gewerkschaften und Unternehmern kann sogar zum Nachteil der Arbeiterschaft ausschlagen, wenn nämlich persönliche Korruption bei den Verhandlungen mitspielt.

So groß diese Gefahren sind, so schwer ist es, sie zu verhindern. Wenn im Laufe der Kollektivverhandlungen die Vertreter beider Parteien einander zu schätzen und zu vertrauen lernen, so ist das ein großer Vorteil für den industriellen Frieden[204], öffnet aber auch den Weg zur insgeheim verabredeten Ausbeutung der Verbraucher[205] und zu einem korrupten Verrat der Interessen der jeweils vertretenen Organisationen[206]. In Zeiten wirtschaftlicher Expansion und beginnender Inflation werden solche Mißbräuche gewöhnlich weniger nachdrücklich bekämpft, weil die Löhne und Gehälter allgemein steigen, so daß die durch die Kollektivverträge entstehende Mehrbelastung der Verbraucher zunächst nicht auffällt. Solche Zeiten begünstigen zwar friedliche Beilegung industrieller Streitigkeiten durch kollektives

Verhandeln[207], wenn jedoch verabredete Lohnerhöhungen überhandnehmen, dann leiden immer weitere Kreise der Bevölkerung unter den steigenden Preisen und dem Absinken der Reallöhne. Sobald andererseits die Wirtschaft wieder schrumpft und die Arbeitsstellen gefährdet sind, stoßen Versuche zur Bekämpfung der Kollision auf entschiedenen Widerstand und auf eine übertriebene Geltendmachung der Nöte und Spannungen, die solche Zeiten ohnedies mit sich bringen.

IV. Gesetzgebung zum Ausgleich der durch die Zusammenschlüsse von Unternehmen und durch die Großunternehmen entstehenden Interessenkonflikte

§ 17   Die Entwicklung der Kapitalzusammenschlüsse

Das Zeitalter der Industrialisierung brachte auch auf seiten des Kapitals eine starke Zunahme der Zusammenschlüsse mit sich. Zu Beginn des 19. Jhts. standen dem Unternehmer dazu nur ungenügende Möglichkeiten offen. Wegen der hohen Kosten und aus anderen Gründen kam die Erlangung der Rechtspersönlichkeit (*incorporation*) durch Sondergesetz (*special statute*) oder staatliche Verleihung (*royal charter*) nur für Kommunalbetriebe, Banken, Versicherungsgesellschaften und öffentliche Versorgungsbetriebe in Betracht. Handelsrechtliche Kapitalgesellschaften (*joint stock companies*) galten rechtlich als bloße Gesellschaften des bürgerlichen Rechts (*partnerships*). Ihre Mitglieder hafteten persönlich als Gesamtschuldner für die Schulden der Gesellschaft, was zur Folge hatte, daß die Zahl der Gesellschafter beschränkt bleiben mußte, daß die Gesellschafter schwere Risiken liefen und daß die Geschäftsführung umständlich und schwerfällig war.

Die Entwicklung der Industrie erforderte die Möglichkeit leichter Kapitalaufnahme in einem Umfang, der die Beteiligung weitester Kreise voraussetzte. Diesem Erfordernis (das *damals* das soziale Interesse am wirtschaftlichen, insbesondere industriellen Fortschritt ausdrückte) entsprachen die englischen *Companies Acts* (Gesetze über Gesellschaftsrecht) von 1844 an[208] durch die Einführung zweier neuer Grundsätze: *Erstens* wurde allen unter gemeinsamer Firma handelnden Kaufleuten und Fabrikanten der Erwerb der Rechtspersönlichkeit gegen Zahlung einer geringen Gebühr freigestellt; verlangt wurde nur die Einhaltung gewisser Formvorschriften, und die Gesellschaften wurden staatlicher Aufsicht unterstellt. *Zweitens* wurde es den Gesellschaftern ermöglicht, ihre persönliche Haftung für die Schulden der Gesellschaft auf einen bestimmten Betrag zu beschränken. Für den Übergang vom System der Einzelkaufleute und der Kraft staatlicher Verleihung rechtskräftigen Gesellschaften (*chartered corporations*) zu dem modernen amerikanischen »Korporativsystem« in Handel und Industrie bietet der Industriestaat Pennsylvania ein besonders anschauliches Beispiel.

Nach neueren Forschungen[209] wurden – entgegen der gängigen Auffassung – die auf Grund besonderer Verleihung der juristischen Persönlichkeit rechtsfähigen Gesellschaften (i. f. »*Charter Corporations*« genannt) im späten 18. und frühen 19. Jht. als Konkurrenten der staatseigenen Unternehmen angesehen; staatliche wirtschaftliche Unternehmen (»*public enterprise*«) waren damals eine selbstverständliche Erscheinung der praktischen und theoretischen Politik[210]. Nach damals herrschender Ansicht sollte die Rechtsfähigkeit (*Charter*) nur dann verliehen werden, wenn Staatsbetriebe der betreffenden Art sich als nicht empfehlenswert erwiesen hatten[211]. Für Städtebau, Straßen, Kanäle und andere öffentliche Versorgungsbetriebe wurde bei Verleihung der Rechtsfähigkeit oft die Beteiligung des Staats ausbedungen. Solche gemischt-wirtschaftliche Unternehmen galten als Ausdruck der Volkssouveränität und Gleichheit, als ein »modernes« Mittel der öffentlichen Wohlfahrt und Unterstützung, gleichzeitig auch als Förderung der Volkswirtschaft an ihren wichtigsten Stellen.

Beim Wettbewerb mit den *Charter Corporations* fand der Staat unerwartete Bundesgenossen in den Reihen der starken »*Anti-Charter*«-Bewegung. Dazu gehörten die kleinen Einzelunternehmer, in deren Augen die *Charter Corporations* ungerecht bevorzugte, riesenstarke Konkurrenten waren. Diese Einzelunternehmer standen also vereint mit den Staatsbetrieben gegen die *Charter Corporations* – wie in Vorausahnung der Zeit, in der später die »*Lobbies*« der kleinen Geschäftsleute versuchten, sich der modernen Großverbände mit Kartellgesetzen (*anti-trust laws)* und anderen Maßnahmen zu erwehren. Mit solcher Unterstützung hielt der Staat im frühen 19. Jht. die *Charter Corporations* durch Zulassungszwang und Überwachung unter Aufsicht; mit dem gleichen Ziel wurden die wirtschaftlich schwachen Gruppen als Schuldner und als Gläubiger geschützt, die erbliche Sklaverei abgeschafft, die Kinderarbeit und die Arbeitszeit beschränkt. Die spätere Geschichte erlaubte sich hierzu einen bitteren Scherz. Denn dieses staatliche Einschreiten gegen die *Charter Corporations* berief sich auf dieselben »Grundsätze des Naturrechts« und »natürlichen Rechte«, die noch vor Ende des 19. Jhts. die Hauptwaffe der modernen Großverbände im Kampf gegen die moderne Sozialgesetzgebung werden sollten. Die Vorwürfe über Mißbrauch von Monopol und Macht, über mangelnde Leistung und unberechtigte Bevorzugung, die später den Staatsbetrieben von den Verbänden gemacht wurden, waren dieselben, die früher von den Einzelunternehmern und Politikern gegen die Verbände erhoben worden waren[212].

Die schwache Opposition gegen die frühe Fabrikgesetzgebung in Pennsylvania wurde nie vor Gericht gebracht; sie galt einzelnen praktischen Fragen bei der Ausführung der Gesetze und betraf keine grundsätzlichen Fragen wie das *laissez faire*. Industrialisierung und Bahnbau verbinden wir gewöhnlich mit den Grundsätzen des *laissez faire* und ihrer Verwirklichung; in Pennsylvania aber griff der Staat auf diesen Gebieten in solch weitreichender und flexibler Weise ein, daß Verbände von verschiedenen Seiten zu einem Überbleibsel der Vergangenheit erklärt wurden[213]. Noch im Jahre 1853 erklärte der pennsylvanische Chief Justice Black, der Bau von Eisenbahnen sei eine »öffentliche Pflicht«, und es sei »eine klare und allgemein anerkannte Pflicht der obersten Regierungsbehörde, den Binnenverkehr und den Außenhandel zu unterstützen und zu fördern«[214]. Auch diese Auffassung sollte später ins Gegenteil verkehrt werden, wie ich in *Human Law and Human Justice* (Kap. 3 und 4) ausführlich dargestellt habe.

Schon als Black seinen Ausspruch tat, hatte die Umkehr begonnen. Sie hatte vor der dem Sezessionskrieg folgenden Entwicklung von Industrie und Eisenbahnen eingesetzt, als sich einerseits die Verbände in Aufbau, Geschäftstechnik und in der Auswahl der leitenden Persönlichkeiten änderten, anderseits der Staat in seiner wirtschaftlichen Betätigung versagte. Der 145

Staat zeigte sich den Aufgaben des häufigen Konjunkturwechsels nicht gewachsen. Der Staatsverwaltung fehlten die nötigen Erfahrungen, die erforderlichen Behörden und ein geeignetes Verfahren[215]. Daß der moderne Verband im letzten Viertel des vorigen Jahrhunderts Triumphe feierte, erklärt sich wahrscheinlich daraus, daß er sich als fähig erwies, die Wirtschaft weiter auszubauen, während der Staat untätig blieb. In jenen Jahrzehnten wurde nicht nur der Staat aus der Wirtschaft verdrängt, sondern es wurden auch die alten *Charter Corporations* von neuen Gesellschaften verdrängt, die unter stetig günstiger werdenden Gesetzen Rechtsfähigkeit erlangen konnten[216]. Die älteren einschlägigen Gesetze hatten einen so beschränkten Anwendungsbereich und waren so eng in ihren Bestimmungen, daß die Unternehmer noch immer um Einzelverleihung der Rechtsfähigkeit nachsuchten[217]. Zwischen 1790 und 1860 wurden in Pennsylvania nicht weniger als 2333 solche einzelne *»Charters«* erteilt[218], die meisten in der Zeit nach dem ersten allgemeinen *»Incorporation Act«* von 1849; in den ersten fünf Jahren nach diesem Gesetz wurden nur fünf Verbände gegründet. Die große Zahl der Anträge auf *Charters* in der Folgezeit nahm die Gesetzgebung so in Anspruch, daß es schließlich zu dem leichter zu handhabenden allgemeinen *Incorporation Act* von 1874 kam.

Schon seit den Wirtschaftskrisen der 40er Jahre des 19. Jhts. war die Rolle des Staats für das Wirtschaftsleben durch die zunehmende Größe, Zahl und Geschäftstüchtigkeit der Verbände in Frage gestellt. Die Verbände hatten früher ihre Besteuerung und Reglementierung sowie die eigenen staatlichen Wirtschaftsbetriebe hingenommen, nunmehr aber griffen sie alles dies an als Verletzung der gesetzlich (durch *Bill of Rights*) verbrieften Rechte auf Eigentum und Freiheit[219]. Wirtschaftliche Schwierigkeiten des Staats unterstützten die Verbände in ihrer Behauptung, daß staatliche Hemmungen die Produktivität beeinträchtigten, daß sie die Privatwirtschaft behinderten. Unter *»Privatwirtschaft«* verstand man sowohl die Geschäfte der Verbände als auch die Einzelkaufleute, die früher die Hauptfeinde der *Charter Corporations* gewesen waren. Als die Verbände vorherrschend wurden, beriefen sie sich mehr und mehr auf das Ideal der freien Privatwirtschaft zur Rechtfertigung ihrer Interessen[220]. So entwickelten sich die Verbände zu großer

Bedeutung im Bank- und Transportgeschäft sowie in der Industrie[221], und der »*Corporation lawyer*« (Verbandsjurist, Industrieanwalt) wurde zum wichtigsten Wirtschaftsplaner bei der Leitung der Verbände; schließlich eroberte sich das Ideal der freien Privatwirtschaft eine feste Stellung in den Verfassungen des Bundes und der Staaten[222]. Naturrechtliche Grundsätze dienten alsdann zur Niederhaltung staatlicher Betriebe und zur Eindämmung der staatlichen Reglementierung der Wirtschaft[223]. So sehen, mit den Augen der Verbände betrachtet, Naturrecht, Vertragsfreiheit und *laissez faire* aus, die ich von meinem Standpunkt aus in meinem Buch *Human Law and Human Justice* behandelt habe.

Der Zusammenschluß von Einzelunternehmern zur Steigerung ihrer Konkurrenzfähigkeit (wie im Falle *Mogul*) erzeugte eine zunehmende Konzentration wirtschaftlicher Macht; um die Jahrhundertwende beschleunigte sich dieser Vorgang infolge der ungeheuren Vergrößerung der einzelnen Betriebe im Zusammenhang mit gesteigerter Mechanisierung und mit der Verwendung von Verbänden und Trusts als Rechtsformen der Finanzmacht. In den vorhergehenden Seiten[224] sind viele durch diese Entwicklung entstandenen Interessenkonflikte und ihre rechtliche Behandlung getrennt dargestellt worden; es ist nunmehr geboten, sie in ihrer Beziehung zum Problem des Zusammenschlusses von Kapitalisten zusammenzufassen.

§ 18   Die Kapitalkonzentration in den Verbänden: Konflikte
mit den Interessen von Gesellschaftern und Verbrauchern

Im Werk von A. A. Berle und G. Means, *The Modern Corporation and Private Property* (1932)[225], wurden vor mehr als dreißig Jahren die drei Aufgaben klar herausgearbeitet, die den hochindustrialisierten Ländern[226] von dem modernen Verbändesystem gestellt wurden. Die *erste Aufgabe* hängt mit dem Ausmaß der Großunternehmen zusammen: Für die meisten Lebensbedürfnisse hängt die Gesellschaft von einer beschränkten Zahl von Großverbänden ab, die von einer beschränkten Zahl von Personen geleitet werden. Wie die Verfasser nachweisen, besaß die *American Telephone and Telegraph Co.* schon 1927 ebensoviel Kapital wie 8000 Gesellschaften von damaliger

Durchschnittsgröße zusammengenommen; die *U.S. Steel Corporation* und die *Pennsylvania Railroad Company* ebensoviel wie 4000. Ferner gab es damals in Amerika außer den Großbanken 200 Verbände mit über 100 Millionen Dollar Vermögen, darunter 15 mit mehr als einer Milliarde Dollar; zusammen gehörte ihnen mehr als die Hälfte des gesamten Vermögens aller Verbänin den Vereinigten Staaten. Nach Statistiken von 1935 bezogen 0,1 % der erfaßten Verbände mehr als 50 % des gesamten Reineinkommens amerikanischer Verbände, und weniger als 4 % der Verbände bezogen 84 % des Gesamteinkommens. Um die Jahrhundertmitte besaßen etwa 100 Verbände die Hälfte aller Produktionsmittel, und 230 Verbände betrieben etwa die Hälfte der gesamten amerikanischen Industrie[227]. Die Produkte und die Dienstleistungen der Großverbände berührten jeden Teil des Sozial- und Wirtschaftslebens – von ihrer Art und Güte hing es entscheidend ab, ob wichtige menschliche Bedürfnisse gestillt wurden oder unbefriedigt blieben. Die erste Aufgabe besteht sonach darin, dafür zu sorgen, daß diese Wirtschaftskörper, auf die die Gesellschaft in so vielen Beziehungen angewiesen ist, ihre Verpflichtungen voll erfüllen, also darin, das soziale Interesse an der allgemeinen Sicherheit zu schützen, die durch das Ausmaß der Verbände und ihre Beherrschung durch Privatpersonen gefährdet ist. Diese und andere Probleme werden noch dadurch schwieriger, daß das Kapital innerhalb der Verbände weiter wächst. Die Großverbände können heute ihre eigene Ausdehnung zum großen Teil selbst finanzieren, brauchen also ihre Finanzlage nicht dem Urteil des Geldmarkts zu unterwerfen. So wurden in den Jahren 1946–1953 etwa 64 % der für Kapitalerhöhung benötigten insgesamt 150 Milliarden Dollar aus eigenen Mitteln aufgebracht[228].

Zweitens war jeder dieser Verbände eine juristische Person. Das Vermögen gehörte dem Verband. Die Aktionäre (*shareholders*) sind an der Verwaltung des Gesellschaftsvermögens nicht unmittelbar beteiligt, mit Ausnahme der Endabwicklung und Vermögensverteilung (außerhalb eines Konkurses). Mittelbar und theoretisch können die Aktionäre durch ihr Stimmrecht bei der Bestellung und Beaufsichtigung der »Direktoren« (Aufsichtsrat) Einfluß auf die Verwaltung des Gesellschaftsvermögens ausüben. Praktisch aber kam das nicht in Frage, weil sich die

Verteilung des Aktienbesitzes völlig änderte. Die große Masse der Aktien der Großverbände gehörte Zehntausenden von weithin zerstreuten, unorganisierten Kleinaktionären, die – abgesehen von den Dividenden – wenig Interesse an dem Verband haben. So kam es, daß die tatsächliche Herrschaft über die Verbände oft in den Händen einer Minderheit von Inhabern von Aktienpaketen lag. Diese Machtverlagerung zugunsten von Aktienpaketen der Minderheit war überraschenderweise desto stärker, je größer der Verband war; denn um so mehr zersplitterte sich der Aktienbesitz der Mehrheit[229]. Der Anteil am Reinvermögen nach Beendigung der Abwicklung und die Einflußnahme auf die Geschäftsführung während des Bestehens der Gesellschaft gingen also verschiedene Wege. Von der Beteiligung am Gesellschaftsvermögen verblieb dem Aktionär praktisch nur das Recht auf den jeweiligen Gewinnanteil; die »Herrschaft« lag bei den Inhabern von Aktienpaketen, die mit ihrem Stimmrecht sich selbst oder andere zu Direktoren und Geschäftsführern (Aufsichtsrat und Vorstand) wählen konnten. Und insofern die Ausdehnung der Verbände aus ihren eigenen, angesammelten Mitteln finanziert wird, fehlt es einem großen Teil des Vermögens überhaupt an einem persönlichen Eigentümer sogar in diesem beschränkten Sinne. Die Herrschaft innerhalb der Gesellschaft ist nicht mehr vom Eigentum getrennt, sie verdrängt und ersetzt es; »Kapitalismus mag noch bestehen, aber der Kapitalist ist verschwunden«[230]. Die *zweite Aufgabe* war es deshalb, dafür zu sorgen, daß die verhältnismäßig wenigen Personen, die dank unzulänglicher Gesetze Riesenvermögen beherrschen, verantwortlichen Gebrauch von ihrer Machtstellung machen[231].

Diese zweite Aufgabe wird dadurch erschwert, daß so, wie der Einzelunternehmer des 18. Jhts. weithin durch die vergesellschafteten Großbetriebe ersetzt wurde, nunmehr neben die Gesellschaften mit eigener Rechtspersönlichkeit eine schon zu fester Einrichtung gewordene neue Wirtschaftsform getreten ist, die wir »Unternehmenseinheit« (*enterprise entity*) nennen möchten. Eine große Gesellschaft z. B. gründet Tochtergesellschaften, um ihren Geschäftsbereich zu erweitern oder aus Steuergründen. Oder rechtlich selbständige Gesellschaften legen ihre Betriebe unter gemeinsamer Leitung zusammen. Der Rechtsform nach handelt es sich um juristische Einzelpersonen, der Sache nach, was zuweilen rechtlich anerkannt wird, um eine einheitliche Betriebsgruppe. So behandelt beispielsweise die Lehre von den 149 *de facto*-Verbänden als eine Unternehmenseinheit dasjenige, was als solche durch Übereinkunft der Beteiligten für den vorliegenden Zweck geschaffen worden ist[232]. Die Gerichte wiederum können mehrere rechtsfähige Verbände als eine Einheit behandeln, wenn die eine Gesellschaft die Stimmenmehrheit in einer oder mehreren anderen Gesellschaften besitzt und die Betriebe zusammengelegt sind, dies um etwa Tochtergesellschaften eine breitere Grundlage zu verschaffen. Einerlei ob die eine Gesellschaft als Vertreterin der anderen handelt oder ob die Geschäftsführung vereinheitlicht ist, der Erfolg ist der, daß das Vorliegen einer Unternehmenseinheit vom Gericht auf Grund der geschäftlichen und wirtschaftlichen Tatsachen beurteilt wird[233]. Nach einer Rechtsauffassung können auch Umstände vorhanden sein, unter denen Aktionäre für die Schulden verbundener Unternehmen haften, wenn ihre Gesellschaft die Leitungsmacht in anderen Gesellschaften erworben hat[234]. Besser bekannt als diese Fälle sind jene, in denen das Gericht »den Schleier der Gesellschaftsform« lüftet, um die Haftung für Steuerverbindlichkeiten, strafrechtliche Verantwortlichkeit, Verstöße gegen das Kartellrecht, Verbindungen zum feindlichen Ausland u. dgl.[235] aufzudecken, wobei oft in ähnlicher Weise der Begriff der Unternehmenseinheit angewendet wird.

Wird die Unternehmensverbindung rechtlich grundsätzlich anerkannt, so folgt nach Ansicht von A. A. Berle jr., daß das Mehrheitsaktienpaket der Muttergesellschaft bei einer Tochtergesellschaft einen anderen Rang einnimmt als die Aktien einzelner Aktionäre der Tochtergesellschaft. Es wäre verkehrt, die Herrschaft der Muttergesellschaft über die Tochtergesellschaft als verdächtige Machenschaft anzusehen, zu der sich Aktionär und Gesellschaft unter dem Deckmantel der gewöhnlichen Rechtsregeln zusammenfinden. Vielmehr muß anerkannt werden, daß diese Beherrschung der Tochtergesellschaft an sich rechtmäßig ist und es nicht nötig ist, sich mit dem Vorgeben zu rechtfertigen, es handle sich um normale Beziehungen zwischen Aktionär und Gesellschaft. Mit Rücksicht auf die »Unternehmensgruppe« können gewisse, normalerweise beanstandbare Abreden einer Tochtergesellschaft zulässig sein[236]. Nach der Ansicht von Berle, auf die nachdrücklich hinzuweisen ist, macht jedoch die bloße Tatsache des Aktienbesitzes einer Gesellschaft bei einer anderen Gesellschaft die beiden Gesellschaften noch nicht zu einer »Unternehmenseinheit«. Das hängt vielmehr vom freien Entschluß der Muttergesellschaft ab; sie kann (und wird gewöhnlich) ihren beherrschenden Einfluß ausüben, wenn sie will.

Die *dritte Aufgabe* entsteht aus der Verbindung der beiden ersten. Wenn es den Aktionären nur darum zu tun ist, aus dem durch ihre Einlagen gebildeten Vermögen des Verbandes regelmäßig gute Dividenden zu beziehen, und wenn die soziale Gemeinschaft als ganzes sich mit der Tätigkeit des Verbandes in jeder Hinsicht ernstlich befaßt, in wessen Interesse sollen diese Riesenvermögen und die Arbeit von Millionen in den Betrieben Tätigen verwaltet und gelenkt werden? Wessen Treuhänder, so wurde die Rechtsfrage gestellt, sind die Direktoren eines Verbandes? Treuhänder der Aktionäre, der Aktionärsmehrheit, Treuhänder ihrer selbst, der Arbeiter oder der sozialen Gemeinschaft? Fest steht nur, daß nach keiner juristischen oder sonstigen Theorie die Direktoren die Nutznießer der Geschäftsführung sein können, namentlich dann nicht, wenn sie nur die Vertrauensmänner der Mehrheitsaktionäre sind. Offensichtliche Schwierigkeiten macht der Vorschlag, den Arbeitern nicht nur gute Löhne und Arbeitsbedingungen zu gewähren, sondern sie auch unmittelbar am Gewinn zu beteiligen, obwohl schon Versuche mit Arbeiteraktien gemacht wurden[237]. Streng rechtstheoretisch – allerdings nur auf kleine Handels- und Industriegesellschaften richtig passend – wäre weder die Masse der Verbraucher noch die Allgemeinheit überhaupt, sondern nur die Aktionäre als die Nutznießer der Geschäftsführung anzusehen. Aber diese Unterscheidung verliert bei den Großverbänden zum großen Teil ihren Sinn, denn deren Tausende von verstreuten Einzelaktionären wollen sich eigentlich nicht an einem Geschäftsunternehmen beteiligen, sondern sie wollen eine Einkommensquelle besitzen, und die fortschreitende Zersplitterung des Aktienbesitzes wird planmäßig gefördert, wie dies z. B. an der Wertpapierbörse in New York in den 50er Jahren geschah. A. A. Berle hatte sich früher für die Treuhänderschaft zugunsten der Aktionäre ausgesprochen, im Jahr 1954 erklärte er aber, er habe sich nunmehr davon überzeugt, daß sie zugunsten der Allgemeinheit geführt werden müsse; daraus ergeben sich weitreichende Folgen hinsichtlich der Rolle und Verantwortlichkeit der Verbände als Einrichtungen[238].

Nach dieser Auffassung entspricht das Recht nicht mehr den Interessen, die heute auf einem großen Gebiet des Wirtschaftslebens die wirklichen Triebkräfte sind. Eigentum am Gesellschaftsvermögen und Herrschaft über die Gesellschaft sind voneinander getrennt, der einzelne Aktionär hat wirtschaftlich nur noch das Recht auf seinen Gewinnanteil. Die Großunternehmen sind für die Gesamtheit so wichtig, daß das soziale Interesse an ihrem festen Bestand und ihrer Leistungsfähigkeit als wirtschaftliche Einrichtungen sich immer stärker geltend macht. Die Verantwortung für den Lebensstandard ihrer Millionen von Arbeiter hat ebenfalls das soziale Interesse an den der Form nach noch privaten Unternehmen gesteigert[239]. Wie von seiten der Arbeiter geltend gemacht wird, liegt es auch im Interesse der Aktionäre, daß sich die Großunternehmen ihrer Verantwortlichkeit gegenüber der Allgemeinheit stärker bewußt werden.

Wie ein oder zwei Verbände um die Mitte dieses Jahrhunderts erkannt haben, verfügen sie über einen sehr großen Teil der gesamten für die Allgemeinheit nötigen Wirtschaftsgüter und Hilfsquellen und haben deshalb die schwere und höchst verantwortungsvolle Aufgabe, bei deren Verwendung eine dem Gemeinwohl und allgemeinen Fortschritt förderliche Rangordnung einzuhalten[240]. Die Größe der nationalen Gesamtproduktion einer »Wohlstandsgesellschaft« allein ist noch keine befriedigende Antwort auf die Forderungen des sozialen Interesses am allgemeinen Fortschritt. Sie beweist möglicherweise nur, daß auf außerordentlich kostspielige und verschwenderische Weise eine Massennachfrage hervorgerufen und vom Verbändesystem mit Gewinn befriedigt worden ist, während andere dringende, aber nicht so künstlich großgezogene Bedürfnisse wie die des Bildungswesens und des Landschaftsschutzes unbefriedigt bleiben[241]. Wie Berle es verlangt, müssen deshalb diejenigen, die »private« Verbände leiten, nicht nur ihrem »Gewissen« folgen, sondern auch auf die Stimme des »Gottesstaates« hören[242].

---

[1] Diese mittelbare Natur der Vereinigungsfreiheit ist der Ausgangspunkt zum Verständnis der Gegensätze im amerikanischen Supreme Court zu der Frage, ob die Vereinigungsfreiheit als solche ein verfassungsmäßig geschütztes *besonderes Grundrecht* ist, gegen das die Interessen des Staates,

auf die er sein Eingreifen stützt, abgewogen werden müssen. Unsere Untersuchung zeigt, warum diese Frage nicht einfach bejaht werden kann und warum dafür andere verfassungsmäßig geschützte Rechte mitberücksichtigt werden müssen, z. B. das Recht auf freie Meinungsäußerung; siehe *N. A. A. C. P. v. Alabama ex rel. Patterson* (1958) 357 U. S. 449, bes. 460–62; *Bates v. Little Rock* (1960) 361 U. S. 516; *Shelton v. Tucker* (1960) 364 U. S. 479; *Scales v. U. S.* (1961) 367 U. S. 203; *Gibson v. Florida...* (1963) 372 U. S. 530; *N. A. A. C. P. v. Alabama ex rel. Flowers* (1964) 377 U. S. 228. Vgl. die grundlegende Untersuchung bei T. I. Emerson, »Freedom of Association and Freedom of Expression« (1964) 77 *Yale L. J.* 1–35, bes. 1–5, 21–35 und die ebenda Anm. 4 genannte Literatur. Im Falle *Griswold v. Connecticut* (1965) 85 Sup. Ct. Rep. 1678, 1681 ist diese Frage endgültig klargestellt.

Eine vergleichende Untersuchung (zwischen Frankreich, dem Dritten Reich, Schweden und dem Vereinigten Königreich) bietet K. Braun, *The Right to Organise and its Limits* (1950); siehe ferner allg. G. Abernaty, *The Right of Assembly and Association* (1961); Emerson-Haber, *Civil Rights* II 804–815.

Aus Platzmangel kann auf einzelne besondere Konflikte nicht eingegangen werden, wie etwa den zwischen Vereinigungsfreiheit und dem Interesse an der Volksgesundheit; siehe z. B. D. Raub Jr., »Anti-Trust Prosecution against the American Medical Association« (1939) 6 *L. and C. Prob.* 595; J. Laufer, »Ethical and Legal Restrictions on Contract and Corporate Practice of Medicine« ebenda 516, 527.

2 Eine scharfsinnige Darstellung des Gegensatzes zwischen den festgelegten Linien des Gewerkschaftswesens und seinen Theorien bietet B. C. Roberts, »Industrial Relations« bei Ginsberg, *20th Century* 364–389; siehe allg. W. Galenson, *Rival Unionism in the U. S.* (1940). Über einige der schwierigen Probleme, die sich aus dem Anspruch der Gewerkschaften auf das Recht zum Beitrittszwang, zur Beitrittsverweigerung und zum Ausschluß von Mitgliedern ergeben, siehe *Williams v. Hursey* (1959) 103 C. L. R. 30 (High Court of Australia); *Madden v. Atkins* (1958) 147 N. Y. 2d 19, 151 N. E. 2d 73; für England siehe die bei Stone, *Legal System* Kap. 8 Anm. 46 genannten Aufsätze von D. Lloyd, bes. »The Law of Associations« bei Ginsberg *a. a. O.* 99–115, »Judicial Review of Expulsion...« (1952) 15 *M. L. R.* 413–424, »Damages for Wrongful Expulsion...« (1956) 19 *M. L. R.* 21, »*The Right to Work*« (1957) 10 *Curr. L. P.* 36; siehe auch R. W. Rideout, *The Right to Membership of a Trade Union* (1963). Über das Recht des Arbeiters auf Mitgliedschaft bei einer Gewerkschaft trotz Widerspruch des Arbeitgebers siehe *Application of Thomas Heaney & Co.* (1962) 4 *A. I. L. R.* No. 14, 2, 5–6, wo die Fabrikbesitzer als Mitglieder der Sekte »Exclusive Order of Brethren« den Austritt von 158 Arbeitern aus der Gewerkschaft verlangten, weil Gewerkschaftszugehörigkeit »sündhaft« sei. Der Antrag der Fabrikbesitzer auf Befreiung von der bezüglichen Klausel des Tarifvertrags wurde von Commissioner Findlay mit der Begründung zurückgewiesen, daß eine solche Ausnahmebewilligung das Recht der Arbeiter auf Gewissensfreiheit verletzen würde; siehe über das vorangegangene Verfahren (1962) 99 C. A. R. (Aust.) 237.

3 Wie Webb, *Unionism* 1–63, bes. 18–19 ausführt, sind ihren Aufgaben nach die heutigen Nachfolger der mittelalterlichen Zünfte »die Versicherungsgesellschaften auf Gegenseitigkeit *(friendly societies)* und die Gewerkschaft, das kapitalistische Syndikat und die Arbeitgeberverbände, der Fabrikinspektor und der Armenpfleger, der Aufseher über den Schul-

besuch und die mit der Aufsicht über Verfälschung von Lebensmitteln, über Maße und Gewichte betrauten Beamten«. Zustimmend Sir L. Brentano, *Gilds and Trade Unions* (1870) und Sir W. Ashley, *Intro. to Economic History and Theory* (1891–93); siehe auch G. D. H. Cole, *Intro. to Trade Unionism* (1953).

[4] Die Obmänner der Zunft wurden oft von der Stadtbehörde angestellt und mit dem Schutz des Publikums vor Verfälschung und Betrug beauftragt (Webb, *Unionism* 18, 49). Wie weit sie dabei Erfolg hatten, interessiert hier nicht.

[5] Im Sinne eines künftigen sozialistischen Programms meinte Laski, die Gewerkschaften sollten aufhören, um ihrer Kampfstärke willen alle Berufszweige zu umfassen.

Sie sollten wieder Fachvereinigungen werden, von anderen durch ihre Fachkunde getrennt; sie würden dann die für die Leistungen ihres Faches geltenden Anforderungen bestimmen, die Aufnahme von neuen Mitgliedern regeln und die Interessen der in ihrem Fach Tätigen schützen und vertreten (Laski, *Politics* 509–519).

[6] Daher rührt vermutlich der (auf Korinther II 6 gestützte) Glaube der Sekte »Exclusive Order of Brethren«, daß es gegen Gottes Gebot sei, einer Gewerkschaft anzugehören und für sie tätig zu sein. Über die deswegen in Australien geführten Prozesse siehe *oben* Anm. 2.

[7] Es gab sie überhaupt erst seit dem Ende des 17. Jahrhunderts. Siehe Webb, *Unionism* 21–22.

[8] Wie Webb *a. a. O.* 45 jedoch bemerkt, hätte sich »die Gewerkschaftsbewegung auch ohne Dampfmaschine und Fabrikwesen in der englischen Industrie durchgesetzt«. Zweifellos hatten Wandlungen im Aufbau einiger Industriezweige schon im 17. Jahrhundert zur Entstehung von Gesellenvereinen nach Art der modernen Gewerkschaft geführt; dies gilt z. B. für die Hutmacher und Schneider in London und Westminster, die Tuchweber in Westengland, die Wollkämmer und Strumpfwirker, die Messerschmiede von Sheffield und die Schiffszimmerleute von Liverpool; vgl. allg. Commons, *Capitalism* c. II 34–35.

[9] Es gibt viele Beweise dafür, daß sich die Handwerksgesellen an König und Parlament wandten, mit der Bitte, sie gegenüber den Arbeitgebern in Schutz zu nehmen, nämlich die Löhne festzusetzen (siehe z. B. *Woollen Cloth Weavers Act* 1756, 29 Geo. 2, c. 33), die »Verwässerung« der Industrie (Ersatz gelernter durch ungelernte und weibliche Arbeiter) zu beschränken (siehe z. B. *An Act Touching Weavers* 1555, 2 & 3 Ph. & M. c. 11) und die Benützung neuer Maschinen zu verbieten.

E. M. Dodd, »From Maximum Wages to Minimum Wages . . .« (1943) 43 *Columbia L. R.* 643, bes. 643–651 unterschätzt in seiner sonst wertvollen Darstellung den Zusammenhang zwischen dem vor 1800 gültigen Ideal eines behördlich geregelten Wirtschaftslebens und der Unterdrückung der Arbeitervereine, wie auch die Unklarheiten der Übergangszeit zwischen 1790 und 1825.

[10] Die Gerichte verhielten sich ablehnend, siehe Webb, *Unionism* 60 und Lord Ellenborough in *R. v. Justices of Kent* (1811) 14 East 395.

[11] siehe z. B. die Aufhebung des *oben* Anm. 9 genannten Gesetzes von 1756 durch ein Gesetz von 1757; die Ablehnung eines Gesetzesvorschlags über die Festsetzung der Löhne der Londoner Strumpfwirker (Sir L. Brentano *a. a. O.* (*oben* Anm. 3) 115–121; Webb, *Unionism* 51–52); *Reports on Petitions of Cotton Weavers* (1808 und 1809), worin die vorgeschlagene Festsetzung von Mindestlöhnen als undurchführbar und nicht wünschenswert abgelehnt wurde, siehe Webb *a. a. O.* 59.

¹² Beispielsweise die Beschränkung der Zahl der für einen Meister arbeitenden Lehrlinge durch den *Manufacture of Hats Act* 1777 (17 Geo. 3, c. 55), der die älteren Gesetze von 1566 (8 Eliz. c. 11) und 1603 (1 Jac. 1, c. 17) aufhob; vgl. die Ablehnung solcher Beschränkungen im Kattundruckgewerbe (*Minutes of Evidence and Report* 4. Juli 1804 und 17. Juli 1806). Einige Übergangsmaßnahmen, z. B. das »Speenhamland System« (Armenunterstützung außerhalb des Armenhauses) erlaubten es den Arbeitgebern, ihr Brot auf 2 Seiten zu buttern; siehe den kurzen Bericht darüber bei Russell, *Freedom*, Kap. VI.

¹³ Durch den *Wages of Artificers Act* 1813, 53 Geo. 3, c. 40 (im Bezug auf Lohnfestsetzung) und *Apprenticeship Act* 1814, 54 Geo. 3, c. 96 (im Bezug auf Beschränkung der Lehrlingszahl).

¹⁴ siehe Stone, *Human Justice* Kap. 3,4.

¹⁵ Ein Sonderausschuß berichtete im Jahre 1811: »In die Freiheit des Handels und in die vollkommene Freiheit jedes Bürgers, seine Zeit und Arbeit so und unter solchen Bedingungen zu verwenden, wie er es in seinem eigenen Interesse für am besten hält, kann der Gesetzgeber nicht eingreifen, ohne daß er allgemeine Grundsätze verletzt, die für Gedeihen und Glück der Gemeinschaft von äußerster Wichtigkeit sind, ohne daß er damit ein höchst verderbliches Musterbeispiel aufstellt, ohne daß er in kürzester Zeit die allgemeine Lage noch drückender macht und die Erleichterung der Notlage erschwert.« (*Cotton Trade: Report and Evidence on Several Petitions*, 1810–11, vol. II 389).
Über die Gedankenverwirrung in der Übergangszeit siehe allg. die anschauliche Darstellung von Halévy, *Radicalism* Teil II Kap. II, III.

¹⁶ 39 Geo. 3, c. 81; 39 & 40 Geo. 3, c. 90.

¹⁷ Das Gesetz von 1799, dem ein ernster Streik im Maschinenbaugewerbe vorangegangen war, stellte den Höhepunkt und die Zusammenfassung zahlreicher Einzelgesetze dar, die jeweils für ein bestimmtes Gewerbe den Zusammenschluß der Arbeiter verboten, wie es dem Wesen des alten (zunftmäßigen) Systems entsprach. In Wirklichkeit blieben jene alten Regeln schon damals größtenteils unbeachtet und die Löhne und Arbeitsbedingungen wurden in freier Verhandlung zwischen dem Meister und dem einzelnen Arbeiter vereinbart. Das Verbotsgesetz von 1799 enthielt drückende Bestimmungen, die den Angeklagten zwangen, sich selbst zu beschuldigen; es war der erste Schritt im Kampf der Unternehmer gegen den Aufstieg der kampfbereiten Arbeitervereine, die an die Stelle der rasch verschwindenden »Ordnungsvereinigungen« alten Stils traten. Die im Gesetz von 1799 enthaltenen Vorschriften über die Regelung des Arbeitsvertrages wurden, wie es scheint, nie wirklich angewendet; siehe Webb, *Unionism* 71.

¹⁸ Das Beispiel stammt von Lord Jeffrey, siehe Webb, *Unionism* 72.

¹⁹ Die ersten zwanzig Jahre des 19. Jahrhunderts sahen nach der Schilderung des Geschichtsschreibers der englischen Gewerkschaftsbewegung »eine gesetzliche Verfolgung der Gewerkschaftsmitglieder als Aufrührer und Revolutionäre« (Webb *a. a. O.* 63); schwerste Strafen und soziale Brandmarkung brachen über die Arbeitervereine herein. »Niemand aber«, schrieb Webb (73), »schritt gegen die Messerschmiedmeister ein, die sich 1814 ganz offen zur *Sheffield Manufacturing and Mercantile Union* zusammenschlossen und die Regel aufstellten, daß kein Händler und Fabrikant für Sheffieldware jeglicher Art einen höheren als den im Vorjahr üblichen Preis zahlen dürfe, bei Vermeidung einer Strafe von £ 100 für jede Zuwiderhandlung«; siehe auch *ebenda* Kap. II 65–112, ferner Russell, *Freedom* Kap. XVI.

20 *On Liberty* (1859) 27.

21 Die Ansicht von Dicey, *Law and Opinion* 190–99 ist also anfechtbar.

22 5 Geo. 4, c. 95.

23 6 Geo. 4, c. 129.

24 A. V. Dicey erblickte in der Umkehr des Gesetzgebers einen Beweis für die Zweideutigkeit der benthamistischen freiheitlichen Grundsätze in ihrer Anwendung für die Vereinigungsfreiheit durch die beteiligten Politiker (z. B. Francis Place, Joseph Hume, McCulloch von der *Edingburgh Review* und Peel selbst). Nach dieser Ansicht wollten die Väter des Gesetzes von 1824 Vereinigungsfreiheit als ein Stück der Freiheit der Vereinsmitglieder gewähren, während das Gesetz von 1825 mit seinen Einschränkungen zwar ebenfalls auf eine Erweiterung der Freiheit aus war, aber diesmal der Freiheit derer, die durch das Vereinigungsrecht der anderen einem Zwang ausgesetzt werden können (*Law and Opinion* 152–157). Die Berufung auf Freiheit konnte also zwei entgegengesetzte Bedeutungen haben; siehe *ebenda* 198; Webb, *Unionism* 109.

25 Eine gespenstische Erinnerung an das ältere *Common Law* wird von der unwesentlichen Rechtsfrage in *Miller v. Amalgamated Engineering Union* (1938) Ch. 669 heraufbeschworen. Die Einstellung des Gesetzgebers zugunsten der Arbeitervereine zeigt sich darin, daß die Bezeichnung »*Trade Union*« allgemein auf sie beschränkt wird, während sie ihrer allgemeinen Fassung nach ebensogut auch Arbeitgeberverbände einschließen könnte; siehe die aufschlußreiche Darstellung der Einstellung von Gesetzgebung und Rechtsprechung durch Justice Kitto in *Victorian Employer's Federation v. Fed. Commr.* (1957) 96 *C. L. R.* 390 (Befreiung von Einkommensteuer; siehe ferner allg. Simpson-Stone, 1 *Law and Society* 626–636.

26 vgl. über die richterliche Nichtbeachtung des öffentlichen Interesses bei der Auslegung von Wettbewerbsbeschränkungen, allg. R. Stevens, ». . . Competition in the U. K.« (1961) *70 Yale L. J.* 867, 870–74.

27 (1889) 23 Q. B. D. 598 (C. A.), bestätigt (1892) A. C. 25. Über die frühere Lage hinsichtlich Preisbindungen siehe B. S. Yamey, »Trade Conspiracies« (1954) 17 *M. L. R.* 139–141.

28 Die Begründung wurde ebenfalls für richtig erklärt: siehe Lord Halsbury L. C. und Lords Watson, Macnaghten, Morris, Field 37, 43–44, 49, 51 und 57.

29 L. J. Bowen sprach allerdings vom »*Recht* der Kläger, in der rechtmäßigen Ausübung ihres Handels geschützt zu werden«. Wie jedoch Hohfeld treffend bemerkte (siehe Stone, *Legal System* Kap. 4 § 7), wurde »Recht« hier nicht im Sinne eines Anspruchs gebraucht, dem eine Unterlassungspflicht anderer gegenübersteht, sondern in der Bedeutung von Freiheit zur Ausübung des Handels (Hohfelds »*privilege*« or »*liberty*«). Die Kläger verlangten Schutz für ihren Handel. Hätten sie einen dahingehenden förmlichen Rechtsanspruch und nicht nur eine Möglichkeit oder Freiheit zum Handel gehabt, dann hätten sie obsiegen müssen. Aber L. J. Bowen selbst erkannte auf Klageabweisung.

30 S. 615. Seine Bemerkung, »der Versuch, auf diesem Weg den Wettbewerb in England zu beschränken, wäre wohl ein ebenso aussichtsloses Bemühen wie der Versuch von König Knut«, ist natürlich ganz unabhängig hiervon; vgl. damit den Ausspruch von Lord Watson im Oberhaus: »Ich kann es keinen Augenblick lang für die Aufgabe der englischen Gerichte halten, die niedrigsten Preise festzusetzen, zu denen Kaufleute verkaufen oder Arbeiter anstellen können, . . . ohne das Recht zu verletzen«.

31 vgl. L. J. Fry, 23 Q. B. D. 625, 626: »Die Grenze zwischen lauterem und unlauterem Wettbewerb, zwischen angemessenem und unangemessenem zu ziehen, übersteigt die Zuständigkeit der Gerichte«; vgl. im Oberhaus Lord Halsbury L. C. 38–39 und Lords Watson, Bramwell, Morris und Field 43, 49, 50–51, 54.

32 602 ff.

33 Lord Esher's abweichende Meinung beruht wohl auf seiner Feststellung, daß die Beklagten nicht so sehr als Konkurrenten handelten, sondern »in der Absicht, das Geschäft des Klägers zu stören und zu schädigen.« Selbstverständlich kann beides zugleich der Fall gewesen sein. Und wenn Lord Elder sagen wollte, daß nur »reine« Schädigungsabsicht zu Schadenersatz verpflichtete, dann ist es unverständlich, warum er der Klage stattgeben wollte. Zweifellos handelte es sich für den Kläger um Geschäftsvorgänge, mögen diese auch noch so unvorteilhaft für ihn gewesen sein. Lord Halsbury sagte im Oberhaus: »Wenn eine solche Schädigung und der Beweggrund für ihre Zufügung . . . wirklich als Böswilligkeit im Sinne des Rechtssatzes gelten müßte, der böswillige Schadenszufügung verbietet, dann müßte jeder Wettbewerb böswillig und infolgedessen rechtswidrig sein – eine *reductio ad absurdum*, mit der sich diese Begründung der behaupteten Rechtsverletzung erledigt.« Selbst eine wohlüberlegte Abrede, einen Konkurrenten aus dem Geschäft zu treiben, beruht in der Regel auf solchen Erwägungen. Im Falle *Harris Tweed* könnte die Prüfung auf Rechtswidrigkeit nur dadurch Sinn gewinnen, daß gefragt wurde, ob das »vorherrschende Ziel« der Wettbewerb oder die Schädigung war.

34 Wie er hinzufügte, könnte es auch den Händlern in China und dem teetrinkenden Publikum zum Vorteil gereicht haben.

35 Ähnlich war die Meinung von Lord Morris, man könne dem Wettbewerb keine Grenzen setzen, denn der Richter könne nicht im voraus wissen, was dem Handel schaden, was ihm nützen werde; eine Prüfung auf Lauterkeit würde die Entscheidung von der persönlichen Einstellung des Richters abhängig machen (46). Und? Hat man nicht früher in Prozessen über Konkurrenzverbote Entscheidungen über »Unangemessenheit« gegenüber Parteien und gegenüber der Allgemeinheit als möglich angesehen? Und doch glaubten mindestens zwei Lords, zwar könne die vorliegende Verabredung wegen Beschränkung des Wettbewerbs nichtig sein, aber die Klage sei trotzdem abzuweisen, weil eine Untersuchung der »Angemessenheit« die Zuständigkeit des Gerichts übersteigt; siehe Lords Bramwell und Hannen (46, 47, 58).

36 vgl. J. Brandeis (überstimmt) in *New State Ice Co. v. Liebmann* (1931) 285 U. S. 262.

37 Dabei ist es doch nur im Hinblick auf eine Untersuchung der wirklichen Folgen einer Wettbewerbsbeschränkung sinnvoll, wenn L. J. Bowen *a. a. O.* 615 sagt: »Was ein Einzelhandelskaufmann unbeanstandet tun darf, kann unterdrückend und gefährlich sein, wenn mehrere es gemeinsam tun.« Und als ob er das vertreten wolle, was ich hier ausführe, fügte er hinzu, dies solle soweit beschränkt werden, wie es der Schutz »der einzelnen und des Publikums« erfordert.

38 Dieser Gedanke liegt seltsamerweise der Meinung von Lord Bramwell (1892) A. C. 47 zugrunde, daß Arbeitervereinigungen zwecks Lohnerhöhungen, da sie vom Gesetz für rechtlich zulässig erklärt wurden, auch in der Zeit vorher nicht rechtswidrig sein können und daß *deshalb* auch Zusammenschlüsse von Kaufleuten nicht rechtswidrig gewesen sind. Derselbe Gedanke liegt unausgesprochen auch in der unterschiedslosen Anwendung

von Präzedenzfällen auf die verschiedenen Klassen bis zum Fall *Harris Tweed* (1942) A. C. 435, diesen eingeschlossen; siehe auch weiter *unten*.

[39] (1898) A. C. 1.

[40] (1901) A. C. 495.

[41] Ein zweiter von Lord Macnaghten vertretener Entscheidungsgrund war der folgende: »Die vorsätzliche Verletzung eines Rechts ist ein berechtigter Klagegrund und eine solche Verletzung liegt vor, wenn vom Recht anerkannte Vertragsbeziehungen ohne zureichende Rechtfertigung gestört werden.« Nach heutiger Auffassung käme eine solche Klagebegründung kaum in Frage, da zwischen dem Kläger und Munce kein festes Vertragsverhältnis bestand, sondern nur Beziehungen, die zu Vertragsabschlüssen führten konnten.

[42] Dementsprechend ging Lord Shand davon aus, daß die Beklagten »nicht zur Förderung ihrer eigenen Interessen als Arbeiter handelten, sondern allein zu dem Zweck, dem Kläger in seinem Gewerbebetrieb zu schaden«. Lord Brampton stimmte dem zu und fügte die reichlich allgemein gefaßte Rechtsansicht hinzu, haftungsbegründende *conspiracy* sei nicht nur eine Handlung, die gegen das Recht verstößt, sondern auch eine solche, die »unrecht und schädlich« gegenüber einem anderen ist. Wenn er mit »unrecht« »moralisch unrecht« meinte, so ist seine Ansicht zweifelhaft; wenn er »rechtlich unrecht« meinte, dann sagte er zweimal dasselbe, und das führt nicht weiter.

[43] Einerlei, wie man die Fassung der Entscheidungsgründe im Falle *Quinn* einschätzt, sind die Bemerkungen von Lord Wright im Falle *Harris Tweed* (1942) A. C. 435 zutreffend; sie besagten jetzt wenig für die Frage, ob der damals festgestellte Sachverhalt heute genügen würde, um eine Schädigungsabsicht, zum Unterschied von der Absicht der Förderung eigener wirtschaftlicher Interessen, anzunehmen. Wie er *ebenda* hervorhebt, kann der Fall *Quinn* mit der Entscheidung *Harris Tweed* nur durch die Annahme in Einklang gebracht werden, daß die Geschworenen die Schädigungsabsicht der Beklagten als erwiesen ansahen, während er deutlich durchblicken läßt, daß der in der Veröffentlichung berichtete Tatbestand eher für das Gegenteil spricht; vgl. Viscount Maugham (452/53); vgl. die frühere ähnliche Bemerkung von J. Evatt in *McKernan v. Fraser* (1931) 46 *C. L. R.* 343, 385 ff. über das Verhältnis des Falles *Mogul* zu den beiden Fällen *Quinn v. Leathem* und *Temperton v. Russell* (1893) 1 Q. B. 715, sowie L. J. Scrutton in *Ware & DeFreville v. Motor Trade Ass.* (1921) 3 K. B. 40, 68; vgl. Lord Nunnedin, »Note on the Mogul Case« in *Royal Commission Report on Trade Disputes and Trade Combinations*, 1906 (*Cd. 2825*).

[44] (1899) 176 Mass. 492, 499, 57 N. E. 1011, 1016.

[45] vgl. im Ergebnis *Pickett v. Walsh* (1906) 192 Mass. 572, 579, 78 N. E. 753, beachte jedoch den Unterschied in der grundsätzlichen Einstellung.

[46] J. Hammond, 57 N. E. 1015.

[47] Wie zwischen zwei Kaufleuten, so kann es natürlich auch zwischen zwei Gewerkschaften zur Konkurrenz kommen, beispielsweise, wenn beide dieselbe Art von lohnender Arbeit ausschließlich ihren Mitgliedern vorbehalten wollen. Diese Auffassung war wohl eine Grundlage für die Entscheidung des *Supreme Judicial Court of Massachusetts* im Falle *Pickett v. Walsh* (1906) 192 Mass. 372, 78 N. E. 753, siehe bes. J. Loping 379. Näher läge allerdings die Auffassung, daß sich hier die beklagten Maurer und Steinmetze gegen die Gefahr wehrten, auf einem Teilgebiet ihrer Arbeit von den Malern unterboten zu werden.

48 Die »*closed shop*«- oder »*union shop*«-Klausel in Tarifverträgen wurde in Amerika allgemein üblich und wurde trotz entgegenstehenden Staatsgesetzen über das »Recht auf Arbeit« bundesrechtlich anerkannt gemäß *Railway Labour Act* 1926, abg. 1951 (64 Stat. 1238, 45 U. S. C. § 152 [11] [1952]); siehe Note (1962) 56 *Northw. U. L. R. 777*, bes. 779; über die beiderseitigen Vorteile des »*closed-shop*« für die Arbeiterschaft und die Betriebsleitung siehe Miernyk, *Trade Unions* 101. Indessen hat der von den Gewerkschaften ausgehende Hochdruck für »*closed shop*« nachgelassen, nachdem ihre Rolle und Verhandlungskraft sich gefestigt haben; siehe C. S. Golden – H. J. Ruttenberg, *The Dynamics of Industrial Democracy* (1942) 190–230; L. Teller, *Management Function under Collective Bargaining* (1947) 236–254. Im Gegensatz dazu C. Kerr bei C. S. Golden – V. D. Parker (Hrsg.), *Causes of Industrial Peace under Collective Bargaining* (1955) 17, 22; über die damit zusammenhängende Tendenz von Lohnerhöhungen in Tarifverträgen mit Gewerkschaften, sich mindestens teilweise auf Arbeitsverträge außerhalb der Gewerkschaften auszubreiten, siehe Ross, *Wage Policy* 117, 128. In Australien kann ein »*closed shop*« nicht durch Schiedsspruch *(Award)* angeordnet werden: siehe *R. v. Wallis; ex. p. Wool Selling Brokers* (1949) 78 *C. L. R.* 529. Wesentlich zum selben Ergebnis führen Bestimmungen über Bevorzugung von Gewerkschaftsmitgliedern bei der Einstellung von Arbeitern, bei deren Durchführung aber eine Menge von recht schwierigen Verfahrensvorschriften zu beachten ist. Siehe z. B. *R. v. Findlay* (1950) 81 *C. L. R.* 357.

49 Alle *oben* Anm. 27, 39, 40.

50 (1925) A. C. 700.

51 (1892) A. C. 49.

52 710; siehe *unten* §§ 11 ff.

53 vgl. Lord Dunedin 715, der jedoch den eigentlichen Zweck in eine Form faßt, die über das bloß Geschäftliche hinausgeht.

54 vgl. J. Evatt in *McKernan v. Fraser* (1931) 46 *C. L. R. 343;* siehe bes. 384 ff., 398–402, 410; siehe ferner *unten* Anm. 66.

55 *Crofter Hand Hoven Harris Tweed v. Veitch* (1942) A. C. 435.

56 siehe *a. a. O.* 437.

57 Viscount Maugham 448.

58 Die erste Besonderheit wurde nur von Viscount Maugham (448) hervorgehoben u. z. als Grund dafür, daß das Oberhaus seine Entscheidung besonders klar begründen sollte. Die zweite Besonderheit wurde zwar im Tatbestand erwähnt, spielte aber in den Entscheidungsgründen keine selbständige Rolle, sondern bildete nur einen Teil der allgemeinen Frage, ob der Wettbewerb der neuen Hersteller die alten geschädigt hat (437). Die dritte Besonderheit wurde allerdings erörtert (z. B. von Viscount Maugham 453–57, 460, Lord Wright 479–480, Lord Porter 482), jedoch nicht als erheblich für die auf den neuen Sachverhalt anwendbare Rechtsregel, sondern nur zur Entscheidung darüber, ob dieser neue Sachverhalt durch die Regel gedeckt wird.

59 Stone, *Province* 622.

60 *a. a. O.* 493. Er bezweifelte daher 447 die Richtigkeit des von L. J. Bowen eingenommenen Standpunkts im Falle *Mogul* (1882) 23 Q. B. D. 598, 616.

61 *a. a. O.* 468.

62 Zu diesem Problem nach amerikanischem Kartellrecht und unter der neuerlichen englischen Gesetzgebung gegen Monopole B. S. Yamey, Note (1956) 19 *M. L. R.* 63, 69 ff.

63 (1901) A. C. 495, 510; Lord Cave in *Sorrell v. Smith* (1925) A. C. 712.

[64] siehe 442 ff., unter Berufung auf L. J. Bowen im Falle *Mogul* (*oben* Anm. 27) 62.

[65] Im Gegensatz zu dem bloßen natürlichen oder vernünftigerweise zu erwartenden Ergebnis (445). Die betonten Worte »in Wahrheit« erscheinen überflüssig, desgleichen – in diesem Zusammenhang – die Gegenüberstellung von »Beweggrund« und »Ziel«. Eigentümlicherweise benützte Lord Wright das auch von ihm vorgezogene »Ziel« in entgegengesetztem Sinne wie Lord Simon: »Ich verstehe nicht, wieso die Verfolgung eines rechtmäßigen, praktischen Ziels nur deshalb vom Recht verurteilt werden sollte, weil sich damit Wohlbehagen an dem zu erwartenden Mißbehagen des Gegners verbindet.« Die von Lamont, *Moral Judgement* 110 ff. gemachte Unterscheidung, ob das verfolgte Ziel als das Endergebnis oder nur als Mittel dazu angesehen wurde, wird den vielfachen Schwierigkeiten nicht gerecht; mehr zu erwarten ist von der späteren Unterscheidung (117 ff., 124 ff.) zwischen »*self-regarding*« (selbstbezüglichen) »*other-regarding*« (fremdbezüglichen), neutralen und gemischten Zwecken.

[66] *McKernan v. Fraser* (1931) 46 *C. L. R.* 343, 387. Obwohl sich jene Entscheidung ausführlich mit einigen im Fall *Harris Tweed* behandelten Hauptfragen befaßte, wurde es in diesem späteren Fall nicht erwähnt.

[67] siehe *oben* § 5 und vgl. Viscount Maugham (1942) A. C. 453, Lord Wright *ebenda* 474.

[68] Viscount Simon 445, Viscount Maugham 449 ff., Lord Porter 489 ff., bes. 492. Viscount Simon bringt das etwas künstliche Beispiel einer Vereinigung zu dem Zwecke, »eine Geschäftspolitik vorzuschreiben« oder »sich als Herr einer gegebenen Lage zu erweisen«. Im wirklichen Geschäftsleben kommt so etwas kaum vor, höchstens als Teil eines Kampfes der Mitglieder zur Förderung ihrer Sonderinteressen. Passender ist das von Lord Porter gebrauchte Beispiel (493) einer »Vereinigung, um einen Dritten zur Beitragsleistung an eine unabhängige Wohlfahrtseinrichtung zu zwingen«. Viscount Simon meint (446), wenn im vorliegenden Falle die alten Hersteller der Gewerkschaft Geld gegeben hätten, um die neuen Hersteller zur Strecke zu bringen, so hätte sich die Gewerkschaft nicht darauf berufen können, daß ihr Ziel die Förderung ihrer eigenen Interessen gewesen sei; das ist jedoch eine Schlußfolgerung, die keineswegs von dem getragen wird, was Viscount Simon vorausgeschickt hat.

[69] Viscount Simon 445; allgemein zustimmend Viscount Maugham 488 und 451–52; Lord Porter 489 ff. (»hauptsächlicher oder wesentlicher Beweggrund«). Macmillan, *Law* 162 urteilt mit Geringschätzung darüber, daß ein Gesetzesentwurf an wichtigster Stelle von dem »Hauptziel« eines Streiks oder einer Aussperrung spricht; dieselbe Kritik muß dann auch gegenüber der Verwendung einer solchen Bezeichnung in der Rechtsprechung gelten.

[70] *Oben* Anm. 65, die Entscheidung wäre aber auch dann oft ganz ungewiß, wenn die Rechtsbelehrungen übereinstimmten und das Gericht selbst die Tatsachen festzustellen hätte. Im Falle *Harris Tweed* selbst, in dem er die Prüfung auf das »Vorherrschen« eines Zwecks einführte, gab Viscount Maugham zu, daß er bei Anwendung der neuen Formel zu einer Ansicht gekommen wäre, die der von ihm zugunsten der Berufungskläger vertretenen Ansicht entgegengesetzt gewesen wäre.

[71] Viscount Maugham 453–57; Lord Porter 482; Lord Wright 479–86. Lord Wright fügte hinzu, daß es seiner Ansicht nach auch ein gemeinschaftliches Interesse »am Gedeihen der Industrie« gibt; er betonte besonders, die Beklagten brauchten keine »vollständige Übereinstimmung« ihrer Interessen nachzuweisen – eine neue Frage der Vorherrschaft. Vgl. über die

Frage der Gemeinsamkeit der Interesse der Textilarbeiter und der Hafenarbeiter Lord Thankerton 460. Lord Porter (493) meinte sogar, die Beklagten seien auch dann im Recht, wenn der Unternehmer tatsächlich durch den Druck der Arbeiter gezwungen wurde, gemeinsame Sache mit ihnen zu machen.

[72] Viscount Maugham sagte (453 ff.), die Beklagten könnten in einem solchen Fall nicht obsiegen; es ist aber nicht klar, ob er damit alle Beklagten meinte oder nur diejenigen, deren alleinige Absicht die Schadenszufügung war. In beiden Fällen bleiben Fragen offen; gesetzt den Fall, daß unter den mehreren Teilnehmern nur ein einziger eine solche böse Absicht hatte, wirkt dies gegen alle anderen wie in *Quinn v. Leathem* oder nur gegen den einen wie in *Allen v. Flood* und *Major of Bradford v. Pickles?* Nach Ansicht von Lord Porter (495) wären die Beklagten (vermutlich alle) zu verurteilen, wenn sie zwar ein rechtmäßiges gemeinsames Ziel verfolgten, einer von ihnen aber mit Wissen der anderen »nur die Absicht habe, seinen persönlichen Groll und Rachedurst walten zu lassen«. Wie aber, wenn nicht alle, sondern nur einige der anderen Partner diese böse Absicht kannte? Die anderen Richter äußerten sich nicht zu diesem Punkt. Über die Frage, ob ein Angeklagter wegen *»conspiracy«* verurteilt werden kann, wenn seine Mittäter – entgegen seiner Annahme – keine rechtswidrige Absicht hatten, siehe G. H. L. Fridman, *»Mens Rea in Conspiracy«* (1956) 19 *M. L. R.* 276–284.
siehe ferner J. Sachs im erstinstanzlichen Urteil *Rookes v. Barnard* (1963) 1 Q. B. 623, 638.

[73] *a. a. O.* 455.

[74] Hiervon unterscheidet sich das von Lord Thankerton gebrauchte Beispiel (460), daß es den Hafenarbeitern ausschließlich um das Geld zu tun war, das sie für ihre Hilfe erhielten, was zu viel weniger einschneidenden, aber doch zum Teil schwierigen Weiterungen führt. Wie soll man z. B. »niedrige Geldinteressen« von Geschäftsinteressen unterscheiden? Es geht doch in beiden Fällen um Geld.

[75] *a. a. O.* 480.

[76] *a. a. O.* 469.

[77] *a. a. O.* 453.

[78] *a. a. O.* 449 ff.

[79] *a. a. O.* 489 ff.; vgl. auch Lord Wright (469), der »böse Absicht« nicht für eine Voraussetzung der Haftung erklärte.

[80] So ausdrücklich Viscount Maugham 451–52.

[81] *a. a. O.* 471. Die von Viscount Maugham (450) erhobene Frage, ob Lord Dunedin in der Formel mit gutem Grund Schädigungsabsicht durch »böse Absicht« ersetzt hat (*Sorrell v. Smith* [1925] A. C. 712) erscheint daher unerheblich, wie auch aus anderem Grunde Lord Wright meinte (469).

[82] *a. a. O.* 462–63. Siehe auch seine »Precedents« (1943) 8 *Cambr. L. J.* 118, 142, wo er das ausdrücklich zugibt.

[83] In dem späteren Falle *Scala Ballroom... v. Ratcliffe* (1958) *W. L. R.* 1057 erklärten J. Diplock und der *Court of Appeal* das ehrliche Bestreben einer Gewerkschaft, die Zurücksetzung farbiger Kunden durch den Kläger zu bekämpfen (gewiß kein rein wirtschaftliches Interesse) für ein »rechtmäßiges Ziel«. Wäre auch ein ebenso ehrliches Bestreben, die Zurücksetzung zu erzwingen oder zu unterstützen, »rechtmäßig«? vgl. unter dem *Trade Disputes Act* 1906 *Huntley v. Thornton* (1957) 1 *W. L. R.* 321; vgl. ferner O. Kahn-Freund, Note (1959) 22 *M. L. R.* 69; siehe die ähnlich gelagerten Fragen unter den äußerlich verschiedenen Vorschriften des *Norris-La Guardia Act 1932* (Verbot von einstweiligen Verfügungen in

Arbeitsstreitigkeiten); *New Negro Alliance v. Sanitary Grocery Co.*
(1938) 303 U. S. 552 (Rechtmäßigkeit des Aufstellens von farbigen Streikposten zur Verteidigung ihrer Rasseninteressen). Verwandte Probleme aus
dem Gebiet der Kartellbekämpfung *(anti-trust)* finden eine gute Darstellung in J. E. Coons, »Non-Commercial Purpose as a Sherman Act
Defense« (1962) 56 *Northw. U. L. R.* 705 ff.

84 Lord Porter betonte ausdrücklich (492), daß die Formel für das ganze
Wirtschaftsleben gilt, nicht nur für den Handel. Lord Wright stützte
sich auf den Tatbestand von *Leathem v. Craig* (1899) 2 L. R. 667, 674;
siehe auch die ausdrückliche Erklärung von Viscount Simon 446–47. Im
Gegensatz hierzu unterscheidet die Gesetzgebung in England und Amerika
ständig zwischen Unternehmer- und Arbeiterverbänden; siehe die Ansicht
des amerikanischen *Supreme Court* in *Apex Hosiery Co. v. Leader* (1940)
310 U. S. 469, bes. 503, wo die maßgebenden Entscheidungen zusammengestellt sind.

85 Wie die vorstehenden Ausführungen erkennen lassen, liegen die Gründe
dieser Unklarheit m. E. tiefer, als Lord Wright annimmt, wenn er davon
spricht (472), daß die Rechtsprechung von »der persönlichen Einstellung
einiger Richter zu Beginn dieses Jahrhunderts« beeinflußt worden ist, erst
recht tiefer als Viscount Simon meint, wenn er feststellt (445), daß es
keinen »genauen« und »erschöpfenden« Rechtssatz gibt, der »eine auto-
matische Antwort für jeden Fall« liefern könnte. Die Erklärung muß
vielmehr darin gefunden werden, daß die Gerichte versucht haben, allgemeine Regeln für das Verhalten der Menschen aufzustellen, ohne auf
die Interessen Rücksicht zu nehmen, deren Ausgleich der Zweck dieser
Regeln ist. Meine obige rechtsgeschichtliche Untersuchung deckt sich, obwohl sie selbständig unternommen wurde und sich in der Methode unterscheidet, teilweise mit W. Friedmann, »Freedom of Trade...« (1942)
6 *M. L. R.* 1, abgedruckt bei W. Friedmann, *Legal Theory* (1. Aufl. 1944)
348–61.

86 Über den zweiten Fall, *Stratford v. Lindley,* siehe *unten* Anm. 101. In
der Zwischenzeit (1942–1964) gab es auffallend wenig größere Fälle. Im
Falle *Scala Ballroom (oben* Anm. 83) wandte der *Court of Appeal* nur
mittelbar *»conspiracy«*-Begriffe an, um das Vorgehen einer Gewerkschaft
gegen Zurücksetzung aus Rassengründen zu rechtfertigen. Im Falle
Huntley v. Thornton (ebenda) hatten Gewerkschaftsmitglieder zusammengewirkt, um ein abtrünniges Mitglied von der Arbeit auszuschließen; daß
dies »lediglich« aus Groll geschehen war und deshalb zu Schadenersatz
verpflichtete, war eine erstinstanzliche Entscheidung von J. Harman. Die
»neutrale« Nichtbeachtung der beteiligten Interessen in der englischen
Rechtsprechung war wohl schuld daran, daß Arbeiter wie Unternehmer
sich in jenen Jahren seltener an die Gerichte wandten. Das ist natürlich
keine Rechtfertigung dafür, daß die Rechtsprechung still steht, wie es
O. Kahn-Freund bei Ginsberg *20th Century,* 215–263, bes. 232 ff., 241–42
zu billigen scheint; vgl. ferner D. Lloyd, »Law of Associations«, *ebenda*
99, bes. 113 ff.; G. H. L. Fridman, »Malice in the Law of Torts« (1958)
21 *M. L. R.* 484, bes. 496; vgl. auch noch nach dem Vorstoß des Gesetzgebers durch den *Restrictive Trade Practices Act* 1956 *Goodyear Tyre
Co. v. Lancs. Batteries Ltd.* (1958) 1 *W. L. R.* 857; ferner Evershed,
»Judicial Process« 773–74.

87 Über beide Fälle siehe *oben* § 6.

88 (1964) A. C. 1129, unter Aufhebung der Entscheidung des *Court of Appeal*
(1963) 1 Q. B. 216.

89 siehe Lord Reid 1166, Lord Evershed 1181.

90 Was nach *Lumley v. Gye* (1853) 2 E. & B. 216 als unerlaubte Handlung *(tort)* gilt.

91 Wie üblich bei der bloßen Anwendung der alten, einfachen Formel, scheinen die *Lords of Appeal* diesen Gesichtspunkt vernachlässigt zu haben.

92 Lord Devlin (1209–1210) erklärte sogar, dies sei gar kein Fall von *conspiracy*. Er betrachtete Einschüchterung nicht als ein »rechtswidriges Mittel«, das die Absprache rechtswidrig macht, sondern als eine unerlaubte Handlung eigener Art. Aber auch aus dieser Auffassung heraus folgerte er, daß »eine Absprache zwecks Einschüchterung durch Androhung eines Vertragsbruchs eine rechtswidrige Absprache wäre«.

93 6 Edw. 7, c. 47, darüber *unten* § 11. Im Falle *Harris Tweed* war vom Prozeßbevollmächtigten zugegeben worden, daß dieses Gesetz dort nicht anwendbar war, weil s. 5 (3) den Begriff »*trade disputes*« auf Streitigkeiten über Arbeitsbedingungen beschränkt. Im Falle *Rookes v. Barnard* hätte die Klage anstatt auf »*intimidation*« auf andere, weniger zweifelhafte Gründe nach *common law* gestützt werden können, die zweifellos vom *Trade Disputes Act* gedeckt gewesen wären. Die Verleitung zum tatsächlichen Bruch des Arbeitsvertrags des Klägers oder anderer Angestellten wäre durch s. 3, die Absprache (mit Ausnahme der hier gewählten Konstruktion) durch s. 1 geschützt.

94 siehe die Ausführungen von Lord Evershed 1184–85 und von L. J. Pearson im *Court of Appeal* (1963) 1 *Q. B.* 623, 689–696 über richterliche Rechtsschöpfung auf dem Gebiet der unerlaubten Handlung; vgl. auch *Therien v. Teamstens* (1959) 16 *D. L. R.* (2d) 646 über Bedrohung mit einer durch das Gesetz ausgeschlossenen Klage als rechtswidriges Mittel. Nach solcher Logik kann ein gesetzliches Streikverbot (z. B. in Australien) eine Gewerkschaft zivilrechtlich haftbar machen. Eine solche Haftung für Zuwiderhandlung gegen ein – vertragliches oder gesetzliches – Streikverbot kann die industriellen Beziehungen ungünstig beeinflussen, z. B. die Gewerkschaften von einem Streikunterlassungsversprechen abhalten; siehe K. W. Wedderburn, »Intimidation and the Right to Strike« (1964) 27 *M. L. R.* 257, bes. 269, 280; P. J. Bayne, Note (1964) 4 *Melb. U. L. R.* 587, 593.

95 siehe z. B. Lord Reid 117 ff. Wie er ferner sagte (1171), bedeutet »es sei denn, daß die Handlung, falls ohne Absprache begangen« in s. 1 nicht, daß des »genau dieselbe Handlung sein muß, sondern es genügt eine möglichst gleichwertige Handlung«. Wie kann man aber die »möglichst nahe Gleichwertigkeit« feststellen, ohne auf die tatsächlichen Interessen einzugehen, deren Ausgleich der Gesetzgeber beabsichtigt hat?

96 Ich folge dem guten Beispiel der Lords und beziffere die zwei Tatbestände von s. 3 mit (1) und (2).

97 In ebenso beredten, wie unschlüssigen Ausführungen enthielt sich Lord Evershed zwar einer ausdrücklichen abweichenden Auslegung, erklärte aber auch, er neige zu einer dritten Auslegung, nach der die Beklagten hier geschützt seien, nämlich zur folgenden: Section 3 findet Anwendung, wenn die Klage ausschließlich auf einen der Tatbestände (1) oder (2) gestützt ist; andere Kläger können mit anderer Klagebegründung Erfolg haben. Siehe bes. 1190.

98 Hinsichtlich der Störung von Gewerbe, Geschäft und Arbeitsfrieden glaubten sie, daß das Fehlen einer jeweils entsprechenden unerlaubten Handlung durch Hinweis auf die unklare Rechtslage von 1906 wegerklärt werden könnte; siehe z. B. Lord Reid 1170 ff., bes. 1174–78, Lord Devlin 1215 ff., Lord Pearce 1236.

99 vgl. Lord Evershed 1179, 1186–87, 1194.

100 siehe 1216–18. Es liegt eine merkwürdige Ironie darin, daß er damit, um die oben erörterte Auslegung von s. 3 zu unterstützen, nachweisen wollte, das Parlament habe 1906 die wahre Rechtslage nicht erkennen können.

101 *a. a. O.* 1179. Als im Falle *J. T. Stratford & Son Ltd. v. Lindley* (1964) 3 *W. L. R.* 541 dieselbe Rechtsfrage wieder vor das Oberhaus kam, bat der Prozeßbevollmächtigte sogar um schnelle Entscheidung, damit das Parlament noch vor den damals bevorstehenden Wahlen ein gesetzgeberisches Eingreifen erörtern könne. Lord Donovan (der als *Lord Justice* bei dem vom Oberhaus aufgehobenen Berufungsurteil *Rookes v. Barnard* mitgewirkt hatte) erklärte, die Aussicht auf Klärung der Rechtslage auf diesem Wege sei »verlockend, aber nicht sehr wahrscheinlich« (560–61).
Die Maßgeblichkeit des Falles *Stratford* ist beschränkt, weil es sich dort nur um eine einstwillige Verfügung vor Abschluß der Beweisaufnahme handelte. Der Rechtsstreit entstand aus dem Wettbewerb zwischen zwei Gewerkschaften, der mächtigen Gewerkschaft *Transport and General Workers' Union* (= *T. and G. W. U.*) und einer kleineren Gewerkschaft von Bootsleuten (zur Bemannung von Kanal- und Flußbarken). Die zweite Gewerkschaft hatte die Barken der klagenden Gesellschaft für »schwarz« erklärt, um sie zu zwingen, auch mit ihr und nicht nur mit der größeren T. and G. W. U. zu verhandeln. (Mitglieder beider Gewerkschaften waren Arbeiter bei der Klägerin.) Für die Entscheidung über die einstweilige Verfügung erwog das Oberhaus folgendes: (1) die von den Beklagten erklärte Sperre stammte allein aus dem Bestreben, ein »grundlegendes Gewerkschaftsprinzip« zu verteidigen; (2) was dieses Prinzip eigentlich ist, mag schwer festzustellen sein, aber auf keinen Fall würde es genügen, um die Bestimmungen des *Trade Disputes Act* anzuwenden; es ist also nach *Common Law* zu entscheiden; (3) es lag kein »rechtswidriger Zweck« vor; aber es wurden (4) »rechtswidrige Mittel« angewendet, da durch die Sperre die Benützer der Barken der Klägerin daran gehindert wurden, ihr die Barken nach der Benutzung zurückzugeben, und sich dadurch einer Verletzung des Beförderungsvertrags schuldig machten; möglicherweise bewirkte die Sperre auch die Verletzung einer stillschweigenden Bedingung der täglichen Dienstverträge der Bootsleute gemäß *Dock Workers (Regulation of Employment) Order 1947*. Da hier schon die Rechtswidrigkeit des Mittels (gemäß *Lumley v. Gye*) gegeben war, brauchte die Frage der Einschüchterung (gemäß *Rookes v. Barnard*) nicht erörtert zu werden; sie wurde nur kurz gestreift.

102 Das widerspricht nicht der Ansicht von K. W. Wedderburn *a. a. O.* (*oben* Anm. 94) bes. 276–281, daß das, was das Oberhaus tat, auf eine politische Einmischung hinausläuft, die sich nicht mit der theoretisch gebotenen Neutralität gegenüber den widerstreitenden Interessen verträgt. In anderen Beziehungen (siehe bes. 258–263, 280–281) gehe ich uneingeschränkt mit den Ergebnissen von Wedderburns vorzüglicher Untersuchung konform.

103 (1964) 3 *W. L. R.* 557–58. Auch nach dieser Mahnung blieb es unklar, ob die Entscheidung *Rookes v. Barnard* nicht gerade das tat, was sie nach Lord Pearce angeblich nicht tat. Ist es der wesentliche Punkt, daß in jenem Fall nicht der Arbeitgeber klagte, sondern ein entlassener Angestellter oder ein Dritter und daß die Entscheidungsgründe nur für einen solchen besonderen Tatbestand gelten? Oder ist es der wesentliche Punkt, daß die gesetzliche Haftungsbefreiung für Verleitung zum Vertragsbruch nur gegenüber einer Schadenersatzklage wegen Einschüchterung geltend gemacht werden kann? Es gibt noch andere Möglichkeiten. Klar ist jedenfalls: daß keine weise und praktische Entscheidung möglich ist, ohne daß das Gericht die auf dem Spiele stehenden Interessen beachtet.

104 siehe (außer den weiter *unten* und *oben* genannten Werken) L. Teller, *Labor Disputes and Collective Bargaining* (3 Bde. 1940, Ergänzung 1947); ders., *Management Function Under Collective Bargaining* (1947); M. D. Forkosch, *Labor Law* (1953); R. E. Mathews (Hrsg.), *Labor Relations and the Law* (1953); C. O. Gregory, *Labor and the Law* (1946, 2. Aufl. 1950); O. de R. Foenander, *Studies in Australian Labour Law ...* (1952); ders., *Industrial Concentration ...* (1959).

105 siehe H. V. Evatt, *Injustice within the Law* (1937) über die politischen Machenschaften hinter der Verurteilung (am 19. März 1834) der berühmten »Märtyrer von Tolpuddle« und ihrer schließlichen Begnadigung nach langer Strafhaft in Sydney und Hobart. Über den Kampf zwischen Gesetzgebung und einer fortschrittsfeindlichen Richterschaft während dieser ganzen Zeit siehe J. Brandeis (übereinstimmend J. Holmes) in *Duplex v. Deering* (1920) 254 U. S. 443, 479; Webb, *Unionism passim; Vacher v. London Society of Compositors* (1913) A. C. 107.

106 *R. v. Hilbert* (1872) 15 *Cox C. C.* 82; Webb, *Unionism passim;* J. M. Landis, *Cases on Labour Law* (1934) 23. Über die weite Definition von *»Trade Union«* durch das Gesetz (wonach z. B. auch Vereinigungen von Fabrikbesitzern dazugehören) siehe M. A. Hickling, »Trade Unions in Disguise« (1964) 27 *M. L. R.* 625–627, 639–641.

107 38 & 39 Vict., c. 86, s. 3; siehe auch *Trade Union Act 1876,* 39 & 40 Vict., c. 22.

108 (1901) A. C. 495.

109 *Taff Vale Rly. Co. v. Amalgamated Society of Rly. Servants* (1901) A. C. 426. Über die entsprechende spätere Entwicklung in Amerika siehe T. R. Witmer, »Trade Union Liability: the Problem of the Unincorporated Corporation« (1941), 51 *Yale L. J.* 40.

110 (1853) 2 E. & B. 216.

111 *S. Wales Miners' Federation v. Glamorgan Coal Co.* (1905) A. C. 239. *Denaby Collieries Co. v. Yorks. Miners' Ass.* (1906) A. C. 384.

112 siehe s. 5 (3).

113 S. 1.

114 S. 3. Ohne diese Bestimmung hätten solche Handlungen natürlich trotz s. 2 die Haftung begründet.

115 Dieses Kampfmittel wurde sowohl in England, als auch in den USA gewählt, um zu erreichen, daß die Absicht des Gesetzgebers gegen den Widerstand der Rechtsprechung obsiegte; vgl. den *U. S. Clayton Act* (1924), s. 20 und siehe dazu Brandeis und J. J. Holmes in *Duplex v. Deering* (1920) 254 U. S. 443, 481. Über die enge Auslegung der Haftungsbefreiung nach dem Gesetz von 1906 durch die Gerichte siehe V. T. H. Delaney, *»Immunity in Tort and the Trade Disputes Act.«* (1955) 18 *M. L. R.* 338–343. Dieser Aufsatz war sogar geschrieben, bevor in *Rookes v. Barnard* (*oben* § 10) entschieden wurde, daß Streikandrohung einer Gewerkschaft in Verletzung eines vertraglichen Verzichts auf das Streikrecht (der als in jedem Arbeitsvertrag stillschweigend vereinbart gelten soll) eine rechtswidrige Einschüchterung ist, die von den gesetzlichen Ausnahmen von der Haftung nicht gedeckt ist.

116 Meinungsverschiedenheiten entstanden später über die Bedeutung von »arbeitsrechtlichen Streitigkeiten« *(trade disputes);* siehe *Conway v. Wade* (1909) A. C. 506; *Hodges v. Webb* (1920) 2 *Ch.* 70. Der *Trade Union (Amalgamations ...) Act 1964* ist ein weiterer Schritt auf dem

Weg zur Zusammenfassung der Gesetzgebung; siehe auch *J. T. Stratford . . . v. Lindley*, oben Anm. 101.

Das Recht auf Streikposten kann zwar als Ausfluß des Rechts auf freie Meinungsäußerung angesehen werden (siehe z. B. *Thornhill v. Alabama* (1940) 310 U. S. 88), aber der besondere Schutz der Aufstellung von Streikposten dient doch wohl in erster Linie der Sicherung eines Mindestmaßes an Lebenshaltung; siehe L. Teller, »Picketing and Free Speech« (1942) 56 *H. L. R.* 180; über einige wichtige Gesichtspunkte zum Verhältnis zwischen wirtschaftlichen Vereinigungen und Redefreiheit siehe *Hague v. C. I. O.* (1938) 307 U. S. 496. Siehe ferner Note, »Right to Work Statutes . . .« (1953) 2 *J. Publ. L.* 210–12; *Ryall v. Carroll* (1959) 102 *C. L. R.* 163.

[117] J. Brandeis und J. Holmes (Minderheitsvoten), *Duplex v. Deering* (1920) 254 U. S. 444, 483.

[118] 38 & 39 Vict., c. 186. Siehe den vorhergehenden Paragraphen.

[119] vgl. O. Kahn-Freund bei Ginsberg, *20th Century* 255.

[120] Über arbeitsrechtliche Fragen im Zweiten Weltkrieg siehe die Abhandlungen in (1942–43) 9 *L. and C. Prob.* über die Entwicklung in England, Amerika und in den Dominien; siehe bes. M. H. Schoenfeld – A. L. Whitney, »Wartime Methods of Dealing with Labor in Great Britain and the Dominions« 522 (mit Bibliographie 542–543). D. Ziskind, »Impact of the War upon Labor Law« 373 (amerikanische Entwicklung in Bund und Gliedstaaten); vgl. die kurze Darstellung bei E. M. Dodd, »From Maximum Wages to Minimum Wages . . .« (1943) 43 *Columbia L. R.* 643, 680–82.

In den USA waren während des zweiten Weltkrieges nicht weniger als dreizehn höhere Behörden für arbeitsrechtliche Aufgaben zuständig; siehe C. R. Schedler, »Labor Boards and Agencies in Wartime« (1942) 9 *L. and C. Prob.* 403. Dem N. L. R. B. (*National Labor Relations Board*, siehe unten § 15) wurden ein vom Präsidenten ernanntes *National Defence Mediation Board* (1941) und das *National War Labor Board* (1942) zur Seite gestellt. Siehe W. G. Rice Jr., »National War Labor Board«, *ebenda* 470; E. Riggs-McConnell, »The Organisation and Procedure of the National War Labor Board«, *ebenda* 567.

[121] siehe J. Symons, *The General Strike* (1957), eine umfassende geschichtliche Untersuchung mit dem Ergebnis (233), daß der Streik »ein einmaliges Ereignis der englischen Geschichte« bleiben wird.

[122] 17 & 18 Geo. V., c. 22. Zu einigen der erbitterten juristischen Auseinandersetzungen über die Rechtsansicht von J. Astbury in *National Sailor's and Firemen's Union v. Reed* (1926) Ch. 356 siehe J. Symons *a. a. O.* 119 ff.; Sir John Simon, *Three Speeches on the General Strike* (1926); O. Kahn-Freund bei Ginsberg, *20th Century*, 226–27.

[123] Nicht jedoch die bloße Arbeitsniederlegung oder Arbeitsverweigerung (s. 1 [2] und Zusatz).

[124] S. 1 (1).

[125] S. 1 (4).

[126] 10 & 11 Geo. V, c. 22.

[127] S. 6 (4) in Abänderung von s. 5 des Gesetzes von 1875. Nicht nur ermächtigte es die Regierung zu Streikverboten durch Notverordnung und machte Sympathiestreiks strafbar (s. 1 [2]) und schadenersatzpflichtig (s. 1 [4]), sondern es dehnte auch die Strafbestimmung des *Conspiracy and Protection of Property Act 1875*, s. 5 wegen Verletzung von Arbeitsverträgen auf Handlungen aus, von denen anzunehmen ist, daß sie »der Allgemeinheit Schaden, Gefahr oder ernstliche Belästigung bereiten« –

unscharfe Begriffe, die immer zu ungunsten der Arbeiter ausgelegt werden können. Schließlich wurde noch die Bestimmung über »friedliches Aufstellen von Streikposten« durch Einfügung vager Zusätze eingeschränkt. Durch s. 3 (1) und (2) wurde das nach dem Gesetz von 1906 durchaus zulässig gewesene Streikpostenstehen für rechtswidrig erklärt, wenn es »zum Zwecke der Einschüchterung« geschieht; nach der gesetzlichen Definition umfaßte »Einschüchterung« die Verursachung »verständlicher Besorgnis eines Schadens für Person oder Eigentum«, und »Schaden« jede »Schädigung einer Person in Geschäft, Beruf, Anstellung oder anderen Einkommensquellen, sowie jede unerlaubte Handlung«. Gegen den Willen der Gerichte hatte eine Kommission im Jahre 1891 beschlossen, daß »Einschüchterung« im Sinne des Gesetzes von 1875 sich auf die Androhung einer strafbaren Handlung gegen Personen und Sachen beschränkt; siehe das Memorandum von Sir F. Pollock in *Royal Commission Report* 1894 (C. 7063) und Webb, *Unionism* 597 Anm. Dieser Beschluß von 1891 scheint unbeachtet geblieben zu sein, als im Falle *Rookes v. Barnard* (1964) »Einschüchterung« in weitem und ungenauem Sinn als rechtswidrig behandelt wurde; siehe *oben* § 10.

128 *R. v. Tearse* (1945) 1 K. B. 1. Diese Tatsachen sprechen natürlich keine eindeutige Sprache. So wurde z. B. die australische Industriekrise von 1949 von der damaligen Labour-Regierung durch Gesetzgebung von Fall zu Fall behandelt, nicht durch die gesetzlich möglichen strengen Maßnahmen wie Löschung einer Gewerkschaft im Gewerkschaftsregister (wodurch sie ihre Rechtspersönlichkeit verliert).

129 *Trade Disputes and Trade Unions Act 1946*, 9 & 10 Geo. VI, C. 52.

130 9 & 10 Geo. V., C. 46, s. 2. In Victoria wurden 636 Polizeibeamte (Gesamtstärke: 1820), die im November 1923 streikten, fristlos entlassen. Ein kurzer Bericht darüber bei G. M. O'Brien, *The Australian Police Forces* (1960) 64–66.

131 Über die politische Bedeutung siehe W. L. Burn, »The Conservative Tradition« bei Ginsberg, *20th Century* 42, 55–57.

132 (1910) A. C. 87; ebenso *Wilson v. Amalgamated Society of Engineers* (1911) 2 Ch. 324 und für eingetragene, wie nichteingetragene Gewerkschaften: *Wilson v. Scottish Typographical Association* (1912) S. C. 534.

133 siehe u. a. W. M. Geldart, *The Osborne Judgement and After* (1910).

134 siehe die durchschlagende Kritik von Webb, *Unionism* 608–34, bes. 628–29. Englische Parlamentsabgeordnete waren damals noch unbezahlt.

135 Dieses Gesetz erlaubte die Verwendung von Geldern für Nebenzwecke (s. 1) und regelte die Ausgaben für politische Zwecke; vor allem schrieb es die Anlage eines Sonderfonds aufgrund geheimer Abstimmung vor (s. 3 [1] und s. 4) mit Schutzbestimmungen für Mitglieder, die Beiträge zum Sonderfonds verweigern (ss. 5 und 6).

136 S. 1 (1).

137 S. 4.

138 Dieses Gesetz bestätigte die Rechtsgeltung der bestehenden Einrichtungen für die Schlichtung von industriellen Streitigkeiten (s. 1); es gab dem *Board of Trade* (Handelsministerium) die Zuständigkeit, industrielle Streitigkeiten zu untersuchen, seine Vermittlung anzubieten, auf Antrag einer Partei Schlichter und auf Antrag beider Parteien einen Schiedsrichter zu bestellen.

139 9 Edw. VII, c. 22. Dieses Gesetz führte Handelsämter *(Trade Boards)* zur Festsetzung von Löhnen in einer Reihe von aufgezählten Gewerben und in anderen, wegen besonders niedriger Lohnsätze später zu bestimmenden Gewerben ein; für Nichtzahlung solcher Mindestlöhne waren Strafen an-

gedroht (siehe ss. 1, 4 und 6). Beispiele für Lohnfestsetzung nach dem *Trade Boards Act 1909*. Verordnungen des *Board of Trade* vom 8. Dez. 1915 (1915 – Nr. 1172 für Zucker, Konditorwaren und Fruchtkonserven) und vom 20. Jan. 1916 (1916 – Nr. 20 für das Schneidergewerbe).

[140] Bezeichnenderweise war die Kohlenindustrie, damals die Grundlage der gesamten Industrie, die erste größere englische Industrie, in der die Löhne gesetzlich festgesetzt wurden. Der *Coal Mines (Minimum Wage) Act* 1912 (2 & 3 Geo. V, c. 2) war die unmittelbare Folge des großen Kohlenstreiks von 1912. Der *Corn Production Act* 1917 (7 & 8 Geo. V, c. 46) ist ein frühes Beispiel für Lohnfestsetzung in der Landwirtschaft aus der Zeit des Ersten Weltkrieges.

[141] siehe Ross-Hartmann, *Changing Patterns* 52, 70 ff.; R. E. Matthews (Hrsg.) *a. a. O.* (*oben* Anm. 104) 330 ff.; S. Jamieson, *Industrial Relations in Canada* (1957) 6 ff.

[142] Der *Industrial Courts Act 1919* (9 & 10 Geo. V, c. 69) führte die Aufstellung von Listen ein, aus denen sich die Parteien Schiedsrichter aussuchen konnten; die einzige, ohne Zustimmung der Parteien erlaubte Maßnahme war die Bestellung von Untersuchungsausschüssen. Daneben gab es zahlreiche Maßnahmen von Fall zu Fall für einzelne Industriezweige, so vielerlei, daß man sie geradezu »einen losen Mischmasch von Komitees, Ausschüssen, Sondergerichten und Sondervorschriften für einzelne Industrien« genannt hat: D. Sells, »Settlement of Industrial Disputes in Great Britain« (1938) 5 *L. and C. Prob.* 320. Für Kanada vgl. die Literaturangaben in der vorigen Anmerkung.

[143] *Cwlth. Conciliation and Arbitration Act* 1904–15, ss. 6–38; siehe auch Abschnitt VI des Gesetzes über Tarifverträge. Über die Tätigkeit des Gerichts in den ersten Jahren siehe die Berichte seines ersten Präsidenten H. B. Higgins (1915) 29 *H. L. R.* 13, (1919) 32 *H. L. R.* 189 und (1920) 34 *H. L. R.* 105, später veröffentlicht als H. B. Higgins, *A New Province for Law and Order* (1923); siehe ferner H. V. Evatt, »Control of Labour Relations in the Commonwealth of Australia« (1939) 6 *Univ. of Chic. L. R.* 529; J. W. Kuhn, »Grievance Machinery and Strikes in Australia« (1955) 8 *Ind. and L. R.* Rev. 169; M. Perlman, *The Australian Arbitration System* (1951, Univ. of Hawaii, Paper No. 57); K. F. Walker, *Industrial Relations in Australia* (1956); E. I. Sykes, »Legal Background to Industrial Conflict in Australia« (1957) 20 *M. L. R.* 25–37, bes. 36–37; O. de Foenander *a. a. O.* (*oben* Anm. 87); siehe auch R. E. MacGarrie, ».. . Commonwealth Industrial Arbitration after Sixty Years« (1964) 1 *Fed. L. R.* 47–49.
Eine Übersicht über das Verfahren in verschiedenen Ländern enthält I. L. O., *Labour Courts* (1938).

[144] Die Lage in der Sowjetunion ist schwer so oder anders zu beurteilen, auch ist es noch höchst unklar, wie die uns bekannten Tatsachen zu bewerten sind; siehe S. M. Schwarz, *Labour in the Soviet Union* (1952). Eine führende sowjetische Untersuchung ist die von A. E. Pasherstnik, *The Right to Work* (1951, in russischer Sprache, siehe darüber H. J. Berman, Review [1953] 66 *H. L. R.* 1350).

[145] siehe J. W. Kuhn *a. a. O.* (*oben* Anm. 143). Wie andererseits Ross-Hartman, *Changing Patterns* 19 bemerken, kann es in Ländern, die den Streik nicht verbieten, entweder recht selten zu Streiks kommen (Dänemark, Niederlande, Westdeutschland, Norwegen, Schweden, Südafrika) oder sehr oft – unter Beteiligung von einem Viertel bis zu zwei Dritteln aller Gewerkschaftsmitglieder – (Frankreich, Italien, Japan, Indien, Australien) oder mit einer geringeren Beteiligung von 5–15 % wie in Großbritannien,

Kanada, Finnland und den USA (Statistiken von 1948–1956); vgl. auch A. M. Ross – D. Irwin, »Strike Experience in Five Countries« (1941) 4 *Ind. and L. R. Rev.* 323–342.

146 siehe z. B. J. Evatt in *McKernan v. Fraser* (1931) 46 *C. L. R.* 343; vgl. demgegenüber Ross-Hartmann, *Changing Patterns* 4 ff., 29, die darauf hinweisen, daß der Arbeitsfrieden nicht von einem Umstand allein, sondern von einer Vielzahl von Umständen abhängt, die von Land zu Land verschieden sein können; es verspreche deshalb keinen Erfolg, anderwärts bewährte Einrichtungen ins eigene Land zu »verpflanzen oder hier aufzupfropfen«.

147 Über die damit zusammenhängenden Fragen des Einflusses von Lohnerhöhungen auf die Arbeitsleistung siehe B. C. Roberts bei Ginsberg, *20th Century* 364, 376–380.

148 siehe namentlich die gemäß *Defence Act* 1940 erlassene Verordnung über Arbeitsbedingungen und Schiedsverfahren *(Conditions of Employment and National Arbitration Order 1940,* S. R. & O. 1940 No. 1305); sie verbietet Streiks, ausgenommen den Fall, daß der Minister es unterläßt, den Streit an die Schlichtungsbehörde zu verweisen, ermächtigt die Schlichtungsbehörden, ihre Schiedssprüche für verbindlich zu erklären, und verbessert zugleich die Vorschriften für Tarifverträge. Es kam während des Zweiten Weltkriegs zu 111 Strafverfolgungen wegen verbotener Streiks (meist sog. »Wild-cat-strikes«, d. s. ungeordnete, vom Zaun gebrochene Einzelstreiks) unter Art. 4 dieser Verordnung von 1940 und Art. 92 der *Defence(General)Regulation;* siehe auch Regulation No. 58a S. R. & O. 1940, No. 781; siehe ferner *Ministry of Labour and National Service, Report for the Years 1939–1946 (Cmd.* 7225). Für Friedenszeiten richtete der *Industrial Courts Act 1919* (9 & 10 Geo. V., C. 69) ständige Behörden für Arbeitsschiedsgerichte ein. Auch dann, wenn – wie während des Kriegs – eine Partei allein das Gericht anrufen konnte, war das Verfahren darauf zugeschnitten, nach Möglichkeit einen gültigen Vergleich herbeizuführen; siehe auch O. Kahn-Freund bei Ginsberg, *20th Century* 238–240.

149 Über den Tarifvertrag als Mittel zum Ausgleich siehe *Cwlth. Conciliation and Arbitration Act (Aust.)* 1904–1915 Abschnitt IV (gesetzlicher Schutz für kollektive Arbeitsverträge); *Weber v. Nasser* (1930) 61 Cal. App. 1259, 292 Pac. 637 (gerichtliche Anerkennung des kollektiven Arbeitsvertrages in Amerika); W. G. Rice, »Collective Labour Agreements in American Law« (1931) 44 *H. L. R.* 572, 604–608 (das Wesen des kollektiven Arbeitsvertrags); Duguit, *Droit Privé* para. 39, übersetzt in 11 *Continental Legal History Series,* 114 (Kollektivverträge als Rechtsform); *U. K. Report on Collective Agreements* (1934). Es gibt hierzu auch eine bedeutende kontinentaleuropäische Literatur.

150 vgl. B. Lotwin-R. G. Conley, »War-time Labour Mobilisation« (1942) 9 *L. and C. Prob.* 438, 459–461; O. Kahn-Freund, »Collective Agreements under War Legislation« (1943) 6 *M. L. R.* 112, bes. 142–43; *ebenda* eine der besten englischen Darstellungen der quasi-gesetzgeberischen Natur des kollektiven Arbeitsvertrags. Nach Zweck und Wirkung ist der kollektive Arbeitsvertrag kaum verschieden von einem Schiedsspruch nach dem australischen *Arbitration Act,* der für die ganze betreffende Industrie für gültig erklärt wird (siehe die Ausführungen in *True v. Amalgamated Collieries of W. A. Ltd.* (1940) A. C. 537), eine Zwischenstufe auf dem Weg zur gesetzlichen Vermutung eines in alle Arbeitsverträge der Industrie hineinzuinterpretierenden Mindestlohns (siehe z. B. den *English Agri-*

cultural Wages [Regulation] Act 1924 und seine Erläuterung in *Gutsell v. Reeve* [1936] 1 K. B. 272).

151 Die Erzielung und Erhaltung eines solchen Ausgleichs bleibt natürlich eine ständige Aufgabe für beide Seiten.

152 Eine gute Darstellung dieser Entwicklung gibt O. Kahn-Freund, »Labour Law« bei Ginsberg, *20th Century* 215–263, bes. 244–252 (Ausgleich der Verhandlungsstärke) und 253–263 (Aufrechterhaltung einer Art von persönlichem *laissez-faire* hinsichtlich des Arbeitsvertrags auf einzelnen Gebieten).

153 Demgegenüber vertritt C. Grunfeld, Note (1964) 27 *M. L. R.* 70–80 die Ansicht, daß der Einfluß der Regierung auf dem Gebiet des Arbeitsrechts dauernd zugenommen hat.

154 Deshalb ist die *I. L. O. Convention* 1919 über Arbeitszeit im Ver. Königreich formell nicht durchgeführt. Zu den Sonderfällen siehe *Coal Mines Regulation Act* 1908 s. 1 und *Road and Rail Traffic Act* 1933 s. 31; siehe ferner allg. O. Kahn-Freund *a. a. O.* 227–244.

155 siehe *unten* § 15. Es hat natürlich nicht an Anregungen in dieser Richtung gefehlt. Siehe z. B. die Parlamentsdebatte über die *Fair Wages Resolution* vom 14. Okt. 1946, 427 H. C. D. 619 ff., bes. 628.

156 Einige Ausnahmen sind bei O. Kahn-Freund *a. a. O.* 234–236 aufgezählt. Im Falle Bonsor (1956) A. C. 104 haben einige der *Law Lords* Ansichten geäußert, die auch für die beabsichtigte Fernhaltung der Arbeitskonflikte von der ordentlichen Rechtssprechung von Bedeutung sind; siehe dazu K. W. Wedderburn, »The Bonsor Affair: A Postscript« (1957) 20 *M. L. R.* 105, 118 ff.

157 siehe O. Kahn-Freund *a. a. O.* 244 ff., 257.

158 B. C. Roberts bei Ginsberg, *20th Century* 366–67, 374–75.

159 Kurze Darstellungen enthalten das Minderheitsvotum von Justice Brandeis (übereinstimmend Justices Holmes und Clark) in *Duplex Co. v. Deering* (1920) 254 U. S. 443, 479 und E. M. Dodd *a. a. O.* (*oben* Anm. 120) 656–84. Eine noch heute gültige, ältere Darstellung ist F. S. Stimson, *Handbook to Labour Law* . . . (1907). Über die französische Entwicklung siehe P. Nourisson, *Histoire de la Liberté d'Association en France depuis 1789* (1920).

160 Dieses veranlaßte die erste solche Verfügung des Supreme Court: *In re Debbs* (1894) 158 U. S. 564. Über die spätere Verwendung solcher Verfügungen durch die Bundesregierung siehe S. P. Simpson, »Fifty Years of Equity« (1936) 50 *H. L. R.* 171, 199.

161 Diese Unterdrückung wurde verschärft, als 1917 entschieden wurde (siehe *Hitchman Coal Co. v. Mitchell* [1917] 245 U. S. 229), daß eine Rechtsverletzung schon in dem Versuch liegt, Arbeiter zum Beitritt zu einer Gewerkschaft zu überreden, die sich ihren Arbeitgebern gegenüber vertraglich verpflichtet hatten, keiner Gewerkschaft beizutreten. Durch Festhalten an solchen Vertragsklauseln waren die Arbeitgeber in der Lage, das Anwachsen der Arbeitervereinigungen ernstlich zu erschweren. Man nannte Arbeitsverträge mit solchen Klauseln »*yellow-Dog*«-Verträge. Sie waren nahe verwandt mit den Firmen-Gewerkschaften, die von den Unternehmern gefördert wurden, um den freien Gewerkschaften den Rang abzulaufen; siehe allg. F. Frankfurter – N. Greene, *The Labour Injunction* (1930), bes. 200–04; siehe auch S. P. Simpson, *a. a. O.* (*oben* Anm. 160) 193–96; ferner *ebenda,* 199–204 über den Gebrauch der einstweiligen Verfügung und des Anspruchs auf Vertragserfüllung durch die organisierte Arbeiterschaft.

[162] Die amerikanische »*labour injunction*« hing, wie schon ausgeführt, nur davon ab, ob das beanstandete Verhalten eine formelle Rechtsverletzung enthielt; auf die besonderen industriellen Umstände des Falles kam es nicht an. Wenn aber, wie in Australien, durch Verfügung eines industriellen Schlichtungs- und Schiedsgerichts die Einhaltung eines Tarifvertrags oder einer gerichtlichen Anordnung erzwungen werden soll, dann spielen die industriellen Umstände des Falles notwendigerweise eine beachtliche Rolle; hiergegen können solche Einwendungen nicht erhoben werden. Im Falle *Boilermakers* (1957) 95 *C. L. R.* 529 (P. C.) wurde entschieden, daß dies ein Akt der Rechtsprechung ist, für den der *Arbitration Court* in seiner damaligen Form nicht zuständig war; siehe allg. E. I. Sykes, »The Legal Background to Industrial Conflict in Australia« (1957) 20 *M. L. R.* 25–37, bes. 27, 35–37; O. Kahn-Freund, »Labour Relations« bei Ginsberg, *20th Century* 227–230.

[163] Am 52., 56. und 57. Kongreß wurden vergebliche Versuche gemacht, über die »*Conspiracy*«-Theorie des *Common Law* hinwegzukommen; siehe *Report of the Commission on Industrial Relations* (1915) 135 ff., worin entschieden die Abschaffung aller Sonderbeschränkungen von Arbeitervereinigungen verlangt wird.

[164] Ein Gesetz von 1917, das ein *National War Labour Board* eingeführt hatte, blieb nur ein einziges Jahr in Kraft. Einen kurzen Bericht hierüber und über die weitere Entwicklung enthält D. F. Cavus, »Forward to Symposium on Collective Bargaining« (1938) 5 *L. and C. Prob.* 175, 177 ff. Über Schlichtung in Amerika nach dem älteren Gesetz von 1913 (37 Stat. 378) siehe J. R. Steelman, »Conciliation … in Labour Disputes« (1942) 9 *L. and C. Prob.* 462.

[165] Über die älteren Eisenbahngesetze siehe E. M. Dodd *a. a. O.* (*oben* Anm. 120) 671–72. Siehe ferner über die selbständige Organisation für Kollektivverhandlungen *Railroad Labour Act 1934*, 48 Stat. 1185, 45 U. S. C. §§ 151–164, sowie über die damals eingeführten Altersrenten *R. R. Retirement Board v. Alton R. R.* (1935) 295 U. S. 330, bes. Justices Hughes, Brandeis, Stone und Cardozo (überstimmt) 374–83, 392.

[166] *Oben* §§ 5 ff.

[167] 47 Stat. 70 (1932) 29 U. S. C. §§ 101–15 (1934).

[168] siehe S. P. Simpson *a. a. O.* (*oben* Anm. 160) 199–204. Als erstes gesetzliches Verbot einstweiliger Verfügungen gegen Arbeiter wurde der *Wisconsin Act* als rechtsgültig anerkannt, *Senn v. Tyle Layers Union* (1937) 301 U. S. 468. Andererseits war der *Sherman Act* von 1890 achtzehn Jahre lang in Kraft, bevor beim *Supreme Court* in *Danbury Hatters' Case* (1908) 208 U. S. 274 der Antrag gestellt wurde, ihn auf eine Gewerkschaft anzuwenden, und es ist heute strittig, ob der *Sherman Act* nach der Ansicht des Gesetzgebers überhaupt auch für Arbeitervereinigungen gelten soll; siehe E. Berman, *Labor and the Sherman Act* (1930); C. O. Gregory, *Labor and the Law* (1946, 2. Aufl. 1950) 206; S. Gompers, 2 *a. a. O.* (*unten* Anm. 172) 22 ff.; siehe auch *unten* Anm. 177. Der dort genannte Fall *Hutcheson* befreite auf jeden Fall die Gewerkschaften von den Fesseln, die ihnen die Entscheidung des Falles *Danbury Hatters* auferlegt hatte, u. z. durch die Feststellung, daß der *Norris-La Guardia Act* von 1932 die Gewerkschaften gegen die Anwendung des Kartellrechts schützt.

[169] *Public Law No. 67, 73rd Congress, 1st Session.* Das Gesetz wurde später als verfassungswidrig für ungültig erklärt.

[170] Das erste Board schlichtete oder verhütete mehr als 1600 Streiks.

[171] Das zweite Board hielt innerhalb von elf Monaten in nicht weniger als 579 Belegschaften Wahlen ab.

172 *Public Act No. 198, 74th Congress* 1935 (49 Stat. 499); siehe zu diesem Gesetz D. F. Cavers *a. a. O. (oben* Anm. 164); W. G. Rice jr., »Determination of Employee Representatives« (1938) 5 *L. and C. Prob.* 188, bes. 193 ff., F. T. De Vyver, »Intra-Union Control of Collective Bargaining«, *ebenda* 288 (über die Wahl der Arbeitnehmervertreter; Rice war der erste »*General Counsel*« [Allgemeiner Berater] bei dem Board); R. H. Wettach, »Unfair Labour Practices . . .«, *ebenda* 223 (die vom Gesetz bekämpften unlauteren Praktiken); D. A. McCabe, »Adjustment of Disputes under New Collective Agreements«, *ebenda* 261; H. D. Wolf, »Enforcement of Collective Labor Agreements« *ebenda* 273 (über die Vollstreckung kollektiver Verträge).
Diese Gleichrichtung der Interessen wurde zweifellos durch die antisozialistische Einstellung in amerikanischen Gewerkschaften verstärkt, wie sie in der Ansprache von Samuel Gompers bei der *A. F. L. Convention* von 1903 zum Ausdruck kommt; siehe A. F. L. (American Federation of Labour), *Convention Proceedings* (1903) 188–198; S. Gompers, *Seventy Years of Life and Labour* (1943); Miernyk, *Trade Unions* 37 ff. Die gleichgerichteten Gewerkschafts- und Regierungsinteressen haben eine verhältnismäßig friedliche Entwicklung ermöglicht, zugleich aber auch ihre Verlangsamung und sogar Korruption. Siehe *unten* § 16 und S. Barkin, *The Decline of the Labor Movement* (1961).

173 Section 1 stellt u. a. fest: wenn die Arbeitgeber den Arbeitern das Recht auf Zusammenschluß und Kollektivverhandlung versagen, so wird die Wirtschaft in einer einzeln aufgezählten Reihe von Beziehungen geschädigt, industrieller Unfrieden verursacht und die Kaufkraft der Arbeiter geschwächt; Ungleichheiten in der Kaufkraft belasten den Handel, verschlimmern die Wirtschaftskrisen und verursachen die Unbeständigkeit der Löhne und Arbeitsbedingungen.
Das war die Einstellung des Gesetzgebers, gegen die sich Roscoe Pound (mit Recht oder Unrecht) noch 1958 wandte; siehe sein »Legal Immunities of Labour Unions« in *American Enterprise Association, Labour Unions and Public Policy* (1958) 122, wo er bemerkt (173), daß »Gesetze über Kollektivverhandlungen die Unternehmer den Gewerkschaften ausliefern«. Siehe jedoch über den Rückschlag nach 1945 den *Taft-Hartley Act* (unten); *Marshall Field Case* (1952) 200 F 2d 375 (betriebsfremden Gewerkschaftlern kann verboten werden, im Betrieb für ihre Gewerkschaft zu werben); C. V. Laughlin, »Unions: An End or a Means?« (1954) 11 *Wash & Lee L. R.* 13; Miernyk, *Trade Unions* 65 ff., 140 ff. (Wiederaufleben der »*conspiracy*«-Redeweise 1959–60) und 109 ff. (verschärfte Verhandlungstechnik der Unternehmer).

174 siehe *N. L. N. U. v. Jones & Laughlin* (1937) 301 U. S. 1 sowie den *Apex Case (unten* Anm. 177) 484–85.

175 Dazu gehören: Einmischung in Arbeitervereinigungen und Geldzuwendungen an sie; Zurücksetzung mit dem Ziel, nur von Unternehmern beherrschte Arbeitervereinigungen zu begünstigen, oder vom Beitritt zu einer Arbeitervereinigung abzuhalten; Zurücksetzung eines Arbeitnehmers wegen seiner dem Gesetz entsprechenden Antragstellung oder Zeugenaussage; die Ablehnung von Kollektivverhandlungen mit Vertretern der Belegschaft. Über die auf Grund dieser Vorschriften entstandenen Grundsätze und Verfahren siehe C. Ward, »The Mechanics of Collective Bargaining« (1940) 53 *H. L. R.* 754; eine allgemeine Untersuchung auf dem Boden der amerikanischen Entwicklung bietet C. Magruder, »Development of Collective Bargaining« (1937) 50 *H. L. R.* 107.

176 S. 3.

177 S. 10. Das Board hat 22 Bezirksbehörden, deren jede für Ermittlung, Verfolgung und Entscheidung eingerichtet ist. Die im Krieg notwendig gewordenen Änderungen brauchen hier nicht erörtert werden. Zweifelhaft blieben gewisse Fragen hinsichtlich der Haftung von Gewerkschaften unter dem *Sherman Act;* siehe dazu Note, »Labor and the Sherman Act« (1940) 49 *Yale L. J.* 518. Diese Zweifel erledigten sich meist zugunsten der Gewerkschaften durch die Entscheidungen *Apex Hosiery Co. v. Leader* (1940) 310 U. S. 469 und *U. S. v. Hutcheson* (1941) 312 U. S. 219, durch die die ältere Entscheidung des Fales *Duplex* (1920) 254 U. S. 443 eingeengt wurde. Zur Geschichte der Rechtsprechung in Arbeitsstreitigkeiten unter dem *Sherman Act* und *Clayton Act* siehe die Äußerungen der Richter im Falle *Apex.* Bezeichnenderweise benützte der *Supreme Court* schließlich die Rückzugsgefechte der englischen Gerichte gegen den vordringenden Geist der Gewerkschaftsgesetzgebung als ein abschreckendes Beispiel; siehe z. B. die Äußerung von Justice Frankfurter im Falle *Apex* 234 ff.; vgl. Justice Cardozo über das verwandte Problem in dem Falle *Van Beeck* (1937) 300 U. S. 342, 345. Diese Fälle sind von L. Teller, »Federal Intervention in Labor . . .« (1941) 40 *Mich. L. R.* 24 besprochen, wobei in Übereinstimmung mit meiner Ansicht darauf hingewiesen wird, daß die aufgetretenen Zweifel den Versuchen zuzuschreiben sind, auf das kollektive Arbeitsrecht dieselben Rechtssätze anzuwenden wie auf das Handelsrecht; vgl. B. D. Meltzer, »The Supreme Court, Congress and . . . Labor Relations« (1959) 59 *Columbia L. R.* 6; siehe über die älteren Fälle auch E. H. Miller, »Anti-Trust Labor Problems« (1940) 7 *L. and C. Prob.* 82; vgl. die Schwierigkeiten nach englischem Recht, *oben* §§ 9 ff.

178 vgl. E. M. Dodd *a. a. O.* (*oben* Anm. 120) 673–78; siehe jedoch die entgegengesetzte Ansicht über die tatsächliche Wirkung des Gesetzes bei J. Dickinson »New Conceptions of Contract in Labor Relations« (1943) 43 *Columbia L. R.* 688, 694. Über die Probe auf den ehrlichen Willen zur Einigung durch Verhandlung siehe B. Wolf, »Duty to Bargain Collectively« (1938) 5 *L. and C. Prob.* 242, bes. 259–260 (Wolf war Schriftführer des Board; siehe die gründliche Neuprüfung von R. P. Duvin, »The Duty to Bargain: Law in Search of a Policy« (1964) 64 *Columbia L. R.* 248–314.

179 C. Ward *a. a. O.* (*oben* Anm. 175) 754; vgl. E. M. Dodd *a. a. O.* (*oben* Anm. 120) 686–687.

180 siehe allg. außer der schon angeführten Literatur C. W. Senks, *The International Protection of Trade Union Freedom* (1957); O. Kahn-Freund, »Inter-Group Conflicts and their Settlement« (1954) 5 *Br. J. Soc.* 193–227 (bes. über die »Institutionalisierung« der Beziehungen zwischen Gruppen); P. Grunebaum-Ballin und R. Petit, *Les Conflits Collectifs au Travail . . .* (1953).

181 siehe den Fall *Jones & Laughlin* (*oben* Anm. 174) 45; C. Ward *a. a. O.* (*oben* Anm. 175) 773, 788–91 über die Grenzen der Pflicht zur Kollektivverhandlung; E. M. Dodd, *a. a. O.* (*oben* Anm. 120) 677–78. Siehe jedoch J. Dickinson *a. a. O.* (*oben* Anm. 178), der geltend macht, daß die Gewerkschaften, nicht aber die Unternehmer ihre wirtschaftliche Macht ausüben können; siehe auch den wichtigen *U. K. Terms and Conditions of Employment Act 1959* und beachte dabei die Ansicht von O. Kahn-Freund (bei Ginsberg, *20th Century* 235–36 und [1959] 22 *M. L. R.* 408–411), daß die englische Rückständigkeit hinsichtlich der Erzwingbarkeit von kollektiven Arbeitsverträgen auf das Streben aller Beteiligten zurückzuführen ist, diese Vertragsbeziehungen vom Rechtsweg auszuschließen. Nach der

Meinung von Kahn-Freund ist die britische Art der Kollektivverhandlung weniger formaljuristisch als die amerikanische, mehr ein »kollektiver Verwaltungsakt« als ein kollektiver Vertragsabschluß; siehe seinen Aufsatz bei Ginsberg a. a. O. 227–230; vgl. ferner Friedmann, *Changing Society* 627–637, 476; C. Woodard, »Reality and Social Reform. The Transition from *Laissez Faire* to the Welfare State« (1962) 72 *Yale L. J.* 286. England hat zwar die I. L. O. Convention über Kollektivverhandlungen endgültig unterzeichnet, hat aber wenig zu ihrer Ausführung getan; siehe auch L. de Givry, »Comparative Observations on . . . Collective Agreements« (1958) 21 *M. L. R.* 501.

[182] siehe E. S. Corvin, »The Steel Seizure Case . . .« (1953) 53 *Columbia L. R.* 53–66 (Zusammenfassung 64–66); J. Williams, »The Steel Seizure« (1953) 2 *J. Publ. L.* 41–46.

[183] siehe in der Bundesgesetzgebung *Public Contracts Act* 1935, 49 *Stat.* 2036, 41 U. S. C. §§ 35–48; *Fair Labor Standards Act* 1938 (*unten*, folgende Anm.) (für Arbeiter im zwischenstaatlichen Handel); über Gesetze der Bundesstaaten siehe Stone, *Human Justice* Kap. 3 Anm. 67.

[184] *Fair Labor Standards Act 1938*, 52 Stat. 1060, 29 U. S. C. §§ 201–19. Eine Reihe von Aufsätzen über dieses Gesetz enthält (1939) 6 *L. and C. Prob.*, siehe bes. F. T. de Vyver, »Regulation of Wages and Hours Prior to 1938« (323) über die Vorgeschichte; J. S. Forsythe, »Legislative History of the Fair Labor Standards Act« (464) über den parlamentarischen Kampf um das Gesetz; K. du Pré Lumkin, »The Child Labor Provisions . . .« (391) über Kinderarbeit nach dem Gesetz; allg. F. E. Cooper, »The Coverage of the Fair Labor Standards Act . . .« (333) und S. Herman, »Administration and Enforcement of the Fair Labor Standards Act« (368). Die ersten Richtlöhne wurden etwa so hoch oder fast so hoch wie die durchschnittlichen, schon herrschenden Mindestlöhne festgesetzt, z. B. auf 11 Dollar wöchentlich, verglichen mit einem tatsächlichen Mindestlohn von 13 Dollar.
Über frühere Gesetze in den Einzelstaaten siehe L. Stitt, »State Fair Labor Standards Legislation«, *ebenda* 454. Über verschiedene allgemeine Gesichtspunkte siehe M. Rheinstein, »Methods of Wage Policy« (1939) 6 *Univ. of Chic. L. R.* 552–576 und 7 *ebenda* 58–82; P. F. Drucker, »The Insecurity of Labor Unions«, *Harper's Mag.* (Nov. 1949) 86–92; M. H. Merrill, »A Labor Arbitrator Views his Work« (1957) 10 *Vanderb. L. R.* 789.

[185] 49 Stat. 620, 42 U. S. C. §§ 1001 ff. über das Fallenlassen der Entscheidung *Atkins Case* durch *W. Coast Hotel v. Parrish* siehe Stone, *Human Justice* Kap. 3, § 8.

[186] Dies trat jahrelang beim amerikanischen Supreme Court in Erscheinung, wo ständig die Meinungen darüber auseinandergingen, ob Regierungsmaßnahmen zur Überwachung von Wirtschaft und Industrie als willkürliche und unangemessene Eingriffe in Leben, Freiheit und Eigentum der Bürger das Fünfte und Vierzehnte Amendment (Zusatzartikel zur Verfassung) verletzen (siehe Stone, *Human Justice* Kap 3 und *oben* Anm. 174 genannten Fall *Jones & Laughlin*); im Bezug auf Bundesgesetze betrafen die gegensätzlichen Ansichten die Frage, ob der Kongreß seine Zuständigkeit hinsichtlich des zwischenstaatlichen Handelsverkehrs überschritten hätte. Gute Beispiele für Fälle der zweiten Art sind *New State Ice Co. v. Liebmann* (1931) 285 U. S. 262; *Nebbia v. New York* (1934) 291 U. S. 502.
Einige Staaten sind manchmal viel weiter gegangen. So hat Kansas schon vor einem Menschenalter die zwangsweise schiedsgerichtliche Erledigung

von Arbeitsstreitigkeiten eingeführt. Siehe über die verfassungsrechtliche Seite *Wolff Packing Co. v. Court of Industrial Relations* (1923) 262 U. S. 522; S. P. Simpson, »Constitutional Limitations on Compulsory Industrial Arbitration« (1925) 38 *H. L. R.* 753.

187 vgl. B. Aron bei Kornhauser u. a., *Conflict* Kap. XXXII bes. 425.

188 61 *Stat.* 136, 29 U. S. C. §§ 141 ff. Section 206 betraf schon entstandene oder drohende Streiks und Aussperrungen, die »die allgemeine Gesundheit und Sicherheit« gefährden. Section 305 verbot den Angestellten der U. S. oder ihrer Behörden die Teilnahme an Streiks; siehe C. O. Gregory, *Labor and the Law* (1946, 2. Aufl. 1950) 497 ff. Das Gesetz von 1947 verbot auch streikunterstützende Boykotterklärungen und ließ in gewissen Fällen und in beschränktem Umfang einstweilige Verfügungen zu. Trotz anfänglicher Mißstimmung (siehe Miernyk, *Trade Unions* 24 ff., 137 ff.) hat sich die Arbeiterschaft im großen und ganzen mit dem Gesetz gut abgefunden; dies entspricht der *unten* Anm. 203 geschilderten Stimmung und wurde durch die Auslegung gefördert, die das *National Labor Relations Board* und die Gerichte dem Gesetz gaben, namentlich das von der demokratischen Regierung eingesetzte *Board* in den Jahren 1947–1952. Siehe auch den *War Labor Disputes Act 1943*, 54 *Stat.* 163 Pub. L. 89 *(Smith-Connolly Act)*; siehe ferner allg. L. T. Keller, *Management Function under collective Bargaining* (1947), bes. 339; N. W. Chamberlain, *Labor* (1958). Noch heute umstritten ist vor allem s. 14 (b), wonach die Staaten ermächtigt sind, den »*closed-union shop*« (Ausschluß von Nichtmitglieder einer Gewerkschaft von der Arbeit in einem Betrieb) zu verbieten.
Wie Miernyk *a. a.* O. 131 bemerkt, hat der *Taft-Hartley Act* durch sein Verbot der Verwendung der Gewerkschaftsgelder zur Unterstützung politischer Kandidaten die unerwartete Folge gehabt, daß die Gewerkschaften sich selbst politisch mehr betätigten.

189 siehe T. R. Witmer, »Civil Liberties and the Trade Unions« (1941) 50 *Yale L. J.* 621. Über einige Versuche zur Beschränkung der Gewerkschaftstätigkeit in der Gesetzgebung der amerikanischen Staaten siehe E. M. Dodd *a. a.* O. (*oben* Anm. 120) und 682–84.

190 P. F. Drucker, *The New Society* (1951) 129 ff., bes. 131–32.

191 vgl. *Lincoln . . . Union v. N. W. Iron . . . Co.* (1949) 335 U. S. 525, wonach der Staat »*closed shop*«-Vereinbarungen verbieten oder regeln darf, sofern gleichzeitig den Unternehmern untersagt wird, sich in Gewerkschaftsfragen einzumischen. Siehe ferner Miernyk, *Trade Unions* 155 ff. über die wachsenden Bestrebungen, industrielle Streitigkeiten vor Dreierkollegien zu bringen, in denen außer den Vertretern von Kapital und Arbeit auch unabhängige hervorragende Bürger sitzen sollen.

192 siehe M. D. Forkosch, *Labour Law* (1953) 879–89 und Ross, *Wage Policy*. Die wichtigsten Vergünstigungen außer den Löhnen sind heute: Ruhegehälter (für 60 % der Fabrikarbeiter – 4 % der Löhne); Feriengelder (93 % der Arbeiter – 3,9 % der Löhne); Krankheitsurlaub (meist durch Krankenversicherung) und allgemeine Gesundheitsfürsorge (88 % der Arbeiter, 24 % der Löhne); Abfindungen bei Entlassung; Entschädigung bei vorübergehendem Abbau (14 % der Arbeiter, 1,1 % der Löhne); Zuschläge für Überstunden und Nachtarbeit; siehe U. S. Bureau of Labour Statistics, *Employer Expenditures for Selected Supplementary Remuneration Practices . . . 1959* (Bull. No. 1308, 1962).

193 vgl. Ross, *Wage Policy* 19 und H. B. Higgins *a. a,* O. (*oben* Anm. 143).

194 Ross, *Wage Policy* 12; vgl. über einige Probleme für den modernen Gewerkschaftler Miernyk, *Trade Unions* Kap. V.

195 H. W. Davey, *Contemporary Collective Bargaining* (1951) 14. Vgl. Miernyk, *Trade Unions;* R. A. Lester, *As Unions Mature* (1958); P. F. Drucker, *The New Society* (1951) Kap. VII (»The Real Issue in the Wage Conflict«) 72 ff.; Kornhauser u. a., *Conflict,* bes. Einleitung der Herausgeber 13–22 und F. B. Harbison 270. Dieses von Gelehrten verschiedener Wissenschaften verfaßte Werk ist durchwegs bedeutungsvoll.

196 O. Kahn-Freund, »Labour Law« bei Ginsberg, *20th Century* 215–263, bes. 236, 263. Über die Technik der Kollektivverhandlungen und Strömungen in Amerika siehe G. W. Brooks, »What Will Collective Bargaining Look Like in Twenty Years?« in *Next Twenty Years in Industrial Relations* (1957) 3–21; Miernyk, *Trade Unions* Kap. VI. Siehe auch J. W. Kuhn, *Bargaining in Grievance Settlement* (1961); M. Stone, *Labor-Management Contracts at Work* (1961).

197 R. Bendix, *Work and Authority in Industry* (1956), 434; Ross–Hartman, *Changing Patterns* 43 ff., 171.

198 *ebenda* 3 ff. und Kap. V ff. Wie die Verfasser betonen (*ebenda* 173–174), ist zwar der Rückgang der Streiks in Amerika und Kanada weniger auffallend, aber die weit höhere Leistung macht in diesen Ländern die Streiks weniger schädlich. In der Zeitspanne von 1952–1958 war die jährliche Arbeitsleistung in Amerika und Kanada $ 1870 und $ 1310 pro Kopf wert, verglichen mit $ 60 in Indien, $ 190 in Japan, $ 310 in Italien, $ 950 in Schweden, $ 500 in den Niederlanden. Siehe aus *ebenda* 6, 181 über die Licht- und Schattenseiten des Rückgangs der Streiks.

199 In den einzelnen Ländern oder bei den einzelnen Konflikten können auch weniger tiefliegende Gründe eine Rolle spielen, die Tatsache z. B., daß eine politische Arbeiterpartei an der Regierung ist oder daß frühere Streiks die betreffenden Gewerkschaften viele Mitglieder gekostet haben oder daß die Regierung Behörden und ein Verfahren eingerichtet hat, die dem System von Kollektivverhandlungen gleichkommen. Siehe Ross-Hartman, *Changing Patterns* 16, 29, 43 ff., 51–52. Streiks können ihre Kampfkraft auch dadurch verlieren, daß sie monatelang vorhersehbar sind und die Betriebsleitungen sich entsprechend vorbereiten können; siehe Miernyk, *Trade Unions* 149.

200 *ebenda* 24. Über die Verwendung von Streikverboten und Boykottverboten (*»anti-strike«* oder *»anti-ban«*-Klauseln) in australischen Tarif-Schiedssprüchen (*»awards«*) siehe *R. v. Galvin, ex p. A. E. U.* (1952) 86 *C. L. R.* 34; *R. v. Spicer, ex p. Seamen's Union* (1957) 96 *C. L. R.* 341 und die dort angeführten Entscheidungen.

201 siehe Ross, *Wage Policy* 41; er erklärt damit das Versagen der vom *Smith-Connolly Act* (oben Anm. 188) eingeführten »Abkühlungsfrist«.

202 vgl. Ross, *Wage Policy* 47 und das Hauptthema von P. F. Drucker, *The New Society* (1951).

203 siehe B. D. Dossiter, »... Big Business and Big Labor«, *Harper's Mag.* (Juli 1959) 32, angeführt von Miernyk, *Trade Unions* 14–15. Siebe ebenda 144–45 und allg. Kap. I–IV *passim,* ferner die betrübliche Feststellung von R. A. Lester *a. a. O.* (oben Anm. 195), daß die alten amerikanischen Gewerkschaften, »verschlafene Monopole« geworden sind; siehe die sonstige Kritik an modernen Zügen *ebenda* 47 ff., 66 ff.; S. H. Schlichter, »Profits in a Laboristic Society« (1949) *Harvard Business Review* 346; W. Herberg, »Bureaucracy and Democracy in Labor Unions« bei J. Shister (Hrsg.), *Readings in Labor Economics and Industrial Relations* (2. Aufl. 1956) 114–122; E. H. Chamberlin, »The Economic Analysis of Labor Union Power« in American Enterprise Association, *Labor Unions and Public Policy* (1958) 1–46; D. Wright (Hrsg.), *The Impact of the Union*

(1956). Diese kritischen Stimmen sind zu unterscheiden von dem literarischen Echo einzelner Fälle von glatter Korruption, deren Folge der *Landrum-Griffin Act* von 1959 war (siehe *unten* Anm. 206); R. F. Kennedy, *The Enemy Within* (1960); S. Petro, *Power Unlimited – The Corruption of Union Leadership* (1959).

Von den über 660 englischen Gewerkschaften haben die 20 größten je über 100 000 Mitglieder, zusammen die Mehrheit aller englischen Gewerkschaften (*ebenda* 371); siehe *ebenda* 372 ff. über die Grenzen, die der Wirkung zentralistischer Gewerkschaftstätigkeit dennoch gezogen sind. Siehe ferner P. E. Hart – E. H. Phelps Brown, »The Sizes of Trade Unions...« (1957) 67 *Economic Journal* 1; S. B. Levine – B. Karsh, »Industrial Relations for the Next Generation« (1961) *Q. R. Ec. Bus.* 18–29.

204 Ross, *Wage Policy* 99 ff., bes. 107.

205 vgl. T. Wolfson bei Kornhauser u. a., *Conflict* 415 ff., bes. 417.

206 siehe die Enthüllungen vor dem *Senate Select Committee on Improper Activities in the Labor or Management Fields* (Senatsausschuß zur Untersuchung unlauterer Machenschaften von Gewerkschaftsvertretern und Betriebsleitern) (*McLellan Committee*), ferner den *Labor-Management Reporting and Disclosure Act* 1959, 73 Stat. 519, 29 U. S. C. §§ 153, 158–160, 186, 401–531 (Supp. II 1961) (*Landrum-Griffin Act*) und die Ausführungen darüber von C. M. Updegraff – W. P. McCoy, *Arbitration of Labor Disputes* (2. Aufl. 1961) 45.

207 vgl. F. B. Harbison bei Kornhauser u. a., *Conflict* 279; C. Kerr *a. a. O.* (*oben* Anm. 48) 22.

208 Die moderne amerikanische Industrie-Korporation geht wahrscheinlich auf den *New York Corporation Act* von 1811 zurück; vgl. über die allgemeine Entwicklung W. T. Gossett, »The Role of the Law« in 2 *Tucker Lectures* 159–176; Friedmann, *Changing Society* 383–401. Die ersten englischen Gesetze waren der *Joint Stock Companies Act* 1844, 7 & 8 Vict., c. 110, der *Companies Clauses Consolidation Act* 1845, 8 & 9 Vict., c. 16 und der *Limited Liability Act* 1855, 18 & 19 Vict., c. 133; vgl. L. C. B. Gower, *Modern Company Law* (2. Aufl. 1957) 41–49.

209 siehe Hartz, *Economic Policy, passim*.

210 *ebenda* Kap. IV, bes. 137 ff.

211 siehe *Pennsylvania House Committee on Corporations*, angeführt bei Hartz a. a. O. 198–199.

212 siehe allg. Hartz *a. a. O.* 57 ff. und die *ebenda* 76 ff. genannten Entscheidungen.

213 *ebenda* 73.

214 In *Sharpless v. Mayor of Philadelphia* (1853) 21 Pa. 147, 169–170.

215 siehe Hartz *a. a. O.* 193–94, 261 ff.

216 Vorläufer dieser Gesetzgebung gab es in New York schon früher, aber die gesetzliche allgemeine Anerkennung der Rechtspersönlichkeit von Korporationen war noch selten, als die pennsylvanischen Gesetze von 1835–36 für Gesellschaften, die Koks und Steinkohle zur Eisenerzeugung verwendeten, allgemein die Rechtsfähigkeit (*incorporation*) einführten. Dieselbe Regelung wurde sodann durch Gesetze von 1849 (*Pa. Laws* 1849, 563), 1850 und 1851 (*Pa. Laws* 1850, 627 und 1851, 511) für Gesellschaften getroffen, die Woll-Leinen oder Seidenwaren, Eisen, Papier, Rohholz, Salz und Druckschriften herstellten.

217 Hartz, *Economic Policy* 38 ff.

[218] Davon 497 für Transportunternehmungen, 428 für Banken und Versicherung, 180 für Fabriken und 238 für verschiedene Versorgungsbetriebe usw.

[219] siehe Hartz, *Economic Policy* 71 ff., 312 ff.

[220] Die ursprüngliche Feindseligkeit gegen Korporationen verschwand zuerst im Bank- und Transportgeschäft. Siehe *ebenda* 66–67. Über die Bedeutung der *»floating charge«* (Mobiliarhypothek) über das Vermögen einer Gesellschaft für die Kapitalbildung im Korporationssystem siehe L. C. B. Gower bei Ginsberg, *20th Century* 146–47. Über die Bedeutung der mit den Riesen-Korporationen verbundenen Bildung von Großkapital und Organisationskunst für die moderne Großproduktion vgl. Berle, *Capitalist Revolution* 11 ff. Ebenda wird auch die Ansicht vertreten, daß im Vergleich damit die wirtschaftliche Entwicklung in Sowjetrußland zurückgeblieben ist, weil die dortigen Hilfskräfte weniger leistungsfähig sind als die Korporationen. Vgl. allgemein zum heutigen Streben kleiner Staaten nach Zusammenarbeit untereinander und mit Großkorporationen, sowie durch internationale Korporationen: A. Robinson (Hrsg.), *The Economic Consequences of the Size of Nations* (1960).
Die Möglichkeit der Steuerersparnis kam später als ein besonderer und zusätzlicher Anreiz zur Gründung von Gesellschaften hinzu. Siehe D. R. Stanford, *Tax Planning and the Family Company* (1957). Laut Bericht des *Board of Trade, General Annual Report* 1957 stieg die Zahl der Gesellschaften im Verein. Königreich von 29 000 im Jahre 1900 auf 331 000 im Jahre 1957, in der Mehrzahl *»private companies«* (etwa der deutschen GmbH entsprechend, im Unterschied von den der deutschen AG entsprechenden »public companies« d. Ü.). Über Korporation und Trust siehe Note, »Institutionalised Trusteeship« (1949) 58 *Yale L. J.* 924.

[221] Wie Hartz (*Economic Policy* 56 ff.) bemerkt, wurden die *Charter Corporations* hauptsächlich in der Industrie bekämpft und von den Einzelunternehmern angegriffen, einem Gebiet, auf dem das Fehlen anderer Wege zur Kapitalaufnahme weniger deutlich war als im Bank- und Transportgewerbe.

[222] siehe *Godcharles Case* (1886) 113 Pa. 431, die Ausführungen von Attorney Choate in *Pollock v. Farmer's Loans and Trust Co.* (1895) 157 U. S. 429, 532 ff. und andere bei Stone, *Human Justice* Kap. 3 genannte Stellen; siehe ferner allg. L. Hacker, *Triumph of American Capitalism* (1940) 374 ff., M. Fainsod – L. Gordon, *Government and the American Economy* (1941) 7 ff.; Simpson – Stone, 1 *Law and Society* 621 ff.

[223] Diese Entwicklung hatte sich natürlich schon lange angebahnt; siehe z. B. über die Auflösung verschiedener Staatsbetriebe den von Hartz, *Economic Policy* 166–167 genannten *Pennsylvania Senate Committee Report* von 1854.

[224] siehe §§ 1–16 des vorliegenden Kapitels.

[225] I. F. Berle-Means, *»Modern Corporation«*. Dieses Werk regte zu einer großen Zahl von Schriften an: Goyder, *Private Enterprise;* J. Burnham, *The Managerial Revolution* (1941); P. F. Drucker, *The Concept of the Corporation* (1946); Mason (Hrsg.), *Corporation;* Berle, *Capitalist Revolution;* derselbe, *Power without Property* (1959); Symposium on »The New Look in Corporation Law« (1958) 23 *L. and C. Prob.* 175–398; Symposium (1964) 64 *Columbia L. R.,* bes. P. P. Harbrecht («The Modern Corporation Revisited« 1410–1426), C. L. Israels (»Are Corporate Powers Still Held in Trust« 1447–1467) und H. G. Manne (»... Share Voting« 1427–1445 über die Rolle des »Stimmkaufs« in der Einrichtung der Verbände); siehe auch A. G. Papandreon, »... Problems in the Theory of the

Firm« bei B. F. Haley (Hrsg.), 2 *A Survey of Contemporary Economics* (1952) 183, sowie die im folgenden noch anzuführende Literatur.

Eine vergleichende Untersuchung (Westeuropa) enthält A. B. Levey, *Private Corporations and their Control* (1950).

226 Sie beziehen sich in erster Linie auf die USA, aber ihre Bedeutung für industrialisierte britische Länder ist klar.

227 siehe 20th Century Fund, *How Profitable Is Big Business?* (1937); G. W. Stocking – M. W. Watkins, *Monopoly and Free Enterprise* (1951) und *Cartels in Action* (1947, über internationale Zusammenschlüsse); Berle, *Capitalist Revolution* 16 ff., Federal Trade Commission, *Report on the Concentration of Production Facilities* (1949); siehe auch U. S. National Resources Committee, *Report on Structure of the American Economy* (1939). Wie A. A. Berle, »Economic Power and the Free Society« bei A. Hacker (Hrsg.), *The Corporation Take-Over* (1964) 101, 105 feststellt, gehören 50 % der Gesamtvermögen aller Verbände nur 150 Verbänden und 66 % nur 500 Verbänden. Da fast die Hälfte der industriellen Weltproduktion auf Amerika entfällt, so liegt hier eine beispiellose Konzentration vor.

Vergleichbare englische Zahlenangaben finden sich bei A. Maigels u. a., »The Structure of British Industry« (1945) 108 *J. Royal Stat. Soc.* 142 und bei I. M. D. Little – R. W. Evely, ... *Structure of British Industry 1935–51* (1958) *Manchester Statistical Society*; siehe ferner die führende englische Abhandlung von M. A. Weinberg, *Take-Overs and Amalgamations* (1963). In einer durchschnittlichen englischen Gesellschaft mit mehr als drei Millionen Pfund Kapital im Jahre 1951 entfielen 22 % der ausgeübten Stimmrechte auf etwa 1/6 % der Gesellschafter (The Times vom 11. und 12. Aug. 1959, berichtet von K. Alexander, »Power at the Base« bei Thompson, *Apathy* 243, 248 ff.). Über die internationalen Probleme der Machtstellung von Verbänden siehe Friedmann, *Changing Society* 305–309.

228 siehe Berle, *Capitalist Revolution* 25–29; siehe auch allg. J. Lintner, »The Financing of Corporation« bei Mason (Hrsg.), *Corporation* 166–201.

229 Diese Entwicklung verstärkte sich natürlich noch durch die Verwendung von Dachgesellschaften und Verflechtung von Gesellschaften; vgl. die weitere Spaltung durch die neue Erfindung des *»directory trust«;* siehe Note, »Directory Trusts and the Exculpatory Clause« (1965) 65 *Columbia L. R.* 138–152.

230 Berle, *Capitalist Revolution* 27 E. v. Rostow (»To Whom and for What Ends is Corporate Management Responsible?« bei Mason [Hrsg.], *Corporation* (46–71) unterscheidet »exokratische« Verbände, bei denen die Herrschaft *(control)* von einer Handvoll von Inhabern größerer Aktienpakete ausgeübt wird, und »endokratische« Verbände, wo solche Aktienpakete fehlen und die Aktien im Besitz von Tausenden von Kleinaktionären sind. Demgegenüber weist K. Alexander bei Thompson, *Apathy* 243, 248 ff., darauf hin, daß die *»top-level managers«* (die hochrangigsten Direktoren) meistens noch aus den reichsten Kreisen *(»property-owning class«)* stammen. Er bestreitet deshalb (252), daß in England Aktienbesitz und Beherrschung der Aktiengesellschaft getrennt sind.

231 vgl. *Cohen v. Beneficial ... Corp.* (1948) 337 U. S. 541, 549, 69 Sup. Ct. Rep. 1221, 1227, wo die Vertrauensstellung der geschäftsführenden Direktoren behandelt wird; vgl. zu den verwandten Problemen politischer Art in England L. C. B. Gower, »Business« bei Ginsberg *20th Century* 143, 148–149. Eine komprimierte Darstellung der verschiedenen Arten der Einstellung zu diesen Problemen und der theoretischen Literatur darüber

bietet H. G. Manne, »The Higher Criticism of the Modern Corporation«
(1962) 62 *Columbia L. R.* 399–432. Manne unterscheidet: (1) Die »Aussaat der Keime« und deren erstes Aufgehen durch die Arbeiten von
A. A. Berle, wovon er vieles als »neue Volksmärchen« bezeichnet (Berle
entgegnete hierauf *ebenda* 438–449); (2) den Grundsatz der »korporativen Demokratie«, in der jeder Aktionär von seinem Stimmrecht Gebrauch machen soll, um Einfluß auf die Geschäftsführung zu haben (407–
410), was er durch die Verbindung von Stimmrecht und Übertragbarkeit für besser gesichert hält (410–413); (3) den Grundsatz der geschäftlichen Staatskunst (413–418); (4) das »Superdirektorium« (418–423); (5)
der konstitutionelle Verband (423–430). Über strafrechtliche Verantwortlichkeit eines Verbandes und seiner Direktoren siehe Friedmann, *Changing
Society* 192–97; *Cain v. Doyle* (1946) 72 *C. L. R.* 409.

232 siehe A. A. Berle, »The Theory of the Enterprise Entity« (1947) 47
Columbia L. R. 343, worauf ich mich bei diesen Ausführungen stütze,
Friedmann, *Changing Society* 297–305; siehe auch *California Zinc Co.
et al. v. U. S.* (1947) 72 F Supp. 591; vgl. die in diesem Punkt ähnlichen
Begriffe der »Ehe nach *Common Law*« und der »De facto-Ehefrau«.

233 z. B. die sogenannte »Werkzeugtheorie« oder »*Deep Rock*«-Theorie, wonach eine Tochtergesellschaft als Vertreterin der Muttergesellschaft behandelt werden kann, wenn ihre Behandlung als selbständige Einheit Betrug oder Unrecht unterstützen würde: siehe *Taylor v. Standard Gas &
Electric Co.* (1939) 306 U. S. 307, 322; Note, »The Deep Rock
Doctrine...« (1947) 47 *Columbia L. R.* 800; vgl. von gesetzlicher Regelung ausgehend M. H. Merrill, »The Legal Status of a Statutary Oil and
Gas Production Unit« (1957) 10 *Okla. L. R.* 249–273. Der Grundsatz
des *Equity*rechts, daß eine Gesellschaft bei ihrer Gründung »hinreichendes Kapital« für die in Aussicht genommenen Zwecke besitzen muß, hat
oft dazu gedient, den »Schleier der Gesellschaftsform« zu lüften: siehe
Papper v. Litton (1939) 308 U. S. 295; *Automatriz del Golfo de California v. Resnick* (1957) 47 Cal. 2d 792, 306 P. 2d 1. Über die Auswirkungen dieser Theorie auf Steuerumgehungen siehe M. R. Schlesinger,
»›Thin‹ Incorporations: Income Tax Advantages and Pitfalls« (1947) 61
H. L. R. 50.

234 siehe A. A. Berle *a. a. O.* (*oben* Anm. 232) 345, 351 mit Verweisung auf
Anderson v. Abbott (1944) 321 U. S. 349.

235 Eine bedeutende Untersuchung ist die von R. Serick, *Rechtsform und
Realität Juristischer Personen* (1955); siehe im Bezug auf die Enthüllung
feindlicher Beziehungen Stone, *Legal Controls* 422–25.

236 vgl. – obwohl bei einer anderen Problemlage die Nachteile einer rein logischen Behandlung der Gesellschaft als Rechtspersönlichkeit, so dargelegt von A. K. R. Kiralfy, »Some Unforeseen Consequences of Private
Incorporation« (1949) 65 *L. Q. R.* 231; vgl. auch allgemein K. W. Wedderburn, »Corporate Personality and Social Policy« (1965) 28 *M. L. R.*
62–71.

237 siehe z. B. die Bestimmungen über stimm- und gewinnberechtigte Arbeiteraktien (*»workers' shares«*) während der Dauer der Anstellung im
N. S. W. Companies Act 1936, s. 165 und dem *N. Z. Act* 1933, s. 59;
siehe ferner die damit verwandte Abzugsfähigkeit von Leistungsprämien
an Arbeiter.
siehe Note (1951) 49 *Mich. L. R.* 395–406 *zu Commr. v. Lincoln Electric
Co.* (1949) 176 F 2d 815. Über Bonuszahlungen an Arbeiter in 29 amerikanischen Staaten siehe Berle, *Capitalist Revolution* 136 ff. und über die
Lage im Verein. Königreich Goyder, *Private Enterprise* 93 ff.; B. C. Ro-

berts und M. Ginsberg bei Ginsberg, *20th Century* 364, 384 ff. und 3, 16 ff.; P. Durand, *La participation des travailleurs à l'organisation de la vie economique* ... *de la France* (1962, Eurolibri 7).

238 siehe Berle, *Capitalist Revolution* 134 und Kap. I–III *passim*; vgl. A. A. Berle »Property, Production and Revolution« (1965) 65 *Columbia L. R.* 1–20. Diese Auffassung wurde manchmal zu dem Vorschlag ausgearbeitet, die Kapitaleinlage der Aktionäre öffentlicher Gesellschaften solle von Jahr zu Jahr abgeschrieben werden, bis sie im 50. Jahr (gleichsam dem »Jubeljahr«) ganz wegfällt; dadurch könne sich der Verband besser den allgemeinen Interessen der Gemeinschaft widmen; siehe Goyder, *Private Enterprise* 144 ff. unter Hinweis auf einen Vorschlag von William Temple aus dem Jahre 1940; *A. P. Smith Mfg. Co. v. Barlow* (1953) 13 N. J. 145, 98 Atl. 2d 581 (Berufung zurückgewiesen [1953] 346 U. S. 861; siehe jedoch die vorsichtigere Meinung von E. V. Rostow bei Mason (Hrsg.), *Corporation* 46–71, bes. 69, daß bei den modernen Verhältnissen »die wirtschaftliche Aufgabe der Aufsichtsräte und Vorstände« schwierig genug ist, auch ohne daß der Aufgabenkreis der Verbände erweitert wird. Immerhin haben bis jetzt 40 amerikanische Staaten die Verbände durch Gesetz ermächtigt, Schenkungen für Zwecke der Wohltätigkeit, der wissenschaftlichen Forschung und der Volksbildung zu machen. Über andere Gesichtspunkte zur Beurteilung dieser Schenkungen und über die amerikanische *»Foundation«* (Stiftung) siehe Friedmann, *Changing Society* 290 und »Corporate Power, Government by Private Groups, and the Law« (1957) *Columbia L. R.* 155.

vgl. auch die Entscheidungsgründe von Lord Evershed über die Entschädigungsansprüche eines Aktionärs wegen Enteignung, wonach nicht der Wert des Gesellschaftsvermögens, sondern der Börsenwert der Aktien maßgebend ist. »In den Augen des Rechts sind die Aktionäre keine Miteigentümer des Unternehmens . . .«; siehe *Short v. Treasury Commrs.* (1948) 1 K. B. 116, 122, bestätigt (1948) A. C. 534.

vgl. ferner unter einem anderen Gesichtspunkt die zusätzlichen Einflußgebiete der Aktionäre und siehe darüber: L. D. Gilbert – J. J. Gilbert, *Stockholders' Activities at Corporation Meetings*, 14th *Annual Report* (1954); E. R. Aranow – H. A. Einhorn, *Proxy Contests for Corporate Control* (1957); *U. K. Companies Act* 1948, s. 210 (Unterdrückung), dazu *In re Harmer Ltd.* (1959) 1 W. L. R. 62 (C. A.); M. M. Chaplin, »Proxies, Annual Meetings and Corporate Democracy: The Lawyers' Role« (1951) 37 *Va. L. R.* 653. Über die gefeiertsten Minderheitsaktionäre in Amerika siehe J. Bainbridge, »Profiles: The Talking Stockholder«, *New Yorker* (Dec. 11, 1948) 40; F. D. Emerson – F. C. Latcham, *The SEC Proxy Proposal Rule: The Corporate Gadfly* (1952) 807, 830; J. J. Gilbert, *Dividends and Democracy* (1956). Über einzelne Kämpfe um die Herrschaft *(control)* siehe E. R. Aranow – H. A. Einhorn *a. a. O.* ... zur *»derivative suit«* der amerikanischen Aktionäre siehe Justice Jackson in Cohen v. Beneficial ... Loan Corp. (1948) 337 U. S. 543, 548 (»ein Rechtsbehelf, der von der Hilflosigkeit der Aktionäre stammt«). Über »kumulative« Abstimmung in Amerika siehe L. M. Williams, *Cumulative Voting for Directors* (1951); C. W. Staedman – G. D. Gibson, *»Should Cumulative Voting be Mandatory?«* (1955) 11 *Business Lawyer* 9; L. C. B. Gower, »Some Contrasts between British and American Corporation Law« (1956) 69 *H. L. R.* 1369, 1390.

Über die staatliche Aufsicht über die Machtausübung der Verbände siehe Friedmann, *Changing Society* 309–320; Mason (Hrsg.) *Corporation.*

[239] Über die gegenseitigen Einflüsse der Trennung von Herrschaft und Eigentum und den Gewerkschaften in England siehe B. C. Roberts, »Industrial Relations« bei Ginsberg, *20th Century* 364, 369–389.

[240] siehe Berle, *Capitalist Revolution* 137–141. Peter Drucker schrieb seine ernüchternde Abhandlung *The Concept of the Corporation* (1946) auf Bitten der *General Motors Corporation*. Im Hinblick auf deren *Annual Report* 1953 stellte Berle jedoch fest, daß diese Korporation die philosophische und politische Auswirkung der kapitalistischen Wirtschaft noch immer nicht ganz erfaßt hat. Entgegen seinem Titel ist »die Rolle des korporativen Gewissens« auch nicht völlig in dem Vortrag »*The Role of Corporate Conscience*« verstanden, den der Vizepräsident der Ford Motor Company W. T. Gossett gehalten hat (2 *Tucker Lectures* 177–189).

Über den Einfluß von J. M. Keynes, *General Theory of Employment, Interest and Money* (1936) bei der Förderung öffentlicher Unternehmungen, sowohl als Maßnahme gegen Wirtschaftskrisen, als auch als Quelle einer Gegenkraft, siehe Galbraith, *Capitalism* 67, 74 ff.; 135 ff.; Miernyk, *Trade Unions* 79 ff.

[241] siehe J. K. Galbraith, *The Affluent Society* (1958).

[242] vgl. Berle, *Capitalist Revolution*, bes. Kap. V über die Art von Philanthropie und praktischem Gemeinschaftssinn innerhalb dieser Verantwortlichkeit; vgl. H. Bowen, *Social Responsibilities of the Businessman* (1953). Für England siehe Goyder, *Private Enterprise;* er verlangt im Hinblick auf den neuen *Companies Act* 1948, daß das Gesellschaftsrecht abgeändert werden muß, um den »Pflichten der Gesellschaft gegenüber der Allgemeinheit« Rechnung zu tragen; vgl. auch die verschiedenen Abänderungsvorschläge von Goyder (*ebenda* 57, 61 ff., 66, 93 ff.) über Bonuszahlungen an die Arbeiter, Verbesserungen der Arbeitsstätte und Förderung der Forschung. Er entwirft ein neues Gesellschaftsgesetz, das seine Forderungen verwirklicht. Goyders Vorbild sind die berühmten Karl Zeiss Optischen Werke in Jena und die staatlich genehmigte Form dieses Unternehmens als einer Stiftung (Stiftungsurkunde vom 26. Juli 1896, staatlich genehmigt im Jahre 1905), d. i. die übliche Form der Bindung eines Vermögens an einen bestimmten Zweck. Über einen anderen älteren Versuch auf diesem Gebiet siehe W. Mackenzie King, *Industry and Humanity* (1918). J. E. Abeille, *Droit, capital, travail* ... (1955) strebt einen grundsätzlichen gerechten Ausgleich zwischen Kapital und Arbeit an, läßt dabei aber merkwürdigerweise alle Zusammenhänge mit weiteren sozialen Interessen außer Betracht.

A. A. Berle hat nunmehr seinen Standpunkt mit Abänderungen neu erklärt, als Folge einer Auseinandersetzung mit P. Selznik, die sich an Berles späteren Aufsatz »... The Great Society« (1965) 14 *Catholic U. A. L. R.* 149, 156–57 anschloß.

Kapitel III:

Verwaltungseinrichtungen als Mittel der Rechtsordnung[1]

I. Verwaltungseinrichtungen als Mittel rechtlichen Ordnens

§ 1   Die Verwaltungsexplosion im 20. Jahrhundert

Im 19. Jht. war die Gewaltenteilung zwar keine notwendige förmliche Verfassungsnorm, galt aber zum Schutz der Freiheit als moralisch und politisch unentbehrlich. Man hatte die Vorstellung, daß die Grenzlinien zwischen den drei Gewalten scharf, unverrückbar und wahrnehmbar seien, da sie andernfalls wirkungslos sein müßten. Was nicht zur rechtsprechenden Gewalt gehört, muß danach entweder zur Gesetzgebung oder zur Vollziehung im Sinne der Verwaltung gehören, und wenn das betreffende Sachgebiet auch nicht in den begrifflich vorherbestimmten Bereich der Gesetzgebung fällt, dann muß es zur Vollziehung (Verwaltung) gehören. Bei der Zuteilung eines Aufgabenkreises an eine der drei Gewalten ging man nicht von der Art der Aufgaben aus, fragte sich nicht, welche Art von Staatsorganen ihrer Arbeitsweise nach am geeignetsten für die gerechte und zweckmäßige Behandlung wären. Man ging vielmehr von der vermeintlich fest vorherbestimmten Zuständigkeitsverteilung aus. Gewiß beruhte die Vorstellung von diesen Zuständigkeitsbereichen zum Teil einfach auf der geschichtlichen Tatsache, daß die fraglichen Aufgaben seither immer von dem betreffenden Organ bearbeitet worden waren. Sie beruhte aber auch auf abstrakten Vorstellungen davon, welche Aufgaben jeder der drei Gewalten ihrer Natur nach richtiger- und angemessenerweise zukommen. Die geschichtliche Grundlegung der Zuständigkeit war selbst eine begriffliche Abstraktion aus der Geschichte, 183 denn die Einrichtungen und Aufgaben unterliegen dauernder Umformung, und was zu einer Zeit die angemessene Aufgabe einer Einrichtung ist, kann es zu einer anderen Zeit nicht mehr sein.

Insofern die Vollziehung (Verwaltung) die vom Gesetzgeber erlassenen Vorschriften ausführt, erfüllt sie von jeher »Verwaltungsaufgaben« im weiten Sinn. Die Steuergesetze wurden ursprünglich von den *Barons of the Exchequer* (Barone der Schatzkammer) verwaltet. Doch ist gerade das ein beredtes Beispiel dafür, daß Verwaltung und Rechtsprechung einander eng berühren. Denn die Steuerverwaltung hat es mit den Fragen zu tun, ob Steuer geschuldet und warum eine fällige Steuer nicht bezahlt wird. Die Steuerverwalter hatten daher über solche Fragen und damit über Grundrechte zu entscheiden. Die Schatzkammer entwickelte sich allmählich zum Schatzkammergericht, das jahrhundertelang eine umfangreiche Gerichtsbarkeit im Bereich des Zivilrechts ausübte. Infolge der raschen, ständigen Erweiterung der Verwaltungstätigkeit gehen deren Aufgaben heute über die bloße Vollziehung von Gesetzen hinaus und umfassen die Entscheidung von Streitfragen und das vom Gesetzgeber delegierte Erlassen von Ausführungsverordnungen. Seit der Industrialisierung im vergangenen Jahrhundert war diese Ausdehnung der Verwaltung so gewaltig und seit 1900 folgte sie der anwachsenden Gesetzgebung auf neuen wirtschaftlichen und sozialen Gebieten auf dem Fuße, so daß die Gewaltenteilung in ihren Grundlagen bedroht zu sein schien. Daher hat sich in unserem Jahrhundert das öffentliche Recht viel mit der Lehre von der Gewaltenteilung beschäftigt. Entweder versuchte man, den Begriff der »Verwaltung« so zu bestimmen, daß sie in eine der drei Gewalten paßte, oder man legte die Lehre von der Gewaltenteilung neu aus, um die Verwaltung, so wie sie heute tatsächlich ist, damit zu vereinbaren. Der wichtigste Versuch dieser zweiten Art war gewiß der, aus der die *Trennung der Gewalten vorschreibenden Lehre* eine solche zu machen, die *beschreibt*, wie sich die *Aufgaben des Staats* je nach der *Zeit*, dem *Aufbau der Behörden* und deren *Eignung* auf die drei Gewalten verteilen. Für diese Umdeutung der Gewaltenteilungslehre berief man sich auf die feststehenden Tatsachen der englischen Geschichte. Diese enthält zahlreiche Beispiele (das bekannteste ist die Vereinigung der Aufgaben aller drei Gewalten in dem Amt des *Lord Chancellor*) dafür, daß nicht einmal das Heimatland der politischen Freiheit und des Rechtsstaats eine scharfe theoretische Abgrenzung der Gewalten gekannt hat. (Die englische Geschichte zeigt, daß man aus praktischen Gründen oft sogar von einer strengen Abgrenzung der Zuständigkeiten abgesehen hat).

Zur völligen Umwandlung der *Gewaltenteilungslehre* in eine Lehre der praktischen *Aufgabenverteilung* kam es erst, als der Zug der Zeit immer dringender dazu zwang. Bis tief in unser Jahrhundert hinein hielten die juristische Theorie und Praxis an der Lehre von der Gewaltenteilung streng fest. Daher fiel es ihnen auch schwer, die Tatsache zu erklären, daß die Verwaltungsbehörden in so vielen Streitfällen über die Rechte und Pflichten der Bürger zu entscheiden hatten. Denn das war nach der früheren Auffassung eine wesentliche Aufgabe der Gerichtsbarkeit, nicht der Verwaltung. Ebenso schwer wurde eine Erklärung dafür, daß die obersten Organe der Vollziehung in weitem Umfang, oft sogar fast ohne jede Beschränkung, zur Verordnungsgebung ermächtigt wurden. Montesquieu hatte gelehrt, es könne zur Tyrannei führen, wenn man ein und dieselbe Gewalt sowohl zur Gesetzgebung wie zu deren Vollziehung ermächtige; wenn man derselben Gewalt auch noch die Rechtsprechung überlasse, dann sei das schon vollendete Tyrannei.

Daß Dicey der Wortführer und Prophet im Kampf gegen das Überhandnehmen von Verwaltungsverordnungen und Verwaltungsrechtsprechung wurde, verdankte er nicht nur seiner Überzeugungskraft[2], sondern auch der Tatsache, daß er dem beredten Ausdruck gab, was sich aus der von Juristen und Politikgelehrten geteilten, allgemeinen Ansicht ergab. Bekämpft wurde jeder Kompromiß in der Form eines englischen Verwaltungsrechts. Viele Gedanken von Dicey und der darauf aufbauenden späteren Werke wie Hewart, *New Despotism* (1929) und Allen, *Bureaucracy Triumphant* (1931)[3] sind von der maßgebenden Literatur schon längst überholt, bilden aber doch noch ihren wesentlichen Hintergrund. Sie leben unausgesprochen weiter in der Einstellung vieler Juristen[4] und sind – in anderer Form – noch immer Gegenstand der Erörterung. So behaupte ich heute zwar nicht mehr, ein »Verwaltungsgericht« könne niemals persönliche Rechte und Pflichten feststellen, aber ich habe doch noch ernste Zweifel, wie eine solche Feststellung zustandekommen soll. Wer soll entscheiden? Auf Grund welcher Beweise und welcher Art von Anhörung der betroffenen Parteien? Was soll den Parteien vorher über die Sach- und Rechtslage eröffnet werden und wie soll das geschehen? Soll Berufung im ordentlichen Rechtsweg zugelassen werden und, wenn ja, in welchem Umfang?

Zunächst jedoch, in den ersten Jahrzehnten nach 1900, verhielten sich die Juristen ganz einfach in sturer, unnachgiebiger, wenn nicht trotzig-lärmender Opposition. Ihrer ungeachtet drangen Verwaltung und Verwaltungsgerichte unaufhörlich immer weiter in die Gebiete von Gesetzgebung und Rechtsprechung ein. Heute besteht die Gefahr der Willkür in der Verwaltung, und es ist wichtig, sich über die Entstehungsgründe dieser Gefahr klar zu sein. Man hat nämlich auf den vergeblichen Versuch, die Verwaltung wieder zurückzudrängen, so viel Kraft und Geist verwendet, daß davon nicht mehr genug übrig war für die praktisch wichtigere Aufgabe, die erforderlichen Einrichtungen zur Aufsicht und Überwachung der neuartigen Staatsgewalt aufzubauen[5]. Zum Teil lag das daran, daß die Juristen (der angelsächsischen Rechtskultur) von der Verwaltung nichts verstanden[6]. Bis zur Mitte des Jahrhunderts breiteten sich die Machtansprüche der Verwaltung auf alten und neuen Gebieten ungehindert oder nur gelegentlich behindert aus. Anstatt die in manchen Bereichen herkömmliche Willkür abzuschaffen, schleppte man sie weiter mit; anstatt herkömmliche Sicherungen gegen Willkür aufrechtzuerhalten, baute man sie sogar ab[7]. Auch im Vereinigten Königreich, und zwar auf dem herkömmlicherweise mit den Hoheitsrechten der Krone verbundenen Gebiet, gilt allgemein eine Ermessensfreiheit der Verwaltung, die jeglicher Überwachung und Prüfung wie allfälliger Verwerfung entzogen ist. Doch gibt es auch zahlreiche solche Fälle auf Gebieten, wo unbeschränkte Ermessensfreiheit noch nicht einmal geschichtlich gerechtfertigt werden kann; Beispiele hierfür sind die Entscheidungen über die Einrichtung von Fachschulen, viele Entscheidungen des *Home Office* (Innenministerium), sowie die Zuständigkeit des *Ministry of Health* (Gesundheitsministerium) in Angelegenheiten der öffentlichen Gesundheitspflege und des Ärztestandes[8].

Das Anwachsen der Verwaltungstätigkeit hängt geschichtlich im
wesentlichen damit zusammen, daß die Gesetzgebung immer
tiefer in die vielgestaltige Wirtschaftsgesellschaft eingegriffen
hat. Zur Übernahme von Aufgaben, zu deren Lösung Gesetzgebung und Rechtsprechung (aus den im folgenden Paragraphen
erörterten Gründen) nicht fähig waren, wurde die Verwaltung
ermächtigt. So betrachtet fielen also der Verwaltung als gleichsam einer Auffangsgewalt *(residual power)* alle diejenigen Aufgaben zu, die wegen der althergebrachten Abgrenzung ihrer
Zuständigkeiten und Einrichtungen weder den Behörden der
Gesetzgebung noch denen der Rechtsprechung oder der herkömmlichen Vollziehung überlassen werden konnten. Der Umstand dieser Zusammenfassung von verbliebenen Zuständigkeiten trug zu den schwierigen Fragen bei, die das Anwachsen der
Verwaltung mit sich brachte. Die vielfältige Verschiedenheit und
Verworrenheit dieser überall auftretenden Fragen ist eine Folge
davon, daß es so viele unterschiedliche Ableitungen der Verwal-
tungszuständigkeiten gibt und auch so viele verschiedene neue
Gegenstände der Gesetzgebung.

Sprechen wir davon, was nach der Abgrenzung der drei Regierungsgewalten übrigbleibt, dann bringen wir unausgesprochen
den Gesamtbereich des staatlichen Eingreifens in die Erörterung, und das führt mehr oder weniger offen zu einer gefühls-
mäßigen Einstellung gegenüber der Angebrachtheit dieses Eingreifens[9]. Das ist zu beachten, wenn man Quellen aus der Zeit
vor dem Zweiten Weltkrieg prüft. Dies zeigt uns, daß seit den
frühen Anfängen der modernen Verwaltung ihre Ausdehnung
mit dem Eingreifen der Gesetzgebung auf dem Gebiet von
Gesellschaft und Wirtschaft verknüpft war. Es lag deshalb
ursprünglich nahe, die neuen Verwaltungskörper mit politischem
»Fortschritt«, die Gegnerschaft dagegen mit »Fortschrittsfeind-
lichkeit« gleichzusetzen. Weiterblickend jedoch und vom heutigen Gesichtspunkt aus betrachtet, ist diese Gleichsetzung falsch.
Die Einschaltung der Verwaltung kann heute politische Gegensätze eher mildern. Wie L. L. Jaffe richtig bemerkte, kann die
Verwaltung in politisch nicht umstrittenen, rein technischen Fragen besser zu einem sachlichen Ergebnis kommen als eine Par-

lamentsdebatte. Sogar in politisch strittigen Angelegenheiten lassen sich politische Ziele oft besser durch schrittweises Vorgehen der Verwaltung erreichen als durch ein Machtwort des Gesetzgebers. Geschichtlich betrachtet, entwickelte sich somit die moderne Verwaltung auf Gebieten, wo das herkömmliche Verfahren von Gesetzgebung und Rechtsprechung versagte. Damit wird aber der Aufgabe nicht vorgegriffen, die Verwaltung in ihrem heutigen Zuständigkeitsbereich als ein einheitliches und weiterentwicklungsfähiges Gebiet der Staatstätigkeit zu begreifen und die sie beherrschenden Rechtsgrundsätze zu finden[10]. Nun sei vorweg einiges angemerkt, das in den §§ 3–12 näher behandelt wird:

(a) Verwaltungsentscheidung als eine dem modernen Bereich der rechtlichen Regelung angepaßte besondere Aufgabe: Schwund ihrer geschichtlichen Gleichsetzung mit Vollzugsgewalt im herkömmlichen Sinn.

Der geschichtliche Zusammenhang ist so wichtig und liegt uns zeitlich so nahe, die Loslösung davon geschah so schnell und entschieden, daß wir uns deutlich die Länge der Zeit vergegenwärtigen müssen, die zur gedanklichen Bewältigung dieser Entwicklung nötig war. Im Mittelpunkt steht hier die Erkenntnis, daß es Verwaltungsaufgaben gibt, die etwas anderes sind als die herkömmlichen Aufgaben der vollziehenden Gewalt (§ 3).

(b) Die Sonderaufgabe der Verwaltungsentscheidung im Hinblick auf die festgelegten und praktischen Grenzen der Gesetzgebung.

Daß die moderne Art der Verwaltung etwas Neues und Besonderes ist, wird deutlich, wenn wir erkennen, daß ihre Sonderaufgaben eine Folge der beschränkten Fähigkeit von Gesetzgebung und Rechtsprechung sind, es mit neuen Gebieten rechtlicher Regelung aufzunehmen. Ohne solche Beschränkungen wären diese Aufgaben der Gesetzgebung oder der Gerichtsbarkeit zugefallen, in diesem Sinne hat es manchmal mehr geschichtliche als sachliche Gründe, daß diese Aufgaben zur Vollziehung gehören (§ 4).

(c) Rechtspolitik durch Verwaltung und die Verantwortlichkeit von Gesetzgebung und Vollziehung.

Der geschichtliche Hintergrund läßt die wichtigen Fragen unbeantwortet, wie weit Gesetzgebung und Vollziehung (Verwaltung) für die Formung und Durchführung der Rechtspolitik verantwortlich sind und wie die Verwaltungstätigkeit in die nationale Politik eingebaut werden kann (§ 5).

(d) Die Sonderaufgabe der Verwaltungsentscheidung im Hinblick auf die festgelegten und praktischen Grenzen der Rechtsprechung.

Da die Grenzlinien zwischen den Aufgaben der Verwaltung und den herkömmlichen Aufgaben von Gesetzgebung und Rechtsprechung auf festen Einrichtungen und praktischen Erwägungen beruhen, ist es nicht zu verwundern, daß Versuche zu scharfer begrifflicher Abgrenzung fehlschlagen mußten. Man bemüht sich neuerdings, die Grenzen der »sozialen Ordnung in Form von Entscheidungen« (adjudicative form of social order) festzulegen; hierbei ist es sehr wichtig, die alten Unklarheiten nicht neu auftreten zu lassen (§ 6).

(e) Überwachung der Verwaltungsentscheidung durch die Gesetzgebung.

Auch wenn wir geschichtliche und logische Fallstricke vermeiden, stehen wir noch vor der großen Aufgabe, den neuen Wirkungskreis der Verwaltung innerhalb des Spielraums freier Einrichtungen zu halten. Das ist eine heikle Angelegenheit. Man hat diese Aufgabe zuerst dadurch zu lösen versucht, daß man der Gesetzgebung die Pflicht auferlegte, den Gebrauch zu überwachen, den die Verwaltung von der ihr übertragenen Zuständigkeit macht. Darauf hat man die Überwachungspflicht der Rechtsprechung auferlegt (mit Einschluß der Nachprüfung der Gültigkeit der Zuständigkeitsübertragung selbst in Fällen, in denen die Verfassung hierin die Gesetzgebung einschränkt) (§ 7).

(f) Überwachung der Verwaltungsentscheidungen durch die Rechtsprechung.

Geschichtliche und institutionelle Erwägungen spielen eine erhebliche Rolle für die Einstellung der Richter zum Wesen und Bereich der ihnen zustehenden Überprüfung von Verwaltungsakten. Es ist zu untersuchen, inwieweit sich diese Erwägungen mit dem grundsätzlichen Aufgabenkreis und den Schranken richterlicher Nachprüfung vertragen (§ 8).

(g) Gesetzliche Richtlinien, Ermessen der Verwaltung und das »öffentliche Interesse« als Wegweiser zu gerechten Entscheidungen der Verwaltung.

Die eigentliche Spannung zwischen dem Machtbereich der Verwaltung und den Grundsätzen der Demokratie beginnt da, wo die Gesetzgebung der Verwaltung keine genauen Weisungen geben kann, ohne ihre Zuständigkeit zu überschreiten, und wo aus denselben Gründen keine Überwachung der Verwaltung durch den Gesetzgeber oder die Gerichte möglich ist. Das ist im engsten Sinne der Bereich des Ermessens in der Verwaltung. Soweit sie hier nicht von außen überwacht werden kann, muß man sich auf die Selbstkontrolle der Verwaltung verlassen dürfen. Von großer Bedeutung sind hier die Kriterien, nach denen die Verwaltung die Richtigkeit ihrer Maßnahmen beurteilen soll (wobei zu den »Kriterien« auch die Wahl der richtigen Methode zur Erreichung der Ergebnisse gehört) (§ 9).

(h) Selbstkontrolle der Verwaltung; Festsetzung von Wertmaßstäben für die Verwaltung.

Ebenso wichtig für die Selbstkontrolle der Verwaltung sind Vorkehrungen innerhalb der Beamtenschaft, um zu verhüten, daß in Einzelfällen das Ermessen unklug, mißbräuchlich oder eigensinnig ausgeübt wird. Hier trifft die Juristen die gleiche Verantwortung wie die Verwaltungsbeamten. Fortschritten auf diesem Gebiet steht die Tatsache entgegen, daß die

Juristen der angelsächsischen Rechtskultur jeglichem systematischen Verwaltungsrecht *(droit administratif)* mit Angst und Mißtrauen gegenüberstehen, was geschichtlich verständlich, sachlich unbegründet ist. Es ist unerläßlich, daß die Juristen zu einer richtigen Einstellung gelangen (§ 10).

(i) Verfahren und Organisation zur Überwachung der Verwaltung: Allgemeines.

Wenn zur Überwachung der Verwaltung grundsätzliche Vorschriften über Organisation und Verfahren erlassen werden, so besteht die ernste Gefahr, daß die für das Gedeihen der Verwaltung lebenswichtige Anpassungsfähigkeit und Bewegungsfreiheit zerstört werden. Dadurch entstehen Kämpfe, deren tieferliegende Ursachen erkannt und gewertet werden müssen (§ 11).

(k) Verfahren und Organisation zur Überwachung der Verwaltung: Schranken.

Angesichts dieser hin- und herwogenden Streitigkeiten müssen wir uns fragen, ob und welche allgemeinen Richtlinien sowohl für brauchbare Mittel der Überwachung als auch hinsichtlich ihrer unübersteigbaren Schranken aufgestellt werden können (§ 12).

§ 3 Verwaltungsentscheidung als eine dem modernen Bereich der Rechtsordnung angepaßte besondere Aufgabe; Verschwinden ihrer geschichtlichen Gleichsetzung mit Vollzugsgewalt im herkömmlichen Sinn

Der geschichtliche Zusammenhang zwischen den neuen Verwaltungsaufgaben und der herkömmlichen Vollzugsgewalt hat zu einer Form der Zusammenarbeit geführt, die nicht notwendig dem Wesen der in Betracht kommenden Aufgaben entspricht. Es ist immer von neuem nötig, diese Zusammenarbeit zu überdenken und die Besonderheit der neuen Verwaltungsaufgaben gegenüber den älteren Aufgaben der Vollzugsgewalt herauszukehren.

Unverkennbar stützte sich Dicey auf jenen geschichtlichen Zusammenhang, als er mit Entschiedenheit den Gedanken verwarf, die Länder des *Common Law* sollten ein systematisches Verwaltungsrecht einführen und besondere Hilfsorgane *(ancillary organs)* zur Entscheidung über Verwaltungsbeschwerden einrichten. Er verlangte statt dessen, daß solche Angelegenheiten auf dem ordentlichen Rechtsweg behandelt werden, denn im »Rechtsstaat« haben sich die Verwaltungsbeamten wie jeder andere Bürger vor den ordentlichen Gerichten zu verantworten. Seien die Schreckensurteile des *Star Chamber*-Gerichts etwa nicht die Folge davon gewesen, daß die Vollzugsgewalt (der Krone) sich in die Rechtsprechung einmischte? Die Verwaltung sei ein Teil der Vollziehung. Deshalb wäre eine Verwaltungsgerichtsbarkeit und ein besonderes Verwaltungsrecht eine Gefahr für den »Rechtsstaat« und für die bürgerliche Freiheit und Gleichheit. Auf die schwachen Punkte dieser Meinung will ich hier nicht eingehen, denn die Einwände stützen sich auf den geschichtlichen Zusammenhang zwischen den Aufgaben der Verwaltung und der scharfen begrifflichen Gewaltenteilung, deren sachliche Notwendigkeit ich gerade in Zweifel ziehen will.

Die schwierigsten Aufgabenkreise der Verwaltung stammen vor allem daher, daß die bisherigen Organe der Gesetzgebung und Rechtsprechung sie nicht innerhalb ihrer herkömmlichen Zuständigkeit behandeln zu können glauben. Es handelt sich dabei in erster Linie um eine der Verwaltung übertragene Zuständigkeit zur Setzung genereller Normen (Verwaltungsverordnungen), will sagen: »Gesetze im materiellen Sinne«, und zu quasirichterlicher Entscheidung auf neuen Gebieten rechtlicher Regelung. Ihrer Aufgabe und Bestimmung nach war die Vollziehung nicht gerade zur Übernahme dieser neuen Zuständigkeit geeignet. Da man aber voraussetzte, es gäbe nur die drei Gewalten Gesetzgebung, Rechtsprechung und Vollziehung (Verwaltung), so mußte das, was die beiden ersten nicht übernahmen, der dritten zufallen. So kam es, daß die neuen Aufgaben mit den vorhandenen Behörden der Vollziehung verbunden wurden, Organen, die sich bis dahin weithin der der Krone zustehenden Freiheit von Auskunftspflicht erfreut hatten. Es gab natürlich keinen zwingenden Grund dafür, die neue Amtstätigkeit an der Hoheit der Gesetzgebung, von der sie ihre Zuständigkeit verliehen bekam, oder an der hergebrachten Verantwortungsfreiheit der Vollzugsgewalt teilnehmen zu lassen. Wie wir sofort sehen werden, wurden manchmal sogar eigene Organe für die neuen Aufgaben geschaffen. Aber dies mußte zu Unklarheiten führen; denn die meisten neuen Aufgaben berührten sich irgendwie mit den Vorstellungen der verantwortungsfreien Vollzugsgewalt. Infolge dieser Unklarheiten geschah es leicht, daß der Gedanke an ein besonderes Verwaltungsrecht, ein eigenständiges Verwaltungsverfahren und eine Verwaltungsgerichtsbarkeit mißverstanden (und entsprechend bekämpft) wurde, als ob es sich um den Versuch handle, aus der ausnahmsweisen Freistellung des Vollzugsorgans von der Nachprüfung durch die ordentlichen Gerichte eine allgemeine Regel zu bilden.

Heute steht außer Zweifel, daß die moderne Verwaltung trotz der Unklarheiten ihrer Vorgeschichte als ein selbständiger und weithin neuartiger Aufgabenkreis anzusehen ist. Um diese Tatsache gedanklich einzuordnen, haben die Theoretiker nacheinander verschiedene Wege vorgeschlagen. Zunächst versuchte man es mit einer neuen Definition der Aufgabe der Vollziehung[11], dann mit Abspaltung der Verwaltung von der Vollziehung und mit der Übertragung ihrer Zuständigkeit auf den Kongreß[12]; schließlich gelangte man zur Auffassung, daß Verwaltung weder zur Vollziehung noch zur Gesetzgebung zählt. Diese Auffassung wird den heutigen Verhältnissen am besten in der Form gerecht, daß man in der Verwaltung eine Staatätigkeit erblickt, die sich in dem von den drei anderen Gewalten freigelassenen Raum unter dem Druck der modernen Verhältnisse entwickelt hat. Die Verwaltung widerspricht zwar in gewissem Sinne dem System der drei getrennten Staatsgewalten, aber doch nur so, daß sie zum Sammelpunkt (*focus*) einer besonderen Art von Zuständigkeiten wird, der nötig ist, um das System in Gang zu halten. Andernfalls würden diese zusätzlichen Staatsfunktionen das von dem Dreigewaltensystem vorausgesetzte Gleichgewicht zerstören: Die Zuständigkeit der Vollziehung müßte derart erweitert werden, daß die beiden anderen Gewalten kein Gegengewicht mehr hergäben[13]. Danach ist die Verwaltung geradezu eine vierte Gewalt, die von den alten drei Gewalten nicht scharf und klar unterscheidbar ist, vielmehr jene ergänzt und verbindet.

Diese neue Auffassung mag theoretisch angreifbar sein, sicher aber ist sie zweckdienlich, wenn es darum geht, wirksame Schutzmittel gegen Verwaltungswillkür zu ersinnen. Die anglo-amerikanische Rechtsprechung hat sich in den letzten zwei Generationen ruckweise, aber ohne Umkehr in der Richtung der Anerkennung dieser tatsächlichen Zuständigkeiten entwickelt. Die Weiterentwicklung kann auch deshalb nicht von den endlosen und meistens vergeblichen Versuchen abhängen, scharfe begriffliche Trennungslinien zu finden, um den Bereich der Verwaltung von den alten Bereichen der Gesetzgebung, Rechtsprechung und Vollzugsgewalt abzugrenzen[14]. Einige der größten Schwierigkeiten beim Einfügen der Verwaltung in die allgemeine Rechtsordnung rühren (wie noch darzulegen sein wird) gerade daher, daß die Aufgaben der Verwaltung und der Gesetzgebung so eng verwandt sind, beispielsweise hinsichtlich der Frage, wie weit der Verwaltung rechtspolitische Entschließungen überlassen werden können sowie ob und wieweit solche Entschließungen der Nachprüfung durch die Gerichte unterworfen sein sollen.

§ 4   Die Sonderaufgabe der Verwaltungsentscheidung im Hinblick auf die festgelegten und praktischen Grenzen der Gesetzgebung

Daß der moderne Gesetzgeber die Verwaltung mit einer solchen Überfülle an Macht und Zuständigkeiten ausgestattet hat, erklärt sich aus der ständigen Erweiterung des Bereichs gesetzlicher Regelung. Es gilt hier, auf die Frage einzugehen, wieso Gesetzgebung und Rechtsprechung den neuen Anforderungen so wenig gewachsen waren, daß es nötig wurde, eine vierte Staatsgewalt mit allen daraus entstehenden Verwicklungen einzurichten. Wenn ich das Versagen der herkömmlichen Gewalten beschreibe, dann schildere ich damit zugleich auch die Umstände, die die Verwaltung für ihre Aufgaben besonders geeignet machen; diese fehlen nämlich zum großen Teil den Einrichtungen von Gesetzgebung und Rechtsprechung. Die Mängel sind im wesentlichen von dreierlei Art[15]. Das erste ist der Zeitmangel, das zweite der Mangel an Fachkenntnis auf neuen Rechtsgebieten, das dritte der Mangel an Fähigkeit zur ständigen Überwachung der Rechtsentwicklung auf Gebieten, auf denen die Einzelvorschriften oder sogar die rechtspolitischen Ziele sich erst aus der Praxis herausbilden müssen.

Was den *Zeitmangel* betrifft, so könnten organisatorische Reformen und Vereinfachungen in Gesetzgebung und Rechtsprechung gewiß zur besseren Ausnützung der verfügbaren Zeit verhelfen. Aber ebenso gewiß wirken die lange Tradition und das ehrwürdige Ansehen dieser Einrichtungen dahin, daß sie sich nur langsam und unvollkommen neuen Aufgaben anpassen. Abgesehen von der Schwerfälligkeit und Unwilligkeit im Organisieren ist der Umfang der von der Gesetzgebung übertragenen Aufgaben und die Menge der nötigen Ausführungs- und Durchführungsverordnungen so groß, daß es sich offensichtlich nicht um die Aufgabe einer bloßen Neuorganisation handeln kann. Dasselbe lehrt die allgemein verbreitete Überlastung und Geschäftsstockung in der Rechtspflege. Trotzdem kann es einzelne Gebiete geben, für die man entscheiden muß, ob sie nicht ihrer Natur und Wichtigkeit wegen unmittelbar von der Gesetzgebung und den Gerichten nach eigenen Sonderregeln behandelt werden sollten. So klar man sich auch über diese Frage sein mag, so zwingt den Gesetzgeber doch die Knappheit an parlamentarischer Arbeitszeit dazu, statt dessen die Zuständigkeit der Verwaltungsbehörden zu erweitern.

Sachverständige Fachkenntnisse, die der Gesetzgeber oder Richter üblicherweise nicht besitzt, sind für Entscheidungen auf manchen Gebieten nötig, die heute gesetzlich geregelt werden. Solche besonderen Kenntnisse betreffen nicht nur die Naturwissenschaften wie Physik und Technologie, sondern auch Gegenstände der Allgemeinbildung, sofern sie aus besonderen Gründen wissenschaftlich behandelt werden müssen. Ein solcher Grund liegt vor, wenn neue sozialpolitische Ziele von der Rechtsordnung anerkannt werden, die sich etwa auf wenig verstandene Gesichtspunkte vorhandener Einrichtungen beziehen. Beispiel: neue Gesetzesbestimmungen zur Erhaltung von Ehen durch Versöhnung streitender Ehegatten oder zur Förderung der »Wohlfahrt« eines Kindes. Ein zweiter Anlaß zu fachwissenschaftlicher Behandlung liegt vor, wenn aus dem menschlichen Zusammenleben neue Aufgaben erwachsen, für die es noch keine praktische Erfahrung gibt, beispielsweise die Bekämpfung von

Verkehrsunfällen auf den überfüllten Straßen in unserem Zeitalter. Ein dritter solcher Anlaß sind neue Erkenntnisse, die allerdings meistens schon eine Begleiterscheinung der beiden anderen Gründe oder eines von ihnen sind. Lange bevor man Mittel zur Bekämpfung entdeckte, wußte man, daß die Luft über Industriegebieten und Großstädten verdorben ist. Als man sich auf die Bekämpfung verstand, mußte man neue Zuständigkeiten für Behörden schaffen, die die Luftverschmutzung in erträglichen Grenzen zu halten und hierfür Verordnungen zu erlassen haben. In gleicher Weise wirken sich die wachsenden Erkenntnisse der Psychiatrie und Kriminologie auf die Fragen der Strafurteile und des Strafaufschubs aus.

Die dritte Schwäche der Gesetzgebung und Rechtsprechung, deren Folge der zunehmende Aufgabenbereich der Verwaltung ist, betrifft die ständige *Überwachung und Anpassung* an gewonnene Erfahrung, die auf vielen neuen Gebieten der Gesetzgebung nötig ist. Vor allem sind hier Gesetzgebung und Rechtsprechung durch ihre überlieferten, festen Einrichtungen in ihrer Wirkungsmöglichkeit eingeengt[16]. Einmal kann es sich darum handeln, daß die zu regelnden Verhältnisse sich ständig und rasch ändern, wie beispielsweise die Kosten und sonstigen Berechnungsgrundlagen der Gebühren öffentlicher Versorgungsbetriebe oder die Publikumserfolge bei Bewerbungen um Rundfunk- und Fernsehlizenzen. Ein anderer Fall ist die Notwendigkeit von Sofortmaßnahmen, z. B. bei Seuchen, bei plötzlichem Ausfall lebenswichtiger Betriebe, bei Kriegs- und Bürgerkriegsgefahr. Wiederum anders liegt der Fall, daß die Notwendigkeit einer Regelung zwar offensichtlich und anerkannt ist, daß aber die Erfahrung fehlt, um Einzelheiten zu bestimmen. In allen solchen Fällen steckt der Gesetzgeber in einer Zwickmühle: entweder er muß untätig bleiben oder er muß ins Blaue hinein handeln. Wenn er den Ausweg versucht, inhaltslose oder unklare Gesetze zu schaffen, dann lädt er in der Regel seine schwierige Aufgabe einfach auf die Richter ab. Richtiger und zweckmäßiger ist es deshalb, die Zuständigkeit zum Erlaß und zur Abänderung von Verordnungen auf Verwaltungsbehörden zu übertragen. Die mächtige Entwicklung von Naturwissenschaft und Technik erzeugt immer wieder Situationen, in denen eine gesetzliche Regelung dringend notwendig, die Fähigkeit dazu aber noch nicht vorhanden ist.

L. L. Jaffe erwähnt einen ähnlichen Sachverhalt, der auch hier von gewisser Bedeutung ist[17]. Nach früherer anglo-amerikanischer Auffassung wurde die Verordnungsgewalt der Verwaltung entweder als rechtswidrige Anmaßung von Gesetzgebungsgewalt abgelehnt oder es wurde versucht, sie begrifflich dem Bau des demokratischen Rechtsstaats einzugliedern. Man erklärte es als ihre Aufgabe, Einzelvorschriften zur Förderung der vom Gesetzgeber beschlossenen oder anderweitig unbestrittenen Zwecke zu erlassen, und ließ so den Grundsatz der nötigen demokratischen Zustimmung unversehrt. So wie sich die Dinge wirklich entwickelt haben, ist aber klar, daß übertragene Zuständigkeiten oft über die ursprünglichen Aufgaben hinauswachsen und sich ihre manchmal sehr weitgesteckten Ziele selbst setzen. Die Zustimmung der Gesetzgebung oder es Volkes beschränkt sich dann in Wahrheit manchmal nur darauf, daß das betreffende Gebiet überhaupt irgendwie generell geregelt werden soll. Die Einschaltung der Verwaltung stellt sich dann als das einzige Mittel dar, um diese beschränkte Zustimmung nicht durch dauernden Streit über die richtigen Mittel inhaltslos zu machen. Übrigens können natürlich dann auch die Verwaltungsbehörden eine so unannehmbare Politik einschlagen, daß der Gesetzgeber wieder einschreiten muß, oder sie können sich nicht auf eine geeignete Politik festlegen. In dieser Beziehung versagt zu haben, war einer der Hauptvorwürfe, die gegen die amerikanischen unabhängigen Verwaltungsstellen erhoben wurden[18]. Je nach unseren Vorurteilen (und angesichts der Schwierigkeit, demokratische Zustimmung festzustellen)[19] kann diese Art von Rechtspolitik auf dem Verwaltungswege entweder zu einer Verurteilung der Verwaltungszuständigkeit führen oder zu ihrer Rechtfertigung. Der Gegner wird in der Verwaltung die »Bürokratie« sehen, die die Meinungsverschiedenheiten in der Demokratie ausnützt, um sich Macht zu verschaffen. Der Anhänger wird in der Verwaltung einen unparteiischen *amicus rei publicae* erblicken, der den grundsätzlichen Willen des Volks erfüllt, indem er den Anforderungen des praktischen Lebens gerecht wird.

Daß die Gesetzgebung die Rechtspolitik anderer Stellen überläßt, mag oft unvermeidlich, aber oft auch eine Preisgabe der
Verantwortlichkeit der Gesetzgebung sein[20]. In jedem Fall erheben sich dabei eine Menge von Fragen, nicht nur solche der
Überwachung des Gebrauchs, den die Verwaltung von der ihr
überlassenen Zuständigkeit macht.

Diese Fragen sind oft erörtert worden, als die Leistung der
unabhängigen amerikanischen Verwaltungsstellen untersucht
wurde, etwa die der *United States Federal Trade Commission*,
der *Inter-State Commercial Commission* oder des *Civil Aviation Board*. Nach einhelliger Meinung, wie sie beispielsweise in
den Auseinandersetzungen über die amerikanischen unabhängigen Verwaltungsstellen zutage getreten ist[21], darf man die Verwaltung nicht in die alte Dreiteilung der Regierungsgewalten
hineinzwängen, indem man sie mit der vollziehenden Gewalt
gleichsetzt. Wie ich dem jetzt hinzufügen muß, wäre es aber auch
falsch, die Zwangsjacke der dreiteiligen mit einer solchen der
vierteiligen Gewaltentrennung zu vertauschen, indem man es zum
Dogma erhebt, die Verwaltung müsse um jeden Preis von der
Vollziehung getrennt bleiben.

Die unabhängigen Verwaltungsstellen, Beispielsfälle einer solchen Trennung, sind vielfach bemängelt worden. So wurde
gesagt, es fehle ihnen an Führungseigenschaft und an Rückhalt
im Volke, was sie beides hätten, wenn sie zur Vollziehung gehörten und an deren Ansehen teilhätten[22]. Ein anderer Vorwurf
geht dahin, daß die selbständige Tätigkeit solcher unabhängiger
Stellen Zersplitterung und Unklarheit in die nationale Politik
hineintrage, in die sie sich doch einfügen sollten[23]. Im übrigen
kann dies alles auch die eigene Leistungsfähigkeit einer Verwaltungsstelle beeinträchtigen, nämlich sie zum Spielball der veränderlichen Ansichten ihrer Mitglieder machen und sie dem Druck
ihrer Sonderinteressen aussetzen. Das wird dann dazu führen,
daß die Mitglieder sich zu ihrem eigenen Schutz an den *status
quo* klammern, anstatt den Mut zu selbständigem Vorgehen
aufzubringen, wie es ihre Aufgabe eigentlich erfordert[24].

Die Zweifel an den unabhängigen Verwaltungsstellen sind von

Fall zu Fall notwendigerweise von sehr unterschiedlichem Gewicht[25]. Der Annahme, ihre Verbindung mit der Vollzugsgewalt werde die nationale Politik vereinheitlichen, steht die Tatsache gegenüber, daß die Einheitlichkeit des Präsidentenamtes nicht einmal in der eigenen Politik Einheitlichkeit verbürgt. Jedenfalls stiftet man in vielen Fällen mehr Schaden als Nutzen, wenn man diese beiden Seiten der Verwaltungstätigkeit auseinanderreißt, um die Rechtspolitik ausschließlich mit der Vollzugsgewalt zu verbinden[26].

Auch würde eine solche Verbindung nicht unbedingt dazu führen, daß die Verwaltung die ihr etwa obliegende Aufgabe der Klarstellung der Politik besser erfüllte. Wenn der Gesetzgeber es der Verwaltung überläßt, Verordnungen zu erlassen, ohne deren Zwecke und Ziele anzugeben, dann kann die zuständige Verwaltungsstelle, wenn es an fester öffentlicher Meinung fehlt, so stark gehemmt sein wie der Gesetzgeber. Es kann dann sogar ihre Pflicht sein, genauere rechtspolitische Ziele herauszuarbeiten, als das allgemeine »öffentliche Interesse« und so den Kongreß zu zwingen, es entweder dabei zu belassen oder selbst einzuspringen. In diesem Zusammenhang ist es jedoch unwesentlich, ob die Verwaltungsstelle unabhängig oder von der Vollzugsgewalt abhängig ist. Vorläufige Richtlinien bieten sich natürlich auf Grund allgemeiner Feststellungen. Erstens daraus, daß eine unabhängige Verwaltungsstelle ihrer Arbeitsweise nach für eine Gruppe von Aufgaben geeignet ist, die vorwiegend rechtsprechender Art sind. Zweitens sollten unabhängigen Verwaltungsstellen keine Aufgaben übertragen werden, bei denen es sich um die Formulierung der Rechtspolitik durch Verordnungen und somit um Übergriffe in die Vollzugsgewalt handelt. Drittens gibt es Gebiete der quasi-richterlichen Tätigkeit, wo sich keine zusammenhängenden, klaren Linien der Rechtsprechung herausbilden und die deshalb näher untersucht werden müssen. Dabei kann sich herausstellen, daß die beteiligte Behörde aus irgendeinem Grund in ihrer Arbeitsweise ungeeignet ist. Es kann auch sein, daß die zu regelnden Verhältnisse sich noch auf einer Übergangsstufe befinden und man deshalb zunächst geduldig auf eine Klärung der Entwicklungslinien warten muß. Die Unklarheit kann auch daher rühren, daß man in Eile Maßnahmen für verschiedene Notstände treffen mußte. Wer einen Brand löschen will, muß vielerlei entscheiden; aber abgesehen vom Hauptziel, Menschenleben und Besitz zu retten, wäre es schwer, Grundsätze für diese Entscheidungen festzulegen. Schließlich kann man zum Ergebnis gelangen, daß der Staat und sein Gesetzgeber sich in das betreffende Gebiet überhaupt nicht hätten einmischen sollen und daß sie sich jetzt möglichst daraus zurückziehen sollten. Alle diese allgemeinen Feststellungen sind aber nur *prima facie* begründet. Denn in so rasch wechselnden Gesellschaften wie den heutigen können die Übergangsperioden lange dauern, ehe sich genaue rechtspolitische Ziele herausbilden, die von Fall zu Fall und von einem Jahr zum andern weitergelten.

§ 6 Die Sonderaufgaben der Verwaltungsentscheidung im Hinblick auf die festgelegten und praktischen Grenzen der Rechtsprechung

Wie für den Gesetzgeber, so wird auch für den Richter die Leistungsmöglichkeit durch Zeitmangel, fehlende nichtjuristische Fachkenntnisse sowie durch das Erfordernis ständiger Überwachung und Anleitung beeinflußt. Man hat auch versucht, genaue begriffliche Trennlinien für »richterliche« Aufgaben aufzuzeigen und danach Streitigkeiten jenseits dieser Grenzen »nicht-richterlichen« Behörden zuzuweisen. Manchmal wird auch heute noch das Merkmal der »richterlichen« Natur eines Streits darin erblickt, daß sich zwei Parteien gegenüberstehen, über deren Rechte und Pflichten das Gericht zu entscheiden hat. Das hat sich als ein ganz untaugliches Unterscheidungsmerkmal erwiesen, denn dieselben Umstände finden sich ja auch bei einer großen Zahl von Verwaltungsentscheidungen. Dies ist wohl eine Erklärung dafür, daß sich für diese Bezeichnung »quasi-richterlich« eingebürgert hat. Schärfere begriffliche Untersuchungen haben neuerdings dazu geführt, die Tätigkeit des Richters als eine Form von Sozialordnung zu verstehen. Wie schon früher dargelegt, geht diese Auffassung über frühere namentlich dadurch hinaus, daß das richterliche Verfahren für ungeeignet erklärt wird, wenn es sich um sogenannte »polyzentrische« Fälle handelt, d. s. solche, bei denen über eine Vielzahl von Streitpunkten zu entscheiden ist und die Entscheidung des einen von der über die anderen abhängen kann.

Allerdings werden nach diesem Grundsatz richterliche und Verwaltungsentscheidungen voneinander abgegrenzt[27]; so entstehen schwierige Fragen. Selbst wenn nämlich alle der Verwaltung überlassenen Streitigkeiten wirklich »polyzentrisch« wären, so wäre vom Standpunkt des Richters aus die Unterscheidung doch oft unklar.

Wie schon ausgeführt, hat der Richter zwar in der Regel über streitige Ansprüche zweier Parteien zu entscheiden, aber diese Tatsache besagt nicht, daß die Streitpunkte nie oder selten »polyzentrisch« wären. Eine solche Verallgemeinerung wäre einfach eine falsche Aussage über die Tätigkeit des Richters. Denn es ist heute selbstverständlich, daß das Gericht, namentlich das Rechtsmittelgericht, alle Interessen berücksichtigen kann und soll, die von der auszulegenden oder fortzubildenden Rechtsnorm berührt oder sonst von der Entscheidung betroffen werden. Das gilt auch für den Gebrauch des richterlichen Ermessens bei Scheidungsurteilen, für die Bemessung des sogenannten »strikten« Schadenersatzes für unerlaubte Handlungen, für den im heutigen Versicherungswesen üblichen Übergang des Schadenersatzanspruchs auf die Versicherung, für die Berücksichtigung des »öffentlichen Interesses« und anderes. Die Vielzahl von umstrittenen Gesichtspunkten (»Polyzentrismus«) liegt also der Tätigkeit des Richters keineswegs so fern, daß man aus ihrem Nichtvorhandensein einen scharfen begrifflichen Gegensatz zu vielen Verwaltungsentscheidungen ableiten könnte. Die rechtsschöpferische Tätigkeit des Richters unterscheidet sich von der Rechtssetzung durch den Gesetzgeber vor allem dadurch, daß sie rein »lückenfüllend« ist, und ein ähnlicher, obschon schwächerer Gegensatz besteht zwischen den Aufgaben von Verwaltung und Gesetzgebung. Der Grad dieser Unterschiede ist jedoch auch keine zureichende Grundlage für die seit langem herrschende Abneigung der *Common-Law*-Juristen gegen die Verwaltungsrechtspflege.

Damit ist nicht gesagt, daß diese Abneigung nicht aus *anderen* Gründen gerechtfertigt sein kann. So ist z. B. das Gerichtsverfahren nach *Common Law* durch bis ins kleinste aufgebaute Sicherungen der richterlichen Unabhängigkeit versehen und durch Formvorschriften sowie den Grundsatz der Öffentlichkeit der Verhandlung so gefestigt, daß es für die Unparteilichkeit von Entscheidungen *jeder Art* eine größere Gewähr bietet als

Spruchbehörden ohne diese Eigenschaften. Diesen Vorzügen des Gerichtsverfahrens steht allerdings der Umstand gegenüber, daß auf vielen der sich neu entwickelnden Gebiete des sozialen Ordnungsrechts die Fähigkeit und Eignung der Gerichte beschränkt ist.

§ 7 Überwachung der Verwaltungsentscheidung durch die Gesetzgebung

Ein wesentlicher Teil aller Verwaltungstätigkeit entspricht zweifellos der landläufigen Ansicht, wonach die Verwaltungsbehörde lediglich die im demokratischen Verfahren bestimmten rechtspolitischen Ziele zu verfolgen hat. Das ist aber (wie wir gerade gesehen haben) nicht die ganze Wahrheit. Für große Rechtsgebiete müssen Richter wie Verwaltungsbehörden die rechtspolitischen Ziele nach besten Kräften selbst erarbeiten, ohne daß ihnen der Gesetzgeber oder eine im Volk herrschende Meinung dafür einen genügenden Anhaltspunkt gegeben hätten. Das war in den USA auf so grundlegenden Rechtsgebieten der Fall wie denen der *Agricultural Adjustment Acts,* der *National Labour Relations Acts*[28] und des Kartellrechts *(anti-trust law)*[29].

Wo eine Staatsverfassung, wie es für die USA zutrifft, die verschiedenen Staatsgewalten ausdrücklich besonderen Organen zuteilt und wenn dabei die Gesetzgebung dem Kongreß übertragen wird, so bedeutet das, daß der Kongreß irgendwelche Richtlinien festsetzen muß, nach denen die Verwaltung ihre Entscheidungen treffen soll. Nach amerikanischen Verfassungsgrundsätzen ist es nicht möglich, der Verwaltung einen »Blankoscheck« auszustellen[30]. Betrachtet man jedoch das Ergebnis der fünfzigjährigen amerikanischen Praxis unter dem Gesichtspunkt des der Verwaltung belassenen Ermessens, so muß man feststellen, daß es nicht viel anders ist als das Ergebnis in Britannien, wo ein solcher »Blankoscheck« rechtlich möglich ist. Die Unbestimmtheit von Maßstäben wie »nationales Interesse« oder »öffentliches Interesse« läuft fast auf ein Ermessen ohne jegliche Hinweise hinaus. Überdies läßt sich innerhalb der Grenzen der Verfassungsmäßigkeit keine begrifflich scharfe Trennungslinie ziehen

zwischen den vom Gesetzgeber erklärten Zielen der Gesetzgebung und den Entscheidungen, die die Verwaltung danach trifft. In Wirklichkeit geschieht es sogar oft, daß die Verwaltung durch ihre Entscheidungen ihrerseits eine Politik aufbaut, die zu einer Verbesserung der Gesetzgebung führt.

Zu erreichen, daß jeder Verwaltungsakt mit der Absicht des Gesetzgebers übereinstimmt, ist eine ständige, dringende und leider noch großteils ungelöste Aufgabe. Man suchte die Lösung darin zu finden, daß Verwaltungsverordnungen (Ausführungsverordnung, Durchführungsbestimmungen) vor oder nach ihrem Inkrafttreten dem Parlament vorgelegt werden müssen; das erwies sich aber als unwirksam und auch als ungeeignet zur Verhinderung von Verwaltungswillkür[31]. Solche förmliche Maßnahmen können bis zu einem gewissen Grad der Aufsicht nützlich sein[32] und in krassen Einzelfällen sogar plötzlichen Reformeifer auslösen. Letzten Endes aber stehen einer regelmäßigen, wirksamen Nachprüfung dieselben Hindernisse entgegen, die den Gesetzgeber dazu veranlaßt haben, der Verwaltung die Zuständigkeit für Verordnungen aufzuhalsen. Daß Verordnungen und Entscheidungen unverzüglich kundgemacht werden und leicht zugänglich sind, ist eine wichtige Voraussetzung jeglicher Aufsicht, aber auch nicht mehr als das, und konnte nicht einmal so leicht erreicht werden. Lange Zeit, nachdem man in England unter dem *Rules Publication Act* von 1893 soweit gekommen war, mußte in den USA noch darum gekämpft werden; erst nach dem *Federal Register Act* von 1935 wurde diese Voraussetzung einigermaßen erfüllt[33]. Obwohl die Bekanntmachungspflicht für Verordnungen in keinem der beiden Länder so weit geht, wie sie sollte und könnte, so genügt sie wohl doch für die Zwecke der Rechtsberatung und für die Aufgaben des Richters. Das berührt aber nur in geringem Maße die Frage einer Oberaufsicht über die rechtspolitische Tätigkeit der Verwaltung. Die Schwierigkeiten, die einer Überwachung durch den Gesetzgeber entgegenstehen, konnten auch nicht dadurch überwunden werden, daß man es gelegentlich mit Überwachung durch ständige Parlamentsausschüsse versuchte. Man hat jedoch in anderem Zusammenhang geradezu die Gefahr »einer dem Kongreß nicht zustehenden Machtanhäufung« darin gesehen, daß der Kongreß sich in Beschlüssen oder durch seine Ausschüsse mit Aufgaben der Vollziehung und Verwaltung befaßt[34]. Zweifellos ist es nicht gelungen, durch Maßnahmen dieser Art eine ständige

Überwachung aller Verwaltungsakte im Hinblick darauf zu erreichen, daß sie dem vorgesetzten Ziel entsprechen. Etwas ganz anderes als eine solche sozusagen tägliche Überwachung ist es, wenn das Parlament hin und wieder gesetzgeberische Vorstöße zur Überwachung der Verwaltung unternimmt, sei es aus Gründen des öffentlichen Interesses, sei es ohne solche[35].

Wirksamere Mittel, um die Verwaltung bei der Erfüllung der ihr vorgeschriebenen und bei der Gestaltung ihrer eigenen Politik zu überwachen, müssen wohl anderer und mehr indirekter Art sein. Die im folgenden Paragraphen behandelte richterliche Nachprüfung hat es nur nebenher mit der rechtspolitischen Seite zu tun, wird jedoch durch neuentwickelte Beschwerdemöglichkeiten ergänzt wie das Verfahren beim Ombudsman oder Parlamentsbeauftragten. Mit zunehmender Klärung der grundsätzlichen Fragen wird jetzt auch in anglo-amerikanischen Ländern dem Aufbau, der Zusammensetzung, dem Rang und dem Verfahren der einzelnen Verwaltungsbehörden größere Beachtung geschenkt. Das allgemeine Ziel ist die Sicherung der Unabhängigkeit und Unparteilichkeit der Behörde bei ihrer Aufgabe, zwischen den öffentlichen und privaten Interessen zu vermitteln. Ohne Angst vor den von Diceys Lehren heraufbeschworenen Gespenstern denkt man auch an die Einrichtung eines verwaltungsrechtlichen Beschwerdeverfahrens, im Wege dessen jede einzelne Verfügung einer Verwaltungsbehörde angefochten werden kann. Im Hintergrund droht natürlich immer die Möglichkeit eines Zeitungs- oder Parlamentssturms gegen besondere Fälle von Verwaltungswillkür oder Dummheit. Solche Sensationsfälle waren in England manchmal ein mächtiger Anstoß dazu, den Schutt von Jahrhunderten wegzuräumen, der einem regelrechten System einer Verwaltungsaufsicht im Wege steht[36].

§ 8 Überwachung der Verwaltungsentscheidung durch die Rechtsprechung

Worauf stützen die Gerichte eines demokratischen Gemeinwesens ihren Anspruch, darüber entscheiden zu dürfen, ob sich eine jede Staatsgewalt bei ihren Regierungsakten innerhalb ihrer verfassungsmäßigen Zuständigkeit hält, namentlich wenn (wie in den meisten Ländern) eine solche höchste Zuständigkeit der Rechtsprechung nicht ausdrücklich vorgeschrieben ist?[37] John Marshall hat diese Rechtsfrage formell schon in der Frühzeit der amerikanischen Union beantwortet; sie taucht aber immer wieder in der modernen politischen Auseinandersetzung auf, wenn es sich um einen Rechtstitel dafür handelt, daß die Richterschaft die höchste Gewalt im Volke innehat[38]. Eine solche Rolle der Richterschaft kann sich (so hat man neuerdings behauptet) lediglich auf eine »theokratische Mythe« mit den Juristen als ihren »Priestern« stützen. Daß es dem »öffentlichen Interesse« am besten diene, wenn die Entscheidungen der Verwaltungsbehörden von den Gerichten auf ihre Angemessenheit überprüft werden können, das seien, sagt man, keine sachlichen Beweisgründe[39]. Wer auf Grund solcher Erwägungen den Anspruch der Rechtsprechung auf die ausschlaggebende Stimme verneint, der wird wohl auch einen gleichen Anspruch der vollziehenden Gewalt verneinen, beispielsweise mit der Begründung, daß der Präsident Parteimann ist. Ebenso wird er den gleichen Anspruch des Kongresses in Frage stellen[40], und auf diese Weise hat die Verwaltung freie Bahn, ihre Macht auszudehnen.

Worum es heute geht, ist natürlich nicht die Frage, ob es überhaupt eine gerichtliche Nachprüfung (*judicial review*) von Verwaltungsakten gebe, sondern die Frage, was ihr Zweck und demzufolge ihr Umfang sein soll. Drei Zwecke liegen klar auf der Hand: *erstens* die Verhinderung von Mißbrauch oder Vorenthaltung der Amtsgewalt; (zum Teil sich damit deckend) *zweitens* die Sicherung der unparteilichen Entscheidung von Streitigkeiten zwischen Bürgern und Beamten; *drittens* der Schutz vor unbefugten Eingriffen in die Rechte und Interessen der Bürger[41]. Bei der Verfolgung dieser Zwecke ist darauf zu achten, daß die Verwaltungsbehörde das für ihre Aufgaben nötige Mindestmaß an Wirkungsmöglichkeit behält. In welchem Umfang die gerichtliche Nachprüfung von Verwaltungsentscheidungen notwendig und möglich ist, darüber herrschen tiefe und oft bittere Meinungsverschiedenheiten[42]. Die englischen Richter versuchten von Anfang an, die Nachprüfung auf Fragen des sogenannten Rechtsweges, d. h. des Zugangs zum Richter, zu beschränken und (wo es sich um quasi-richterliche Zuständigkeit handelt) auf Fragen »der Grundsätze natürlicher Gerechtigkeit« des Verfahrens. Obwohl es hierzu viele Entscheidungen und Literatur gibt, sind diese Auffassungen noch recht unbestimmt[43] und (heute allerdings weniger als früher) von geschichtlichen Einrichtungen beeinflußt, die mit den *prerogative writs* (Eingriffe eines obersten Richters in ein beim unteren Gericht schwebendes Verfahren in der Form eines »Befehls« zur Aktenvorlage) zusammenhängen[44].

Der moderne englische Richter fügt sich natürlich derjenigen Zuständigkeitsregelung, die das Parlament getroffen hat[45]. Oft bleibt es dabei aber im einzelnen Fall recht unklar, ob die richterliche Feststellung, daß ein Gesetz die gerichtliche Nachprüfung ausschließen will, willkürlich dem Willen des Gesetzgebers entspricht oder nicht vielmehr dem des Richters[46]. Im allgemeinen neigen die Richter mehr dazu, die gesetzliche Anordnung einer Verwaltungszuständigkeit so auszulegen, daß die gerichtliche Nachprüfung der Verordnungen und Verfügungen der Verwaltungsbehörden zugelassen werden soll; dann aber zeigen sie ein deutliches Widerstreben gegen die Nachprüfung der Richtigkeit von Ermessensentscheidungen, wenn rechtspolitische Erwägungen hineinspielen[47]. Dieses Widerstreben würde zum Teil aus dem begründeten Zweifel stammen, ob Richter solche Sachen besser verstehen als Verwaltungsbeamte, und zwar auch dann, wenn — was nicht der Fall ist — Rechtspolitik vom Standpunkt des Richters her als eine Aufgabe des Richters zu betrachten wäre. Alles das ist indessen nur ein schwacher Trost für die beteiligten Parteien, denen es meistens nicht um Zuständigkeits- und Verfahrensfragen geht, sondern um ihre sachlichen Ansprüche, z. B. um die richtige Bewertung enteigneter Grundstücke. Ansprüche dieser Art stehen in England heute mehr denn je im Vordergrund. Ursprünglich befürworteten die englischen Sozial- und Wirtschaftsreformer eine Politik des »Rührt nicht daran!« gegenüber den Verwaltungsbehörden, die ihnen als die Träger der Reform erschienen. Im heutigen Britannien scheinen sich die Vertreter aller Parteien darüber einig zu sein, daß die richterliche und sonstige Überwachung des Ermessens der Verwaltungsbehörden unzureichend ist und zu Besorgnissen Anlaß gibt[48]. Die Haltung der Richter hat sich weniger geändert. Ein gelehrter Lord Justice hat kurz und bündig gefragt, »ob das *Common Law* überhaupt stark genug für die Aufgabe ist«, die Vollziehung zu überwachen, worin er vermutlich auch die Verwaltung einschloß[49]. Diese Gegenüberstellung ist vielleicht ein geeigneter Ausgangspunkt zur Erörterung verschiedener vorgeschlagener, völlig neuer Grundsätze für die Nachprüfung von Verwaltungsakten durch die Gerichte[50].

Diese Vorschläge bewegen sich auf drei Hauptlinien. Die *erste* richtet sich unmittelbar gegen die Annahme, daß die stetig anwachsende Verwaltungstätigkeit den Gerichten nur die eine Aufgabe stelle: die Zuständigkeit der Verwaltung in Schranken zu halten, die der Gesetzgeber bestimmt hat, als der die Zuständigkeit übertrug. Damit verbindet sich ganz allgemein die Ablehnung der von Justice Frankfurter so bezeichneten »Mißdeutung und Kurzsichtigkeit von A. C. Dicey«[51]. Ebenfalls damit verbunden sind Vorschläge für den Aufbau einer eigenen Verwaltungsgerichtsbarkeit zur Anwendung und Entwicklung des Verwaltungsrecht, dessen Existenz orthodoxe angelsächsische Juristen nicht zur Kenntnis nehmen wollen[52].

Eine *zweite* Hauptlinie knüpft an das Planen und die Zielsetzung als besondere Aufgaben der Verwaltung an und will nur die einzelnen Verfügungen der Verwaltungsbehörden der gerichtlichen Nachprüfung unterwerfen, nicht aber ihre Planung und Zielsetzung selbst[53]. Dem widerspricht eine *dritte* Auffassung, wonach eine Überwachung wenig wert wäre, die sich auf »Prozeßfragen« beschränkte, denn Willkür in der sachlichen Beurteilung des Einzelfalls und Machtmißbrauch sind nicht minder ernste Probleme. Nach dieser Ansicht sollen die Gerichte die »für und gegen jede mögliche Lösung sprechenden rechtspolitischen Erwägungen« ebenso prüfen[54] wie die Fragen der Richtigkeit der Entscheidung und des gehörigen Verfahrens.

Diese *dritte* Auffassung, wonach gerichtliche Prüfung der Zweckmäßigkeit, also »rechtspolitische Nachprüfung« verlangt wird, deckt sich mit der nach der *ersten* Auffassung begründeten Forderung nach einem verwaltungsrechtlichen System wie dem vom französischen *Conseil d'Etat* verwalteten *droit administratif*. Hinsichtlich beider Auffassungen ist anzuerkennen, daß die englische Praxis in mancher Hinsicht weiter geht, als es den Anschein hat. So geben die englischen Richter zwar vor, daß sie bei der Nachprüfung eines Verwaltungsaktes nicht über dessen sachliche Richtigkeit entscheiden, aber im Ergebnis tun sie es manchmal doch. Sie erkennen zwar offiziell die typisch französische Doktrin vom »*detournement de pouvoir*« (Ermessensexzeß) nicht an, fühlen sich aber nicht gehemmt, mit ungefähr denselben Folgen eine Ermessensentscheidung der Verwaltung mit der Begründung aufzuheben, daß sie auf Erwägungen beruhe, die mit den Zwecken der verliehenen Zuständigkeit nichts zu tun habe[55]. Überdies finden sich schon im Bereich der Verwaltungsbehörden recht unabhängige, unparteilische und ein geregeltes Verfahren einhaltende Beschwerdeinstanzen, und zwar gerade auch auf Gebieten, auf denen uneingeschränktes Ermessen als rechtliche Regel gilt; hierher gehören der für Beschwerden über Krankenhausbehandlung zuständige Ausschuß des Gesundheitsministeriums (*Complaints Committee of the Ministry of Health*), die Spruchbehörden in der Sozialversicherung und öffentlichen Fürsorge, sowie das System der internen Beschwerdeführung in der Postverwaltung[56].

Die so vorgeschlagene »rechtspolitische Nachprüfung« geht einerseits weiter und andererseits weniger weit als die Forderung nach einem umfassenden *droit administratif*. Weniger weit geht sie insofern, als sie keine mehrinstanzlichen Beschwerdestellen innerhalb der Verwaltung verlangt. Weiter geht sie mit ihrer Forderung, daß der Richter *in jedem Fall* die rechtspolitische Bedeutung beachten soll, sei es auch nur zum Zwecke einer Vorentscheidung darüber, ob überhaupt und bejahendenfalls welche Art von Nachprüfung in Fällen der betreffenden Art geboten ist[57]. Und da, wo die Nachprüfung sich auf rechtspolitische Fragen erstreckt, soll der Richter die Verantwortung dafür übernehmen, daß er notfalls seine eigene Bewertung an die Stelle derjenigen des Verwaltungsbeamten setzt (reformatorische statt bloß kassatorische Kontrolle!). Aus solchen gerichtlichen Bewertungen entwickeln sich, wie man annimmt, mit der Zeit allgemeine Grundsätze. Daß sich die Gerichte in so scharfer Abkehr von ihrer bisherigen Einstellung offen zu rechtspolitischem Eingreifen bekennen, ist bei der Prüfung von Verwaltungsakten noch weniger wahrscheinlich als bei der ordentlichen Rechtsprechung selbst[58]. Dagegen besteht wohl mehr Aussicht auf irgendeine Art von Instanzenzug für Beschwerden innerhalb der Verwaltung. Diese Bestrebungen werden wesentlich gefördert durch gute rechtsvergleichende Darstellungen des französischen Systems (besonders der Leistungen und des Ansehens des *Conseil d'Etat*)[59], denen gegenüber die fixen Ideen von Dicey immer mehr in der Versenkung verschwinden.

Es wäre indessen voreilig, in den anglo-amerikanischen Ländern eine baldige Systemänderung zu erwarten. Zur Einführung eines Systems nach dem Muster des *Conseil d'Etat* wäre mehr nötig als bloße politische Entscheidungen. Die Tätigkeit des *Conseil* ist das Endergebnis der hervorragenden französischen Unterrichtseinrichtungen zur Vorbereitung auf den höheren öffentlichen Dienst; ihr Ansehen beruht zum Teil auch darauf, daß die Verwaltungsrichter für ihr Amt besonders ausgebildet sind. Den anglo-amerikanischen Verhältnissen liegen ganz andere Annahmen zugrunde, die sich mit einem Verfahren nach dem französischen Vorbild nicht vertragen, beispielsweise die Annahme, die Kunst der Rechtsprechung und des Regierens brauche man nicht eigens zu lernen, sondern sie werde als Nebenprodukt anderer Studien und Tätigkeiten erworben. Daher wäre es, ganz abgesehen von den Fragen der Ausbildung, in diesen Ländern nicht leicht, die besten Köpfe für den Aufbau eines Berufsstandes von Verwaltungsrichtern zu gewinnen. Man darf auch, trotzdem der Einfluß von Dicey im Schwinden ist, den fortdauernden Widerstand der Anwaltschaft nicht unterschätzen. Ein gewaltiges Hindernis ist die bloße Tatsache, daß die Anwälte mit der Praxis eines neuen Instanzenzugs nicht vertraut sind. Bei den jüngsten größeren Reformen sträubten sich sogar die französischen Anwälte an den Provinzgerichten gegen die Errichtung von Bezirksämtern des *Conseil*[60].

Trotz allen diesen Hindernissen läßt sich nicht verkennen, daß große Fortschritte in der Regelung und Vereinheitlichung des Rechtsmittelverfahrens in Verwaltungssachen gemacht worden sind. Die Entwicklung in England der letzten fünfzig Jahre ist durch Meinungskämpfe, Untersuchungen und Berichte gekennzeichnet, die insgesamt viele Verbesserungen zur Folge hatten (vgl. etwa *Franks Committee on Administrative Tribunals and Enquiries*)[61]. Einige Vorschläge der Franks-Kommission sind von tiefer Bedeutung für die Frage der Kontrolle der Verwaltung durch die Gerichte[62]. Der wichtigste ist der Gesetz gewordene Vorschlag, einen ständigen »*Council on Tribunals*« (Oberrat der Verwaltungsgerichte) einzusetzen, der für Berufungen gegen Verwaltungsentscheidungen zuständig ist, sofern kein anderes Rechtsmittel gegeben ist[63]. Ein anderer wichtiger Vorschlag ging dahin, daß die Berufung gegen Entscheidungen der Verwaltungsgerichte in der Regel sowohl auf Tatfragen als auch auf Rechtsfragen gestützt werden kann und daß für Rechtsrügen das ordentliche Gericht zuständig sein soll. Ferner wurde vorgeschlagen, daß Entscheidungen der Verwaltungsbehörden mit Gründen versehen werden müssen und, ebenso wichtig, daß das Armenrecht auch auf das Verfahren vor den Verwaltungsgerichten ausgedehnt werden soll[64].

Diese Entwicklung bedeutet zweifellos eine Verbesserung, Ergänzung und Erleichterung der Rechtsmittel im Verwaltungsverfahren. Mag der Erfolg nach 25jährigem Kampf (von der Donoughmore-Kommission 1932 bis zur Franks-Kommission 1957) noch enttäuschen[65], so ist doch − wenn auch nur bruchstückweise und annähernd − eine Entwicklung erkennbar, die zu einem System wie dem des *droit administratif* und des *Conseil d'Etat* führen wird[66].

§ 9   Gesetzliche Richtlinien, Ermessen der Verwaltung und das »öffentliche Interesse« als Wegweiser zu gerechten Entscheidungen der Verwaltung

Wie mit dem richterlichen, so sind mit dem Verwaltungsermessen das Gebot der Verantwortlichkeit und die Gefahr des Mißbrauchs oder der Pflichtvergessenheit verbunden. Der Kern des Ermessens ist die Pflicht, eine Wahl zu treffen, und diese Wahl beruht nicht nur auf der Erforschung der für sie erheblichen Tatsachen, sondern verlangt eine Wertentscheidung, die über die nackten Tatsachen hinausgeht. Einerlei, ob wir die quasi-richterliche Zuständigkeit der Verwaltung mögen oder nicht, müssen wir zugeben, daß die dafür maßgebenden Werte dieselben sind, die für die Gerichte gelten, die vielgestaltigen und gehaltvollen Gerechtigkeitswerte also, die ich in meinem Buch *Human Law and Human Justice* untersucht habe.

Den Verwaltungsrechtlern steht es natürlich frei, sich anderer Fachausdrücke zu bedienen, so lange dadurch die Verständigung und Aussprache nicht zu sehr erschwert wird. Gewisse Schwierigkeiten dieser Art entstehen von vornherein dadurch, daß vor allem Politikwissenschaftler, namentlich in der Aussprache mit Juristen, das Schlagwort »öffentliches Interesse« anwenden[67].

Damit können einfach bestimmte Ansprüche gemeint sein, die

im Namen einer politisch organisierten Gesellschaft erhoben werden (etwa die Ansprüche des Fiskus auf den Finanzbedarf der Regierung) oder der Anspruch auf die Unverletzlichkeit dieser organisierten Gesellschaft als einer »Persönlichkeit« oder auf die Unverletzlichkeit ihrer politischen Einrichtungen. In diesem letztgenannten Sinn ist »ein öffentliches Interesse« an Geld in Fällen von Steuerumgehungen verletzt, ebenso »*ein* öffentliches Interesse« an Menschenwürde und Entfaltung der Persönlichkeit in Fällen von Hoch- und Landesverrat und gewissen Fällen von Mißachtung des Gerichts. Steht »*ein* öffentliches Interesse« in diesem Sinne zur Frage, dann ist das im betreffenden Fall lediglich eines unter mehreren widerstreitenden Interessen; es wird manchmal obsiegen, manchmal auch nicht. »Interessen« in diesem Sinne sind also ein Teil des Stoffes, der der wertmäßigen Beurteilung unterbreitet wird; dabei werden widerstreitende Interessen gewöhnlich so ausgeglichen, daß einige Interessen ganz oder zum Teil unbeachtet bleiben. »*Ein* öffentliches Interesse« in diesem Sinne hat keinen in seinem Wesen liegenden Vorrang vor anderen[68].

Wo Schubert jedoch von »der Verwandtschaft zwischen den Begriffen des öffentlichen Interesses und des amtlichen Verhaltens« spricht[69], da bewegt er sich offenbar auf einem ganz anderen Boden. Mit »*dem* öffentlichen Interesse« muß er den Wertmaßstab meinen, nach dem »Interessenkonflikte« im oben genannten Sinne entschieden werden sollen[70]. In einem Steuerumgehungsfall könnte es »*dem* öffentlichen Interesse« (in diesem zweiten Sinn) entsprechen, daß »*ein* öffentliches (geldwertes) Interesse« (im ersten Sinn) zugunsten von geldwerten Interessen und der Verfügungsfreiheit der Bürger vernachlässigt wird. Mag für oder gegen das betreffende einzelne Interesse entschieden werden, ausschlaggebend für die Entscheidung ist in beiden Fällen »*das* öffentliche Interesse« im zweiten Sinn. Offenbar liegt hier eine im höchsten Maße gefährlich unklare Ausdrucksweise vor, derentwegen man nur zu leicht die der Beurteilung unterstellten Tatsachen mit dem Wertmaßstab verwechselt, nach dem sie beurteilt werden sollen (oder mit dem Symbol, mit dem das Endergebnis der Beurteilung bezeichnet wird). Die Gefahr wird durch die Ausdrucksweise der Fachsprache erhöht (besonders hinsichtlich des Gebrauchs der Artikel: »das« und »ein« öffentliches Interesse), ebenso durch die Gefühlsbetontheit des Ausdrucks öffentliches Interesse. Da wir uns hier jedoch auf einem Boden bewegen, der hauptsächlich von politischen Denkern behandelt wird, müssen wir – mit der gebotenen Vorsicht – Fachausdrücke in dem Sinne verwenden, den jene ihnen beilegen. Deshalb müssen wir das öffentliche Interesse im (zweiten) Sinne der Grundlage für die Bewertung und Entscheidung zwischen widerstreitenden Interessen (oder politischen Zielen u. dgl.) in der Verwaltung als das Gegenstück der Gerechtigkeit in der Rechtspflege erkennen. In diesem Sinne ist das öffentliche Interesse ein Hauptgebiet der Regierungskunde der letzten zehn Jahre geworden[71].

Der Bereich des Ermessens beginnt da, wo die von der Verwaltung anzuwendenden Vorschriften keine feste Regel enthalten oder verschiedene Lösungen zur Wahl stellen. Wenn – wie meistens – eine Entschließung nötig ist, dann muß in solchen Fällen eine Wahl zwischen verschiedenen Werten getroffen werden. Ermessensentscheidungen sind, kurz gesagt, eine Folge von mangelnder Genauigkeit oder Bestimmtheit der anzuwendenden Maßstäbe oder anderer Vorschriften. Ernst Freund hat in seiner jetzt klassischen Schrift aus 1917[72], ebenso wie Judge Friendly in seinem, im folgenden Paragraphen zu erörternden Werk aus 1962 und wie viele andere Schriftsteller, den möglichen Fortschritt in der Entwicklung des Verwaltungsrechts darin gesehen, daß eine immer größere Genauigkeit und Bestimmtheit angestrebt wird. Auf diese Ansicht werde ich noch zurückkommen. Worauf es hier ankommt, ist die Feststellung, daß da, wo unbestimmte Normen dem Ermessen der Verwaltung Raum lassen und wo dieses Ermessen dann gemäß den eigenen abschließenden Bewertungen des Verwaltungsbeamten ausgeübt werden muß, jene Situation eintritt, die in der Literatur unter dem Gesichtspunkt der Pflicht erörtert wird, das öffentliche Interesse wahrzunehmen. Damit ist natürlich nicht gesagt, daß bei genügender Bestimmtheit die eindeutig gebotene Entscheidung nicht auch »dem öffentlichen Interesse« entspricht. Was »das öffentliche Interesse« gebietet, das ist grundsätzlich von derjenigen Stelle bestimmt worden, die den genügend bestimmten Maßstab festgesetzt hat; die Verwaltung hat dann nur die Aufgabe, den Gesetzesbefehl auszuführen.

Genauso, wie verschiedene Arten von richterlichem Ermessen unterschieden wurden[73], so müssen auch verschiedene Arten des

verwaltungsmäßigen Ermessens unterschieden werden[74]. Die
Aufgabe der Verwaltung kann in gewissen Angelegenheiten
lediglich darin bestehen, nach einem festgelegten Maßstab
jeweils die Verfügungen für den einzelnen Sachverhalt zu treffen. Soweit die Tätigkeit der Verwaltung gänzlich in diesem
Sinne aufgefaßt wird, besteht sie einfach darin, nach einem
vorgeschriebenen Plan zu handeln oder die dem Plan am besten
entsprechenden Lösungen zu finden. Dazu bedürfte es keiner
eigenen Werturteile, vielmehr wären die Bewertungsfragen von
der gesetzgebenden Volksvertretung, vermutlich nach dem
Willen der Mehrheit der Bevölkerung, erledigt worden. Faßte
man die *gesamte* Aufgabe der Verwaltung in diesem Sinne auf,
dann herrschten in der Verwaltung die gleichen Zustände, wie –
nach der heute überwundenen »mechanischen« Theorie – einst in
der Rechtsprechung[75], mit der Folge, daß es als Amtsanmaßung
gälte, wenn die Verwaltungsbehörde sich in ihren Entschließungen mit Rechtspolitik abgeben wollte. Sobald wir
es jedoch mit Normen, Maßstäben, Plänen und Zielen zu tun
haben, die für das betreffende Gebiet unbestimmt oder unklar
sind, dann befinden wir uns nicht mehr im Bereich solcher
»mechanischer« Auffassungen, sondern in dem des Ermessens.
Hier muß die Verwaltungsbehörde sich entschließen, in welcher
Richtung sie aus den unklaren oder unbestimmten Normen eine
für den ihr vorliegenden Einzelfall passende Regel entwickeln
kann. Dabei müssen die möglichen verschiedenen Ansichten über
die Bedeutung der Vorschrift erwogen und schließlich ein
eigenes Werturteil gefällt werden. Endlich gibt es Fälle, in denen
die Entscheidung gänzlich der Verwaltung überlassen wird; das
sind jene, in denen der Gesetzgeber zwar eine Regelung für nötig
erklärt, aber die Frage offen läßt, welchen Zielen oder gesetzgeberischen Absichten die Regelung dienen soll. Zweifellos fällt
hier der Verwaltung die Aufgabe zu, die Ziele und Wege selbst
zu bestimmen und danach die vorliegenden Fälle zu behandeln.

Dieser zuletzt erwähnten Art von Ermessen entspricht nach
Schuberts Lehre[76] eine »realistische« Einstellung zur Verwaltung. Danach soll der Verwaltungsbeamte bei Verfolgung »des
öffentlichen Interesses« zwischen allen in einer vielgestaltigen
Gesellschaft miteinander ringenden Interessen und Richtungen
vermitteln und denjenigen Ausgleich anstreben, der »das vorhandene Gleichgewicht am wenigsten stört«. In einem anspre-

chenden (aber nicht sehr klaren) Gleichnis spricht Schubert von dem Verwaltungsbeamten als einem Katalysator, durch den ein Widerstreit von »Sonderinteressen« in »das öffentliche Interesse« verwandelt wird[77]. Wer die vom Gesetzgeber aufgestellten rechtspolitischen Richtlinien im Sinne der zweiten Möglichkeit auffaßt, nämlich als ständig gebrauchsfertig und verfügbar (oder wenigstens andeutungsweise im Hintergrund vorhanden), der will nach Schuberts Meinung aus den Verwaltungsbeamten, die die Richtlinien anwenden, »soziale Planer« oder »Sozialingenieure« machen[78], die nach »höheren« Grundsätzen der Regierungskunst handeln. Eine solche Auffassung nennt Schubert »idealistisch«. Ich finde beide Meinungen nicht überzeugend. Warum sollte auf der einen Seite beim Fehlen von rechtspolitischen Richtlinien die Entschließung nicht durch »idealistische« Anrufung höherer Grundsätze versucht werden anstatt durch »realistischen« Interessenausgleich?[79] Warum sollen umgekehrt Verwaltungsbeamte keinen »realistischen« statt »idealistischen« Standpunkt einnehmen, wenn es sich darum handelt, eine unscharfe Zielsetzung zu klären?[80]

Der Spielraum für Richtlinien zur Ausübung des Ermessens bei Verwaltungsakten ist offensichtlich ganz verschieden je nach dem Auftrag des Gesetzgebers an die Verwaltung und vielen anderen Umständen. Deshalb ist die Frage, inwiefern durch ausführlich begründete Verfügungen in ähnlichen Fällen das Ermessen der Verwaltung in einem gleichartigen späteren Fall eingeschränkt wird, noch schwieriger zu beantworten als die entsprechende Frage in Rechtsfällen, die ich früher untersucht habe. Hinzu kommt vom heutigen Standpunkt aus die Unmöglichkeit, die gegenseitige Ausschließlichkeit der geschilderten Methoden zum Auffinden »des öffentlichen Interesses« nachzuweisen. Die sogenannte »rationale« (oder »legale«) wird meistens mit der »realistischen« Methode des Interessenausgleichs verbunden sein. Bewertung nach absoluten Maßstäben (sogenannter »Idealismus«) wird, wenn auch unausgesprochen, bei jedem Ermessen mitspielen, wie immer es begründet wird. Auch können wir, wo es an unmittelbaren Zielsetzungen ganz fehlt oder wo sie unklar sind, uns nicht auf den Begriff der demokratischen Meinungsbildung berufen, wenn es sich um die Auslegung des gesetzlichen Auftrags oder um die verschiedenen Möglichkeiten der Ermessensübung handelt. Der Verwaltungsbeamte befolgt m. E. diesen Grundsatz, so lange er sich so klar wie möglich darüber ist, wie viele Interessen von seiner wie von des Gesetzgebers Entscheidung berührt werden und daß ihn als Mensch und Beamten dafür die Verantwortung trifft.

Die Verantwortlichkeit des Verwaltungsbeamten für sein Ermessen ist sonach noch schwerer als die des Richters für das seine innerhalb des von Präjudizien gelassenen Spielraums. Ermessensentscheidungen in der Verwaltung erstrecken sich nicht nur über ein größeres Gebiet, sondern es fehlen auch die meisten Stützen, die dem Richter zu Gebote stehen, beispielsweise überlieferte Verfahrensweisen, gefestigte Lehrsätze. Angesichts dieser Mängel sind die Versuche verständlich, Methoden zu finden, nach denen »das öffentliche Interesse« für die Zwecke der Verwaltung bestimmt werden kann. Ihr Ziel ist, daß derjenige, der einen Verwaltungsakt setzt, die davon berührten Interessen in vollem Umfang und in allen ihren Beziehungen kennt. Damit sind nicht nur die im betreffenden Fall einander entgegengesetzten Interessen gemeint, sondern auch die allgemeineren Interessen, für die wir die Ausdrücke Freiheit, Gleichheit und Entfaltung der Persönlichkeit verwenden. »Das öffentliche Interesse« (so hat man gesagt) mag ein Mythos sein, aber erfüllt auf jeden Fall die Aufgabe eines »Büßerhemds«, da es uns ständig an die einzelnen und schlecht vertretenen Interessen gemahnt, die von unseren Entscheidungen betroffen werden. Die Forderung, daß solche Interessen in einem zuverlässigen Verfahren ermittelt und zusammengestellt werden, bevor die Gesamtbewertung und Entscheidung geschieht, hat man »Realismus durch gründliches Verfahren« genannt[81]. Diesen Grundsatz, daß Entscheidungen dann und insoweit »im öffentlichen Interesse« liegen, wenn und als zuvor alle betroffenen Interessen gründlich erwogen worden sind, würden viele Juristen auch im Bezug auf »Gerechtigkeit« anerkennen. Die entsprechenden juristischen Grundsätze haben auch lange Zeit eine beherrschende Stellung eingenommen[82].

Über die möglichen weiteren Erfordernisse wird gegen Ende des Bandes mehr zu sagen sein. Der leider verstorbene Vater der Kybernetik, N. Wiener, hat davor gewarnt, von solchen modernen Techniken Wunderkuren für »die Krankheiten der heutigen Gesellschaft« zu erwarten[83]. Das Kräftespiel der menschlichen Natur läßt sich nicht in mathematische Formeln fassen, mittels derer man aus Einzelfällen auf sozialem Gebiet Folgerungen für künftige Fälle errechnen könnte. Weit davon entfernt, mit solchen Mitteln feste Richtlinien und Idealziele finden und festhalten zu können, müssen wir sogar ihre Anwendung auf kurzfristige Vorhersagen tatsächlichen Verhaltens mit großer Zurückhaltung behandeln. Wir selbst sind es, die bestimmen, in welcher Weise diese Technik angewendet wird, und wir können nie sicher sein, wie weit wir das, was wir beobachten, selbst hervorgerufen haben, namentlich dann nicht, wenn unsere Zielsetzungen und Ideale gefühlsbetont sind. »Eine Untersuchung des Börsenwesens führt leicht zur Beunruhigung der Börsen.« Die Fraglichkeit neuester technischer Methoden auf dem Gebiet der Rechtsfindung gilt auch für die Verwaltung. Auch in der Verwaltung werden wie eh und je auch künftig Geschichte und Philosophie ihre Rolle für weise Entscheidungen spielen. Daran werden auch die Versuche nichts ändern, das soziale Verhalten und soziale Werte mit den Begriffen der Individualpsychologie und der Psychopathologie zu erklären[84]. Denn man würde dabei nicht nur den Gesichtspunkt der Werte außer acht lassen, sondern auch die wichtige Rolle der institutionellen Struktur und die wechselseitigen Einflüsse von Institution und Person[85].

§ 10 Selbstkontrolle der Verwaltung: Festsetzung von Wertmaßstäben durch die Verwaltung

Judge H. J. Friendly's Buch *The Federal Administrative Agencies* (1962) trägt den Untertitel: »Die Notwendigkeit besserer Bestimmung von Maßstäben.« Der Leitgedanke ist, daß die Verwaltungsbehörden es daran fehlen lassen, eine »bessere Definition« der von ihnen angewandten Maßstäbe auszuarbeiten, und daß dies der Gleichheit und Vorhersehbarkeit ihrer Entscheidungen im Wege steht, wie auch der Möglichkeit öffentlicher Kritik, der gehörigen Ausbildung des Beamtenstabs und der Gewinnung des zur Kapitalanlage in öffentlichen Versorgungsbetrieben nötigen Vertrauens der Öffentlichkeit. Das Fehlen fester Maßstäbe verführt auch dazu, einzelne Verwaltungsstellen zu stark zu belasten. Friendly's Arbeit ist mit ausgezeichnetem Beweismaterial versehen und an sich verdienstvoll. Doch
geht er mit seinen Behauptungen auch zu weit und übersieht die

mannigfaltigen Gründe, aus denen Verwaltungsorgane mit quasi-gesetzgeberischen oder quasi-richterlichen Aufgaben besonderer Art betraut werden; er beachtet ferner nicht, daß die Einzelheiten des der Verwaltung vom Gesetzgeber erteilten Auftrags von Fall zu Fall verschieden sind, und daß auch der Grad verschieden ist, in dem sich die einzelnen Aufgaben zur Verwendung *fester* Maßstäbe eignen.

Wie ein kluger Kritiker[86] bemerkt hat, können wir kaum die Entstehung brauchbarer Maßstäbe für jeden Fall erwarten, wenn der Gesetzgeber (wie hinsichtlich des *United States Civil Aviation Board*) auf einen so unbestimmten Maßstab verweist wie »Wohlbehagen und Bedürfnisse des Publikums« oder auf einen so vieldeutigen Maßstab wie »Wettbewerb, soweit er nötig ist, um die gesunde Entwicklung eines Verkehrs-Flugwesens zu sichern, das den Erfordernissen ... des Auslands- und Inlandsverkehrs ..., der Postbeförderung und der Landesverteidigung genügt«[87]. Noch weniger können wir dies erwarten, wenn die übertragenen Aufgaben, wie im Beispielsfall, sowohl die Geschäftsführung eines bestehenden Industriezweigs einschließen als auch – auf einer Stufe von dessen höchster Kraftentfaltung – die Förderung seiner weiteren Entwicklung und deren Richtung und Ausmaß. Unter solchen Umständen bedeutet die Festsetzung von Maßstäben etwas ganz anderes als das bloße Ausfeilen der genauen Bedeutung von »Zulänglichkeit« der Versorgung oder von »Angemessenheit« von Gebühren für die Belieferung durch wohlbestallte öffentliche Versorgungsbetriebe. Es ist eher damit zu rechnen, daß die Möglichkeit verschiedener Auffassungen und Erwartungen die Entscheidungen unberechenbar macht.

Wie wir es ebenso bei der richterlichen Rechtsfindung gesehen haben, ist es hier leicht, das *mögliche* Höchstmaß an »Bestimmtheit« und »Neutralität« der Grundsätze zu verlangen. Die eigentliche Frage ist jedoch: was *ist* möglich? Sogar bei der richterlichen Gesetzesauslegung fand ich, daß die Möglichkeiten eng beschränkt sind. Wieviel schwerer muß es für ein Verwaltungsgericht sein, für den Ausgleich aller zu berücksichtigenden, möglicherweise widerstreitenden Interessen eine Formel zu finden, die auch für künftige Fälle in einer Zeit rascher Änderungen anwendbar bleibt. Die Mannigfaltigkeit der der Verwaltung erteilten Weisungen und die Vielzahl der in Frage kommenden Tatbestände berühren sowohl die Probleme der verwaltungs-rechtlichen Entscheidung als auch die Frage, in welcher allge-meingültigen Form der Unterschied zwischen dieser und der gerichtlichen Rechtsprechung ausgedrückt werden kann.

Zweierlei gilt es zu behalten: zum ersten die Zahl, Unbestimmt-heit und Stärke der möglichen Konflikte zwischen den Zielen, die nach der Weisung des Gesetzgebers verfolgt werden sollen; zum zweiten die Veränderlichkeit und Fortentwicklung aller für die Erreichung dieser Ziele maßgeblichen Tatsachen. Aus diesen beiden Umständen ergeben sich auch Anhaltspunkte dafür, wel-che Art von Behörden für Entscheidungen auf einem bestimm-ten Verwaltungsgebiet geeignet sind. Je verflochtener die rechts-politischen Ziele sind und je rascher sich die tatsächlichen Ver-hältnisse ändern, um so enger sollte die Verwaltungsbehörde mit dem zuständigen Ministerium oder sogar mit dem vollen Regie-rungskollegium zusammenarbeiten. Denn solche Entscheidungen sollten der Nachprüfung und notfalls der Mißbilligung durch das Parlament unterliegen, damit – unter anderem – der Druck, der hinter den Kulissen entsteht und von daher ausgeübt wird, möglichst gelockert und gemildert wird. Am anderen Ende der Skala stehen die Gebiete, wo die Verhältnisse beständiger sind und der Interessenausgleich einfacher wird; hierfür können Ver-waltungsgerichte und ihr Verfahren nach dem Vorbild der or-dentlichen Gerichte geeignet sein. Nach demselben Vorbild kann sich auch die ausführliche Begründung von Interessenaus-gleichen richten. Zwischen den beiden Enden der Skala liegt eine unendlich abwechslungsreiche Reihe von Sachgebieten, wo die betreffenden Interessen verschiedenartig und verschieden stark organisiert sind, wo ferner Unterschiede in der Anpassungsfä-higkeit bestehen; dem entsprechen Unterschiede in der Art und im Verfahren, womit diese Interessen vertreten werden.
Bei Betrachtung des der ordentlichen Gerichtsbarkeit nächstste-henden Endes der Skala müssen wir uns davor hüten, uns das »richterliche Vorbild« zu abstrakt und zu idealisiert vorzustel-len. Wie wir gesehen haben, wechselt die Aufgabe des Richters innerhalb eines weiten Rahmens, in dem Rechtsstreite zwischen zwei Parteien mit klarem Sachverhalt und zweifellos anwend-baren Rechtsregeln nur an dem einen äußersten Ende vorkom-

men. Am anderen Ende liegen die schwierigen Fälle, für die es an einem festen Maßstab fehlt und wo deshalb in jedem einzelnen Fall ungefähr dieselbe Unklarheit und Unvorhersehbarkeit der Entscheidungen besteht, wie sie Judge Friendly bei den Verwaltungsstellen beklagt. Wir brauchen nur an die vielfachen und oft ineinander verschlungenen Fragen zu denken, die bei der Anwendung der Generalklausel des Kartellrechts *(anti-trust rule of reason)* entstehen, namentlich bei starker Veränderlichkeit und verwickelten Verhältnissen im Aufbau von Handel und Industrie; oder an die Bedeutung des »gehörigen Verfahrens« angesichts der wirren Verflechtung zwischen Durchführung des Strafrechts, Stützung der allgemeinen Moral und verfassungsmäßigem Schutz des Privatlebens und der persönlichen Freiheit, wie sie heute in den Tagen der Elektronik besteht. Alles dies läßt erkennen, daß die Forderung nach »festen Maßstäben« und dadurch nach Vorhersehbarkeit von Verwaltungsentscheidungen in gewissem Zusammenhang steht mit einer Bewegung, die verlangt, der *United States Supreme Court* solle wieder wie früher nach Rechtsgrundsätzen entscheiden, insbesondere nach »neutralen Grundsätzen des Verfassungsrechts«, ohne Rücksicht auf das Ergebnis. Wie andernorts bemerkt[88], beruht diese Bewegung teils auf falschen Vorstellungen von der Art der Rechtsfindung eines Rechtsmittelgerichts, teils auf Sehnsucht nach dem vergangenen Recht einer einfacheren, ruhigeren Stufe der sozialen Entwicklung, als die Rechtspolitik klare und wenige Ziele hatte. Solche Anwandlungen tragen wohl auch dazu bei, daß man heute von den Verwaltungsbehörden verlangt, sie sollten sich mehr an das (vermeintliche) Vorbild der Gerichte halten. Wie wir jedoch ebenfalls schon gesehen haben, üben solche Forderungen, auch wenn sie nicht ganz erfüllt werden können, einen moralischen Druck aus, dem sich die Verwaltungsbehörden bei ihren Entscheidungen zu fügen bestrebt sind und der *bis zu einem gewissen Punkt* die Regelmäßigkeit, Sachlichkeit und Unparteilichkeit der Entscheidung verbürgt. Dieser Punkt ist dann erreicht, wenn der Druck das lähmende Versagen hervorruft, das sich stets einstellt, wenn man unerfüllbaren Aufgaben gegenübersteht. Auch das gilt in gleicher Weise für Richter wie für Verwaltungsbeamte.

Geschichtlich betrachtet ist diese Forderung nach Verwendung »fester Maßstäbe« durch die Verwaltungsbehörden auf jeden

Fall ein erfreulicher Fortschritt gegenüber der bloßen Feindseligkeit und Ablehnung, die frühere Juristengenerationen den Verwaltungsentscheidungen entgegenbrachten. Denn so wird wenigstens anerkannt, daß wir aus dem innersten Wesen der modernen Gesellschaft heraus die Zuständigkeit der Verwaltung ständig erweitern müssen. Ferner wird so entsprechend betont, wie wichtig es ist, die am ehesten geeigneten Behörden und Verfahren zu finden, mit denen unsere Gesellschaft ihre Aufgaben richtig erfüllen kann, ohne ihre Freiheiten zu verlieren. Fortschritt in dieser Richtung hängt nicht hauptsächlich ab von allgemeinen Theorien über Verwaltungsrecht, Verwaltungsbehörden und die Grenze zwischen den Zuständigkeiten oder Aufgaben von Rechtsprechung und Verwaltung. Viel mehr noch hängt der Fortschritt von der wahren Bedeutung der Entscheidungen ab, die wir von den Verwaltungsstellen auf den vielen einzelnen Sachgebieten erwarten, und davon, daß wir (manchmal nur durch praktische Versuche) erkennen, welches die beste Art von Behörde, das beste Verfahren und der beste Instanzenzug ist, um Willkür zu verhindern und trotzdem die gestellten Aufgaben zu erfüllen.

§ 11 Verfahren und Organisation zur Überwachung der Verwaltung: Allgemeines[89]

Die Gesetzgebung kann die große und vielgestaltige Menge der täglichen Verwaltungstätigkeit so wenig überwachen wie selbst ausüben. Sollte es aber nicht wenigstens möglich sein, durch Gesetze die Grundsätze der Verwaltungsorganisation und des Verwaltungsverfahrens festzulegen und so die Verwaltungstätigkeit gleichsam indirekt zu überwachen? Könnten nicht sogar die Verwaltungskörper von sich aus solche Grundsätze aufstellen? Bei diesen Fragen dürfen wir allerdings nie den Hauptzweck der Zuständigkeitsübertragung an die Verwaltung vergessen: es sollen zur Ausübung der erweiterten gesetzlichen Aufgaben anpassungsfähige Organe und Verfahrensarten bereitstehen[90], nachdem die älteren Regierungsorgane versagt haben. Wir müssen uns deshalb davor hüten, durch eine zu weitgehende Festlegung des Verfahrens den ganzen Zweck der Neuerung zu verfehlen, nämlich die neuen Behörden mit genau derjenigen starren Anpassungsunfähigkeit der früheren Verwaltungsorgane zu versehen, zu deren Überwindung sie bestimmt sind.

Die Verwaltungskörper haben es, zum Teil gewiß auch aus Gründen der Arbeitserleichterung, von sich aus unternommen, ihre Organisation und ihr Verfahren in gewissem Umfang einheitlich zu gestalten[91]. So ist es zur Regel geworden, daß ihre Entscheidungen von der Behörde (»institutionell«) oder dem betreffenden Ausschuß (»kollegial«), nicht aber von einem einzelnen Beamten ausgehen[92]; den Vorzügen und Vereinfachungen solcher Gemeinschaftsarbeit steht der Nachteil der Anonymität und verminderten Einzelverantwortlichkeit gegenüber sowie die Gefahr, daß die Untersuchung des Sachverhalts in anderen Händen liegt als die Entscheidung. Haben sich Verwaltungsorgane und Verfahren in der Praxis bewährt, so werden sie begreiflicherweise beibehalten, um weiterhin gute Leistungen zu erzielen, um die Bewährung immer wieder nachzuprüfen, um zielbewußtes Arbeiten zu fördern und um dem Beamtenstab einen Ansporn zu geben[93]. Parallel zu diesen eigenen Bestrebungen innerhalb der Verwaltung haben Vollziehung[94] und Gesetzgebung[95] sich bemüht, das Verwaltungsverfahren zu vereinfachen, zu vereinheitlichen und zusammenzufassen.

Beweggrund solcher Bestrebungen ist zuerst der Wille, das Verwaltungsverfahren so einzurichten, daß wenigstens die Mindesterfordernisse der Gerechtigkeit erfüllt werden. 1946 bezeichnete ich es als Mindesterfordernis, daß »die Menschen ihre wahren Bedürfnisse frei äußern können und daß das Recht diesen Äußerungen Wege öffnen und sichern soll, auf denen sie sich den Beistand der politisch organisierten Gesellschaft verschaffen können«[96]. Die explosionsartige Entwicklung der Verwaltung ist selbst schon ein Ausdruck jenes Willens zu gerechtem Verfahren. Ihrer Herkunft getreu, muß die Verwaltung nicht nur in voller Übereinstimmung mit der Gesetzgebung bleiben, sondern muß da, wo die gesetzlichen Vorschriften dafür Raum lassen, die beteiligten Interessen bei der Entscheidung gehörig berücksichtigen. Dieser umfassende Beweggrund, der Wille zu Gerechtigkeit im Verfahren, wird manchmal – unnötigerweise – zweigeteilt: erstens die Forderung, daß die beteiligten Interessen schon zur Mitarbeit bei der Abfassung einer Verwaltungsverordnung herangezogen werden, und zweitens die Forderung, daß die beteiligten Interessen bei der Anwendung der Verordnung und den danach ergehenden einzelnen Verfügungen und Entscheidungen gehört werden sollen[97].

Diese Zweiteilung bringt die Gefahr mit sich, daß das Verwaltungsverfahren mit Auseinandersetzungen über die Gewaltenteilung belastet wird, vor denen es gerade bewahrt werden soll. Die wirklichen Schwierigkeiten bei der Erklärung des ersten Beweggrunds liegen anderswo. Vor allem besteht ein scharfer und tiefer Gegensatz zwischen einerseits der Aufgabe der Verwaltung, den ihr vom Gesetzgeber anvertrauten Schutz von Interessen mit ständiger Anpassungsfähigkeit und Wendigkeit durchzuführen, andererseits der Notwendigkeit, die besonderen Interessen zu schützen, die während der Ausführung jener Aufgabe Eingriffen der Verwaltung ausgesetzt sind. Der Gegensatz wird noch dadurch verschärft, daß merkwürdigerweise besondere Wendigkeit gerade da nötig wird, wo dem Ermessen ein weiter Spielraum gelassen ist. Und doch sind eben da Sicherungsmaßnahmen am allernötigsten, wofür das einfachste ein festgeordnetes, öffentlich bekanntes Verfahren ist. »Des einen Freiheit von Bürokratie ist des anderen mangelhaftes Verfahren.« Wo dagegen der Verwaltung klare Normen an die Hand gegeben werden und sich infolgedessen der Bereich des Ermessens verringert, da werden Sicherungen weniger dringlich, sind aber auch leichter anzuwenden, ohne die Verwaltung bei der Erfüllung ihrer Aufgaben zu stören. Auf jeden Fall ist die Unterscheidung zwischen rechtspolitischer *Zielsetzung* und der ihr entsprechenden *Rechtsanwendung* im Verwaltungsrecht noch unklarer als in der Rechtsprechung. Rechtspolitische Zielsetzungen entwickeln sich hier häufiger aus der Entscheidung von Einzelfällen[98]. Eine solche Entwicklung zu ermöglichen, kann ein Hauptzweck des Gesetzgebers bei der Zuständigkeitsübertragung sein, namentlich dann, wenn er sich nur über die grundsätzliche Notwendigkeit einer Regelung, nicht aber über deren Einzelheiten schlüssig ist.

Ein zweiter Beweggrund für festes Normieren des Behördenaufbaus und des -verfahrens ist das Bedürfnis nach einem Mindestmaß von Zusammenhalt, Einheitlichkeit und Anpassung zwischen den unübersichtlich vielen, überall auftauchenden und an Zahl ständig zunehmenden Verwaltungsstellen[99]. Das berührt nicht nur ihre Beziehungen zueinander, sondern auch die zu älteren Kraftfeldern der Staatsgewalt, besonders zur Regierungsgewalt. Hierbei stehen nicht nur Geldersparnisse und Arbeitsvereinfachung auf dem Spiel, sondern die Fortdauer und Weiterarbeit des Riesenapparats[100]. Auch hier erwartet uns wieder eine unangenehme Überraschung: allseitige Einordnung ist da am dringlichsten, wo neue Aufgaben zur stärksten Vermehrung der Verwaltungsstellen führen. Das sind aber zugleich jene Gebiete, wo die Verwaltung nur Erfolg haben kann, wenn sie in Verfahren und Behördenaufbau genügende Bewegungsfreiheit hat, um ihre Maßnahmen praktisch zu erproben. Im Namen der erwünschten Leistungsfähigkeit politischer Einrichtungen muß also sowohl Einordnung als auch Wendigkeit verlangt werden.

Beide hier erörterten Beweggründe lenken unsere Aufmerksamkeit auf Nachbargebiete des Verwaltungsrechts, aber jeweils auf eine andere Kernfrage. In einem Falle ist es die Frage: »Wer soll herrschen?«, im anderen: »Wie sollen wir die der Staatsgewalt Unterworfenen schützen, einerlei wer sie ausübt?«[101] Die erste Frage schließt auch die ein, ob Gesetzgebung oder Vollziehung darüber entscheiden soll, welche Einordnung erreichbar ist.

§ 12   Verfahren und Organisation zur Überwachung der Verwaltung; Schranken

Es sei nun gewagt, einige Leitsätze aufzustellen. *Erstens:* Viele Schwierigkeiten bei beiden im vorigen Paragraphen behandelten Beweggründen sind regelmäßig mit ihnen verbunden und kehren immer wieder; sie betreffen die noch in Entwicklung stehenden Beziehungen zwischen der Verwaltung und dem schon fest ausgebildeten vollen Gefüge der modernen Rechtsordnungen. Offenbar müssen deshalb das Verfahren und die Organisation der Verwaltung ständig von einer Regierungsstelle aus überwacht werden, die Überblick nach jeder Richtung hat. Dies fordert auch die Verhaltensforschung; wie sie nämlich zeigt, neigen die Beamten eines Ministeriums oder einer untergeordneten Verwaltungsbehörde dazu, sich auf ihre eigenen Sonderziele und Sonderaufgaben zu beschränken und ein Gefühl der Treupflicht zu ihrer Gruppe zu entwickeln, das einem sachlichen Urteil über ihre Beziehungen zu anderen Behörden der Verwaltung und zu den obersten Organen der Vollziehung wie zur Gesetzgebung im Wege steht[102].

Zweitens: Es haben sich zahlreiche wertvolle Grundsätze der Organisation und Verwaltung entwickelt[103] und viele davon haben (z. B. im *U.S. Administrative Procedure Act,* 1946) die spezifische Gestalt des Gesetzes angenommen[104]. In England wie in den USA wird es Verwaltungsstellen häufig zur Pflicht gemacht, Beratungen und Aussprachen mit den (Verfahrens-) Parteien abzuhalten, deren Interessen betroffen sind. Kundmachung wird allgemein angeordnet in England durch den *Rules Publication Act* 1893 s. 1, in Amerika durch den *Administrative Procedure Act* 1946 s. 4[105]. In beiden Ländern ist bindend vorgeschrieben, daß vor Erlaß einer Verordnung öffentliche Vernehmungen stattfinden und daß zwischen der amtlichen Kundmachung und dem Inkrafttreten von Verordnungen eine Wartezeit eingeschoben wird (das ist auch in S. 4 des amerikanischen Gesetzes von 1946 allgemein angeordnet). Nicht minder wichtige Bestimmungen zielen auf eine Trennung der Funktionen innerhalb einer Verwaltungsstelle ab: die Beamten, welche über einzelne Fälle zu entscheiden haben, sollen nicht dieselben sein, die die (allgemeinen) Verordnungen entwerfen. Andere Vorschriften bezwecken die Gewährleistung unparteiischer Entscheidung des Einzelfalles, indem sie beispielsweise verlangen, daß der Beamte, der den Sachverhalt ermittelt hat *(hearing officer)*, wenn nicht allein entscheiden, so doch mindestens mitentscheiden soll. Es ist aber gewagt, Bestimmungen zu treffen, die in dieser Weise auf der Unterscheidung zwischen der Befugnis zum Erlaß genereller Normen und der zur Entscheidung von Einzelfällen beruhen. Ich habe schon zur Genüge darauf hingewiesen, daß die eine Funktion in die andere ohne scharfe Trennung übergehen kann[106]. Noch wichtiger vielleicht ist s. 8 (b) des Gesetzes von 1946, wonach alle Verwaltungsentscheidungen ihre »Feststellungen und Schlußfolgerungen«, sowie die »Gründe und Grundlagen dafür« angeben müssen, und zwar nicht nur hinsichtlich der »wesentlichen strittigen Tat- und Rechtsfragen«, sondern auch hinsichtlich des »Ermessens«. Vieles von dem, was über den Wert einer solchen Zergliederung für gerichtliche Rechtsfindung ausgeführt wurde, gilt genauso auch für das Verwaltungsverfahren. Die hervorgehobenen Schwierigkeiten und Gefahren für richtige Rechtsfindung gelten hier vielleicht noch viel mehr, insofern bei den Verwaltungsgerichten die Urteilsbegründung weniger an Präjudizien gebunden ist (obwohl das auch hier zunimmt)[107].

Drittens: Diese Feststellungen lassen die Frage noch offen, für welche Verwaltungsangelegenheiten solche allgemeine Vorschriften vernünftigerweise gegeben werden sollen und auf welcher Entwicklungsstufe einer festen Praxis sie angebracht sind. Es kann z. B. der Verwaltung eine Aufgabe zu dem Zweck übertragen werden, daß sie von Fall zu Fall Erfahrungen sammelt und Fachkunde erwirbt, um schließlich eine allgemeine Regelung aufzubauen; diesen Zweck können verfrühte Verfahrensvorschriften schlechthin vereiteln[108]. Es gibt zahlreiche Zwischenstufen, auf denen in verschiedenem Grade dieselbe Gefahr besteht. Soweit dies der Fall ist, kann niemand erwarten und erwartet auch niemand, daß es möglich wäre, für alle Aufgaben aller Verwaltungsstellen Organisation und Verfahren einheitlich zu regeln. Auch wenn die Gesetzgebung nur in kleinerem Umfang Vorschriften geben will, z. B. nur für bestimmte Verwaltungsstellen oder Aufgaben oder Gruppen, so kann das nicht über eine gewisse Grenze hinausgehen. Denn jenseits der Grenze stößt der Gesetzgeber auf dieselben Schranken seiner Fähigkeiten, die ihn ursprünglich dazu veranlaßt haben, der Verwaltung die Aufgabe zu übertragen[109]. Der mögliche Bereich für solche gesetzlichen Vorschriften wird sich erweitern, wenn und soweit die Erledigung von Verwaltungssachen feste Formen annimmt und die Unterschiede in Aufbau und Verfahren von Verwaltungsstellen sich durch freiwillige Vereinheitlichung verringern. Dies ist auch ein gutes Mittel zur Überwindung zufälliger oder zwecklos gewordener Unterschiede im Aufbau und Verfahren vieler Verwaltungsstellen. Es wäre jedoch übertrieben zu erwarten, daß die Vereinheitlichung weit genug gehen könnte, um eine vollkommene Übereinstimmung in Organisation und Verfahren zu ermöglichen[110].

Wir stoßen auf diesem Gebiet wiederholt auf die alte Wahrheit, daß man kein Omelette machen kann, ohne Eier zu zerbrechen. Wir können dem Recht keine neuen, den alten Methoden unzugänglichen Aufgaben stellen, ohne neue Methoden anzuwenden und insoweit alte Methoden abzuschaffen. Gewiß müssen wir mit den Eiern sparsam umgehen und nicht mehr zerbrechen, als für das Omelette nötig sind. Aber wie vorsichtig wir auch sein mögen, so können wir mit organisatorischen und verfahrensrechtlichen Maßnahmen das freie Ermessen der Verwaltung zwar in Schranken halten, schaffen dadurch aber keine Gewähr für die Weisheit oder Gerechtigkeit ihrer Entscheidungen. Unsere Maßnahmen werden sogar weit weniger Erfolg haben, als wir es von den Ermessensentscheidungen der ordentlichen Gerichte her gewöhnt sind[111]. Das hängt mit den besonderen Schwierigkeiten zusammen, die sich bei der Verbindung von Verwaltung und Gerechtigkeit in der Praxis einstellen. Wenn im *Einzelfall* eine Verwaltungsentscheidung an Gerechtigkeit zu wünschen übrig läßt, dann kann sich das aus den Wert- und Gerechtigkeitsurteilen erklären, die der Gesetzgeber gegenüber den Mitgliedern der Gesellschaft *allgemein* für richtig hielt, als er der Verwaltung die Zuständigkeit für die betreffenden Aufgaben übertrug. Wo immer diese Aufgaben nur erfüllbar sind, wenn *für den einzelnen Fall* das Gerechtigkeitsziel zurückgesteckt wird, haben wir es mit einem Zwiespalt *innerhalb der Gerechtigkeit* selbst zu tun. Einen solchen Zwiespalt müssen wir unterscheiden von einem Gegensatz zwischen Gerechtigkeit und bürokratischer Willkür oder Unfähigkeit.

Die Tatsache, daß ein solcher Zwiespalt innerhalb der Gerechtigkeit vorkommen kann, beleuchtet die schwere Verantwortung des modernen Gesetzgebers. Er darf sich nicht leichten Herzens auf ein Gebiet wagen, wo das Bestreben, im Namen der Gerechtigkeit *allgemeine* Vorteile zu gewähren, eine zu weit reichende Ungebundenheit der Verwaltung zur Folge hat. Tut er es aber, dann muß er die der Verwaltung überlassenen Aufgaben und Interessen im einzelnen viel genauer bezeichnen, als es oft geschehen ist[112]. Erwägungen dieser Art lenken uns auch auf die Frage der Ausbildung zu verantwortlichen Verwaltungsbeamten. Es sei angemerkt, daß wir bei Verwaltungsbeamten wie bei Richtern vor der heiklen Frage stehen, welche Wirkung es auf die Richtigkeit ihrer Entscheidungen hat, wenn wir ihnen ihre eigenen Seelenvorgänge voll bewußt machen. Zweifellos sind sich die meisten Verwaltungsbeamten bewußter als die meisten Richter, daß sie unter mehreren möglichen Entscheidungen wählen können und die beste wählen müssen; ihnen würde deshalb die psychologische Aufklärung weniger schaden. Andererseits jedoch haben sie eine weitaus größere Menge von

vielseitigen und beziehungsreichen rechtspolitischen Aufgaben zu bewältigen als die Richter und müssen sich massenweise Unterlagen dafür beschaffen. Wenn wir von den Verwaltungsbeamten noch zusätzlich verlangen, daß sie sich mit den von ihrer Gemeinschaft ererbten und hochgehaltenen Vorstellungen von Gerechtigkeit auseinandersetzen sollen, dann kann dies der letzte Tropfen sein, der das Faß ihrer Arbeitskraft zum Überlaufen bringt. Wenn sie darin versagen, müssen wir ihnen jedoch vergeben, denn dann wissen sie nicht, was sie tun.

II. Abweichung zwischen Verhalten und Recht in der demokratischen Rechtsordnung

§ 13   Veränderlichkeit des Abweichungsgrades

Wie in den voranstehenden Paragraphen ausgeführt, müssen Richter und Verwaltungsbeamte nach bestem Können nicht nur zwischen »Macht« und sozial-ethischer Überzeugung vermitteln, sondern auch zwischen festeingeführten (institutionellen) und anderen Inhabern der Macht sowie zwischen den vom Recht für verbindlich erklärten ethischen Überzeugungen und denjenigen, die tatsächlich das Verhalten der Gemeinschaft beherrschen. Es kann nicht einmal davon ausgegangen werden, daß das Recht den Gerichten und der Verwaltung die fertigen Werkzeuge liefert, die sie für ihre Aufgaben brauchen, vielmehr müssen Richter und Verwaltungsbeamte sich ständig mit den Problemen der Vermittlung, Nachprüfung und Neuanpassung befassen. Es ist deshalb nicht überraschend und auch nicht ohne weiteres zu tadeln, daß die Erfüllung dieser Aufgaben meistens hinter dem zurückbleibt, was die institutionellen Werkzeuge erwarten lassen, daß sie aber auch der außerrechtlichen Anpassung und Verhaltensweise nicht voll entspricht, die die aus den von der Rechtsanpassung zu beachtenden freien sozialen Kräfte erfordern. So muß über die längst berührte Frage der Abweichung oder Nichtübereinstimmung von Recht und Rechtsanwendung hinausgegangen und die mehr praktische Seite der Gerichts- und Verwaltungstätigkeit innerhalb der Rechtsordnung etwas näher untersucht werden. Wie tief und wie unvermeidlich ist das

Auseinanderklaffen des Richterrechts (oder des praktischen Verwaltungsrechts) und des Rechts in den Rechtsbüchern?

Es gilt, sich vor voreiligen Verallgemeinerungen, auch innerhalb eines Rechtssystems, zu hüten. Bei aller ihm nachgesagten Bilderstürmerei hat Pareto hier doch große Einsicht an den Tag gelegt: er hat die Abweichung des Richterrechts vom geschriebenen Recht betont, wo er sie vorfand, hat sie aber nur da vorgefunden, wo sie wirklich vorhanden war. So bezweifelte er zwar die Vereinbarkeit von Gerichtsentscheidungen mit geschriebenem Recht, knüpfte jedoch daran die Feststellung, daß die Reichsnormen der oströmischen Kaiser *(constitutiones)* oft tote Buchstaben waren. Das sollte deutlich keine allgemeingültige Behauptung sein. Ferner meinte er, im Italien und Frankreich seiner Zeit »können die in den Gesetzbüchern enthaltenen Normen des Zivilrechts immerhin ein ungefähres Abbild« der wirklichen Verhältnisse geben – deutlich also kein »falsches Bild«. Anders verhielt es sich seiner Ansicht nach im Strafrecht, wo Theorie und Praxis außer Beziehung ständen[113]. Ebenso vorsichtig müssen englische Juristen mit Verallgemeinerungen von ungewöhnlichen Tatsachen sein; etwa auf Grund der Weigerung englischer Geschworener im 19. Jh., Angeklagte schuldig zu sprechen, weil die Geschworenen es für falsch hielten, daß auf so viele Verbrechen die Todesstrafe stand[114]; oder auf Grund der manifesten juristischen Schiebungen in modernen Ehescheidungsprozessen.

Nichtsdestoweniger sind die Rechtsanwälte an viele Abweichungen der Richter von klaren Gesetzesvorschriften so gewöhnt, daß sie meistens nicht darüber nachdenken, was der Gesetzgeber eigentlich beabsichtigt hat. So sind wir beispielsweise daran gewöhnt, daß die *Statutes of Frauds and Wills* (Gesetz über Betrug; Gesetz über Testamente) von der *Equity* (Rechtsprechung nach Billigkeit) durch die Lehren der Teilerfüllung und der stillschweigenden Treuhänderschaft *(secret trusts)* eingeschränkt worden sind und daß das *Statute of Frauds* nicht selbst zu Täuschungszwecken mißbraucht werden darf[115]. Ist ein Gesetz einmal in Kraft getreten, dann geht es oft seinen eigenen Weg oder vielmehr den Weg, den ihm die Richter weisen[116]. Daß die Geschworenen ein Rechtsgebot oder -verbot kraft ihrer tatsächlichen Feststellungen wirkungslos machen können, ist eine wichtige Quelle des Erfolgs für »geschickte«

Schwurgerichtsverteidiger. Erfahrene Rechtsanwälte, wie auch Laien, können ohne Schwierigkeit selbst feststellen, daß das gesellschaftliche Verhalten auf verschiedenen Gebieten weithin vom Recht abweicht, das der Gesetzgeber erzeugt und das von den Gerichten angewendet wird. Es ist deshalb durchaus angebracht, zugunsten Paretos und der amerikanischen Rechtsrealisten darauf hinzuweisen, daß »sie die praktische Technik des Anwalts ernst genommen und sie in allgemeine kritische Forschungsmethoden umgeformt haben«[117].

Nicht darum handelt es sich sonach, ob Rechtsetzung, Rechtsanwendung und Rechtsbefolgung voneinander abweichen können, sondern darum, welches die Hauptarten solcher Abweichungen sind, wie weit sie gehen und wodurch sie verursacht werden. Pareto untersuchte Fälle, in denen französische und italienische Gerichte das Strafgesetz so gut wie unbeachtet ließen, und stellt dann fest, die Gründe dafür lägen im allgemeinen Rechtsgefühl der Öffentlichkeit und im politischen System, nicht in persönlichem Verhalten[118].

Arten und Ausmaß der Abweichung richten sich nach dem besonderen Schwierigkeitsgrad der betreffenden Fälle, nach der Gemäßheit des geschriebenen Rechts für sie und nach der Einstellung der Menschen zu ihnen. Dieser Auffassung entsprach es durchaus, wenn Goodhart 1932 sagte, der Nachdruck, den die amerikanischen Rechtsrealisten auf die Abweichungen zwischen dem Recht des Gesetzgebers, (der Gerichte und der Bürger legten, könnten mit vier Eigenheiten des amerikanischen Rechtslebens zusammenhängen. Die *erste* sah er in der Aufgabe der Richter, zwischen den Machtansprüchen des Bundes und der Gliedstaaten zu entscheiden. »*Le roi est mort, vive le juge.*« Das *zweite* war die Aufgabe der Richter, die Gesetze darauf nachzuprüfen, daß sie sich in den Schranken der Verfassung halten, beispielsweise hinsichtlich der Gewähr eines gehörigen Verfahrens *(due process).* Die *dritte* amerikanische Besonderheit war das Nebeneinanderbestehen von (damals schon) neunundvierzig Rechtsprechungen mit den Möglichkeiten verschiedener Auslegung und Anwendung des *Common Law.* Als *viertes* kam die richterliche Rechtsschöpfung bei der Anpassung des englischen *Common Law* an amerikanische Verhältnisse hinzu[119].

§ 14 Quellen der Abweichung gerichtlicher Entscheidungen von »geschriebenen« Rechtssätzen im anglo-amerikanischen Recht

Die Abweichung von Entscheidungen in dem Sinne, daß sie von den geschriebenen Normen frei sind, entsteht aus einer Reihe von Gründen. Stark vereinfacht kann man drei Gruppen solcher Gründe unterscheiden: Unklarheit der Rechtsregel, Unklarheit der Tatsachenfindung und Individualisierung, d. i. die Anpassung des Rechts an die besonderen Umstände des Einzelfalls (die Bestandteile der beiden ersten Gruppen enthält). Im vorliegenden Paragraphen beschäftige ich mich nur kurz mit der »Individualisierung« und eigentlicher »Unklarheit der Rechtsregel«, da ich diese schon eingehender an anderer Stelle meiner Trigologie behandelt habe, z. B. in Kap. 6–8 meines *Legal System and Lawyer's Reasonings*. Über Unklarheit der Tatsachenfeststellung siehe §§ 16–18. Im hier folgenden Paragraphen werde ich ferner über die Tatsache sprechen, daß Abweichungen das Verhalten, die Rechtsbefolgung als auch die Rechtsanwendung betreffen können, ferner über das Verhältnis dieser Tatsache zu Ehrlichs Auffassung vom »lebenden Recht« oder dem »Recht der Gesellschaft« und schließlich über den in diesem Zusammenhang weitverbreiteten Gebrauch von Maßstäben wie »Zumutbarkeit«, »Treu und Glauben«, »Billigkeit« und »Angemessenheit«[120].

Größte Bedeutung haben in Strafsachen die im Ermessen des Anklagevertreters stehende Befugnis zum Fallenlassen der Anklage (»*nolle prosequi*«), die Ermessensfreiheit des Richters hinsichtlich der Strafe und des Strafaufschubs bei guter Führung (in Amerika ausgedehnt auf Aussetzung des Urteils u. a. m.) sowie die Möglichkeit des Berufungsgerichts, ein Urteil aufzuheben, weil »ein wesentliches Unrecht« (*substantial miscarriage of justice*) begangen wurde[121]. Ebenso wichtig sind die bei vielen unteren Zivil- und Strafgerichten, aber auch bei manchen höheren Gerichten zugelassenen Freiheiten im Verfahren und das Ermessen[122]. Auch die Ermessensfreiheit der Verwaltung im Verfahren und bei der Entscheidung ist ein Gebiet der »Individualisierung«, ganz abgesehen von ihrer ungewöhnlichen Ausdehnung in neuerer Zeit [123]. Hinsichtlich der Behandlung von Ausländern wird der Verwaltung eine fast absolute Ermessensfreiheit zugestanden – dies sogar im Mutterland des Rechts-staatsgedankens[124].

Bei solchen Entscheidungen läßt sich das Ergebnis im Einzelfall anhand der allgemeinen Vorschriften nicht mit Sicherheit vor-aussagen. In diesem engeren Sinn ist dies ein Gebiet, wo die Abweichung die Regel ist. Man kann sie natürlich auch als »Konkretisierung« (aus der allgemeinen Rechtsregel abgeleitete Rechtssätze für den Einzelfall) auffassen, deren Unterschiede darauf beruhen, daß die Einstellung der Verwaltungsbehörde von Fall zu Fall verschieden sein kann. Auf jeden Fall bleibt es bei der Unsicherheit und Veränderlichkeit der Entscheidungen[125].

Aber auch abgesehen von solchen Fällen des freien Ermessens ist klar, daß Gesetzesbestimmungen keine genauen Rechtssätze für alle Gestaltungen des Lebens enthalten können[126]. In einem solchen Fall öffnet sich ein weiterer Bereich für Abweichungen in Form verschiedener Analogien und »extensiver« oder »re-striktiver« Auslegung von Rechtssätzen. Nach früherer, teilwei-se heute noch bestehender Ansicht lag hier die Aufgabe des Richters darin, die anzuwendenden, schon vorhandenen Rechts-normen zu »entdecken« oder sie logisch aus vorhandenen Rechtsnormen abzuleiten. Die Verfasser juristischer Lehrbücher haben immer versucht, das Recht als bestimmter und logisch geschlossener darzustellen, als dies das Verhalten von Gesetzge-bern und Gerichten rechtfertigt. Die Zweifel der Rechtsrealisten wurden durch solche theoretischen Konstruktionen verstärkt, wenn nicht überhaupt erst hervorgerufen[127]. Ich habe in mei-ner Trilogie (besonders in den Kapiteln 6–8 von *Legal System and Lawyers' Reasonings*) viele Beispiele für Umfang und Art richterlicher Rechtsschöpfung angeführt. Die Zusammenstellung der »Formen des Rechts« durch Hermann Kantorowicz ist in diesem Zusammenhang sehr nützlich: er unterscheidet das »förmliche« Recht, das auf gesetzlicher oder gewohnheitsrecht-licher Autorität beruht, und das »freie« Recht, das immer neben dem förmlichen Recht besteht. Das freie Recht sollte seiner Ansicht nach besser »mögliches« Recht oder »Recht im Anfangs-stadium« genannt werden, soweit es schon auf den betreffenden Sachgebieten oder bei den betreffenden Personenkreisen in Übung ist, sei es als »werdendes Recht«, z. B. während der Vorarbeiten zu einem Gesetz[128], sei es als »werdendes Gewohnheitsrecht« bei Handelsbräuchen, sei es als »erwünschtes Recht«, nämlich Recht, von dem diejenigen, die es anwenden, wünschen, daß es förmliches Recht werde[129].

Der Bereich »freien« Richterrechts in diesem Sinne ist offensichtlich durch die den Richtern gemeinsame Ausbildung und Überlieferung eingeschränkt, wo die überkommenen Ideale und Techniken der Rechtsprechung eine wichtige Rolle spielen. Oft findet sich die Ansicht, daß dabei die persönlichen Eigenheiten und vorgefaßten Meinungen der Richter sich letzten Endes gegenseitig aufheben[130]. Wie immer dem sei, wir kommen der Wirklichkeit durch die Feststellung näher, daß »freies« Entscheiden in der Regel nur dann vorsichtig ist, wo die bestehende Rechtsordnung (nach überkommenen Idealen und Techniken) einen Spielraum läßt, und daß nur ausnahmsweise bloße Intuition (*hunch*) oder zufälliges körperliches Unbehagen (*visceral reaction*) den Richter zur Abweichung von der Rechtsordnung veranlassen.

§ 15 Normale Abweichungen zwischen Rechtsvorschriften und rechtlichem Verhalten

Ich habe bereits gewisse Arten und Ursachen *größerer* Abweichungen zwischen festen Rechtsregeln und der allgemein verbreiteten Überzeugung sowie dem allgemeinen Verhalten behandelt. In Extremfällen kann dieser Gegensatz zum Zusammenbruch von Teilen der Rechtsordnung oder sogar zu ihrem revolutionären Umsturz führen. Um so nötiger ist deshalb die Feststellung, daß Abweichungen zwischen dem vom Richter und Verwaltungsbeamten gesprochenen Recht und dem »lebenden« Recht in jeder Rechtsordnung, auch unter normalen Verhältnissen, bis zu einem gewissen Grade unvermeidlich sind.

Es war eine der Hauptthesen von Ehrlich, daß das »lebende Recht« (oder das »Recht der Gesellschaft«), das sind die Regeln, nach denen sich die Menschen in ihren Verbänden tatsächlich verhalten, oft von den »Rechtsnormen« im herkömmlichen Sinn (oder den »Entscheidungsnormen«) abweicht. Nach seiner gründlichen, wohldurchdachten Darstellung[131] besteht das Sozialrecht aus den Regeln, die sich aus der inneren Ordnung gesellschaftlicher Verbände ergeben. Diese Verbände reichen von der Einzelfamilie bis zu den großen religiösen und wirtschaftlichen Organisationen. Dieses Sozial- oder Verbandsrecht verkörpert das von der Gruppe gebilligte und anerkannte Verhalten der Menschen gegenüber ihrer Umwelt[132]. Seine Regeln werden nicht in Worten, sondern durch ihre tatsächliche Anwendung ausgedrückt und sind deshalb sehr anpassungsfähig[133]. Sie verändern sich ständig mit ihrer Umwelt und mit den Veränderungen in der Natur, den Aufgaben und der Verfassung des Verbandes. Wenn die Umstände es gebieten, dann werden die Regeln des Verbandsrechts immer von den Verbänden und ihren Vertretern zur Geltung gebracht. Dabei spielen die Entscheidungen der staatlichen Gerichte nur eine geringe Rolle. Was sie anwenden, ist zum großen Teil nicht das Verbandsrecht[134], ebensowenig wie die vom Gesetzgeber niedergelegten Rechtsvorschriften mit diesem lebenden Verbandsrecht in jedem Fall übereinstimmen[135].

Gesetze, gesatzte Rechtsnormen (*legal propositions*) dagegen haben einen zeitlich bestimmten Ursprung und beanspruchen Gültigkeit unabhängig von den sachlichen Umständen, aus denen sie entstehen[136]; sie werden von Gesetzgebern, Richtern, Rechtslehrern und juristischen Schriftstellern geschaffen[137]. Im Gegensatz zu den Regeln des lebenden »sozialen Rechts« betreffen die gesatzten Rechtsnormen gewöhnlich einen kleinen Teil des von ihnen geordneten Verhaltens. So hat das Eherecht immer nur einen kleinen Teil der dieses Gebiet in Wirklichkeit beherrschenden sozialen Regeln enthalten[138]. Dies gilt auch überall da, wo im Rechtsverkehr »allgemeine feste Vertragsbedingungen« üblich und rechtlich zugelassen sind[139]. Die gesatzten Rechtsnormen können aber auch die lebenden Verhaltensregeln der Gesellschaft verstärken[140]. Sie können diesen aber auch zuwiderlaufen, indem sie sich entweder über die Regeln des lebenden sozialen Rechts hinwegsetzen (z. B. gewisse Rechtsgeschäfte für nichtig oder strafbar erklären) oder durch ungenaue oder abweichende Fassung; dann werden die »Rechtssätze« oder das lebende Sozialrecht oder beide nutzlos[141]. Viertens mögen die gesatzten Rechtsnormen zwar ursprünglich mit dem lebenden Sozialrecht übereinstimmen, aber diese Übereinstimmung muß, wie Ehrlich richtig beobachtet hat, sehr bald aufhören, weil das lebende Sozialrecht sich ständig ändert, während gesatztes Recht auf Dauergeltung zielt. Das Recht ist immer eine Art der Herrschaft des Toten über das Lebende[142]. Die so entstehenden Abweichungen vergrößern sich aber unnötigerweise, wenn Rechtswissenschaft und Rechtsprechung in den Fehler der »Begriffsmathematik« verfallen[143]. Andererseits werden sie geringer, wenn gesatztes Recht selbst auf die herrschenden Regeln des sozialen Verhaltens Bezug nimmt, wenn z. B. das Gericht durch eine Generalklausel wie »Angemessenheit« auf die Tatsachen des sozialen Lebens und das soziale Verhalten verwiesen wird[144].

Den meisten Bürgern wird ihr ganzes Leben lang kein Rechtsgebot unmittelbar persönlich auferlegt. Darin will man oft den Beweis dafür sehen, daß sie sich rechtgemäß verhalten, daß nämlich das Recht ständig den vorherrschenden Einfluß auf sie ausübt, während die verschiedenen anderen Einflüsse einander aufheben[145]. Es könnte aber auch bedeuten, daß auf dem Gebiet des Privatrechts die Menschen ihre Beziehungen nach ihren eigenen Regeln einrichten und daß – abgesehen vom Strafrecht – Rechtsprechung und Verwaltung im allgemeinen die Menschen nach ihren eigenen Regeln handeln lassen, auch wenn diese von den »Entscheidungsnormen« abweichen[146]. Das ist sicherlich so, wenn die Spannung zwischen Rechtsregeln und sozial-psychologischen oder wirtschaftlichen Verhältnissen ein gewisses Maß übersteigt. Llewellyn sagte ganz im Geiste Ehrlichs: in dem Maße, in dem Rechtsregeln nur noch für »Störungsfälle« von Amts wegen angewendet werden, versagt das Recht in seiner Hauptaufgabe, das Verhalten der Menschen so zu lenken, daß »Störungsfälle« vermieden werden[147].

§ 16 Ungewißheit der Tatsachenfeststellung im Prozeß als regelmäßige Quelle von Abweichungen

Abweichungen zwischen Rechtsregeln und der lebenden Rechtsanwendung und Rechtsbefolgung können auch daher rühren, daß die vom Gericht festgestellten Tatsachen sich mit den wahren Tatsachen nicht decken[148]. Das Auseinanderfallen von festgestellten und wahren Tatsachen kann noch andere Folgen haben als ein unrichtiges Urteil zugunsten der einen oder der anderen Partei auf Grund eines bestimmten Rechtssatzes[149]. Es kann auch sein, daß eine »falsche« (oder jedenfalls eine andere) Rechtsregel auf den Fall angewendet wird.

Jede Rechtsregel gründet sich auf das Vorhandensein von Tatsachen, auf die sie angewendet werden soll; ihre Aufgabe (oder »die Absicht des Gesetzgebers«) ist es, diesen Tatsachen bestimmte Rechtsfolgen beizulegen. Verschiedene Regeln legen verschiedenen Tatsachen verschiedene Rechtsfolgen bei; welche Regel wir anwenden und mit welchen Rechtsfolgen, hängt also von den festgestellten Tatsachen ab. Wenn die festgestellten Tatsachen sich mit den wahren Tatsachen nicht decken, so kann eine andere Rechtsregel angewendet werden als diejenige, die das Recht für die »wahren« Tatsachen bestimmt hat[150]. Regel 1, die für die »wahren« Tatsachen AB gilt, wird dann auf die »wahren« Tatsachen CD an Stelle der für CD bestimmten Regel 2 angewendet, weil diese »wahren« Tatsachen CD bei der Feststellung des Tatbestands fälschlich für Tatsachen AB gehalten werden. Oder anders ausgedrückt, die Tatsachen CD, für die richtigerweise die Regel 2 gilt, werden fälschlicherweise nach Regel 1 behandelt. Das ist eine häufige Quelle von Abweichungen zwischen Rechtssetzung, Rechtsanwendung, Rechtsberatung und Rechtsbefolgung.

Courts on Trial von Jerome Frank (1950) ist noch immer das führende Buch über die Quellen und den Grad der Abweichung zwischen den »objektiven« oder »wirklichen Tatsachen« (im Sinne von wahrnehmbaren und wahrgenommenen Tatsachen) und den vom Gericht für seine Zwecke festgestellten Tatsachen[151]. Frank legte dar (wenn man von gewissen überspitzten Behauptungen absieht), daß solche Abweichungen, wie auch ihre Quellen und Anlässe regelmäßige Erscheinungen jeder Rechtsprechung sind. Sie zerfallen in zwei Gruppen: solche, die mit der Art der Tatsachendarstellung dem Gericht gegenüber zusammenhängen, und solche, die mit der Arbeitsweise und psychologischen Schulung des Richters zusammenhängen.

Hinsichtlich der Darstellung des Sachverhalts unterliegt die Tatsachenfeststellung durch den Richter den bekannten Fehlern und Schwächen des Zeugenbeweises: unrichtige Beobachtung, Gedächtnisfehler, ungenaue Aussagen, voreingenommene oder unwahre Aussagen oder die bekannte Unaufrichtigkeit eidesstattlicher Parteierklärungen. Noch hartnäckiger sind die Fehlerquellen, denen die Tatsachenfeststellung durch die Person des Richters oder des Geschworenen ausgesetzt ist, an erster Stelle steht hier unser System der streitigen Gerichtsverhandlung einschließlich des Kreuzverhörs. Darin wird gewöhnlich ein gutes Mittel zur Aufdeckung der Wahrheit erblickt, Frank aber sieht darin hauptsächlich ein Mittel zur Verschleierung und Entstellung der Wahrheit, besonders vor Schwurgerichten[152].

Weitere Fehlerquellen sind persönliche Schwächen der Richter und Geschworenen, die Gefährdung ihres Urteils durch irrtümliche Eindrücke vom Benehmen eines Zeugen[153], durch Mißverstehen oder Nicht-richtig-im-Gedächtnis-behalten seiner Aussage[154] und daraus resultierende unrichtige Schlußfolgerungen. Alle diese Gefahren werden durch persönliche Sympathien, Antipathien und andere Voreingenommenheiten verstärkt, die bei Richtern und Geschworenen wie bei jedem anderen Menschen vorkommen[155]. Frank verweist dazu auf die Entdeckung der Soziologen (und Rechtsrealisten), daß bei der richterlichen *Rechts*findung subjektive Elemente eine Rolle spielen, und verlangt, daß dasselbe auch für die *Tatsachen*findung anerkannt wird. Viele Rechtsanwälte sind sich darüber klar, daß die psychologischen Eigenheiten der Parteien und Zeugen unvorhersehbare Folgen für den Rechtsstreit haben können, halten es aber für eine anstößige oder lächerliche Annahme, daß die Seelenverfassung des Richters die gleichen Folgen haben kann[156]. Bei Richtern müssen wir auch noch mit beruflichen, nicht nur mit persönlichen Schwächen rechnen, beispielsweise mit dem Bestreben, vom Gesetzgeber bezeichnete neue Tatsachenmuster in die bestehenden Rechtsformen zu pressen[157].

Die Beratungen der Geschworenen werden aufs strengste geheimgehalten. Nach Ansicht von Frank schützten die Richter dieses Beratungsgeheimnis so streng, weil sie große Angst davor hatten, daß sonst die Gefahren offenkundig werden, denen die Wahrheitsfindung ausgesetzt ist, und nicht, wie gewöhnlich beteuert wird, weil es nötig wäre, die Geschworenen vor Beeinflussung zu schützen[158]. Die Gefahr ist noch größer, wenn es den Geschworenen erlaubt wird, eine »Gesamtentscheidung« (*general verdict*) zu fällen, d.h. zugunsten der einen oder anderen Partei auch über die ihnen vom Gericht gestellte Rechtsfrage, nicht nur über die Tatfrage zu entscheiden. Ihre Macht ist dann wirklich »unangreifbar«[159], und das Bewußtsein dieser

Macht kann alle ihre Hemmungen gegen einen durch das Machtbewußtsein nahegelegten willkürlichen Gebrauch der Macht schwächen. Die »wahren« Tatsachen können aber im Laufe einer Gerichtsverhandlung auch durchaus untadeligen und intelligenten Geschworenen entgehen. Die Rechtsbelehrung der Geschworenen durch den Richter geschieht nach Beendigung der Beweisaufnahme. Bei einer längeren Verhandlung erfahren die Geschworenen daher, worauf es ankommt, erst dann, wenn die Zeugen abgetreten und ihre Aussagen nur noch eine mehr oder weniger blasse Erinnerung sind. Denn welche Tatsachen erheblich sind, hängt von dem anzuwendenden Recht ab, über das sie der Richter erst nachher unterweist[160]. So entsteht ein fruchtbarer Boden für unberechenbare Wahrsprüche, zumal wenn die Rechtsbelehrung sich, wie oft notwendig, um Tatsachenbegriffe wie »die letzte klar gegebene, ersehbare und erfahrbare Gelegenheit«, »mitwirkendes Verschulden«, »vorwiegende Ursache«, »unmittelbare Folge« dreht oder um hundert andere, worunter der Laie etwas anderes versteht als der Jurist. Die amerikanischen Richter dürfen den Geschworenen nur in sehr beschränktem Umfang Unterweisung geben, wodurch diese Schwierigkeiten noch verschlimmert werden.

Die Ungewißheit in der Feststellung des Tatbestands (»*fact uncertainty*«) und in der rechtlichen Beurteilung (»*rule uncertainty*«) wirken zusammen als dauernde Quelle von Abweichungen; dies gilt nicht nur für die Geschworenen, sondern ebenso auch für den Richter, wenn er allein über die Tat- und Rechtsfragen entscheidet[161]. Bevor ich im folgenden Paragraphen näher darauf eingehe, muß ich auf eine andere, weniger greifbare Quelle der Abweichung oder jedenfalls der Unvorhersehbarkeit hinweisen, die ich selbst erforscht habe[162]. Es handelt sich um die Verwendung von Begriffen und deren Folgen für die Tatsachenfeststellung. Begriffe, die sich scheinbar auf eine bloße Tatsache, in Wirklichkeit aber nur auf die nach einem bestimmten Maßstab getroffene Bewertung einer Tatsache beziehen. Ich habe diese Art von Begriffsbeziehung an anderer Stelle einen Tatsachen-Wert-Komplex (*fact-value complex*) genannt[163].

Der Anteil der Bewertung tut sich schon in der Wahl des Wortes kund: angemessene Sorgfalt, Handlung in gutem Glauben, gehöriges Verfahren; manchmal aber sagt der Wortlaut nichts darüber: ein Angriff oder eine Verletzung[164]. Tatsachen-Wer-Komplexe können sich auch durch den jeweiligen Bereich der Tatsachen und der Bewertung unterscheiden. Angemessene Sorgfalt bei einem Verkehrsunfall ist sowohl in tatsächlicher (geographischer und sozialer) Beziehung, als auch hinsichtlich der anzuwendenden rechtlichen und sonstigen Wertmaßstäbe verhältnismäßig einfach zu beurteilen. In jeder Beziehung um-fassender ist der als gehöriges Verfahren bekannte Komplex. Sobald der Bereich sich erweitert, wird die Beurteilung zuneh-mend persönlicher und nicht überprüfbar, obwohl sie auch tat-sächliche Elemente enthält. Diese wahre Tatsache sollte nicht mit frommen Redensarten der Richter verschleiert werden, die versichern, daß »wir von unseren rein persönlichen und privaten Anschauungen keinen Gebrauch machen können«[165]. Diesen Ausspruch tat seltsamerweise auch ein Richter, der zu jenen gehörte, die den § 20 des amerikanischen Strafgesetzbuchs für verfassungswidrig hielten, wenn er es für strafbar erklärte, daß jemand bewußt irgendeines durch die Klausel des »gehörigen Verfahrens« gesicherten Rechtes beraubt werde. Er begründete diese Ansicht damit, daß bei jeder Entscheidung über die Reich-weite des Begriffs »gehöriges Verfahren« eine große Zahl von verschiedensten Dingen zu erwägen sind und daß daher § 20 jede Handlung mit Strafe bedrohe, in der »der Supreme Court die Beeinträchtigung irgendeines von der Verfassung geschützten Rechts erblicken sollte«. § 20 würde so zu einem dehnbaren Mittel der Strafverfolgung werden, das bei seiner Unbestimmt-heit als eine »gefährliche Waffe der Einschüchterung« benützt werden könnte[166]. Diese Ansicht steht doch wohl im Wider-spruch zu der Auffassung, die der obigen ersten Äußerung zugrundeliegt, daß Richter, wenn sie wollen, von ihren »rein persönlichen und privaten Anschauungen« absehen können.

Wie alle diese Quellen der Ungewißheit der Tatsachenfeststel-lung und Rechtsfindung erkennen lassen, kann derjenige, der die »wirklichen« Tatsachen wahrnehmen, verstehen, im Gedächtnis behalten und wiedergeben will, diese nur innerhalb der Schran-ken seiner geistigen Fähigkeiten, seiner Gefühlswelt und seiner Erfahrung tun. Die Verschiedenheit dieser persönlichen Anlagen führt zu Unterschieden in der Auslese, Beurteilung, Erkenntnis und Schlußfolgerung, ergibt deshalb verschiedene Darstellungen der Tatsachen, die meistens mehr oder weniger von den »wahren« Tatsachen abweichen. Je unbestimmter und verwickelter die betreffenden Tatsachen sind, desto größer sind diese Abweichungen. Ab einem gewissen Grade der Unbestimmtheit und Kompliziertheit an kann man eigentlich nicht mehr davon sprechen, daß es sich um eine Abweichung von den Regeln handelt. Die Nichtvorhersehbarkeit entsteht dann nicht so sehr aus der Ungewißheit, nach welcher Richtung die festgestellten Tatsachen von den der Rechtsregel zugrundegelegten Tatsachen abweichen, sondern eher aus der Unbestimmtheit der Rechtsregel, d. h. der Unbestimmtheit der Tatsachen, für die die Rechtsregel gelten soll.

§ 17   Abhängigkeit der Tatfragen von den Rechtsfragen

Wie aus dem Vorhergehenden folgt, sind einige der von Frank für Tatsachen gehaltenen Elemente, die einen empirisch feststellbaren wahren Sinn haben sollen, überhaupt keine Tatsachen in diesem Sinne, sondern Tatsachen-Wert-Komplexe. Unter diesen sind jene wichtig, deren Wertbestandteile der Ausfluß von Rechtsbegriffen sind (z. B. »Fahrlässigkeit« oder »gehöriges Verfahren«). Wenn Rechtsanwälte bei der Beratung ihrer Klienten von solchen »Tatsachen« sprechen, dann denken sie gewöhnlich an diese Wertbestandteile. Erfahrene Anwälte pflegen ihren jungen Kollegen beizubringen, daß ein geschickter Vortrag solcher »Tatsachen« zu Beginn der Verhandlung schon zum Obsiegen auch in der Rechtsfrage genügen kann.

Selbst wenn die betreffenden Tatsachen nicht mit empirisch unzugänglichen Bewertungsfragen durchtränkt sind, stellen sie doch nur mehr oder weniger von den wirklichen Vorgängen entfernte Bilder dar. Der Grad der Entfernung, wieviel von den »wirklichen« Tatsachen also in der Abstraktion noch enthalten ist, hängt davon ab, welches die »richtige« anzuwendende Rechtsregel und ihre »richtige« Auslegung ist[167]. Diese Rechtsfragen können natürlich vom selben Gericht zu entscheiden sein, das zugleich über die Tatfragen zu urteilen hat. Die Schwierigkeit ist nur, daß bei der Feststellung des Sachverhalts die wirkliche Bedeutung der festgestellten Tatsachen unklar bleiben kann, so lange die Rechtsfrage nicht geklärt ist, was oft erst geschieht, wenn die Zeugen und ihre Aussagen nur noch Gegenstand der Erinnerung sind. Dem muß hinzugefügt werden: soweit weniger das Gericht als vielmehr die Prozeßparteien die zu entscheidenden Streitfragen bestimmen, werden von ihnen nicht nur die in Frage kommenden Rechtsregeln, sondern dadurch auch der Bereich der für die Entscheidung erheblichen Tatsachen und manchmal auch der Grad der Abstraktion der tatsächlichen Behauptungen bestimmt[168].

Der Abstand der »wahren Tatsachen« von den festgestellten Tatsachen bleibt in der Regel unberichtigt, denn Rechtsmittelgerichte werden nur ausnahmsweise von den Tatsachenfeststellungen des Untergerichts abweichen, das die Zeugen gehört und ihr Benehmen beobachtet hat[169]. Manchmal kann sich der Abstand vergrößern. Wenn nämlich das Obergericht eine andere Rechtsregel für anwendbar hält als das Untergericht und deshalb das angefochtene Urteil abändert, so wendet es *seine* Regel auf Tatsachen an, die der Erstrichter möglicherweise unter ganz anderen Gesichtspunkten festgestellt hat, als es das Obergericht nach *seiner* rechtlichen Beurteilung getan hätte.

Als Quelle von Abweichungen kommt deshalb zu den Unterschieden in der persönlichen Veranlagung der Richter und Geschworenen hinzu, daß die festgestellten und die wahren Tatsachen bestenfalls nur insoweit übereinstimmen können, als es innerhalb des Gewirrs von materiellen und prozessualen Regeln und Werten erreichbar ist: Diese – namentlich etwa Normen des materiellen Rechts, Bestimmungen über den Vortrag der Parteien und ihrer Anwälte oder über die Zulässigkeit von Beweisen – fordern von demjenigen, der die Tatsachen zu finden hat, nicht daß er entscheide, was die »wahren« Tatsachen seien, sondern welche tatsächlichen Parteienbehauptungen überhaupt als erheblich in Betracht kämen und alsdann, welche von diesen nach einem vom Recht gesetzten Maßstab (z. B. »überwiegende Wahrscheinlichkeit« oder »über vernünftigen Zweifel erhaben«) glaubwürdiger seien als andere. Für die Verteilung der Beweislast, für die Bindung des Rechtsmittelgerichts an die Feststellungen der ersten Instanz und für andere Fälle können Erfahrungsregeln dienen, nach denen Tatsachen als festgestellt betrachtet werden können, wenn sie nach dem erwähnten Maßstab als glaubwürdig erwiesen sind.

Die rechtliche Gestaltung eines Falles beeinflußt also sehr stark auch die Frage, welche Tatsachen nach der anzuwendenden Rechtsregel strittig oder erheblich sind, und den Grad der Übereinstimmung zwischen den festgestellten und den »wahren« Tatsachen. Der Grad der Übereinstimmung ist auch der Grad der Abweichung. Da die Abweichung im Einzelfall auch auf anderen Ursachen beruht, so sind Fälle ohne jede Abweichung selten; das Ausmaß der Abweichung schwankt von Fall zu Fall und kann manchmal sehr groß sein. Wie schon dargelegt, kann diese Abweichung dazu führen, daß Rechtsregeln einen Anwendungsbereich finden, der nach ihrem Wortlaut nicht zu erwarten ist. Ja, diese Abweichungen können die rechtspolitischen Zwecke verkehren oder vereiteln, die die Schöpfer der Rechtsregeln verfolgen wollten[170]. Sie beeinträchtigen auch unvermeidlicherweise in jedem Stadium des Prozesses die Vorhersehbarkeit des Ergebnisses, es sei denn, daß sie feste Formen angenommen haben [171]. Deshalb können sie die Rechtsberatung auf Gebieten lahmlegen, auf denen der Rechtsanwalt die wichtige Aufgabe hat, den Rechtssuchenden bei der Regelung ihrer Beziehungen beizustehen. Aus demselben Grund kann die Rechtsbefolgung der Bürger entgegen ihrem ehrlichen Streben leiden[172].

Abschließend möchte ich zu diesen Ausführungen bemerken, daß uns schon der gesunde Menschenverstand lehren sollte, die ungeregelten und verwickelten Ursachen zu verstehen, aus denen die »wahren« von den im Prozeß festgestellten Tatsachen abweichen. Gewiß sollen wir danach streben, Recht und Rechtspflege zu vervollkommnen, aber sie sind eben doch nur Menschenwerk und den Schwächen und Fehlern der Gesetzgeber, Prozeßparteien, Zeugen, Richter, Rechtsanwälte und Geschworenen ausgesetzt. Recht und Rechtspflege sind zwar zu festen Einrichtungen und Formen geworden, aber sie müssen nach allgemeinen Regeln arbeiten, die auf tatsächlichen Feststellungen auf Grund wirklicher Sachlagen beruhen. Schließlich muß jeder Rechtsstreit zu einem Ende kommen; und es fehlt in aller Regel die nötige Zeit, um von der *glaubwürdigeren* Darstellung zum *wahren* Sachverhalt zu kommen. Der gesunde Menschenverstand sollte uns auch davor bewahren, unsere Erkenntnis der Fraglichkeit von Tatsachenfeststellungen dahin zu übertreiben, daß wir den »wahren« Tatsachen jegliche Bedeutung für den Prozeß absprächen. Mögen diese noch so eingeengt, verallgemeinert, zurechtgestutzt, ausgefeilt oder verzerrt werden, so bleiben sie doch der Lehm, aus dem die »festgestellten« Tatsachen geformt werden. Die »wahren« Tatsachen können sich sogar gelegentlich so weit durchsetzen, daß sie den Ersatz einer zunächst vermeintlich anwendbaren Regel durch eine andere Regel notwendig machen, was manchmal zur Abänderung des Parteivorbringens führt[173].

§ 18   Vorschläge zur Verringerung von Abweichungen bei der Wahrheitsfindung

Allen Schwierigkeiten der Wahrheitsfindung zum Trotz muß gefordert werden, daß die Tatsachenfeststellung soweit als möglich verbessert wird. Die Vorschläge, die Frank zu diesem Zweck macht, sind von allgemeiner Bedeutung, aber zweifellos doch auf die amerikanischen Verhältnisse zugeschnitten. In Amerika verleiht die Verfassung den Geschworenen die denkbar stärkste Stellung, während dem Richter nur die geringste Möglichkeit gelassen wird, den Geschworenen Anleitung zu geben[174].

An erster Stelle schlägt Frank vor, die reine Parteimaxime im Prozeß zugunsten der Offizialmaxime zu ändern. Er möchte dem Gericht als Staatsorgan die Pflicht auferlegen, von Amts wegen alle verfügbaren und erheblichen Beweismittel beizuschaffen[175]. Die Richter möchte er unmittelbar an der Zeugenvernehmung beteiligen; sie sollen mehr als bisher gegen Mißbräuche bei Vernehmung und Kreuzverhör einschreiten und gerichtliche Sachverständige sowie »Lügendetektoren« zur Prüfung der Zeugenaussagen heranziehen. Auch will er die meisten Regeln über den Ausschluß von Beweismitteln abschaffen[176].

Frank greift das amerikanische Schwurgerichtssystem in Bausch und Bogen an, läßt aber doch auch Gegengründe gelten[177]. Er sieht heutzutage nur wenige Vorzüge darin, ausgenommen den Wert des Schwurgerichts als Mittel zur Berücksichtigung der menschlichen Besonderheiten von Angeklagten. Aber auch hier beanstandet er das Geheimverfahren, das die Geschworenen heute anwenden müssen, und er verlangt statt dessen, daß die Beurteilung der persönlichen Umstände in Strafsachen in öffentlicher Beratung geschieht und von den Prozeßbeteiligten erörtert werden darf. Nach dieser Auffassung hat das Schwurgericht seine geschichtliche Aufgabe verloren, ein Bollwerk gegen »tyrannische Willkür der Vollzugsgewalt« zu sein, es ist heute »der Inbegriff von Willkür« und der »denkbar schlimmste Feind« der Herrschaft des Rechts. Frank ist für die Abschaffung des Schwurgerichts, ausgenommen für gewisse schwere Verbrechen. Weil er sich jedoch über die verfassungsrechtlichen und sozialpsychologischen Hindernisse einer solchen Reform klar ist, schlägt er einstweilen drei Zwischenreformen vor [178]. Erstens möchte er in allen Schwurgerichtsfällen Sonderwahrsprüche (Teil-Wahrsprüche, »Zwischenurteile«, sog. *special verdicts*«) über einzelne Tatfragen vorschreiben[179]. Zweitens empfahl er die Verwendung von Sonderschwurgerichten aus sachverständigen Geschworenen je nach dem Gegenstand des Verfahrens. Drittens verlangte er, daß den Bürgern Pflichtunterricht über die Aufgaben eines Geschworenen und das Wesen der gerichtlichen Wahrheitsfindung erteilt werden soll[180].

Die Erfahrungen, die man im Vereinigten Königreich mit stärkster Einschränkung der Schwurgerichte und mit sachverständigen Sonderschwurgerichten gemacht hat[181], lassen die diesbezüglichen Vorschläge von Frank als aussichtsreich erscheinen[182]. Unterricht über ihre Aufgaben könnte, wenn praktisch möglich, den Geschworenen nur gut tun. Hinter solchen Sonderfragen steckt der Zweifel, wie weit das Beratungsgeheimnis der Geschworenen die Tatsache verdeckt, daß sie sich um Dinge kümmern, die sie nichts angehen[183]. Daneben steht die Frage, ob die geschichtlich entstandene und verfassungsrechtlich geheiligte Vorstellung des Volks vom Schwurgericht als einem Bollwerk der Freiheit noch heute wirklich richtig ist. Das ist heute eine sehr wichtige Frage, auch wenn ich Franks Ansicht nicht teile, daß das Schwurgericht ein »Feind« der Herrschaft des Rechts geworden sei[184]. Auf diese Fragen ist offenbar keine Antwort möglich, weil das Beratungszimmer der Geschworenen sich nach festem Herkommen der Forschung verschließt. Wir haben keinerlei Kenntnis darüber, was die Geschworenen in Wirklichkeit tun und wie sie es tun. Die Universität Chicago unternahm 1954 einen kühnen Versuch, den Schleier dieses Geheimnisses zu durchdringen, der Plan scheiterte aber gerade an diesen Sonderrechten und an dem Glanz, den sie auf das Gemüt des Volks ausstrahlen[185]. Frank hatte richtig prophezeit:

»Nachdem das Schwurgericht einmal dank seiner Bewährung als Schutz gegen Unterdrückung volkstümlich geworden war, hat es sich in unseren Bräuchen und Überlieferungen fest verankert, und das, was überliefert ist, wird leicht gerade deswegen für richtig gehalten«[186].

Ich habe schon vorher die weitreichende Bedeutung von Franks Ansicht erörtert, es sei die wichtigste Aufgabe der Richterausbildung, ihnen Klarheit darüber zu verschaffen und es ihrem Bewußtsein einzuprägen, daß sie bei der Wahrheitsfindung, wie bei der Rechtsfindung sich über die richtige Wahl unter verschiedenen Möglichkeiten schlüssig werden müssen. Damit verbunden sind die stets gleichbleibenden Gegenüberstellungen der Vorzüge des kontinentalen Systems der reinen Richterlaufbahn und des Systems des *Common Law*, wonach die höheren Richter aus der höheren Rechtsanwaltschaft (*barristers*) berufen werden, ebenso die Vergleiche zwischen den jeweiligen Vorzügen von Richterernennung und Richterwahl. Das Kernstück von Franks Vorschlägen hierfür, wie für das Rechtsstudium überhaupt, ist die Gerichtskunde. Er wollte den künftigen Richter einem erfahrenen Prozeßrichter in die Lehre geben, ihm einen Kurs in Psychoanalyse vorschreiben und ein strenges Abschlußexamen einführen, um ihn auf seine Befähigung zu prüfen[187].

Die Neuordnung des Rechtsstudiums, durch die Frank eine bessere Wahrheitsfindung im Prozeß erreichen wollte, verlangte eine erweiterte praktische Erfahrung der Rechtslehrer. Auch sollten sie ihrem Unterricht die echten vollständigen Prozeßakten zugrundelegen, nicht nur Auszüge aus Entscheidungsgründen; die Studenten sollten den Rechtsverkehr und den Prozeß durch Beobachtung in Anwaltskanzlei und Gerichtssaal studieren; Beratung und Prozeßvertretung im Armenrecht (*legal aid*) sollten sachlich und an Zahl der Helfer stark erweitert werden[188]. Als das wichtigste Gebiet des Rechtsunterrichts sollten die Eigenheiten des Schwurgerichtsverfahrens behandelt werden, besonders die richterlichen Weisungen und die Wirkung von Beweislücken und falschen Beweisen, die Einflüsse von »Übermüdung, Aufmerksamkeit, politischer Schiebung, Bestechung, Trägheit« sowie die der persönlichen Eigenschaften des Richters. Um hierfür und für das Studium des Prozeßrechts, die Ausbildung im außergerichtlichen Verhandeln und im Entwerfen von

Urkunden sowie für das Studium von Gesetzen Zeit zu gewinnen, wollte Frank den Unterricht in der bloßen »dialektischen Gesetzestechnik« verkürzen. Er meinte, sechs Monate und ein oder zwei Fächer seien dafür genug[189]. Den Unterricht durch diese, an die Lehranstalten des 18. Jhts. erinnernden Rechtsfakultäten oder eigentlich »besseren Rechtsanwaltskanzleien« glaubte Frank mit den Sozialwissenschaften des 20. Jhts. erfüllen zu können. Die Professoren sollten nicht nur erfahrene juristische Praktiker sein, sondern sie sollten ihre juristischen Probleme auch gründlich unter dem Gesichtspunkt von Geschichte, Ethik, Volkswirtschaft, Politik, Psychologie und Anthropologie behandeln. Dieses Wunschbild von Professoren, die gleichzeitig erfahrene Praktiker, fähige Rechtstheoretiker und gelehrte Sozialwissenschaftler sein sollen, halte ich für eine Utopie. Seit fünfzig Jahren wird dieses Ziel ohne sichtbaren Erfolg angestrebt. Deshalb sollten wir jedoch nicht verkennen, daß jenes Streben Berechtigung hat. Je mehr sich unser Wissen in Sonderfächer zersplittert, desto dringender wird seine zusammenfassende Vereinheitlichung und es kann ein Paradox unserer Zeit sein, daß die »Entspezialisierung«, um Fortschritte zu machen, selbst in gewissem Sinn eine Aufgabe für Spezialisten geworden ist[190].

[1] vgl. die kürzere Darstellung bei Stone, »Administrative Explosion«. Zur Einführung in die allgemeine Bedeutung der Zunahme der Verwaltung als Folge gesetzgeberischer Schwierigkeiten sowie in die daraus entstehenden Aufgaben der Handhabung, Abgrenzung und Vervollkommnung des Verwaltungsrechts siehe allg. C. T. Carr, *Concerning Administrative Law* (1941); Whyatt (»Justice«) Report; Friedmann, *Changing Society* 347 ff.; Stoffsammlung bei Simpson-Stone, 2 *Law and Society* 311–1385; W. I. Jennings, *The Law and the Constitution* (5. Aufl. 1959) Kap. II und Anhänge; Jaffe, »Delegation«; B. Schwartz *a. a. O.* (*unten* Anm. 20); Friedrich, »Public Policy«; Friedrich, *Democracy* (geschichtliche Betrachtung über Gewaltenteilung in Theorie und Praxis); Gellhorn, *Governmental Restraints* (Einfluß auf die persönliche Freiheit); A. H. Feller, »Prospectus for ... Study of ... Administrative Law« (1938) 47 *Yale L. J.* 647. Über die Schwierigkeiten der Verwaltungspflege im Wohlfahrtsstaat nach der Meinung eines Zivilisten siehe F. Gygi, »The Rule of Law in the Contemporary Welfare State« (1962) 4 *J. of I. C. J.* 1–32. Allgemeine Darstellung des englischen Verwaltungsrechts: J. A. G. Griffith – H. Street, *Principles of Administrative Law* (2. Aufl. 1957). Über amerikanisches Verwaltungsrecht siehe W. Gellhorn – C. Byse, *Principles of Administrative Law: Cases and Materials* (1954); K. C. Davis, *Administrative Law Treatise* (4 Bde., 1958); Schwartz, *Admin. Law;* Hart-Sacks, *Legal Process*

1092–1143; über die Zuständigkeit der Gerichte zur Überprüfung und Beaufsichtigung von Verwaltungsakten siehe de Smith, *Judicial Review;* Parker, *Supervisory Powers;* R. M. Benjamin, »Judicial Review of Administrative Adjudication« (1948) 48 *Columbia L. R.* 1; A. T. Markose, *Judicial Control of Administration in India* (1956); ferner die *unten* Anm. 59 genannten Schriften. Zu den heutigen Auseinandersetzungen über die richterliche Prüfung in England siehe W. A. Robson, »Administrative Law« bei Ginsberg, *20th Century* 193 ff.; Davis, »Public Law«; Davis, »American View«, sowie Jaffe, »Reply«; Evershed, »Judicial Process«, bes. 761.

Über rechtspolitische Tätigkeit von Verwaltungskörpern vom rechtlichen Standpunkt aus E. Freund, *Standards of American Legislation . . .* (1917); H. J. Friendly, *The Federal Administrative Agencies: The Need for Better Definitions of Standards* (1962); vom politikwissenschaftlichen und philosophischen Standpunkt aus: D. Waldo *a. a. O. (unten* Anm. 106); G. Schubert *a. a. O. (unten* Anm. 135).

Über heutige organisatorische Probleme siehe H. A. Simon, *Administrative Behaviour* (1947); K. C. Davis im *unten* Anm. 109 an erster Stelle genannten Aufsatz; T. D. Kingdom, *Improvement of Organisation and Management* (1955); Bernstein, *Independant Commission* (eher polemisch).

2 Justice Frankfurter sagt sicher mit vollem Recht, daß wenige moderne Bücher »einen so verblüffenden und blendenden Einfluß ausgeübt haben wie Dicey's *The Law of the Constitution*« (Vorwort zum Symposium über Verwaltungsrecht (1938) 47 *Yale L. J.* 515, 517).

3 siehe ferner J. H. Morgan, »Remedies against the Crown« bei G. E. Robinson (Hrsg.), *Public Authorities and Legal Liability* (1925); W. A. Robson, *Justice and Administrative Law* (1. Aufl. 1928); C. T. Carr, »Administrative Law in England« (1935) 51 *L. Q. R.* 58–73 und Ministers' Powers (Donoughmore Committee) *Report* 1932 (Cmd. 4060); H. V. Evatt, »The Judiciary and Administrative Law in Australia« (1932) 15 *Can. B. R.* 247; J. E. S. Simon, »Administrative Procedure and the Rule of Law« (1954) 1 *Br. J. Admin. L.* 12–19; C. K. Allen, *Law and Orders* (1945, 2. Aufl. 1956); J. Willis, *The Parliamentary Powers of English Government Departments* (1933); C. T. Carr, »This Freedom« (1946) 62 *L. Q. R.* 58. Für die USA siehe R. Pound, *Administrative Law* (1942) und *A. B. A. Reports* nach 1933, bes. (1938) 63 A. B. A. Rep. 331–362, als Pound Vorsitzender des Kommitees war. Auf der anderen Seite siehe L. L. Jaffe, »Invective and Investigation in Administrative Law« (1939) 52 *H. L. R.* 1201; J. M. Landis, »Law and the New Liberties« (1939) 4 *Mo. L. R.* 105, auszugsweise 5 *Curr. L. T.* 519, J. M. Landis, »Crucial Issues in Administrative Law« (1940) 53 *H. L. R. 1077,* bes. 1076–1080, 1098–1102.

4 siehe z. B. hinsichtlich der Richter J. A. G. Griffith, »Judicial Attitudes to Administrative Powers« (1954) 1 *Br. J. Admin. L.* 41. Über das ähnliche Verhältnis zwischen der »neuen Opposition« des letzten Jahrzehnts und der »alten« in Amerika siehe E. W. Kintner, »The Administrative Process Comes of Age« (1956) 16 *Fed. Bar. J.* 539, 551–555.

5 vgl. das allerdings wohl überscharfe Manifest gegen »das Gerede über den Rechtsstaat, über die Irrtümer von Dicey, über die abstrakte Gewaltenteilung und über ministerielle Verantwortlichkeit« in Davis, »American View«. Siehe auch Friedmann, *Changing Society* 347–370, und *unten* Anm. 144–146.

6 siehe die unfreundliche Bemerkung von W. A. Robson: »Lord Hewart hat anscheinend noch nichts von britischen Verwaltungsgerichten *(tribunals)* gehört, denn er hat sie nie erwähnt« (»Administrative Law«, bei Ginsberg,

20th Century 196). Die amerikanischen Juristen lernten das entschieden schon früher; siehe z. B. E. Freund *a. a. O.* (*oben* Anm. 1) und *Administrative Power over Persons and Property* (1928); ferner das Symposium (1938) 47 *Yale L. J.* 515–647, bes. J. M. Landis, »Administrative Policies and the Courts« 519–537; R. F. Fuchs, »Concepts and Policies…« 538 und R. M. Cooper, »…The Role of Discretion« 577.

7 Noch im Jahre 1958 stellte W. Gellhorn (*Governmental Restraints* 14/5) eine Musterliste der verschiedenen Arten von Verwaltungswillkür zusammen, wie sie in den USA ohne ernstlichen Widerspruch geübt wurde. Danach wurde als rechtmäßige Ausübung der vollziehenden Gewalt geduldet: die Zensur; die Verweigerung von Auskünften seitens der Regierung gegenüber betroffenen Personen; die Entscheidung darüber, ob Personen als »staatstreu« *(loyal)* oder »staatsgefährlich« *(security risks)* anzusehen sind; die Entscheidung darüber, ob in Zeiten eines Notstands die persönliche Freiheit politisch Verdächtiger beschränkt werden soll zur Vorbeugung künftiger Straftaten. Nicht einmal auf Einhaltung eines gehörigen Verfahrens wurde gedrungen. Die Ausstellung von Auslands-Reisepässen und die Erteilung von Einreisevisa steht noch immer im Ermessen der Verwaltungsbehörden und wird von ihnen mit der eifersüchtig gehüteten Geheimniskrämerei behandelt, die geschichtlich mit den Sonderrechten der britischen Krone zusammenhängt. Gleiches gilt von vielen Entscheidungen über Einbürgerung und Landesverweisung von Ausländern, was für die Betroffenen oft eine Frage von Leben oder Tod ist. Im Gegensatz dazu wurde mit Traditionen gebrochen, die es verdient hätten, fortzuleben. Verwaltungsbehörden wurden ermächtigt, eine Meldepflicht für Druckerei- und Vervielfältigungsmaschinen im Besitz kommunistischer Organisationen einzuführen und Organisationen mit allen sich daraus ergebenden Folgen für »kommunistisch« zu erklären, auch wenn ihre sonstige Betätigung sich in den Schranken von Recht und Gesetz hält.

8 vgl. den Whyatt (*»Justice«*) Report 16 ff. Allgemeine Darstellungen der modernen britischen Verwaltungsstellen: R. S. W. Pollard (Hrsg.), *Administrative Tribunals at Work* (1950); F. M. G. Willson, *Administration in Action* (1960).

9 Das kann ein Grund für die überraschende Tatsache sein, daß in den 30er Jahren, als es sich vor allem um Eingriffe der Verwaltung in das Wirtschaftsleben handelte, die Beschwerden über Verwaltungswillkür viel heftiger waren als in den 50er Jahren, wo es hauptsächlich um Fragen der persönlichen Freiheit ging.

10 siehe die allgemeinen Werke über Verwaltungsrecht und diejenigen von D. Waldo und H. A. Simon, alle *oben* Anm. 1 genannt. Siehe ferner Friedmann, *Changing Society* 402–413 und die Hinweise *unten* Anm. 159.

11 Das tat das U.S. *Committee on Administrative Management*, Report (1937) 31, als es vorschlug, dem Präsidenten »die ihm zukommende Stellung des Obersten Vollzugsbeamten wieder einzuräumen«. Jetzt verlangt merkwürdigerweise das *American Enterprise Institute for Public Policy Research* (Direktor A. de Grazia) eine ähnliche Stärkung der Macht des Kongresses, um der »überhandnehmenden Bürokratie« entgegenzuwirken und dem zunehmenden »persönlichen Regime des Präsidenten, der Erhöhung eines Amts über seine festgelegte Zuständigkeit und über die Fähigkeiten seines Inhabers hinaus« (*Report* vom 11. Sept. 1965).

12 siehe *Brookings Institutions Report, Investigation of Executive Agencies,* Senate Rep. 127, 75th Congress, 1st Session, erörtert von D. Waldo, *The Administrative State* (1948) 118/9.

13 siehe J. M. Landis, *The Administrative Process* (1938); J. Frank, *If Men Were Angels* (1942); Waldo *a. a. O.* 120/1. Über die wechselseitigen Einflüsse von vollziehender (politischer) Gewalt und Verwaltung siehe Friedrich, »Public Policy« 6; L. Gulick, »Politics, Administration and the New Deal« (1933) 169 *Ann. Am. Acad. Pol. Sc.* 55–66.

14 Als Beispiel für viele Fälle richterlicher Anerkennung der tatsächlichen Verwaltungszuständigkeit siehe die vorbehaltlose Erklärung von Justice Kitto in *R. v. Davison* (1954) 90 *C. L. R.* 353, 381–383.

15 vgl. die ausgezeichneten Erörterungen über die Notwendigkeit, bei »organisatorischen« oder »institutionalen« Entscheidungen aus der Anpassungsfähigkeit von Verwaltungsformen den größten Vorteil aufgrund von ausreichenden Unterlagen zu ziehen, bei H. A. Simon *a. a. O.*; K. C. Davis, »Institutional Administrative Decisions« (1948) 48 *Columbia L. R.* 173–201; K. C. Davis, »American View«.

16 Stark betont von L. L. Jaffe in »Delegation« 363.

17 *ebenda* 367–369; vgl. L. L. Jaffe, Book Review (1963) 76 *H. L. R.* 858, 862/3. Wie er ferner meint, waren die unabhängigen Verwaltungsstellen nicht unbedingt selbst schuld daran, daß sie keine zusammenhängende und leistungsfähige, ihrer Bestimmung entsprechende Politik entwickelten. Siehe Book Review (1956) 65 *Yale L. J.* 1068, 1075/6.

18 siehe Bernstein, *Independant Commission*.

19 vgl. S. Hyman, *The American President* (1954) 52/3.

20 vgl. B. Schwartz, »The Administrative Process and Congressional Control« (1956) 16 *Fed. Bar J.* 519–537.

21 siehe Bernstein, *Independant Commission* mit den anregenden Besprechungen von B. Schwartz (1956) 69 *H. L. R.* 960 und L. L. Jaffe (1956) 65 *Yale L. J.* 1068; siehe ferner die eindrucksvolle Verteidigung des I. C. C. durch seinen Vorsitzenden A. F. Arpaia, »The Independant Agency« (1956) 69 *H. L. R.* 483.

22 Bernstein, *Independant Commission* Kap. V *passim*, bes. 147, 157; ferner die soeben genannten Besprechungen von B. Schwartz (962) und (mit Vorbehalten) L. L. Jaffe (1075 ff.).

23 vgl. Schwartz *a. a. O.*

24 *ebenda* 962–964.

25 Wie L. L. Jaffe, Review (*oben* Anm. 21) 1069 meint, rührt manche übertriebene Bemängelung daher, daß die Vorkämpfer der Verwaltung sich in ihren ebenso übertriebenen Hoffnungen getäuscht sehen. Die bedeutenden Leistungen vieler Verwaltungsstellen sollten darüber nicht vergessen werden.

26 vgl. *ebenda* 1071–1075. Dort auch Beispiele dafür, daß Verwaltungsstellen in dieser Lage zwischen strengen und freien Ansichten schwanken (bes. die *Anti-Trust-Division* und *Federal Trade Commission*).

27 Wie dies z. B. Jaffe, »Reply« 413, vorschlägt. Lon Fuller, der Hauptvertreter dieser Meinung, zeigt sich (*The Morality of Law* [1964] 170–181) erfreulicherweise bereit, die Abgrenzung nicht starr, sondern den besonderen Umständen gemäß anzuwenden, namentlich unter Berücksichtigung der Eignung und Leistungsfähigkeit bestimmter Verwaltungsstellen für die betreffenden Sonderaufgaben. Siehe bes. 173. Doch bleibt dabei noch immer eine befremdliche Einstellung erkennbar, nämlich ein *a-priori*-Festhalten an der »Unabänderlichkeit von sozialen Gesellschaftsformen«.

28 vgl. *Packard Motor Co. v. N. L. R. B.* (1947) 67 Sup. Ct. Rep. 789, 330 U. S. 485.

29 vgl. allg. Jaffe, »Reply« 413–416; C. P. Ilbert, *The Mechanics of Law-Making* (1914) 19–23.

[30] siehe die Ausführungen über *Ann Arbor R. R. v. U. S.* (1930) 281 U. S. 658 bei Jaffe, »Delegation« 366–369.

[31] siehe C. T. Carr *a. a. O. (oben* Anm. 1); Jaffe, »Delegation« 372–374.

[32] siehe die Untersuchung solcher Maßnahmen im Hinblick auf ihre erweiterte Anwendung in den USA: Note, »Laying on the Table« (1952) 65 *H. L. R.* 637–648; siehe ferner J. A. G. Griffith, »Delegated Legislation . . .« (1949) 12 *M. L. R. 297–318,* sowie über die verschiedenen Aufsichtsmaßnahmen in den Parlamenten des Commonwealth J. E. Kersell, *Parliamentary Supervision of Delegated Legislation* (1960).

[33] Kurze Darstellungen bei C. T. Carr, »Administrative Adjudication in America« (1942) 58 *L. Q. R.* 487; L. L. Jaffe, »Administrative Procedure Re-Examined« (1943) 56 *H. L. R.* 704.

[34] R. W. Ginnane, »Control of Federal Administration by Congressional Resolutions . . .« (1954) 66 *H. L. R.* 569–611.

[35] siehe F. C. Newman – H. J. Keaton, »Congress and the Faithful Execution of Laws – should Legislators Supervise Administrators?« (1953) 41 *Cal. L. R.* 565.

[36] siehe z. B. den *unten* Anm. 41 behandelten Fall *Crichel Down.*

[37] siehe McWhinney, *Judicial Review,* bes. 13 ff.

[38] *Marbury v. Madison* (1803) 1 Cranch 137. Über die in der verfassungsgebenden Versammlung *(Constitutional Convention)* vertretenen Anschauungen vom Prüfungsrecht der Gerichte, namentlich über die Stellungnahme von Jefferson, siehe die Darstellung von Rostow, *Prerogative* 90 ff., 150–156; siehe ferner F. Frankfurter, »John Marshall and the Judicial Function« in A. E. Sutherland (Hrsg.), *Government under Law* (1956) 6–31, bes. 8/9 und die entgegengesetzte Einstellung der französischen Verfassungspraxis (wenn auch nicht der Theorie) bei A. Tunc, »Government under Law: A Civilian View«, *ebenda* 35–71, bes. seinen ergänzenden »Comment« 71–78.

[39] G. Schubert, *The Public Interest* (1960) 78. Doch finden sich daneben auch Stimmen, die grundsätzlich gerichtliche Nachprüfung befürworten; siehe R. Berger, »Administrative Arbitrariness and Judicial Review« (1965) 65 *Columbia L. R.* 55–95.

[40] siehe z. B. Schubert *a. a. O.* 47–64, bes. 52/3, 57 und »The Public Interest in Administrative Decision-Making« (1957) 51 *Am. Pol. Sc. R.* 346–368.

[41] vgl. den Whyatt Report *(»Justice«)* 27. Der Fragenkreis grenzt natürlich auch an das schwierige Gebiet von Schikane, Stümperei und Drangsalierung des Bürgers durch die Verwaltungsbehörde. Ein klassisches Beispiel dafür war der Fall *Crichel Down* 1949–1954 (betr. den Verkauf von Land in Dorsetshire, das im Krieg zur Benützung durch die Luftwaffe enteignet worden war) mit seiner Unzahl von beteiligten Offizieren und Regierungsstellen, mit deren Mangel an Zusammenarbeit und mit dem Fehlen klarer Aufträge und Zielsetzungen. Bei einigen beteiligten Verwaltungsbehörden muß man geradezu eine feindselige Einstellung gegenüber Marten, dem Rechtsnachfolger des früheren Besitzers, annehmen. Trotzdem zwei amtliche Berichte veröffentlicht wurden, trotz ausgiebiger öffentlicher Erörterung der Streitpunkte, trotzdem es darüber zum Rücktritt eines Ministers und zu Beamtenversetzungen kam, ist nie ganz klar geworden, ob die genannten Umstände zu Fehlentscheidungen führten, ob Marten seine Anfeindung selbst verschuldete, ob man sich über seine rechtmäßigen Ansprüche bewußt hinwegsetzte oder ob die für ihre Zurückweisung angeführten agrarpolitischen Gründe wirklich im »öffentlichen Interesse« lagen. Ebensowenig ist klar geworden, ob und welche Abhilfe angezeigt war;

siehe die *Reports* (1954) des Sir Andrew Clark Q. C. (*Cmd.* 9176) und des Komitees des Prime Minister (*Cmd.* 9220) 530 *H. C. D.* Cols. 1182–1302 (20. Juli 1954); J. A. G. Griffith, »The Crichel Down Affair« (1955) 18 *M. L. R.* 556–570, bes. 563, 564, 567, 569; H. W. R. Wade, *Administrative Law* (1961) 193/4, 232/3. Doch führte dieser Fall zu der ausgezeichneten Leistung des Franks Commitee.

[42] Es geht sicher zu weit, in der jüngsten Geschichte hoffnungsvoll einen stetigen Fortschritt des Geistes der Verfassungsmäßigkeit im Kampf gegen Verwaltungswillkür zu erblicken. Doch wird auch diese Auffassung noch heute vertreten, siehe z. B. Judge H. Klecatsky, »... Legality of Administrative Action« (1963) 4 *J. of I. C. J.* 205–223.

[43] Eine Darstellung bei de Smith, *Judicial Review* Kap. III, bes. 69/70; vgl. die Unbestimmtheit des Grundsatzes des rechtlichen Gehörs (*audiatur et altera pars*) als eines Gebots natürlicher Gerechtigkeit *Exp. Fry* (1954) 1 *W. L. R.* 730 (C. A.). Diese Rechtsansicht ist um so bemerkenswerter, als sie besonders für Beamte gelten soll, die Disziplinargewalt ausüben. Siehe auch *Ridge v. Baldwin* (1963) 2 *W. L. R.* 935; (1964) A. C. 40 (H. L.).

[44] Daß die bloße Abschaffung dieser geschichtlichen Überbleibsel eine gründliche Rechtsreform mit sich brächte, ist eine befremdliche Annahme von Davis, »Public Law« 204. Über ernster zu nehmende Kritik dieses Schriftstellers vgl. weiter unten. Über greifbare Reformvorschläge (z. B. die Anwendung von Feststellungsurteilen) siehe B. Schwartz, »Forms of Review Action in English Administrative Law« (1956) 56 *Columbia L.-R.* 203; *Barnard v. National Dock Labour Board* (1953) 2 Q. B. 18, Denning L. J. 41–44. In seinen Hamlyn Lectures, *Freedom under the Law* (1949) vertritt Lord Justice Denning die Ansicht, daß es im Vereinigten Königreich schon eine – wenn auch zersplitterte – Verwaltungsgerichtsbarkeit gibt und daß es eine dringliche Aufgabe der Juristen ist, daraus ein einheitliches System zu machen.

[45] Er tut dies manchmal auch dann, wenn die Regelung durch das Parlament zweifelhaft ist, wie in dem Fall *Liversidge* (1942) A. C. 206; vgl. dazu Stone, *Legal System* Kap. VII § 17 und Parker, Supervisory Powers 51–56; siehe über die Einstellung der englischen Richter i. allg. J. A. G. Griffith *a. a. O.* (*oben* Anm. 4); Lord Devlin, Samples of Law Making (1962); ferner als Beispiel für Hin- und Herschwanken *Commr. v. Cure & Deeley Ltd.* (1961) 3 *W. L. R.* 798 (Justice Sachs).

[46] siehe S. A. de Smith, »Judicial Review of Legislative Policy« (1955) 18 *M. L. R.* 571–594.

[47] vgl. aus der neueren Rechtsprechung den Gegensatz zwischen *Pyx Granite Co. Case* (1959) 3 *W. L. R.* 346 und *Fawcett Properties v. Bucks C. C.* (1959) 2 *W. L. R.* 884; siehe ferner S. A. de Smith, Note (1959) 22 *M. L. R.* 664–669 und die kurze Gegenüberstellung bei R. R. Pennington, »Judicial Review of Administrative Action on the Merits« (1954) 1 *Br. J. Admin. L.* 111.

[48] siehe vor allem die Abhandlungen der Fabian Society: R. H. S. Crossman, *Socialism and the New Despotism* (1956), G. Barric, *Justice and the Administration* (1957); ferner die von der *Inns of Court Conservative and Unionist Society* 1955 veröffentlichte Flugschrift *Rule of Law.* Diese und ähnliche Äußerungen werden von W. A. Robson besprochen in Ginsberg, *20th Century* 198; Crossman bemüht sich in seiner Abhandlung besonders um den Nachweis, daß sich eine kritische Einstellung gegenüber der Verwaltung durchaus mit Sozialismus verträgt.

49 Lord Justice Devlin in seiner Ansprache an die Bentham Society, abgedr. (1956) 9 *Curr. L. P.* 14; vgl. L. J. Blom Cooper, »An Ombudsman in Britain?« (1960) *Pub. L.* 145–149. Davis, »Public Law« 219–220 weicht hiervon nur durch den Grad seines Pessimismus ab.

50 Recht zustimmende Beurteilung der englischen Rechtsprechung bei Parker, *Supervisory Powers, passim* und bei Evershed, »Judicial Process«, bes. 785–789, wo die Notwendigkeit eines besonderen *»droit administratif«* der französischen Art verneint und die Frage nach der sogenannten Jurisdiktionsnorm oder Gerichtszuständigkeit und Prozeßordnung als Grundlage der richterlichen Nachprüfung verteidigt wird; siehe Friedmann, *Changing Society* 347–370 über die Untauglichkeit von Diceys *»rule of law«*-Lehre zur Verhinderung bürokratischer Willkür unter modernen Verhältnissen und über die Notwendigkeit eines Systems nach dem Vorbild des *»droit administratif«*.

51 F. Frankfurter *a. a. O. (oben* Anm. 2). Über frühe Vorstöße in dieser Richtung siehe F. Freund *a. a. O. (oben* Anm. 1); F. J. Goodnow, *Comparative Administrative Law* (1893).

52 vgl. den Gegensatz zwischen dem von de Smith, *Judicial Review,* behandelten Stoff und französischen Werken von der Art von M. Waline, *Traité Elémentaire de Droit Administratif* (6. Aufl. 1951), die – außer den in der anglo-amerikanischen Literatur üblichen Gegenständen – noch Dinge behandeln wie die folgenden: die Formen der Verwaltungskörper; die inneren Grenzen des Ermessens und die Art seiner Ausübung; Eigentumserwerb und Eigentumsgebrauch durch die Verwaltung; öffentliche Arbeiten; die allgemeinen Pflichten der Verwaltung; siehe ferner über das französische *droit administratif* im Verhältnis zum anglo-amerikanischen Rechtszustand Schwartz, *Admin. Law* 2–5.

53 siehe Friedmann, *Changing Society* 347–370. Über die Unterscheidung zwischen Planung und Ausführung siehe K. C. Davis, »Tort Liability of Governmental Units« (1956) 40 *Minn. L. R.* 751 und *Dalehite v. U. S.* (1953) 346 U. S. 15.

54 siehe Davis, »Public Law«, bes. 201–210, 219–220 mit Erörterung von de Smith, *Judicial Review.*

55 *R. v. St. Pancras* (1890) 24 Q. B. D. 371, 375/6 M. R. Lord Esher; *R. v. Minister of Health, ex p. Davis* (1929) 1 K. B. 619; *Marshall v. Blackpool Corp.* (1933) 2 K. B. 339; G. E. Treeves, »Administrative Action and Judicial Control« (1947) 10 *M. L. R.* 276. Für Australien vgl. die Ansicht des *High Court,* man könne dem Gesetzgeber nicht die ausgefallene Absicht unterstellen, das Gericht »mit Handschellen« an gerade diejenige Art der Bewertung von Akten für Zwecke der Stempelsteuer zu fesseln, die »die Verwaltung für diesen Fall gewählt hat«; siehe *Commr. v. Pearse* (1951) 84 *C. L. R.* 490, 519 und 89 *C. L. R.* 51 (P. C.), bes. 61/2. Ich folge der Ansicht von Treeves (288 ff.) nicht, daß das Erfordernis der »Angemessenheit« *(reasonableness)* keine rechtliche Beschränkung des Verwaltungsermessens sei; siehe über weitere Fragen *R. v. Minister of Housing . . .* (1955) 1 *W. L. R.* 29; *Pyx Granite Co. Case* (1958) 2 *W. L. R.* 371 (C. A.), bes. über die Arten der Verwaltungsaufgaben im Verhältnis zur richterlichen Nachprüfung.

56 siehe die guten Zusammenfassungen im Whyatt (»Justice«) Report 12–26, 13, 19, 23/4; A. Safford, »The Creation of Case Law Under the National Insurance . . . Acts« (1954) 17 *M. L. R.* 197–210, sowie über die Gefahr einer zu formalistischen Behandlung L. A. Sheridan, »Late National Insurance Claims . . .« (1956) 19 *M. L. R.* 340–364, bes. 360–364.

57 Davis, »Public Law« 211/2, in seiner Entgegnung »Law, Opinion and Administration« (1962) 78 *L. Q. R.* 188 scheint E. C. S. Wade ebenfalls eine »energischere« Nachprüfung für nötig zu halten, doch brauche die Reform nicht in der Einrichtung besonderer Verwaltungsgerichte zu bestehen oder überhaupt umwälzend zu sein. Wie Jaffe, »Reply«, bes. 415, 416, meint, besteht ein erklärlicher Unterschied zwischen der englischen und amerikanischen Auffassung der Rolle des Richters deshalb, weil es nach der schärfer entwickelten englischen Lehre von der Unabhängigkeit des Richters dem Parlament überlassen werden kann und muß, ausschließlich über Rechtspolitik zu entscheiden.

58 siehe die ungewöhnlich (wenn nicht ungehörig) scharfe Stellungnahme gegen einige von Professor Davids Ansichten bei Evershed, »Judicial Process«; vgl. Stone, *Legal System* Kap. 7 und 8.

59 siehe bes. C. J. Hamson, *Executive Discretion and Judicial Control* (1954); B. Schwartz, *French Administrative Law and the Common Law World* (1954); S. Galeotti, *The Judicial Control of Public Authorities in England and in Italy* (1954).

60 siehe L. N. Brown, »The Reform of the French Administrative Courts« (1949) 22 *M. L. R.* 357, 377–379.

61 *Cmnd.* 218.

62 siehe *Tribunals and Enquiries Act,* 1958; vgl. in mehreren Beziehungen *U. S. Administrative Procedure Act,* 1946, und die Tätigkeit des *Office of Administrative Procedure* im amerikanischen Justizdepartment; siehe L. T. Carr, »The Non-Judicial Judge« (1949) 65 *L. Q. R.* 188, bes. 192; K. C. Davis, »Ombudsman in America« (1962) *Pub. L.* 34–42.

63 Über die Arbeit des Council in den ersten beiden Jahren siehe H. W. R. Wade, »The Council on Tribunals« (1960) *Pub. L.* 351.

64 vgl. Hoover-Kommission für die Organisation der vollziehenden Gewalt *(Organisation of the Executive Branch of the Government), Report on Legal Services and Procedures* (1955) und *Task Force Report* mit demselben Titel (1955). Andere Vorschläge der Franks-Kommission wurden von der Regierung nicht übernommen (vor allem nicht diejenigen betr. die Bestellung der Mitglieder der Verwaltungsgerichte und die Veröffentlichung der Inspektionsberichte; siehe 575 *H. C. D.* Cols. 400 ff. (31. Oktober 1957), 206 *H. L. D.* Cols. 522 ff. (27. November 1957).

65 Über den *Franks Report* siehe J. A. G. Griffith, »Tribunals and Enquiries« (1959) 22 *M. L. R.* 125–145, bes. 128 ff., 143–145; W. A. Robson, »Administrative Justice . . .« (1958) *Pub. L.* 12–31; MacDermott, *Protection from Power* Kap IV; Parker, *Supervisory Powers* 57 ff.; Whyatt *(»Justice«)* Report.

66 vgl. die Tendenz des Whyatt (»Justice«) Report. Wie Roscoe Pound, Foreword (1956) 16 *Fed. Bar. J.* 445, 450/1 ausführt, war der *Administrative Procedure Act* von 1946 ein »wichtiger Schritt auf dem Wege zu einem echten Verwaltungsrecht«; nicht nur eine Aufzählung dessen, wofür jede einzelne Verwaltungsstelle zuständig ist, sondern eine Festlegung von Grundregeln, nach denen alle Verwaltungsstellen zu verfahren haben. Er fand »reichlich Raum« für ein »Verwaltungsrecht« auf der Grundlage der fortschreitenden Erfahrung und Technik der vorhandenen Verwaltungsstellen. Zum Vergleich sei auf den neuen holländischen Gesetzentwurf »über Rechtsmittel gegen Verwaltungsentscheidungen« hingewiesen (Nr. 5363 vom 13. Juli 1962), der in der Sitzungsperiode 1961–1962 dem Parlament vorgelegt wurde. Darin ist ein einheitliches, normales Berufungsverfahren mit öffentlicher Verhandlung vor der Abteilung für Streitsachen

des Staatsrats vorgesehen. Anfechtbar sind alle amtlichen Entscheidungen mit Ausnahme der Entscheidungen von gesetzgebenden Körperschaften, des Rechnungshofs, der Wahlprüfer, des Patentamts und natürlich der Gerichte. Nach Art. 4 sind nicht nur Zuständigkeits- und Verfahrensfragen der Nachprüfung unterworfen, sondern in vollem Umfang auch die Richtigkeit und Gerechtigkeit der angefochtenen Entscheidung. Zu den Berufungsgründen gehören: die Behauptung, daß die Entscheidung gegen eine allgemeine Rechtsregel verstößt oder der Absicht des angewendeten Gesetzes widerspricht; daß die Entscheidung bei Abwägung aller beteiligten Interessen vernünftigerweise nicht zu rechtfertigen ist und daß sie den allgemein anerkannten Grundsätzen einer »guten Verwaltung« zuwiderläuft.

67 siehe die Abhandlung über öffentliches Interesse von G. Schubert, a. a. O. *oben* Anm. 39.

68 siehe Stone, *Human Justice* Kap. IX §§ 5, 6; vgl. auch Schubert, a. a. O., bes. 125.

69 a. a. O. 8; vgl. die von der *American Philosophical Association* (W. Division 1958) gestellte Aufgabe »Die Theorie des öffentlichen Interesses«, Vorbericht von W. A. Leys und C. Perry, *Philosophy and the Public Interest* (1959). Die Ausgangspunkte waren F. J. Sorauf, »The Public Interest Reconsidered« (1957) 19 *J. Pol.* 616, 639 und der *oben* Anm. 40 genannte Aufsatz von Schubert; siehe die Zusammenfassung in W. A. Leys, »The Relevance and Generality of ›The Public Interest‹« (1962) 5 *Nomos* 237–256 und das ganze Symposium in diesem Bande *passim*.

70 Dieser mehr symbolische als praktische Wert »des öffentlichen Interesses« wird als die richtige Auffassung am Ende des Buches auch von Schubert selbst anerkannt, a. a. O. 224. Hätte er dies schon zu Beginn klargestellt, dann wären viele Mißverständnisse der vorausgehenden Ausführungen vermieden worden. Über »das gemeine Wohl« als »Sammelgrundsatz« vgl. A. Gewirth, »Political Justice« bei R. B. Brandt, *Social Justice* (1962) 119, bes. 154–169. Auch hier werden ganz verschiedene Vorstellungen erweckt, je nachdem wir von »Gemeinschaftsgütern« oder vom »Gemeinen Wohl« sprechen; siehe H. R. Smith, *Democracy and the Public Interest* (1960).

71 Nach einigen frühen Schriften Ende der 20er und Anfang der 30er Jahre (z. B. von John Dewey, J. W. Dickinson, C. Beard und Pendleton Herring) begann in den 50er Jahren ein bemerkenswerter Aufschwung; siehe die Übersicht bei G. Schubert a. a. O. *passim*, bes. 10 ff. über öffentliche Verwaltung, politische Parteien, Verfahren in Gesetzgebung und Rechtsprechung, Entwicklung des Gemeindewesens, politik-theoretisch und philosophisch betrachtet.

72 siehe E. Freund a. a. O. (*oben* Anm. 1).

73 Schubert beachtet die wichtige Literatur über die gleichgelagerten Probleme der Rechtsprechung nur ungenügend. Die von ihm 77 ff. angegriffene Rechtsansicht von A. T. Mason – W. M. Beaney, *American Constitutional Law* (2. Aufl. 1959) 9 beachtet ihrerseits die Grenzen nicht, die »dem Gesetz« als Quelle der Entscheidung gezogen sind, und ist deshalb keinen Schuß Pulver wert.

74 siehe W. A. R. Leys, »Ethics and Administrative Discretion« (1943) 3 *Public Administration Review* 10–23; vgl. die *oben* Anm. 21 erwähnte Kritik von L. L. Jaffe an Bernstein, *Independant Commission*.

75 vgl. G. Schubert a. a. O. (*oben* Anm. 39) 25 ff., 31 ff., der sich jedoch nicht sehr klar darüber ist, daß die Hauptpunkte juristische Gemeinplätze sind.

76 *ebenda* 25 ff., 80 ff., 201.

[77] *ebenda* 80.

[78] *ebenda* 79 ff.

[79] Auch in anderer Hinsicht ist Schuberts Dreiteilung sonderbar. Er stellt es so hin, als ob sich die drei Arten des Ermessens gegenseitig ausschlössen, übersieht aber, daß sie möglicherweise alle vom selben Beamten im selben Bereich geübt werden müssen.
Ich kann deshalb nur mit Vorbehalt Professor Schuberts Zustimmung zu meiner Meinung gelten lassen, wonach »das Mindesterfordernis an Gerechtigkeit im Recht im weiteren Sinne eine Sache des Verfahrens ist« (Stone, *Province* 785, siehe jetzt *Human Justice* Kap. 11). Er versteht darunter etwas sehr Ähnliches wie das von den Theoretikern des Realismus in der Verwaltung betonte »Erfordernis« des gehörigen Verfahrens (Schubert *a. a. O.* 193).

[80] Die von W. Berns an denselben Ausführungen in *Province* geübte Kritik ist angesichts meines zweiten Vorbehalts verfehlt (W. Berns, *Freedom, Virtue and the first Amendment* [1957] 146).

[81] F. J. Sorauf, »The Public Interest Reconsidered« (1957) 19 *J. Pol.* 616, 639; G. Schubert *a. a. O.* 202 ff.; siehe auch ebenda 203–207 über zusätzliche Unterscheidungsmerkmale zwischen den von ihm so bezeichneten »Büßerhemd«-, »Sozialingenieur«- und »Verfahrensrealismus«-Methoden. Für die Rechtswissenschaft ist die Bezeichnung »realistisch« ungeeignet, weil damit manch andere Bedeutungen verbunden sind.

[82] siehe Stone, *Human Justice* Kap. 9, 11 verglichen mit Schubert *a. a. O.* 205 und seiner Berufung (193) auf meine Ansicht, wobei jedoch meine Vorbehalte *oben* Anm. 79 zu beachten sind.

[83] N. Wiener, *Cybernetics: On Control and Communication in the Animal and the Machine* (1948) 191; siehe auch die Stellungnahme von D. Waldo *a. a. O.* (*oben* Anm. 12) 215/6.

[84] siehe z. B. H. D. Lasswell, *Psycho-Pathology and Politics* (1930); R. Money-Kyrle, *Psycho-Analysis and Politics* (1951), ferner einige Beiträge zu R. Christie – M. Jahoda (Hrsg.), … *The Authoritarian Personality* (1954).

[85] vgl. E. Shils *ebenda* 48 ff.; G. Schubert *a. a. O.* 8 ff. (über den institutionellen Zusammenhang des Verhaltens des Verwaltungsbeamten).

[86] L. L. Jaffe, Book Review (1963) 76 *H. L. R.* 858, 862 ff.

[87] 52 *Stat.* 980 (1938), jetzt 72 *Stat.* 740 (1958), 49 U. S. C. § 1302; erörtert von L. L. Jaffe, Book Reviews *a. a. O.* (*oben* Anm. 17) 860 und 1073–1076.

[88] siehe Stone, *Legal System* Kap. 8 § 4.

[89] siehe bes. die *oben* Anm. 1 genannten Werke von H. A. Simon, D. Waldo u. a. m.; ferner H. A. Simon, D. Smithburg, V. Thompson, *Public Administration* (1950); L. Gulick, »… Organisation« in L. Gulick – L. Urwick (Hrsg.), *Papers on the Science of Administration* (1937) 1 ff.; E. N. Gladden, … *Public Administration* (1951); P. Meyer, *Administrative Organisation* (1957); L. D. White, *Public Administration* (4. Aufl. 1955).
Über besondere amerikanische Probleme siehe Schwartz, *Admin. Law*, bes. Kap. I, III, V, VI; *Administrative Procedure Act* 1946 (60 Stat. 237, 1946, 5 U. S. C., §§ 1001 ff., 1946); *Report of A.-G.'s Committee on Administrative Procedure* (1941) (Sen. 77th Cong. 1st Sess. Doc. No. 87 i. f. »*A.-G.'s Committee Report 1941*«; *Hoover Commission Report, Legal Services and Procedures* (1955); *Hoover Task Force Report* über dasselbe Thema (1955); B. Schwartz *a. a. O.* (*unten* Anm. 95); F. C. Newman, »What Agencies Are Exempt from the Administrative Procedure Act?« (1961) 36 *Notre Dame Lawyer* 320 und »Federal Agency Investigations: Procedural Rights of the Subpoenaed Witness« (1961) 60 *Mich. L. R.* 169.

Über Terminologie siehe P. Meyer *a. a. O.* Kap. III, bes. 50 (vertikale und horizontale Perspektiven); 50–52 (Strukturen und Funktionen) 52/53 (Organisation); 55/56 (Koordination), 56/57 (Zentralisation/Dezentralisation, Konzentration/Dekonzentration).

90 siehe auch *oben* Anm. 15.

91 Das zeigt sich in Untersuchungen über die Typologie der Verwaltungskörper; siehe auch die *oben* Anm. 15 genannten Erörterungen von K. C. Davis (1948) 172–186 über die *Morgan Cases* (1936) 298 U. S. 468, (1938) 304 U. S. 1, (1939) 307 U. S. 183 und (1941) 313 U. S. 407; siehe auch sonst die Abhandlung von Davis, bes. zur Frage, ob der entscheidende Beamte persönlich die Unterlagen prüfen muß (188–192), ferner seine Kritik am *A.-G.'s Committee Report* 1941 (192) und über die Wirkung des *Administrative Procedure Act* (186–188).

92 siehe z. B. P. Meyer *a. a. O.* (*oben* Anm. 89), bes. 23 ff.; H. A. Simon *a. a. O.* (*oben* Anm. 1); Davis *a. a. O.* 192–197; Davis, »American View«.

93 vgl. H. A. Simon *a. a. O.* 110–122.

94 vgl. dazu die Feststellung der Hoover-Kommission, daß die Vollzugsgewalt in zu viele Unterabteilungen und Behörden gespalten sei, um vom Präsidenten tatsächlich geleitet werden zu können (*Report*, 4).

95 Ein Beispiel ist der *U. S. Administrative Procedure Act,* 1946 (Gesetz über das Verfahren in Verwaltungssachen). Für die Einzelstaaten siehe F. Heady, *Administrative Procedure Legislation in the States* (1952); siehe ferner B. Schwartz, »The Model State Administrative Procedure Act« (1958) 33 *Wash. L. R.* 1–16; vgl. auch die vom englischen *Tribunals and Inquiries Act,* 1958, s. 1 dem *Council of Tribunals* verliehene Zuständigkeit, auf Antrag oder von Amts wegen über gewisse Fragen des Verfahrens oder überhaupt über Verwaltungsgerichte *(Tribunals)* Bericht zu erstatten.

96 Stone, *Province* 785; siehe jetzt Stone, *Human Justice* Kap. 11.

97 siehe z. B. *Administrative Procedure Act,* 1946, § 2 (Definition von »Rule« und »Rule-Making«) und § 2 (d) (Definition von »Order and Adjudication«) sowie §§ 4, 5 (Grundsatz der Zweiteilung); siehe auch Schwartz, *Admin. Law* 106 ff. und über die gleiche Zweiteilung im *Model State Act* Schwartz *a. a. O.* (*oben* Anm. 95) 5 ff.; siehe ferner R. F. Fuchs, »Procedure in Administrative Rule-Making« (1938) 52 *H. L. R.* 259.

98 vgl. die entschiedene Ablehnung der von der Hoover-Kommission vorgeschlagenen Übertragung der quasi-richterlichen Aufgaben der amerikanischen I. C. C. *(Interstate Commerce Commission)* auf die ordentlichen Gerichte durch A. F. Arpaia, den Vorsitzenden der I. C. C. Er sieht in diesen Aufgaben »lediglich Werkzeuge, deren Gebrauch die Erfüllung der gesetzgeberischen oder regelgebenen Aufgaben der I. C. C. erleichtern; ihre quasi-richterlichen Untersuchungen mögen zwar der Form nach einen Streit zwischen einzelnen Beteiligten betreffen, der Sache nach aber«, so sagt er, »stehen sie den parlamentarischen Untersuchungen des Kongresses gleich«. Obwohl die I. C. C. (im Gegensatz zum Kongreß) auf Grund des Beweisergebnisses entscheiden muß, so wäre doch »ein streng gerichtliches Verfahren« der Arbeit der Kommission nicht förderlich; siehe A. F. Arpaia *a. a. O.* (*oben* Anm. 21) 497/8.

99 In Amerika begann man nach 1960 mit der Einsetzung einer ständigen »Administrative Conference« als Verbindungsglied der vielen Verwaltungsstellen zum Zwecke der Forschung, des Meinungsaustauschs und der weiteren Entwicklung; siehe ferner Judge E. B. Prettyman (Vorsitzender der Konferenz), »... Aspects of an Administrative Conference ...« (1964) 17 *Admin. L. R.* 48.

100 Beispielsweise hinsichtlich Finanzierung und Stellenbesetzung; siehe allg. *Hoover Commission Report; Report on the Conference on Administrative Procedure* (1955); T. D. Kingdom *a. a. O.* (*oben* Anm. 1).

101 vgl. D. Waldo *a. a. O.* (*oben* Anm. 12) 89 ff.

102 siehe H. A. Simon *a. a. O.* (*oben* Anm. 1) Kap. X 198 ff. über »organisatorische Identifizierung«.

103 Eine anregende, kurzgefaßte kritische Darstellung dieser und anderer Vorschriften bei Schwartz, *Admin. Law* 55–75, 103–161; siehe auch *Administrative Procedure Act* 1946, ss. 4/5.

104 Für Entscheidungen, welche persönliche Rechte oder Eigentum berühren, will dieses Gesetz die besten vorhandenen Verfahrensvorschriften auf alle Verwaltungsstellen ausdehnen und sie noch verbessern; siehe z. B. über die Rolle des »*hearing officer*« (Vernehmungsbeamter) Schwartz, *Admin. Law* 127–131 und *a. a. O.* (*oben* Anm. 95), bes. 3; siehe ferner sein *Admin. Law* 156–161 über die Pflicht, Verwaltungsentscheidungen mit Tatbestand und Gründen zu versehen (s. 8 (b) des Gesetzes von 1946).

105 vgl. das amerikanische Gesetz von 1946, s. 5.

106 vgl. etwa das entgegengesetzte Verfahren der *Interstate Commerce Commission*, auch bei Aufstellung allgemeiner Regeln, bei deren Kritik Schwartz (*Admin. Law* 60 ff.) wohl die Schwierigkeit der Aufgabe unterschätzt, »Regelsetzen« und »Regelanwendung« auseinanderzuhalten.

107 siehe Schwartz, *Admin. Law* 158 ff. Eine Zahl der betreffenden Behörden veröffentlichen regelmäßige Entscheidungsberichte; siehe auch die *ebenda* 158/9 mitgeteilte vorbildliche Erklärung der I. C. C. in *American Glue Co. v. Boston & Mc. RR. Co* (1932) 191 I. C. C. Reports 37; siehe auch *A.-G.'s Committee Report* 1941, 30 und andere bei Schwartz, *Admin. Law* 156–161 zusammengestellte Unterlagen.

108 siehe die Kritik von Arpaia *a. a. O.* (*oben* Anm. 21) 492–494 an der Hoover-Commission und ihrer Sonderabteilung (*Task Force*), denen er den Irrtum vorhält, daß sie »das für eine Verwaltungsstelle geeignete Verfahren als auch für eine andere Verwaltungsstelle geeignet ansehen, die völlig verschiedene Aufgaben hat«, daß sie »Wesen, Zweck und Tätigkeit der einzelnen Verwaltungsstellen nicht unterscheiden und daß sie nicht genau ermitteln, ob und welche Mißstände Abhilfe brauchen«; siehe auch Jaffe, »Reply« 413 (über die »einheitliche Rechtsprechungsform«); Schwartz, *Admin. Law* 63–68.

109 siehe auch A. F. Arpaia *a. a. O.*

110 Ein wichtiger Schritt zur weiteren umfassenden Untersuchung von Aufbau und Verfahren amerikanischer Verwaltungsstellen war die Einsetzung der *Administrative Conference of the United States* durch Präsident Kennedy, um durch Austausch von Meinungen, Methoden und Erfahrungen die Einheitlichkeit der Verwaltungsstellen zu fördern. Exec. Order No. 10934, 26 Fed. Reg. 3233 (1961); siehe Administrative Conference of the United States, *Selected Reports, S. Doc. No. 24, 88th Cong., 1st Sess.* (1963); siehe auch C. Auerbach, »The Federal Trade Commission« (1964) 48 *Minn. L. R.* 383. Diese Arbeit ging aus Professor Auerbachs Arbeit über innere Organisation und Verfahren für die Konferenz hervor.
Das Justizministerium (*Department of Justice*) gab durch seine Abteilung für Verwaltungsverfahren (*Office of Administrative Procedure*) eine dreibändige Darstellung der verschiedenen Verfahren der Bundesverwaltungsbehörden heraus mit Anmerkungen und mit Erläuterung der gesetzlichen Vorschriften über Entscheidung auf dem Rechtsweg.

111 vgl. A. F. Arpaia *a. a. O.* (*oben* Anm. 21) 505.

112 vgl. D. Easton, *The Political System* (1953) 213–218; H. A. Simon u. a. *a. a. O. (oben* Anm. 89); P. Meyer *a. a. O. (oben* Anm. 89) 68/9.

113 siehe I Pareto 178 ff. Alle seine Beispiele (278–291) entnimmt er dem Strafrecht. Er untersucht in sachlicher Weise die Gründe, die den Geschworenen zu seiner Abstimmung veranlassen, und hebt eigens »den augenblicklichen Eindruck besonders schwerwiegender Tatsachen auf die Geschworenen« hervor. Paretos Standpunkt ist also viel maßvoller, als Timasheff, *Sociology of Law* 315, ihm unterstellt, der ihm (unter Hinweis auf I Pareto 278 ff.) vorwirft, er halte wie Jerome Frank jegliche »Rechtssicherheit« für ein Märchen. Über einen anregenden Vergleich zwischen der üblichen Abweichung des Verhaltens von den Rechtsnormen und derjenigen von den religiösen und ethischen Normen siehe Dror, »Values« 445.

114 Über die unausgesprochene Abschaffung der Todesstrafe für Kindesmord durch Freisprüche der Geschworenen und regelmäßige Begnadigung siehe *Royal Commission on Capital Punishment*, 1866, *Report and Evidence*, erörtert von D. Seaborne Davies, »Child-Killing in English Law« (1937) 1 *M. L. R.* 203, 269, bes. 217–220.

115 vgl. die Stellungnahme von Ehrlich zu diesen und anderen Beispielen, *Grundlegung* . . . 389 ff.

116 *ebenda* . . . Beispiele aus dem französischen Gesetzesrecht bei Gény, *Méthode* 226/7.

117 Garlan, *Legal Realism* 5, 7, 43. Wie O. W. Holmes jr. schon viel früher gesagt hat, muß man bei der Suche der anzuwendenden Rechtsnorm die Rechtsordnung zunächst »in zynischer Säure reinigen« und auf diese Weise nicht nur eigene moralische Vorurteile, sondern auch jegliche Vorstellung beiseite lassen, als ob der Sinn und Zweck eines Gesetzes durch formale juristische Logik gefunden werden könnte. Holmes, »Path of the Law« 466–468.

118 I Pareto 466 Anm.; vgl. Holmes *a. a. O.*

119 A. I. Goodhart, »Some American Interpretations of Law«, bei Jennings (Hrsg.), *Theories of Law* 2 ff.; siehe auch F. V. Cahill Jr., *Judicial Legislation* (1952), bes. Kap. I.

120 vgl. die »Generalklausel«, die in das Kartellrecht *(Sherman Anti-Trust Law)* hineininterpretiert wird.

121 siehe *English Criminal Appeal Act* 1907, s. 4(3) (Gesetz über Berufung in Strafsachen).

122 vgl. W. I. Jennings, Note (1940) 4 *M. L. R.* 132–136.

123 Über die Verleitung Angeklagter zu Geständnissen durch Anklagevertreter (und erst recht durch den Strafrichter) vgl. die verständnisvolle Note »Official Inducements to Plead Guilty: Suggested Morals for a Market Place« (1964) 32 *Univ. of Chic. L. R.* 167–187. Bibliographische Bemerkungen über Individualisierung siehe bei Pound, *Outlines* 142–143.

124 siehe C. Parry, Book Review, »Control of Aliens . . .« (1940) 4 *M. L. R.* 151.

125 vgl. Ehrlich, *Grundlegung*, 351–354.

126 siehe hierzu Stone, *Legal System*, Kap. 6–8.

127 Es ist deshalb sorgfältig zu beachten, daß in der Gegenüberstellung »geschriebenes Recht« und »angewandtes Recht« *(»law in the books and law in action«)* das Wort »geschrieben« (book) nicht eindeutig ist; vgl. auch Ehrlich *a. a. O.* Kap. VIII, IX, XIV, XV. Für Jerome Franks frühere Schriften, z. B. *Law and the Modern Mind* (1930), war die Begriffsjurisprudenz Professor Beales ein besonderes Greuel.

128 Die Vorarbeiten (sog. »Materialien«) zum deutschen BGB füllten vierzig Bände; siehe über die Gesetzbücher des 18. Jahrhunderts Stone, *Human Justice* Kap. 2, § 15.

129 siehe »Die Rechtswissenschaft – eine kurze Zusammenfassung ihrer Methodologie« in Kantorowicz, *Rechtswissenschaft und Soziologie* (1962) 83, 93 ff.; vgl. allg. Stammler, *Lehre* Kap. IV.

130 Wie Scrutton L. J. gesagt hat, »flößen uns unsere Erziehung und unser Umgang mit Menschen eine gewisse Art von Auffassungen ein, die uns kein so gutes und scharfes Urteil über die Auffassung anderer erlauben, wie es erwünscht wäre«; deshalb und insoweit das auch auf Richter zutrifft, können Abweichungen des Richterrechts, z. B. vom Gesetzesrecht, vorkommen, die sich nicht gegenseitig aufheben, sondern eher bestärken; siehe T. E. Scrutton, »The Work of the Commercial Court« (1923) 1 *Cambr. L. J.* 6, 8. Auch bei Kollegialgerichten hängt viel von den persönlichen Beziehungen zwischen den Mitgliedern und von der Art ihrer Beratung ab.

131 siehe auch Stone, *Legal System* Kap. 6, § 10 über die entsprechenden Ansichten von Ehrlich über die Rolle der Logik in Rechtswissenschaft und Rechtsprechung.

132 Ehrlich, *Grundlegung*, 33/34 und Kap. II, III *passim*.

133 Ehrlichs »Verbandsrecht« entspricht weithin dem, was die spätere Forschung »sozial-ethische Überzeugung« genannt hat.

134 Ehrlich, *Grundlegung* 52 ff. und Kap. VI.

135 *ebenda* Kap. VI. Ehrlich gebraucht die Bezeichnung »Rechtsnorm« nur für die Fälle solcher Übereinstimmung; siehe *ebenda* 170.

136 *ebenda* 170 ff.; siehe ferner die Kap. VIII und IX über die Bildung und den Aufbau von »Rechtssätzen« sowie Kap. XV über das »Werk der Jurisprudenz« in diesem Zusammenhang.

137 *ebenda* 175 ff. G. Sawer *a. a. O.*, bes 170–189 benützt den Gegensatz dieses »Juristenrechts« und des »lebenden Rechts« als Rahmen für einen Grundriß der Rechtssoziologie. Seine drei wichtigsten Kapitel V–VII über die soziale Rolle und die Rollenerwartungen von Gerichten, Richtern und Rechtsanwälten berühren sich in vieler Hinsicht mit dem vorliegenden Kapitel, führen ihn aber dazu, das systematische Recht zu wörtlich aufzufassen und daher in Kap. VIII den Gegensatz zwischen »Juristenrecht« und dem Gesetzes- und Verwaltungsrecht zu stark zu betonen.

138 vgl. ebenso die verhältnismäßige Wirkungslosigkeit der Familienrechtsreform des Kemal Atatürk verglichen etwa mit der Handelsrechtsreform; siehe das Symposium über die Rezeption fremden Rechts in der Türkei (1957) 9 *International Social Science Bulletin*; vgl. über die Fortdauer der Kinderheirat bei arabischen Moslems und orientalischen Juden im heutigen Israel trotz des gesetzlichen Mindestalters von 17 Jahren, Dror, »Values« 452. Im heutigen Indien sind aufgrund solcher Erkenntnis Forschungen darüber dringend nötig, wie tief (gemessen an der tatsächlichen Wirkung) und wie weit (gemessen an der Personenzahl) das Volk die Rechtssätze wirklich übernimmt und verwirklichen kann, die aus dem Westen eingeführt (z. B. im Recht der »unerlaubten Handlungen« *[torts]*) oder vom Westen angeregt sind (z. B. hinsichtlich neuer Formen der Eheschließung und Scheidung und hinsichtlich des Kastenwesens). Diese Aufgabe verlangt ein Eingehen sowohl auf die einzelnen Machtspektren als auch auf die weiterreichende Bedeutung der Spannung zwischen (hier wohltätiger) Macht und sozial-ethischer Überzeugung sowie auf die Möglichkeiten von Gesetzgebung, Rechtsprechung und Verwaltung zur Entschärfung und Ausgleichung solcher Spannungen; siehe J. Stone, Message to Mt. Abu Seminar on Teaching of Jurisprudence in India (May 1963) (= Botschaft an das Mt. Abu Seminar über das Rechtsstudium in Indien) (1963) 3 *Jaipur L. J.* V–IX, bes. VIII; R. K. Misra, ». . . Influence of English Law on the Indian So-

ciety«, ebenda 165; A. T. von Mehren, »... Role of Law in Indian Society ...«, ebenda 13–18; A. T. von Mehren, »Law and Legal Education in India ...« (1965) 78 *H. L. R.* 1180–1189; ferner als Ausgangspunkt den Aufsatz von G. S. Sharma, »Horizons of Indian Legal Philosophy« (1962) 2 *Jaipur L. J.* 180–194, bes. 190 ff.

139 siehe O. Prausnitz, *Standardisation of Commercial Contracts* (1937); vgl. die Bemerkung des damaligen Judge Devlin (1951) 14 *M. L. R.* 249, 252, daß die von den Spitzenvertretungen der kaufmännischen Verbände ausgearbeiteten Allgemeinen Geschäftsbedingungen die herrschenden Handelsbräuche bilden. Er betont auch, daß ihre nichtjuristischen Verfasser sich gewöhnlich gegenüber Richtern und Rechtsanwälten durchsetzen; siehe auch W. Friedmann, »Changing Functions of Contract ...« (1951) 9 *Univ. of Toronto L. J.* 15–41; ferner das Symposium über »Compulsory Contracts ...« (1943) 43 *Columbia L. R.* 565–749, bes. F. Kessler 629–642 (»Contracts of Adhesion«), A. Lenhoff 586–602 (Zwangsverträge) und E. Patterson 731–749.
Natürlich kann das in einer Gruppe entstandene selbständige »Sozialrecht« in anderen Gruppen oder bei Einzelmenschen als Härte wirken und den Widerstand des Juristenrechts herausfordern; siehe z. B. die vortreffliche Untersuchung von F. Kessler, »Automobile Dealer Franchises ...« (1957) 66 *Yale L. J.* 1135–1190.

140 Ehrlich, *Grundlegung* 152.

141 *ebenda* 53, 196.

142 *ebenda* 323, 401. Der Satz ist ein Ausspruch von Goethe.

143 siehe Stone, *Legal System* Kap. 6, §§ 6 ff.

144 Ehrlich, *Grundlegung;* siehe auch Stone, *Legal System* Kap. 7, § 11; vgl. Sir Wilfried Greene M. R. in *Knightsbridge Trust Co. v. Byrne* (1939) 5 *T. L. R.* 196, 198; siehe auch in *Croston v. Vaughan* (1938) 1 K. B. 540 den aufschlußreichen Streit über das Verhältnis zwischen der amtlichen und der verkehrsüblichen Bedeutung eines dort angewendeten Wertmaßstabs; ferner allg. C. Morris, »Custom and Negligence« (1942) 42 *Columbia L. R.* 1146.
Das Recht bleibt zeitlich hinter den sich ändernden sozialen Überzeugungen zurück, deren Vorsprung sich jedoch wahrscheinlich verringert, je vollständiger alle Volkskreise in den gesetzgebenden Körperschaften vertreten sind; doch gilt dies wohl mehr für politische und Sondergebiete als für mehr technische, wenn auch noch so wichtige Angelegenheiten; vgl. Dror, »Values« 459 ff.

145 z. B. Timasheff, *Sociology of Law* 6.

146 z. B. in einigen amerikanischen Staaten die Beurteilung von Doppelehen infolge von Wiederheirat nach ungültiger Scheidung in Nevada; siehe Ehrlich, *Grundlegung* 401, 369, wo er die Paragraphen des damals einhundert Jahre alten österreichischen Bürgerlichen Gesetzbuches (ABGB) einschlägig prüft und feststellt, daß rund ein Drittel nie ins Leben gefunden hatten.

147 Llewellyn, »Law Jobs« 1380. Es ist natürlich oft schwer zu sagen, wieweit Abweichungen daher rühren, daß es an sozialpsychologischen Stützen des Rechts fehlt, oder nur daher, daß die mit der Durchführung des Rechts betrauten Beamten an Zahl oder Leistung ihrer Aufgabe nicht gewachsen sind; vgl. über Kleindarlehen J. R. Collins, »Evasion ... of Usury Laws« (1941) 8 *L. and C. Prob.* 54; J. B. Birkhead, »Collection Tactics of Illegal Lenders« *ebenda* 78; G. L. Gisler, »Public Opinion for Effective Measures against Loan Sharks« *ebenda* 183.

148 Es ist natürlich überaus fraglich, ob in manchen oder allen Fällen die »wirklichen« Tatsachen überhaupt feststellbar sind.

149 vgl. E. M. Borchard, »Theories of Governmental Responsibilities in Tort« (1928) 28 *Columbia L. R.* 734; ders.: »Government Liability in Tort« (1924) 34 *Yale L. J.* 1, 129, 36; ders.: *State Indemnity for Errors of Criminal Justice* (1912); J. Frank and B. Frank: *Not Guilty* (1957).

150 Als einfaches Beispiel mag die »Tatfrage« dienen, ob ein Lift ein Fahrzeug ist (wofür das Recht des Beförderungsvertrags gilt) oder ein Teil des Gebäudes (wofür die Haftung des Bewohners gilt); siehe Stone, *Legal System* Kap. I, § 15.

151 siehe z. B. Frank, *Courts* Kap. III (»Tatbestände sind Mutmaßungen«) 14–16; beachte jedoch seine Bemerkungen über »soziale und wirtschaftliche Tatsachen« 32, 210. Eine anerkennenswert ausgeglichene Behandlung der Zweifel an richtiger Tatsachenfeststellung bietet G. Tarello, *Il Realismo Giuridico Americano* (1962) 189–199.

152 *Courts* Kap. VI; vgl. allg. T. Arnold, »Trial by Combat ...« (1934) 47 *H. L. R.* 913; L. Green, *Judge and Jury* (1930). Eine sachliche Würdigung bei J. H. Wigmore, 5 *Evidence* (3. Aufl. 1940) § 1367.

153 Frank, *Courts* 20/21.

154 *ebenda* 2.

155 *ebenda* Kap. X.

156 siehe z. B. G. W. Paton, *Jurisprudence* (1. Aufl. 1946) 21/22. In der 2. Aufl. (1951) 19/20 nähert sich der Verfasser der richtigen Erkenntnis, die dann in der 3. Aufl. von D. P. Derham 24–28 vorbehaltlos übernommen wird; vgl. auch 1. Aufl. 155–158 und 3. Aufl. 175–178 sowie Derhams eigene Darstellung. Manchmal beruht die Nicht-Anerkennung einfach auf Zunftgeist.

157 Viele Beispiele sind bei Stone, *Legal System*, Project Note G zu finden. Wir dürfen diese allgemeine Feststellung aber nicht zu wörtlich nehmen. Ein lehrreiches Beispiel dafür, daß ein Gericht über seine eigene berufliche Denkweise ganz hinausgeht, um das den Absichten des Gesetzgebers entsprechende Tatsachenmuster zu finden, bietet Callaghan v. R. (1952) 87 *C. L. R.* 115. Das Westaustralische Strafgesetzbuch definierte Totschlag *(manslaughter)* als das rechtswidrige Töten unter anderen Tatumständen als denen des Mords *(murder)*. Weil Schwurgerichte nicht gern auf Totschlag erkannten, war § 291 A eingefügt worden, der gewisse leichtere Fälle von Tötungstatbeständen definierte; die wichtigsten Tatbestandsmerkmale waren Außerachtlassung von »gebotener Sorgfalt« und »Vorsichtsmaßnahmen«, was diese neuen Vergehen fast ununterscheidbar von fahrlässiger Tötung nach § 266 machte. Der *High Court* hob das erstinstanzliche Urteil auf und entschied, unter Berücksichtigung der Einstellung der Geschworenen, daß § 291 A und § 266 beide für die leichteren Vergehen denselben Grad von Fahrlässigkeit voraussetzten wie für Totschlag und daß in beiden Fällen trotz der Gleichartigkeit des Gesetzeswortlauts mit dem für zivilrechtliche Fahrlässigkeit der strengere Maßstab der strafrechtlichen Fahrlässigkeit zu gelten hat.

158 Frank, *Courts* 115.

159 *ebenda* 112–114.

160 vgl. Stone, *Book Review* a. a. O. 1469.

161 *ebenda*. Im Laufe eines mir wertvollen Briefwechsels hierüber bemerkte Frank (Brief vom 27. Juni 1950), er habe diese Frage in *Courts* 180–181 und Anm. 21 behandelt. Jene Ausführungen liegen gewiß in dieser Richtung, werden der Bedeutung des Problems aber kaum gerecht. Er kam der

vollen Erkenntnis viel näher in »Say it with Music« (1948) 61 *H. L. R.* 921, 947/8, allerdings spricht er dort von dem Nebeneinander verschiedener »Formulierungen« einer Rechtsregel, anstatt vom Nebeneinander verschiedener Rechtsregeln.

162 Stone, *Aggression and World Order* (1958), bes. 121–123; Stone, *Legal System* Kap. 7 *passim*.

163 *ebenda*.

164 Über »Fahrlässigkeit«, beurteilt aufgrund philosophischer Untersuchung des juristischen und allgemeinen Sprachgebrauchs, aber mit feiner Unterscheidung zwischen beiden, siehe H. L. A. Hart, »Negligence, Mens Rea and Criminal Responsibility« bei A. G. Guest (Hrsg.), *Oxford Essays in Jurisprudence* (1961) 29–49.

165 Judge Frankfurter in *Rochin v. California* (1952) 342 U. S. 165.

166 siehe die abweichenden Ansichten der Richter Roberts, Frankfurter und Jackson in *Screws v. U. S.* (1945) 325 U. S. 91, 152, 158–161.

167 siehe Stone, *Legal System* Kap. 7.

168 D. P. Derham, »Truth and the Common Law Judicial Process«, *Australian Studies in Legal Philosophy* 75–88, bes. 83 ff., 86 und die dort besprochenen früheren Fälle; siehe auch Stone, *Legal System* Kap. 7 Anm. 64 (*Tozer Kemsley Case* [1956] 94 *C. L. R.* 384).

169 siehe Frank, »Say it with Music« (*oben* Anm. 161) 848; D. P. Derham *a. a. O.* (*oben* Anm. 168) 86–87; siehe auch *Paterson v. P.* (1953) 89 *C. L. R.* 212, wo mit Argumenten über das Maß von Überredung zum Ehebruch kurzer Prozeß gemacht wird; ebenda 219–224 treffende geschichtliche Ausführungen von Chief Justice Dixon und Justice Kitto über die ängstliche Zurückhaltung gegenüber der erstinstanzliche Tatsachenfeststellung. Jerome Frank hätte sich über die folgende Erklärung von Lord Chief Justice Holt in *R. v. Earl of Banbury* (1695) Skin. 517, 523 lebhaft gefreut: »In allen Rechtsfällen stecken mehr Tatfragen als Rechtsfragen, und es ist unter der Würde der hohen Lords, sich mit Tatfragen abzugeben«; siehe auch die glänzende Untersuchung von Rechtskonflikten bei J. D. Hyman – W. J. Newhouse, »Standards for Prefered Freedoms ...« (1965) 60 *Northw. U. L. R.* 1, 8–21.

170 vgl. Frank, *Courts* 32–33; siehe jedoch *ebenda* 83/4 anregende Ausführungen über die rechtliche Zulässigkeit einer »Umwandlung von Streitpunkten«, nicht nur um die Aufgabe des Richters zu fördern und zu erleichtern, sondern auch um die feindliche Spannung zwischen Prozeßparteien auf eine sachlichere und ruhigere Stufe zu bringen.

171 Was natürlich manchmal der Fall ist, beispielsweise bei Schadenersatzansprüchen des von einem Auto überfahrenen Klägers hinsichtlich dessen, was in besonderen Punkten die Geschworenen überzeugen kann.

172 siehe Frank, *Courts* 24–32, bes. 26, wonach die Vorhersehbarkeit des Ergebnisses je nach dem Stand des Verfahrens verschieden sein kann. Auf dem Gebiet des Kartellrechts muß die Rechtsberatung dauernd auf solche Schwierigkeiten stoßen.

173 Wie wir gesehen haben, entstehen dadurch neue Schwierigkeiten, soweit die Tatsachenfeststellung eine andere Richtung einschlagen muß, nachdem die Beweisaufnahme geschlossen und nur noch in der Erinnerung gegenwärtig ist; siehe Frank, »Say it with Music« *a. a. O.* (*oben* Anm. 161) 947 ff.

174 Die wichtigsten Ausführungen finden sich in *Courts, passim*, bes. Kap. XII (Tatsachenfeststellung i. allg.), Kap. XVII (Richterausbildung), Kap. XVI (Juristische Ausbildung). Eine Zusammenfassung *ebenda* 422/3 und bei Stone, Book Review *a. a. O.* 1468–1473.

[175] siehe bei Frank, *Courts* 98, 422/3 eine Liste seiner Vorschläge, ferner seine Begründung dafür in Kap. VI, VII. Als Beispiel aus dem englischen Recht erwähnt er die Mitwirkung des *King's Proctor* in Ehescheidungssachen, ein recht schlecht gewähltes Beispiel angesichts der Geringschätzung dieses Amtes im jetzigen Jahrhundert. Viel besser ist das Beispiel aus dem *Chandler Act* von 1938; siehe *ebenda* 97. Die Frage des Prozeßanhubs und der Prozeßführung durch das Gericht oder die Parteien ist von großer Bedeutung für den Unterschied zwischen dem »Anklageprinzip« im Strafverfahren nach *Common Law* und dem »Untersuchungsprinzip« im Strafverfahren auf dem europäischen Kontinent; siehe darüber verschiedene neue Ansichten bei D. W. Louisell, »Theory of Criminal Discovery ...« (1961) 14 *Vanderb. L. R.* 921; P. Devlin, *The Criminal Persecution in England* (1960) 49.

[176] Seine Hauptausnahmen wären die Unzulässigkeit des Zwangs zur Selbstbezichtigung und die Regeln über unzulässige Beschlagnahmen und Durchsuchungen; siehe *Courts* 422.

[177] Die Einwendungen z. B., daß trotz allem die Geschworenen bessere Wahrheitsfinder als die Richter seien (*Courts* 126); daß die »Rechtsungebundenheit« der Geschworenen eine »große Verbesserung« des Rechts bei seiner tatsächlichen Anwendung sei (127–131, so dachte schon Pound in seiner Frühzeit); daß die Geschworenen ein Schutz gegen bestechliche Richter seien; daß das Schwurgericht eine erzieherisch wertvolle Beteiligung des Volks an Staatsaufgaben bedeute und daß es die Folgen unmöglicher Entscheidungen von den Richtern abwehrt.
J. B. Thayer hatte bekanntlich das Schwurgericht schon 1898 bekämpft, weil es »eine mächtige Ursache des moralischen Niedergangs der Anwaltschaft sei«; siehe J. B. Thayer, »The Present and the Future of the Law of Evidence« (1898) 12 *H. L. R.* 71, 92.

[178] siehe hierzu Frank, *Courts* 140–145.

[179] vgl. aus seiner richterlichen Tätigkeit *Skidimore v. Baltimore ... R. R.* (1948) 167 F. 2d 54 (C. C. A. 2nd). Über den Gebrauch von *Special Verdicts* in Nebraska zur Unterstützung von Gesamtwahrsprüchen (Endurteilen, *»General Verdicts«*) siehe G. E. Matzke, »Special Findings and Special Verdicts in Nebraska« (1955) 35 *Neb. L. R.* 523. Dort (532, 546) werden die Vorteile der *Special Verdicts* wie folgt geschildert: (1) die Geschworenen werden dazu gezwungen, die im Alltagsleben maßgeblichen Rechtsgrundsätze zu beachten; (2) die Geschworenen erhalten in verwickelten Fällen einen nützlichen Überblick und die nötige Anleitung, um den Rechtsstandpunkt der Prozeßparteien zu verstehen; (3) es werden Irrtümer aufgedeckt, die den Geschworenen bei der rechtlichen Beurteilung des von ihnen festgestellten Sachverhalts unterlaufen sind; (4) die Tragweite von Irrtümern, die vom Richter zu prüfen sind, wird eingeengt. Gewiß entstehen aus *Special Verdicts* besondere Schwierigkeiten für die Prozeßführung durch den Richter (siehe J. J. Pentz, »Special Findings or Special Verdicts« [1955] 60 *Dickinson L. R.* 67). Aber dies macht es nur um so deutlicher, daß die Schwierigkeiten der verwickelten Streitfragen weit über die Fähigkeit eines Durchschnittsgeschworenen hinausgehen, einen Gesamtwahrspruch *(General Verdict)* abzugeben.

[180] *Courts* 141 ff., 423. Wie Frank zugibt, bestehen gegenüber den beiden letzten Vorschlägen verfassungsrechtliche Bedenken.

[181] Sir P. Devlin, *Trial by Jury* (1956) 61–125.

182 In einigen Ländern Großbritanniens (z. B. in New South Wales) sträubt sich jedoch die Anwaltschaft noch ernstlich gegen Einschränkung der Schwurgerichte.

183 siehe Frank, *Courts* Kap. XI, bes. 126–137; D. W. Broeder, »Function of the Jury-Facts or Fictions?« (1954) 21 *Univ. of Chic. L. R.* 386. Die Ansicht, der Wert des Schwurgerichts liege darin, daß es das Recht »erdnah und gemäß dem Rechtsgefühl des Volks« anwende, wird von G. W. Matzke *a. a. O.* (*oben* Anm. 179) 545 abgelehnt.

184 Frank, *Courts* 132.

185 Lücken in diesen Sonderrechten, die infolge technischer Erfindungen für Tonaufnahmen und Bildübertragung entstanden waren, wurden durch Gesetz (*Public Law* 919 von 1956, 70 Stat. 935, 18 O. S. C. § 1508) geschlossen, nachdem ein Ausschuß für Rechtsprechung (*Judiciary Committee*) getagt und die mit der Untersuchung von der Universität Beauftragten vernommen hatte. Das Gesetz bedroht denjenigen mit Strafe, der, ohne Geschworener zu sein, die Beratungen der Geschworenen aufzeichnet, beobachtet oder mit anhört.

Über den Arbeitsplan siehe B. D. Meltzer, »A Projected Study of the Jury as a Working Institution« (1953) 287 *Ann. Am. Acad. Pol. Sc.* 97. Versteckte Abhörgeräte wurden für fünf Beratungen im Beratungszimmer eines Schwurgerichts des Bundesgerichts in Kansas angebracht. Über die Stellungnahmen dazu siehe W. W. Borchard, »A Study of Attitudes towards the Use of Concealed Devices in Social Science Research« (1957) 36 *Social Forces* 111–116; ders. »Lawyers, Political Scientists, Sociologists – and Concealed Microphones« (1958) 23 *Am. Soc. Rev.* 686–691; siehe ferner allg. L. Strodtbeck, »Social Process, the Law and Jury Functioning« bei W. M. Evan (Hrsg.), *Law and Sociology* (1962) 151 Anm. 8.

186 Über Franks wirkungsvolle Kritik an der üblichen Befürwortung des Schwurgerichts siehe Courts 126–140; Stone, Book Review *a. a. O.* 1469/70; ferner *oben* Anm. 177.

187 *Courts* 250.

188 *ebenda* 231–238.

189 Ich habe schon seit langem eingewendet, daß es einfach unlogisch ist zu sagen, weil drei Jahre zu kurz sind, um alle Fächer zu lehren, so müßte es genügen, nur eines oder zwei Fächer zu lehren. Frank überschätzt auch bei weitem die Zeit, die nötig ist, um dem Studenten auf der Universität alltägliche Selbstverständlichkeiten beizubringen. Ich glaube z. B. einfach nicht, daß unsere jungen Hörer und Hörerinnen hochschulmäßigen Unterricht brauchen, um zu verstehen, daß »Klageerhebung für einen Klienten gewöhnlich vergeblich ist, wenn sein Schuldner hoffnungslos zahlungsunfähig ist oder er sein Vermögen unanfechtbar verschoben hat.«

190 Geister wie Kant, Whitehead und auch Einstein waren keine Spezialisten auf einem kleinen wissenschaftlichen Sondergebiet. Wie ich 1934 fand (und wie es seitdem der geringe Erfolg anderer Methoden bestätigt hat), besteht die einzige praktische Methode des Rechtsunterrichts darin, den eigentlichen juristischen Wissensstoff zu erklären und zu gestalten, dabei aber zugleich die damit zusammenhängenden Erkenntnisse der anderen Sozialwissenschaften zu verwerten. Das war die Absicht und ist seither die Hauptwirkung von Simpson-Stone, *Law and Society*; vgl. auch Stone, *Province* und die hier vorliegenden drei Folgebände. Ähnliche Probleme gibt es auf allen Wissensgebieten; vgl. für die Naturwissenschaften den Mahnruf von R. Oppenheimer, »Science and Culture« (1962) *Encounter* No. 109, 1 ff., bes. 10.

Kapitel IV:

Das Recht und das soziale Ordnen

I. Soziales Ordnen als Gesamtvorgang

§ 1 Weniger scharfe Unterscheidung der verschiedenen Sozialordnungen in den jüngeren Gesellschaften

Zum sozialen Ordnen als einem dynamischen Vorgang im weitesten Sinne gehört »jeder Weg, auf dem die menschliche Gesellschaft einen mäßigenden Einfluß auf sich selbst oder auf einen Teil ihrer selbst ausübt«[1]. Es geht immer um das Lenken oder Steuern (*kybernao, gubernare*) des menschlichen Zusammenlebens, welches Lenken oder Steuern entweder hauptsächlich dynamisch-genossenschaftlich (demokratisch) oder in erster Linie statisch-obrigkeitlich, als »Herrschaft« im strengen Sinn verstanden werden kann. Die klare Unterscheidung zwischen dem Recht und anderen Mitteln des sozialen Ordnens hat es in ihrer modernen Form nicht immer gegeben[2]. In weniger entwickelten Gesellschaften kommt die *opinio necessitatis* nicht nur dem Recht, der Religion, den Volkssitten und dem Brauchtum zu, sondern auch vielen Regeln, die wir heute als Lebensweisheit oder Kunstregeln ansehen würden. Was die Folgen eines Verstoßes gegen Regeln angeht, mögen sie in öffenlichem Spott, privater Selbsthilfe, überirdischer Bestrafung oder gesellschaftlichem Druck bestehen, so gibt es dafür keine lückenlose Trennungslinie zwischen Rechtsregeln und anderen Regeln. Die Anthropologen haben jedoch nachgewiesen, daß es schon bei frühen Gesellschaften gewisse Normengruppen gibt, deren Befolgung durch geordnete Gewalt erzwungen werden kann und deren Aufgabe und Wirkung dem »Recht« einer entwickelten Gesellschaft vergleichbar ist[3]. Das ist übrigens nicht überraschend, wenn wir bedenken, in welch festem Rahmen die frühen Gesellschaften und die Zusammenarbeit in ihnen aufgebaut sind; Durkheim spricht von ihrer »mechanischen Solidarität«, Pound von der Vorherrschaft des sozialen *status quo* und der allgemeinen Sicherheit[4].

Die zwei oder drei Generationen hindurch fortgesetzte Aussprache zwischen Juristen und Anthropologen und ihr einfaches, doch wichtiges Ergebnis klingen in modernen politischen Theorien wieder an. Moderne Zweifel an den in der Politikwissenschaft herkömmlichen Begriffen sind vorwiegend dadurch ausgelöst worden, daß Begriffe nötig wurden, mit deren Hilfe man die wechselnden Erscheinungen früherer und fortgeschrittener Gesellschaften vergleichen, beide also gemeinsam erforschen kann. In großen Zügen handelt es sich um den Ersatz abstrakter Begriffe durch Anschauungen der Verhaltenswissenschaft: politisches System an Stelle von Staat; Funktion (oder Zuständigkeit) an Stelle von Gewalt (Staatsgewalt) oder »Macht«, Rolle und Struktur (Aufbau) an Stelle von Amt und Einrichtung[5]. Bei dieser Entwicklung müssen die theoretischen Politiker für den Ausdruck »politisches System« eine Erklärung finden, die es ermöglicht, daß man es von seinen anderen Systemen unterscheiden und daß man Gesellschaften verschiedener Entwicklungsstufen sinnvoll vergleichen kann[6]. Solche Politikgelehrte haben wie schon lange vor ihnen die Juristen bemerkt, daß für Vergleichszwecke Webers Vorschlag unbrauchbar ist, wonach »das Monopol des rechtmäßigen Gebrauchs von Gewalt innerhalb eines örtlichen Gebiets« das entscheidende Merkmal sein soll; denn bei frühen Gesellschaften fehlt es häufig an einem solchen Monopol[7]. G. A. Almond hat, etwas abweichend von David Easton[8], gemeint, daß man bei der Vergleichung von politischen Systemen folgende vier Elemente zu beachten hat: (1) die Zuteilung von Werten; (2) den amtlichen Charakter solcher Zuteilung; (3) die Verbindlichkeit der Zuteilung für die Gesellschaft; (4) die Aufrechterhaltung dieser Zuteilung durch rechtmäßige physische Gewalt.

Von einem *Monopol* der Gewaltanwendung ist in dieser Aufzählung keine Rede, daher gehören zu diesen politischen Systemen auch solch frühe Gesellschaften, in denen Gewalt zum herkömmlichen Leben der Gesellschaft gehört, ohne ein Monopol zu sein. Unberührt davon sind die vielen Zweifelsfragen zum Begriff der Rechtmäßigkeit[9], Zweifel, die Almond selbst gewiß zu der Erkenntnis gebracht haben, daß »Rechtmäßigkeit« in vielen Fällen eine Frage des »mehr oder weniger« ist. Jedenfalls bilden die genannten vier Elemente zusammen ein Kennzeichen für das Politische eines Systems, und die »Androhung rechtmäßiger Gewalt« ist eine Art von Echtheitsstempel, der durch die Ein- und Ausgänge solcher Phänomene hin- und herzieht, sie prägt und insgesamt das Wesen dessen ausmacht, was wir unter »System« bei einem politischen System meinen. Seine kennzeichnenden Eigenschaften sind Vollständigkeit, gegenseitige Abhängigkeit der innerhalb des Systems getroffenen Anordnungen und die Abgrenzung gegenüber anderen Systemen. »Wenn sich das diffuse und unartikulierte Gemurmel zu einem Anspruch auf den Einsatz öffentlicher Amtsgewalt verdichtet, dann wird die Grenze überschritten und das Gebiet des politischen Systems betreten . . .« Diese Art der Kennzeichnung eines »politischen Systems« ist offensichtlich mit der Vorstellung von einer »Rechtsordnung« verwandt, wie wir sie aus dem Dialog zwischen Rechtswissenschaft und Anthropologie entstehen sahen. Die Hauptbestandteile des Systems sind gleichbedeutend mit oder zusätzlich zu den Aufgaben der feierlichen und endgültigen Zuteilung von Werten[10]. Solche Aufgabenkreise finden sich schon in frühen Gesellschaften, wo im Sinne der Lehre Austins das Recht von den anderen Sozialordnungen noch nicht geschieden ist; ebensowenig fände sich dort schon ein gesondertes *politisches System*, beurteilt man dies unter dem Gesichtspunkt strenger begrifflicher Auffassungen von Politik, etwa auf Grund der Annahme eines Staatsmonopols der Gewaltanwendung.

Wenn man so von den Aufgaben und Zwecken der Regeln und des Zwanges ausgeht, dann erleichtert dies die vergleichende Untersuchung der Verschiedenheit von Leistungen in Gesellschaften, die weit voneinander abweichen; es werden dann Recht und Politik gleichsam nicht nur anatomisch, sondern auch historisch-physiologisch untersucht[11]. Im Recht wie in der Politik verdankt diese Methode viel den Anthropologen und ihrer seit langem erhobenen Forderung, daß wir politische und Rechtssysteme als notwendige Teile der sozialen Gesamtordnung verstehen müssen, zu der sie gehören[12].

Daß das Recht sich im Laufe der Geschichte immer mehr von den anderen Sozialordnungen abhebt, ist eine Begleiterscheinung des Entstehens besonderer, fester Machtzentren oder »politischer Obrigkeiten«, für die das Recht zum Mittel für ihre besonderen Zwecke wird[13]. Diese Zwecke hängen zunächst mit der Tatsache zusammen, daß eine neue Obrigkeit ihre Macht einer festgefügten Gemeinschaft aufzuerlegen sucht, die durch die Bande der Verwandtschaft, der Religion, der Geschichte und Überlieferung eng verbunden ist. Die neuen Rechtsregeln versuchen, die älteren Sozialordnungen wie Religion, Volksbrauch und Gewohnheit und deren Einrichtungen wie Priesterschaft und Familie unangetastet zu lassen, wenn und solange die neue Obrigkeit noch zu schwach ist, um gefahrlos einzugreifen. Das Wirkungsgebiet des Rechts ist deshalb anfänglich zerstreut und unzusammenhängend; die bestehenden Sozialordnungen sowie noch ungeordnete Sachgebiete werden nur dann vom Recht geordnet, wenn dies nötig ist, um das Ansehen des Rechts zu wahren oder um die Allgemeinheit vor göttlichem Zorn oder menschlicher Bedrohung zu schützen. Es ist deshalb kein Zufall, daß sich das Rechtswesen und das politische System parallel aus der noch ungegliederten Sozialordnung früher Gesellschaften zu verschiedenen besonderen Erscheinungen entwickelt haben. Da nun das Recht und die Politik jeweils mit Organen eigener Art ausgestattet werden, so kann leicht übersehen werden, daß diese Organe jene Art von Tätigkeit fortsetzen, die, bevor, während oder nachdem sie die neuen einzelnen Machtzentren entwickelten, von ganz anderen Stellen und mit anderen Verfahren ausgeübt wurden. So erscheint beispielsweise das Recht in seiner Frühzeit, als es seinem Wesen nach von anderen Sozialordnungen zu unterscheiden war, häufig als starr und unberührt von sittlichen Gedanken, gleichgültig gegenüber dem Wohl und Wehe des einzelnen Gruppenmitglieds; die Annahme wäre aber falsch, daß dies in den vom Recht übernommenen sozialen Funktionen begründet gewesen wäre. Denn auf dieser Stufe der Entwicklung waren die früheren Sozialordnungen selbst noch in gewissem Umfang gültig und wirksam, und sie zeigten nicht jene Merkmale des frühen Rechts. Die Gruppenmoral z. B. war und blieb schon durch Volksbrauch, Gewohnheit und Religion geheiligt, und für das Wohl des einzelnen Familienmitglieds sorgte die Überlieferung und der Beistand der Sippe.

Wenn wir sonach das Wesen eines »politischen Systems« auf Grund seiner Struktur, seiner Funktion und ihrer Erfüllung bestimmen, so geht Hand in Hand damit die im vorliegenden Kapitel betonte Frage nach der allgemeinen Stellung des Rechts unter den anderen Sozialordnungen. Beides sind Versuche, unser Verständnis menschlicher Einrichtungen vor Vernebelung zu bewahren, die aus unklaren und vergröberten Auffassungen der früheren Rechts- und Sozialwissenschaft herrührt. Beide Versuche entspringen auch nicht etwa einem Streben nach Vereinfachung um jeden Preis, sondern der Suche nach einem der Wirklichkeit näheren Verständnis der entwickelten und unentwickelten menschlichen Gemeinschaften.

§ 2 Grenzverschiebungen zwischen Rechtsordnung und anderen gesellschaftlichen Ordnungen

Sowohl im klassischen römischen Recht als auch im *Common Law* vom Mittelalter bis zum 18. Jht. erweitert die Rechtsordnung ihre Herrschaft gleichzeitig mit dem Erstarken der politischen Macht und mit der Ausdehnung menschlicher Beziehungen auf neue, noch keiner anderen Ordnung unterstehende Gebiete. Das beste Beispiel ist das Anwachsen des Wirtschaftslebens und seine Wirkung auf das römische *ius gentium* sowie auf mittelalterliches Billigkeitsrecht (*equity*), Naturrecht und Handelsrecht[14]. In das Recht (im Gegensatz zu anderen Sozialordnungen) wurden in größerem Umfang zum ersten Mal auf diesen neuen Gebieten sittliche Gedanken wie Billigkeit, guter Glaube, Gewissen, Naturrecht und Gerechtigkeit eingeführt; ihr Einfluß erstreckte sich zugleich auf ältere Gebiete, die das Recht anderen Sozialordnungen abgenommen hatte. Die Vorstellung vom Recht als Produkt der Vernunft und das Streben, sittliche Verpflichtungen zu Rechtspflichten zu machen, werden oft als eine eigene Entwicklungsstufe in der Ideengeschichte angesehen, sie müssen aber auch als ein Versuch betrachtet werden, das Gebiet der einen Sozialordnung auszudehnen, um bei wechselnden sozialen Verhältnissen die Unzulänglichkeit anderer Sozialordnungen auszugleichen. »Durch das Walten gesellschaftlicher 268 Kräfte«, so sagte Eugen Ehrlich, »werden auch die Grenzen des staatlichen und gesellschaftlichen Rechts fortwährend verschoben«[15].

Wenn daher das *laissez-faire* des 19. Jh. in Recht und Moral nur ein Mittel sah, um den freien Wettbewerb zwischen den Menschen richtig in Gang zu halten, so bedeutete das soziologisch nicht, daß diesbezüglich überhaupt keine Sozialordnung herrschen sollte. Vielmehr hielt man nach der damaligen sozialen und wirtschaftlichen Auffassung gerade den Wettbewerb für eine ausreichende Sozialordnung (was er bis zu einem gewissen Grade auch war)[16]. Der Wettbewerb lieferte damals eine Methode der sozialen Ordnung, ohne daß eine »bewußte soziale Lenkung« notwendig wurde[17]. Die Verhältnisse, die den Wettbewerb zu einem wirksamen Mittel der Wirtschaftsordnung machten, sind ebenfalls zum großen Teil Eigentümlichkeiten der Gesellschaft des 19. Jh.[18]. Gerade die Tatsache der Wirksamkeit unter jenen Verhältnissen läßt daran zweifeln, ob die damals erreichte Abgrenzung zwischen rechtlicher Ordnung und Ordnung durch Wettbewerb oder andere Mittel in alle Ewigkeit aufrechterhalten werden kann. Im England des 18. Jh. und in einigen amerikanischen Staaten noch bis weit ins 19. Jh. hinein herrschte eine ganz andere und viel weitere Auffassung von den richtigen Grenzen der Rechtsordnung. Im Laufe der Geschichte haben sich diese Grenzen dauernd verschoben, nicht immer in dieselbe Richtung[19]. Auch als in der sogenannten *laissez-faire*-Periode des 19. Jh. die ordnungserhaltende Wirkung des freien Wettbewerbs ihren höchsten Stand erreichte, blieb die bewußte soziale Lenkung (mit Einschluß der Lenkung durch das Recht) wirksam und dehnte ihren Bereich aus.

Im Wirtschaftsleben wurde (wie schon ausgeführt) die Herrschaft des Wettbewerbs durch die von ihm selbst geschaffenen Wirtschaftsformen beeinträchtigt, was zu vielen einzelnen staatlichen Eingriffen führte. Ferner haben sich, auf die Dauer ohne nennenswerten Widerstand, schon seit langem die Tarifverträge mit ihrer Beschränkung der individuellen Vertragsfreiheit durchgesetzt. Dies war der einzige Ausweg aus dem sozial unerträglichen Mißverhältnis zwischen dem übermächtigen Arbeitgeber und dem einzelnen Arbeiter.

Auf dem Gebiet des Schulwesens, der Wissenschaften, Künste und Gesittung haben die sozialpsychologischen Wirkungen der Industrialisierung, die Erweiterung des Wahlrechts und andere

Entwicklungen in der Volksfürsorge eine Situation geschaffen, die den Gesetzgeber zu wohlüberlegtem Eingreifen zwang[20]. Die Machtergreifung durch faschistische Regierungen wird manchmal auf noch tieferliegende Wirkungen sozialer und wirtschaftlicher Veränderungen zurückgeführt, die mit den möglichen und wünschenswerten Grenzen zwischen rechtlicher Ordnung und der Herrschaft des freien Wettbewerbs zusammenhängen[21].

§ 3 Die gegenseitige Abhängigkeit von Rechtsordnung und anderen gesellschaftlichen Ordnungen

Gesellschaftliche Ordnungen können nur nach ihrer Wirkung auf menschliches Verhalten beurteilt werden. Es ist sehr vieles und sehr Anschauliches über den Umfang und die Verflochtenheit der mächtigen Gruppeneinflüsse geschrieben worden, die das Verhalten des einzelnen gestalten. Zum Verständnis und zur Erklärung, wie das Denken, Empfinden und Verhalten des einzelnen durch die tatsächliche oder nur eingebildete oder angenommene Gegenwart anderer Menschen bestimmt wird[22], ist sogar so viel geschrieben worden, daß es schwerfällt, einen ausgewogenen Überblick über alle diese Einflüsse zu behalten. Einige Sozialpsychologen haben wohl stark übertrieben, wenn sie den »Volkscharakter« damit in Verbindung bringen wollen, wie die Kleinkinder gewickelt werden. Und doch wird jeder Mensch von den sittlichen Normen und Ansichten seines Alters, seiner Klasse und Nation geprägt, beginnend mit der ersten Betreuung und dem Eindruck durch die Familiengruppe und Schule, verbunden damit durch religiöse, politische und soziale Glaubenseinflüsse, später durch Unterhaltung, Spiel und Sport, durch das Arbeitsgebiet, durch Zeitungen, Rundfunk und Fernsehen[23]. Dank der sorgfältigen Untersuchungen von Piaget[24] und anderen können wir etwa feststellen, wie das heranwachsende Kind teils aus dem Gruppenleben, teils von außen zu seinen ethischen Vorstellungen und Urteilen gelangt. Außer diesen allgemeinen Einflüssen wird der junge Mensch sich zu gegebener Zeit den Standesregeln seines Berufs unterwerfen, den

Verhaltensvorschriften darüber, was ein Priester, ein Offizier, ein Arzt, ein Rechtsanwalt usw. tun darf oder unterlassen muß. Diese besonderen Einflüsse sind oft ausschlaggebend, sei es für Rechtsfragen, sei es außerhalb des Rechts[25]. Vom Eintritt in das Berufsleben an wird der Mensch neben den Einflüssen der Eltern und Lehrer auch denen seiner Arbeit- oder Auftraggeber, der Arbeitnehmervereinigungen, der staatlichen Regelung z. B. in Heeresdienst, Arbeitsrecht oder Sozialversicherung und ganz allgemein den Einflüssen aller der vielen Kräfte und Einrichtungen des Wirtschaftslebens ausgesetzt. In der Ehe und bei der Kindererziehung wird er gewöhnlich die Vorbilder beachten, die ihm seine eigene Familie, seine Freunde und das allgemeine Sittengesetz (dieses vielleicht mit starker Beteiligung kirchlicher Einflüsse) liefern. Zu alledem kommt eine Fülle vielfach verflochtener, manchmal einander widersprechender Einflüsse, die von politischen Parteien, Klubs, Vereinen, Logen und anderen privaten Vereinigungen ausgehen und die vieles zum Drama des täglichen Lebens beitragen.

Die aus diesen verschiedenen Einflüssen sich ergebenden gesellschaftlichen Normen sind verschieden anpassungsfähig und veränderlich. Bis zu einem gewissen Grad sind sie sogar der Mode und den Launen unterworfen. In Grundfragen ändern sich die Normen gewöhnlich nur langsam. Heutzutage sind jedoch stetige Veränderungen in der Haltung festzustellen, die die Menschen in mancher Hinsicht gegenüber der Ehe, der Kinderzahl, der Kindererziehung oder der Behandlung von Geisteskrankheiten einnehmen. Bei oberflächlicher Betrachtung scheint der Mensch nur in Angelegenheiten der Gattenwahl, der Freizeitbeschäftigung, der politischen und religiösen Bindung frei und unabhängig zu sein. Aber auch da ist seine Wahl meistens auf das beschränkt, was durch das geordnete Leben der Gemeinschaft zur Verfügung gestellt wird. Wie treffend gesagt wurde, kann der einzelne, sofern er kein ganz außergewöhnlicher Mensch ist, keine neue Religion stiften, keine politische Partei gründen, keinen Fußballverein aufbauen, ja nicht einmal die Zutaten seiner eigenen Drinks zubereiten. Er kann nur aus den fertig vorhandenen Möglichkeiten auswählen. Alle diese gesellschaftlichen Normen und Einflüsse der Gruppenmeinung und Gruppenvorbilder wirken neben den Normen des Zivil- und Strafrechts und dem Einfluß der Polizei auf den einzelnen ein[26]. Dem Außenstehenden mögen die Rechtsnormen wichtiger und wirkungsvoller erscheinen, weil sie die sichtbaren Machtmittel der allumfassenden großen Gemeinschaft sind, aber der von den gesellschaftlichen Normen und Einflüssen betroffene einzelne wird darüber anders denken.

Vom Standpunkt des zu regelnden Verhaltens aus betrachtet, können gesellschaftliche Normen auch da gelten, wo dem Anschein nach der einzelne sein Verhalten nach eigenem Gutdünken der jeweiligen Lage anpaßt. Um jedoch aus einem Chaos eine geordnete Welt des Aufstiegs, des Erstrebenswerten und des Gemeinschaftsgefühls zu machen, ist es nötig, daß dem einzelnen die Gruppen und die Treuepflichten gegenüber der Gruppe zur Seite treten[27]. Es muß sonach grundsätzlich zwischen »unmittelbaren« (direkten) und »mittelbaren« (indirekten) gesellschaftlichen Ordnungsnormen unterschieden werden; verwandt damit, aber davon verschieden ist die Unterscheidung zwischen »bewußten« und »unbewußten« Ordnungsnormen. Beide Trennlinien sind ihrerseits verwandt mit Durkheims Einteilung in »mechanische« und »organische« Solidarität: einerseits zwischen der zwingenden Kraft des Tabus oder der Machtbefugnis des Vaters oder Häuptlings, andererseits der zwingenden Wirkung der Aufgabenverteilung in der Gesellschaft. Bei dieser Betrachtungsweise verliert nicht nur der Gegensatz von Rechtsordnung und anderen Sozialordnungen seine Schärfe, sondern ebenso auch die strenge theoretische Abgrenzung zwischen Volkswirtschaft, Politik, Verwaltung und Rechtspflege. Volks- und Staatswirtschaft, ebenso übrigens auch Naturwissenschaft und Technologie, beherrschen nicht nur die Gütererzeugung und den Verbrauch, sondern auch das menschliche Verhalten – oft in entscheidenden Richtungen[28]. Ebenso greift die Verwaltung kraft des ihr eigenen Verfahrens oft auf das Gebiet der Politik über, und die Richter müssen angesichts der Art ihrer Aufgabe oft neues Recht schöpfen.

Man kann das auch wie folgt ausdrücken: Die Aufgabe, das menschliche Verhalten so zu beeinflussen, daß eine Gesellschaft möglich wird, ist als eine einzige, einheitliche Aufgabe anzusehen, die nur geschichtlich in den einzelnen Ländern und Zeiten in verschiedener Weise gegliedert ist. Diese Gliederung ist jedoch nur selten in dem Sinne genau, daß ein bestimmtes Verhalten ausschließlich oder auch nur vorwiegend auf einem einzigen Einfluß, beispielsweise auf der Rechtsordnung, beruht. Die

Reichweite des wirksamen Rechts, welches Recht eben vornehm-
lich die bewußte, unmittelbare gesellschaftliche Ordnung her-
stellt, steht gewöhnlich in engerer oder weiterer Verbindung mit
dem Zweck anderer, meistens mittelbarer und/oder unbewußter
Ordnungen. In der römischen Sklavenwirtschaft wurde der
Bedarf der Gesellschaft an Arbeitskräften ursprünglich durch
die unmittelbare Herrschaft des Eigentümers über den Sklaven
sichergestellt; als später Sklavenehen zugelassen wurden, kam
der mittelbare Einfluß der Familienbande und Familienverant-
wortlichkeit hinzu. Bei der Leibeigenschaft im Mittelalter
trugen der beiderseitige Vorteil des Anbaus auf dem Acker des
Leibeigenen, außerdem unmittelbar auch das Lehensrecht und
die Machtverhältnisse zur Sicherung des Landarbeiterbedarfs
bei[29]. Im England des 17. und 18. Jh. wurde Hunger als Arbeitsantrieb durch die Herrschaft der Handwerkerzünfte und
durch ausführliche Lohn- und Preisfestsetzungen sowie durch
strenge Vorschriften gegen »arbeitsfähige Bettler« in der Für-
sorgegesetzgebung verstärkt. In völligem Gegensatz dazu versuchte man im 19. Jh. mit einigem (aber nur vorübergehenden)
Erfolg, den Arbeitsmarkt im wesentlichen dem natürlichen
Druck der Lebensnotwendigkeiten und dem Wettbewerb zu
überlassen.

In beachtenswertem Umfang bleiben auch heute viele wichtige
Rechtseinrichtungen (wie Verträge, Industriegesellschaften, Ehe)
nur deshalb brauchbar, weil sie unter dem Einfluß außerrecht-
licher Normen stehen, namentlich unter dem Druck von Gruppen und deren außerrechtlichen Verfahren[30]. Und umgekehrt
hängt vieles im Leben der Gesellschaft, wovon Juristen meinen,
es gehe sie nichts an, in Wirklichkeit von der richtigen Arbeit
solcher Rechtseinrichtungen ab[31]. »Eine Rechtsvorschrift . . .
versagen zu sehen«, sagte einmal Llewellyn, »stellt sofort die
neue Aufgabe, herauszufinden, was statt dessen wirksam ist und
wie«[32].

II. Hauptarten des sozialen Ordnens und seiner Arbeitsweise in großen Gruppen

§ 4 Unmittelbares soziales Ordnen[33]

Die Sozialordnungen können für die Zwecke unserer Untersuchung am besten eingeteilt werden in: (1) unmittelbare und mittelbare, (2) den Unterworfenen bewußte oder unbewußte und (3) persönlich oder unpersönlich ausgeübte Ordnungen. Unmittelbare Ordnungen beruhen regelmäßig auf persönlicher Beeinflussung von Person zu Person. Eine mittelbare Ordnung wirkt auf das menschliche Verhalten durch (bewußte oder unbewußte) Beeinflussung der natürlichen, gesellschaftlichen oder geistigen Umwelt des einzelnen[34]. »Unmittelbare« Ordnungen sind stets oder mindestens gewöhnlich »persönlich« in der Ausübung und den Betroffenen »bewußt«. Ein typisches Beispiel für eine »unmittelbare, bewußte und persönliche« Ordnung ist das Strafrecht und die Strafrechtspflege. Bei einer unmittelbaren Ordnung beeinflussen also die Ordnungsgeber vorsätzlich ein Verhalten, und die davon Betroffenen sind sich dieses Beeinflußtwerdens bewußt. »Mittelbare« Ordnungen können auf seiten der die Ordnung Ausübenden »persönlich« oder »unpersönlich« sein. Ihre auffallendste Eigenheit liegt aber darin, daß die Betroffenen sich der ihnen auferlegten Beschränkungen gewöhnlich nicht oder kaum bewußt sind. Große vaterländische Kriegsanleihen sind ein indirektes Mittel zur Beschränkung der privaten Ausgaben (im Gegensatz zu unmittelbaren gesetzlichen Ausgabeverboten); aber diese Ausgabenbewirtschaftung ist gewöhnlich in dem Sinne persönlich, daß die Behörden vorsätzlich eine solche Beschränkung anstreben. Mittelbare und zugleich persönliche Ordnungen enthalten immer ein Stück Täuschung; ihr Erfolg als mittelbare Ordnungen hängt davon ab, daß die Betroffenen die eigentlichen Absichten der Behörden nicht durchschauen.

Wieweit man sich auf die eine oder andere Ordnung verlassen kann, hängt nicht nur von den jeweiligen Aufgaben ab, sondern auch von der Art und Stufe der gesellschaftlichen Entwicklung. Was z. B. die Wahl zwischen mittelbaren und unmittelbaren Ordnungen angeht, stützte sich das Feudalsystem in einer verhältnismäßig einfachen, einheitlichen Agrargesellschaft vorwiegend auf unmittelbare Ordnung. In der modernen demokratischen Gesellschaft verschob sich das Schwergewicht beträchtlich auf mittelbare Ordnungen. Zu tieferer Erkenntnis dieser Gewichtsverschiebung verhilft Durkheims Lehre vom Ersatz der mechanischen durch die organische Solidarität, entsprechend der Doktrin von Léon Duguit, daß das Recht *»le produit spontané des faits«* ist und daß jede Rechtsverletzung eine Bewegung zur Wiederherstellung des Gleichgewichts auslöst[35].

Unmittelbare Ordnungen sind auf dem weiten Gebiet der Rechtsordnung politisch organisierter Gesellschaften am Werk, ebenso aber auch – in einfacherer, doch ebenfalls sehr typischer Art – innerhalb von Gruppen, die klein genug sind, um unmittelbare persönliche Begegnung zu ermöglichen, wie es auf die Familie, auf Nachbarn, persönliche Freunde, gesellige Vereinigungen, politische Parteien und Berufsverbände zutrifft. Die aus solchen Beziehungen entstehende Gleichschaltung des Verhaltens kann sehr wirksam sein. Es kann damit (aber muß nicht) Zwang im gewöhnlichen Sinne verbunden sein. Ein Extrem ist die starke Macht einer Berufsvereinigung, die ein abtrünniges Mitglied beruflich vernichten kann. Mit vielen Zwischenstufen sind ein anderes Extrem leichte Druckmittel wie das Mißfallen bei der Familie oder Kollegenschaft, die Belohnung durch Anerkennung und Ehrung sowie das bloße Begehren nach dem Trost der Gesinnungsgleichheit.

§ 5 Mittelbares soziales Ordnen: Massenantrieb und feste Gruppenüberzeugungen

Die Arten des mittelbaren sozialen Ordnens unterscheiden sich untereinander, je nachdem sie hauptsächlich durch die wechselseitigen Einflüsse des menschlichen Verhaltens wirksam werden oder durch die Einflüsse der natürlichen Umgebung. Meistens wirken beiderlei Einflüsse gemeinsam. Da gibt es zunächst die ansteckende gegenseitige Beeinflussung in einer »Menschenmenge« oder einer »ungeordneten Menschenmasse«, die sich in offener Massenhysterie kundtut, im Fallenlassen gesitteter Hemmungen und in der Anfälligkeit für das Aufwühlen von Leidenschaften. In demokratischen Gesellschaften sind solche Vorkommnisse ein Beweis für das Versagen sozialer Ordnung, beispielsweise bei einem Lynchgericht[36]. Wie wir gesehen haben, ist es eine Begleiterscheinung der Ballung der Menschen in modernen Städten, daß die Bande der Gesellschaft sich lockern und die überlieferten Hemmungen aller Arten versagen; mit dem Blick hierauf müssen die Entwicklungsmöglichkeiten zum Guten und zum Schlimmen beurteilt werden, die in der modernen Technik der Massenbeeinflussung durch Druck, Wort und Bild schlummern.

Mittelbar beeinflußt wird sodann das Verhalten auch durch den verschiedenartigen Einfluß dauerhafter Gruppen. Im Vergleich mit Massenantrieben gewinnt der von solchen Gruppen ausgehende Druck nur langsam an Kraft, wird weniger leicht abgelenkt, dient aber auf lange Sicht den Zielen der Gruppe. Im Vergleich zu der unmittelbaren Beeinflussung auf Grund persönlicher Beziehung ist dieser Druck unbestimmter nach Herkunft und Reichweite, doch an Stärke wahrscheinlich weiterreichend und tiefergehend[37]. Er entsteht aus Gemeinschaftsarbeit und Gemeinschaftserleben, aus dem sich Verhaltensmuster und schließlich Gewohnheiten und Einrichtungen herausbilden. Das Gewicht der Gruppenüberzeugungen spricht für die dauernde soziologische Richtigkeit von Savignys Lehre, daß das Recht ein unbewußtes, aber unabweisliches Nebenprodukt des sozialen Lebens ist. Dies alles spricht auch aus der Warnung der Anthropologen, daß man überlieferte Sitten und Überzeugungen nicht aus Verstandesgründen zerstören soll, ohne für einen vollwertigen Ersatz zu sorgen[38]. Solange die im Unbewußten wurzelnden, im Stillen wirkenden Traditionen lebensfähig und sozial fruchtbar bleiben, muß der Sozialreformer, mögen seine Ziele noch so lobenswert sein, aufs ernsteste an die Gefahr denken, die der sozialen Ruhe und Ordnung drohen, wenn er jene Traditionen zerstört.

§ 6 Mittelbares soziales Ordnen: »Rationalisierung« des Verhaltens durch umfassende planmäßige Zusammenarbeit mit bestimmtem Ziel

Das Verhalten der Mitglieder einer Gruppe kann mittelbar auch dadurch geregelt werden, daß es auf ein gemeinsames Ziel ausgerichtet wird, wobei jedes Mitglied sein persönliches Verhalten auf dieses Ziel einstellt oder es mit dem Sinn dieses Zieles erfüllt. Diese Ordnung kann auch dann erfolgreich sein, wenn das Ziel nicht bejaht, sondern nur nach außen hin anerkannt wird und wenn die Mittel zu seiner Erreichung abgelehnt werden. Die Arbeiter in einer großen modernen Fabrik können dem Ziel und den Mitteln ihrer Arbeit gleichgültig oder sogar feindlich gegenüberstehen, trotzdem aber leisten sie in der Regel die von der Fabriksleitung vorgeschriebene Arbeit in der vorgeschriebenen Weise, um einen Zusammenbruch des ganzen Unternehmens zu vermeiden. Dasselbe gilt in gewissem Grade für eine vielseitige moderne Wirtschaftsgesellschaft als Ganzes. Von anderen Anreizen völlig abgesehen übt das ganze System als solches einen Druck auf den einzelnen Angehörigen aus: Schlösse er sich von der Mitarbeit aus, so würde er sich für den Mißerfolg des Ganzen verantwortlich machen und sich Vorwürfen und Vergeltungsmaßnahmen aussetzen. Man kann sogar einen großen Teil der sich stetig ausdehnenden öffentlichen Verwaltung als »Rationalisierung« von Einzelfällen im Rahmen des sozialen und wirtschaftlichen Ganzen auffassen, zum Zwecke der Erfüllung der gesetzgeberischen Ziele. Eine Nebenerscheinung dieser Art von mittelbarer Regelung ist der von modernen Beobachtern immer mehr betonte Gegensatz zwischen der »Rationalisierung« des Produktionsvorgangs und der »persönlichen Rationalität« (vernünftige Zusammenarbeit) des Arbeiters. Ebenso entsteht daraus die Spannung zwischen dem wachsenden Bereich der Verwaltung einerseits und der überkommenen Form und Weite der politischen Freiheit und rechtlichen Selbständigkeit des einzelnen andererseits. Wenn die Verflechtung des Soziallebens einen gewissen Grad erreicht hat, dann wird es zur Vermeidung eines Zusammenbruchs unbedingt nötig, das Verhalten der Menschen in die richtigen Bahnen zu lenken[39].

§ 7 Mittelbares soziales Ordnen: Neue Situationen

Die alltäglichen Situationen fügen sich in die Gesamtheit der Erfahrungen des Menschen ein, nachdem er gelernt hat, wie man sich ihnen gegenüber verhalten kann, und nachdem er seine

Einstellung entsprechend angepaßt hat. Die Situation wird zu einem wiederkehrenden Muster, ihre Behandlung wird mehr oder weniger sachgemäß und unveränderlich. Eine solche »Mustersituation« wirkt nicht an sich als Mittel der Sozialordnung. Denn soweit das Verhalten des einzelnen nur seinem eigenen, selbständigen Verständnis der Lage entspringt, ist es keine Folge *sozialer* Ordnung; soweit er sich so verhält, wie es seiner Meinung nach die anderen von ihm erwarten, ist es die Gruppenüberzeugung, die die soziale Ordnung ausübt, nicht die Situation. Im Leben des einzelnen war jede alltägliche Situation einmal etwas Neues ohne Vorbild und Muster, in dem Sinne, daß er noch keine befriedigende Antwort darauf kannte; er mußte deshalb in einer ihm noch ungewohnten Weise dazu Stellung nehmen oder handeln. Wie vorhin bemerkt, kann eine solche Situation keine *soziale* Ordnung hervorbringen, beispielsweise wenn eine neue Situation durch bloße Änderungen der natürlichen Umgebung eines Menschen entsteht und er ganz allein davon betroffen ist. Ein solcher Robinson-Crusoe-Fall kommt jedoch selten vor. Zu einer neuen Situation tragen gewöhnlich nicht nur sachliche Umstände bei, sondern auch das Verhalten und die Erwartungen anderer Personen. Soweit die so entstehende Beeinflussung ihrem Wesen nach von der Gesellschaft ausgeht, kann man sie als soziale Ordnung ansehen. Soweit sie manchmal absichtlich von anderen Personen veranlaßt wird, könnte man sogar von unmittelbarer Sozialordnung sprechen.

Eine neue Sachlage und ihr Gegensatz zu vorhandenen Einrichtungen und Verhaltensmustern können so stark sein, daß die nötige Anpassung unmöglich ist; dies kann großes Unheil zur Folge haben, wie etwa bei hoffnungslos unglücklicher Liebe im Leben des einzelnen oder bei einem wirtschaftlichen Zusammenbruch im Sozialleben. Dagegen ist ein gemäßigter und gleichbleibender Grad von Neuheit und Gegensatz wohl unentbehrlich für die Entfaltung des Menschen. Was A. N. Whitehead einmal über die Gesellschaft gesagt hat, gilt auch für jedes ihrer Mitglieder. Wenn eine Gesellschaft »Ehrfurcht vor ihren Symbolen nicht mit der Freiheit zu deren Nachprüfung verbinden kann, dann muß sie schließlich entweder in Anarchie versinken oder erstickt von nutzlosen Schatten langsam absterben«. Ohne ein Mindestmaß an Neuem müßten die Menschen ihre

Anpassungsfähigkeit einbüßen und dadurch die Folgen größerer

Veränderungen der menschlichen und natürlichen Umgebung verschlimmern. Je nach den Umständen besteht die Anpassung in neuer Einstellung, neuem Verhalten, neuer Sozialordnung oder neuen gegenständlichen Schutzmaßnahmen. Ausbildung zu solcher Anpassung ist ein wichtiger Teil der persönlichen Erziehung; die Fähigkeit zu früher Erkenntnis von Lageänderungen ist ein wichtiges Merkmal einer guten Regierung, sie wird gewöhnlich durch eine dezentralisierte Staatsverwaltung gefördert. Doch bleibt immer eine gewisse Gefahr von Störungen und Zusammenbrüchen bestehen. Um Notständen vorzubeugen, werden in erster Linie besondere Maßnahmen getroffen: Bei drohender Hungersnot werden Lebensmittel eingelagert, gegen Überschwemmungsgefahr Dämme gebaut, oder die Staatsgewalt wird zu Notverordnungen ermächtigt[40]. In zweiter Linie wählt man besondere Mittel zur Schlichtung von Streit und Lockerung von Spannungen; früher dienten diesen Zwecken Duelle und Fehden, heute sind es Prozeßführung oder Parlamentsdebatten, öffentliche Proteste, Petitionen, Protestmärsche, Kundgebungen u. ä. m. Auf diese Weise werden die Spannungen gemildert, die aus neuen Situationen entstehen; aber damit ist nicht gesagt, daß in jedem Falle schon ein festes Muster entsteht oder die nötige Anpassung vollzogen wird.

Das Fehlen von Mustern – ein wichtiges Merkmal der von Llewellyn so genannten »Störungsfälle« – hat eine wesentliche Rolle für die Entwicklung des *Common Law* durch die Rechtsprechung gespielt[41]. Nach festem Brauch wird von dieser Entwicklung als von einem praktischen Versuch gesprochen, wobei von Fall zu Fall der Weg zur Behandlung neuer Rechtsfragen gesucht wird, wenn neue Situationen (sog. »Ersterscheinungen«) vorkommen. Wenn die amerikanischen Rechtsrealisten die Unvorhersehbarkeit richterlicher Entscheidungen betonen, so bezieht sich das wohl entgegen der Annahme ihrer Gegner weniger auf die persönliche Unberechenbarkeit von Richtern als vielmehr auf die Tatsache, daß Entscheidungen »situationsbegrenzt« sind[42]. »Ersterscheinungsfälle« entstehen dann, wenn die widerstreitenden Interessen der Prozeßparteien noch keinen Ausgleich innerhalb der Rechtsordnung gefunden haben. Daß ein unparteiischer Dritter den Parteien volles Gehör gewährt und über ihren Streit zu Gericht sitzt, erfüllt auf jeden Fall die wichtige Aufgabe, die durch die neue Situation entstandene

Spannung zwischen den Parteien zu beschwichtigen, einerlei ob dadurch zugleich auch eine als Muster für künftige Streitigkeiten brauchbare Lösung herauskommt[43]. Ein treffendes Beispiel hierfür ist die früher erörterte Entwicklung der englischen Rechtsprechung über die rechtlichen Grenzen im Wirtschaftskampf zwischen Arbeitgeber- und Arbeitnehmerverbänden. Fast drei Generationen lang ging ein Fall nach dem anderen in die höchste Instanz, aber es wurde trotzdem keine Musterlösung für die neuen Situationen gefunden, auch wenn (was nicht immer geschah) die Spannung im einzelnen Fall behoben wurde. Die Gesetzgebung jedoch erkannte die Bedeutung der neuen Kräfte auf dem Gebiet der Arbeiter- und Unternehmervereinigungen und führte namentlich mit Rücksicht auf die Forderungen der Gewerkschaften Rechtsänderungen zum Ausgleich der Verhandlungsstärke ein. Soweit dieser Ausgleich nicht ausreichte, führte man Tarifvertragsverhandlungen und Schiedssprüche ein, um künftige Streitigkeiten über die Folgen neuer Situationen zu schlichten. Situationen, für deren Behandlung noch kein Muster besteht, entstehen immer aufs neue und müssen dies auch in Zukunft, beispielsweise unter dem Druck technologischer Änderungen, deren jüngste Stufe die Automatisierung ist. Diese Tatsache und die gewaltigen Kräfte und mächtigen Interessen, die einander im Kampf der Arbeiter gegen die Unternehmer gegenüberstehen, haben die demokratischen Staaten veranlaßt, neben anderen sonstigen arbeitsrechtlichen Verfahren immer auch die Möglichkeit von Vertragsverhandlungen zwischen den beteiligten Großgruppen offenzuhalten. Mit den verbesserten Löhnen und Arbeitsbedingungen sind Streiks seltener geworden. Manche maßgebenden Sachverständigen für das Arbeitswesen haben sich gefragt, ob diese Abnahme von Streiks zu begrüßen oder nicht eher zu bedauern sei[44]. Der Grund hierfür liegt wohl in dem neuen »Industriefeudalismus«, den die Abnahme mitsich bringt, und in der Befürchtung, daß für etwaige Spannungen infolge künftiger Änderungen das Abzugsventil des Streiks fehlen könnte.

Eine Vorsorge für neue Situationen auf ganz anderen Gebieten liegt in der Ermessensfreiheit, die den Gerichten in Jugendsachen und im Sühneverfahren in Ehesachen gewährt ist. Sie liegt zum Teil auch dem Streben nach »Individualisierung« der Strafrechtspflege zugrunde. Man erkennt die Einmaligkeit und

Erstmaligkeit jeder Straftat als Folge der bei jedem Täter verschiedenen einmaligen Erbanlage und Lebenserfahrung, mag seine Handlung auch ganz das Muster des gesetzlichen Tatbestands erfüllen.

»Musterlose« Situationen können sonach das Verhalten beeinflussen und eine soziale Ordnung, unter Umständen sogar eine unmittelbare soziale Ordnung ausüben. Nur selten aber kann dies eine »bewußte« Ordnung in dem Sinne sein, daß die Betroffenen sich ihrer als Ordnung bewußt sind. Mag man auch die Art seiner Anpassung mit statistischer Genauigkeit vorhersagen können, der Betroffene wird stets glauben, er handle selbständig und seine Anpassung an die neue Lage sei unbeeinflußt. Schließlich kann eine solche Beeinflussung durch eine neue Lage persönlich oder unpersönlich sein, je nachdem die neue Lage von anderer Seite absichtlich geschaffen worden ist, um gerade diesen Einfluß auf das Verhalten des Betroffenen auszuüben, oder ob dies nicht der Fall ist. Wenn eine Frau mit Erfolg ihrem Manne absichtlich eine Szene macht, um von ihm einen Pelzmantel als Versöhnungsgabe herauszuschlagen, dann enthält diese Lage eine »mittelbare«, »unbewußte«, aber »persönliche« Beeinflussung des Mannes. Ebenso steht es, wenn ein gerissener Anwalt in einem Schadenersatzprozeß wegen Körperverletzung für einen so baldigen Verhandlungstermin sorgt, daß seine Partei noch in übel zugerichtetem und mitleiderregendem Zustand vor dem Schwurgericht erscheinen kann. Wie ich schon bemerkt habe, haftet den *persönlichen* mittelbaren Beeinflussungen häufig ein Element der Täuschung an.

§ 8 Sozialer Mechanismus: Wettbewerb und Arbeitsteilung

Es gibt Verhalten, deren Befolgung durch die einen andere zu einem entsprechenden Verhalten anregt, ohne daß dabei unmittelbare Beeinflussung durch Massenantrieb, Gruppendruck oder Neuheit der Situation mitwirkt. Das Zusammenspiel zwischen solchen einander anregenden Verhaltensmustern kann, wenn es bewußt mit diesem Ziel geschieht, als ein sozialer Mechanismus bezeichnet werden, so z. B. der Wettbewerb. Der wirtschaftliche Wettbewerb brachte zunächst die veralteten Überlieferungen und rechtlichen Beschränkungen aus dem Zeitalter der Handarbeit zum Verschwinden, dann schuf er aus eigener Kraft den gewaltigen Bau der modernen Wirtschaft und darin die mächtigen Gruppen, die heute eine so große Rolle spielen. Der Wettbewerb zwang die Unternehmer zu immer weiterer Ersetzung der Menschenarbeit durch Maschinenarbeit, weil die Handarbeit dem Wettbewerb der billigeren Maschinenarbeit nicht gewachsen war. Das hatte einen häufigen Wechsel in der Fabriksbelegschaft zur Folge und zerstörte dadurch das früher übliche persönliche Verhältnis zwischen Arbeitgeber und Arbeitnehmer, das alte Lehrlingswesen und System der Lohnfestsetzung sowie einen großen Teil des alten Armenfürsorgerechts. In großen Unternehmen setzte beim Mangel an jeder persönlichen Fühlungnahme der Unternehmer die Löhne ausschließlich nach Angebot und Nachfrage fest; ein Unternehmer, der andere Gesichtspunkte berücksichtigt hätte, wäre ihm gegenüber im Nachteil gewesen. Dieser Einfluß seiner eigenen Interessen auf das Verhalten des Arbeitgebers war unabhängig von irgendwelcher unmittelbaren Beeinflussung durch andere Menschen und entsprach auch nicht notwendigerweise seinen eigenen Neigungen, konnte ihnen sogar ganz widersprechen. Die Beeinflussung war unpersönlich und mittelbar, zum großen Teil auch unbewußt[45].

Die Wirkungen dieses Mechanismus hörten nicht auf, nachdem die wirtschaftlichen Einrichtungen des wettbewerbslosen früheren Zeitalters im wesentlichen verschwunden waren. Gerade das Streben nach verstärkter Wettbewerbsfähigkeit führte zur Verschmelzung von Einzelunternehmen zu immer größeren Einheiten und so zu neuen Gruppeneinflüssen anstelle des lockeren Systems von Einzeleinflüssen. Dies ist ein wesentlicher Teil des Hintergrunds des Problems der wirtschaftlichen Verbandsbildung. Es wird ein Punkt erreicht, an dem der einzelne sich nicht mehr freiwillig dem mittelbaren sozialmechanischen Druck des Wettbewerbs beugt, sondern nur der meist unmittelbaren Beeinflussung durch mächtige organisierte Gruppen. Im vergangenen Jahrhundert hat, wie man füglich sagen kann, das wirtschaftliche *laissez-faire* an die Stelle von unmittelbarer, persönlicher Beeinflussung die mittelbaren und unpersönlichen Einflüsse gesetzt und dadurch die persönliche Freiheit gefördert. Das war indessen nicht die einzige und keine Dauerfolge des *laissez-faire*.

Nach der Bildung der großen Monopolgruppen gilt es nicht

notwendigerweise, zwischen Freiheit und Unterwerfung unter unmittelbare persönliche Aufsicht durch Beamte zu wählen. Vielmehr kann es auch eine Wahl sein zwischen offener unmittelbarer Aufsicht durch verantwortliche Beamte und einer mehr oder weniger heimlichen, mittelbaren und unmittelbaren persönlichen Aufsicht durch große Einheiten der Privatwirtschaft, die oft von einigen wenigen Einzelpersonen beherrscht werden und die der Öffentlichkeit gegenüber nicht verantwortlich sind[46].

Der Wettbewerb ist offenbar ein allgemeiner sozialer Mechanismus; er tut seine Wirkung auch außerhalb des Wirtschaftslebens, z. B. in der Liebe, im Krieg und in der Erziehung. Zudem nimmt er auf dem Gebiete der Wirtschaft verschiedene Formen an, z. B. auf dem Warenmarkt andere als auf dem Stellenmarkt. »Selbst wenn alle Schauspieler gleich hohe Gehälter bekämen, würde ein Mann lieber den Hamlet spielen als die Nebenrolle eines ›ersten Matrosen‹«[47]. Aber auch auf dem Gebiete des Wettbewerbs am Arbeitsmarkt entstehen verschiedenartige Probleme, je nachdem es sich beispielsweise um ungelernte Arbeit oder um hohe Beamtenstellen im Staatsdienst handelt. In unserem Jahrhundert haben diese verschiedenen Wettbewerbsgebiete zusammengewirkt bei der Schaffung des allumfassenden Wettbewerbs der großen Staaten um »Macht, Reichtum, Herrschaft über den Glauben der Menschen und vor allem um das Leben selbst«[48].

Auch die Arbeitsteilung ist ein sozialer Mechanismus. In der Wirtschaft ist es ihre Aufgabe, das Verhalten von »rationell« organisierten Arbeitsgruppen zu regeln, wie z. B. im Produktionsbetrieb einer großen modernen Fabrik. Aber ihre Bedeutung reicht weiter. Im Bezug auf staatliche Aufgaben kann die Arbeitsteilung die Form der Gewaltenteilung und Gewaltentrennung annehmen, wobei die einzelnen Gewalten einander überwachen, im Gleichgewicht halten und so die persönliche Freiheit schützen. Die Klassentrennung in ihren verschiedenen Graden ist ein Mechanismus, der seinen Einfluß innerhalb der Gesellschaft zu sehr verschiedenen und sogar zu entgegengesetzten Zwecken ausüben kann. Auf der einen Seite kann sie, wie beim indischen Kastensystem, außer ihren sozialen, wirtschaftlichen und religiösen Aufgaben dem Zweck dienen, eine Klasse in erblicher Unterwerfung zu halten. Auf der entgegengesetzten Seite versucht die marxistische Klassentheorie, eine schwächere und weniger scharf abgegrenzte wirtschaftliche Klasse so stark zu machen, daß sie die derzeit mächtigere Klasse zum Kampf um die Vorherrschaft herausfordern kann. In noch anderen Fällen kann der Mechanismus der gesellschaftlichen Schichtenbildung zu Zwecken regelmäßiger Ordnung dienen, etwa bei der Einteilung von Schülern in verschiedene »Häuser« zur Erleichterung des Sportbetriebs. Er zeigt sich auch bei den Einteilungen, die bei primitiven Volksstämmen üblich sind, um »Störungsfälle« oder Streit zu vermeiden, sei es Streit über Weiber, über Gebrauchsgegenstände (z. B. Fischerkähne) oder über Lebensmittel.

§ 9   Beschränkte Wirkung, Zusammentreffen, Gegensätzlichkeit und wahlweise Verfügbarkeit des sozialen Ordnens

Die oben erwähnten drei Unterscheidungen zwischen (1) unmittelbaren und mittelbaren, (2) bewußten und unbewußten, (3) persönlichen und unpersönlichen Ordnungen sind jedoch von besonderer Bedeutung für das Verständnis der Rolle des Rechts in der Gesellschaft, wozu dreierlei anzumerken nötig erscheint:
Erstens: der Ausdruck »soziales Ordnen« darf nicht wörtlich verstanden werden. »Soziale Ordnungen« sind selten unbedingt wirksam – sie beherrschen das Verhalten nicht im selben Sinne, wie der Fahrer eines Autos das Lenkrad beherrscht, und nicht einmal in dem Sinne, in dem der Naturwissenschaftler die Veranstaltungen für seine Versuche bestimmt. Das soziale Ordnen besteht nur in fortgesetzter *Beeinflussung (influence upon)* und nicht so sehr in endgültiger *Bestimmung (determination of)* des Verhaltens; in der Gleichheit des Verhaltens als einem angestrebten, nicht als einem schon erreichten Ziel. Das gilt nicht nur für einige besondere Arten des sozialen Ordnens, sondern für das soziale Ordnen überhaupt[49]. Keiner bekannten Gesellschaft ist es gelungen oder wird es je gelingen, alle die verwickelten Vorgänge des Lebens in der Gesellschaft wirklich zu beherrschen oder gar bewußt zu beherrschen. Ich komme auf den Meinungsstreit hierüber noch zurück.
Zweitens: Wie immer wir die einzelnen uns bekannten Sozialordnungen definieren und einteilen, sie gehen schließlich in ein weites Gebiet von Einflüssen auf das Sozialverhalten über, das

jeder genauen Behandlung spottet. Es gibt große Bewegungen, die den stärksten Einfluß auf die entwickelte Gesellschaft gehabt haben: die Renaissance, die Zunahme von Handel und Verkehr in Europa während des Mittelalters, die internationale Arbeiterbewegung unseres Jahrhunderts, die Ausdehnung von Wissen und Technologie des Westens. Diese Bewegungen sind nicht als besondere Sozialordnungen zu erklären; sie entstehen nicht aus Massenantrieben, auch nicht aus Gruppenüberlieferungen oder als Teil einer geplanten Entwicklung. Wahrscheinlich sind sie eng verknüpft mit neuen Situationen, die durch Veränderungen der physischen oder menschlichen Umwelt, oft als die Folge technologischer Entwicklung, entstehen. Der tiefgehende Einfluß solcher Bewegungen scheint gerade dem Umstand zuzuschreiben zu sein, daß sie über die vorhandenen besonderen Sozialordnungen hinweggehen und deren Zerfall oder Umwandlung herbeiführen oder beschleunigen. So spielte sich der mächtige Handelsverkehr des Mittelalters außerhalb der Gruppen und Gebietskörperschaften des weltlichen Kaiserreichs und der Kirche ab, außerhalb des herrschenden Lehens- und Gewohnheitsrechts und entgegen der lehensrechtlichen Form der Arbeitsteilung. Die Handelsherren waren über Europa zerstreut und bildeten keine feste Gruppe im strengen Sinne. Man könnte höchstens sagen, daß sie in ihrer Tätigkeit bis zu einem gewissen Grade voneinander abhängig waren, weil sie miteinander in Wettbewerb standen und einander zum Vorbild nahmen, sowie alle den gleichen Kampf gegen die vorhandenen Sozialordnungen und Sozialmuster führten. Man hat Bewegungen dieser Art »*field structures*« (etwa: »offene Formationen«) genannt, aber diese Bezeichnung hilft kaum zum Verständnis der Sache, ja sie kann sogar den falschen Anschein erwecken, als ob es sich um eine scharf definierbare Erscheinung handle, während es in Wirklichkeit etwas Verschwommenes, Verwickeltes und Veränderliches ist, das bis jetzt auch kaum jemand verstanden hat[50].

Drittens: Die Einteilung der Sozialordnungen in unmittelbare und mittelbare, bewußte und unbewußte, persönliche und unpersönliche hilft zu ihrem theoretischen Verständnis, in ihrer Wirkung auf die Gesellschaft sind sie aber nicht wirklich voneinander zu trennen. Die Wirkungen der einen Ordnung können durch andere Ordnungen abgelenkt, verändert, geregelt oder zunichte gemacht werden. Die Bemühungen, Kinder die Bewältigung neuer Situationen zu lehren, können bei den meisten Kindern hinfällig werden, wenn sie später den Einflüssen eines rationalisierten Fabrikbetriebs unterworfen werden. Umgekehrt kann eine planmäßige Verwertung anderer Einflüsse während der Freizeit ein erfolgreiches Mittel gegen die Zerstörung von Urteils- und Entschlußkraft sein, die mit hochgradiger Arbeitsteilung in Fabriken verbunden ist. Zudem ändern sich von Zeit zu Zeit und von einer Gesellschaft zur anderen die Formen, in denen die verschiedenen Arten von Sozialordnungen oder Einflüssen auftreten, und der Anteil jeder Art an der Gesamtheit der Einflüsse. Die Sozialordnung des Rechts kann zu bestimmter Zeit und in einer bestimmten Gesellschaft quer durch alle anderen Sozialordnungen hindurchgehen, sie ergänzen, ändern oder verdrängen. Wie Llewellyn sagt[51], »ist das Recht an der Erfüllung vieler Aufgaben beteiligt, die ihm ursprünglich nicht zugedacht waren«, und wird »in der Erfüllung seiner Aufgaben von vielen anderen, schon bestehenden sozialen Einrichtungen unterstützt«[52]. Die Bedeutung der Regeln eines Rechtsgebiets für die Gesellschaft kann nur dann richtig verstanden werden, wenn man diese Wechselwirkungen beachtet.

Soziales Ordnen nimmt vielerlei Formen an; es reicht von unmittelbarer Gewalt gegen die Person bis zu gänzlich unpersönlicher Beeinflussung, die dem einzelnen weite Entschlußfreiheit beläßt. Oft kann ein gewünschtes Ergebnis wahlweise durch verschiedene Einflußarten erreicht werden. Unmittelbare Ordnung kann sich in mittelbare umwandeln, wie dies im Laufe der Zeit wiederholt bei den Mitteln des Anreizes zur Arbeit geschehen ist. Solche Veränderungen sind nicht nur sachlich schwierig, sondern auch hinsichtlich der psychologischen Probleme, die damit verbunden sind. Sobald z. B. die Peitsche und das Gesetz, der Hunger des Arbeiters und seiner Familie als Arbeitsantrieb ausscheiden[53], und in dem Maße, in dem die fortschreitende Ersetzung der menschlichen Arbeit durch Maschinenarbeit die Arbeitszeit verkürzt und Arbeitsstellen abschafft, gewinnt das sozialpsychologische Problem der Freizeitverwendung und der Volksbildung als ihre Grundlage große Bedeutung. Wenn es an Gelegenheit zur Ausfüllung der Freizeit[54] und an der Fähigkeit zu sinnvoller, gehobener Verwendung der freigewordenen Arbeitskraft fehlt, können ernstliche Anpassungsschwierigkeiten

entstehen. Dies ist überhaupt eine häufige Begleiterscheinung jeglicher sozialen Veränderung[55]. Es kann sich auch die eine Art von mittelbarer Ordnung in eine andere ebensolche verwandeln, wenn z. B. der Wettbewerb zwischen Landwirten durch eine landwirtschaftliche Einkaufs-, Verkaufs- und Kreditgenossenschaft ersetzt wird.

III. Die Ausdehnung der Rechtsordnung und das demokratische Staatswesen

§ 10 Die Fabeln von Planung und Laissez-faire

Im Jahre 1950 tobte noch der Streit über den vermeintlichen Gegensatz zwischen *laissez-faire* und Planung auf sozialem Gebiet, namentlich auf dem der Wirtschaft; ich habe schon damals darauf hingewiesen, daß dieser Gegensatz streckenweise nur in der Einbildung besteht[56]. Gunar Myrdal bezeichnete diesen ganzen Meinungsstreit später als »abgestanden und wirr«. Er erklärte die grundlegende Voraussetzung für die Vorstellung von einer »*laissez-faire*-Wirtschaft« für falsch, nämlich die, daß es eine »Wirtschaft geben könne, in der die Verteilung von Gütern und Dienstleistungen nicht bewußt zweckmäßig gelenkt wird«, also eine Art von »automatischer Lenkung des Wirtschaftslebens in der Richtung auf ein ihm innewohnendes Ziel«. Eine solche Vorstellung widerspreche dem Begriff der Wirtschaft, denn der Gegenstand der Wirtschaft sei die Güter- und Dienstverteilung zu bestimmten Zwecken. (Aus demselben Grund sei der Ausdruck »Planwirtschaft«, wörtlich genommen, eine Tautologie)[57]. Solche kühnen Annahmen stecken in vielen *laissez-faire*-Auffassungen des letzten Jahrhunderts. Sie leben noch heute fort und zeigen sich in der Überzeugung, daß, wenn nur der Staat nicht eingriffe, eine »natürliche« Harmonie zwischen den wirtschaftlichen Interessen der Mitglieder der Gesellschaft zutage treten würde[58].
Wie jetzt allgemein anerkannt wird, kann auch ein System völlig freier wirtschaftlicher Betätigung nur bestehen, wenn die ursprünglichen Eigentums- und Besitzverhältnisse rechtlich geschützt und Vertragsansprüche rechtlich erzwingbar sind. Soweit der Staat innerhalb seiner Wirtschaftspolitik und nach

seinen Vorschriften die Einhaltung von Verträgen erzwingt, ist auch die unter freiestem *laissez-faire* entstehende Harmonie keine »natürliche«, sondern eine »geschaffene« Harmonie. Weder im Merkantilismus des 18. Jhts. noch in der viel verwickelteren wirtschaftlich organisierten Gesellschaft, die mit der Industrialisierung entstand, war das Wirtschaftsleben in Wirklichkeit sich selbst überlassen, um planlos seinem »inneren Ziel« zuzustreben. Als im 19. Jht. die Herrschaft des *laissez-faire* über das politische und wirtschaftliche Denken ihren Höhepunkt erreichte, lockerte der Staat zwar seine Aufsicht über den Handel, begann aber, sich mit der Industrie zu befassen. Und die Gerichte haben von Anbeginn ständig eingegriffen, wo es sich um Grundfragen der Wirtschaftspolitik handelte, namentlich wenn es galt, den wirtschaftlich Schwachen zu schützen und die Monopole in Schranken zu halten[59].

Sowohl theoretisch als auch historisch ist es deshalb eine irrige Annahme, daß *laissez-faire* und Planwirtschaft durch eine Art Grenzmauer voneinander getrennt seien. Die beiden Wirtschaftssysteme schließen einander, wie sich bei ruhiger Prüfung herausstellt, keineswegs gegenseitig aus und sind nicht unvereinbar. Die Trennungslinie zwischen ihnen steht nicht fest, sondern wird von Zeit zu Zeit versuchsweise verlegt, je nach den wechselnden Ergebnissen theoretischer Forschung und praktischer Erfahrung. Sie bezeichnet stets die zur gegebenen Zeit gültige Grenze zwischen den für unmittelbare, bewußte Rechtsordnung geeigneten Gebieten des gesellschaftlichen Lebens und solchen Gebieten, die sich mehr für andere Arten der Sozialordnung eignen, besonders für mittelbare und unbewußte Beeinflussung des einzelnen oder der Gruppen.

Die zunehmende Verwicklung der westlichen Gesellschaften verlangt nach Ausdehnung und neuen Mitteln der Sozialordnung. Bei unserem wachsenden Verständnis für die Verflochtenheit, Wirkungsweise und Austauschbarkeit der artreichen Ordnungen und für die Muster und Beziehungen innerhalb der Gesellschaft müssen wir auf die Verantwortung antworten, ohne die Demokratie und den Mut zum persönlichen Entschluß zugunsten von starren Planungen oder von Beamtentyrannei preiszugeben. Mit modernen Bildungsmethoden ist es doch sicher möglich, die Kinder zu Selbständigkeit und Charakterfestigkeit zu erziehen,

so daß sie ihre eigenen Entscheidungen treffen können, ohne daß man sie mit der früher üblichen Strenge und mit Tabus behandelt. Es ist nicht einzusehen, warum es dem zufälligen Ergebnis des Wettbewerbs der Arbeitgeber überlassen bleiben oder von dem gegenseitigen Feilschen der Arbeitgeberverbände und Gewerkschaften abhängen soll, welche Folgen die »Rationalisierung« des Arbeitsvorgangs für die Person des Arbeiters hat. Verständnis für die Kräfte, die zur Zentralisierung und Bürokratisierung der Staatsfunktionen führen, kann zu Maßnahmen anregen, die sowohl der Beamtenwillkür vorbeugen als auch die Leistungen der Beamten steigern. Richtige Ausbildung und Sachkunde können auch hier zu einem Programm führen, daß die persönliche Entschlußfreiheit und die Entfaltung der Persönlichkeit nicht hemmt, sondern eher verwirklicht.

Umgekehrt werden die Menschen auf einem vom Recht noch ungeregelten Gebiet des Soziallebens manchmal einer sehr willkürlichen Beherrschung unterworfen, z. B. der Gewaltherrschaft des Gruppenvorurteils oder eines überwältigenden wirtschaftlichen Drucks oder den Mächten des blinden Zufalls. Es gibt Räume und Zeiten, wo persönliche Entschlußfreiheit und Persönlichkeitsentfaltung nicht unterdrückt, sondern im Gegenteil gefördert werden, wenn das Recht die ganze Sozialordnung beherrscht, wenn also die Gesellschaft verrechtlicht und nicht das Recht vergesellschaftet wird. Die gesteigerte Verflechtung des Soziallebens stellt uns vor die Aufgabe, unser wachsendes Verständnis zur Zurückdrängung all dessen zu benützen, was in unserem Gemeinschaftsleben willkürlich und zersetzend ist[60], und wir versagen bei dieser Aufgabe, wenn wir uns hinter allgemeinen Redensarten verschanzen, etwa dem Schlagwort von »dem Kampf der Freiheit gegen Total- oder Gesamtplanung«. Bei einer solchen schlagwortartigen Gegenüberstellung gehen die Wesenseigenheiten von Zeit, Ort, Tätigkeitsgebiet und Abstufung verloren.

Die Juristen sollten diese Fragen nicht als »rein politisch« abtun; sie sind von tiefster Bedeutung für das Recht und seine Zukunft. Die Rechtswissenschaft hat sich von jeher immer damit beschäftigt. Noch stehen die Juristen unter dem Einfluß von Kant, Hegel und ihren Erneuerern Stammler und Kohler, von Bentham, Mill, Ihering, obwohl die Forschungsergebnisse jener früheren Geister inzwischen durch die Fortschritte der Sozialpsychologie abgeschwächt und entschärft, zugleich aber auch bereichert worden sind. Unter den bedeutenden Vorkämpfern der Sozialpsychologie finden sich neben S. Freud, G. Le Bon und V. F. D. Pareto, die Namen großer Rechtsgelehrter wie O. v. Gierke, G. Tarde, Sir F. W. Maitland, Sir A. V. Dicey und L. Petrazycki. Die Beziehungen zwischen Recht, Gerechtigkeit und sozialen Tatsachen stehen im Mittelpunkt der Lehren von Montesquieu und Savigny, die Bedeutung des sozialen Zusammenhangs im Mittelpunkt der Lehren von E. Durkheim und L. Duguit. Die Arbeiten von Juristen wie O. W. Holmes jr., J. Brandeis, B. N. Cardozo, Sir H. Maine, Maitland, Dicey und Vinogradoff haben die Wichtigkeit der Beziehung zwischen Recht, Gerechtigkeit und sozialem Zusammenhang zu einem Gemeinplatz der Rechtswissenschaft geprägt[61]. Wie weit Sozialordnung durch das Recht möglich und besser ist als andere Ordnungsarten und als das Fehlen jeglicher Ordnung, ist eine Frage, die wir von einer großen Gelehrtentradition geerbt haben. Jede Generation muß aufs neue damit fertig werden.

§ 11   Grenzen des sozialen Planens

Bei wachsender Beschleunigung des staatlichen Eingreifens entstehen viele schwierige Fragen für die ungestörte Entwicklung des Rechts als Mittel der Sozialordnung[62]. Sie hängen alle mit der Frage zusammen, ob und wie die Ausübung einer unmittelbaren, bewußten Sozialordnung durch das Recht möglich ist, ohne den ererbten Besitz an Freiheit und Gerechtigkeit zu verletzen. Grundsätzlicher, theoretischer Widerstand gegen jede Ausdehnung des rechtsförmigen sozialen Ordnens ist gewiß abzulehnen, aber viele geltendgemachten Einwände enthalten doch wertvolle Hinweise. Die wichtigsten Einwände, die auch den nachstehenden Paragraphen zugrundeliegen, sollen hier näher erörtert werden: (1) Der Einwand mangelnder Kenntnis; (2) der Einwand der Versklavung; (3) der Einwand der Gegensätzlichkeit, Unklarheit und Unbeständigkeit der Ziele; (4) der Einwand der Gleichgültigkeit und Trägheit.
(1) *Der Einwand mangelnder Kenntnis:* Dies war das Hauptthema der umstrittenen Schrift von Sir K. R. Popper, »The Poverty of Historicism«[63]. Dieser Einwand macht geltend, daß

wir zwar von einzelnen Teilgebieten des Soziallebens genug verstehen mögen, daß solche Teilkenntnisse jedoch nach Art und Breite nicht genügen, um darauf ein Vorgehen aufzubauen, das Wirkungen für die Gesellschaft als Ganzes haben soll[64]. Die Fragwürdigkeit liegt gerade in der Verwicklung der modernen Gesellschaft, die das Verlangen nach Ordnung und Lenkung veranlaßt, und spiegelt den Weg wider, auf dem alle Kenntnisse, namentlich die in den Sozialwissenschaften, erworben und angewendet werden müssen. Schon aus praktischen Gründen muß jede Wissenschaft die Erscheinungen, die sie erforschen will, aus ihrem tatsächlichen Zusammenhang mit der Außenwelt herauslösen, um die Untersuchung in den gebotenen Grenzen zu halten. Diese Herauslösung geschieht mit Hilfe von Begriffsbildungen, z. B. der Begriffe vom Mensch als Wirtschaftswesen oder vom abweichenden Verhalten. Eine solche Begriffsbildung (Abstraktion) ist eine Entstellung der Wirklichkeit, auf die sie sich bezieht, und diese Entstellung beeinflußt die weitere Erkenntnis, die sich des Begriffs bedient. Auf einigen Wissensgebieten, namentlich in der Naturwissenschaft, hat man geeignete Methoden gefunden, um solche Entstellungen zu berichtigen, ehe die Ergebnisse praktisch verwertet werden. Die Sozialwissenschaften haben in dieser Hinsicht viel größere Schwierigkeiten[65].

Vor allem anderen arbeiten die Sozialwissenschaften gewöhnlich mit sehr starken Abstraktionen, also mit entsprechend starken Entstellungen der Wirklichkeit. Wirtschaftswissenschaft, Ethik, Psychologie, Politikwissenschaft, Rechtswissenschaft und überhaupt alle Wissenschaften, die sich mit dem Menschen beschäftigen, versuchen, sich mit dem wirklichen Einzelmenschen als eines Gliedes der lebendigen Gesellschaft zu befassen, benützen aber dabei ihre jeweiligen Abstraktionen aus dieser verwickelten Einzelerscheinung und deren verwickelten Umwelt. Die wirklichen Einzelmenschen hingegen, für die die Gesetze bestimmt sind, fühlen, leben und handeln als einzelne, in sich geschlossene Lebewesen, die in der wirklichen Umwelt gegenseitig oder gruppenweise aufeinander wirken. Es ist schwer, die Berichtigungen zu finden, die nötig sind, und es ist unmöglich, sie schnell zu finden, um die durch wissenschaftliche Abstraktionen gewonnene Erkenntnis für eine solche wirkliche Gesamtheit verflochtener Ideen, Regeln, Gefühle, Rollen und Erwartungen wahr und fruchtbar zu machen.

Eine weitere Schwierigkeit geht von der »Rückkopplung« und dem »Heisenberg-Effekt« aus, die auf unsere Aufgaben zurückwirken, und zwar von der Handlung aus, die wir vornehmen, oder sogar von der Erkenntnis aus, die wir suchen, um unsere Aufgaben zu erfüllen[66]. Der Naturwissenschaftler beeinflußt ja (meistens in geringem, manchmal auch in entscheidendem Maße) gerade durch seine Versuche das Verhalten der untersuchten Erscheinung; für den Sozialwissenschaftler trifft das in einem weit größeren Maße zu. Gesetzliche Maßnahmen, beispielsweise die Einführung der öffentlichen Zahnbehandlung, werden oft eine Änderung der Bedürfnisse zur Folge haben, die den Maßnahmen zugrunde lagen. Die Beobachtungen, auf die man sich bei der Einführung der Maßnahmen verlassen hat, mögen *ursprünglich* noch so genau gewesen sein, sie können sich *nachträglich* als falsch erweisen, sobald die Maßnahmen zu wirken beginnen. Es ist dann gewöhnlich unmöglich festzustellen, ob sie von Anfang an unrichtig waren oder erst infolge der späteren Änderungen unrichtig geworden sind. Diese Rückwirkung zwischen Maßnahme und Gegenstand bildet schon auf engen Gebieten (wie dem der Zahnbehandlung) ernste Hindernisse für soziales Planen. Ernster werden sie, wo der Gegenstand des Planens ein größeres Gebiet des Soziallebens ist. Für umfassende Pläne sozialer Planung erweisen sie sich oft als unüberwindbar; denn darin sind viele Seiten des Soziallebens verwickelt, die selbst voneinander abhängig sind. Eine wachsende Zahl von veränderlichen Größen spielt dabei eine Rolle, und so wird es immer schwerer, die durch Abstraktionen verursachten Fehler herauszufinden und zu berichtigen, besonders weil wir zu diesem Zweck nicht den Gang des planenden Eingreifens vorübergehend stillegen können.

Die zum geplanten Eingreifen in das Sozialleben nötigen Kenntnisse werden also durch nachträgliche Erfahrung und entsprechende Berichtigung ausreichend. Die Korrektur ist aber hier unsicherer als in der Naturwissenschaft, weil es hier schwieriger ist, zu experimentieren und voneinander abhängige soziale Erscheinungen getrennt zu untersuchen. Je weitläufiger das behandelte Gebiet ist, desto größer werden diese Hindernisse. Selbst wo, wie auf dem Gebiete der Wirtschaft, feste Größenangaben zur Verfügung stehen und einen Teil der Barrieren beseitigen,

bleiben zweifellos andere Ursachen für mangelnde Kenntnis und daneben die nachstehend behandelten Probleme der Mittel und Wege bestehen[67].

Das zum geplanten sozialen Eingreifen nötige Wissen reicht häufig nicht aus, weil einfach das Forschen und das Verständnis durch allerhand Hindernisse und Entstellungen beeinträchtigt werden. Solche Widerstände können auf materiellen Interessen beruhen oder durch kulturelle Einstellung bedingt sein, auf jeden Fall sind sie heute auf sozialem Gebiet eine so ernste Gefahr, wie sie es im Mittelalter für die Naturwissenschaft gewesen sind[68].

Die im juristischen Denken[69] und in der Theorie des sozialen Planens seit 1946[70] herrschende Richtung trägt einer solchen Lage volle Rechnung. In wichtigen Beziehungen (wenn auch in weniger ausgeprägt theoretischer Form) hat schon die ältere »Rechtssoziologie« von Roscoe Pound das moderne sozialphilosophische Verfahren vorweggenommen, nämlich Stück für Stück vorzugehen und Einrichtungen oder Sachlagen eine nach der anderen zu behandeln. Pound erklärte 1923, die Aufgabe des Rechts sei das *»engineering«*, d. h. die zweckmäßige Gestaltung und Entscheidung des Einzelfalls, insbesondere der Ausgleich widerstreitender menschlicher Ansprüche, so wie sie aus dem Leben der Gesellschaft hervorgehen; aufzugeben aber seien vorläufig alle Versuche, die letzten Ziele des Rechts zu bestimmen oder zu verwirklichen[71] und allumfassende soziale Pläne auszuführen.

(2) *Der Einwand der Versklavung* bringt zweierlei vor:

Einmal schließt er sich dem Einwand mangelnder Kenntnis an. Wenn ein zu weitreichender Eingriff der Staatsgewalt in das Sozialleben wegen unzureichender Kenntnis der Grundlagen und Umstände mißlingt, dann muß der Staat entweder den Plan fallen lassen (und dadurch an politischem Ansehen verlieren) oder ein Doppelspiel beginnen, indem die Regierung oder das Parlament das Scheitern leugnen und den Plan weiter zu verfolgen vorgeben. Fallenlassen eines größeren sozialen Plans beschwört in der Demokratie gewöhnlich die Gefahr herauf, daß die Regierung gestürzt wird. Wenn Nachfolgeregierungen an solchen übersteigerten Zielen festhalten, dann werden auch sie scheitern, bis eine Regierung kommt, die bereit ist, lieber das Volk zu täuschen als zurückzutreten – ein Beispiel für eine Art von *Gresham's Law* (Lehre von der Verdrängung guten Geldes durch schlechtes, d. Ü.) der demokratischen Münzverschlechterung[72].

Zweitens wird der Einwand der Versklavung damit begründet, daß ein zu weit gespanntes Planen eine Gefahr für die Freiheit birgt, weil es den Planenden, den Technokraten, der technologischen Bürokratie, viel größere und bewußte Macht in die Hände legt, als daß die Regierung, das Parlament oder gar die Wählerschaft sie je zu überwachen vermöchten. Die Verhältnisse wären so verwickelt, daß es unlösbar schwierig wäre, die vielen nötigen Ermessensfragen nach demokratischen Grundsätzen zu prüfen. Wenn beispielsweise die wichtigsten Gebiete der Lohnarbeit zum Gegenstand des Planens gemacht werden, dann müßte jeder Arbeiter politische Unterwürfigkeit für nötig halten, um seine Arbeitsstelle zu sichern, und er würde wohl auch wegen schlechter Erfahrungen bei der Arbeit die Willkürherrschaft der Regierung tadeln[73].

(3) *Der Einwand der Gegensätzlichkeit, Unklarheit und Unbeständigkeit der Ziele:* Die Beziehungen zwischen den Zielen und dem Planen sozialer Maßnahmen sind keineswegs so einfach, wie es scheint[74]. Die Zielsetzung (die gewählten Werte, Politik, Absichten) verlangt »die Wahl von Richtlinien für soziale Maßnahmen auf Grund von Werturteilen«[75]; das Planen der Maßnahmen verlangt die Ausarbeitung eines zusammenhängenden Programms zur Erreichung der gewählten Werte. Wäre diese Unterscheidung wirklich ganz so scharf, dann müßte die Zielsetzung (die Bestimmung der Rechtspolitik) immer dem Einzelplanen vorangehen, also dem »Operationsplan« gegenüber den Vorrang haben[76]. Tatsächlich kann zu Zeiten (etwa bei Mobilmachung – obwohl auch da nicht immer) das ausführende Planen zu einer mehr oder weniger festgelegten Verwaltungsaufgabe werden. Läge die Sache so einfach, dann könnten wir sagen, die Einwände der mangelnden Kenntnis und der Versklavung bezögen sich überwiegend auf zu weite »Operationspläne«, während der jetzt zu behandelnde Einwand der Gegensätzlichkeit, Unklarheit und Unbeständigkeit sich überwiegend gegen Wertbestimmung und Zielsetzung richtet. Dies zeigt uns nachdrücklich, welche Bedeutung für zu weites Planen die bekannten Gegensätze und Unklarheiten über Ziele oder Werte haben können und wie schwierig es deshalb selbst bei weisester und

kenntnisreichster Führung ist, diese Ziele auf *demokratischem* Wege zu bestimmen.

Die Beziehungen zwischen Zielsetzung und Ausführungsplanung sind indessen viel verwickelter, als hiernach anzunehmen wäre. In Wirklichkeit schweben die Aufgaben der Zielsetzung nicht hoch über den Aufgaben der Ausführung, so als ob diese reine Verwaltungsfunktionen ohne eigene Zielsetzung wären. Wenn etwa die Vollbeschäftigung zum Hauptziel gemacht wird, so verlangt die Ausführung doch ununterbrochen weitere Entscheidungen über die einzuschlagende Richtung. Wenn beispielsweise die Beschäftigung zurückgeht und als Abhilfe Lohn- und Preissenkung, Staatsaufträge, Steuerermäßigungen oder andere Maßnahmen in Betracht kommen, wozu soll man sich entschließen? In Beziehung zu »Vollbeschäftigung« ist dies nur eine Ausführungsentscheidung, aber in Beziehung zu den nicht gewählten anderen Möglichkeiten und zur ganzen folgenden Verwaltungstätigkeit ist jede solche Entscheidung eine Zielsetzung, ein Stück Rechtspolitik[77]. Fast jeder Verwaltungsakt kann diese Doppelnatur haben. Volle demokratische Zustimmung zu einer weitreichenden sozialen Unternehmung muß deshalb nicht nur die anfänglichen, grundlegenden Richtlinien umfassen, sondern auch die Zwischenentscheidungen über die Wahl der richtigen Maßnahmen; auch muß diese Zustimmung natürlich während der Ausführung der Unternehmung fortbestehen. Um so stärker ist die Wahrheit des Ausspruchs, daß ». . . Planen und wirkliche politische Freiheit nur insoweit vereinbar sind, als sich die Menschen wahrhaft darüber einig sind, wofür sie planen wollen«[78].

Wer *Human Law and Human Justice* gelesen hat, wird nicht verkennen, daß alles dies zu dem Problem der Werte im engeren Sinne hinzukommt, das so gut wie immer bei Zielsetzungen (rechtspolitischen Entscheidungen) mitspielt. Auch wenn zugegebenermaßen rechtspolitische Ziele nur deshalb gültig sind, weil die Mitglieder der Gemeinschaft sich zur Zustimmung überreden lassen, so steht es doch bei jedem Mitglied, ob es zustimmen soll. Der Bürger oder der Gesetzgeber, der über die Zielsetzung entscheidet, muß ein Werturteil im engen Sinne fällen; nicht nur darüber, was die einen oder anderen Leute tatsächlich gutgeheißen haben, sondern darüber, was er selbst (und die anderen) gutzuheißen verpflichtet sein sollte[79]. Die Richtigkeit solcher

Werturteile (z. B. über Gerechtigkeit) läßt sich nicht mittels wissenschaftlicher Untersuchung beweisen; äußerstenfalls können wir sie auf Grund unserer wissenschaftlichen Kenntnisse in Frage stellen, indem wir die Tatsachen und Schlußfolgerungen anzweifeln, auf die sie sich berufen[80]. Je stärker wir uns also auf die Rolle verlassen, die das Recht als Sozialordnung auf der Grundlage sozialwissenschaftlicher Erkenntnis spielen kann, und je weitere Gebiete des Soziallebens wir dem Recht zum Zwecke der Sozialordnung überlassen, um so mehr vertrauen wir das soziale Schicksal ursprünglichen Zielsetzungen an, deren Richtigkeit sozialwissenschaftlich nicht nachprüfbar ist[81].

(4) *Der Einwand der Gleichgültigkeit und Trägheit:* Der Wohlfahrtsstaat hat sich bis heute schon so entwickelt, daß der weiteren Ausdehnung der Rechtsherrschaft in der Gesellschaft eine neue Schwierigkeit erwachsen zu sein scheint; mangelndes Interesse und schwindende Anteilnahme der Bürger an sozialen Belangen, die nicht unmittelbar und eindeutig der wirtschaftlichen Wohlfahrt der eigenen Generation dienen, also etwas anderem als der Sicherheit, Gesundheit, Ernährung, Behausung, Arbeitsbeschaffung, den Löhnen und Arbeitsbedingungen für die heute Lebenden. Wie sozialistische Theoretiker häufig klagen, sind unter den Gewerkschaftsmitgliedern politische Tatkraft und Kampfgeist zurückgegangen, seitdem sie höhere Reallöhne, Sozialversicherung, Vollbeschäftigung erreicht haben und seitdem der »Wohlfahrtsstaat« grundsätzlich verwirklicht ist[82]. Die Gleichgültigkeit beschränkt sich aber nicht auf die Arbeiter und Angestellten. Zum Teil drückt sich darin Wirklichkeitssinn und Ernüchterung gegenüber den Fortschrittsträumen des 19. Jhts. aus. Es ist aber auch eine Folge davon, daß der Bereich der Regierungsmaßnahmen wächst und daß sie mit zunehmender Zentralisierung der Verwaltung dem Einfluß der Bürger entrückt werden. Wenn jedoch demokratische Kontrolle der Regierung fortbestehen soll, dann machen es gerade die Ausdehnung und Zentralisierung der Regierungsgewalt nötig, daß die Staatsbürger, Staatsbewohner, die Menschen und ihre Verbände nicht weniger, sondern mehr an der Überwachung mitwirken. Dezentralisierung der Regierung und eine Neubelebung freiwilliger Betätigung der Staatsbürger werden so zu dringenden Geboten, wenn die Rolle des Rechts als eines Mittels der Sozialordnung sich erweitert[83].

Die Sozialordnung in Gesellschaften, die keine wirtschaftlich
entwickelten, stabilen Demokratien sind, stellt der Planung art-
eigene Aufgaben. Mit einigen von ihnen müssen wir uns näher
befassen, bevor wir uns der Frage zuwenden, welche Aussichten
für die demokratischen Gemeinschaften des Westens bestehen.
Erstens ist in *Kriegszeiten* das Planen ein Sonderproblem, sogar
in vollentwickelten Demokratien. Verschieden davon ist *zweitens* das diktatorische Planen, das von wirtschaftlich nicht entwickelter Grundlage ausgeht. *Drittens* nimmt das Planen eine
sehr eigenartige Bedeutung an, wenn eine nach Form und Wesen
demokratische Gesellschaft wirtschaftlich noch nicht entwickelt
ist.

(1) *Demokratisches Planen in Kriegszeiten.* Der Umfang der in
Kriegszeiten erlebten staatlichen Eingriffe wird manchmal als
Beweis dafür angeführt, daß sich die Demokratie mit weitge-
hendstem und strengstem Planen verträgt[84]. Tatsächlich erfaßte
die wirtschaftliche Mobilmachung der britischen und amerikanischen Demokratien im Zweiten Weltkrieg mit ihrem Planen
einen großen Teil der gesamten verfügbaren Rohstoffe, Indu-
strieanlagen und Verkehrsmittel, wie auch Preisregelung und
Arbeitsmarkt. Ist dies die Antwort des Diogenes auf die Einwände der mangelnden Kenntnis, der Versklavung, der Gegensätzlichkeit, Unklarheit und Unbeständigkeit der Ziele, um die
Einwände der Gleichgültigkeit und Trägheit nicht zu erwäh-
nen?

Die richtige Antwort ist: Die Umstände der Kriegszeit unter-
scheiden sich von denen der Friedenszeit so sehr, daß ihre
Bedeutung für die Probleme der Friedenszeit in vielen Punkten
ganz gering ist. Was beispielsweise die Ziele (oder Zwecke oder
Absichten) des Planens betrifft, so ist die geschlossene Opferbereitschaft der Gruppe für den militärischen Sieg nur deshalb
möglich, weil als einzige Alternative Tod und Verderben drohen.
In Friedenszeiten dagegen liegt eine andere als die geplante
Lösung – die sogenannte Alternative – meist noch immer im
Bereich fester Tradition, so daß die Entscheidungen der Men-
schen für die eine oder andere Lösung sich nicht in der gleichen
Weise gegenüberstehen. Umgekehrt werden Freiheitsbeschrän-
kungen im Krieg sowohl von den Regierenden, als auch vom

Volk als verzweifelte Notmaßnahmen angesehen. Das erleichtert nicht nur ihre Hinnahme durch das Volk, sondern steht auch dem Versprechen gleich, daß die Freiheitsbeschränkung ausläuft, wenn der Notstand erlischt; das wirkt dem Streben der Macht nach Fortdauer entgegen. Auch dürfen wir gegenüber den oft betonten »Erfolgen« der Zwangs- und Planwirtschaft im Krieg ihre Verschwendung, Fehlschläge und langfristigen sozialen und psychologischen Auswirkungen nicht übersehen, bevor wir unser Urteil fällen. Solche Nachteile mögen im Vergleich mit militärischer Niederlage und sozialem Zusammenbruch belanglos erscheinen, es ist aber recht fraglich, ob sie auch in einem gesicherten demokratischen System in Friedenszeiten erträglich sind.

(2) *Diktatorisches Planen auf wirtschaftlich nicht entwickelter Grundlage: Sowjet-Rußland.* In den Demokratien des Westens ergeben sich die Aufgaben des Planens aus einer langen Geschichte staatlichen Eingreifens in das Sozial- und Wirtschaftsleben und bestehen hauptsächlich darin, die früheren Eingriffe auf den verschiedenen Gebieten in geordneten Zusammenhang zu bringen. Im Gegensatz dazu versuchte der Sowjetstaat in seinem Planen, ohne Anknüpfung an die vorhandene Sozialordnung aus einer überwiegend bäuerlichen Wirtschaft eine ganz neue, zentralgelenkte Industriewirtschaft zu schaffen[85]. Darin allein liegt schon ein entscheidender Unterschied; hinzu kommt die Gefügigkeit, mit der das russische Volk die schweren Erschütterungen hinnahm, die auf die Revolutionsstimmung zurückzuführende Opferbereitschaft und die von den Sowjets in Schulen und Propaganda mit allen Mitteln geschürte Angst vor inneren und äußeren Feinden. Aus diesen Gründen und weil das zaristische Rußland ohnedies nur eine geringe Tradition an Freiheitsrechten hinterlassen hatte[86], sind aus dem bisherigen Planen in Sowjetrußland wenig Anhaltspunkte für die Frage zu gewinnen, ob, wo, wie und in welchem Umfang in den Demokratien des Westens die Sozialordnung durch das Recht erweitert werden sollte[87].

(3) *Nicht entwickelte Gesellschaften mit demokratischer Verfassung.* Die meisten neuen, wirtschaftlich noch nicht entwickelten Staaten in Asien und Afrika bieten, wie im Anfang Sowjet-Rußland, alles auf, um innerhalb ihrer wesentlich bäuerlichen Gesellschaften, mehr oder weniger aus dem Nichts heraus, industrielle Wirtschaftsordnungen zu schaffen. Keines dieser Län-

der (auch das frühere Britisch-Indien nicht) hatte irgendeine längere geschichtliche Erfahrung mit ausgedehnter staatlicher Wirtschaftsregelung. Eine solche umfassende Planwirtschaft kann zwar viel aus der Erfahrung älterer Staaten lernen, erfordert jedoch auf jeden Fall gewaltige Mengen von Kapital und Arbeitskräften. In dieser Beziehung nun ist die Lage grundverschieden von der früheren in Sowjet-Rußland und im Westen. Nach dem russischen Plan wurde das nötige Kapital dadurch beschafft, daß man das Nationaleinkommen aufsparte, anstatt es – wie man erwartet hatte – zur Verbesserung der Lebenshaltung zu verwenden. Als die Länder des Westens im 19. Jht. auf der gleichen Entwicklungsstufe angelangt waren, sicherte man das nötige Kapital und Arbeitskräfte nicht durch solch unmittelbaren staatlichen Zwang, erzielte aber ein ganz ähnliches Ergebnis durch Duldung eines Arbeitsmarkts, der die Löhne zu einer Zeit niedrig hielt, als die meisten Arbeiter noch kein Stimmrecht hatten und als sie und ihre Gewerkschaften noch keine politische Macht darstellten.

Das heutige Indien jedoch (um dies als Beispiel zu benützen) begann seinen »Vierjahresplan«, mit dem es seine Entwicklung zum modernen Industriestaat einleiten wollte, als ein demokratisch regierter Staat mit allgemeinem Wahlrecht. Die Schwierigkeiten dieses gewaltigen Unternehmens sind ohne seinesgleichen in den ersten zweihundert Jahren des industriellen Zeitalters[88]. Wenn der Plan Erfolg haben soll, so müssen viele Millionen von armen und verelendeten Arbeitern und Wählern eine einzigartige Selbstverleugnung zugunsten der nationalen Ziele vollbringen. Die Inder werden dann ihre Fähigkeit beweisen, wenn sie in wenigen Jahren die sachlichen Voraussetzungen, beruflichen Leistungen und andere Mittel der planmäßigen Zusammenarbeit für Industrie und Handel schaffen, wozu England hundert Jahre und eine lange Reihe von Eingriffen der Regierung nötig hatte. Indiens Entschlossenheit zu dieser Aufgabe verdient Bewunderung und die freigiebigste Hilfe, zu der die entwickelten Staaten im Stande sind. Denn vom Beispiel Indiens hängen sehr ernste Folgen für die ganze Menschheit ab. Dazu gehört die Frage, ob Indien und andere Staaten in gleicher Lage ihre Pläne auf demokratischem Wege verfolgen können oder ob sie nur die Wahl haben, sie entweder in der Schublade liegen zu lassen oder sie mit diktatorischen Mitteln auszuführen. Es gibt kaum ernstere Fragen als diese, aber sie unterscheiden sich doch von denjenigen, denen sich die älteren, entwickelten Demokratien gegenübersehen.

§ 13   Die Geschichte des staatlichen Interventionismus in den Demokratien des Westens

Es galt früher als sicher, daß im 19. Jht. die Regierungen jedem Eingreifen in die Wirtschaft abhold waren und etwa doch notwendige Eingriffe alsbald wieder rückgängig machten. Obwohl diese Annahme jetzt durch die Forschungsergebnisse der Wirtschaftsgeschichte in Frage gestellt ist, hat man sie keineswegs ganz aufgegeben. Diceys Verherrlichung des »Zeitalters des Benthamismus oder Individualismus, 1825–1870« ist als Gipfel des *laissez-faire* noch heute bei Anhängern und Gegnern der Planwirtschaft in aller Leute Mund, ebenso wie seine Vorhersage eines Zeitalters des Kollektivismus, das folgen müsse; das gilt sicherlich für die juristische Literatur[89].

Dieser noch immer lebende Mythos soll kurz richtiggestellt werden. Die Reihe der englischen Gewerbegesetze *(Factory Acts)* begann 1802. Schon von 1833 an wurde die Befolgung dieser Gesetze sowohl durch die Regierung als auch durch örtliche Gewerbeaufsicht erzwungen. Es folgten 1840 die Schutzvorschriften über die Reinigung der Fabrikschlote, 1840 diejenigen über Bergwerke und 1847 die Verkürzung der Arbeitszeit auf zehn Stunden *(Ten Hours Act)*[90]. Von den *Combination Acts* (Gesetze über den Zusammenschluß von Arbeitern) von 1824/25 an ging die Gesetzgebung (oft gegen den Widerstand der Gerichte) dazu über, die Gewerkschaften als Einrichtungen des Wirtschaftslebens anzuerkennen. Brennende Fragen unserer Zeit, wie etwa die der *Taft-Hartley Acts* (über die Beziehungen zwischen Arbeiterschaft und Fabriksleitung) und ihres Widerrufs[91], gab es schon seit mehr als hundert Jahren. Gesundheits- und Unfallverhütungsvorschriften für die Industrie gab es in reichem Maße schon in der Mitte des 19. Jhts. Der Staat hatte damals längst den Einfluß seiner Macht auszuüben begonnen: auf Personen- und Güterbeförderung zu Wasser und zu Land, auf Post und Telegraphie (beide in England etwa um diese Zeit verstaatlicht), auf Gas- und Wasserversorgung, auf die Lebensmittelversorgung sowie auf andere für die Öffentlichkeit wichtige Unternehmen. Die Wirtschaftsordnung des 19. Jhts. ist gekennzeichnet durch Vorschriften über Privatunternehmen ganzer Industriezweige, durch mittelbare Beeinflussung auf Umfang und Art der Produktion (z. B. durch Änderungen des Diskontsatzes), durch Förderung der Vertretung der Arbeiter- und Verbraucherinteressen in der Industrie, durch gemischtwirtschaftliche und genossenschaftliche Betriebe und auch durch regierungseigene Betriebe[92]. Unter der Führung von Benthams eigenen Schülern, Männern wie Southwood, Smith und E. Chadwick, wurden große Fortschritte auch auf dem Gebiete der vorbeugenden öffentlichen Gesundheitspflege gemacht, u. a. im Städtebau (offene Bauweise). Meinungsverschiedenheiten betrafen meist nur Zuständigkeitsfragen, nämlich den Gegensatz zwischen zentraler und örtlicher Verwaltung. Der Schulzwang geht bis ins Jahr 1833 zurück. In dieser Hinsicht, wie in vielen anderen Beziehungen, wurzeln die moderne soziale Wohlfahrt und Sozialfürsorge ausgerechnet in der Zeit, in der Dicey das *laissez-faire* verherrlichte.

Wir brauchen uns hier nicht mit einer Untersuchung darüber aufzuhalten, wie sich Benthams Lehren zu ihrer Auslegung durch Dicey verhielten[93]. Viele von Bentham vorgeschlagenen Maßnahmen, die wir heute als das Ergebnis kollektivistischer Entwicklung erkennen können, wollte Dicey nicht als kollektivistisch gelten lassen, sondern als Anzeichen von Übertragung politischer Macht oder von Humanitätsstreben. Er versuchte also, sowohl die Tatsache der Vorschläge Benthams für staatliches Eingreifen anzuerkennen als auch die These von Benthams goldenem Zeitalter des *laissez-faire* zu retten[94]. Wir wissen aber, mit welchem Schmerz und Widerwillen Dicey das folgende, von ihm so genannte Zeitalter der kollektivistischen Maßnahmen betrachtete. Mit seiner Auslegung von Benthams Interventionismus als Humanitätsstreben verlängerte Dicey das glücklichere Zeitalter des *laissez-faire*. Whitehead sagte einmal: »Unsere Geschichte der Ideen ist das Ergebnis unserer Ideen von der Geschichte, also unseres eigenen geistigen Standpunktes[95].« Wenn demnach unsere heutige Vorstellung vom Zeitalter des *laissez-faire* mythische Züge trägt, so trifft dasselbe wohl auch auf den vermeintlichen Gegensatz zum nachfolgenden kollektivistischen Zeitalter zu. Dann können wir aber aus der Erörterung über Freiheit und Planen die Schwarz-Weiß-Malerei, die Furcht und Hoffnung gegenüber dem Unbekannten getrost weglassen. Möglich ist, daß wir weder dem Zeitalter des *laissez-faire*, des Individualismus und der Freiheit weiter entwachsen noch ganz in ein Zeitalter des Planens, der vollständigen Sozialordnung und des kollektivistischen Reglementierens hineingeraten – einerlei, welches von beiden wir als Schreckgespenst, welches als goldenes Zeitalter ansehen.

§ 14 Die Entstehung des demokratischen Planens aus Eingriffen bei besonderen Anlässen

Das 18. Jht. war von strenger merkantilistischer Reglementierung gekennzeichnet. Zwischen jenem System und dem staatlichen Interventionismus bestehen zweifellos große Unterschiede in Aufbau und Zielen. Der Interventionismus erweiterte sich im Zeitalter der Industrialisierung zu dem modernen System des sozialen Planens im Wohlfahrtsstaat. Die merkantilistische Reglementierung beruhte auf der (»statischen«) Annahme, daß die Volkswirtschaft in ruhigem Gleichgewicht gehalten werden könne. Ganz verschieden hiervon waren die kraftvolle (»dynamische«) Unruhe und Entwicklung, die nunmehr die reichen Industriestaaten sowie die nicht entwickelten Länder ergriffen, wofür wir eben die geeigneten demokratischen Rechts- und politischen Formen suchen[96]. In diesem Gegensatz liegt jedoch kein Bruch der Geschichte, soweit es sich um die Verrechtlichung der Sozialordnung handelt. In Wirklichkeit hat sich das Eingreifen des Staats in dem Maße ausgedehnt, in dem die wirtschaftlichen und sozialen Probleme sich vermehrten. Bei dieser Entwicklung häufen sich die Fälle der einzelnen staatlichen Eingriffe derart, daß eine gewisse Ordnung und Gliederung der staatlichen Maßnahmen und der von ihnen geregelten Verhältnisse notwendig wird. Nichts war nach einem Ausspruch von G. Mydral »weniger geplant als das Emporkommen und die wachsende Bedeutung des Planens in allen Ländern des Westens«. Das Planen ist eine Folge, keine Ursache der Ausdehnung der Staatsgewalt, wie wenn man »erst das Brot und dann die Hefe in den Backofen steckte«[97].

302

In unserem Jahrhundert war es der Wille zur nationalen Selbsterhaltung in Kriegs- und Krisenzeiten, der die staatlichen Eingriffe vorantrieb. Zugleich sind sie jedoch wie früher eine Folge davon, daß die Industrialisierung und die mit ihr verbundenen Veränderungen in den Lebensverhältnissen der Bevölkerung zur Vermehrung der Selbstverwaltungskörper, der freiwilligen Verbände, der Zusammenschlüsse von Kapital und Arbeit und zahlreicher anderer untergeordneter Stellen der sozialen Verwaltung führten. Solche Stellen und Vereinigungen beteiligen sich an den Beratungen und dem Aushandeln, das den staatlichen Eingriffen vorangeht; sie bilden eine Art von zweckmäßigem Unterbau der demokratischen Gesellschaften, den wir heute fast als selbstverständlich voraussetzen. Vermehrtes staatliches Eingreifen entstand auch aus der ununterbrochenen Suche nach neuen Märkten und deren Beherrschung sowie aus den weitreichenden Bedürfnissen nach geordneter Ausnützung und Schutz neuer Verfahren und technischer Errungenschaften[98].

Der Interventionismus hat sich überdies oft aus sich selbst heraus vorangetrieben. Neue Arten staatlichen Eingreifens bei Krisen, namentlich im Krieg, ließen das Volk staatliches Eingreifen immer dann erwarten, wenn eine Gefahr zu drohen schien. Für soziale und wirtschaftliche Verhältnisse, die man früher sich selbst überlassen hatte, begann man jetzt, geplante, in erster Linie staatliche Maßnahmen zu verlangen, um Mißständen abzuhelfen oder um Vorteile zu sichern. Solche psychologischen Änderungen können Quellen haben, die ganz unabhängig von staatlichen Schritten sind. Geldentwertung oder irgendwelche ernste Störungen in Einkommensverhältnissen und Lebenshaltungskosten sowie überhaupt in der Volkswirtschaft haben zur Folge, daß die Währung ihre Unantastbarkeit einbüßt und kein Tabu sie mehr vor Einmischung schützt[99]: Das Verlangen nach staatlichem Eingreifen wird dadurch nur noch verstärkt. Wirtschaftskrisen jeglichen Ursprungs werden nicht mehr einfach als unvermeidbar hingenommen, sondern man versucht, sie abzuwehren oder wenigstens zu mildern[100].

Die hierbei mitwirkenden psychologischen Veränderungen mögen rückläufig werden, es ist aber nicht wahrscheinlich, daß die zugleich in Tätigkeit gesetzten politischen Kräfte wieder verschwinden. Keine noch so konservative politische Partei ist in einem demokratischen Staat je imstande gewesen, die Sozialversicherung und ähnliche Vergünstigungen wieder abzuschaffen, nachdem sie einmal in vollem Umfang eingeführt waren. Im Kampf um die Stimmen der Wähler müssen offensichtlich alle Parteien darin wetteifern, die bestehenden Leistungen dieser Art aufrechtzuerhalten, womöglich zu erhöhen. Der Staat steigert das Verlangen, das er stillt. Dieser Zustand begann nicht erst mit dem modernen Planen, sondern mit den früheren Einzeleingriffen des Staats zur Abhilfe in Sonderfällen. Das Planen wurde später nötig, als man die Eingriffe in ein System brachte und dafür sorgen wollte, daß die Leistungen zum Nutzen der Bürger nicht durch Unordnung oder aus Mangel an Mitteln unterbrochen werden[101]. Soziale Wohlfahrt und Dienste verschiedener Art bilden (nach den Ausgaben für die Landesverteidigung) den größten Posten in jedem Staatshaushalt. Und was vielleicht nicht immer so bekannt ist: Die jederzeitige Verfügbarkeit der für diese Zwecke bestimmten Mittel hängt in der Regel davon ab, daß die Staatskasse die flüssigen Gelder besitzt und überhaupt in gesunder Verfassung ist. In den USA beispielsweise ist das Vermögen der großen Träger der Sozialversicherung fast restlos in Schatzanweisungen des Bundes oder als Barguthaben der Staatskasse des Bundes angelegt[102].

Solche Umstände können insgeamt das Planen nicht nur fördern, sondern es auch verhindern, erschweren und auf falsche Wege umleiten. Um so mehr wird deshalb von der vermeintlichen Gefährdung der Demokratie durch das Planen gesprochen. Und doch enthalten einige Züge des demokratischen, sozialen und politischen Lebens umgekehrt eine Beeinträchtigung des Planens, das infolge der bestehenden Eingriffe des Staates erforderlich wäre. Irregemachte und leichtgläubige Wähler verlangen vom Wohlfahrtsstaat Leistungen, ohne sich gewöhnlich ihrer Verantwortung für die Folgen bewußt zu sein, die solche Leistungen für Gesellschaft und Wirtschaft insgesamt haben müssen. Was vom Nationaleinkommen für die Leistungen des Wohlfahrtsstaats ausgegeben wird, fehlt für alle anderen Zwecke. Und da, wie schon gesagt, die Wähler ihre Forderungen, wenn sie einmal erfüllt sind, nicht mehr fallen lassen werden, so bleibt die entsprechende Beschränkung der Mittel für andere staatliche Unternehmungen praktisch ein Dauerzustand. Diese Gefahr wird noch größer, wenn es – wie meistens – die Verbraucher sind, die bestimmen, welcher Gebrauch von den produktiven Kräften der Gemeinschaft gemacht werden soll. Denn die Verbraucher erliegen weithin dem Druck der Verkaufswerbung, und so richtet sich die gesamte wirtschaftliche Tätigkeit der Gemeinschaft vorzugsweise danach, was dem Erzeuger den größten Gewinn einträgt. Das kann dazu führen, daß viele sehr wichtige soziale Probleme vernachlässigt oder gar neu geschaffen werden, wenn ihre Lösung keinen raschen Geldgewinn hergibt[103]. Ebenso spielen Beeinflussung durch andere Gruppen und die Massenmedien eine entscheidende Rolle für die Verwirklichung der Demokratie, können allerdings auch ihre Ausdehnung auf einzelnen Gebieten ernstlich erschweren und verfälschen. Was man daher auch grundsätzlich gegen das Planen vorbringt, es steht wohl fest, daß die Anhäufung von einzelnen staatlichen Eingriffen von Fall zu Fall längst zu chaotischen Zuständen in den demokratischen Ländern geführt hätte, wenn man nicht etwas Ordnung geschaffen hätte[104].

So betrachtet wird es deutlich, wie falsch die Annahme ist, daß zwischen *laissez-faire* und Planen ein Kampf um Leben und Tod geführt würde. Kein einziges Geschlecht hat jemals wirklich in einem Paradies des *laissez-faire* gelebt; das kann nicht bezweifelt werden, und deshalb können einige Leute aufhören, um den Verlust dieses Paradieses zu bangen. Wenn anderen die Rolle des Rechts als einer sozialen Ordnung des Wirtschaftslebens schon vertraut ist, dann könnten sie ihre gläubige Hoffnung aufgeben, daß das Recht das Allheilmittel für alle unsere sozialen Übelstände sei. Die Neueinstellung in diesen beiden Richtungen kann uns helfen, wenn es sich darum handelt, die Sozialordnung durch das Recht auf demokratischem Wege auf bestimmte Arten von Problemen und von Gebieten des staatlichen Wirkens zu gegebener Zeit und an gegebenem Ort auszudehnen; sie kann uns auch bei der Beantwortung der Frage helfen, welche Folgen eintreten können, wenn die Verrechtlichung der Sozialordnung auf solche Fälle nicht ausgedehnt wird[105].

Auch aus anderen Erwägungen heraus muß die zu scharfe begriffliche Gegenüberstellung der persönlichen Entschlußfreiheit und der Verrechtlichung der Sozialordnung gemildert werden[106]. Wie moderne soziologische Untersuchungen zeigen, hängt die Stellung der einzelnen innerhalb der Gesellschaft und hängen die sich daraus ergebenden Möglichkeiten, Rechte und Pflichten auf jeden Fall von Rollen und Erwartungen ab, die ihnen auf die eine oder andere Weise auch ohne rechtliche Regelung zufielen. Die Entschlußfreiheit (Initiative) regelt sich in der Gesellschaft unabhängig vom Recht. Diese Erkenntnis kann zu der Ansicht führen, daß das Recht als eine den anderen Sozialordnungen aufgestockte Ordnung im Laufe der Weiterentwicklung der Gesellschaft verschwinden müßte (oder tatsächlich auch verschwinden werde) oder wonach die gegenwärtige Rechtsordnung nur eine optische Täuschung, ein Spiegelbild der anderen »wirklichen« Ordnungen sei. Ich selbst halte ungefähr das Gegenteil für richtig: Das Vorhandensein dieser wirksamen anderen Ordnungen ist gerade ein Hauptgrund für die Notwendigkeit einer Rechtsordnung. Jedenfalls wäre es ein ganz unvorstellbarer Standpunkt, es müßten jene anderen Ordnungen immer so gerecht und vollkommen sein, daß aus grundsätzlichen Erwägungen jegliche Abänderung durch das Recht für unzulässig zu halten wäre, mag auch ein solches Eingreifen des Rechts zum Schutz einzelner Bürger nötig sein und von ihnen verlangt werden.

§ 15   Übereinstimmung aus der Praxis

Wenn wir das Recht für eine Art von allumfassender oberster Sozialordnung halten wollten, so ständen wir vor der schwierigen Frage: Zu welchen bestimmten und selbständigen Zwecken soll eine oberste Ordnung ausgeübt werden?[107] In den demokratischen Gesellschaften des Westens sind sich die Menschen nie darüber einig geworden, was Gerechtigkeit ist, und sind immer gerade darauf stolz gewesen, daß sie die Freiheit der eigenen Meinung hatten. Fast jede neue soziale Maßnahme wird vom einen oder anderen abfällig beurteilt, und doch wird von den meisten (manchmal auch von vielen ursprünglichen Gegnern) später anerkannt, daß sie der Gerechtigkeit entspricht oder sogar von ihr verlangt wird. In der Praxis kommt es, wenn nicht im voraus, so doch nachträglich zu einem Ausgleich zwischen den entgegengesetzten Meinungen über einzelne Probleme[108].

Heute betrachtet, stellt sich die Geschichte des modernen Interventionismus im Westen in der Hauptsache nicht als ein wilder Strudel von Ideenkämpfen dar, sondern als eine Kette von

Einzelfällen, in denen demokratisch entstandenes Recht den

wechselnden Bedürfnissen der verschlungenen Wirtschaftsgesellschaften angepaßt worden ist[109]. Die Zunahme der staatlichen Eingriffe ist so verschiedenen Ländern wie Großbritannien, Frankreich und den Vereinigten Staaten auf den entsprechenden Stufen der wirtschaftlichen Entwicklung gemeinsam. Dies zeigte sich ziemlich übereinstimmend in tiefgehenden und weitreichenden Beschränkungen der Gebrauchs- und Verfügungsrechte des Eigentümers sowie der Vertragsfreiheit, in Schutzvorschriften für abhängige oder von Unterdrückung bedrohte Personen, in der Milderung zu harter Vertragsbedingungen unter dem Gesichtspunkt der »Angemessenheit«, in der Anerkennung der Gefährdungshaftung, in der gemeinsamen Schadenstragung bei Verlusten, die infolge der mit sozial notwendiger Tätigkeit verbundenen Gefahr entstehen, in der Förderung wirtschaftlicher und anderer freiwilliger Zusammenschlüsse sowie endlich in der ständigen Neuverteilung von Vermögen und Aufstiegsmöglichkeiten durch steigende Reallöhne, Besteuerung und soziale Fürsorge. Die Hochflut dieser Einzeleingriffe begann lange bevor die bolschewistische Revolution von 1917 die ideologische Auseinandersetzung über staatliche Planung bis zum Überdruß in den Vordergrund stellte[110].

Erklärungen für die vorhin erwähnte Gegensätzlichkeit zwischen dem anfänglichen theoretischen Widerspruch gegen neue soziale Maßnahmen und der schließlichen praktischen Zustimmung sind oft nichtssagend oder trügerisch. Roscoe Pound pflegte »soziale Technik« (*social engineering*) für das Mittel zu halten, um dem uralten Streit über die letzten Ziele der Gesellschaft zu entgehen[111]. Das ermöglicht jedoch keine klare Unterscheidung zwischen den Fällen, in denen bei und aus der Erfüllung der Pläne der »Sozialtechniker« allmählich die Zustimmung dazu entsteht, und anderen Fällen, in denen sich die Betroffenen wohl oder übel den sich unwiderstehlich durchsetzenden Plänen unterwerfen. Mannheims Ansicht, daß in der Praxis viel mehr Übereinstimmung erreicht wird als in der Theorie, ist keine Erklärung, sondern lediglich eine Feststellung dieser Tatsache. In zweiter Linie hebt er darauf ab, daß jeden Tag innerhalb von freiwilligen Verbänden wie Kirchen und politischen Parteien ein reichliches Maß von Willensübereinstimmung erreicht wird und daß das gleiche in der staatlichen Gemeinschaft möglich sein müßte. Auch diese Erklärung läßt die

Hauptfrage offen und übersieht zudem, daß man freiwillige Vereinigungen in dieser Hinsicht nicht mit der allumfassenden Gemeinschaft des Staatsvolks vergleichen darf, deren Mitgliedern es gewöhnlich nicht freisteht, ihre Gemeinschaft zu verlassen und anderswohin zu gehen[112]. Ein anderer Gedanke Mannheims war vielleicht gewichtiger und gefährlicher. Er meint nämlich, die anfänglichen Meinungsverschiedenheiten der Bürger über geplante soziale Maßnahmen bezögen sich weniger auf deren Ziele als auf die vorgeschlagenen Mittel; wenn sich die Menschen aber über die Ziele, über »die wirklichen Bedürfnisse« einig seien, dann könne die Frage der Mittel und Wege eine nichtpolitische Verwaltungsaufgabe werden[113].

Mit Begriffen wie »wirkliche Bedürfnisse« ist hier jedoch nicht geholfen. Die Unterscheidung zwischen Zielen und Mitteln geht am wichtigsten Teil der Frage vorbei. Denn die Ausführung des Plans zur Erreichung der gewählten Ziele ist offenbar keineswegs eine bloße »nichtpolitische Verwaltungsangelegenheit«, bringt vielmehr aus zahlreichen Anlässen neue Meinungsverschiedenheiten über (einstweilige) Werte oder Ziele zutage. Wie wir schon gesehen haben, erheben sich diese Wertfragen nicht nur auf der hohen Stufe des politischen Planens und Zielsetzens, sondern auch bei der Wahl der Mittel auf jeder wesentlichen Stufe der Ausführung des Plans[114]. Diese Schwierigkeiten sind so besonders bedeutungsvoll und ihre Außerachtlassung ist so besonders gefährlich, weil die Ausführung der Pläne nunmehr vielfach miteinander verflochtene Fragen berührt und weil wir verhältnismäßig geringe Erfahrungen in der Beeinflussung des sozialen Aufbaus haben.

Dieser Schwierigkeiten wegen dürfen wir aber auf keinen Fall mit der Erklärung »*non possumus*« verzagen. Sie ändern nichts an der unbestreitbaren Tatsache, daß sich die demokratische Gesellschaft als fähig erwiesen hat, die widersprechendsten Ansichten ihrer Mitglieder über Werte und Ziele zuzulassen, die wir jeweils vorweg artikuliert vorfinden[115]. So steht uns denn nichts im Wege, so wir auch das Recht als Mittel benützen, um die allgemein gutgeheißenen Ziele zu erreichen. Jene Schwierigkeiten enthalten jedoch eine Warnung, sobald die von uns verfolgten Ziele mit immer größeren Bezirken des sozialen Ganzen in Berührung kommen. Sie erinnern uns an die Pflicht, die

Bedeutung der Einwände zu beachten, die ich oben (§ 11) als die

Einwände der Unkenntnis, der Versklavung, der Gegensätzlichkeit, Unklarheit und Unbeständigkeit der Ziele, der Gleichgültigkeit und Trägheit bezeichnet habe. Je weiter die Ziele gesteckt sind, desto öfter und freimütiger müssen die sich einstellenden Folgen geprüft werden und desto größer muß die Bereitschaft sein, je nach den Ergebnissen solcher Nachprüfung die zur Erreichung des Zieles getroffenen Maßnahmen zu ändern und zu verbessern.

Wenn wir nicht damit rechnen können, daß die Staatsbürger einer Zusammenarbeit für ein gemeinsames großes Ziel fähig sind, so hat es wenig Sinn, von einer freien Gesellschaft oder von einer modernen Demokratie zu sprechen. Ebenso werden Juristen, eingedenk der unglückseligen neu-realistischen Lehre der zwanziger und dreißiger Jahre, wonach das Recht nichts mit dem Sollen zu tun hat, heute nicht geneigt sein, sich (für sich selbst und für das Recht) noch einmal mit einer so unschöpferischen Rolle zu begnügen. Ich halte es aber nicht für eine unserer dringlichsten Aufgaben, eine Erklärung für die schließliche Übereinstimmung der Bürger auf ein gemeinsames Ziel hin zu finden. »Was wir brauchen«, sagte Holmes, »ist das Erlernen des schon Geklärten und nicht so sehr das Erforschen des noch Ungeklärten.« Die Bürger und Führer freier Gesellschaften, die bei der Verfolgung ihrer Ziele Schwierigkeiten, Gefahren und Widerstände zu überwinden haben, sollten es jetzt als das Wichtigste betrachten, sich nicht blindlings auf Doktrinen zu versteifen, sondern immer mehr Bedachtsamkeit, Duldsamkeit und Nachgiebigkeit walten zu lassen, wie dies die im vorigen Absatz erwähnten Hinweise gebieten.

Die Auffassung mag unscharf, »unwissenschaftlich« klingen, tatsächlich aber hat sie einige moderne Gesellschaften gefördert und weit vorwärts gebracht. Man muß und wird sich jedoch in anderen Zusammenhängen immer wieder mit diesen alten Fragen beschäftigen. Dazu gehört z. B. die Frage, wie sich eine dauerhafte Regierung mit dem demokratischen Grundsatz vereinbaren läßt, daß die Regierung ein Mittel für die Ziele der Bürger sein soll; oder eine Erklärung dafür, warum die Minderheit sich der Entscheidung der Mehrheit fügen müsse, sowie dafür, was »Zustimmung« der Bürger in verwickelt zusammengesetzten Gesellschaften bedeutet, in denen viele Staatsaufgaben kaum von der Mehrheit begriffen werden können[116]. Immer von neuem werden uns die Lehren von Hobbes, Locke und Rousseau, wie diejenigen ihrer Vorgänger und Nachfolger, beschäftigen. Die Praxis wird jetzt wohl einfach von der Tatsache auszugehen haben, daß der »Gesamtwille« einer Gemeinschaft ohne theoretische Vorbereitung aus dem gemeinsamen Erlebnis hervorgehen kann und daß dies sogar der einzige Weg dafür ist. In einer Theorie mit diesem Ausgangspunkt würde sich »Gesamtwille« nicht auf eine reine Meinungszählung beziehen, vielmehr darauf, daß die Ansichten der Bürger über das Zustandekommen herrschender Auffassungen von der Rolle und den Aufgaben der Mitglieder der Gesellschaft sich gegenseitig anziehen und beeinflussen. Natürlich wird vorausgesetzt, daß die Menschen über ihre Ziele in großen Zügen einig genug sind, um überhaupt eine Gesellschaft zu bilden.

Negativ zeigt uns diese Ansicht die Unrichtigkeit der Theorie, wonach die Gesellschaft aus einem Kampf aller gegen alle um einen Anteil an den vorhandenen Hilfsquellen zu erklären sein soll. Positiv lenkt sie uns zurück auf eines der Hauptergebnisse meines Buches *Human Law and Human Justice*, nämlich: Damit sich die Menschen dem idealen Ziel einer Gerechtigkeit widmen, bei der Freiheit und Gleichheit ihre gebührende Rolle spielen, ist es nötig, daß sie gemeinsam dahin arbeiten und daß sie vorher unerforschte Gebiete des Zusammenlebens durch Ordnung und Selbstbeherrschung, nicht aber durch bloße Theorien für die Gesellschaft erschließen. Wenn genügend große, abgegrenzte Gebiete, sogenannte »Enklaven« der Gerechtigkeit, von der Hingabe der Menschen getragen und von ihren Theorien und Einrichtungen gestützt werden, dann haben wir die Demokratie im modernen Sinne erreicht. In der Gestalt solcher Enklaven und durch Familie, Schulen und Universitäten, durch wohltätige und andere Vereinigungen sowie durch freien Gedankenaustausch haben sich solche Gesellschaften die Mittel verschafft, um ihr Gedankengut an die folgenden Generationen weiterzugeben. Wenn wir so die Erhaltung eines Mindestmaßes von sozialem Bewußtsein, von sozialer Selbstbeherrschung und Pflichterfüllung gesichert wissen, dann können wir wohl auch die Begriffe »Zustimmung« und »Gesamtwille« richtig auffassen als eine Annäherung und gegenseitige Berichtigung angesichts neuer Aufgaben oder bei der Suche nach neuen Mitteln zur Lösung

alter Aufgaben[117].

§ 16 Die Rolle des demokratischen Unterbaus für die Errei- chung demokratischer Ziele

Die soeben angestellten Erwägungen lassen die Frage nach der Haltung des Einzelmenschen offen. Die Einstellung des einzel- nen in einer werktätigen Gemeinschaft ist weder eine Sache des Zufalls noch das Ergebnis einer starren Gleichformung durch biologisches Erbgut. Diese Auffassung liefert eine Erklärung dafür, daß Gemeinschaften solcher Art nur dann lebensfähig bleiben, wenn die Bürger sich ständig und genügend mit öffent- lichen Angelegenheiten befassen, sowie dafür, daß zu diesem Zwecke (nach heute weitverbreiteter Ansicht) das kraftvolle Tätigwerden von freiwilligen Verbänden innerhalb des Staates nötig ist.

Wie diese Heranziehung der Bürger gesichert wird, hängt natür- lich ganz von den verschiedenen Zwecken und Überlieferungen der einzelnen Vereinigungen ab, und diese stehen oft im Wider- spruch zueinander. Die eine Gruppe mag sich der Verteidigung bürgerlicher Freiheit widmen, auch (oder besonders) gegenüber freiheitsfeindlichen Gesetzen; die andere Gruppe mag umge- kehrt unbedingten Gesetzesgehorsam verfechten. Die eine Gruppe mag die Erhaltung des Bestehenden zum Ziel haben, die andere die Verbesserung des Bestehenden[118]. Für die meisten Bürger der modernen Staaten gilt das Wort fort, daß sie in der Fülle und Vielfalt ihrer Verbände und Einrichtungen innerhalb – in gewissem Sinne aber außerhalb – des Staatsbetriebs leben. Mit der von derlei Verbänden und Einrichtungen geformten Einstel- lung spielen die einzelnen Bürger ihre wichtige Rolle bei der Entstehung des »Gesamtwillens«.

Ich stimme hier ganz mit A.D. Lindsay überein, wenn er darlegt: Es ist die Aufgabe der Politik, von dieser verwickelten Gesamt- heit von Menschen und Einrichtungen als einer gegebenen Tat- sache auszugehen, ihre Grundsätze und Grundgedanken ver- stehen zu lernen, die Mißstände herauszufinden, unter denen sie leidet, und dann durch staatliches Eingreifen die Widersprüche zu beseitigen, die ihren Fortbestand gefährden und ihre Wirk- samkeit einschränken[119].

Eine solche philosophische Beurteilung behält ihre tiefe Bedeu- tung auch im Sinne späterer Theorien der Sozialforschung, na- mentlich derer von Talcot Parsons. Sie betont die Abhängigkeit des Gerechtigkeitsgefühls von den Zeitumständen. Sie macht deutlich, wie dringend nötig es ist, daß die Bürger sich mehr an Selbstverwaltung und freien Verbänden beteiligen, weil dies von entscheidender Bedeutung für demokratische Kontrolle der zunehmenden staatlichen Eingriffe und des staatlichen Planens überhaupt ist[120]. Verständnis für die ihm anvertrauten demokratischen Güter und Anteilnahme am öffentlichen Leben können wir vom Bürger am ehesten im Bereich seiner eigenen Erfahrung erwarten[121].

Solche Erwartungen sind in dem Maße wirklichkeitsnahe, wie sie mit den nichtverstandesmäßigen Kräften und mit der geistigen Trägheit rechnen, die unsere industriellen, demokratischen Massengesellschaften beherrschen. Die Industrialisierung und Verstädterung, der Tiefstand unserer Volksbildung und die unaufhaltsame Ausbreitung der Riesenmedien für Nachrichtenübermittlung haben unsere Anfälligkeit in dieser Beziehung verstärkt. Eine Hauptschwierigkeit liegt darin, daß die meisten Menschen zwar Verständnis und Urteilsfähigkeit für örtlich beschränkte Fragen habe, aber von dem Gefühl ihrer eigenen Wichtigkeit sowie von Presse, Rundfunk und Fernsehen dazu gebracht werden, sich mit den staatsweiten Problemen des Regierens zu befassen, wozu ihnen meistens die nötige Sachkunde fehlt. Gewiß sind die meisten Bürger verständig genug, um zu erkennen, daß zur sinnvollen Verfolgung ihrer Ziele ein gewisses Maß von einschlägigem sozialen Wissen und Verständnis nötig ist[122]. Aber es müßten sich darüber auch alle die Gelehrten und Plänemacher klar sein, die ihre demokratischen Heilmittel anpreisen. Um sich, kurz gesagt, vor Gehirnwäsche und Gleichschaltung zu schützen, brauchen demokratische Völker ihre Augen nicht davor zu verschließen, wie wichtig der Besitz von Kenntnissen und Weitblick sowie von Fähigkeit zu deren Ausdruck ist, was alles von der Rolle der Bürger in einer freien Gesellschaft vorausgesetzt wird. Wie Gunnar Myrdal und andere deshalb richtig hervorheben, sind das Niveau der allgemeinen Bildung und die davon abhängige Teilnahme der einzelnen Bürger an politischen Entscheidungen von größter Bedeutung für die Zukunft[123]. Mit fortschreitender Automatisierung wird diese Bedeutung natürlich noch unendlich viel größer.

Zweifellos sind die Möglichkeiten solcher höheren Bildung oder einer »Umerziehung« beschränkt. Auch die Befürworter einer

»Umerziehung« müssen schließlich einräumen, »man müsse diese ganze Frage letzten Endes dem normalen Verfahren einer freien demokratischen Diskussion überlassen«[124]. Ebenso zweifellos sind es Aufgaben auf weite Sicht, die hier gestellt werden; sie verlangen Vorbedacht und Vorsorge an vielen Stellen: die Einführung des Kindes in das Sozialleben; die Einführung des Erwachsenen in die tätige Teilnahme an gemeinsamen Angelegenheiten; die ständige Auslese künftiger politischer Führer; den Aufbau wechselseitiger Beziehungen zwischen Bürgergruppen und ihren Führern, die dadurch aus Gefährten wirkliche Führer werden können. Allen diesen Problemen liegt das Bedürfnis zugrunde, die Zusammenarbeit und den geistigen Zusammenhalt in öffentlichen Angelegenheiten zu verbessern[125]. Die Ziele der freien Gesellschaften mögen heutzutage zum Teil allzu weit gesteckt sein, aber es waren niemals menschliches Wissen und Können so reich wie heute, und wir waren uns unserer Aufgaben und der Wichtigkeit ihrer erfolgreichen Lösung noch nie so bewußt.

Gunnar Myrdal erwartet, daß auch in einer auf voller Mitarbeit der Bürger aufgebauten Gesellschaft der Staat noch wichtige Aufgaben für die Gesamtheit zu erfüllen haben wird. Der Staat wird immer noch den politischen Rahmen für Besteuerung, Arbeitswesen, Sozialfürsorge, Unterricht, Gesundheitswesen, Landesverteidigung und verschiedene öffentliche Versorgungsbetriebe festlegen müssen. Der Staat wird »schiedsgerichtliche Einrichtungen« für diejenigen Tätigkeiten bereitstellen, die sich in örtlichen Bezirken oder bei freiwilligen Verbänden im Unterbau des Soziallebens abspielen. Die oberste Staatsgewalt müßte ferner Grundregeln für die demokratische Führung der Organisationen dieser Stufen aufstellen und sie notfalls abändern, um zu sichern, daß die Zusammenarbeit, die Verhandlungen zwischen den Verbänden und die Vereinbarungen zwischen ihnen »recht und billig« sind[126]. Innerhalb dieses Rahmens wären die meisten Fragen der Verrechtlichung der Sozialordnung von den vielen örtlichen, freiwilligen und den fachlichen Sonderverbänden aus zu behandeln[127].

Dieses von Myrdal entworfene Bild ist mindestens als Utopie wertvoll, als ein Muster dafür, was erforderlich ist, damit in einer Demokratie gemeinsame Ziele ins Auge gefaßt und verfolgt werden können[128]. Die nichtstaatlichen und örtlichen Verbände haben natürlich mit der Zunahme staatlicher Eingriffe an Einfluß gewonnen[129]. Dieser Machtzuwachs war jedoch seither nicht groß genug, um den Erfordernissen demokratischer Kontrolle bei der neuen Sachlage zu entsprechen, und war auch ungleichmäßig, neigte beispielsweise zur Überbetonung der wirtschaftlichen Macht[130]. Es wirkte ihm zudem die Tatsache entgegen, daß der Durchschnittsbürger das Interesse an öffentlichen Angelegenheiten in dem Maße verlor, in dem sich seine wirtschaftlichen Verhältnisse im »Wohlfahrtsstaat« besserten. Es ist zweifellos nötig, diese Unausgeglichenheiten ständig wieder einzurenken, um die Mitwirkung möglichst vieler, wenn nicht aller an gemeinsamen Entscheidungen zu fördern, auch wenn wir nicht die Befürchtung so vieler teilen, daß der Wohlfahrtsstaat einen »flachen, bürokratischen, stark zentralisierten, starren Mechanismus hervorbringen muß, der von gerissenen Privatpersonen und dem Anlagekapitel ausgenützt wird«. Beim Ausgleich dieser Unebenheiten können wir davon ausgehen, daß gerade für eine Gesellschaft, in der die meisten Entscheidungen durch Zusammenarbeit und Verhandlung getroffen werden, ein fester Rahmen von allgemeinen Regeln erforderlich ist [131].

§ 17 Mindestlebensstandard als allgemein anerkanntes demokratisches Ziel

Die mit dem Wohlfahrtsstaat gediehene allgemeine Gleichgültigkeit des Menschen dem Staat gegenüber ist doch nur die Begleiterscheinung eines gewaltigen Sieges in der Bekämpfung bestimmter Übelstände. Wir dürfen die Größe dieses Sieges nicht einfach übersehen. Als ich *The Province and Function of Law* (1946) schrieb, wurde noch aus ideologischen Gründen darüber gestritten, ob es überhaupt eine Aufgabe des Rechts ist, an der Sicherung des Existenzminimums mitzuarbeiten. Heute kann zwar noch über die besten Mittel und Wege zur Erreichung dieses Ziels weitergestritten werden, das Ziel selbst jedoch ist im Westen im wesentlichen anerkannt[132]. Tatsächlich stand für die »demokratischen Planer« schon 1946 die Sicherung vor den schlimmen Folgen wiederkehrender Wirtschaftskrisen im Mittelpunkt ihres Denkens und Entwerfens[133]. Nur die entschiedensten »Planungsgegner« wagten es, die Verwendung des Rechts zu diesem Zweck zu verurteilen. Man konnte schon damals sagen, daß die Sicherung eines Minimums an Lebensstandard das Ziel aller staatlichen Eingriffe gewesen ist, die ich oben als »Sozialisierung des Rechts« beschrieben habe. Dieses Ziel stand etwa im Vordergrund bei der rechtlichen Anerkennung der Tarifverträge und bei der Suche nach Mitteln zur Sicherung fester Arbeitsplätze für den Arbeiter (Kündigungsschutz)[134].

Seit 1945 hat sich der Wohlfahrtsstaat immer schneller durchgesetzt, die Demokratien haben die Sozialversicherung ausgedehnt und bekämpfen die Arbeitslosigkeit, die Reallöhne sind gestiegen; alles das hat nicht nur dem Recht die Anerkennung als Mittel der Sozialordnung verschafft, sondern das Recht ist tatsächlich auch in diesem Sinne benützt worden, um einen Mindestlebensstandard zu sichern[135]. Die Prophezeiung von Dicey, daß »Kollektivismus« wie derjenige des von ihm verabscheuten Gesetzes über Volksversicherung von 1911 (National Insurance Act) die Gemeinschaft auf Gnade und Ungnade den Sonderinteressen ausliefern werden, hat sich als ungeheuer falsch erwiesen. Denn seitdem er das vorhergesagt hatte, entwickelte sich die Arbeitslosen- und Altersversicherung in England dahin, daß heute alle Beiträge von Arbeitern und Arbeitgebern bezahlt werden[136]. Ebenso bezeichnend ist es, daß die sozialistische Kritik an der Demokratie des Westens heute meistens ihre lauten Anklagen des Hungers, der Armut und wirtschaftlichen Unsicherheit hat fallen lassen müssen[137]. Die Fehler und Schäden, die sie jetzt angreift, liegen auf dem Gebiet ethischer und politischer Ziele wie der gerechten Verteilung der Macht, der sozialen Verschmelzung und der Volksbildung in der industriellen Massengesellschaft, der menschlichen Beziehungen in der Industrie, der Würde der Arbeit, der Ausnützung der Freizeit, der Verhinderung von Willkür auf seiten der Betriebsleitung, der Leistungsfähigkeit der Betriebsleitung und der zureichenden Wirkungsmöglichkeiten der Gewerkschaften[138]. Es ist nicht sehr sinnvoll, daß sozialistische Kritiker im Zusammenhang mit solchen Problemen fortwährend die alten »revolutionären« Schlagworte[139] gebrauchen, wo es sich doch meistens im wesentlichen um Probleme der Verstädterung und Technologie handelt, die unter jedem System der Gütererzeugung und Güterverteilung auftauchen. Den Gipfel erreichen solche Kritiker, wenn sie es zuerst verdammen, daß durch die Werbung die »Nachfrage nach der Lieferung von Waren« künstlich erzeugt wird, und dann dazu aufrufen, sozusagen eine »Nachfrage nach Zielen« zu schaffen, wenn sie also, mit anderen Worten, die Arbeiter dazu überreden wollen, weiterhin »sozialistische« Werte zu begehren, obwohl ihre wirtschaftlichen Forderungen erfüllt sind.

Diese Entwicklung spielt wohl auch eine Rolle bei anderen langwierigen Auseinandersetzungen, und überdies haben neue Einrichtungen wie die Europäische Wirtschaftsgemeinschaft schon gezeigt, daß sowohl das System des »Wettbewerbs« als auch das der »Marktwirtschaft« anpassungsfähig und geschmeidig ist. Zu jenen Auseinandersetzungen gehört die über die Frage, ob eine Mindesthöhe von Lebenshaltung erreicht werden kann, ohne die soeben genannten beiden Systeme zu zerstören[140]. Was uns hier beschäftigt, ist natürlich nur die Rolle des Rechts innerhalb einer städtischen Gesellschaft. Um nicht als allzu hoffnungsfreudig für Völkerverständigung zu erscheinen, muß ich wohl anfügen, daß gerade die Einstimmigkeit über die wirtschaftliche Zielsetzung innerhalb der entwickelten Wohlfahrtsstaaten jetzt zu dem »wirtschaftlichen Nationalismus« beiträgt, der die Träume von einer die Nationen der Entwicklungsländer erfassenden »Wohlfahrtswelt« zunichte macht[141].

§ 18 Die Ausweitung der Sozialordnung mit Hilfe des Rechts und die Verantwortlichkeit der Regierenden

Obgleich der Bereich des Rechts sich weiter ausdehnt, so ist damit keineswegs gesagt, daß auch die demokratische Überwachung der Regierenden notwendigerweise bestehen bleibt[142]. Die Einwände mangelnder Kenntnis, der Versklavung, der Unklarheit, Gegensätzlichkeit und Unbeständigkeit der Ziele sowie der Gleichgültigkeit und Trägheit gebieten ständige Zurückhaltung und häufige Nachprüfung bei neuen Schritten zur Verwendung des Rechts als Mittel der sozialen Ordnung. Diese Einwände dürfen nicht kurzerhand abgetan werden; sie verlangen eine lebendige Vorstellungskraft zum Ersinnen neuer

Mittel der Kontrolle für die neuen Aufgaben.

Einige Gefahren für die westlichen Demokratien sind in der Tat geschwunden. Beispielsweise hat die vom Wohlfahrtsstaat geschaffene Freiheit von bitterster Not die Ansicht widerlegt, der Gegensatz der Klassen könne nicht überbrückt werden, sondern müsse zum offenen Kampf führen. Ebenso geschwunden ist die Gefahr des politischen Umsturzes während eines Krieges, was jedoch nicht viel bedeutet, wenn man bedenkt, daß die Atomwaffen nicht nur das Leben, sondern den Fortbestand aller politischen und sozialen Ordnung bedrohen. Aufgrund unserer eigenen Erfahrung müssen wir gewiß nicht mehr befürchten, daß weitgehendes gesetzliches Eingreifen in den freien Wettbewerb gewissermaßen begriffsnotwendig zur Zerstörung der Demokratie führe, vielmehr müssen wir heute erkennen, daß solche alten Befürchtungen der falschen Vorstellung entstammen, daß persönliche Freiheit und Rechtskontrolle unversöhnliche Gegensätze seien[143].

Eine der Hauptgefahren für den Fortbestand der demokratischen Kontrolle, die zu Vorsicht und Anpassungsbereitschaft mahnen, hängt mit den breiten Wählerschichten zusammen, nämlich mit den Folgen der Dezentralisierung des Planens und der Verwaltung. Denn die nächstliegende innere Gefährdung der Demokratie im Wohlfahrtsstaat der 60er Jahre rührte wohl daher, daß die Wählerschaft sich über die Ziele der gesetzlichen Überwachung des Soziallebens unklar, daß sie in diesen Fragen gleichgültig und unentschlossen war. Eine Erklärung dafür und zugleich ein anderer Grund ist der Zerfall der sozialen Verbundenheit infolge der Verstädterung des Menschen und der Entstehung von ganzen Städtegruppen[144]. Schon früher, als alles viel einfacher war, wurden Zweifel laut, ob es sinnvoll sei, die gesamte Wählerschaft über komplizierte Fragen abstimmen zu lassen. Wenn sogar dem Parlament die nötige Sachkunde fehlt, wieviel schlimmer steht es dann bei der Wählerschaft. Und doch verlangt die politische Theorie der Demokratie von der Wählerschaft genügendes Verständnis weitreichender Probleme. Dies alles wird noch verschlimmert durch die sozialpsychologischen Einwirkungen auf die Festigkeit der öffentlichen Meinung und ihre Empfänglichkeit für die Bearbeitung durch die Massenmedien[145]. Diese Erwägungen offenbaren, wie wichtig es ist, Verbände und Anstalten sowie örtliche Behörden an den Staats-, namentlich den Regierungsgeschäften zu beteiligen und ihre

Zuständigkeiten nach einem von der Spitze der Staatsgewalt bestimmten Plan zu verteilen. In dieser Weise vorzugehen, ist wohl weitaus sicherer als die mehrfach vorgeschlagene »Umerziehung« der Bürger zur Bewältigung dieser Gefahren[146], obwohl auch das in gewissem Sinn zur Durchführung einer geplanten Dezentralisation gehört.

§ 19 Die Rolle der Verwaltung bei der Ausweitung der Rechtsordnung in demokratischen Staatswesen

Ein Verwaltungssystem, das den heutigen Regierungsaufgaben gewachsen sein und doch die bürgerliche Freiheit bewahren soll, verlangt einen hohen Grad an Redlichkeit, Einsicht, Arbeitsplanung und Leistungsfähigkeit; diesen Anforderungen droht Gefahr durch die Dezentralisation. Das ist ein altes Problem; neu ist nur seine mit der Ausweitung der staatlichen Zuständigkeit ständig wachsende Bedeutung[147]. Auch die notwendigsten Gesetze schreien heute nach »Säuglingspflege« durch die Verwaltung, kaum daß sie geboren sind.

Ich habe den Aufstieg der modernen Verwaltung in verschiedenen Zusammenhängen untersucht, insbesondere ihre Beziehungen zu den wachsenden Aufgaben des Rechts in vielgestaltigen, wirtschaftlich aufgebauten Gesellschaften und zu den alten Regierungsgewalten der Gesetzgebung, Gesetzesvollziehung und Rechtsprechung, ferner die anfängliche Gegnerschaft der Juristen gegen den Machtzuwachs der Verwaltung und endlich die neuerliche Zuwendung zu den Problemen der Kontrolle der Sozialordnung. Diese Zuwendung erwies sich als eine gute Entwicklung, ebenso wie die zunehmende Erkenntnis, daß die Verwaltung zur Erfüllung der ihr zugewiesenen Aufgaben fähig sein muß, weil andernfalls auch die Stellung der gesetzgebenden, vollziehenden und rechtsprechenden Gewalten immer schwächer werden müßte. Die Juristen des Westens täten gut daran, ihren Widerstand aufzugeben und mit der Verwaltung zusammenzuarbeiten, unbeschadet ihres weiterbestehenden besonderen Bestrebens nach Hochhaltung der Freiheit und des Grundsatzes des »gehörigen Verfahrens«.

Immer noch haben die Verwaltungswissenschaftler den Juristen ihre unrichtige Einstellung gegenüber der Verwaltung vorzuwerfen. Einer der Vorwürfe betrifft den Fehler vieler Juristen, alles zu bekämpfen, zu verkennen oder einfach unbeachtet zu lassen, was sich nicht ohne weiteres in ihre Vorstellung von der Gewaltenteilung einfügt. Ein anderer Vorwurf betrifft die übermäßige Selbstbeschränkung der Juristen auf die mehr formellen Probleme wie etwa die delegierte Zuständigkeit zur Gesetzgebung, die prozessualen Mindestanforderungen für prozeßförmige Verwaltungsverfahren und Verwaltungsrechtsprechung. Ein weiterer Vorwurf geht dahin, daß die Juristen die Aufgaben der Verwaltung zu sehr als eine Art von Geschäftsführung in einem Handelsunternehmen betrachten, so als ob die anzustrebenden Ziele selbstverständlich seien und es sich nur darum handle, neue Hilfsmittel zu ersinnen. Dabei handelt es sich nach Ansicht dieser Kritiker in Wirklichkeit doch nur darum, die Verwaltung so einzurichten, daß sie die weitreichenden Aufgaben einer geplanten und gelenkten Sozial- und Wirtschaftsordnung erfüllt, ohne die freie Regierungsform zu beeinträchtigen[148]. Dies alles sollte für uns die Fragen in den Mittelpunkt rücken, was im *Bereich des Ermessens* geschieht (oder geschehen sollte)[149], wer dort herrscht und wer herrschen sollte[150]. Den Juristen liegen aber diese Fragen gänzlich fern, sie befassen sich statt dessen damit, was *ultra vires* ist, wo die Grenzen des freien Ermessens liegen und was geschieht, wenn die Verwaltung diese Grenzen verletzt.

Die Juristen können sich vielleicht damit trösten, daß ähnliche Vorwürfe auch von einigen Verwaltungs- und Politikwissenschaftlern gegeneinander erhoben werden. Einer der ernster zu nehmenden Vorwürfe geht dahin, daß man sich zu viel mit empirischer Erforschung kleiner Alltäglichkeiten in der Arbeit der Verwaltungsbeamten abgegeben und zu viel Zeit mit Versuchen verschwendet habe, gelehrte Sachkunde, wissenschaftlichen Sachverstand durch praktische Tätigkeit in einzelnen Zweigen der Regierung zu erwerben. Ein anderer Vorwurf kritisiert, daß die Gelehrten auf diesem Gebiet dazu übergegangen seien, die wichtigen »klassischen« Themen der Theorie und Philosophie des Regierens zu vernachlässigen und daß sie es dadurch versäumten, die Erkenntnisse jener Wissenszweige für ihr Gebiet nutzbar zu machen[151]. Diese beiden Vorwürfe verbinden sich mit einem dritten, und alle drei (samt den den Juristen gemachten Vorwürfen) berühren damit den Gegenstand dieser meiner Ausführungen. Der dritte Vorwurf richtet sich dagegen, daß die übliche Erörterung der Ideale und Ziele oder anderer Wertkriterien selten über einen naiven Utilitarismus hinausgeht, das aber sei nicht genug (was auch ich mit allem Nachdruck sagen möchte). Denn die Verwaltung nimmt eine Schlüsselstellung sowohl im Planen ein wie auch in der ordnenden Lenkung der wichtigsten Lebensgebiete der Nation[152]. Zeichnet die Gesetzgebung keine oder unklare rechtspolitische Richtlinien, fällt die Verantwortung für die Ausfüllung solcher Lücken der Verwaltung zu, notfalls bis es dahin kommt, daß die Verwaltung die Gesetzgebung zwingt, »stillzuhalten oder den Mund zu halten«[153].

Theorie und Praxis sind sich also darüber klar, daß mit *ausschließlich* empirischen Untersuchungen *allein* bei vielen wichtigen Fragen nicht das Auslangen gefunden werden kann. In dieser Beziehung können die Rechtstheoretiker (wenn vielleicht auch nicht die Rechtspraktiker) für sich in Anspruch nehmen, daß sie früher zur richtigen Erkenntnis gekommen sind. Diese jetzt allseitige Erkenntnis ist eine natürliche Rückwirkung auf die übersteigerten Hoffnungen, die die modernen Sozialwissenschaften in ihren ersten Jahrzehnten erweckten. Über hundert Jahre nach Comte und dem großen Anwachsen der Sozialwissenschaften stellt sich heraus, daß Wertfragen in der Staatsregierung immer noch so schwierig und wichtig sind wie jemals. Daraus ist eine Lehre zu ziehen, die für die nachgeordnete Verwaltung und Regierung ebenso eindeutig ist, wie wir sie für das Recht im allgemeinen gefunden haben: Wir können es uns nicht leisten, diese Fragen aufzuschieben, bis unser aus der Erfahrung gewonnenes Wissen eine Stufe erreicht hat, wo sich die Lösung findet. Vielmehr müssen wir uns bei unserer empirischen Arbeit ständig diesen Fragen widmen. Es ist in diesem Zusammenhang unerheblich, ob wir von »Gerechtigkeit« (im Recht) oder vom »öffentlichen Interesse« (in der Verwaltung) sprechen. Die wesentlichen Punkte sind beiden gemeinsam. Kritik und Beschreibung müssen Hand in Hand gehen. Ohne daß die Ziele des menschlichen Handelns klar formuliert sind, wird es zu einem ziel- und sinnlosen Unternehmen, zu erforschen, was ist und was werden kann. Ohne solche Ziele ist die Vervollkommnung der Leistungsfähigkeit ein ziel- und inhaltloses Bemühen: Leistungsfähigkeit wozu? Im Begriff »Leistungsfähigkeit« liegt der Gedanke des Mittels zu einem bestimmten Zweck; Leistungsfähigkeit setzt ein Ziel, ein Ideal, einen Zweck voraus oder sonst einen Grad von Leistung oder Wohlbefinden[154].

In gleicher Weise steckt im Begriff »Verwaltung« die Vorstellung von einem Ziel, Plan oder einer Absicht, deren Verwirklichung die Verwaltungstätigkeit dient. Sofern der Gesetzgeber Ziel, Plan und Absicht genau genug kundtut, kann das als Maßstab für das Angestrebte gelten. Es sind sich jedoch heute alle darüber einig, daß das Fehlen solcher genauen Angaben ein Dauerproblem der modernen Verwaltung ist. Wahrscheinlich können wir auch nicht viel ändern. Um so wichtiger wird es, daß die Verwaltungsbeamten jeder Art, einschließlich der juristischen Theoretiker und Praktiker, sich viel näher mit den Grundzügen und Methoden der Bewertung auf dem Gebiete des Sozialen befassen. Noch unklar und fraglich ist, was sich daraus für die verschiedenen Rollen, z. B. hinsichtlich der Auswahl und Ausbildung des Nachwuchses, ergibt und für das Verhältnis zwischen praktischem und theoretischem Können und Wissen[155]. Unbestritten nötig aber ist es, daß sich eine sachkundige Kritik erneut und dauernd vom Standpunkt der Geschichte und Philosophie aus mit den jeweils anerkannten und angestrebten Idealen befaßt. Ebenso nötig ist der Wille und die Fähigkeit, diese Ideale offen zu vertreten, ungehemmt von der Befürchtung, daß sie von »Naturwissenschaftlern« und »Praktikern« als naive Voreingenommenheit angesehen werden, aber auch ohne für sie die Unangreifbarkeit einer letzten Wahrheit zu beanspruchen. Nur auf diesem Wege, nicht durch Spott und Hohn, können wir die Enttäuschung überwinden, daß – entgegen unseren Hoffnungen – das bloß empirisch gewonnene soziale Wissen nicht genügt, um die mit sozialer Tätigkeit verbundenen Wertprobleme zu lösen oder gar aus dem Wege zu räumen.

Einige Hauptstreitpunkte über scheinbar nur technische Fragen des Verwaltungsrechts und der Verwaltungsorganisation enthüllen erst auf dieser Stufe unserer Untersuchung ihr wahres Wesen. Die Erörterung der Ungeeignetheit »unabhängiger« Verwaltungsstellen als Träger rechtspolitischer Zielsetzung setzt, 321 wie gesagt, auf allen Seiten eine Stellungnahme zu dieser Frage voraus. Der Hauptstreit dreht sich darum, ob die diesbezügliche Arbeit der Verwaltungsstellen sich verbesserte, wenn sie mit der obersten Vollziehung verbunden wären. Solch eine Verbindung würde heute indessen nur bedeuten, daß die Zahl derjenigen Beamten vergrößert würde, die irgendwie lernen oder wieder lernen müßten, mit den für rechtspolitische Zielsetzungen unlösbar verknüpften, nicht-empirischen Gedanken zu arbeiten. Dieses Erfordernis mag schwierig und verschwommen sein, aber ohne dessen Berücksichtigung kann sich die Leistung der Verwaltungsstellen nicht bessern.

Bis auf weiteres müssen im Bereich der Ermessensentscheidungen die Lenker der Verwaltung sich dafür einsetzen, daß Organisation und Verfahren für ihre Aufgaben geeignet sind, wobei sie die immer der Freiheit drohenden Gefahren zu beachten haben. Ihr Bemühen muß einem System für die Ausübung und Überwachung des Verwaltungsermessens gelten, ohne dabei die Ermessensfreiheit zu beeinträchtigen. Die Verwaltungsbeamten ihrerseits brauchen für ihre Ermessensentscheidungen gewisse Ideale oder Verfahrensvorschriften zur Schärfung ihres Gewissens und zur stetigen Mahnung daran, daß sie alle Interessen berücksichtigen müssen, die von ihren Entscheidungen möglicherweise betroffen werden.

Schon diese bescheidene Forderung ist auf der gegenwärtigen Entwicklungsstufe unserer westlichen Demokratien für die Verwaltung (und Planung) schwer erfüllbar, denn ihre Tätigkeit ist auch von größter Bedeutung für den Kampf um die Wiederherstellung des Gleichgewichts zwischen der zentralen und der örtlichen oder durch Verbände ausgeübten Verwaltung und dadurch auch um die Heranziehung des Staatsbürgers zur Verwaltung, was für die demokratische Willensbildung wesentlich ist. Wie die steuerlichen Auswirkungen wohl alle Rechts- und Geschäftsentschließungen beeinflussen, so wird heute die Berücksichtigung der möglichen Folgen für die Zentralisation oder Dezentralisation ein Element aller wichtigen Entschließungen sowohl bei dem gesetzgeberischen Planen als auch bei der Ausführung des Geplanten durch die Verwaltung. Auf beiden Stufen stehen Forderungen nach Dezentralisation und gewichtige Gegengründe einander gegenüber. Der Hauptzug in der

Geschichte des modernen Regierens seit 1800 lag darin, daß

durch die zunehmende Zentralisation der Macht, des Planens und der Überwachung Ordnung und Zielstrebigkeit in die örtliche Verwaltung gebracht wurde. Die aus dieser Erfahrung gewonnene Lehre hat sich zu dem Dogma verhärtet, daß einfache Arbeitsweise und wissenschaftliche Verfahren nur kraft Zentralisation zu erreichen seien[156]. Wie wir jedoch vorhin gesehen haben, führt die sogenannte »Rationalisierung« der Industrie in einem anderen Sinne zur »Entrationalisierung« der Tätigkeit aller Beteiligten mit Ausnahme derjenigen, die die Arbeit planen. An die Stelle wirklicher, innerer Beteiligung der Angestellten und Arbeiter trat ihre bloß äußerliche Einfügung in den Plan. Ganz ähnlich liegen die Dinge im Bereich des Regierens und der Staatsverwaltung, nur rührt hier der Wegfall der allgemeinen Beteiligung unmittelbarer an die Wurzeln der demokratischen Regierungsweise.

Soweit diese Entwicklung aufgehalten und rückgängig gemacht werden soll, müssen diejenigen Umstände der Sachlage bedacht werden, die nichts mit der »Rationalität« des Plans und der Planenden zu tun haben. Dabei müssen wir uns aber davor hüten, leichthin »irrationale« Erwägungen walten zu lassen. Denn dies würde voraussetzen, daß für den obersten Planer und Verwalter »Rationalität« selbstverständlich wichtiger sei als für die Mitwirkung der Staatsbürger und örtlichen Behörden[157]. Dasselbe gilt für die Annahme, es sei selbstverständlich, daß Einfachheit, Gleichförmigkeit und Ebenmaß des Verwaltungsaufbaus eines großen Stadtgebiets »rationaler« und »rationeller« seien als das Nebeneinanderbestehen von vielen selbständigen örtlichen Verwaltungseinheiten im selben Gebiet oder daß deren Vielzahl immer Verschwendung und Verdoppelung der Arbeit bedeutet. »Rationalität« verlangt auf jeden Fall die Beachtung all dessen, was für die Entscheidung erheblich ist; das können (und werden gewöhnlich) ganz verschiedene Dinge sein, je nachdem es sich um eine Entscheidung der obersten Planungs- und Verwaltungsstelle handelt oder um die Entscheidung einer Bezirks- oder Ortsbehörde. Im zweiten Fall müssen folgende Umstände in Betracht gezogen werden wie beispielsweise: das Verständnis der Beamten für die in ihrem Amtsbereich auftretenden Bedürfnisse; der Einfluß eines geplanten Unternehmens auf die Stimmung im Bezirk und auf das Gedeihen der örtlichen Pflege von Politik und Kultur; die persönliche Befriedigung, die den Bürgern ihre Beteiligung verschafft; dazu solche, immer schwieriger werdende Probleme wie der städtische Personen- und Güterverkehr[158]. Die gesamte demokratische Verwaltung muß nebeneinander allem Rechnung tragen, was für die örtlichen Gemeinden, die Bezirke und den Staat erheblich ist. Denn eine Verwaltung, die nicht auf die grundlegende Mitarbeit und Zusammenarbeit der Bürger achtet, ist weder rational noch rationell *genug* für die Regierung freier Gesellschaften[159].

Die Aufgaben des Planens für Landbezirk, Stadt und Staat[160], die des Aufbaus und Verfahrens der Verwaltung und die der Überwachung der Verwaltung verbinden sich hier zu einer vielfachen und starken Herausforderung an den Unternehmungsgeist und die erfinderische Anpassungsfähigkeit einer demokratischen Regierung. Weite Kenntnisse, richtiges Vorgehen und hohes Verantwortungsbewußtsein werden hier nicht nur von den ausführenden Verwaltungsbeamten verlangt, sondern auch von den Planern[161].

Die Schwächen des bürokratischen Denkens aufzudecken, ist leichter als sie abzustellen, ohne größeren Schaden anzurichten. Die Hauptfehler des bürokratischen Geistes sind: das Kleben am Buchstaben der Vorschriften; Unempfänglichkeit und Unverständnis gegenüber veränderten Umständen; Unentschlossenheit und Gleichgültigkeit; Ängstlichkeit und übertriebenes Bestreben nach Übereinstimmung mit der Überlieferung; Rücksicht auf die Erringung oder Beibehaltung eines attraktiven Dauerpostens innerhalb der Beamtenschaft[162]. Man sollte weiterhin und immer mehr sich darüber aussprechen, ob und welche Richtlinien für die Ausübung des Ermessens dem Verwaltungsbeamten gegeben werden können, die über die klare Mindestanweisung hinausgehen; diese verlangt, daß er sich der seiner großen Machtstellung entsprechenden Verantwortlichkeit und der daraus folgenden Pflicht bewußt ist, alle möglicherweise von seinem Verwaltungsakt betroffenen Interessen zu prüfen, bevor er zu einer gerechten Entschließung gelangen kann. Es wäre sozial unverantwortlich und gefährlich, fort und fort zu planen, ohne auf die Gefahren zu achten, die von einer ununterrichteten, in Vorurteilen befangenen, denkschwachen oder willkürlichen Verwaltung drohen können. Je weitere Bereiche wir der unmittelbaren Regelung durch das Recht unterwerfen, um so mehr werden diesen Gefahren sowohl die sozialen Ziele, als auch die persönliche Freiheit ausgesetzt, um von den gröberen Versuchungen gar nicht zu reden, die an die bürokratische Redlichkeit und Selbstbeherrschung herantreten können[163]. Diese Befürchtungen beschränken sich auch nicht auf die Staatsbürokratie im früheren Sinne[164]. Denn die meisten hier erwähnten Einflüsse bedrängen auch, und immer mehr, die Bürokratie der großen Verbände in Industrie, Handel, Arbeiterschaft, Genossenschaftswesen und Landwirtschaft[165]. Auch hier sind letzten Endes die Probleme der Verrechtlichung der Sozialordnung nicht zu trennen von den Problemen der Gesellschaftsgestaltung durch die von festen Einrichtungen und gegenseitige Beeinflussung von Mensch zu Mensch ausgehende Ordnung.

IV. Die Rolle des Wissens, der Selbstbeherrschung und der Sozialordnung für die Wanderung auf dem Wege zur Gerechtigkeit

§ 20 Ausweitung der Sozialordnung und geistig-sittlicher Freiheit

Die wichtigste Vorbedingung für sozialen Fortschritt und politische Freiheit ist die Gedankenfreiheit. Das Recht, füglich auch das nämliche subjektive Grundrecht, können zwar von sich aus keine schöpferischen Gedanken hervorbringen, aber sie können kraft ihres Einflusses auf die Gesellschaft Bedingungen schaffen, die für die schöpferischen Geister einer Generation förderlich oder hinderlich sind. Sogar die eifrigsten demokratischen »Planer« lassen den Bereich des Denkens als die Grundlage der Freiheit von gesetzlicher Regelung unberührt[166]. Meinungsstreit herrscht hauptsächlich über zwei weitere Punkte: *Erstens* wird verlangt, daß die gesetzliche Regelung des Soziallebens ausgedehnt wird und daß wirksamere und gedankenreichere Vorkehrungen getroffen werden sollten, um durch Geldbeschaffung und anderweitig nicht nur die allgemeinen Unterrichtsanstalten jeglicher Stufe, sondern auch die Stätten der reinen Forschung und Gelehrsamkeit, sowie einzelne, unabhängige Denker zu fördern. Die Anhänger dieser Richtung halten es für wichtig, neue Wege des Gedankenaustausches

zwischen der Arbeiter- und Angestelltenschaft, Berufsintellek-
tuellen und Künstlern zu schließen. Diese Forderungen werden
immer dringender, weil die Automatisierung der Arbeit ganze
Kategorien menschlicher Arbeitsleistung wirtschaftlich überflüssig macht, wodurch Bildung und Freizeitgestaltung eine
überragende Bedeutung für die soziale Gemeinschaft gewinnen.
Eine *zweite* Richtung verlangt, daß Bewegungen, die die
Gedankenfreiheit bedrohen, nicht mit der üblichen liberalen
Duldsamkeit behandelt werden sollten. Da die Gedankenfreiheit als Grundlage der Demokratie anerkannt ist, müsse sie von
der Demokratie gegen Angriffe mit derselben Leidenschaft ver-
teidigt werden, wie sie jede Gesellschaft zum Schutz ihrer
Grundprinzipien an den Tag legt. »Die Demokratie muß ihre
Bürger lehren, den Wert der Demokratie zu begreifen, und darf
nicht schwächlich zuwarten, bis ihr System von inneren Feinden
zerstört wird. Toleranz bedeutet nicht, daß man auch dem
Intoleranten gegenüber tolerant sein soll«, sagt einmal Karl
Mannheim treffend[167].

Zum *ersten* Punkt: Ohne die möglichen Vorteile einer
großzügigen Förderung von Bildung und Forschung, sowie die
Forderungen des Zeitalters der Automatisierung zu verkennen,
müssen wir doch der Gefahr vorbeugen, daß die Empfänger der
staatlichen Zuwendungen (Anstalten und Einzelpersonen) zu
Unterwürfigkeit und Schmeichelei gegenüber der Regierung ver-
leitet werden, auch wenn keine schlimmeren Übel des politischen
Drucks auftreten.

Zum *zweiten* Punkt dürfen wir nicht vergessen, daß einige der
wichtigsten schöpferischen Gedanken der Vergangenheit zu
ihrer Zeit als schädlich, unsinnig und revolutionär angesehen
wurden und daß jegliche Unterdrückung des freien Denkens sehr
gefährlich ist. »Je größere Macht du gewinnst«, so hat man
gesagt, »desto mehr mußt du an Wissen verlieren«[168]. Ungeachtet dieser Vorbehalte bleibt das Problem bestehen. Bei seinem
starken und eindrucksvollen Eintreten für politische Freiheit
und Demokratie nannte J. S. Mill die Erziehung der Wählerschaft den Schlüssel zu demokratischer Regierungsweise. Die
heutige Aufgabe bestätigt die Richtigkeit von Mills Ansicht; nur
wissen wir heute mehr über die sozialökonomischen Vorbedingungen der Bildungsfähigkeit, von der Psychopathologie der
Gruppen, von den guten und schlechten möglichen Wirkungen

der modernen Methoden der Riesenverbreitung von Nachrichten sowie von den sozialen und wirtschaftlichen Umwälzungen infolge der Automatisierung.

Ähnliche Gegensätze betreffen die sittliche Freiheit. Oft wird gesagt, die Ausdehnung des Rechts als eines Mittels der Sozialordnung zehre an der moralischen Stärke einer Nation, sie befreie den einzelnen vom Zwang, unter seiner eigenen Verantwortlichkeit und auf seine eigene Gefahr hin seine Entschlüsse zu fassen. Diese Ansicht läßt sich jedoch angesichts der geschichtlichen Erfahrung schwerlich rechtfertigen[169]. Gewiß sollen moralische Erwägungen immer den Schutz der geistigen Freiheit genießen. Wie aber heute außer Zweifel steht, werden sittliche Überzeugungen tief beeinflußt durch die gegenseitige Wirkung der Haltung der Menschen in ihrer sozialen und physischen Umwelt. Soweit dies zutrifft, darf keine Gesellschaft sich dazu verpflichten, die moralischen Überzeugungen ihrer Mitglieder nicht zu beeinflussen, denn keine Gesellschaft wird versprechen, die Umwelt nicht zu beeinflussen. Allgemein anerkannte Übelstände wie massenhafte Arbeitslosigkeit, die soziale Werte jeglicher Art zerstören, dürfen sicher nicht von staatlichem Eingreifen zum Zwecke ihrer Bekämpfung ausgenommen werden, mag ein solches Eingreifen die Umwelt auch noch so stark verändern.

§ 21   Freiheit und Ordnung

Man mag Bentham zustimmen, daß »jedes Gesetz ein Übel ist, weil jedes Gesetz der Freiheit Abbruch tut«, doch bleibt immer die Frage offen, ob das Übel, dem das Gesetz abhelfen will, nicht das größere Übel ist. Ist es größer, so ist die vermeintlich durch persönliche Freiheit erreichbare »natürliche« Harmonie in Wirklichkeit unerreichbar. Wenn wir Harmonie erlangen wollen, muß sie »geschaffen« werden. Zu diesem Zwecke ist ein dauerndes Abwägen nötig; entziehen wir uns dieser Aufgabe, spielen wir die nichtssagenden Rollen entweder eines diktatorischen Planers »künstlicher Harmonie« oder eines Apostels des *laissez-faire* einer »natürlichen Harmonie«[170].

Keine dieser beiden Arten von Rollen löst die drückendsten Probleme der Demokratie. Eine Demokratie sollte sich doch gewiß *soviel wie möglich* auf freiwillige Mitarbeit und *so wenig wie möglich* auf Zwang stützen[171]. Aber »soviel wie möglich« nach welchem Maßstab? Wenn wir »soviel Wasser wie möglich« in einen Eimer schütten, dann ist das Fassungsvermögen des Eimers der Maßstab. Wenn uns gesagt wird, wir sollten uns beim Gang zur Kirche so trocken wie möglich halten, dann wissen wir, daß wir – naß oder trocken – auf jeden Fall zur Kirche gehen. Wenn man sich im Sozialleben »so viel wie möglich« auf Freiwilligkeit stützen soll, dann erhebt sich jedes Mal, wenn Freiwilligkeit mit anderen Werten zusammenstößt, die Frage: Welcher Wert gibt nach und wie weit[172]? Letzten Endes handelt es sich weder um den Wert der Freiwilligkeit an sich, noch um den Wert der Sozialordnung an sich, sondern um den Ausgleich des Widerstreits zwischen einer sehr großen Zahl von Werten. Die persönliche freie Entschlußkraft ist nur *einer* dieser vielen Werte[173] und kann nicht zu gleicher Zeit auch ein sinnvoller Maßstab für ihren eigenen Ausgleich mit anderen Werten sein. Der richtige Maßstab ist im einzelnen Fall die Dringlichkeit und die Tunlichkeit der Erreichung gewisser gemeinsamer Werte, zusammen mit der Unmöglichkeit, dies auf dem betreffenden Gebiet anders zu erreichen als durch von der Gemeinschaft anerkannte Regeln und Maße[174].

Es ist unmöglich und unnötig, von den Menschen zu verlangen, sie sollten angesichts unserer fortschreitenden Erkenntnisse im Sozialen auf jegliche demokratische Mitspracherechte über ihr eigenes Schicksal bewußt verzichten. Dafür ist es einerlei, ob das Verlangen im Namen einer besonderen Wirtschaftstheorie gestellt oder ob es damit begründet wird, daß die Menschen nicht genug verstehen, um mitzusprechen. Ob wir neuklingende Bezeichnungen wie *»piecemeal engineering«*[175] von *»social engineering«* sprechen, wir betonen damit in beiden Fällen die Fähigkeit der Menschen, in den Grenzen, über die sie sich einigen oder einander entgegenkommen können, soziale Einrichtungen zu schaffen und auszugestalten[176]. Dies ist der erwünschte Stand der Dinge, vorausgesetzt daß wir die Bedeutung der unbeabsichtigten Folgen menschlichen Tuns (unser eigenes Planen eingeschlossen) beachten und daß wir bereit sind, unsere Irrtümer zuzugeben, aus ihnen zu lernen, sowie Recht und Rechtspflege veränderten Verhältnissen anzupassen.

§ 22 Die Gefahren von einfachen und von »End-Lösungen« für das Eingreifen des Rechts in die demokratische Sozialordnung

Mehr denn je tauschen wir neue Zweifelsfragen über die Stellung des Menschen in der Welt ein, wo wir alte lösen. So ist die Versuchung stark, leichteren Lösungen nachzulaufen, die nicht ständig im Lichte jüngerer Erkenntnis und Erfahrung nachgeprüft werden müssen. Im wesentlichen war das die Losung begeisterter Liberaler und begeisterter Planer der vorigen Generation. Die Liberalen wollten die Menschen mit der Aufgabe verschonen, bewußt über den Ausgleich menschlicher Interessen zu entscheiden, und diese Aufgabe einer blinden, unpersönlichen Kraft überlassen, wie sie Darwin (und auf sozialem Gebiet Spencer) in dem »Gesetz« des Überlebens des Angepaßtesten erblickt hatte[177]. Die Planer wollten uns mit dem Vorschlag bestricken, die Aufgabe ein für allemal auf weise Planer zu übertragen.

Keiner der beiden Wege ist uns jemals wirklich offengestanden. Daß der Mensch auf den neuen Höhen seiner Naturerkenntnis und Naturbeherrschung verzweifeln und den Versuch aufgeben sollte, auch seine soziale Umwelt zu verstehen und zu gestalten, ist ein Gedanke, gegen den sich der Menschengeist sträubt. Der menschliche Forschungsdrang wird sich nicht gerade da aufhalten lassen, wo die Zukunft und das Überleben der Menschheit auf dem Spiel steht. Der Entwicklung, ja überhaupt dem ganzen Bestehen der Sozialwissenschaften liegt auf jeden Fall die Voraussetzung zugrunde, daß die Erkenntnis des Soziallebens erweitert und daß mit dieser Erkenntnis die Herrschaft der Menschen über ihr Schicksal gestärkt werden kann. Die ständige Zunahme unserer Kenntnisse in Wissenschaften wie Psychologie und Wirtschaftskunde bestärkt den Glauben an die Richtigkeit dieser Voraussetzung, und die zunehmende Verflochtenheit des Soziallebens erhöht die Dringlichkeit einer Lösung. Die bisherige Erfahrung hat unseren Glauben wohl etwas geschwächt; denn wir sind uns heute darüber klar, daß unsere sozialen Unternehmungen unter der Lückenhaftigkeit unserer sozialwissenschaftlichen Kenntnisse leiden[178], unter der Unbestimmtheit und Veränderlichkeit der menschlichen Werte und unter den Schwächen in unseren Fähigkeiten, zu organisieren und zu verwalten[179].

Das so entstehende Mißbehagen ist nicht sehr verschieden von dem, das bei der empirischen Übernahme des Erbgutes an *Common Law*, ja vielfach auch des politischen angelsächsischen Erbguts auftritt, obwohl dafür jetzt eine bessere Grundlage der Kenntnisse besteht[180].

Wir haben den Sozialwissenschaften schon viele grundlegende Erkenntnisse zu verdanken, die hier erheblich sind. Wenn wir das weite Gebiet der Sozialordnung, die oft zusammen mit dem Recht, manchmal auch allein am Werke ist, tiefer verstehen, dann wird es möglich werden, zwischen einerseits Willkür und Chaos, andererseits seelenloser gesetzlicher Reglementierung einen Mittelweg zu finden. Mit diesem tieferen Verständnis werden wir das Verhalten der Menschen auch durch minder strenge Maßnahmen auf Ziele lenken können, über die man sich einig ist oder einig werden kann. Der Wettbewerb, nunmehr im richtigen Lichte gesehen, kann als eines der Mittel zur Regelung des sozialen Verhaltens angesehen und gebraucht werden. So werden wir in vielen Fällen von dem Widerstreit zwischen den Grundsätzen des Eingreifens oder Nichteingreifens des Gesetzes (Interventionismus – Neutralismus) befreit[181]. Selbst unter der denkbar strengsten Herrschaft des *laissez-faire* (ausgenommen die Utopien der philosophischen Anarchisten) braucht man das Recht, namentlich Sachenrecht, Strafrecht und Vertragsrecht, um durch Bereithaltung von Zwang die Menschen in der Wahrnehmung ihrer Interessen zu unterstützen und um drohende Störungen der bestehenden Ordnung zu verhindern. Daraus erklärt sich, warum es nicht nur rechtlich zulässig, sondern auch notwendig ist, daß rechtlicher Zwang zur Erreichung privater Ziele nur verfügbar sein sollte, wo zuvor seine Folgen sorgfältig bedacht worden sind, warum also die Ausübung rechtlichen Zwangs grundsätzlich nicht ohne strenge Überwachung dem Belieben der Parteien überlassen werden kann. Auf gewissen Gebieten werden Gesetze immer nötig sein, um die persönliche Freiheit im Einzelfall vor willkürlichen Beschränkungen zu schützen, die durch Überlegenheit eines Verhandlungsgegners oder durch andere tatsächliche Einflüsse entstehen. Die Gesetze richten die Schranken auf, innerhalb deren die Freiheit gedeihen und der Unternehmungsgeist sich durchsetzen kann.

Ich komme nun zu den Schlußparagraphen meiner Buchtrilogie, in der ich das Recht in seinen Beziehungen zur Logik, zur Gerechtigkeit und zur Sozialordnung untersucht habe. Manchmal sah diese Aufgabe so aus, als ob es sich darum handle, an Hand der Mangelhaftigkeit der sozialen Absichten und Leistungen der Menschen ihre eigene Unvollkommenheit aufzuzeigen. Auch die allzu selbstsicheren und einfachen absoluten Sätze der Logik und der Gerechtigkeit, sowie die Entwicklung der Sozialordnung hat Erkenntnisse vermittelt. Ich habe mich über und über mit den Zweifeln an diesen absoluten Werten und mit den vielfachen Schwierigkeiten einfacher Erklärungen beschäftigt. In *Legal System and Lawyers' Reasonings* habe ich gezeigt, wie die Träume von einem »reinen«, gleich der Logik unpersönlichen, allgemeingültigen und selbstgenügsamen Recht[182] verfliegen und machtlos werden angesichts der alltäglichen Aufgabe des Rechts und der Juristen, der Gerechtigkeit zu dienen. Aber auch die in *Human Law and Human Justice* gesammelten Gerechtigkeitstheorien ergaben bei kühler Nachprüfung keine einfache Antwort auf die Probleme der Juristen. Wie sich herausstellte, enthalten sie versteckte Annahmen, Vorbehalte und Widersprüche, was mich mindestens für einen Teil meiner Untersuchung darauf verwies, die Rolle des Rechts im Leben der Gesellschaft zu erforschen. Hier ergab sich, daß die veränderlichen Beziehungen zwischen der Menschheit und ihrer Umgebung in den grundlegenden Gegebenheiten des Rechtssystems zusammenlaufen. Ich mußte bekennen, daß man diese beiden schwierigen Fragenkomplexe – die Gerechtigkeit im Recht und das Verhältnis des Rechts zu anderen sozialen Erscheinungen – richtigerweise nicht getrennt betrachten kann. Die Gerechtigkeit warf Fragen nach Dingen auf, die in der Sphäre der Gesellschaft nicht zu finden sind, aber nahm auch die Kompliziertheit jener Sphäre in sich selbst auf. Sogar alltägliche Werturteile schienen ein Verständnis ungeheuer verwickelter gegenseitiger Abhängigkeit zu verlangen.

Das menschliche Streben nach Gerechtigkeit im und durch das Recht und die Prüfung des Rechts auf seine Gerechtigkeit stellen besondere, fast allgegenwärtige und anscheinend ewige Erscheinungen von großer Bedeutung dar. Am Ergebnis dieses Strebens sind in einer modernen demokratischen Gesellschaft alle Menschen beteiligt. So betrachtet, bedeutet »Gerechtigkeit«, daß das bestehende Recht fortgesetzt geprüft wird und nur als ein Mittel zu anderen Zwecken gilt. Jedes einigermaßen gefestigte Sozialleben bringt bei den Menschen gewisse Einstellungen, Überzeugungen und Verhaltensrichtungen hervor, die in den Begriff der Gerechtigkeit zusammenlaufen. Wie Llewellyn sagt: Der Trieb zum Aufstellen allgemeiner Regeln (*»normative generalisation«*) sitzt tief im Menschen. »Gerechtigkeit« ist zumindest eine »Antriebskraft«, ein »unaufhörlicher Ansporn zum Stellen und Beantworten von Fragen«[183], der »feste und immerwährende Wille, jedem sein Recht zu gewähren« (wie Ulpian und Justinian es ausdrückten)[184].

Konnte mich somit keine der in *Human Law and Human Justice* untersuchten Theorien befriedigen, so fühlte ich mich doch gedrängt, mich immer weiter nachdrücklich mit der Frage der Gerechtigkeit zu befassen und sie nicht etwa einfach den »sozialen Tatsachen« und Sozialwissenschaften zu überlassen. Eine Anschauung vom Wesen der Gerechtigkeit ist in der Rechtspflege oft und für die Rechtssetzung immer unbedingt nötig. Meine vorhin angestellte Untersuchung einiger Erfordernisse der Rechtsprechung und Verwaltung hat die Wahrheit dieses Satzes bestätigt. Umgekehrt hat die Untersuchung von Gerechtigkeitstheorien auf jeden Fall eine überaus wichtige, sichere Frucht im negativen Sinn getragen, mag sie auch im allgemeinen über einige schwierige Fragen unserer Zeit keine positive Sicherheit freigelegt haben. Das negative Ergebnis ist, daß die Gerechtigkeit als Wertmaßstab des Rechts nicht hoch und einsam über den Tatsachen unserer Gesellschaft schwebt. Die Beziehungen zu und zwischen diesen Tatsachen sind irgendwie mit der Gerechtigkeit verbunden. Die Gerechtigkeit selbst verlangt, daß wir vorhandene Beziehungen der Menschen untereinander und zu ihrer Umwelt, den Einfluß von Recht und Rechtspflege auf diese Beziehungen und umgekehrt deren Einfluß auf Recht und Rechtspflege im Auge behalten.

Was auch immer das Gebäude und die Krönung der Gerechtigkeit sein mag, ihre Festigkeit und Stärke, ihre Schönheit und Erhabenheit verlangen einen Unterbau auf der Grundlage der wirklichen sozialen Verhältnisse ihrer Zeit und ihres Landes. Der

Baustoff muß dazu geeignet sein, der Hitze und dem Druck des herrschenden sozialen Klimas zu widerstehen, und der Bauplan muß den sachlichen Bedürfnissen der Menschen, ihren Wünschen und Fähigkeiten angepaßt sein[185]. Deshalb schöpfte ich bei meiner Untersuchung der Gerechtigkeit besondere Belehrung aus solchen Theorien, welche mich unmittelbar auf die Grundlagen, den Baustoff und die Baupläne verweisen, auf und nach denen Gerechtigkeit geschaffen wird. Ob ich mit Bentham die Lust- und Unlustgefühle untersuche, die unsere Entscheidungen bei den Menschen auslösen, oder mit Ihering ihre Zwecke oder mit James und Pound ihre tatsächlichen Ansprüche und Interessen – ein wichtiger Schritt ist getan[186]: Selbst wenn die Göttin Justitia mein Urteil schließlich umstoßen sollte, so wird ihm doch *eine sorgfältige Prüfung in jeder mir bis dahin bekannt gewordenen wichtigen Beziehung* vorangegangen sein. In diesen Grenzen kann mein Urteil weiser sein. Und wenn die Gottheit – wie wahrscheinlich – hienieden nichts mehr offenbart, dann kann mein Urteil auch als gerecht gelten[187].

Denn als Maßstab für die Tauglichkeit der Regeln, die von den Menschen für die Ordnung ihres Zusammenlebens aufgestellt werden, besteht die Gerechtigkeit aus drei Teilen. Der erste Teil sind die psychologischen Tatsachen der menschlichen Bedürfnisse, Forderungen, Wünsche oder Ansprüche. Danach kommen zweitens die für die Befriedigung dieser Bedürfnisse usw. nötigen und im gegebenen Zeitpunkt verfügbaren Quellen und Mittel: Menschen, Sachen, Umwelt und Arbeitsleistungen. Das dritte sind die Wege zur Ableitung der Spannung oder Mittel der Entladung zwischen den Bedürfnissen usw. und den vorhandenen Mitteln zu ihrer Befriedigung; diese Ableitungswege gehen beim einzelnen Menschen bis zum Selbstmord aus Protest und zum Amoklaufen, bei der Gruppe bis zur ins einzelne gehenden gesetzlichen Regelung und zu den Sintfluten der Massenrevolution. Jeder dieser drei Bestandteile ändert sich je nach Ort und Zeit: der erste ständig und gewollt; der zweite stetig oder ruckweise, je nachdem die Menschen erfinden, zusammenarbeiten und haushalten oder vernachlässigen, streiten und verschwenden; der dritte drangvoll und oft gewalttätig bis zur Grenze des Erträglichen.

Nach dieser Auffassung gibt es ein Mindesterfordernis an Gerechtigkeit, das im weiteren Sinne verfahrensrechtlicher Art ist. Es verlangt eine solche Ordnung der Gesellschaft, daß die Menschen frei sind im Ausdruck ihrer echten Bedürfnisse[188]; das Recht soll diese Freiheit schützen und für die Meinungsäußerungen Wege ebnen, auf denen sie – mit oder ohne Erfolg – um die Unterstützung der politisch organisierten Gesellschaft werben können. Ich betone im vorliegenden Werk wiederholt die Wichtigkeit der freien Meinungsäußerung und ihrer Auswirkungen; sie hat bedeutungsvolle Folgen, besonders hinsichtlich der Verantwortlichkeit derer, die im Besitze der Macht sind[189]. Freie Meinungsäußerung ist für eine reife Gesellschaft die Grundlage des Aufstiegs und des Fortbestands im Übergang. »Einer Gesellschaft, die keine Kritik an ihren höchsten Grundsätzen zuläßt«, so sagt R. Niebuhr, »wird es schwer fallen, mit den geschichtlichen Kräften fertig zu werden, die sich diese Grundwahrheiten selbst angeeignet haben«[190]. Ich mag es vielleicht für anmaßend halten, die Redefreiheit zum »Mutterleib ... fast jeder anderen Art von Freiheit« zu erklären[191], und darauf hinweisen, daß es auch materielle Vorbedingungen für menschliche Freiheit gibt, aber das ändert nichts an der Hauptrolle der Redefreiheit. Sie ist und bleibt die Hauptsache für die Gerichte. Für die Sicherung der Redefreiheit können die Gerichte weit mehr tun als für die Sicherung materieller Güter.

Wenn ich vom Verhältnis zwischen Recht und Gerechtigkeit spreche, darf nicht *nur* an die Erfüllung oder Nichterfüllung von Forderungen durch Zuteilung der vorhandenen Mittel gedacht werden, sondern auch an die Wege zur Ableitung oder Mittel der Entladung der aus solcher Lage unvermeidlich entstehenden Spannungen und Enttäuschungen. Diese dritte Seite des Gerechtigkeitsproblems ist so grundlegend wichtig wie die anderen. In weniger entwickelten Rechtsordnungen war sie sogar oft die Hauptsache; das darf uns jedoch nicht zu der Annahme verführen, daß sie in höher und feiner entwickelten Rechtsordnungen in irgendeinem Sinne überlebt sei. Das Verfahren von Gesetzgebung, Verwaltung und Rechtsprechung ist durch ein manche Streitfragen enthaltendes System von Vorschriften, Regeln und Herkommen gehemmt und sorgt für diese Entspannung innerhalb der bestehenden Ordnung, in der die Menschen nach Gerechtigkeit suchen. Der höchste amerikanische Gerichtshof *(Supreme Court of the United States)* liefert

gerade in dieser Hinsicht, in der britische Juristen ihn manchmal mit Mißtrauen betrachten, ein überragendes Beispiel solcher Entspannung. Seine Mitglieder sind so verschieden in ihren Anschauungen, Begabungen und Fähigkeiten, daß ihre Meinungen oft auseinandergehen. Gerade dieser Mangel an Übereinstimmung kann den Willen eines Volkes von solch reicher Mannigfaltigkeit zum Ausdruck bringen, nach festgelegten allgemeinen Grundsätzen zu leben und die bitteren Meinungsverschiedenheiten zu vergeistigen, die bei der Anwendung allgemeiner Grundsätze so oft entstehen[192]. Das ist, knapp ausgedrückt, eine Hauptaufgabe der Richter in jeder guten Rechtsordnung. Dazu kommen die Forderungen, daß Gerechtigkeit nicht nur walten, sondern ihr Walten auch offenbar gemacht werden soll, daß den Parteien rechtliches Gehör zu gewähren ist, daß Entscheidungen begründet werden sollen, daß neue Entscheidungen sich mit älteren, von denen abgewichen werden soll, auseinandersetzen und die eine aus der anderen ableiten, daß ein Urteil frei genug von offener Parteinahme sein muß, um noch als sachlich gelten zu können. Alle diese Forderungen und die vielen Gegensätze im Rechtsdenken, mit denen sich die allgemeine Rechtslehre *(jurisprudence)* zu befassen hat, erzielen zum großen Teil die Lösung der Spannung und die Linderung der Unzufriedenheit in der Gemeinschaft. Dieser Beitrag zur Gerechtigkeit wird immer gleich wichtig bleiben. Denn über diese Beziehungen zwischen Mensch und Mensch, sowie zwischen Mensch und Staat wird immer mehr von Maschinen entschieden, die keine Ohren haben für das Murren des Mißfallens, für Beschwerden und auch nicht für Schreie der Empörung; deshalb ist es um so wichtiger für den Fortbestand einer Rechtsordnung, von der die Menschen Gerechtigkeit erwarten, daß ihren Beschwerden abgeholfen wird. Wenn wir die wirklichen und möglichen Leistungen der Richter einschätzen, müssen wir daher stets nicht nur ihre Fähigkeit zur Erkenntnis des Rechts und der Wege zu seiner Befriedigung erwägen, sondern auch ihren Beitrag zur Lockerung der Spannung. Diese Aufgabe geht weit über die bloße Verhütung von Zusammenbrüchen hinaus, sie erfordert ein Handeln im Geiste des gegenseitigen Nachgebens und der Duldung bei unvereinbaren Gegensätzen innerhalb der weiten Strömungen des Gemeinschaftslebens[193].

Wir können uns also die menschliche Gerechtigkeit nur dann in vollem Umfang vorstellen, wenn zu ihren Merkmalen diese

Beziehungen zwischen Bedürfnissen, Befriedigungsmitteln und Entspannungswegen gehört. Wir müssen ferner erkennen, daß diese Beziehungen sich schnell und stark wandeln. Die Bedürfnisse der Menschen wechseln mit ihrer äußeren Umwelt, mit ihren eigenen psychologischen Eigenschaften und ihren oft zufälligen Erlebnissen. Die äußere Umwelt des Menschen ist selbst in ständiger Wandlung durch industrielle, technologische und kulturelle Einflüsse; seine eigene Lebenserfahrung hängt weithin von der gesamten Sozialordnung ab, die ihrerseits vom Recht beeinflußt und gestaltet wird. Gesetzgebung für soziale Wohlfahrt ist nicht allein als Abänderung des bestehenden Rechts von Bedeutung; sie ist es vielmehr, weil sie auf Dauer die das künftige Recht bestimmenden Bedürfnisse und Ansprüche des Menschen beeinflußt. Daneben werden die zur Befriedigung der menschlichen Bedürfnisse verfügbaren Mittel ständig durch den menschlichen Schöpfergeist verändert. Die möglichen Wege der Entspannung werden nicht nur durch die Rechts- und Staatsordnung beeinflußt, sondern auch durch die außerrechtliche und außerpolitische Betätigung der Menschen, besonders auf dem Gebiet der Wissenschaft und Technologie. Recht und Gerechtigkeit sind in Gebieten mit schlechten nicht ganz dasselbe wie in Gebieten mit guten Verkehrs- und Nachrichtenmitteln. Nach der Erfindung der Feuerwaffen war eine soziale Revolution niemals mehr dasselbe wie vorher. Nach der Vervollkommnung der mechanischen Zerstörungsmittel und der augenblicklichen Massenverbreitung von Nachrichten werden jetzt viele Fragen des Rechts und der Gerechtigkeit neue Zusammenhänge und Bedeutung gewinnen.

§ 24 »Absolute« Werte für menschliche Generationen: Gerechtigkeit für die einzelne Rechtsgemeinschaft

Ich habe zu Beginn dieser Trilogie erkannt, wie schwer die Last der Vergänglichkeit einen Menschen bedrückt, der seiner Lage bewußt – an einer Stelle im Strome des Wissens steht, der keinen Anfang und kein Ende hat. Ich erinnere an die Unzulänglichkeit unseres Denkens, die unsere Stellung in Ort und Zeit bestimmt, mögen wir auch noch so hart dagegen ankämpfen. Ich erinnere auch an gewisse wichtige Begleiterscheinungen von alledem. Deren eine ist, daß wir auf unserer eigenen kurzen Lebensreise alles mitschleppen müssen, was frühere Geschlechter aus *ihrem* Leben und für *ihre* Aufgaben gelernt hatten; wir dürfen nicht vergessen, worum sie gekämpft haben, obgleich wir inzwischen dazugelernt haben. Eine andere ist, daß auch die neue Erkenntnis, die wir vom seither Erreichten aus unserem Leben zu gewinnen hoffen dürfen, bloß etwas Vorläufiges ist. Wir können sie als ein »Offen-Sein« gegenüber der Zukunft auffassen, wenn wir dieses »Offen-Sein« auf das beschränken, was wir noch zu lernen haben. Was die Menschen schon gelernt haben, kann nicht im eigentlichen Sinne »offen« sein. Jede Generation muß das alte Wissen ständig erneuern, prüfen und verbessern, um es ihrer eigenen Lage anzupassen. Wir dürfen nicht einfach vergessen, was vorangegangen ist.

All dies gilt auch für die Erkenntnis der für Recht und Gerechtigkeit wesentlichen Tatsachen und noch mehr für die endlose, quälende Suche nach Gerechtigkeitskriterien für das Recht, die den Menschen verständlich gemacht und von ihnen als richtig angenommen werden können (die also im vollen Sinne *normativ* für die Handlungen der Menschen und ihren Rechtssinn sind). Im Bezug auf Gerechtigkeit tun diese Tatsachen eine zusätzliche Wirkung. Denn auch wenn eine solche normative Gerechtigkeit über die Vorstellungen hinausgeht, die sich die Menschen einer Zeit und eines Landes von ihr machen, so ist sie doch – wie jene Vorstellungen – eine Auswirkung und ein Verlangen, das von bestimmten Verhältnissen in Zeit und Raum ausgeht, aber auch von ihnen geschaffen wird. Was immer daher »Gerechtigkeit« in diesem normativen Sinne bedeuten mag, jede Stellungnahme zu ihrem Problem setzt voraus, daß wir die Gemeinschaft, deren Mitgliedern wir Gerechtigkeit angedeihen lassen sollen, und die Verhältnisse ihres Landes und ihrer Zeit kennen. Wir müssen uns also immer darüber klar sein, auf welche »Rechtsgemeinschaft« sich unser Gerechtigkeitsproblem bezieht. Und wenn das, was die Mitglieder der Gemeinschaft für gerecht halten, als Kriterium der Gerechtigkeit erheblich sein kann, dann setzt das Problem der Gerechtigkeit auch aus diesem Grunde voraus, daß wir feststellen können, welche Rechtsgemeinschaft es ist, für die die Einstellung ihrer Mitglieder eine solche Bedeutung hat.

In diesem Lichte betrachtet, ist der Ausblick auf das vorliegende Werk am Schlusse meines Buchs *Human Law and Human Justice* nicht einfach von negativer Bedeutung, enthält vielmehr einen positiven Hinweis von grundlegender Wichtigkeit: daß nämlich Untersuchungen über Gerechtigkeit über das hinaus, was in den ständigen Auseinandersetzungen zwischen »Relativisten« und »Absolutisten« gewöhnlich eine Rolle spielt, notwendigerweise zweifach in den Tatsachen ihrer Zeit verankert sind. Einmal sind sie in der eigenen Lage des Untersuchenden verankert, einschließlich seiner Kenntnis des Wissens und der Erfahrung der Vergangenheit. Zweitens sind sie fest mit einer bestimmten Rechtsgemeinde verknüpft, auf die sich die Untersuchung bezieht. Diese beiden Verankerungen verweisen uns notwendigerweise an die Menschen einer bestimmten Zeit und eines bestimmten Landes mit ihren sozialen und biologischen Eigenheiten, mit ihrer zum Teil ererbten Umwelt und ihren begrenzten und versuchsweisen Erwartungen. Wenn wir von »Gerechtigkeit« für eine unbestimmte Gemeinschaft sprechen, etwa für eine erwünschte »internationale« Gemeinschaft oder für die gesamte heutige und künftige Menschheit oder für das Weltall mit anderen Lebewesen, denen die Menschen bei ihren Weltraumflügen begegnen könnten, so sprechen wir nicht mehr von menschlicher Gerechtigkeit, sondern von etwas, was mehr oder weniger als sie ist. Wenn wir uns dieser doppelten Verankerung in Tatsachen bewußt sind, dann können wir auch unsere heiligsten Grundsätze nicht als ein für alle Zeiten und Rechtsgemeinden gültiges Dogma hinstellen.

So klar dies alles ist, so dürfen wir es doch nicht zur naiven Anwendung eines Kulturrelativismus auf Werte kommen lassen, wie man das noch manchmal bei einseitig empirisch eingestellten Sozialwissenschaften antrifft. Denn wir müssen darauf bestehen, daß solche Wahrheiten trotz allem *für uns* in unserer Rechtsgemeinde etwas Absolutes sind. Dieser widerspruchsvolle Satz erklärt sich gerade aus der Wichtigkeit und Reichweite der menschlichen Bemühungen um Recht und Gerechtigkeit, wie dieses Buch und seine Vorgänger sie zu erklären, aufzuzeichnen und festzuhalten sich bemüht haben. Ich führe sie hier zum Abschluß noch einmal auf, nicht um sie zusammenzufassen, denn diese Dinge sind im Großen wie im Kleinen zu umfänglich und vielseitig für eine Zusammenfassung. Viel eher ist das ein

Weg, auf dem wir uns in dieser Fülle zurechtfinden können; ein Weg, um uns zu vergegenwärtigen, was die vieltausendjährigen Bemühungen so vieler je anders beschaffener Generationen und Rechtsgemeinden um Recht und Gerechtigkeit für uns in unserer Lage bedeuten. Die gesamten Erfahrungen anderer Menschen in ihrer jeweiligen Lage können uns in unserer Lage als Leitbild dienen. Allen diesen Bemühungen gemeinsam ist sicherlich das menschliche Verlangen nach klarer Vorstellung und zweifelsfreier Erkenntnis der Forderungen, die für unser Zusammenleben von der Gerechtigkeit an uns gestellt werden.

Dieses Verlagen kann, wie die Geschichte lehrt, auf die Dauer nicht unterdrückt werden. Bloß vorübergehend kann es durch trügerische Verheißungen beschwichtigt oder durch deren Vereitelung oder Preisgabe verleugnet werden. Viele werden durch die Verworrenheit, die Widersprüche und Unnachgiebigkeit der Menschen in ihrer Behandlung der Gerechtigkeit zum Ausweichen und zur Flucht vor diesen Schwierigkeiten getrieben. Manche rühren sich nicht und erklären einfach, daß »man ebenso gut auf den Tisch hauen kann wie sich auf Gerechtigkeit berufen«[194] oder sogar, daß »es überhaupt keine Gerechtigkeit gibt«[195]. Die meisten bejahen zwar das Ideal der Gerechtigkeit, begnügen sich jedoch mit der Erklärung, das Ideal sei so weit entfernt und der Weg dahin so schwierig, daß man es späteren Geschlechtern überlassen müsse, dahin zu gelangen und auch die Vorbereitungen dafür zu treffen. Im Gegensatz dazu sind einige andere übereilig anstatt zögernd, leidenschaftlich anstatt demütig und stürmen voran, beflügelt von ihrem Dogma. Häufig ohne Rücksicht auf die Folgen, wollen sie »Gerechtigkeit« im »wahren« Sinne (nämlich ihrem eigenen) verwirklichen und erklären: *Error multiplex veritas una sive mea.*

Die Untersuchung, die dieses Kapitel zum Abschluß bringt, erlaubt dem Verfasser nicht, sich mit einer dieser einfacheren Einstellungen zu begnügen. Ich fühle mich vielmehr eins mit der Mehrheit der Menschen der meisten Generationen. Ich bin mir bewußt, daß die menschliche Sehnsucht nach Gerechtigkeit und das Streben danach den immer wiederkehrenden Ansturm der Barbarei, der Grausamkeit, des Leidens, der Verzweiflung und des allverneinden Umsturzes überlebt haben. Noch heute leuchtet uns dieses Licht von den Höhen der Schwierigkeiten herab, die von den Wirren unserer Zeit aufgetürmt worden sind. Es hat auch, wie in meinem *Human Law and Human Justice* dargelegt, die Menschen befähigt, gewisse kostbare (wenn auch noch so kleine) »Enklaven der Gerechtigkeit« zu erkennen und zu beherrschen, die von den Reiferen unserer Generationen der großen Wildnis abgerungen worden sind, wo *homo homini lupus est*. Es wäre, wie ich am Ende in aller Bescheidenheit sagen will, ein Unrecht, wenn die Inhaber dieser Enklaven sie zurück an die Wildnis überwiesen, und es wäre eine nicht minder schwere Pflichtvergessenheit, wenn wir sie nicht verteidigten, oder wenn wir uns der Aufgabe entzögen, sie nach bestem Können auszudehnen. Wenn Menschen, die einmal das Licht gesehen haben, ihre Augen, Herzen und Sinne wieder verschließen, so daß sie das Licht nicht mehr sehen und das, was es einmal erleuchtete, nicht wiedererkennen, so geben sie damit ihr Erbgut aus der Vergangenheit und ihre Hoffnung für die Zukunft auf. Statt dessen müssen die Menschen, wie ich glaube, weiter und weiter vorwärtsdrängen und mutig die Prophezeiung von Jesaja wahr machen: daß am Tage der Menschheitserlösung die Gerechtigkeit auch in der Wüste wohnen wird.

1 Cairns, *Legal Science* 22; siehe auch 14/15.
2 vgl. Ehrlich, *Grundlegung* 32 ff.; E. A. Ross, *Social Control* (1901, Neudruck 1908) 14. Eine bedeutende moderne Untersuchung auf psychologischer Grundlage bei Parsons, *System* 249–325, bes. 297–325; siehe ferner die Stoffsammlung von Durkheim und Freud bei Parsons u. a. (Hrsg.), 2 *Theories* 872–915.
3 siehe die früher erörterte Hauptthese von Malinowski, *Savage Society*. Ein hervorragender Anthropologe, Gluckman, *Barotse Jurisprudence* XII–XIII, kommt neuerdings zum Ergebnis, daß Maine's allgemeine Lehren über frühes Recht nach dem Stand jüngster Untersuchungen gültig bleiben; die Hauptausnahme erblickt Gluckman in der übermäßigen Betonung des vermeintlichen Formalismus der früheren Verfahren; siehe auch G. Sawer, *Law in Society* (1965) 27–30.
4 R. Pound, »The End of Law« (1914) 27 *H. L. R.* 195.
5 G. A. Almond, »A Functional Approach to Comparative Politics« bei Almond-Coleman, *Developing Areas* 3–9.
6 siehe *ebenda* Almonds Kritik an M. Levy, *The Structure of Society* (1952) 469 (wo eine Erklärung unter dem Gesichtspunkt der »Machtverteilung« und der »Zurechnung je nach der betreffenden Struktur« versucht wird); ferner die Kritik an Lasswell-Kaplan, *Power* 76.
7 Almond *a. a. O.* 5 ff.

8 *The Political System: An Enquiry into the State of Political Science* (1953) 130 ff., erörtert von Almond *a. a. O.* Für seine hier geschilderte Untersuchung stützt sich Almond auch auf den späteren Aufsatz von Easton, »An Approach to the Analysis of Political Systems« (1957) 9 *World Politics* 383 und auf Arbeiten wie H. D. Lasswell, *The Decision Process* (1956, Bureau of Government Research Univ. of Maryland). Lasswells Arbeiten auf diesem Gebiet – eigene und solche mit verschiedenen Mitarbeitern – leiden etwas darunter, daß sie in das im voraus festgelegte Wertschema (Achtung, Zuneigung, Wohlbefinden, Reichtum usw.) gezwängt werden, das im Mittelpunkt seiner gemeinsam mit M. S. McDougal veröffentlichten Arbeit steht; siehe bes. R. Arens – H. D. Lasswell, *In Defence of Public Order* (1961), wo versucht wird, das ganze Gebiet der Sozialordnung unter dem Gesichtspunkt dieser Werte und mit dem einzigen Begriff »Sanktionen« zu erklären. Dies ist ein ungewöhnlicher Gebrauch dieses Ausdrucks, den die Verfasser vielleicht für notwendig gehalten haben, um die (für Juristen recht überraschende) Behauptung zu rechtfertigen, daß »Sanktionen« ein neues Forschungsgebiet darstellen; vgl. *oben* Anm. 6 und Almond *a. a. O.* 15.

9 Man denke an M. Webers Typologie der »Legitimität«.

10 vgl. Almond, a. a. O. 26–58, wo er sieben Thesen entwickelt.

11 Almond *a. a. O.* 11–13.

12 Almond selbst ist von E. A. Hoebel, *Law of Primitive Man* beeinflußt. Almond (*a. a. O.* 14 ff.) betrachtet seine Einstellung als eine Rückkehr zu der lange unbeachtet gebliebenen Lehre von F. J. Goodnow, *Politics and Administration* (1900), daß Politik nicht von begrifflichen Auffassungen wie »Gewaltentrennung«, Behörden und ähnlichen Fragen der Struktur und Organisation ausgehen soll, sondern von den tatsächlichen Aufgaben und Zuständigkeiten der Regierung, von denen Goodnow nur zwei anerkannte – »Politik« und »Verwaltung« mit den sich aus der Praxis ergebenden Einzelaufgaben.

13 vgl. die Erstarkung der Rechte der Krone in England und ihre Ausdehnung durch Erweiterung des Geltungsbereichs des »Königsfriedens« und der von den Königsgerichten erlassenen »Befehle« *(Writs)*; siehe auch *oben* Kap. III §§ 2–3, Kap. VI § 2.

14 siehe die allgemeinen Ausführungen von R. Pound, *Formative-Era of American Law* (1938) 10–12; ferner über das Verhältnis zwischen den verschiedenen Sozialordnungen auf frühen Entwicklungsstufen allgemein Ehrlich, *Grundlegung* Kap. III, IV, V.

15 *ebenda* 326 und das ganze Kap. XVII; vgl. auch unter den modernen Darstellungen Llewellyn, »Law Jobs« *passim.*

16 Diese Tatsache ist sehr gut von A. F. Hayek, *Serfdom* 39–41 und *passim* ausgedrückt. Wie er hervorhebt, ist es die Absicht eines nicht-dogmatischen *laissez-faire,* von den Kräften des Wettbewerbs den besten Gebrauch zu machen, um die Tätigkeit der Menschen aufeinander abzustimmen, nicht aber alles beim alten zu belassen. »Der wirtschaftliche Liberalismus will den Wettbewerb nicht durch schlechtere Methoden der Einordnung der Tätigkeit des einzelnen« ersetzen, denn der Wettbewerb ist »der einzige Weg, auf dem unsere Tätigkeiten ohne Eingreifen der Obrigkeit einander angepaßt werden können.«

17 Hayek *a. a. O.*

18 Stone, *Human Justice* Kap. 3–4. Die obigen Ausführungen wollen nur einleitend auf die Grenzverschiebung zwischen dem Recht und anderen Sozialordnungen unter verschiedenen sozialen Umständen hinweisen. Die

geschichtliche Behandlung des Rechts als Mittel der sozialen Lenkung ist der Gegenstand eines umfassenden besonderen Werks, an dem der Verfasser mitgearbeitet hat.

19 vgl. Russell, *Power* 222.

20 siehe über einige heutige amerikanische Probleme Phillips, *Municipal Government* Kap. XXII, bes. 567–586 (Unterrichtswesen, Bibliotheken, Freizeitgestaltung); C. A. Quattlebaum, *Federal Aid for School Construction* (1955).

21 siehe z. B. Mannheim, *Man and Society* 128–135. Zusammenfassende Darstellung bei Stone, *Province* Kap. 26 § 19; vgl. auch einige Hauptthemen in »Theories of Law and Justice in Fascist Italy« (1937) I *M. L. R.* 177; siehe jedoch *unten* §§ 10–18, bes. § 18.

22 siehe z. B. Lindzey (Hrsg.) 1 *Handbook* 5; Davis, *Attitude Change* 22/23.

23 siehe *unten* § 16.

24 J. Piaget, *The Origins of Intelligence in Children* (1952); ders., *Factors Determining Human Bevavior* (1937); siehe auch Kap. III über »Cognitive Theory« bei Lindzey (Hrsg.), 1 *Handbook*.

25 Russell, *Power* 212 ff.

26 vgl. Russell, *Power* 212–215; vgl. über diese letztgenannten Normen Laski, *Politics* 256 ff. und Kap. VII *passim*, sowie die von Laski hierauf aufgebaute bedeutende pluralistische Auffassung der sozialen Staatsgewalt.

27 Laski, *Politics* 257; vgl. einen der Grundgedanken von A. Zimmern, *Nationality and Government* (1920).

28 Seit meiner Darstellung in *Province* Kap. 27 ist es immer klarer geworden, daß es nicht nur bei der Wahl zwischen den Zielen wirtschaftlicher und anderer Tätigkeitsgebiete auf Werturteile ankommt, sondern auch bei der Wahl zwischen den verschiedenen Zielen der Wirtschaftstätigkeit selbst und deshalb auch bei der Wahl zwischen den bei der Regelung wirtschaftlicher Tätigkeit verfolgten Zielen; siehe allgemein I. M. D. Little, *A Critique of Welfare Economics* (2. Aufl. 1957), bes. 67–83; Myrdal, *Welfare State* (ebenso die meisten anderen Wirtschaftsstudien dieses Verfassers); J. K. Galbraith, *The Affluent Society* (1958); A. P. Ward (Hrsg.), *Goals of Economic Life* (1954); vgl. auch Mannheim, *Man and Society* 270/271.

29 vgl. C. K. Allen, *Law in the Making* (6. Aufl. 1958) 88/89.

30 Die für die Teilzahlungs- und Abzahlungsverträge in Frage kommenden Rechtsgeschäfte waren den Juristen schon seit Jahrhunderten bekannt, aber erst in unserer Zeit und dank einer ungewöhnlichen Verbindung von außerrechtlichen Einflüssen und Techniken sind sie innerhalb einer einzigen Generation zu ihrer jetzigen gewaltigen Bedeutung für unsere Wirtschaft herangewachsen.

31 Llewellyn, »Law Jobs« 1389 ff.

32 *ebenda* 1381/1382; vgl. T. R. Witmer, »Collective Labor Agreements ...« (1938) 48 *Yale L. J.* 195, 199; über die Wichtigkeit sozialer Vereinbarungen auch innerhalb des modernen Geschäftslebens siehe C. M. Schmitthoff, »International Business Law ...« (1961) 2 *Curr. L. and S. P.* 129; vgl. auch W. Friedmann, »National Sovereignty ...« (1963) 10 *U. C. L. A. L. R.* 739, bes. 748 ff.; S. Macauley, »Non-Contractual Relations in Business« (1963) 28 *Am. Soc. Rev.* 55 (Kaufleute benützen selten den Rechtsweg zur Schlichtung ihrer Streitigkeiten); P. Selznik, »Legal Institutions and Social Controls« (1963) 17 *Vanderb. L. R.* 79 und weiterreichend, durch Vergleich des *Kibbutz* und *Moshav* als Typen von Dorfgemeinschaften in Israel, R. D. Schwartz, »Social Factors in the Development of Legal Control« (1954) 63 *Yale L. J.* 471–491.

vgl. in bezug auf ärztliche Versorgung und öffentliche Gesundheitspflege
M. W. Brown, »Meeting Medical Needs by Voluntary Action« (1939) 6
L. and C. Prob. 507; J. Laufer, »Contract and Corporate Practice of Medicine« *ebenda* 516; H. Maslow, »Background of the Wagner Health
Bill« *ebenda* 606; und *ebenda passim;* vgl. ferner in bezug auf
Bankverkehr, Kreditgenossenschaften und Rechtsvorschriften über Dar-
lehensgeschäfte W. T. Foster, »The Personal Finance Business under Regulation« (1941) 8 *ebenda* 154; R. Nugent, »The Loan Shark Problem«
ebenda 3. Verwandt mit dem im obigen Text behandelten Gesichtspunkt
ist wohl auch die von Mannheim, *Man and Society* 270/1 und C. J. Friedrich, *Constitutional Government and Politics* (1937) 12 ff. vertretene Lehre,
es sei in jeder Gesellschaft zu einer bestimmten Zeit eine begrenzte Menge
von sozialpsychologischer Energie vorrätig, die sich in die verschiedenen
sozialen Ordnungen oder in unmittelbare Gleichschaltung umsetzen könne.

33 vgl. zu §§ 4–7 Parsons, *System* 249–325; Mannheim, *Man and Society*
265–310 (mit Bibliographie 383–385); E. A. Ross *a. a. O.* (*oben* Anm. 2),
bes. Kap. XXIX–XXXIII.

34 Gewiß stehen auch hinter einigen mittelbaren Ordnungen einzelne Menschen, ihre Tätigkeit jedoch (kann zwar, aber) braucht nicht auf die Ausübung einer solchen Ordnung gerichtet sein. Die hiervon betroffenen Personen können auch glauben, daß sie in ihren Handlungen frei sind, obwohl sie soziologisch nur eine sehr enge Wahl haben. Andererseits kann
das Tätigwerden anderer Menschen einen Teil der Umwelt bilden (z. B.
das der Mitbewerber in einem Wirtschaftssystem des *laissez-faire*), aber
die Ordnung wird in einem solchen Falle gewöhnlich doch nur mittelbar
wirksam sein, weil die anderen als Teil der Umwelt und nicht als Voll-
strecker der Ordnung tätig werden.

35 Stone, *Human Justice* Kap. 5, §§ 8 ff.

36 G. Myrdal, *An American Dilemma* (1944).

37 W. G. Summer, *Folkways* (1907) war ein bahnbrechendes Werk. Wie neuerdings H. V. Ball, G. E. Simpson u. a., »... William Graham Summer on
Law and Social Change« (1962) 14 *J. Leg. Ed.* 299–316, bes. 303 ff., 314
bis 316 dargelegt haben, wollte Summer mit seinem Ausspruch »stateways
cannot change folkways« (etwa: »Staatlicher Zwang kann keine Volks-
überzeugung ändern«) keineswegs in Abrede stellen, daß auch die Volkssitten sich ändern und daß das Recht sogar eine solche Änderung veranlassen kann.

38 siehe z. B. Mannheim, *Man and Society* 292.

39 Wenn deshalb bei verfassungsrechtlicher Gewaltenteilung zwischen der (an
die Vollzugsgewalt nicht übertragbaren) Regierungsgewalt zur Bestimmung der Politik und der (übertragbaren) Gewalt zur Ausführung der
Politik unterschieden wird, so kann diese Unterscheidung *soziologisch* begründet sein, obwohl die *logische* Abgrenzung sehr schwierig ist. Denn die
zur Bestimmung der Politik erforderlichen Eigenschaften können von
jenen durchaus verschieden sein, die zur Ausführung der Politik vorhanden
sein müßten. Die Bestimmung der Politik verlangt politische Initiative im
weiteren Sinn. Zur Ausführung der Politik ist tiefes Verständnis für ihre
Auswirkungen und ihr Anwendungsgebiet nötig, Sorgfalt und Genauigkeit
in ihrer Befolgung und die Fähigkeit, die Politik in die Sprache der
menschlichen Verbände zu übersetzen. In Wirklichkeit muß natürlich auch
derjenige, der die Politik bestimmt, deren Auswirkung verstehen, und der
Verwaltung bleibt dauernd die unvermeidliche Pflicht, Politik zu bestimmen; siehe *unten* § 19.

40 vgl. die fast schrankenlose Ermächtigung der vollziehenden Gewalt in Kriegszeiten.

41 vgl. Llewellyn, »Law Jobs« *passim; siehe* ferner allg. Stone, *Legal System* Kap. 6–8.

42 Ich verwende diesen Ausdruck in Anlehnung an Garlan, *Legal Realism* 39; siehe auch Garlans Hauptthese.

43 Wie Mannheim (*Man and Society* 303/304) sagt, »handelt der Richter zu oft wie ein Zauberer und benützt die Macht und Amtsgewalt des Staates, um alle Änderungen in das Gefüge der vorhandenen Vorschriften hinein-zupressen . . ., wobei er das Neue in den Fällen so lange wie möglich über-sieht«; siehe jedoch Stone, *Legal System,* Kap. 6–8, bes. Kap. 8, § 2.

44 siehe Ross-Hartman, *Changing Patterns.*

45 vgl. Commons, *Capitalism* 39.

46 Natürlich kann auch die persönliche Aufsicht durch Beamte in Wirklich-keit geheim sein. So ernst dies auch sein mag, so ist es doch nur ein Pro-blem der Verhütung von Mißbräuchen, während die Geheimhaltung pri-vater Wirtschaftsaufsicht durch Monopole kaum zu verhindern ist; siehe *unten* § 9.

47 Russell, *Power* 226; vgl. die Ausführungen über Persönlichkeit und freie Berufswahl *oben.*

48 Russell, *Power* 227/228 vertrat die Ansicht, daß diese Entwicklung ernste Folgen für die Wettbewerbsfreiheit in der Meinungsäußerung und poli-tischen Werbung gehabt hat. »Wenn man Faschismus predigt«, so schrieb er 1938, »dann fördert man in erster Linie Deutschland und Italien; pre-digt man Kommunismus, dann wird man ihn wahrscheinlich nicht verwirk-lichen, kann aber Rußland helfen, den nächsten Krieg zu gewinnen; wenn man die Sache der Demokratie vertritt, dann wird man merken, daß man die Politik eines Militärbündnisses mit Frankreich zur Verteidigung der Tschechoslowakei unterstützt. Die heutige Welt ist so verschieden von der des 18. und 19. Jhts., daß die liberalen Gründe für die Verteidigung des freien Wettbewerbs in der Propaganda . . . sorgfältig überprüft werden müssen.«

49 Wenn das Wort »Ordnung« *(control)* die Bedeutung von unmittelbaren, persönlichen, bewußten tatsächlichen Maßnahmen hat, ist es hier nur im übertragenen Sinn gebraucht und eigentlich nichtssagend; siehe G. Sawer *a. a. O. (oben* Anm. 3) 126, 129/30.

50 Mannheim (*Man and Society* 298/299) nennt »*field structures*« ein Mittel zur Lenkung des Verhaltens, bei dem keinem Menschen Macht über an-dere Menschen gegeben und jedem Menschen beträchtliche Freiheit gelassen wird, sein Verhalten anzupassen. Nach seiner Ansicht könnten besseres Verständnis der »*field structures*« und ihre erweiterte Anwendung einen Mittelweg zwischen ungezügelter Initiative und direkter Kontrolle ermög-lichen; er erwartet den Gebrauch von »endgültigen Ordnungen . . . von strategischen Punkten innerhalb der field structures aus«. Am einfachsten kann man sich das natürlich auf dem Gebiet der Wirtschaft vorstellen. Außerhalb der Wirtschaft könnte man in einem engeren Rahmen daran denken, daß die Massenversorgung mit billigen arbeitssparenden Geräten für die Haushaltsarbeit und die Bereitstellung von Hilfskräften für den Haushalt ein Mittel sein kann, um die Geburtenzahl auf ihrer Höhe zu halten. Der Name »*field structures*« sagt darüber nichts.

51 siehe sein »Law Jobs« 1389 ff.

52 Als Beispiel nannte er die Rolle von Personenvereinigungen und Techno-logie für die praktische Anwendung des Vertragsrechts.

53 Armut und Unsicherheit sind aber noch heute weitverbreitet, siehe M. Harrington, *The Other America: Poverty in the United States* (1962) und G. Myrdal, *Challenge to Affluence* (1963); vgl. auch das 1964 von Präsident Johnson verkündete Programm zur Bekämpfung der Armut.

54 siehe eines der Hauptthemen von J. Brooks (Hrsg.), *The One and the Many* (1962), ein Bericht über die zweite Corning-Konferenz, bes. die Beiträge von R. Aron und A. Heckscher 157, 250.

55 Wie Freud bemerkt hat, wird in Kriegszeiten das Gegenteil nötig: die Senkung des Gefühlslebens auf die Stufe körperlicher Selbstbehauptung und Selbsterhaltung.

56 siehe Stone, »Planning« *passim*.

57 Myrdal, *Welfare State* 1–12, bes. 2–4, 9/10. In der späteren Wirtschaftsliteratur finden sich Versuche, die Planwirtschaft als Sozialordnung aufzufassen; siehe z. B. A. Lauterbach, *Economic Security and Individual Freedom: Can We Have Both?* (1948); für ihn sind die Vorschläge seiner Vorgänger Beispiele der »Planung« (66–118), seine eigenen Vorschläge aber »Methoden einer sozialen Ordnung des Wirtschaftslebens« (86 ff., siehe auch 164). Die Änderung der *termini* bedeutet natürlich keine sachliche Lösung, auch wenn wir sie ohne Vorurteil anwenden; sie kann uns jedoch vorurteilsfreier machen; vgl. Millett, *Government Planning,* der bemerkt, daß es die Gemüter weniger erregt, wenn man abwechselnd von »Wirtschaftspolitik« und »Planung« spricht.

58 Marx folgte (wie Myrdal, *Welfare State* 4 bemerkt) derselben Auffassung, »sogar in seiner Ketzerei«; siehe auch *ebenda* 59/60 über »Harmonie« im Wohlfahrtsstaat als eine »geschaffene Harmonie«, das Ergebnis von geplantem Zusammenwirken einzelner Eingriffe.

59 siehe allg. Stone, *Human Justice* Kap. 3, §§ 8 ff., Kap. 4 § 11.

60 vgl. Cohen, *Ethical Systems* 266 ff.; R. Pound, »Limits of Effective Legal Action« (1917) 27 *Int. Jo. Ethics* 156.

61 vgl. zu den oben erwähnten juristischen und anderen damit zusammenhängenden Fragen die voranstehenden Kapitel *passim*.

62 In den Kriegsjahren von 1940 an kam es zu vielen, von Idealismus getragenen amtlichen und privaten Vorschlägen zum Wiederaufbau der Menschheit. Eine Zusammenfassung der damaligen Forderungen und Versprechungen siehe bei J. Stone, *The Atlantic Charter: New Worlds for Old* (1943). Über die wichtigsten Erörterungen siehe einerseits Hayek, *Serfdom;* Popper, *Historicism;* ders., *Open Society;* a n d e r e r s e i t s Mannheim, *Man and Society;* Myrdal, *Welfare State;* ders., *Economic Theory and Underdeveloped Regions* (1957); Brebner, »Laissez Faire«; Hartz, *Economic Policy;* Pound, *Legal History;* E. V. Rostow, *Planning for Freedom* (1961); H. Finer, *Road to Reaction* (1945); B. Wootton, *Freedom under Planning* (1945); Millett, *Government Planning;* H. A. Wallace, *Sixty Million Jobs* (1945); A. Lauterbach *a. a. O.* (*oben* Anm. 57); W. Lippman, *The Good Society* (1937). Unmittelbar erheblich ist auch vieles in wirtschaftlichen Schriften von Keynes, Pigon, Beveridge, Hansen und Dobb; siehe bes. J. M. Keynes, *The General Theory of Employment, Interest and Money* (1936); ders. *The End of Laissez-Faire* (1926); siehe ferner Joan Robinson, *Economics of Imperfect Competition* (1933) und E. H. Chamberlain, *Theory of Monopolistic Competition* (7. Aufl. 1957). Allgemeine bibliographische Angaben namentlich in den obengenannten Werken von Mannheim und Lauterbach.

63 siehe bes. (1944) 11 *Economica* 122 ff. und vgl. 2 *Open Society.* Über die allgemeine Bedeutung von Poppers Standpunkt in *Open Society* siehe

Wild, *Plato's Enemies*, bes. 19 ff.; R. B. Levinson, *In Defence of Plato* (1953); Kaufmann, *Religion and Philosophy* 27 ff.

Schlechthin zu leugnen, daß die Geschichte sich nach festen Gesetzen entwickelt, geht zu weit, wenn damit auch die Möglichkeit verneint werden soll, daß wir den allgemeinen Gang einer Entwicklung verstehen lernen, namentlich wenn wir ihren Ausgangspunkt und die maßgebenden Kräfte kennen. Worauf der Einwand mangelnder Kenntnis abheben will, ist die Schwierigkeit, zu einer höheren Erkenntnis zu gelangen, die genau genug ist, um je nach den wechselnden Erfordernissen des Augenblicks wirksame Maßnahmen anzuordnen. Ich bin mit A. MacIntyre, »Breaking the Chains of Reason« in Thompson, *Apathy* 216 ff., bes. 217, 226/227 der Meinung, daß es ein vernünftiges Mittelmaß für das Bestreben gibt, die großen Züge der geschichtlichen Strömungen zu verstehen und aus ihnen zu lernen, und daß es zu einem unangebrachten Gefühl der persönlichen Unfähigkeit und der Ohnmacht der Sozialwissenschaft führen müßte, wenn man diese Meinung ablehnt.

[64] Über Planung in Kriegszeiten siehe *unten* § 12 (1).

[65] Wie diese Einstellungen in den Naturwissenschaften berichtigt oder abgeschwächt werden, kann hier nicht erörtert werden. Es ist auch besser, diesen Gedanken hinsichtlich der Sozialwissenschaften nicht dadurch zu erschweren, daß man sich auf die Lehren einiger Naturwissenschaftler, namentlich Sir A. S. Eddington und Sir J. H. Jeans, beruft, wonach die von den Gelehrten »entdeckten« Naturgesetze vielleicht nichts anderes sind als menschliche Denkgesetze, die der Mensch der Natur auferlegt, um sie verstehen zu können. Ich will dazu nur bemerken, daß solche Lehren recht wohl nur eine Übertragung der auf dem Gebiet der Sozialwissenschaften gewonnenen Erkenntnisse sein können. Naturwissenschaftliche Theorien sind selbst Erscheinungen des Soziallebens; siehe Stone, *Legal System* Kap. 3 Anm. 16.

[66] siehe W. Heisenberg, *Physics and Philosophy* (1959) 47 ff., bes. 49, 51/52; vgl. auch das Phänomen von »selbst-erfüllenden« und »selbst-zerstörenden« Vorhersagen, dargestellt von R. K. Merton, *Social Theory and Social Structure* (2. Aufl. 1951) 179 ff. und A. Ross, *On Law and Justice* (1958) 47; ferner E. Topitsch, »Sozialtheorie und Gesellschaftsgestaltung« (1956) 42 *Arch. R.- und Sozialph.* 171, 187; siehe auch A. Gewirth, »Can Men Change Laws of Social Science?« (1954) 21 *Philosophy of Science* 229 und J. Hochfeld in *I. S. S. J.*, *Survey* 494. Der Einwand mangelnder Kenntnis wird auch durch andere Beiträge zu diesem Symposium unterstützt, in denen Zweifel geäußert werden, ob die »wissenschaftlichen« Ziele der sozialen und humanistischen Forschungen erreichbar sind.

[67] siehe weiter unten im vorliegenden Paragraphen, Einwand (3); *unten* § 15.

[68] vgl. Simpson-Field, »Social Engineering« 150, 160/161; ders., »Social Sciences«. In beiden Arbeiten (z. B. »Social Engineering« 159) verkennen die Verfasser die oben erörterten Schwierigkeiten. Sie betonen wiederholt die »w a h r h a f t wissenschaftliche Erkenntnis« (»Social Engineering« 189), die Notwendigkeit, alles Wissen zu vereinheitlichen (siehe z. B. *ebenda* 152, 157, 189; »Social Sciences« 860–862) und das »dreidimensionale Denken« – beweisen aber damit nichts; vgl. die gewagte Behauptung, die Richtigkeit eines Rechtssatzes sei w i s s e n s c h a f t l i c h beweisbar, bei F. S. C. Northrop, ... *Legal and Ethical Experience* (1959) 243 ff., 354 ff.

[69] siehe z. B. Cairns, *Legal Science*, wo diese Art einer »sozialen Rechtswissenschaft« vorgeschlagen wird; vgl. die von Simpson-Field vorgeschlagene

»*School of Applied Jurisprudence*« (Schule für angewandte Rechtswissenschaft) (*Social Engineering* 163–166). Die dringenden Mahnungen von Simpson-Field (a. a. O. 147 ff.), »die Sozialordnung zu beschleunigen«, sind wohl nicht wörtlich gemeint. Sie erkannten natürlich (a. a. O. 166–185), daß gewisse praktische Aufgaben eine Zwischenlösung notwendig machen. Über einige ernstliche Schwierigkeiten ihrer psychologischen Behandlungsweise dieser Fragen siehe Popper, 2 *Open Society* 86–91.

70 siehe z. B. über die Stellung der Lehren von Talcott Parsons zu einzelnen Eingriffen in das Sozialleben *oben*.

71 siehe bes. seine *Legal History* 152–165. Merkwürdigerweise paßt diese Mahnung besser zu Pounds mehr traditioneller Denkweise als zu der an ihr geübten Kritik der Neo-Realisten, die meinten, nur bei Weglassen der begrifflichen, formallogischen Überlegungen würden die Wege zu richtigen Entscheidungen offenbar. In einigen späteren Ausführungen von Llewellyn kommt diese Annahme deutlich zum Vorschein; z. B. glaubte er, daß das Recht und die Gerechtigkeitsbegriffe der Cheyenne-Indianer brauchbare Vorbilder zur Lösung von Rechtsproblemen der modernen vielgestaltigen Wirtschaftsgesellschaft enthalten; siehe Llewellyn-Hoebel, *Cheyenne Way*, *passim*. Der auf Hoebels spätere Arbeit von 1954 (*oben* Anm. 12) gestützten Kritik von T. Hayakawa, »Karl N. Llewellyn…« (1964) 18 *Rutg. L. R.* 717, 724/725 steht die Tatsache gegenüber, daß Hoebel selbst im selben Symposium 735–744 seine Bewunderung für Llewellyn bestätigt.

72 vgl. F. S. Hayek, *Collectivist Economic Planning* (1935) 210; Popper, »Historicism« (11 *Economica* N. S. 118, 131/132). Lady Wootton will anscheinend den Niedergang der Regierenden erklären, ohne diesen Hauptpunkt zu beachten; siehe Wootton a. a. O. (*oben* Anm. 62) 154–166; vgl. Lauterbach a. a. O. (*oben* Anm. 57) 122/123. Über die Schwierigkeiten, innerhalb eines Verwaltungskörpers die einzelnen Persönlichkeiten miteinander und mit einer gemeinsamen Aufgabe in Übereinstimmung zu bringen, siehe Millett, *Government Planning* Kap. VIII.

73 Hayek hält es für weniger gefährlich, wenn der Arbeiter glaubt, er habe kein Glück gehabt im Wettbewerb oder das unpersönliche System sei schlecht. Als letzte Stufe der Sklaverei entwirft er das Bild von Arbeitern, die vom Staat als dem einzigen Arbeitgeber wie Soldaten in Zucht gehalten werden, deren schlechte oder verweigerte Arbeitsleistungen als Verbrechen gelten und notfalls durch Aushungern bestraft werden. Ähnlich wie Hayek erklärt C. B. Hoover, *The Economy, Liberty and the State* (1959), bes. 328/329 dies als Hauptunterschied zwischen »kapitalistischen« und »kommunistischen« Systemen. Über Hayek hinausgehend glaubt er, nur das kapitalistische System ermögliche »einer größeren Zahl von Menschen ein genügendes Einkommen, um ohne Berufspflichten zu leben«.

74 Millett, *Government Planning* Kap. VIII. Lady Wootton *a. a. O.* (*oben* Anm. 62) 6 versteht unter Planen nur die Zielsetzung, nicht die nötigen Maßnahmen.

75 Mitgeteilt von Millett, *Government Planning* 12 aus einer unveröffentlichten Denkschrift des *National Resources Planning Board*.

76 vgl. Millett *a. a. O.* 11; Wootton *a. a. O.* 137–156; Hayek, *Serfdom* 73 ff.

77 Lady Wootton (a. a. O. 136–153, 167–170) beachtet dies zu wenig, wo sie das britische Übereinkommen über »Wohlfahrtsziele« erörtert.

78 Wootton *a. a. O.* (*oben* Anm. 62) 144.

79 Die Schwierigkeiten gleichen teilweise denen, die bei den »Rechtspostulaten« von Pound bestehen; siehe Stone, *Human Justice* Kap. 9.

80 Simpson-Field, »Social Engineering« 151 verschleiern diese Schwierigkeiten, wenn sie als Teil ihres Plans für *social engineering* eine »wissenschaftliche« (oder »rein wissenschaftliche«) Prüfung der »ethischen Weisheit in bezug auf soziale Zwecke« verlangen. Zwar berichtigen sie sich selbst, das berührt jedoch unsere Beanstandung nicht; siehe *ebenda* 192; Simpson-Field, »Social Sciences« 860.

81 Es ist deshalb natürlich, daß die wissenschaftliche Behandlung des Planens diejenigen zum Schweigen gebracht hat, die noch bis in die Zeit des *New Deal* hinein die Ansicht verfochten, die Rechtssoziologie und die »soziologischen Rechtswissenschaften« sollten sich nur mit dem »Sein« des Rechts befassen und die Frage des »Sollens« und der Werte – vielleicht für immer – unberührt lassen; vgl. z. B. B. R. Pound, »The Call for a Realist Jurisprudence« (1931) 44 *H. L. R.* 697; Llewellyn, »Realism«.
Über Llewellyns späteren Standpunkt siehe sein »Law Jobs«; siehe ferner unsere Bemerkungen und Zusammenstellungen der Literatur bei Stone, *Province* 384–388.

82 siehe Myrdal, *Welfare State* 12–84. Von einem ganz anderen Gesichtspunkt aus innerhalb der britischen Labour-Parteipolitik siehe S. Hall, A. MacIntyre, R. Alexander und E. P. Thompson, *Apathy* 19 ff., 195 ff., 243 ff., 257 ff. und das Thema dieses Buchs; vgl. für die amerikanische Gemeindeverwaltung Phillips *Municipal Government* 628, 635 und allgemein einen der Hauptgegenstände von J. K. Galbraith, *The Affluent Society* (1958).

83 Über »Unabhängigkeit« und »Beteiligung« siehe allg. Friedrich, *Government* 350–366.

84 Millett, *Government Planning* 6 ff. und Lauterbach *a. a. O.* (*oben* Anm. 57) 17–20 betonen dies mit großem Nachdruck. Lauterbach jedoch führt zwar die im Krieg gemachten Fortschritte in der Produktion, Löhne, Arbeitsbeschaffung und der Persönlichkeitsrechte als Beweis für die Möglichkeit weitgehender Sozialordnung an (17–19), beklagt aber (158) Kriegsvorbereitungen als Gefahr für die wirtschaftliche Sicherheit und letzten Endes für die Freiheit.

85 Dieser Gegensatz hängt damit zusammen, daß die Sowjetpraxis von den ursprünglichen marxistischen Lehren abwich. Wie Myrdal (*Welfare State* 4–8; vgl. auch 87/88, 93–95) hervorhebt, war Marx kein Planer im modernen sowjetischen Sinn, und »marxistisches« Planen braucht bei der sowjetischen Art des Planens nicht befürchtet oder vermutet zu werden.

86 siehe E. U. Graham bei M. Katz (Hrsg.), *Government under Law and the Individual* (1957) 49–70.

87 vgl. allg. H. J. Berman, »The Challenge of Soviet Law« (1949) 62 *H. L. R.* 220, C. B. Hoover a. a. O. (*oben* Anm. 73). Über die technischen Leistungen der Sowjets unter ihrer Planwirtschaft siehe M. Dobb, *Soviet Economic Development since 1917* (1948), bes. die Einleitung. Zu der von Dobb betonten Bedeutung des russischen Vorbilds für die neuen asiatischen und afrikanischen Staaten siehe die Vorbehalte von Myrdal, *Welfare State* 88/89, 159 ff. Barbara (später Lady) Wootton wollte die Mißachtung der Freiheitsrechte unter der Sowjet-Planung damit erklären, daß schon unter den Zaren der Grundrechtsschutz auf niederer Stufe stand; gleichzeitig aber stellt sie den verhältnismäßigen Erfolg der sowjetischen Planwirtschaft den Ländern des Westens als Vorbild hin. Beides kann kaum richtig sein; siehe *a. a. O.* (*oben* Anm. 62) 124–126. Gerade ihre Darstellung der Besonderheiten der Kriegswirtschaft spricht gegen ihre Erheblichkeit. B. Wootton geht zu weit in ihrem Optimismus und schwächt dadurch ihren Standpunkt, wenn sie sagt (a. a. O. 148): »Erfolgreiches Planen auf lange

Sicht ist nur dann möglich, wenn die Planungsziele in Friedenszeiten so vorbehaltlos und *so unerschrocken bejaht werden wie die Notwendigkeit des militärischen Sieges im Krieg...«* (Hervorhebungen vom Verfasser). Die Ausführungen von Lauterbach *a. a. O. (oben* Anm. 57) 17–19 haben die gleichen schwachen Stellen.

88 vgl. Myrdal, *Welfare State* 88–99, bes. 91: Niemals in der Geschichte ist es gelungen, eine volle Demokratie und allgemeines Wahlrecht aufrechtzuerhalten, ohne daß zunächst eine recht hohe Lebenshaltung und ein hoher Grad von gleich freier Bahn für alle erreicht worden wäre.

89 vgl. Stone, *Human Justice* Kap. 4, § 11.

90 Das letztgenannte Gesetz wurde allerdings oft umgangen durch Genehmigung zur Arbeitsvergebung außerhalb des Betriebs.

91 Bei Drucklegung dieser Seiten (August 1965) hatte das Repräsentantenhaus ein Gesetz beschlossen, durch das Sektion 4 (b) der *Taft-Hartley Acts* aufgehoben wird, womit einzelstaatliche Bestimmungen über das »Recht auf Arbeit« hinfällig werden; die Zustimmung des Senats stand noch aus.

92 siehe Stone, *Human Justice* Kap. 4, § 11; siehe allg. Brebner, *»Laissez Faire«* und vgl. für Pennsylvania Hartz, *Economic Policy;* für Massachusetts O. und M. Handlin, *Commonwealth...* (1952), zuerst veröffentlicht 1947; Lauterbach *a. a. O. (oben* Anm. 57) 88–101; siehe auch F. Frankfurter, *The Public and its Government* (1930) Kap. I 8–35.

J. S. Mill verkündete zwar in *Principles of Political Economy* (1848) das Privateigentum und »persönlichen Unternehmergeist« als Quelle des Fortschritts, hielt es aber doch für fraglich, ob das genüge. »Ein wie geringer Teil der in England geleisteten Arbeit, von der niederbezahlten bis zur höchstbezahlten, wird von Personen getan, die für ihren eigenen Nutzen arbeiten... Ein Fabrikarbeiter hat ein geringeres persönliches Interesse an seiner Arbeit als ein Mitglied einer kommunistischen Gemeinschaft.« (J. S. Mill, *Vindication of the French Revolution of February 1848,* angeführt bei V. W. Bladen, *»The Centenary of Marx and Mill« (1948)* 8, *Tasks of Economic History* (Annual Supp. to *J. Ec. Hist.)* 32, 41.

93 siehe Stone, »Planning« 17 ff. und *ders., Human Justice* Kap. 4, §§ 11, 22.

94 Brebner, *»Laissez Faire«* 62.

95 A. N. Whitehead, *Adventures of Ideas* (1933) 8. Halèvy erkannte später im Leben selbst, daß seine eigenen »liberalen« Neigungen ihn für eine gleiche Auslegung empfänglich machten; siehe Brebner, *»Laissez Faire«.*

96 vgl. Myrdal, *Welfare State* 29. Nach Myrdals Beurteilung (40–44) waren die nationalsozialistischen und faschistischen Vorstellungen vom »Ständestaat« gewaltsame Versuche, bestehende politische Formen zu benützen, um jene Entwicklung in die Hand zu bekommen; ein »unliberaler Mittelweg zwischen den alten europäischen Überlieferungen und den Erfordernissen des modernen Wirtschaftslebens« (42). Es ist deshalb eine oberflächliche Meinung, daß das Planen als solches zum Aufstieg solcher Diktaturen beigetragen habe (siehe *ebenda* 76–78).

97 *ebenda* 14 ff.

98 siehe *ebenda* 2–20 (internationale Umstände); 31/32 (Aufbau von Märkten); 32–34 (Einfluß des kollektiven Verhandelns); 34–36 (zweckmäßiger Unterbau).

99 *ebenda* 21 ff.

100 Nach 1945 entwickelte sich in England die staatliche, private und gemischtwirtschaftliche Tätigkeit auf rein praktischer und weithin von Parteipolitik freier Grundlage unter staatlicher Oberaufsicht an den wichtigsten Stellen, siehe L. C. B. Gower, »Business« bei Ginsberg, *20th Century* 143, 147 ff.,

151–158. Dagegen wurde die unmittelbare Staatsaufsicht nach dem Zweiten Weltkrieg schnell aufgehoben, ebenda 158–161. Um die Jahrhundertmitte herrschte in England das Bestreben, den sozialen Kampf dadurch zum Stillstand zu bringen, daß man die Einzeleingriffe (»*ad hoc interventionism*«) in ein gewisses System brachte; siehe G. D. H. Cole, »The Growth of Socialism« bei Ginsberg, *20th Century* (1959) 79–96, bes. 87/88, 94–96.

101 vgl. Myrdal, *Welfare State* 23–27; siehe auch *ebenda* über das Verhältnis zwischen alledem und der Auffassung der klassischen Nationalökonomie vom »Menschen als Glied der Wirtschaft« und der starren Einstellung der Bürger in der Sowjetunion.

102 siehe M. A. Copeland, *Trends in Government Financing* (1961).

103 siehe Galbraith *a. a. O.* (*oben* Anm. 28); vgl. über diese Ansicht (aber recht einseitig parteipolitisch) Thompson, *Apathy*, bes. S. Hall, »The Supply of Demand« 57–97, bes. 83–97. Über die Nichtbeachtung von Nachfragen, die weder von Gruppendruck noch von den Massenmedien befürwortet werden, vgl. Myrdal, *Welfare State* 80–82 und Stone, *Human Justice* Kap. 9, § 12.

104 vgl. Myrdal *a. a. O.*, 70–86.

105 Wie B. Wootton *a. a. O.* (*oben* Anm. 62) 13 sagt, soll man nicht von »Freiheit« insgesamt sprechen, sondern nur von der Freiheit in einzelnen Fällen; das Planen verlangt die gleiche Aufteilung in Einzelgebiete.

106 Die von Popper in seinem »Historicism« vertretene Lehre beruht zu sehr auf dem von ihm vorausgesetzten Gegensatz zwischen einem »konkreten Individualismus« und einem »abstrakten Holismus«; vgl. A. MacIntyre *a. a. O.* (*oben* Anm. 82) 217.

107 Dies ist so, ganz unabhängig von der Meinung von J. S. Schumpeter, *Capitalism* (1947) 240, 273, daß das Ideal der »Demokratie« nichts über deren Ziele besagt, sondern nur eine Methode ist oder »eine planmäßige Einrichtung zur Herbeiführung von politischen Entscheidungen durch diejenigen, die die Zuständigkeit zur Entscheidung aufgrund eines Wettbewerbs um die Wählerstimmen erkämpfen« (269). Eine neuerliche methodische Darstellung der verschiedenen Einstellungen, die zusammen die demokratische Unterlage der politischen Entscheidungen bilden, ist G. A. Almond – S. Verba, *The Civic Culture* (1963).

108 vgl. K. E. Boulding, »Social Justice in Social Dynamics« bei R. Brandt (Hrsg.), *Social Justice* (1962) 73–92, bes. über den auf gewissen Stufen auftretenden Konflikt zwischen dem Anspruch auf Gleichheit und der Beschaffung der zu seiner Gewährung notwendigen Mittel; siehe bes. 92; siehe ferner Stone, *Human Justice* Kap. 11, §§ 1 ff.

109 siehe Simpson-Stone, 2 *Law and Society* 693 und *passim*.

110 vgl. Myrdal, *Welfare State* 61.

111 siehe besonders die Schlußvorlesung in seinem Buch *Legal History* 141.

112 vgl. Lindsay, 1 *Democratic State* 209 ff.

113 »Nur die Setzung der letzten Ziele in öffentlichen Angelegenheiten ist Sache der Politik und der inneren politischen Einstellung ... die praktische Verwirklichung wird mehr und mehr zur reinen Technik« (*Man and Society* 360). Zur Anwendung dieses Satzes auf den Kreislauf der Wirtschaft bezüglich Arbeitslosigkeit siehe *ebenda* 360/361.

114 vgl. ein Hauptthema von D. Waldo, *The Administrative State (1948)* 65 ff.; siehe auch J. A. G. Griffith, »Tribunals and Enquiries« (1959), 22 *M. L. R.* 125, 144/145 über die Grenzen, bis zu denen die Verwaltungsbehörde ihre

Absichten innerhalb eines entsprechenden Planes im voraus bekanntgeben kann.

115 Wie Galbraith, *Capitalism* 70 erwähnt, begann Roosevelt in seiner ersten Amtszeit mit dem »*New Deal*« ohne klare Vorstellung oder gar Übereinstimmung darüber, was denn nun unter dem neuen Schlagwort geschehen sollte. Trotz anfänglich heftigen Kämpfen wurden die meisten Teile des sich entwickelnden Programms innerhalb eines Jahrzehnts zum festen politischen Boden für beide Parteien, z. B. die Übernahme der Verantwortung für Sozialschutz durch den Staat, die verstärkte Stellung der Arbeiterverbände und die Förderung von Lohntarifverträgen.

116 vgl. allgemein J. Barents, *Democracy: An Unagonized Reappraisal* (1958); R. H. Tawney, *The Attack* (1953), bes. die treffliche Darstellung 163/164.

117 Parsons-Shils, *Theory of Action* 190–223, bes. 197.

118 vgl. A. Lauterbach, *Man, Motives and Money* (1954) 219/220.

119 Lindsay, *Democratic State* 243 ff.; B. Bosanquet, »The Reality of the General Will« bei Lindsay, *Aspects of the Social Problem* (1895); vgl. Krabbe, *The State*, bes. Kap. V u. Einl. von G. H. Sabine u. W. J. Shepard, pp. XXI ff., XXXV, XLVI ff. Eine der Ansicht von Lindsay über Politik entsprechende Auffassung von der Aufgabe des Rechts, den sozialen Zusammenhalt trotz fortschreitend wachsender sozialer Mannigfaltigkeit zu bewahren, vertritt M. Rheinstein, »Process and Change in ... Government and Law« bei C. Kraeling – R. M. Adam (Hrsg.), *City Invincible* (1960), 405–418. Daß ein »Gesamtwille« in irgendeinem Sinn überhaupt vorhanden sein kann, wird verneint von Schumpeter, *Capitalism* Kap. XXI, bes. 261.

120 siehe Myrdal, *Welfare State* 34–40. Über die notwendige Erforschung der hier in Frage kommenden Arten von Vereinigungen siehe W. M. Evan, »Public and Private Legal Systems« in dem von ihm herausg. Werk *Law and Sociology* (1962) 164–184, bes. 172–175.

121 In bezug auf die Staatsregierung deshalb, weil nicht nur Unkenntnis der Bürger, sondern mehr noch ihre falschen Erwartungen der entscheidende Umstand sind. Man könnte geradezu sagen, es gebe schon zu viele Auskunftsquellen für die verschiedenen Standpunkte, als daß der Durchschnittsbürger der Aufgabe gewachsen wäre, sie zu prüfen und sich ein Urteil zu bilden; siehe D. J. Boorstin, *The Image* (1961) Kap. I; vgl. mit dem Grundgedanken dieses Werkes auch J. Barents *a. a. O.* (*oben* Anm. 116) 44–46.
Die hier gemeinte Erfahrung und Kenntnis können natürlich auch mit dem Beruf verbunden sein, nicht nur mit der Örtlichkeit. Wie Lord Chorley (Note – 1955 – 18 *M. L. R.* 401–405) bemerkt, ist die verhältnismäßige Seltenheit von Wechselprozessen der Tatsache zuzuschreiben, daß das Gebiet des Wechselprozesses *(Bills of Exchange Act)* durch die Praxis des Bankgewerbes in fester Ordnung gehalten wird; vgl. den Vorschlag des *Interdepartmental Committee* zu den vom Falle *Lister v. Romford Ice Co. Ltd.* (1957) A. C. 555 aufgeworfenen Fragen, man solle entweder die schon im Versicherungswesen bestehenden freiwilligen Vereinbarungen *(gentleman's agreements)* ausdehnen oder die Regelung durch Verhandlung von Verband zu Verband den Gewerkschaften überlassen.

122 vgl. H. Ayman bei Almond-Coleman, *Developing Areas* 26 ff.

123 *Welfare State* 8. Können wir es als Mitwirkung gelten lassen, wenn die Bürger eine öffentliche Meinungsumfrage beantworten? Bejaht wird dies anscheinend von E. Noelle u. a., *I. S. S. J.*, *Communication* 283–302; dort

werden solche Umfragen den Wahlen gleichgestellt und als eine große politische Bildungseinrichtung angesehen, als eine Art von »Volksabstimmung«, die einen Teil der »tatsächlichen Unterlagen für politische Entscheidungen« liefert, sowie als ein Mittel zum »Aufruf der insgeheim vorhandenen Einsatzbereitschaft der Bürger und ihrer Hinlenkung auf politische Ziele« (siehe bes. 286–293, 300–302). Solche allzu kühnen Annahmen werden vom Standpunkt des Juristen aus gründlich in Frage gestellt von W. J. Blum – H. Kalven Jr. »The Art of Opinion Research...« (1956) 24 *Univ. of Chicago L. R.* 1–63 in Erwiderung auf S. A. Stouffer, *Communism, Conformity and Civil Liberties* (1955); siehe auch die Entgegnungen von Stouffer und P. F. Lazarsfeld 64, 65. Der Beitrag von Blum und Kalven gelangt u. a. zu folgenden ernüchternden Feststellungen und Zweifelsfragen: (1) zu dem (von ihnen wohl als einfach angesehenen) Problem ernsthafte und aufrichtige Antworten zu bekommen (7–8); (2) zu den Problemen der richtigen Fragestellung, bes. der Vermeidung von Suggestivfragen (8–14) (so daß ein umfassender Fragebogen, der »zu gleicher Zeit fragen und unterrichten will« (12), ein recht zweischneidiges Werkzeug ist); (3) was Stouffers Umfragen aufzeigten, war hauptsächlich die Tatsache, daß selbst zur Blütezeit des McCarthy-Unwesens die meisten amerikanischen Bürger weder über Kommunismus und bürgerliche Freiheitsrechte etwas wußten noch sich darum kümmerten (4, 21); (4) daran schließt sich die Frage an, wie man die eingegangenen Meinungsäußerungen bewerten soll und ob dabei nicht die Gefahr besteht, daß man sie unterschiedslos auf einen »farblosen Hauptnenner« bringt (15–19); (5) noch schwerer ist hier, wie überhaupt in der Sozialwissenschaft, das Problem des Messens und Zählens, bes. im Hinblick auf den Einfluß von Stouffers »Toleranzskala« (21–37); (6) Probleme bei der vergleichenden Auswertung verschiedener Ergebnisse und der Erklärung der Gründe der Verschiedenheit sowie bei den Schlußfolgerungen für gesetzliche Maßnahmen (38–48) (das Endergebnis bezieht sich dabei hauptsächlich auf die Notwendigkeit der Bildung für das Zustandekommen der öffentlichen Meinung); vgl. auch *ebenda* 63.

124 A. Lauterbach a. a. O. (*oben* Anm. 57) 129, 132, wo besonders die Frage behandelt wird, wie man die Arbeiterschaft dazu erziehen kann, ihre soziale Verantwortlichkeit im Bezug auf ihre Sonderwünsche anzuerkennen.

125 vgl. meine Erörterung von Parsons, *System, oben;* Almond – Coleman, *Developing Areas* 31 ff., 45–50; E. Katz, »The Two-Step Flow of Communication« (1957) 21 *Public Opinion Quarterly* 61–78, bes. 73. W. Blum und H. Kalven neigen zu der Ansicht, daß in diesen Punkten öffentliche Meinungsumfragen keine große Rolle spielen. »Zwar kann eine solche Umfrage ein wichtiger Weg für die Unterrichtung der Regierung werden und ihr Hinweise dafür geben, wo die öffentliche Meinung eingeschaltet werden sollte, aber die Meinungsumfrage eignet sich wohl kaum zur unmittelbaren Verwendung als Mittel der Regierung. Die jetzt bestehenden formlosen Verbindungswege zwischen Bürgern und Regierungsbeamten ermöglichen wohl einen Meinungsaustausch, der an Ausgeprägtheit und Genauigkeit von keiner öffentlichen Meinungsumfrage übertroffen werden kann. Und eine Welt, in der jede Regierungsunternehmung auf einer Meinungsumfrage beruhte, wäre unerfreulich. Man müßte in ihr über jede Maßnahme abstimmen lassen und hätte dann eine Regierung durch die Volksmehrheit anstatt durch die Parlamentsmehrheit«; *(ebenda* 62/63). Blum – Kalven (und ich) halten jedoch die Meinungsumfrage für zweckmäßig, um im Einzelfall Gegensätze zwischen Recht und sozial-ethischen

Überzeugungen aufzudecken und um das verzerrte Bild der öffentlichen Meinung zu verbessern, das von den Massenmedien verbreitet wird.

126 Myrdal, *Welfare State* 61–74. Myrdal sieht aber auch, was gegen diese Vorschläge spricht; siehe bes. 70 ff. und 72–74 über die USA. Nicht genug beachtet er wohl die Unbestimmtheit von Ausdrücken wie »recht und billig«, »in Übereinstimmung mit dem öffentlichen Willen«.

127 Myrdal (69/70) meint, ein solcher Staat wäre der »Zustimmung der Weisen würdig« und müßte sogar von einem John Stuart Mill des 20. Jahrhunderts gutgeheißen werden; siehe auch *ebenda* 36/37 über heutige Unausgeglichenheiten.

128 Über Vorbehalte gegen die Annahme, daß Beteiligung unter allen Umständen die Mitglieder voll befriedigt oder daß sie zu besseren Erfolgen führen muß; siehe Verba, *Small Groups*, passim, bes. 206–249; siehe *ebenda* über wichtige Unterscheidungen zwischen »Beteiligung« bei (1) der Auswahl von Führern, (2) dem Auffinden von anderen Möglichkeiten des Vorgehens, (3) der Abschätzung der Folgen anderen Vorgehens oder (4) bei der Auswahl des anderweitigen Vorgehens und der Bestimmung des hierfür einzuschlagenden Weges. Über die damit verknüpften Fragen der Volksbildung und die in den USA infolge zu großer Einwanderung früher aufgetretenen besonderen Schwierigkeiten siehe Myrdal, *Welfare State* 38 ff.; vgl. ferner *unten* §§ 18, 19.

129 Das beste Beispiel dafür ist die ˙Ausdehnung der Aufgaben der örtlichen Selbstverwaltung im vorigen Jahrhundert. Auf diesem Gebiet sind eine engere Beteiligung der Bürger und Reformen in Behördenaufbau und Zuständigkeitsverteilung immer dringlicher geworden; siehe Phillips, *Municipal Government*, 135 ff. Über die verschiedenen Mittel, die notwendig waren, um das *»boss and spoils system«* (Mißwirtschaft der Parteibonzen, die ihre Anhänger mit Ämtern belohnen) zu überwinden. Es ist nicht so abwegig, wie es auf den ersten Blick erscheint, daß man zu Maßnahmen wie der Anstellung von »Geschäftsführern der Bürgerausschüsse« *(»councilmanagers«)* und Verwaltungsbürgermeistern *(»mayor-administrators«)* griff, die eigentlich den hergebrachten Formen der Demokratie nicht entsprechen. Solche Neuerungen haben nämlich die Bürger, die den Mißbrauch jener Formen zu persönlichen und Parteizwecken geduldet hatten, aus ihrer Gleichgültigkeit aufgeweckt; siehe auch *ebenda* 628, 635 über die Rolle der *»public relations«* (Unterrichtung des Publikums über Maßnahmen und Pläne der Regierung) für die Bekämpfung der Teilnahmslosigkeit der Bürger.
Abgesehen von diesen allgemeinen Erwägungen kann es nötig werden, daß die üblichen Rechtsbeziehungen zwischen Zentralbehörde und örtlichen Behörden in gewisser Hinsicht auf den Kopf gestellt werden; siehe z. B. Phillips *a. a. O.* 132 über unzureichende Zahlungen der amerikanischen Bundesregierung an Gemeinden anstelle von Steuern, die sonst für die Sonderkosten der Bedienung von Bundesgrundstücken bezahlt werden müßten.

130 Die großen modernen Konzerne, eine Frucht der durch einzelne Eingriffe des Staats gemilderten Zeit des *laissez faire*, haben sich auf diese Weise eine gewaltige Machtstellung geschaffen; sie sind in der Lage, unabhängig zu planen und haben entsprechende Vorteile in ihren Beziehungen zu den obersten Behörden; vgl. allgemeiner E. Latham, *The Group Basis in Politics: A Study in Basing Point Legislation* (1952).

131 vgl. über die Bedeutung von »dezentralisierten« und »zentralisierten« Entscheidungen Galbraith, *Capitalism* Kap. XII, XIII.

[132] Womit der gesamte Streit über Planen und *»laissez faire«* zwischen K. Popper, Fr. A. v.Hayek, K. Mannheim, Lady Wootton usw. jede praktische Bedeutung einbüßt. Anders verhält es sich mit der Frage der Gleichheit, auch in der »liberal-sozialistischen« Lesart von L. T. Hobhouse als »gleiche Befriedigung gleicher Bedürfnisse vorbehaltlich der Aufrechterhaltung genügender allgemeiner Versorgung«, womit sowohl die Mindestbedürfnisse als auch die wesentliche allgemeine Versorgung befriedigt werden sollen. *(Elements of Social Justice* [1921] 111). Über die jüngsten heftigen Angriffe auf das Eingreifen des Staates zur Sicherung des Existenzminimums (mit der Begründung, daß die neidische Gleichmacherei die persönliche Freiheit, Entschlußkraft und Lauterkeit untergrabe) siehe Hayek, *Liberty,* *passim,* bes. Kap. V, 253–314; siehe auch *ebenda* 220–223. Beachte jedoch Stone, *Human Justice* Kap. 3, §§ 13–16; siehe ferner allg. Myrdal, *Welfare* *State,* bes. Kap. V, VII; John M. Clark, *Economic Institutions and Human* *Welfare* (1957) und (für Großbritannien) M. Ginsberg »... Social Responsibility« und G. D. H. Cole, »Growth of Socialism«, beide bei Ginsberg, *20th Century* 3, 7/8, 79–96; siehe auch den beredten Aufruf von G. D. H. Cole, »Sociology and Social Policy« (1957) 8 *Br. J. Soc.* 158–171, bes. 164/165, die Sozialwissenschaft solle sich mehr mit den Wertfragen der Sozialpolitik befassen wie der eines Minimumstandards für Gesundheit und Lebenshaltung, worüber kein Streit mehr bestehe; siehe auch I. M. D. Little *a. a. O. (oben* Anm. 28), bes. 67–83.

[133] Man hatte dafür natürlich verschiedene Vorschläge und Bezeichnungen, z. B. »Abschaffung der Arbeitslosigkeit«, »soziale Sicherheit«, »Freiheit von Not« usw.; siehe z. B. A. Lauterbach *a. a. O. (oben* Anm. 57). Sogar Popper betrachtete »Maßnahmen gegen Arbeitslosigkeit« als dringende Aufgabe eines Planens »von Fall zu Fall«, die staatliches Eingreifen in die Wirtschaft erfordere (»*Historicism*« 122/123). Ebenso Hayek, *Serfdom* 114 ff.

[134] vgl. Lindsay, *Democratic State,* Kap. X, bes. 247/248; Laski, *Politics,* *passim;* den *Beveridge Report* und die andere oben genannte Literatur; siehe ferner Pound, *Social Control* 115 ff.

[135] siehe die umfassende Darstellung bei Myrdal, *Welfare State,* bes. 12–84; siehe ferner E. V. Rostow *a. a. O. (oben* Anm. 62); vgl. die frühere Arbeit von Myrdal, *The Political Element ... in Economic Theory* (1953), bes. Kap. VIII, wo eine »Technologie der Wirtschaftswissenschaft« auf der Grundlage einer Neuordnung wirtschaftlicher Interessen für nötig erklärt wird. Myrdals Arbeit und die *oben* Anm. 62 genannte Arbeit von Keynes bahnten den Weg für die Sammlung aller Kräfte zur Sicherung eines beständigen wirtschaftlichen Minimums.

[136] vgl. M. Ginsberg, »Growth of Social Responsibility«, *20th Century* 19–26; P. P. Harbrecht, *Pension Funds and Economic Power* (1959). Der eingetretene Wechsel ist sogar auf einer so entscheidenden Stufe deutlich, wie es das Finanzministerium *(Treasury)* einer so ausgesprochenen *Laissez-Faire*-Regierung wie der amerikanischen ist; vgl. auch die zunehmende Verwendung der Steuerhoheit zur Bekämpfung der schädlichen Folgen des »Konjunkturwechsels« und besonders die Politik der leichten Anpassung des Fiskus an den Finanzbedarf für die Beeinflussung der Konjunktur, wie dies bei M. A. Copeland *a. a. O. (oben* Anm. 102) 104–128, bes. 109, 111 behandelt ist. Das ganze Kapitel bietet einen ausgezeichneten geschichtlichen Überblick; siehe auch *ebenda* 128 über den größeren Umfang dieser Verwendung, wie er in den USA nach Erlaß des *Employment Act* 1946 (60 Stat. 23, 15 U. S. C., §§ 1021–22) nötig wurde.

137 siehe z. B. S. Hall, A. MacIntyre, K. Alexander und E. P. Thompson bei Thompson, *Apathy,* 19 ff., 195 ff., 243 ff., 257 ff. A. A. Berle Jr., *Power without Property* (1959) vergleicht das amerikanische System wirtschaftlicher Beschlußfassung mit dem russischen unter dem Gesichtspunkt des Umstands, daß der russischen Wirtschaft nur der lebensnotwendige Bedarf, der amerikanischen aber dazu noch ein Luxusbedarf zugrunde liegt. Er kommt zum Ergebnis, daß eine Wirtschaft, sobald sie über die Deckung des lebensnotwendigen Bedarfs hinausgeht, dem Verbraucher eine größere Auswahl einräumen muß.

138 Dementsprechend fühlen sich die sozialistischen Kritiker jetzt zu Behauptungen folgender Art veranlaßt: daß es nicht darauf ankommt, was die Arbeiter verlangen, sondern darauf, was sie verlangen sollten (siehe z. B. K. Alexander, »Power...« bei Thompson, *Apathy* 243 ff., bes. 265 ff.; A. MacIntyre, *ebenda* 236–239); daß »Machtergreifung« das nächste Ziel ist und daß die Gewerkschaften lediglich Stützen des »kapitalistischen Systems« sind (siehe z. B. E. P. Thompson, »Revolution«, *ebenda* 287, bes. 291 ff.; K. Alexander, *ebenda* 243, 244, 256 ff.); daß die Haupthoffnung auf eine Änderung des »Systems« ein unerwartetes politisches Ereignis ist, etwa einseitige atomare Abrüstung oder Beendigung des »kalten Krieges« (siehe z. B. Thompson, *ebenda* 307/308; vgl. ebenda 10); siehe auch K. Alexander *a. a. O.* 270–279 und bes. seine Beschwerden darüber, daß die Arbeiterklasse in den Demokratien des Westens »verbürgerlicht« sei.

139 siehe z. B. K. Alexander *ebenda* 263–286 und E. P. Thompson *ebenda* 287–304.

140 Im Bedeutungswandel von »Wettbewerb« und »Markt« liegt ein versteckter Widerspruch. Wofür würde übrigens Adam Smith die Geschäfte der *U. S. Steel Corporation* gehalten haben?

141 siehe allg. Myrdal, *Welfare State* 102–116, 117–130, 173–179. Über die Einrichtungen und psychologischen Gründe, die der Entwicklung vom »Wohlfahrtsstaat« zur »Wohlfahrtswelt« entgegenstehen, siehe *ebenda* 131–148. Über den hiervon zu unterscheidenden Einfluß des wirtschaftlichen Nationalismus in den unterentwickelten Ländern und die notwendige Duldung eines doppelten Maßstabs in dieser Beziehung siehe *ebenda* 159–167.

142 Ich teile nicht die zu vertrauensselige, entgegengesetzte Annahme, die z. B. von Mannheim vertreten wird.

143 vgl. L. B. Hoover *a. a. O.* (*oben* Anm. 73) 331 über die Erfolge hinsichtlich der »Ziele des Sozialismus«, je nachdem die betreffenden Staaten die Industrie verstaatlichen wollen oder nicht.

144 Mannheim, *Man and Society* 34 vertrat einst die noch heute zutreffende Ansicht, daß »die parlamentarische Regierungsweise nicht infolge des Klassenkampfes und anderer sozialer Mißstände versagt, sondern deshalb, weil es am Willen und an der Fähigkeit zur Reform fehlt«.

145 Einschließlich der Probleme, daß die Wählerschaft nachträglich schwankend wird und ihre Ansicht ändert, nachdem die Ausführung der von ihr allgemein gebilligten Pläne begonnen hat. Nicht gelöst sind diese Probleme durch die Ausführungen von A. Lauterbach *a. a. O.* 123/124 oder von Wootton *a. a. O.* 131 ff., beide *oben* Anm. 62; siehe auch Schumpeter, *Capitalism* 256–264; J. Barents *a. a. O.* (*oben* Anm. 116) Kap. VI, bes. 50–56.

146 Wie Mannheim, *Man and Society* 357/358 bemerkt, wäre es nicht der Zweck, an die Gefühle der Massen zu rühren, sondern zu verhüten, daß die unbeständige Volksempfindung die durchdachte und wohlerwogene

Meinung der Nation zunichte macht. Wer aber spricht für die Nation? vgl. A. Lauterbach *a. a. O.* (*oben* Anm. 57) 123/124, 129, 133.

147 siehe die schonungslose Beurteilung durch J. Burnham in seinem Buche *The Managerial Revolution* (1941), die er jedoch in *The Machiavellians* (1943) etwas gemildert hat. Anders begründet sind die Bedenken von R. K. Merton, »Bureaucratic Structure and Personality« bei C. Kluckhohn – H. A. Murray (Hrsg.), *Personality in Nature, Society and Culture* (1956) 376–385; nach seiner Ansicht werden Disziplin und Einhaltung von Vorschriften zu einem Selbstzweck für die bürokratischen Beamten, machen die behördlichen Einrichtungen starr und setzen sich an die Stelle der ursprünglichen Ziele (nämlich der sozialen Zwecke, denen sie dienen sollen); vgl. auch Schumpeter, *Capitalism* 291/292, 294/295.

148 vgl. allg. D. Waldo *a. a. O.* (*oben* Anm. 114) 5–21.

149 siehe z. B. *ebenda* 84 ff., 120 ff.

150 *ebenda* 85.

151 siehe z. B. B. Crick, *The American Science of Politics* (1950) 88 ff., 105 ff., 133 ff., 174 ff., Waldo *a. a. O.* 28 ff., 77 ff., 85 ff.

152 Waldo *a. a. O.* 124; vgl. die einzelnen Angriffe bei B. Crick *a. a. O.* 88 ff. (Pragmatismus von Dewey); 174 ff. (»Das Evangelium der Forschung«); 133–155 und 176–209 (über die antimetaphysischen Ansichten von C. Merian und H. Lasswell); 175 (die Bevorzugung der »sicher feststehenden« soziologischen Gemeinplätze vor den Grundsätzen der moralischen und politischen Kritik der Regierung); 215 ff. (der beschränkte Wert der Kybernetik auf diesem Gebiet); 202 ff. (psychosoziologische Erklärungen von Lasswell und Adorno); 219 ff. (Methodologie und »wissenschaftliche« Methode); vgl. dazu J. Stone, »... Sociological Inquiries Concerning International Law« (1956) 89 *Hague Recueil* 61, 91.

153 L. L. Jaffe, Book Review (1963) 76 *H. L. R.* 858, in Übereinstimmung mit diesem Teil der Lehre von H. J. Friendly, *The Federal Administrative Agencies (1962)*.

154 Im Mittelpunkt von C. E. Ayres, *Towards a Reasonable Society* (1961) steht die Forderung, die moderne industrielle Gesellschaft müsse eine »wirksame« und »zweckmäßige« Organisation finden, um anhand des empirischen Wissens ihre Ziele: Freiheit, Gleichheit, Sicherheit, Wohlstand und Vortrefflichkeit zu verfolgen.

155 siehe die Ausführungen von Waldo *a. a. O.* (*oben* Anm. 114) 22–46, 192–205 und die dort (31) erwähnte Literatur; P. Meyer, *Administrative Organisation* (1957) 17–22. Meyer gibt einen (notwendigerweise zu einfachen) Abriß der Entwicklung einer »Philosophie« der Verwaltungsaufgaben.

156 siehe die Erklärung des »Dogmas der Zentralisation« bei Waldo *a. a. O.* 131 ff.

157 vgl. allg. M. E. Dimock u. a. (Hrsg.), *New Horizons in Public Administration* (1946); F. M. Marx (Hrsg.), *Elements of Public Administration* (1946); D. Waldo *a. a. O.* 140 ff.

158 siehe T. E. H. Williams (Hrsg.), *Urban Survival and Traffic* (1962); siehe allg. Phillips, *Municipal Government* 171–220 (Beteiligung der Bevölkerung), 36–73, 101–134 (Beziehungen zwischen der örtlichen Verwaltung und den Staats- und Bundesregierungen); siehe *ebenda passim* über verschiedene andere erhebliche Gesichtspunkte, bes. 142 (das Wesen des »Stadtbezirks«), 155 (die Metropole im Verhältnis zu Bundes- und Staatsregierung); P. Selznick, *T. V. A. and the Grass Roots* (1949) (Entwicklungsge-

biete); Connery-Leach, *Metropolitan Areas;* R. S. Friedman, »The Reapportionment Myth« (1960) 49 *National Civic Review* 184–188 (abgedr. bei E. C. Banfield [Hrsg.]), *Urban Government* (1961) 60–61 (Folgen der Finanzierung einer schnellen Abwanderung in die Vorstädte). *Commission on Intergovernmental Relations, Report on Impact of Federal Grants- in -Aid on . . . State and Local Governments* (1955); M. A. Copeland *a. a. O.* (*oben* Anm. 102), bes. 64–72; W. Kilpatrick, *State Supervision of Local Finance* (1941) (über verschiedene Fragen des Haushaltsplans von Gemeinden, Bezirken und Staat).

159 Dies bildete natürlich den wichtigsten Antrieb zu der vielbekämpften *gerichtlichen* Neueinteilung von Wahlbezirken für den *gesetzgebenden* amerikanischen Kongreß; siehe besonders die Ausführungen von Justice Klark über »praktische Gelegenheiten« zu »Initiative« für Wähler in *Baker v. Carr* (1962) 369 U. S. 186, 259; siehe ferner C. A. Auerbach, »The Reapportionment Cases . . .« (1964) Sup. Ct. Rev. 1.

160 Eine weitere Schwierigkeit liegt darin, daß das örtlich begrenzte Planen der Anregung durch eine gemeinsame oberste Behörde bedarf, wenn es gute Ergebnisse erzielen soll. Nach einer Reihe anderer Komitees empfahl das *U. K. Uthwatt Committee on Compensation and Betterment* die Bildung einer obersten Planungsbehörde, und dies geschah durch die *Town and Country Planning Acts* 1943–1947, die Gesetzgebung über Stadt- und Landplanung, die durch die jetzt gültigen Gesetze für England und Schottland von 1947 und *Town Development Act 1952* abgeschlossen wurde. (Spätere Gesetze von 1951, 1954 und 1959 regeln Nebenfragen.) Diese Gesetze regeln hauptsächlich die Verwendung, Entwicklung und Verbesserung des Bodens, beachten aber wohl nur ungenügend die im obigen Text behandelten Fragen der Beteiligung der Bürger; siehe die gut zusammenfassende Darstellung und Bibliographie in *British Information Series, Town and Country Planning in Britain* (1962).
Über örtliches Planen in Amerika vgl. J. C. Bollens, *Special District Governments in the U. S.* (1957); J. M. Swarthout – E. R. Bartley, *Principles and Problems of State and Local Government* (1958); P. W. Wager (Hrsg.) *County Government Across the Nation* (1950); vgl. aus dem umfangreichen Schrifttum C. F. Snider, *Local Government in Rural America* (1957); C. Woodbury (Hrsg.), *The Future of Cities . . .* (1953); H. M. Lewis, *Planning the Modern City* (2 Bde, 2. Aufl. 1955); J. B. Fordham, *A Larger Concept of Community* (1956); M. Meyerson – E. C. Banfield, *Politics, Planning and the Public Interest* (1955); Symposium »Urban Problems and Prospects« (1965) 30 *L. and C. Prob.* 1–229, bes. D. R. Mandelker 26–37 (Planung und Recht). Ein neues *U. S. Department of Housing and Urban Development* wurde im August 1965 geschaffen; siehe über die Entstehungsgeschichte das zuletzt genannte Symposium, bes. C. Feiss 193–198, sowie über ältere Schritte des Bundes M. Anderson (199–211) und R. P. Groberg (212–229).

161 siehe *Report on Qualifications of Planners, Cmd. 8059* (Schuster-Komitee), ferner H. W. Jones, »The Rule of Law and the Welfare State« (1958) 58 *Columbia L. R.* 143. Über die beteiligten persönlichen Probleme vgl. A. Lauterbach *a. a. O.* (*oben* Anm. 118) allg. 119 ff. und bes. 219, obwohl dies der ernsten Bedeutung der Sache nicht ganz gerecht wird. Millett *(Government Planning* VIII) wird seinerseits der ihr schon gewidmeten Arbeit nicht gerecht, wenn er sie nur als »gegenseitige Anpassung der einzelnen Persönlichkeiten zur Arbeit an einer gemeinsamen Aufgabe« auffaßt.

162 A. Lauterbach *a. a. O.* (*oben* Anm. 118) 209.

163 Örtlich begrenztes, aber sachlich weites Planen bietet noch als besonderen Vorteil die Gelegenheit zur Ausbildung und Erprobung von Personal; bahnbrechend war das *Tennessee Valley Development Project.*

164 Das zeigte sich klar im Titel von Henri Fayol, *Administration Industrielle et Générale* (1916).

165 vgl. C. B. Hoover *a. a. O. (oben* Anm. 73) 34.

166 siehe Mannheim, *Man and Society,* passim; Wootton a. a. O. 26, die von begrenztem Planen für unbegrenzte Kulturziele spricht.

167 Mannheim, *Man and Society* 353/4; vgl. Russell, *Power* 122; Ferrero, *Power* 180–1. Es wird jedoch manchmal unmöglich sein, auf dieser Grundlage eine philosophisch richtige Trennungslinie zwischen Freiheit und Konformität zu ziehen; vgl. Russell *a. a. O.* 234–236. Nicht einleuchtend ist die von Ferrero *a. a. O.* gemachte Unterscheidung zwischen (nicht absoluter) »philosophischer« Freiheit und (absoluter) »politischer« Freiheit.

168 Popper, »Historicism« 11 *Economica* (N. S.) 119, 132. Da nach seiner Auffassung Wissen und Macht nicht gleichzeitig in einer Hand vereinigt bleiben können, so begnügt sich der Handelnde oft mit einem vereinfachten Grad von Wissen, das er sich anderweitig beschaffen kann.

169 Namentlich dann, wenn man wie Hayek (*Serfdom* 140) die Tugenden der Güte, des Humors, des Anstands, der Opferbereitschaft und des moralischen Muts für die Merkmale der »individualistischen und handeltreibenden« (d. h. der auf freien wirtschaftlichen Wettbewerb gegründeten) Gesellschaft hält, deren Urbild das England des 19. Jahrhunderts gewesen ist. Tugenden dieser Art wurden den Engländern (und anderen Völkern) längst – vor Adam Smith – zugeschrieben. Wie Vehlen hervorhob, entspringen die »Sitten und Gebräuche« eines Volkes nicht fix und fertig der jeweiligen Wirtschaftsform.

170 Lindsay, *Democratic State* 142–144.

171 So hieß es in einem von achtundzwanzig »Individualisten« unterschriebenen »*Manifesto on Liberty*« (1942); vgl. auch Hayek, *Serfdom* 23/24 und *passim.*

172 Diese Ungewißheit wird nicht geklärt, wenn man sie wie Lauterbach im Namen des Planes noch verdoppelt. Als das Ziel bezeichnet er »das größtmögliche Inordnunghalten der Gesellschaft«, verbunden mit »der größtmöglichen Freiheit des einzelnen«, *a. a. O. (oben* Anm. 57) 157. Er betont zutreffend die Unbestimmtheit des »öffentlichen Wohls« als eines Ziels, aber fügt mit erstaunlicher Unterschätzung der Rolle, die Werturteilen eignen, an, daß »bei der Bestimmung des öffentlichen Wohls Werturteile nicht ganz vermieden werden können«.

173 Die Bedeutung von »Freiwilligkeit« in diesem Zusammenhang bietet einige Schwierigkeiten. Wenn nach A. N. Whitehead, *Adventures of Ideas* (1933) 84 »das Wesen der Freiheit in der Erreichbarkeit des Zwecks liegt«, dann können viele Gesetze die Freiwilligkeit dadurch fördern, daß sie außerhalb des Rechts liegende Hindernisse freier Entschließung beseitigen. Wir können dem nicht dadurch entgehen, daß wir (gleichsam vom anderen Ende her) sagen, eine demokratische Regierung dürfe nicht mehr Zwang ausüben als nötig, um eine Regierung zu sein; siehe Lindsay, *Democratic State* 262. Ebensowenig ist es eine Erklärung der schwierigen Frage, wenn wir sagen, daß die Kriterien einer gerechtfertigten Einschränkung der Freiheit viel schwerer festzustellen sind als die Kriterien der gerechtfertigten Freiheit selbst; siehe Freund, *Supreme Court* 84 ff. Wenn wir klar denken, müssen wir einsehen, daß die rechtliche Freiheit des einen gewöhn-

lich die Kehrseite der Freiheitsbeschränkungen des anderen ist und daß
dann alle Schwierigkeiten beide berühren.

174 Lindsay, *Democratic State* 207 ff.

175 Über die methodologische Grundlage für das Festhalten an solchen Ausdrücken siehe Popper, »Historicism«, bes. 11 *Economica* (N. S.) 119, 120 ff.
Popper gibt (vgl. *oben* Anm. 133) schließlich zu, daß »Schutz gegen Ausbeutung« und »Maßnahmen gegen Arbeitslosigkeit« dringende Aufgaben
des *»piecemeal engineering«* sind und »staatliches Eingreifen in die Wirtschaft« nötig machen können; vgl. Popper, 2 *Open Society* 116–123, bes.
122/3. Wenn aber Aufgaben von dieser Größe bloßes »Stückwerk« sind,
dann braucht man keinen höchsten, alles umfassenden Meisterplan.

176 vgl. Pound, *Social Control* 111 und *Legal History*; vgl. z. B. sein *Social
Control* 132/3: »Ein Ideal der Kultur, der höchstmöglichen Entfaltung
menschlicher Fähigkeiten, der größten menschlichen Herrschaft über Natur
und Geist zur Förderung der Menschheit muß anerkennen, daß eine solche
Herrschaft auf zwei Pfeilern ruht: erstens auf der freien persönlichen
Entschlußkraft, der aus innerem Antrieb kommenden Selbstbehauptung
des einzelnen Menschen, zweitens auf der geordneten, planmäßigen Zusammenarbeit. Keines von beiden dürfen wir vernachlässigen, so wir ge-
willt sind, unsere Herrschaft über die Natur zu behalten, fortzuentwickeln
und an unsere Nachkommen weiterzugeben . . .«
Ähnlich äußert sich (wenn man das irreführende, rein polemische Beiwerk
wegläßt) Popper, »Historicism« 11 *Economica* (N. S.) 119, 122–134 und
2 *Open Society* 112 ff., bes. 116/7: »Wir müssen, gestützt auf staatliche
Gewalt, soziale Einrichtungen schaffen, um den wirtschaftlich Schwachen
vor dem wirtschaftlich Starken zu schützen . . .; wenn wir die Freiheit
erhalten wollen, dann müssen wir die Politik der unbeschränkten wirtschaftlichen Freiheit durch geplante Eingriffe des Staates ersetzen. Der
Laissez-faire-Kapitalismus muß Platz machen für einen ökonomischen
Interventionismus. Genauso ist es gekommen. Das von Marx beschriebene
und bekämpfte Wirtschaftssystem, das *laissez-faire*, hat überall aufgehört.«
Auseinandersetzungen über die Ansichten von Hayek drehen sich oft um
einen juristischen Gemeinplatz, nämlich die Unterscheidung zwischen
»konkreter« (sachlicher) Freiheit und »abstrakter« (formeller) Freiheit;
siehe z. B. Stone, *Human Justice* Kap. 3, §§ 8, 9, 16 und vgl. Stone, *Province* (1946) Kap. 9, §§ 8–10.

177 Hayek, *Serfdom*, bes. 188/9, ist natürlich ein gutes Beispiel.

178 Wir alle beurteilen natürlich diese Kenntnisse viel nüchterner als beispielsweise E. Ehrlich, *Grundlegung* 331; vgl. Lindsay, *Democratic State* 108–
111.

179 So erklärt Schumpeter, *Capitalism* 291 es für eine Bedingung des Erfolgs
einer Demokratie, daß »die Reichweite politischer Entscheidungen nicht
zu weit ausgedehnt werden darf« in Hinsicht auf z. B. Art und Menge der
Angelegenheiten, Leistungsfähigkeit der Beamten, die Art der Mittels-
personen und die öffentliche Meinung, womit sie zusammenarbeiten müssen.

180 J. A. G. Griffith, »The Law of Property (Land)« bei Ginsberg *20th Century* 116, bes. 140–142, ist also mit Recht mißtrauisch gegenüber einem
Idealmuster für Rechtsreform in säuberlich getrennten Stufen: (a) wissenschaftliche Schriften; (b) planmäßige Werbung; (c) Annahme durch eine
politische Partei; (d) Bestellung eines Komitees oder Royal Commission;
(e) Einigung über die wesentlichen Punkte und danach (f) Gesetzgebung.
Politische Machtfragen werfen natürlich eine solche genaue Reihenfolge
oft über den Haufen; auch andere Umstände bereiten immer Schwierig-

keiten, z. B. Zeitmangel im Parlament. Es läßt sich jedoch nicht übersehen, daß die angesammelten sozialwissenschaftlichen Kenntnisse unmittelbar und mittelbar viele wichtige Probleme beeinflußt haben; siehe z. B. über städtisches und ländliches Planen im Ver. Königreich den *Barlow Report (1939/1940) Cmd. 6153 der Commissions on Distribution of the Industrial Population* (Ausschüsse für die Verteilung der Industriebevölkerung, *Scott Report (1942) Cmd. 6378* über Bodenverwendung auf dem Land und *Uthwatt Report (1942) Cmd. 6386* über Entschädigung und Wertzuwachs, alle von Griffith *a. a. O.* erörtert.

181 siehe über die sozio-ökonomische Seite Galbraith, *Capitalism* Kap. XII–XIII. Er spricht sich zwar nachdrücklich dagegen aus, den Privatinteressen zu viel Freiheit für Entscheidungen zu lassen, welche die Wirtschaft im ganzen beeinflussen, aber er hält doch die obersten Rechts- und Verwaltungsbehörden nicht für fähig und berufen, in einer entwickelten Wirtschaft die Zuteilung der Rohstoffe für Verbrauchsgüter zu regeln.»Sozialismus und Kommunismus« haben sich seiner Meinung nach nur bei primitivem Lebensstandard als möglich erwiesen; siehe *ebenda* 173.

182 siehe J. Hyman – W. Newhouse, »... Preferred Freedoms...« (1965) 60 *Northw. U. L. R.*, 1, 6–7.

183 Garlan, *Legal Realism* 127, 131.

184 J. C. H. Wu, »The Juristic Philosophy of Roscoe Pound« (1923) 18 *Ill. L. R.* 285, 303, zitiert von Garlan, *Legal Realism* 128, vgl. Ehrlich, *Grundlegung,* 170 ff.

185 vgl. die Gesamtansicht von Cohen, *Ethical Systems* und – von einem etwas anderen Gesichtspunkt aus – Garlan, *Legal Realism.*

186 siehe Stone, *Human Justice* Kap. 4, 5 und 9.

187 Das ist wohl der Sinn des von Roscoe Pound (*Social Control* 134) gefundenen Ergebnisses, die Gerichte müßten, da die Rechtspostulate in einer Übergangszeit unvollkommen seien, wie früher so auch weiterhin durch Erfahrung und verstandesmäßige Entwicklung die Mittel finden, um die Beziehungen der Menschen und ihr Verhalten so zu ordnen, daß das ganze Interessenschema mit dem besten Ergebnis und der geringsten Reibung oder Verschwendung arbeitet; siehe jedoch über die hier versteckten Werturteile Stone, *Human Justice* Kap. 9.

188 So begründete das Gericht in *Kovacs v. Cooper* (1950) 336 U. S. 77, 95 den Schutz der freien Untersuchung eindeutig mit ihrer Rolle als Beitrag zur Gerechtigkeit und erklärte, daß es deshalb eher eine verfassungswidrige Verletzung dieser Freiheit als eine Verletzung der wirtschaftlichen Freiheit sei; vgl. Freund, *Supreme Court* 57 ff.

189 Der Standpunkt des Verfassers wird, aufgemacht als Standpunkt »der Theoretiker des gehörigen Verfahrens des Verwaltungsrealismus« erörtert von G. Schubert, *The Public Interest* (1960) 193 und in den dort genannten Schriften; siehe jedoch meine eigenen Ausführungen über die Aufgaben von Rechtsprechung und Verwaltung in Stone, *Legal System* Kap. 6–8 und *Human Justice* Kap. 10–11.

190 *Children of Light and Children of Darkness* (1953) 74, angeführt von Freund, *Supreme Court* 83; siehe auch *ebenda* 77–94 eine tiefschürfende Untersuchung der üblichen Begründung dieser überragenden Wichtigkeit der Redefreiheit als eines natürlichen Rechts und als einer Vorbedingung für andere Freiheiten, für Willensfreiheit oder für die Wahrheitsfindung, soweit diese durch freien Gedankenaustausch erreichbar ist.

191 Judge Cardozo in *Palko v. Connecticut* 302 (1937) U. S. 319, 327.

192 siehe Freund, *Supreme Court* Kap. I, bes. 24 ff., ferner auch 31–56. Diese läuternde Aufgabe des Gerichts erstreckt sich natürlich über den allgemeinen Bereich von Recht und Gerechtigkeit hinaus auf die besonderen Spannungen, die aus dem Wesen des Bundesstaates entstehen; siehe über die erzieherische und gestaltende Aufgabe des Gerichts in dieser Beziehung *ebenda* 113.

193 siehe Freund *a. a. O.* 87/88, der mit Rücksicht hierauf den wohlbekannten Standpunkt von Judge Learned Hand berichtigt.

194 siehe A. Ross, *On Law and Justice* (1958) 274.

195 siehe V. Lundstedt, »Law and Justice« bei Sayre (Hrsg.) *Modern Legal Philosophy* 450.

Abkürzungsverzeichnis

A. B. A. Rep.	American Bar Association Report
A. C.	Law Reports, Appeal Cases, House of Lords seit 1890
Admin. L. R.	Administrative Law Review
A. F. L.	American Federation of Labour
A. I. L. R.	Australian Industrial Law Review
Almond-Coleman, Developing Areas	G. A. Almond und J. S. Coleman, The Politics of the Developing Areas (1960)
Am. Pol. Sc. R.	American Political Science Review
Am. Soc. Rev.	American Sociological Review
Ann. Am. Acad. Pol. Sc.	Annals of the American Academy of Political Science
Arch. R.- u. Sozialphil.	Archiv für Rechts- und Sozialphilosophie
Atl. 2d	Atlantic Reporter (U. S.) (zweite Folge)
Berle, Capitalist Revolution	A. A. Berle, The Twentieth Century Capitalist Revolution (1955)
Berle-Means, Modern Corporation	A. A. Berle und G. Means, The Modern Corporation and Private Property (1932)
Bernstein, Independent Commission	M. H. Bernstein, Regulating Business by Independent Commission (1955)
Blackstone, Commentaries	Sir W. Blackstone, Commentaries on the Laws of England (1765)
Brebner, Laissez Faire	J. Brebner, »Laissez Faire and State Interventionism in 19th Century Britain (1948) J. Ec. Hist. Supp. VIII (The Tasks of Economic History) 59–93
Br. J. Admin. L.	British Journal of Administrative Law
Br. J. Soc.	British Journal of Sociology
Bryce, Studies	Lord Bryce, Studies in History and Jurisprudence (2 Bde., 1901)
C.	Command Papers (U. K.) (vor 1900)
C. A.	Court of Appeal (England)
Cairns, Legal Science	Huntington Cairns, The Theory of Legal Science (1941)
Cal. 2d	California Reporter (U. S.) (2. Folge)
Cal. App.	California Appeals (U. S.)

Cal. L. R.	California Law Review
Cambr. L. J.	Cambridge Law Journal
Can. B. R.	Canadian Bar Review
Can. J. Ec. Pol. Sc.	Canadian Journal of Economics and Political Science
C. A. R.	Criminal Appeal Reports (U. K.)
Catholic U. A. L. R.	Catholic University of America Law Review
C. C. A.	Court of Criminal Appeal (England)
C. C. A. (mit nachfolgender Zahl)	Circuit Court of Appeals (U. S.)
Cd.	Command Papers (U. K.) (1900–1919)
C. I. O.	Congress of Industrial Organisations
C. L. R.	Commonwealth Law Reports (Australia)
Cmd.	Command Papers (U. K.) (1919 bis 1956/57)
Cmnd.	Command Papers (U. K.) von 1956/57 an
Cohen, Ethical Systems	F. S. Cohen, Ethical Systems and Legal Ideals (1933)
Columbia L. R.	Columbia Law Review
Commons, Capitalism	J. R. Commons, Legal Foundations of Capitalism (1924)
C. Q. A.	Congressional Quarterly Almanac
Cranch	Cranch's Reports (9 Bde., jetzt U. S. Reports, Bde. 5–13)
Curr. L. and S. P.	Current Law and Social Problems
Curr. L. P.	Current Legal Problems
Curr. L. T.	Current Legal Thought
Davis, American View	K. C. Davis, »English Administrative Law – an American View« (1962) Public Law 139
Davis, Attitude Change	E. E. Davis, Attitude Change: A Review and Bibliography of Selected Research (UNESCO Reports and Papers in the Social Sciences, No. 19, 1964)
Davis, Public Law	K. C. Davis, »The Future of Judge-Made Law in England: A Problem of Practical Jurisprudence« (1961) 61 Columbia L. R. 201–220
De Jouvenel, Power	B. de Jouvenel, Power: The Natural History of its Growth (engl. Übers. v. J. F. Huntington, 1948, verb. Aufl. 1952, Du Pouvoir [1945])
De Smith, Judicial Review	S. A. de Smith, Judicial Review of Administrative Action (1959)
Dicey, Law and Opinion	A. V. Dicey, Relation between Law and Public Opinion in England in the Nineteenth Century (1905, 2. Aufl. 1914)
Dickinson, L. R.	Dickinson Law Review
D. L. R.	Dominion Law Reports (Kanada)
Dror, Values	Y. Dror, »Values and the Law« (1958) Antioch Law Review 440
E. & B.	Ellis & Blackburn's Reports (England)
East	East's Reports (England)

Ehrlich, Grundlegung	Eugen Ehrlich, Grundlegung der Soziologie des Rechts, 3. Aufl. (1967)
Emerson-Haber, Civil Rights	T. I. Emerson und D. Haber, Political and Civil Rights in the U. S. (2 Bde., 2. Aufl. 1958)
Evershed, Judicial Process	Lord Evershed, »The Judicial Process in Twentieth Century England« (1961) 61 Columbia L. R. 762–791

F. 2d	Federal Reporter (U. S.) (2. Folge)
Fed. Bar. J.	Federal Bar Journal
Fed. L. R.	Federal Law Review (Australien)
Ferrero, Power	G. Ferrero, Principles of Power (1942)
Frank, Courts	J. Frank, Courts on Trial (1950)
Freund, Supreme Court	P. A. Freund, The Supreme Court of the United States: Its Business, Purposes and Performance (1961)
Friedmann, Changing Society	W. Friedmann, Law in a Changing Society (1959)
Friedrich, Democracy	C. J. Friedrich, Constitutional Government and Democracy (1941, verb. Aufl. 1950)
Friedrich, Government	ders., Man and his Government (1964)
Friedrich, Philosophy of Law	ders., Philosophy of Law in Historical Perspective (1958)
Friedrich, Public Policy	ders., »Public Policy and the Nature of Administrative Responsibility« in Friedrich und E. S. Mason (Hsg.) Public Policy (2 Bde. 1940) Bd. 1, 1 ff.
F. Supp.	Federal Supplement (U. S.)

Galbraith, Capitalism	J. K. Galbraith, American Capitalism: The Concept of Countervailing Power (1952, 2. Aufl. 1957)
Garlan, Legal Realism	E. N. Garlan, Legal Realism and Justice (1941)
Gellhorn, Governmental Restraints	W. Gellhorn, Individual Freedom and Governmental Restraints (1958)
Gény, Méthode	F. Gény, Méthode d'Interpretation (1899, 2. Aufl. 1919)
Gerth-Mills, From Max Weber	H. H. Gerth und C. W. Mills (Hsg.), From Max Weber: Essays in Sociology (1946)
Ginsberg, 20th Century	M. Ginsberg (Hsg.), Law and Opinion in England in the 20th Century (1959)
Gluckman, Barotse Jurisprudence	M. Gluckman, The Ideas in Barotse Jurisprudence (1965, Storrs 1963, Lectures in Yale)
Goyder, Private Enterprise	G. Goyder, The Future of Private Enterprise (1951)

Halévy, Radicalism	E. Halévy, The Growth of Philosophical Radicalism (2 Bde., 1900–1903, übers. v. M. Morris, 1928)
Harper's Mag.	Harper's Magazine (U. S.)

Hart-Sacks, Legal Process	H. M. Hart, Jr. und A. M. Sacks, The Legal Process: Basic Problems in the Making and Application of Law (1958)
Hartz, Economic Policy	L. Hartz, Economic Policy and Democratic Thought (Pennsylvania) 1776–1860 (1948)
Hayek, Liberty	F. S. Hayek, The Constitution of Liberty (1960)
Hayek, Serfdom	ders., The Road of Serfdom (1944)
H. C. D.	Parliamentary Debates (Hansard), House of Commons (England)
H. L.	House of Lords
H. L. D.	Parliamentary Debates (Hansard), House of Lords (England)
H. L. R.	Harvard Law Review
Holmes, Path of the Law	O. W. Holmes, Jr., Path of the Law (1897) 10 H. L. R. 457
I. C. C.	Interstate Commerce Commission (U. S.)
Ihering, Zweck	R. v. Ihering, Der Zweck im Recht (2 Bde. 1877–1883)
Ill. L. R.	Illinois Law Review
Ind. and. L. R. Rev.	Industrial and Labor Relations Review
Ind. L. R.	Indian Law Reports, Bombay
Int. & Comp. L. Q.	International and Comparative Law Quarterly (von 1952)
Int. Jo. Ethics	International Journal of Ethics
I. S. S. J., Communication	Symposium »Communication and Information« (1962) 14 International Social Science Journal 251–348
I. S. S. J., Survey	Symposium »Problems of Surveying the Social Sciences and Humanities« (1964) 16 International Social Science Journal 477–602
Jaffe, »Delegation«	L. L. Jaffe, »An Essay on Delegation of Legislative Power« (1947) 47 Columbia L. R. 359–376, 561–593
Jaffe, »Reply«	ders., »English Administrative Law: A Reply to Professor Davis« (1962) Public Law 407
J. Crim. L., Crimin. and Pol. Sc.	Journal of Criminal Law, Criminology and Police Science
J. Ec. Hist.	Journal of Economic History
Jennings, Theories of Law	W. I. Jennings (Hsg.), Modern Theories of Law (1933)
J. Leg. Ed.	Journal of Legal Education
J. of I. C. J.	Journal of the International Commission of Jurists
J. Pol.	Journal of Politics
J. Publ. L.	Journal of Public Law
J. Royal Stat. Soc.	Journal of the Royal Statistical Society
Kaufmann, Religion and Philosophy	W. Kaufmann, Critique of Religion and Philosophy (1958)
K. B.	Law Reports, King's Bench Division (England)

Kornhauser u. a., Conflict	A. Kornhauser, R. Dubin und A. M. Ross, Industrial Conflict (1954)
Krabbe, The State	H. Krabbe, The Modern Idea of the State (1919, übers. von G. H. Sabine und W. J. Shepard, 1922)
Lamont, Moral Judgement	W. D. Lamont, The Principles of Moral Judgement (1946)
L. and C. Prob.	Law and Contemporary Problems
Laski, Politics	H. J. Laski, A Grammar of Politics (1925, 3. Auf. 1938)
Lasswell, Politics	H. D. Lasswell, Politics: Who Gets What, When, How (1936)
Lasswell, World Politics	ders., World Politics and Personal Insecurity (1935)
Lasswell-Kaplan, Power	H. D. Lasswell und A. Kaplan, Power and Society (1950)
Lindsay, Democratic State	A. D. Lindsay, The Modern Democratic State (1943)
Lindzey, Handbook	G. Lindzey (Hsg.), Handbook of Social Psychology (2 Bde. 1954)
Llewellyn, Law Jobs	K. N. Llewellyn, »The Normative, the Legal and the Law Jobs« (1940) 49 Yale L. J. 1355
Llewellyn, Realism	ders., »Some Realism about Realism« (1931) 44 H. L. R. 1222
Llewellyn-Hoebel, Cheyenne Way	K. N. Llewellyn und E. A. Hoebel, The Cheyenne Way: Conflict and Case Law in Primitive Jurisprudence (1941)
L. Q. R.	Law Quarterly Review
L. R.	Law Reports (England)
MacDermott, Protection from Power	Lord MacDermott, Protection from Power under English Law (1957)
Macmillan, Law	Lord Macmillan, Law and Other Things (1937)
Malinowski, Savage Society	B. Malinowski, Crime and Custom in Savage Society (1926)
Mannheim, Man and Society	K. Mannheim, Man and Society in an Age of Reconstruction (1940)
Mason, Corporation	E. S. Mason (Hsg.), The Corporation in Modern Society (1960)
Melb. U. L. R.	Melbourne University Law Review
Michels, Parties	R. Michels, Political Parties (übers. von E. und C. Paul 1915)
Mich. L. R.	Michigan Law Review
Miernyk, Trade Unions	W. H. Miernyk, Trade Unions in the Age of Affluence (1962)
Millett, Government Planning	J. D. Millett, The Process and Organization of Government Planning (1949)
Minn. L. R.	Minnesota Law Review
M. L. R.	Modern Law Review

Mo. L. R.	Missouri Law Review
Myrdal, Welfare State	G. Myrdal, Beyond the Welfare State (1960)
Nadel, Social Structure	S. F. Nadel, The Theory of Social Structure (1957)
N. E.	Northeastern Reporter (U. S.)
N. E. 2d	Northeastern Reporter (U. S.), 2. Folge
Neb. L. R.	Nebraska Law Review
Northw. U. L. R.	Northwestern University Law Review
N. W.	Northwestern Reporter (U. S.)
N. Y.	New York State Reports (U. S.)
N. Y. 2d	New York State Reports (U. S.), 2. Folge
Okla. L. R.	Oklahoma Law Review
Pac.	Pacific Reporter (U. S.)
Pareto	V. Pareto, The Mind and Society (3 Bde. 1935, übers. von A. Livingstone und A. Bongiorno) Trattato de Sociologia Generale (1916)
Parker, Supervisory Powers	Lord Parker, Recent Developments in the Supervisory Powers of the Courts (1959) Lionel Cohen Lectures, University of Jerusalem
Parsons, Political Power	T. Parsons »On the Concept of Political Power« (1963) Il Politico 593–613, 807–829
Parsons, System	T. Parsons, The Social System (1952)
Parsons u. a., Theories	T. Parsons, E. Shils, K. D. Naegele und J. R. Pitts (Hsg.), Theories of Society (3 Bde. 1961)
Parsons-Shils, Theory of Action	T. Parsons und E. Shils (Hsg.), Towards a General Theory of Action (1951)
P. C.	Judicial Committee of the Privy Council
Phillips, Municipal Government	J. C. Phillips, Municipal Government and Administration in America (1960)
Popper, Historicism	K. Popper, »The Poverty of Historicism« (1944) 11 Economica (N. S.) 86, 119, 12
Popper, Open Society	ders., The Open Society and Its Enemies (1945)
Pound, Legal History	R. Pound, Interpretations of Legal History (1922)
Pound, Outlines	ders., Outlines of Jurisprudence (5. Aufl. 1943)
Pub. L.	Public Law
Q. B.	Law Reports, Queen's Bench Division (England)
Q. B. D.	Law Reports, Queen's Bench Division, 1875–1890 (England)
Q. R. Ec. Bus.	Quarterly Review of Economics and Business
Riv. Int. di Fil. del Dir.	Rivista Internazionale di Filosofia del Diritto
Ross, Wage Policy	A. M. Ross, Trade Union Wage Policy (1953)

Ross-Hartman, Changing Patterns	A. M. Ross und P. T. Hartman, Changing Patterns of Industrial Conflict (1960)
Rostow, Prerogative	E. V. Rostow, The Sovereign Prerogative (1962)
Russell, Freedom	B. Russell, Freedom and Organisation (1934)
Russell, Power	ders., Power (1938)
Rutg. L. R.	Rutgers Law Review
Sayre, Modern Legal Philosophies	P. Sayre (Hsg.), Interpretations of Modern Legal Philosophies (1947)
S. C.	Court of Justiciary Cases (Scotland)
Schumpeter, Capitalism	J. A. Schumpeter, Capitalism, Socialism and Democracy (2. Aufl. 1943)
Schwartz, Admin. Law	R. Schwartz, An Introduction to American Administrative Law (1958)
Scott Festschrift	R. Pound, E. N. Griswold und A. E. Sutherland (Hsg.), Perspectives of Law (1964)
Simpson-Field, Social Engineering	S. P. Simpson und R. Field, »Social Engineering through Law« (1947) 22. U. Y. U. L. R. 145–193
Simpson-Field, Social Sciences	dies., »Law and the Social Sciences« (1946) 32 Va. L. R. 855
Simpson-Stone, Law and Society	S. P. Simpson und J. Stone, Law and Society (3 Bde. 1949–1950)
Skin.	Skinner's Reports (England)
So. Cal. L. R.	Southern California Law Review
S. R. & O.	Standing Rules and Orders
Stammler, Lehre	R. Stammler, Lehre von dem richtigen Recht (1902) übers. I. Husik als »Theory of Justice« (1925) in Modern Legal Philosophy Series
Stone, Human Justice	J. Stone, Human Law and Human Justice (1965)
Stone, Legal Controls	ders., Legal Controls of International Conflict (1954, 2. Aufl. 1959)
Stone, Legal System	ders., Legal System and Lawyers' Reasonings (1964)
Stone, Planning	ders., »The Myths of Planning and Laissez Faire: A Reorientation« (1949) 18 G. Wash. L. R. 1–49
Stone, Province	ders., The Province and Function of Law (1946, Neudr. 1950 und 1961)
Strauss, Natural Right	L. Strauss, Natural Right and History (1953)
Sup. Ct. Rep.	Supreme Court Reporter (U. S.)
Sup. Ct. Rev.	Supreme Court Review (Chicago Univ. Press)
Thompson, Apathy	E. P. Thompson (Hsg.), Out of Apathy (1960)
Timasheff, Sociology of Law	N. S. Timasheff, An Introduction to the Sociology of Law (1939)
T. L. R.	Times Law Reports (England)
Tucker Lectures	John Randolph Tucker Lectures 1953–1956 (1957) (Washington & Lee University)
Tulane L. R.	Tulane Law Review

Sachverzeichnis

378